U0216171

吉林人民出版社

简体字本二十六史

清史稿

卷二一五——卷五八

（二）

〔民国〕 赵尔巽等 撰

许凯等 标点

清史稿卷二五
本纪第二五

宣统皇帝

宣统皇帝名溥仪，宣宗之曾孙，醇贤亲王奕𫍯之孙，监国摄政王载沣之子也，于德宗为本生弟子。母摄政王嫡福晋苏完瓜尔佳氏。光绪三十二年春正月十四日，诞于醇邸。

三十四年冬十月壬申，德宗疾大渐，太皇太后命教养宫内。癸酉，德宗崩，奉太皇太后懿旨，入承大统，为嗣皇帝，嗣穆宗，兼承大行皇帝之祧，时年三岁。

摄政王载沣奉太皇太后懿旨监国。军国机务，中外章奏，悉取摄政王处分，称诏行之，大事并请皇太后懿旨。诏行三年丧。

甲戌，尊圣祖母慈禧端佑康颐昭豫庄诚寿恭钦献崇熙皇太后为太皇太后，兼祧母后皇后为皇太后。先是，太皇太后并亦违豫。是日，崩。

乙亥，申严门禁。丁丑，尊封文宗祺贵妃为祺皇贵太妃，穆宗瑜贵妃为瑜皇贵妃，珣贵妃为珣皇贵妃，瑨妃为瑨贵妃，大行皇帝瑾妃为瑾贵妃。戊寅，停各省进方物。己卯，诰诫群臣，诏曰："军国政事，由监国摄政王裁定，为大行太皇太后懿旨。自朕以下，一体服从。嗣后王公百官傥有观望玩违，或越礼犯分，变更典章，淆乱国是，定即治以国法，庶无负大行太皇太后委寄之重，而慰天下臣民之望。"庚辰，颁大行皇帝遗诏。安庆兵变，剿定之。

十一月乙酉，颁大行太皇太后遗诰。诏四时祭飨祝版，醇贤亲王称曰："本生祖考醇贤亲王"，嫡福晋称曰："本生祖妣醇贤亲王嫡福晋"。赈湖南澧州等属水灾。戊子，皇太后懿旨，皇帝万寿节，俟释服后，改于每年正月十三日举行庆贺礼。庚寅，以即位前期告祭天地、宗庙、社稷、先师孔子，告祭大行太皇太后、大行皇帝几筵。辛卯，帝即位于太和殿，以明年为宣统元年。颁诏天下，罪非常所不原者咸赦除之。诏遵大行太皇太后懿旨，仍定于第九年内，宣统八年颁布宪法，召集议员。铸宣统钱。己亥，颁"中和位育"扁额于文庙。壬寅，内阁等衙门会奏监国摄政王礼节总目，诏宣布之。定守卫门禁章程，命贝勒载涛、毓郎、尚书铁良总司稽察。以副都统崑源管理察哈尔牧群。定军机处领班章京为从三品官，帮领班章京为从四品官。福建龙溪、南靖等县水灾，发帑银四万两赈之。乙巳，诏各省督抚督率司道考察属吏，秉公甄别。不肖守令罔恤民瘼者，重治之。立变通旗制处，命贝子溥伦、镇国公载泽、那桐、宝熙、熙彦、达寿总其事。谕内外臣工尚节俭，戒浮华。丙午，遣首告祭孔子阙里、历代帝王陵寝、五岳、四渎。戊申，皇太后懿旨，罢颐和园临幸。加恩庆亲王奕劻以亲王世袭罔替，贝勒载洵、载涛加郡王衔，皇太后父公桂祥食双俸，大学士以次，锡赍有差。辛亥，冬至，祀天于圜丘，庄亲王载功代行礼，自是坛庙大祀皆摄。

十二月壬子朔，加上穆宗毅皇帝、孝静成皇后、孝德显皇后、孝贞显皇后、孝哲毅皇后尊谥。颁宣统元年时宪书。甲寅，立禁卫军，命贝勒载涛、毓朗、尚书铁良专司训练。裁湖南镇溪营游击、乾州协守备，减留乾州协各营兵。旌殉节故直隶提督马玉崑妾于氏。赈黑龙江、墨尔根、布特哈、黑水、大赉等城厅水灾。免直隶河间等八州县被灾地亩粮租。丁巳，祈雪。命张之洞兼督办川汉铁路大臣。庚申，致仕大学士王文韶卒，赠太保。追予故云贵总督张亮基谥。民政部上调查户口章程表式。壬戌，袁世凯罢，命大学士那桐为军机大臣。癸亥，以梁敦彦为外务部尚书，兼会办大臣。那桐免步军统领，以毓朗代之。乙丑，诏定西陵金龙峪为德宗景皇帝山陵，称曰崇陵。丁卯，复祈雪。己巳，度支部上清理财政章程。壬申，命张勋所部淮军仍驻东三省，办理剿抚事宜。癸酉，义大利地震灾，出帑银五万两助赈。宪政编查馆奏，京旗初选、复选事宜，应归顺天府办理。乙亥，谕各省清蠲缓钱粮积弊。丁丑，复祈雪。是日，雪。免陕西各州县光绪三十二年逋赋。戊寅，又雪。宪政编查馆上核覆城乡地方自治，并另拟选举章程，诏颁行之。始制宝星，赐外务部总理、会办大臣及出使各国大臣。庚辰，设奉天各级审判厅、检察厅。辛巳，裁江西督粮道，设巡警、劝业两道。

宣统元年己酉春正月壬午朔，以大行在殡，不受朝贺。癸未，免江苏长洲等二十八厅州县荒废田地，暨昭文、金坛、丹徒、崑山、新阳、靖江、溧阳等七县漕屯银米。戊子，置呼伦贝尔沿边卡伦。庚寅，钦差大臣东三省总督徐世昌以病请免，不许。辛卯，皇太后圣寿节，停筵宴，不受贺。甲午，免云南阿迷州被灾逋赋。乙未，度支部奏改定币制，请仍饬会议。下政务处覆议。开广西富川县锡矿。丁酉，禁置买奴婢。戊戌，以近年新设衙门，新建省分，调用人员，请加经费，不能综核名实，命中外切实考核裁汰，毋漫无限制。美利坚国开万国禁烟会议于江苏上海，端方莅会。乙亥，陈璧被劾罢，以徐世昌为邮传部尚书。调锡良为钦差大臣、东三省总督，兼管三省将军事。以李经羲为云贵总督。壬寅，命云南交涉使高而谦赴澳门勘界。民政部上整顿京师内外警政酌改厅区章程。癸卯，上大行太皇太后尊谥，翼日颁诏天下。戊申，诏筹备立宪事宜，本年各省应行各节，依限成立，不得延误。谕核定新刑律，来年颁行。复已革广西提督苏元春原官。罢福建厦门贡燕。己酉，上大行皇帝尊谥庙号，翼日颁诏天下。庚戌，重整海军，命肃亲王善耆、镇国公载泽、尚书铁良、提督萨镇冰筹画。庆亲王奕劻总司稽查。罢铁良专司训练禁卫军大臣。

二月壬子，修《德宗实录》。癸丑，谕京、外问刑衙门清讼狱，厘剔弊端。戊午，农工商部奏，和兰将订新律，收华侨入籍，请定国籍法。下修定法律大臣会外务部议。庚申，免浙江仁和等场灶课钱粮。

乙丑，宣示实行预备立宪宗旨，诏曰："国是已定，期在必成。内外大小臣工，皆当共体此意，翊赞新猷。言责诸臣，亦应于一切新政得失利病，剀切敷陈。"丁卯，命熙彦、乔树枬、刘廷琛、吴士鉴、周自齐、劳乃宣、赵炳麟、谭学衡与荣庆、陆润庠、张英麟、唐景崇、宝熙、朱益藩分日进讲。讲义令孙家鼐、张之洞核定。庚午，宪政编查馆上统计表式。甲戌，申鸦片烟禁。丙子，免云南宣威州被灾村庄银米。

闰二月甲申，诏严预备立宪责成，戒部臣、疆臣因循敷衍，放弃责任。以服制伦纪攸关，诏自今内外遭父母丧者，满、汉皆离任听终制。命前内阁学士陈宝琛总理礼学馆。免浙江仁和等三十二州县并杭、严二卫，杭、衢、严三所荒废田地山塘丁漕银米。丙戌，军机大臣、大学士那桐丁母忧，诏夺情，百日孝满改署任，仍入直。戊子，置库伦理刑司员。免广东新矿井口税。予死事安徽炮营管带官陈昌镛优恤。辛卯，监国摄政王班见王公百官于文华殿。增设海参崴总领事。颁行度支部印花票税。置直省财政监理官。丙申，裁湖北黄州、荆门、郧阳、宜昌、施南、德安副将、参将、游击、都司、中军守备各官。出使大臣伍廷芳与美国订立《公断专约》成。丁酉，修崇陵。戊戌，立法政贵胄学堂，命贝勒毓朗总理。乙巳，旌赏年逾百岁甘肃固原州回民李生潮，赐御书匾额。己酉，以大行在殡，止年班内外札萨克蒙古汗、王、贝勒、贝子、公、台吉、塔布囊等，及呼图克图喇嘛，西藏堪布，察木多帕克巴拉，回子伯克，土司、土舍，廓尔喀等毋来京。

三月辛亥，增设浙江巡警道、劝业道。甲寅，复前河南巡抚李鹤年原官。庚申，皇太后懿旨，度支部每岁交进年节另款银二十八万两，自今停进。辛酉，奉移德宗景皇帝梓宫于西陵梁格庄行宫。甲子，以轮船招商局归邮传部管辖。乙丑，复裁奉天巡警道。增设洮昌等处兵备、道，临长海等处分巡兵备道。改奉锦山海关道为锦新等处兵备道兼山海关监督，东边道为兴奉等处兵备道。升兴京厅为兴京府。丙寅，免梓宫经过宛平、良乡、涿州、房山、涞水五州县本年额赋十分之五，易州十分之七，并赏民间平毁麦田银每亩一钱。己巳,诏复前户部尚书立山、兵部尚书徐用仪、吏部左侍郎许景澄、内阁学士联元、太常寺卿袁昶原官,并赐谥。命陆军协都统吴禄贞督办吉林边务。裁山西雁平道。辛未,以前外务部左参议杨枢充出使比国大臣。亚东、江孜、噶大克开埠设关。丙子,增置奉天辉南直隶厅。戊寅,四川总督赵尔巽、驻藏大臣赵尔丰助款兴学,下部优叙。赵尔巽捐廉赡族,赏御书"谊笃宗亲"匾额。

夏四月庚辰,以各国遣使来吊,命贝子衔镇国将军载振使日本,法部尚书戴鸿慈使俄罗斯报谢,他国命驻使将事。甲申,度支部立币制调查局,铸通行银币。乙酉,普免光绪十四年讫光绪三十三年直省逋赋。癸巳,裁吉林珲春、三姓、宁古塔、伯都讷、阿勒楚喀各城副都统。置珲春兵备道,三姓兵备道。升改增置绥芬、延吉、五常、双城、宾州、临江诸府,伊通直隶州,榆树直隶厅,宝清、绥远二州,珲春、滨江、东宁三厅,富锦、穆棱、和龙、桦川、临湖、汪清、额穆诸县。寻复设舒兰、阿城、勃利、饶河四县。甲午,命内阁、部院、翰林、科道会议德宗升祔大礼。乙未,祈雨。丙申,甘肃兰州、凉州、巩昌、碾伯、会宁各属灾,发帑银六万两赈之。壬寅,裁奉天左右参赞,承宣、咨议两厅。甲辰,复祈雨。戊申,谕禁烟大臣切实考验,毋许瞻徇敷衍。外省文武职官学生,责成督、抚、将军、都统等严查禁。

五月己酉朔,日有食之。辛亥,廷试游学毕业生进士黄德章等一百二十人,授官有差。壬子,于式枚言,各省咨议局章程与普鲁士国地方议会制度不符。下宪政编查馆妥议。癸丑,陈启泰卒。以瑞澄为江苏巡抚。允浙江绅士为故兵部尚书徐用仪、吏部右侍郎许景澄、太常寺卿袁昶于浙江西湖立祠。甲寅,复祈雨。陕甘总督升允以疏陈立宪利弊罢,以长庚代之。乙卯,命广福署伊犁将军。丁巳,联豫、温宗尧奏陈西藏筹办练兵兴学事宜。己未,命世续署外务部会办大臣。杨士骧卒,以端方为直总督,兼办理通商事务大臣,张人骏为两江总督,兼办理通商事务大臣,孙宝琦署山东巡抚。辛酉,以乍丫地方叠属四川,命画归边务大臣管辖。甲子,谕农工商部趣各省兴举农林工艺各政。乙丑,复祈雨。是日,雨。戊辰,复前协办大学士、户部尚书翁同龢原官。己巳,唐绍仪免奉天巡抚,以侍郎候补。辛未,立游美学务处。癸酉,河南省改编营制。甲戌,赈云南南宁州地震灾。丙子,诏立军咨处,以贝勒毓朗领之。摄政王代为统率陆海军大元帅,贝勒载洵、提督萨镇冰俱充筹办海军大臣。赈湖南澧州水灾。丁丑,命贝勒载涛管理军咨处事务。

六月甲申,庆亲王奕劻免管理陆军部事。赈湖北汉阳等府水灾。乙酉,伊犁始编练陆军。丙戌,授程德全奉天巡抚,陈昭常吉林巡抚,周树模黑龙江巡抚。丁亥,开甘肃皋兰县、新城、西固城渠,以工代赈。己丑,赈云南弥勒县嶍峨等处地震灾。免云南太和县属上年被灾田粮。庚寅,复已故降调两广总督毛鸿宾原官。追予御贼殉难已故江苏常州府通判岳昌于常州府建祠。赈奉天安东水灾。甲午,吕海寰罢,以徐世昌充督办津浦铁路大臣,沈云沛副之。更奉天锦新道名锦新营口等处分巡兵备道。乙未,吉林大水,发帑银六万两赈之。赈湖南澧州、安乡、常德、岳州等厅州县水灾。丁酉,湖北荆州、汉阳两府潦,发帑银六万两,并命筹银二十万两急赈之。辛丑,除热河新军营房占用圈地额租。壬寅,赈浙江钱唐等十一县水灾。癸卯,罢张勋东三省行营翼长,命赴甘肃提督任。甲辰,命伍廷芳、钱恂俱来京,以署外务部右丞张荫棠为出使美墨秘古四国大臣,署外务部右参议吴宗濂为出使义国大臣。甲辰,赵尔巽奏平四川宁远浅水猓夷。乙巳,赏京师贫民棉衣银,后以为常。丙午,命李准为广东水师提督。

秋七月戊申朔,裁湖南常德、宝庆、永顺、岳州、澧州、临武、桂阳、宣奉、永州、武冈、沅州、绥靖、辰州、岭东各协、营,暨抚标、提标副将、参将、游击、都司、守备等官。癸丑,浚辽河。丙辰,筹办海军大臣上《拟订海军长官旗式章服图说》,管理军咨处上《酌拟军咨处暂行章程》。赈江西萍乡等县水灾。丁巳,停秋决。法部上《补订高等各级审判厅试办章程》及《拟定外省审判厅编制大纲》。开四川重庆江北厅龙王洞煤铁矿。戊午,免云南鲁甸、镇雄二厅被灾田亩银米。甲申,南洋筹设劝业会,命南洋大臣、两江总督张人骏为会长,各省筹办协会,出品免税厘。辛酉,德宗景皇帝梓宫奉移山陵,免所过各州县旗租,并赏籽种银。甲子,裁河南粮盐道,增置巡警、劝业二道。戊辰,谕直省整饬积谷。恤以死建言颐和园八品苑副永麟。庚午,增设南洋各岛领事。壬申,学部立图馆于京师。洪江会匪姚芒山伏诛。丙子,湖北平枭。

八月丁丑朔,考察宪政大臣李家驹进《日本司法制度考》等书。辛巳,开黑龙江墨尔根嫩江甘河煤广。甲申,改吉林滨江道为西北路道,西路道为西南路道,并前设之东北路道、东南路道俱名分巡兵备道。乙酉,赈福建福州风灾,热河开鲁、平泉两州县水灾。丙戌,藏番不靖,赵尔丰剿定之。命候补内阁学士李家驹协理资政院事。戊子,京张铁路工成。除浙江镇海县开浚河道乞废民灶田地银米。己丑,开湖南平江金矿,新化锑矿,常宁铅矿。庚寅,予救父捐躯湖北黄陂县举人陈鸿伟孝行,宣付史馆。丁酉,大学士孙家鼐、张之洞并以病乞休。诏慰留之。戊戌,农工商部奏试行劝业富签公债票。己亥,大学士张之洞卒,赠太保,入祀贤良祠。命戴鸿慈在军机大臣上学习行走。以廷杰为法部尚书,葛宝华为礼部尚书。庚子,调诚勋为热河都统,以溥良为察哈尔都统。癸卯,京师开厂煮粥济贫民,发粟二千五百石有奇,已改设教养局、习艺所者仍给之,岁以为常。乙巳,修订法律大臣进《编订现行刑律》,下宪政编查馆核议。丙午,诏以九月初一日为各省召集议员开议之期,特申诰诫。谕曰:“咨议局议员于地方利弊当切实指陈,妥善计划。勿挟私心以妨公益,勿逞意气以紊成规,勿见事太易而议论稍涉嚣张,勿权限不明而定法或滋侵越。各督抚亦当虚心采纳,裁度施行,以期上下一心,渐臻上理。至开局以后,各督抚尤应遵照定章,实行监督,务使议决事件不稍逾越权限,违背法律。共摅忠爱,以图富强,朕实有厚望焉。”是月,载洵。萨镇冰出洋考查海军。

九月丁未朔,始制爵章颁赐。辛亥,和兰《保和会条约》成,分别批准画押。癸丑,命赵尔巽兼署成都将军。乙卯,内阁会奏德宗升祔大礼。诏穆宗毅皇帝、德宗景皇帝同为百世不祧之庙,宜以昭穆分左右，不以昭穆分尊卑。定德宗升祔太庙中殿，供奉西又次楹又五室穆位。前殿于文宗显皇帝之次，恭设坐西东向穆位。奉先殿准此。永为定制。赏陆军贵胄学堂毕业学生子爵成全等侍卫，及进叙有差。己未，资政院上《选举章程》。壬戌，德人游历云南，为怒夷所害，捕诛之。甲子，豫河安澜。赈广东省城及南海各县水灾。乙丑，锡林果勒盟阿巴嘎、阿巴哈那尔、浩齐特、乌珠穆沁灾，发帑银三万两赈之。赈云南镇雄等州县水灾。丙寅，黄河安澜。授鹿传霖体仁阁大学士，吏部尚书陆润庠协办大学士。赏游学毕业生项骧等举人。辛未，升翰林院侍讲学士为正四品，侍读、侍讲从四品，撰文秘书郎、修撰正五品，编修、检讨从五品。颁爪哇侨民捐立学堂匾额。癸酉，南河安澜。是月，韩人安重根戕日本前朝鲜统监伊藤博文于哈尔滨。

冬十月丁丑朔，四川西昌、会理交界二板房夷匪为乱，官军剿平之。成都将军马亮卒。庚辰，葬孝钦显皇后于菩陀峪定东陵，免梓宫经过州县地方额赋，并赏平毁麦田籽种银。乙酉，孝钦显皇后神牌祔太庙。翼日颁诏天下。丙戌，定成都将军勿庸统辖松潘、建昌。以玉崑为成都将军。丁亥，直隶总督端方坐违制夺职。调陈夔龙为直隶总督，兼办理通商事务大臣；瑞澂署湖广总督，宝棻为江苏巡抚。以孙宝琦为山东巡抚，丁宝铨为山西巡抚。己丑，诏第一、二届筹办宪政事宜，内外诸臣应竭诚负责，并命宪政编查馆稽核所奏成绩，有因循敷衍、措置迟逾者，甄劾以闻。庚寅，宪政编查馆上《厘定各省提法使官制章程》。开库伦哈拉格囊图金矿。廷祉以疾免，命三多署库伦办事大臣。辛卯，江苏溧阳、金坛、荆溪、宜兴、丹徒、丹阳、震泽等县灾，发帑银三万两赈之。癸巳，民政部奏，援案请赏米石，核定各厂院实需数目，收养贫民，诏行之。赈云南大姚、文山等县水灾。甲午，大学士孙家鼐卒，赠太傅，入祀贤良祠，赏银治丧。诏以已故五品卿衔山西即用知县汪宗沂经学卓越，宣付史馆。赏食饷闲散宗室、觉罗人等一月钱粮，暨孤寡半月钱粮，八旗、绿、步各营官兵半月钱粮，岁以为常。丁酉，免云南元江州属被水田亩银米。庚子，东明黄河安澜。癸卯，除广东缉匪花红，自今文武官有再收花红者以赃论。复前礼部尚书李端棻原官。甲辰，停今年吉林珠贡。乙巳，顺天绅士请为已故户部尚书立山、内阁学士联元立祠，许之。

十一月戊申，免直隶武清等十一厅县额赋旗租，开州、东明、长垣等三州县额赋。己酉，上兼祧母后皇太后徽号曰隆裕皇太后，翼日颁诏天下。癸丑，民政部上《府厅州县自治选举章程》。癸亥，复前福建巡抚张兆栋原官。设黑龙江瑷珲沿边卡伦二十，自额尔古讷河迄于逊河口。乙丑，置督办盐政大臣，以载泽为之，产盐省分督抚为会办盐政大臣，行盐省分督抚俱兼衔。丙寅，授陆润庠体仁阁大学士，戴鸿慈以尚书协办大学士。辛未，以贝勒毓朗为步军统领。癸酉，都察院上《互选规则》。乙亥，学部上《女学服色章程》。予绝学专家已故候选同知直隶州知州华蘅芳，与其弟故直隶州州判世芳，及已故二品封职徐寿俱宣付史馆。

十二月己卯，诏求直言。辛巳，增置奉天安图、抚松二县。壬午，赏游学专门詹天佑等工科、文科、法科进士，工科、格致科举人。癸未，免山东青城等八十九州县及卫所盐场本年钱粮。乙酉，德宗景皇帝神牌先祔奉先殿。赏一产三男河南柘城县民妇张刘氏、通许县民妇田厉氏米布。赈广东佛山等十三厅县灾。丙戌，定太医院院使为四品。戊子，录咸丰、同治年间戡定发、捻、回诸匪功臣后，叙官有差。除珲春军队营房占用旗户地亩租。庚寅，赵尔丰奏四川德格土司多格生吉纳土，改设流官，赏土舍都司世袭。壬辰，庆亲王奕劻免管理陆军贵胄学堂，以贝勒载润代之。癸巳，增置热河隆化县。乙未，宪政编查馆上禁烟条例，颁行之。复故前湖南巡抚陈宝箴原官。丙申，宪政编查馆上《禁买卖人口条款》。戊戌，法部上《法官惩戒章程》。己亥，宪政编查馆上《京师地方自治选举章程》。庚子，升太医院左右院判为五品。壬寅，宪政编查馆上《府厅州县地方自治章程》，并《府厅州县议事会议员选举章程》。癸卯，宪政编查馆上《法院编制法》，并法官考试任用、司法区域分划、及初级与地方审判厅管辖案件暂行章程。

二年庚戌春正月丙午朔，不受朝贺。己酉，广州新军作乱，练军讨平之。辛亥，诏以人心浮动，党会繁多，混入军营，句引煽惑，命军咨处、陆军部、南北洋大臣新旧诸军严密稽查，军人尤重服从长官命令，如有聚众开会演说，并严查禁。移吉林大通县驻松花江南岸，更名方正县。乙卯，广东革命党王占魁等伏诛。丁巳，达赖喇嘛患川兵至，出奔。谕联豫等仍遣员迎护回藏。辛酉，诏夺阿旺罗布藏吐布丹甲错济寨汪曲却勒朗结达赖喇嘛名号。盐政处上《督办盐政试行章程》。癸亥，协办大学士戴鸿慈卒，赠太子少保衔，赏银治丧。吕海寰等上《中国红十字会章程》，命盛宣怀充会长。监察御史江春霖以论庆亲王奕劻误国，斥回原衙门。命邮传部尚书徐世昌协办大学士，内阁学士吴郁生在军机大臣上学习行走。甲子，管理军咨处贝勒载涛请赴日本、美、英、法、德、义、奥、俄八国考察陆军。辛未，英国举行万国刑律改良会，法部奏遣检察厅长徐谦往与会。甲戌，诏："预备立宪，宜化除成见，悉泯异同。自今满、汉文武诸臣陈奏事件，一律称臣，以昭画一，而示大同。"

二月乙亥朔，联豫请以新噶勒丹池巴罗布藏丹巴代理前藏事务。丙子，禁洋商湖南购运米石。辛巳，铁良以疾免，以荫昌为陆军部尚书，梁敦彦为税务处会办大臣。免浙江仁和、海沙、鲍郎、芦沥四场暨江苏横浦、浦东二场荒芜灶荡宣统元年逋课。壬午，免陕西榆林等四州县旧欠，榆林府仓粮米草束。乙酉，以内阁侍读学士梁诚为出使德国大臣。三月，民政部上《修正报律》，下宪政编查馆核奏。己丑，复发帑银三万两赈安徽灾。壬辰，免吉林五常厅、桦甸县宣统元年逋赋。甲午，联豫奏拉里僧俗暨工布番兵投诚归化。丙申，葛宝华卒，调荣庆为礼部尚书，以唐景崇为学部尚书。戊申，予故湖北提督夏毓秀优䘏。癸卯，宪政编查馆上《行政纲目》。筹办海军大臣奏各司名目职掌。

三月乙巳朔，王世珍以疾免，命雷震春署江北提督。己酉，云南威宁邪匪袭昭城,官军剿灭之,匪首李老么伏诛。辛亥,湖南民饥倡变,谕擒首要,散胁从。壬子,湖南巡抚岑春蓂罢,命杨文鼎暂代之。遣杨士琦赴南洋充劝业会审查总长。丁巳,祈雨。庚申,雨。追复故海军提督丁汝昌原官。废秋审覆审旧制。谕沿江各省督抚平粜。河南巡抚吴重熹免,以宝棻代之。调程德全为江苏巡抚。壬戌,予遗爱在民故太常寺卿袁昶安徽芜湖县建祠。癸亥,裁奉天巡抚。授广福伊犁将军。甲子,革命党人汪兆铭、黄复生、罗世勋谋以药弹轰击摄政王,事觉,捕下法部狱。庚午,旌殉夫烈妇山东曲阜孔令保妻潘氏,宣付史馆。

夏四月甲戌朔,诏资政院于本年九月一日开院,钦选宗室王、公世爵、宗室、觉罗各部院官暨硕学通儒议员八十八人,前期召集。丙子,裁福建督粮道,增设巡警道、劝业道。丁丑,命载涛充专使大臣,往英国吊祭。戊寅,赏游学毕业生吴匡时等七人工科进士、法政科举人有差。庚辰,宪政编查馆修订法律大臣进《现行刑律》,命颁行之。诏曰:"此项刑律,为改用新律之预备。内外问刑衙门,当悉心讲求,依法听断。毋任意出入,致枉纵。"癸未,诏:"各省增设巡警、劝业两道,原期保卫治安,振兴实业。督抚于已补人员悉心考核,如不能胜任,或于缺不宜,即奏明另补,毋回护瞻徇。"乙酉,联豫请西藏曲水、哈拉乌苏、江达、硕般多及三十六族各设委员一人,并停藏番造枪、造币两厂。前出使义大利大臣钱恂进和会条约译诠。丁亥,以江北盐枭、会匪出没靡常,谕雷震春剿抚之。己丑,度支部上币制兑换则例。诏:"国币单位,定名曰圆。暂就银为本位,以一圆为主币,重库平七钱二分。别以五角、二角五分、一角三种银币,及五分镍币,二分、一分、五厘、一厘四种铜币为辅币。圆、角、分、厘,各以十进,著为定制。"以联芳为荆州将军。庚寅,定续选纳税多额十人为议员。辛卯,命邮传部侍郎汪大燮充出使日本大臣。癸巳,梁敦彦以疾免,以邹嘉来署外务部尚书兼会办大臣。除湖北石首县文义洲地方租课、芦课。丙申,湖南巡抚岑春蓂褫职。

五月丙辰,升四川宁远阿拉所巡检为盐边厅抚夷通判。戊午,湖南常德府水潦灾,发帑银二万两赈之。李经羲奏云南永昌府属镇康土州改流官,增置永康州。免云南陆凉州被旱银粮。辛酉,赈江北海州等处水灾。癸亥,都察院代递咨议局议员孙洪伊等并直省旗籍代表等呈请速开国会。诏仍俟九年筹备完全,再行降旨定其召集议员,宣谕之。甲子,免湖南苗疆佃民欠租,湖南凤凰、乾州、永绥、保靖、泸溪、麻阳、古文坪七厅县积欠屯租谷石。己巳,赈湖北灾。辛未,裁奉天同江厅河防同知。

六月壬午,黑龙江灾,发帑银二万两赈之。乙酉,汪大燮进考查英国宪政编辑各书。己丑,命筹办海军事务大臣贝勒载洵充参预政务大臣。壬辰,命外务部侍郎胡惟德充税务处帮办大臣。丙申,诏:"各省督抚劳于行政,亟于筹款,而恒疏于察吏。不知吏治不修,则劳民伤财,乱端且从此起,新政何由而行?其各慎选牧令,为地择人,斯为绥靖地方至计。"戊戌,诏各部院、各督抚严劾贪官污吏,并谕贵戚及中外大臣敦品励行,整躬率属。己亥,命载泽、寿勋会阿穆尔灵圭、载润查办前锋营暨内务府三旗护军营,厘定章程以闻。是月,山东莱阳绅民相仇,匪首曲思文聚众万余,围攻城邑,劫杀官兵,海阳亦因征收钱粮激变,旋并平定之。

秋七月甲辰,裁福建督粮道,置劝业道。瑞兴免,以志锐为杭州将军。乙巳,瑞澄、杨文鼎奏湘省匪势蔓延,拟行清乡法,从之。戊申,诏农工商部会同各督抚等调查矿产,熟筹开办。庚戌,诏趣各督抚查造官民荒田及气候土宜图册,并兴举工艺实业,报农工商部奏闻。壬子,农工商部立度量权衡用器制造厂。癸丑,贝勒载涛奏考察各国军政,军人犯罪,统归军法会议处审断,非普通裁判所得与闻。谕照行之。甲寅,世续、吴郁生免军机大臣,以毓朗、徐世昌为军机大臣。命唐绍怡署邮传部尚书。毓朗免步军统领并专司训练禁卫军大臣。命乌珍兼署步军统领。设各省交涉使。新疆陆军营官田熙年以擅杀酿变伏诛。丙辰,安徽皖南、南陵、宿州、灵璧等属潦灾,发帑银四万两赈之。丁巳,法部上《秋审条款》。庚申,前江西提学使浙路总理汤寿潜,以劾盛宣怀为苏浙路罪魁祸首,夺职。辛酉,赈皖北饥民。以忠瑞为科布多办事大臣。联魁免新疆巡抚,以何彦升代之。改各省按察使为提法使。甲子,大学士鹿传霖卒,赠太保,入祀贤良祠,赏银治丧。乙丑,命外务部参议上行走沈瑞麟充出使奥国大臣,外务部右丞刘玉麟充和兰万国禁烟大会全权委员。戊辰,奉天开葫芦岛港。己巳,置黑龙江讷河直隶厅同知。是月,载洵、萨镇冰复往美利坚、日本两国考察海军。

八月甲戌,置奉天镇东县。乙亥,清锐免,以铁良为江宁将军。癸未,命沈家本充资政院副总裁。甲申,以外务部右丞刘玉麟充出使英国大臣。丁亥,理藩部奏变通禁止出边开垦地亩、民人聘娶蒙古妇女、内外蒙古不准延用内地书吏教读、公牍不得擅用汉文,蒙古人不提用汉字命名等旧例,许之。增置四川昭觉县。己丑,联芳免,以凤山为荆州将军。命荫昌兼训练近畿各镇大臣。甲子,命近几陆军各镇俱归陆军部管辖。裁近畿督练公所。增置奉天盐运使。改四川盐茶道为盐运使,茶务归劝业道管理。乙未,以奏报禁种烟苗粉饰,下吉林、黑龙江、河南、山西、福建、广西、云南、新疆诸省督抚部议,申谕各省严切查禁。丙午,授徐世昌为体会阁大学士,以吏部尚书李殿林协办大学士。丁酉,以廓尔喀额尔德尼王毕热提毕毕噶尔玛生写热曾噶扒噶都热萨哈拒西藏求援兵,诏嘉奖之。庚子,赈陕西华、渭南两州县潦灾。

九月辛丑朔,资政院举行开院礼,监国摄政王莅会颁训辞。壬寅,赏游学毕业生吴乃琛等四百五十九人文、医、格致、农、工、商、法政进士、举人有差。癸卯,免甘肃河、金、渭、源、伏羌、安定、会宁、宁灵、循化、集九厅州县上年被灾地亩钱粮草束。丙午,江北徐州等属雨潦灾,命度支部发帑赈之。乙巳,署绥远城将军、督办垦务大臣信勤以疾免,调坤岫代之。以奎芳为乌里雅苏台将军。戊申,命度支部再废帑银二万两赈皖北灾。壬子,张人骏以上海市情危急,请借洋款酌剂,并输运库帑银五十万两,许之。癸丑,永定河安澜。赈四川绵竹等厅县水灾。甲寅,裁海龙围场总管。丙辰,诏直省举贤良方正,从严甄取。己未,予积赀兴学山东堂邑义丐武训事实宣付史馆。裁湖南常德府同知、宝庆府长安营同知。癸亥,谕绥远城垦务紧要,沿边道厅以下官,凡关垦务者,均听垦务大臣节制。丙寅,杨枢以疾免,命农工商部右丞李国杰充出使比国大臣。赈黑龙江水灾。丁卯,袁树勋以疾免,命张鸣岐署两广总督。以沈秉坤为云南巡抚。戊辰,裁贵州副将、游击、都司、守备等官。免新疆迪化等十一厅县民欠钱粮、籽种。

十月癸酉,诏改于宣统五年开国会,以直省督抚多以为言,复据顺天直隶各省咨议局人民代表请愿,速开国会,故有是命。甲戌,命溥伦、载泽充纂拟宪法大臣。乙亥,黄河安澜。丁丑,广西岑溪匪乱,官军剿定之,匪首陈荣安伏诛。程文炳卒,以程允和为长江水师提督,命甘肃提督张勋接统江南浦口各营。免甘肃灵州水灾银米。庚辰,增韫奏浙江裁绿营改编水师。辛巳,诏以缩改宣统五年开设议院,责成各主管衙门切实筹备,民政、度支、法、学诸部俱有应负责任,提前通盘筹画,分别最要、次要,详细以闻。并诚勉直省督抚淬厉精神,切实遵行,毋再因循推诿,致误限期。壬午,何彦升卒,以袁大化为新疆巡抚。戊戌,予故大学士、前署两广总督张之洞于江宁省城建祠。

十一月癸卯,罢陆军尚书、侍郎及左右丞、参议,改设陆军大臣、副大臣各一人。置海军部,设海军大臣、副大臣各一人。以荫昌为陆军大臣,寿勋副之。贝勒载洵为海军大臣,谭学衡副之。乙巳,命海军提督萨镇冰统巡洋长江舰队。丙午,云南大姚县民乱,入城劫狱杀人,官军剿定之,匪首陈文培、郑良臣俱伏诛。己酉,命前安徽巡抚冯煦为江、皖筹赈大臣。壬子,农工商部进编辑棉花图说。丁巳,资政院言军机大臣责任不明,难资辅弼,请设立责任内阁。诏以朝廷自有权衡,非院臣所得擅预,斥之。雷震春罢,命段祺瑞署江北提督。庚申,陈夔龙奏,顺直咨议局呈,请明年即开国会,谕提前豫备事宜已虑不及,岂能再议更张。命剀切宣示,不准再行要求续奏。加赏普济教养局仓米六十石,月以为常。辛酉,置各省高等审判、检察厅,设丞、长,湖南缓设。癸亥,东三省国会请愿代表来京,呈请明年即开国会。军机大臣以闻。诏民政部、步军统领衙门勒归籍，勿逗留，再有来京及各省聚众者察治之。甲子，诏趣宪政编查馆拟订筹备清单，内阁官制并纂拟具奏。予故大学士张之洞于湖北省城建祠。乙丑，庆亲王奕劻请免军机大臣及总理外务部，优诏慰留之。己巳，资政院请明谕剪发易服。

十二月壬申，谕各省晓谕学堂，禁学生干豫政治，聚众要求，违者重治。丙子，唐绍怡以疾免，以盛宣怀为邮传部尚书。丁丑，察哈尔右翼四旗蒙古灾，发帑银一万两赈之。己卯，志锐请变通销除旗档旧制。辛巳，召增祺入觐，命孚琦署广州将军。壬午，召赵尔巽入觐。癸未，重申烟禁，地方官仍前粉饰者罪之，并命民政、度支二部考核。命各省总督会同宪政编查馆王大臣参订外省官制。乙酉，裁并江苏州县，设审判厅。江宁以江宁并入上元，苏州以长洲、元和并入吴，江都并入甘泉，昭文并入常熟，新汤并入容山，震泽并入吴江，娄并入华亭，阳湖并入武进，金匮并入无锡，荆溪并入宜兴。丁亥，宪政编查馆上遵拟修正逐年筹备事宜清单。裁吉林水师营官丁。戊子，四川匪踞黔江县为乱，官军击却之，复其城。己丑，考察宪政大臣李家驹进《日本租税制度考》、《会计制度考》。癸巳，四川匪首温朝钟窜入湖北咸丰县境，擒斩之。乙未，命贝子衔镇国将军载振充头等专使大臣，贺英君加冕。资政院议决《新刑律总则》、《分则》，诏颁布之。丙申，免陕西咸宁等六十四府厅州县光绪三十三年逋赋，并广有仓钱粮草束。丁酉，资政院上议决《统一国库章程》。戊戌，资政院奏议决《宣统三年岁出岁入总豫算》。廷杰卒，以绍昌为法部尚书。己亥，裁甘肃兰州道，置议劝业道。是月，江、淮饥，人相食。东三省疫。

三年辛亥春正月庚子朔，以山海关外防疫，天寒道阻，谕陈夒龙、锡良安置各省工作人。丙午，冯煦奏察勘徐、淮灾状。己酉，免江苏长洲等四十厅州县田地银粮。庚戌，赈江苏高邮、宝应、清河、安东、山阳、阜宁等县水灾。甲寅，度支部上《全国豫算章程》。丙辰，释服。御史胡思敬劾宪政编查馆，言新官不可滥设，旧官不可尽裁。起草应用正人，颁行当探众议。下其章于政务处。庚申，调志锐为伊犁将军，广福为杭州将军。乙丑，除非刑。凡遣、流以下罪，毋用刑讯。法部奏上已革绥远城将军贻谷罪论死。诏改戍新疆效力赎罪。乙巳，命周树模会勘中俄界。是月，直隶、山东民疫。

二月庚午朔，予故大学士、前湖南巡抚王文韶于湖南省城建祠。冯煦请浚睢河。民政部上《编订户籍法》。壬申，谕所司防疫，毋藉端骚扰，并命民政部、步军统领衙门、顺天府以保卫民生之意谕人民。乙亥，四川德格、春科、高日三土司改设流官，置边北道，登科府，德化、白玉二州，石渠、同普二县。定应遣新疆军台人犯改发巴、藏。丙子，免云南昆明等三州县被灾田地钱粮银米。丁丑，免浙江仁和等三十州县，杭、严二卫，衢、严二所荒地钱粮漕米。戊寅，改陆军部、海军部大臣、副大臣为正都统、副都统，仍以荫昌、寿勋、载洵、谭学衡为之。英人占片马。癸未，命李家驹撰拟讲义轮班进呈。丙戌，裁驻藏帮办大臣，设左右参赞。丁亥，颁浙江惠兴女学堂"贞心毅力"扁额。己丑，外务部上《勋章赠赏章程》。命度支部右侍郎陈邦瑞、学部右侍郎李家驹，民政部左参议汪荣宝协纂宪法。以诚勋为广州将军，溥颋为热河都统。以贝子溥伦为农工商部尚书，世续为资政院总裁，李家驹副之，刘若曾为修订法律大臣。壬辰，禁洋商运盐入口。改设英属槟榔屿正领事官。

三月庚子，以刘锐恒为云南提督。裁稽察守卫处，置管理前锋、护军等营事务处，三旗护军仍隶内务府。陆军部奏，东三省测量局员焦滇贿卖秘密地图，诛之。辛丑，裁奉天承德、锦二县。壬寅，裁四川川北、重庆二镇总兵官。癸卯，颁尽忠节、守礼节、尚武勇、崇信义、敦朴素、重廉耻六条训谕军人。丁未，赏陆军各镇、协统制、统领等官何宗莲、李奎元等陆军副都统衔、协都统有差。戊申，吉林浚图们江航路通于海。己酉，命出使义国大臣吴宗濂充专使，贺义大利立国庆典。庚戌，革命党人以药弹击杀署广州将军孚琦。壬子，以萨镇冰为海军副都统。赵尔丰奏平三岩野番，改孔撒、麻书两土司，设流官。甲寅，授张鸣岐两广总督。乙卯，度支部尚书载泽与英美德法四国银行缔结借款契约。丙辰，赏伊犁将军志锐尚书衔，伊犁地方文武各官受节制。免浙江仁和等三十七州县并卫所田塘宣统二年银粮。戊午，以江、皖、豫灾，命冯煦会三省督抚筹春赈。己未，和兰并禁烟会于海牙，命出使德国大臣梁诚往与会。赈科布多札哈沁蒙古游牧灾。庚申，锡良以疾免，调赵尔巽为东三省总督，授钦差大臣，兼管三省将军事。加直隶热河道提法使衔。辛酉，命赵尔丰署四川总督，王人文为川滇边务大臣。予哀毁殉亲前浙江巡抚聂缉规孝行宣付使馆。癸亥，汉儒赵岐、元儒刘因俱从祀文庙。华商创立大同学校于日本横滨，颁"育才广学"扁额。丁卯，革命党人黄兴率其党于广州焚总督衙署，击走之。

　　夏四月辛未，杨文鼎请缓裁湖南缘营及防军。甲戌，赏游学毕业生钟世铭、汪燨芝等法政科进士、举人，工科举人有差。丙子，赵尔巽奏请用人行政便宜行事，从之。丁丑，裁山东抚、镇标营官。戊寅，诏改立责任内阁。颁内阁官制。授庆亲王奕劻为内阁总理大臣，大学士那桐、徐世昌俱为协理大臣。以梁敦彦为外务大臣，善耆为民政大臣，载泽为度支大臣，唐景崇为学务大臣，荫昌为陆军大臣，载洵为海军大臣，绍昌为司法大臣，溥伦为农工商大臣，盛宣怀为邮传大臣，寿耆为理藩大臣。复命内阁总、协理大臣俱为国务大臣，内阁总理大臣、协理大臣均充宪政编查馆大臣，庆亲王奕劻仍管外务部。置弼德院，以陆润庠为院长，荣庆副之。罢旧内阁、办理军机处及会议政务处。大学士、协办大学士仍序次于翰林院。裁内阁学士以下官。置军咨府，以贝勒载涛、毓朗俱为军咨大臣，命订府官制。赵尔巽会陈夔龙、张人骏、瑞澄、李经羲与宪政编查馆大臣商订外省官制。己卯，庆亲王奕劻、大学士那桐、徐世昌俱辞内阁总理、协理，不许，趣即任事。重申鸦片烟禁，谕民政、度支二部，各省督抚克期禁绝。诏定铁路国有。先是，给事中石长信疏论各省商民集股造路公司弊害，宜救部臣将全国干路定为国有，自余枝路准各省绅商集股自修，上韪之，下邮传部议。至是，奏言："中国幅员广袤，边疆辽远,必有纵横四境诸大干路,方足以利行政而握中枢。从前规画未善,致路政错乱纷歧,不分枝干,不量民力,一纸呈请,辄准商办。乃数载以来,粤则收股及半,造路无多。川则倒帐甚巨,参追无着。湘、鄂则开局多年,徒供坐耗。循是不已,恐旷日弥久,民累愈深,上下交受其害。应请定干路均归国有,枝路任民自为。晓谕人民,宣统三年以前各省分设公司集股商办之干路,应即由国家收回。亟图修筑,悉废以前批准之案。"故有是诏。辛未,吉林火灾,发帑银四万两赈之。癸未,赠恤署广州将军副都统孚琦。丁亥,资政院请预算借款两事归院会议,不许。戊子,起端方以侍郎候补,充督办粤汉、川汉铁路大臣。谕裁缺候补人员毋得奏事。谕本年秋季调集禁卫军及近畿各镇陆军于直隶永平府大操。己丑,恭亲王溥伟以疾免禁烟大臣,以顺承郡王讷勒赫代之。庚寅,邮传大臣盛宣怀与英德法美四国银行缔结借款契约成。辛卯,庞鸿书罢,以沈瑜庆为贵州巡抚。壬辰,命督抚晓谕人民,铁路现归官办,起降旨之日,川、湘两省租股,并停罢之。宣统三年四月以前所收者,应由邮传部、督办铁路大臣会督抚查奏。地方官敢有隐匿不报者诘治。杨文鼎奏湘省自闻铁路干路收归国有谕旨,群情汹惧,哗噪异常,遍发传单,恐滋煽动。谕严行禁止,傥有匪徒从中煽惑,意在作乱者,照惩治乱党例,格杀勿论。朱家宝奏江、淮交会为匪党出没之区,比岁荐饥,盗风尤炽。请援鄂、蜀惩办会匪、土匪章程,犯者以军法从事。丙申,移税务司附属之邮政归邮传部管理。除云南昆明县官用田地额赋。丁酉,赈山东滕、峄二县灾。

五月庚子,用湖南京官大理寺少卿王世祺等言,停湖南因路抽收房捐及米盐捐。辛丑,杨文鼎奏,湖南咨议局呈湘路力能自办,不甘借债,据情代奏。严饬之。恤墨西哥被害华侨银。壬寅,裁广西绿营都司、守备以下官及马步兵。癸卯,山东兖、沂、曹三府,济宁州灾,发帑银三万两赈之。四川咨议局以绅民自闻铁路国有之旨,函电纷驰,请缓接收,并请停刊誊黄,呈王人文代奏。人文以闻,诏切责之,仍命迅速刊刻誊黄,遍行晓谕,并剀切开导。乙巳,免珲春贫苦旗丁承领荒地价银。戊申，廷试游学毕业生进士江古怀等，叙官有差。乙卯，孙宝琦奏宗支不宜豫政，饬之。壬子，起复那桐，仍授文渊阁大学士。丙辰，广东因收回路事，倡议不用官发纸币，持票取银。谕张鸣岐防范。丁巳，资政院上修改《速记学堂章程》。戊午，度支、邮传二部会奏川、粤、汉干路收回办法。请收回粤、川、湘、鄂四省公司股票，由部特出国家铁路股票换给。粤路发六成。湘、鄂路照本发还。川路宜昌实用工料之款四百余万，给国家保利股票，其现存七百余万两，或仍入股，或兴实业，悉听其便。诏端方迅往三省会各督抚照行之。丁宝铨以疾免，以陈宝琛为山西巡抚。庚申，命于式枚总理礼学馆。甲午，内阁上内阁属官官制、法制院官制，诏颁布之。置内阁承宣厅，制诰，叙官、统计、印铸四局。设阁丞、厅长、局长各官。并置内阁法制院设使。罢宪政编查馆、吏部、中书科、稽察钦奉上谕事件处、批本处，俱归其事於内阁。以翻书房改隶翰林院。甲子，陆军部奏，简各省督练公所军事参议官。乙丑，翰林院进检讨章梫所纂《康熙政要》。

　　六月丁卯，命资政院会内阁改订院章。赈湖南武陵、龙阳、益阳三县水灾。保定陆军军械局火药库、陆军第二镇演武厅火药库俱火。庚辰，安徽水，无为州五里碑、九连等处圩坏。辛巳，以荣庆为弼德院院长，邹嘉来副之。陆润庠免禁烟大臣，陈宝琛免山西巡抚，以侍郎候补。伊克坦免都察院副都御史，以副都统记名。裁兼管顺天府府尹。壬午，以陆钟琦为山西巡抚。癸未，赵尔丰奏收巴塘得荣地方，户民请纳粮税，浪藏寺喇嘛千余人许还俗。又奏巴塘临卡户民投诚，拨隶三坝厅管理。乙酉，伊克昭盟扎萨克固山贝子三济密都布旗灾，发帑银一万两赈之。西宁丹噶尔厅及西宁县匪党纠众为乱，官军击散之，首犯李旺、李统春、李官博俭等伏诛。辛卯，置典礼院，设掌院大学士、副掌院学士、学士、直学士各官。以李殿林为典礼院掌院学士，郭曾炘为副。壬辰，四川绅民罗纶等二千四百余人，以收路国有，盛宣怀、端方会度支部奏定办法，对待川民纯用威力，未为持平，不敢从命，呈请裁察。王人文以闻，诏以一再渎奏，切责之。增设和属爪哇岛总领事，泗水、苏门答腊正领事。甲午，湖南常德府大雨河溢，浸属县，坏田庐，发帑银六万两赈之。丙申，以禁烟与英使续订条件，重申厉禁，谕中外切实奉行。

闰六月己亥，命宝熙充禁烟大臣。庚子，恩寿以疾免，以余诚格为陕西巡抚。癸卯，安徽大雨，江潮暴发，滨江沿河各州县涝灾，发帑银五万两赈之。庚戌，调余诚格为湖南巡抚，杨文鼎为陕西巡抚。壬子，诏本年调集禁卫军及近畿各镇军于永平府大操，命军咨大臣贝勒载涛恭代亲临监军。癸丑，命贝子溥伦、镇国公载泽会宗人府纂皇室大典。乙卯，革命党人以药弹道击广东水师提督李准，伤而免。前吉林将军铭安卒。丙辰，命载振、陆润庠、增祺、陈宝琛、丁振铎、姚锡光、沈云沛、诚勋、清锐、朱祖谋俱充弼德院顾问大臣，国务大臣奕劻、那桐、徐世昌、梁敦彦、善耆、载泽、唐景崇、荫昌、载洵、绍昌、溥伦、盛宣怀、寿耆及宗人府宗令世铎、总管内务府大臣奎俊、继禄俱兼任弼德院顾问大臣。丁巳，调善耆为理藩大臣，以桂春署民政大臣。调凤山为广州将军，以寿耆为荆州将军。川路股东会会长颜楷等呈劾邮传部，赵尔丰以闻，不报。辛酉，裁各省府治首县，改置地方审判厅。乙丑，内阁请修订法规。

七月壬申，赵尔丰奏铁路收归国有，川民仍多误会，相率要求。谕邮传部："督办铁路大臣清理路股，明示办法，以释群疑。"甲戌，命瑞澂、张鸣岐、赵尔丰、余诚格各于辖境会办铁路事宜。命端方赴四川按查路事。丁丑，以四川人心浮动，宜防鼓惑，谕提督田振邦严束营伍弹压之，趣端方速赴四川，许带兵队。赵尔丰、玉崑率提督、司、道奏，川民争路激烈，请交资政院议决仍归商办，不许，仍责赵尔丰弹压解散。己卯，江苏各属大雨，圩堤溃决，田禾淹没，发帑银四万两赈之。永定河决。端方入川，水陆新旧诸军听调遣。调陆征祥为出使俄国大臣，刘镜人为出使和国大臣。辛巳，忠瑞免，以桂芳为科布多办事大臣。锏溥免，以萨荫图为科布多参赞大臣。壬午，四川乱作，赵尔丰执咨议局议长蒲殿俊、副议长罗纶、保路同志会长邓孝可、股东会长颜楷、张澜及胡嵘、江三乘、叶秉诚、王铭新九人。寻同志会聚众围总督署,击之始散。赈浙江杭、嘉、湖、绍四府灾。癸未,帝入学,大学士陆润庠、侍郎陈宝琛授读,副都统伊克坦教习国语清文。赈湖北水灾。甲申,广东澄海县堤决,发帑银四万两赈之。四川旅京人民以争路开会。具呈资政院乞代奏。命捕代表刘声元解归籍。谕学部约束学生勿预外事,并敕所司禁聚众开会。丁亥,山东济南及东西路各州县水灾,黄河上游民埝复决,发帑银五万两赈之。赈福建水灾。戊子,命前两广总督岑春煊往四川,会赵尔丰办理剿抚事宜。己丑,监国摄政王阅禁卫军。癸巳,以四川民乱,谕赵尔丰督饬诸军迅速击散,仍分别良莠剿抚,被胁者宥之。甲午,波密野番投诚。

八月丙申,总税务司赫德卒,晋太子太保衔。予故成都将军、前伊犁将军马亮于伊犁建祠。壬寅,庆亲王奕劻复请免内阁总理大臣及管理外务部,不许。甲辰,裁直录督标、提标、通永、天津、正定、大名、宣化各镇标官弁马步守兵,提督依旧。丙午,江南提督刘光才以疾免,调张勋代之,以张怀芝为甘肃提督。丁未,定国乐。庚戌,置盐政院,设大臣以下官,废盐务处。命载泽兼任盐政大臣。癸丑,端方、瑞澄奏,湖北境内粤汉、川汉铁路改归国有,取消商办公司,议定接收路股办法,诏嘉之,并以深明大义奖士绅。甲寅,革命党谋乱于武昌,事觉,捕三十二人,诛刘汝夔等三人。瑞澄以闻,诏嘉其弭患初萌,定乱俄顷,命就擒获诸人严鞫,并缉逃亡。乙卯,武昌新军变附于革命党,总督瑞澄弃城走,遂陷武昌。诏夺瑞澄职,仍命权总督事,戴罪图功。命陆军大臣荫昌督师往讨,湖北军及援军悉听节制,萨镇冰率兵舰、程允和率水师并援之。丙辰,张彪以兵匪构变,弃营潜逃,夺湖北提督,仍责剿匪。停永平大操。弛山西、河南运粮禁。武昌军民拥陆军第二十一混成协统领官黎元洪称都督,置军政府。嗣是行省各拥兵据地号独立,举为魁者皆称都督。革命军取汉阳,袭兵工厂、铁厂、据汉口。丁巳,起袁世凯为湖广总督,岑春煊为四川总督,俱督办剿抚事宜。命贝勒载涛督禁卫各军守近畿。戊午,王人文罢,复以赵尔丰为川滇边务大臣。停奉天今年贡。己未,岑春煊辞四川总督,诏不许。趣梁敦彦来京供职。京师开粜济民食。壬戌,诏长江水陆诸军俱听袁世凯节制。谕川、楚用兵,原胁从,自拔来归,不咎既往,原随军自效,能擒献匪党者,优赏之。获逆党名册应销毁,毋株连。两省被扰地方抚恤之。免裁各省绿营、巡防兵。寿耇免,授连魁荆州将军。癸亥,皇太后懿旨,发帑银二十万两赈湖北遭兵难民。福建龙溪、南靖两县河溢堤决,发帑银二万两赈之。以湖北用兵,谕山东、山西两省购运米麦济军。甲子,命副都统王士珍襄办湖北军务。

九月乙丑朔,日有食之。资政院第二次开会,诏勖议员。湖南新军变,巡抚余诚格奔于兵舰,巡防营统领前广西右江镇总兵黄忠浩死之。丙寅,陕西新军变,护巡抚布政使钱能训自杀不克,遂走潼关,西安将军文瑞、副都统承燕、克蒙额俱死之。丁卯,皇太后懿旨,发内帑二十四万两赈直隶、吉林、江苏、安徽、山东、浙江、湖南、广东诸省饥,立慈善救济会。戊辰,张荫棠免,以施肇基充出使义墨秘鲁三国大臣。革命党人以药弹击杀广州将军凤山。己巳,皇太后助帑于慈善救济会。资政院言邮传大臣盛宣怀侵权违法,罔上欺君,涂附政策,酿成祸乱,实为误国首恶,诏夺职。端方奏,访查川乱缘起,实由官民交哄而成,请释咨议局议长蒲殿俊及邓孝可等九人,湖北拘留法部主事萧湘并免议,从之。以唐绍仪为邮传大臣。命陈邦瑞为江、皖赈务大臣。庚午,皇太后出内帑一百万两济湖北军。召荫昌还,授袁世凯钦差大臣,督办湖北剿抚事宜,节制诸军。命军咨使冯国璋总统第一军,江北提督段祺瑞总统第二军,俱受袁世凯节制。以春禄为广州将军。赠恤遇害广州将军凤山。冯国璋与革命军战于滠口,水陆夹击汉口,复之。壬申,以瑞澂失守武昌,避登兵舰,潜逃出省,偷生丧耻,诏逮京,下法部治罪。癸酉,下诏罪已。命溥伦、载泽纂宪法条文,迅速以闻。资政院总裁大学士世续以疾免,以李家驹代之,达寿为副。桂春回仓场侍郎任,赵秉钧署民政大臣。夺湖南巡抚余诚格职,仍权管湖南巡抚事。山西新军变,巡抚陆钟琦死之。云南新军变,总督李经羲遁,布政使世增及统制官钟麟同、兵备处候补道王振畿、辎重营管带范钟岳俱死之。命汤寿潜总办浙江团练。开党禁。戊戌政变获咎，及先从犯政治革命嫌疑，与此次被胁自归者，悉原之。资政院言内阁应负责任，请废现行章程，实行内阁完全制度，不以亲贵充任。诏韪之。顺天府平粜。甲戌，江西新军变，巡抚冯汝骙走九江，仰药死。安徽新军犯省垣，击散之。乙亥，授袁世凯内阁总理大臣，命组织完全内阁。庆亲王奕劻罢内阁总理大臣，命为弼德院院长。那桐、徐世昌罢内阁协理大臣，及荣庆并为弼德院顾问大臣。罢善耆、邹嘉来、载泽、唐景崇、荫昌、载洵、绍昌、溥伦、唐绍仪、寿耆国务大臣，俱解部务。载涛罢军咨大臣，以荫昌为之。起魏光焘为湖广总督，命速往湖北。陆海各军及长江水师仍听袁世凯节制调遣。丙子，召袁世凯来京。命王士珍权署湖广总督。用张绍曾言，改命资政院制定宪法。丁丑，资政院奏采用君主立宪主义，上重大信条十九事。发内帑十万两赈四川遭兵难民。戊寅，诏统兵大员以朝廷与民更始，不忍再用兵力之意谕人民。谕统兵大员申明纪律，禁扰民。命第六镇统制吴禄贞署山西巡抚。袁世凯辞内阁总理大臣，温诏勉之。赠恤殉难山西巡抚陆钟琦。贵州独立，举都督，巡抚沈瑜庆遁。革命军陷上海。袁世凯命前敌诸军停进兵。寻遣知府刘承恩、正参领蔡廷干诣黎元洪劝解兵，不得要领而还。己卯，诏许革命党人以法律组政党。资政院言汉口之役，官军惨杀人民，请敕停战。谕袁世凯按治军官罪，商民损失由国家偿之。吴禄贞奏，遣员入敌军劝告，下令停攻击，亲赴娘子关抚慰革命军，诏嘉之。裁广东交涉使司。江苏巡抚程德全以苏州附革命军，自称都督。浙江新军变，巡抚增韫被执，寻纵之。庚辰，予第二十镇统制张绍曾侍郎衔，宣抚长江。会曾称疾不赴。命张勋充会办南洋军务大臣。赵尔丰免，命端方署四川总督。趣袁世凯入京。释政治嫌疑犯汪兆铭、黄复生、罗世勋于狱。辛巳，广西巡抚沈秉坤自称都督。内阁铨叙局火。壬午，江宁新军统制徐绍桢以其军变，将军铁良、总督张人骏、提督张勋拒守。镇江陷，京口副都统载穆死之。安徽新军变，推巡抚朱家宝为都督。癸未，诏特命袁世凯为内阁总理

大臣。从资政院奏,依宪法信条公举,故有是命。吕海寰请依红十
字会法,推广慈善救济会,从之。广东独立,举都督,总督张鸣岐遁。
福建新军变,将军朴寿、总督松寿死之。甲申,皇太后懿旨罢继禄,
起世续复为总管内务府大臣。召锡良入觐。以朝廷于满、汉军民初
无歧视,命统兵大员晓谕之。乙酉,山东巡抚孙宝琦宣告独立。顺
天府奏立临时慈善普济赤十字总会于京师。罢贝勒毓朗军咨大臣,
以徐世昌代之。丙戌,赏恤江宁战守将士。命吕海寰充中国红十字
会会长,兼慈善救济会事。东三省咨议局及新军要求独立,总督赵
尔巽不从,寝其议,仍令解劝之。丁亥,命近畿各镇及各路军队并姜
桂题所部俱听袁世凯节制。戊子,分遣被兵各省宣慰使,征国民意
见。命各省督抚举足为代表者来京与会议。赵尔巽以川事引咎请
罢,诏不许。吴禄贞以兵至石家庄,为其下所杀。御史温肃劾禄贞
包藏祸心,反形显著。诏陈夔龙按查。王士珍以疾免,命段芝贵护
湖广总督。永定河合龙。袁世凯来京。己丑,以张锡銮为山西巡抚。
溥颋,以锡良为热河都统。庚寅,袁世凯举国务大臣。诏命梁敦彦
为外务大臣,赵秉钧为民政大臣,严修为度支大臣,唐景崇为学务
大臣,王士珍为陆军大臣,萨镇冰为海军大臣,沈家本为司法大臣,
张謇为农工商大臣,杨士琦为邮传大臣,达寿为理藩大臣,俱置副
大臣佐之。于式枚、宝熙充修律大臣。绍昌、林绍年、陈邦瑞、王塈、
吴郁生、恩顺,俱充弼德院顾问大臣。辛卯,命段祺瑞署湖广总督。
起升允署陕西巡抚,督办军务。壬辰,浙江巡抚增韫坐擅离职守夺
职。癸巳,以督攻秣陵关余党,将士奋勇,赏张勋二等轻车都尉世
职。甲午,资政院上改订院章,颁布之。

　　冬十月丙申,内阁奏立宪牴触事项,停召对奏事。弼德院、军咨
府并限制之。废各衙门直日旧章。更命世续复为文渊阁大学士。戊
戌,伍廷芳、张謇、唐文治、温宗尧劝告摄政王,请赞共和政体。庚
子,以宪法信条十九事誓告太庙,摄政王代行祀事。以劳乃宣为大
学堂总监督。溥良免,命直隶宣化镇总兵黄懋澄兼署察哈尔都统。
辛丑,命甘肃提督张怀芝帮办直隶防务。四川成都独立,举都督。壬

寅,督办铁路大臣、候补侍郎、署四川总督端方率兵入川,次资州,为其下所杀。其弟端锦从,并遇害。叙复汉阳功,封冯国璋二等男爵。命科尔沁亲王阿穆尔灵圭往奉天,会赵尔巽筹画蒙古事宜。变军犯金陵,副将王有宏战死。甲辰,孙宝琦罢独立,自劾待罪。诏原之,褒奖山东官商不附和者。发帑犒张勋军。赏梁鼎芬三品京堂,会李准规复广东。丙午,革命军陷江宁,将军铁良、总督张人骏走上海,张勋以其余众退保徐州。袁世凯与民军订暂时息战条款,停战三日。自是展期再三,至决定国体日乃已。命徐世昌充专司训练禁卫军大臣。丁未,宝棻免,以齐耀琳为河南巡抚。命寿勋会袁世凯、徐世昌筹办军务。戊申,哲布尊丹巴胡图克图自立,逐库伦办事大臣三多。诏夺三多职。己酉,赠恤殉难江西巡抚冯汝骙。庚戌,监国摄政王载沣奏皇太后,缴监国摄政王章,退归藩邸。皇太后懿旨,晋世续、徐世昌俱为太保,卫护皇帝。谕段祺瑞剿当阳、天门诸路土匪。辛亥,诏授袁世凯全权大臣,委代表人赴南方讨论大局。以冯国璋为察哈尔都统。资政院请改用阳历,并臣民自由剪发,诏俱行之。壬子,改训练禁卫军大臣为总统官,以冯国璋为之。以良弼为军咨府军咨使。赠恤殉难闽浙总督松寿。丙辰,开黑龙江省太平山察汉敖拉煤矿。丁巳,革命军至荆州,署左翼副都统恒龄死之。戊午,内阁奏行爱国公债票。辛酉,孙宝琦免,以胡建枢为山东巡抚。

十一月甲子朔,袁世凯请废臣工封奏旧制。乙丑,命前署湖北提法使施纪云、前光禄寺少卿陈钟信四川团练。丙寅,成都尹昌衡、罗纶以同志军入总督衙,劫前署四川总督、川滇边务大臣赵尔丰执之,不屈,死。戊辰,赠恤死事广东潮州镇总兵赵国贤。壬申,皇太后命召集临时国会,以共和立宪国体付公决。初,袁世凯遣唐绍仪南下,与民军代表伍廷芳讨论大局,以上海为议和地,一再会议,廷芳力持废帝制建共和国,绍仪不能折,以当先奏闻取上裁,遂以入告。世凯奏请召集王公大臣开御前会议,终从其言。至是,乃定期开国民会议于上海,解决国体。甲戌,各省代表十七人开选举临时大总统选举会于上海,举临时大总统,立政府于南京,定号曰中华民国。戊寅，劝亲贵王公等输财赡军。大理院正卿定成免，以刘若曾代之。己卯，杨士琦免，命梁士诒署邮传大臣。辛巳，赠恤署四川总督、督办粤汉川汉铁路大臣、候补侍郎端方及其弟知府端锦。罢盐政院。滦州兵变，抚定之。伊犁新军协统领官杨缵绪军变，将军志锐死之。丁亥，告谕哲布尊丹巴胡图克图，并赍先朝珍物。庚寅，赠恤殉难署荆州左翼副都统恒龄。辛卯，袁世凯道遇炸弹，不中。壬辰，命张怀芝兼帮办山东防务大臣。癸巳，命所司保护外人生命财产。命舒清阿帮办湖北防务。以乌珍为步军统领，京师戒严。

十二月甲午朔，赏张怀芝巡抚衔。己未，再予前山西巡抚陆钟琦二等轻车都尉世职，追赠同时遇害其子翰林院侍讲陆光熙三品京堂，优恤赐谥，并旌恤钟琦妻唐氏。丁酉，张人骏罢，命张勋护两江总督。胡建枢罢，命张广建署山东巡抚，吴鼎元会办山东防务。己亥，赠恤殉难伊犁将军志税。辛丑，皇太后懿旨，以袁世凯公忠体国，封一等侯爵。命额勒浑署伊犁将军，文琦办塔尔巴哈台参赞大臣事。李家驹免，以许鼎霖为资政院总裁。革命党以药弹击良弼，伤股，越二日死。壬寅，袁世凯辞侯爵，固让再三乃受。癸卯，以复潼关，赏银一万两犒军。甲辰，以叙汉阳功，复张彪提督。乙巳，以张怀芝为安徽巡抚。赠恤死事福州将军朴寿。丁未，命张锡銮往奉天会办防务，李盛铎署山西巡抚，卢永祥会办山西军务。赠恤遇害军咨府军咨使良弼。戊申，以王赓为军咨府军咨使。己酉，皇太后懿旨，授袁世凯全权，与民军商酌条件奏闻。时岑春煊、袁树勋、陆征祥、段祺瑞等请速定共和国体，以免生灵涂炭，故不俟国会召集，决定自让政权，遂有是命。庚戌，命崑源会办热河防务。辛亥，命宋小濂署黑龙江巡抚。壬子，徐世昌免军咨大臣，赠恤云南殉难甘肃布政使世增。乙卯，锡良免，命崑源署热河都统。丁巳，免江南徐州府未完丁漕银粮。戊午，袁世凯奏与南方代表伍廷芳议，赞成共和，并进皇室优待条件八，皇族待遇条件四，满、蒙、回、藏待遇条件七，凡十九条。皇太后命袁世凯以全权立临时共和政府，与民军商统一办法。袁民凯遂承皇太后懿旨，宣示中外曰："前因民军起义，各省响应,九夏沸腾,生灵涂炭。特命袁世凯遣员与民军代表讨论大局,议开国会,公决政体。两月以来,尚无确实办法。南北睽隔,彼此相持。商辍于涂,士露于野。国体一日不决,民生一日不安。今全国人民心理,多倾向共和。南中各省,既倡义于前,北方将领,亦主张于后。人心所向,天命可知。予亦何忍因一姓之尊荣,拂兆民之好恶。是用外观大势,内审舆情,特率皇帝将统治权公诸全国,定为立宪共和国体。近慰海内厌乱望治之心,远协古圣天下为公之义。袁世凯前经资政院选为总理大臣,值兹新旧代议之际,当为南北统一之方。即由袁民凯以全权组织临时共和政府,与民军协商统一办法。总期人民安堵,海宇义安,仍合满、蒙、汉、回、藏五族完全领土为一大中华民国。予与皇帝得以退处安闲,优游岁月,受国民之优礼,亲见郅治之告成,岂不懿欤?"又曰:"古之君天下者,重在保全民命,不忍以养人者害人。现将新定国体,无非欲先弭大乱,期保义安。若拂逆多数之民心,重起无穷之战祸,则大局决裂,残杀相寻,必演成种族之惨痛。将至九庙震惊,兆民荼毒,后祸何忍复言。两害相形,取其轻者。此正朝廷审时观变,痌瘝吾民之苦衷。凡尔京、外臣民,务当善体此意,为全局熟权利害,勿得挟虚矫之意气,逞偏激之空言,致国与民两受其害。著民政部、步军统领、姜桂题、冯国璋等严密防范,剀切开导。俾皆晓然于朝廷应天顺人,大公无私之意。至国家设官分职,以为民极。内列阁、府、部、院,外建督、抚、司、道,所以康保群黎,非以一人一家而设。尔京、外大小各官,均宜慨念时艰,慎供职守。应即责成各长官敦切诫劝,勿旷厥官,用副予凤昔爱抚庶民之至意。"又曰:"前以大局阽危,兆民困苦,特饬内阁与民军商酌优待皇室各条件,以期和平解决。兹据覆奏,民军所开优礼条件,于宗庙陵寝永远奉祀,先皇陵制如旧妥修各节,均已一律担承。皇帝但卸政权,不废尊号。并议定优待皇室八条,待遇皇族四条,待遇满、蒙、回、藏七条。览奏尚为周至。特行宣示皇族暨满、蒙、回、藏人等,此后务当化除畛域,共保治安,重睹世界之升平,胥享共和之幸福,予有厚望焉。"遂逊位。

论曰：帝冲龄嗣服，监国摄政，军国机务，悉由处分，大事并白太后取进止。大变既起，遽谢政权，天下为公，永存优待，遂开千古未有之奇。虞宾在位，文物犹新。是非论定，修史者每难之。然孔子作《春秋》，笔则笔，削则削。所见之世且详于所闻，一朝掌故，乌可从阙。傥亦为天下后世所共鉴欤？

清史稿卷二六
志第一

天文一

天象 地体 里差

历代天文志,自《史记·天官书》后,唯晋、隋两志,备述天体、仪象、星占,唐、宋加详,皆未尽也。至元,景测益精明,占候较密,然疆宇所囿,声教未宏,齐政窥玑,尚多略焉。有清统一区夏,圣圣相承。圣祖亲厘象数,究极精微,前后制新仪七,测日月星辰,则穷极分秒,度舆图经纬,则遍历幅陨。世宗复以岁久积差,准监臣改用椭圆术。高宗又以旧记星纪,间有疏漏,御制玑衡抚辰仪,重加测候。迨平定回疆及两金川,复令重度里差,增入《时宪》。理明数确,器精法密,自古以来,所未有也。今为《天文志》,备载推验之法,其天象昭垂,见于历朝实录及所司载记者,亦悉书之,乾隆六十年以后,国史无征,则从阙焉。

天象《历象考成·天象篇》云:"《楚辞天问》曰'圜则九重,孰营度之?'后世历家,谓天有十二重,非天实有如许重数,盖言日月星辰运转于天,各有所行之道,即《楚辞》所谓圜也。欲明诸圜之理,必详诸圜之动,欲考诸圜之动,必以至静不动者准之,然后得其盈缩。盖天道静专者也,天行动直者也。至静者自有一天,与地相为表里,故群动者运于其间而不息。若无至静者以验至动,则圣人亦无所成其能矣。人恒在地面测天，而七政之行无不可得者，正为以静验动故也。

"十二重天，最外者为至静不动，次为宗动，南北极赤道所由分也。次为南北岁差，次为东西岁差，此二重天，其动甚微，历家姑置之而不论焉。次为三垣二十八宿，经星行焉。次为填星所行，次为岁星所行，次为荧惑所行，次则太阳所行，黄道是也。次为太白所行，次为辰星所行，最内者则太阴所行，白道是也。要以去地之远近而为诸天之内外，然所以知去地之远近者，则又从诸曜之掩食及行度之迟疾而得之。盖凡为所掩食者必在上，而掩之食之者必在下。月体能蔽日光而日为之食，是日远月近之征也。月能掩食五星，而月与五星又能掩食恒星。是五星高于月而卑于恒星也。五星又能互相掩食，是五星各有远近也。

"又宗动天以浑灏之气挈诸天左旋，其行甚速，故近宗动天者，左旋速而右移之度迟。渐远宗动天，则左旋较迟而右移之度转速。今右移之度，惟恒星最迟，土木次之，火又次之。日、金、水较速而月最速，是又以次而近之证也。"

《考成后编·日躔历理》云："西法自多禄某以至第谷，立为本天高卑、本轮、均轮诸说，近世刻白尔、噶西尼等，又以本天为椭圆。"《月离历理》云："自西人创为椭圆之法，日距月天最高有远近，则太阴本天心有进退。地心与天心相距，两心差有大小。"合观诸论，天象备矣。

恒星天无地半径差及次轮消息，故志土星以下七天距地心数，著考测之详焉。

诸天距地心数：

土星最高一十一又一百零四万二千六百分之三十五万二千六百日天半径；

木星最高六又一百九十二万九千四百八十分之一百三十万五千九百日天半径；

火星最高二又六百三十万二千七百五十分之五百五十五万二

千二百五十日天半径；

日均轮术最高一千一百六十二地半径，椭圆术最高二万零九百七十五地半径；

金星最高高于日一千万分日天半径之七百五十四万五千六百四十四最下下于日如之；

水星最高高于日一千万分日天半径之四百五十三万二千一百五十五最下下于日如之；

月均轮术最高朔望时五十八又百分之一十六地半径，椭圆术最高六十三又百分之七十七地半径。

地体，浑天家谓天包地如卵裹黄，《内经》："黄帝曰：'地之为下否乎？'歧伯曰：'地为人之下，太虚之中也。'曰：'凭乎？'曰：'大义举之也。'"《大戴礼》："单居离问于曾子曰：'天圆而地方，诚有之乎？'曾子曰：'如诚天圆而地方，则是四角之不掩也。参尝闻诸夫子曰："天道曰圆，地道曰方。"'"宋儒邵子曰："天何依？依乎地，地何附？附乎天。天地何所依附？自相依附。自相依附，天依，形地附气。"程子曰："据日景以三万里为中，若有穷，然有至一边已及一万五千里，而天地之运盖如初。然则中者亦时中耳。"又曰："今人所定天体，只是且以眼定，视所极处不见，遂以为尽。然向曾有于海上见南极下有大星十，则今所见天体盖未定。日月升降不过三万里中，然而中国只到鄯善、沙车，已是一万五千里。若就彼观日，尚只是三万里中也。伯淳在泽州，尝三次食韭黄，始食怀州韭，次食泽州，次食并州，则知数百里间，气候已争三月矣。若都以此差之，则须争半岁。如是，则有在此冬至、在彼夏至者，只是一般为冬夏而已。"朱子《天问注》云："天之形圆如弹丸，其运转者亦无形质，但如劲风之旋。地则气之渣滓聚成形质者，但以其束于劲风旋转之中，故得以兀然浮空甚久而不堕耳。"西人谓地体浑圆，四面皆有人，冬夏互异，昼夜相反，与《内经》、《戴记》及宋儒之言若合符节。今以天周三百六十度徵之，南行二百里，则北极低一度；北行二百里，则北极高一度，东西当赤道下行二百里，则见月食之早晚亦差一度。其在赤道南北纬圈下行虽广狭不同，然莫不应乎浑象。则知地之大周皆三百六十度，东西南北皆周七万二千里，以古尺八寸计之，则周九万里，以围三径一率之，则径三万，里亦与古三万里为中之说相符。然则地体浑圆，无疑义矣。距纬应大周里数不同，为志其要。

赤道南北距纬东西每度相距里数：

距纬一度一百九十九里三百四十步；

距纬五度一百九十九里八十步；

距纬十度一百九十六里三百四十步；

距纬十五度一百九十三里六十步；

距纬二十度一百八十七里三百二十步；

距纬二十五度一百八十一里八十步；

距纬三十度一百七十三里六十步；

距纬三十五度一百六十三里二百八十步；

距纬四十度一百五十三里八十步；

距纬四十五度一百四十一里一百二十步；

距纬五十度一百二十八里二百步；

距纬五十五度一百一十四里二百四十步；

距纬六十度九十九里三百四十步；

距纬六十五度八十四里二百步；

距纬七十度六十八里一百四十步；

距纬七十五度五十一里二百四十步；

距纬八十度三十四里一百六十步；

距纬八十五度一十七里八十步；

距纬八十九度三里一百六十步。

里差者，因人所居有南北东西之不同，则天顶地平亦异，可以计里而定，故名里差，其所关于仰观甚钜。盖恒星之隐见，昼夜之永短，七曜之出没，节气之早晚，交食之深浅先后，莫不因之而各殊。

惟得其所差之数，则各殊之故，皆可豫知，不致诧为失行而生饰说矣。新法算书所载各省北极高及东西偏度，大概据舆图道里定之，多有未确。今以康熙年间实测各省及诸蒙古高度、偏度，并乾隆《时宪》所增省分，与回疆部落、两金川土司等，昼夜永短，节气早晚，推得高度、偏度备列焉。

北极高度：

京师高三十九度五十五分；

盛京高四十一度五十一分；

山西高三十七度五十三分三十秒；

朝鲜高三十七度三十九分十五秒；

山东高三十六度四十五分二十四秒；

河南高三十四度五十二分二十六秒；

陕西高三十四度十六分；

江南高三十二度四分；

四川高三十度四十一分；

湖广高三十度三十四分四十八秒；

浙江高三十度十八分二十秒；

江西高二十八度三十七分十二秒；

贵州高二十六度三十分二十秒；

福建高二十六度二分二十四秒；

广西高二十五度十三分七秒；

云南高二十五度六分；

广东高二十三度十分；

布垅堪布尔嘎苏泰高四十九度二十八分；

额格塞楞格高四十九度二十七分；

桑锦达赉湖高四十九度十二分；

肯特山高四十八度三十三分；

克噜伦河巴尔城高四十八度五分三十秒；

图拉河汗山高四十七度五十七分十秒；

喀尔喀河克勒和硕高四十七度三十四分三十秒；

杜尔伯特高四十七度十五分；

鄂尔坤河额尔得尼昭高四十六度五十八分十五秒；

崆格扎布韩堪河高四十六度四十二分；

扎赉特高四十六度三十分；

推河高四十六度二十九分二十秒；

科尔沁高四十六度十七分；

郭尔罗斯高四十五度三十分；

阿噜科尔沁高四十五度三十分；

翁吉河高四十五度三十分；

萨克萨克图古里克高四十五度二十三分四十五秒；

乌朱穆沁高四十四度四十五分；

浩齐特高四十四度六分；

固尔班赛堪高四十三度四十八分；

巴林高四十三度三十六分；

扎噜特高四十三度三十分；

阿巴哈纳高四十三度二十三分；

阿巴噶高四十三度二十三分；

奈曼高四十三度十五分；

克什克腾高四十三度；

苏尼特高四十三度；

哈密高四十二度五十三分；

翁牛特高四十二度三十分；

敖汉高四十二度十五分；

喀尔喀高四十一度四十四分；

四子部落高四十一度四十一分；

喀喇沁高四十一度三十分；

茂明安高四十一度十五分；

乌喇特高四十度五十二分；

归化城高四十度四十九分；

土默特高四十度四十九分；

鄂尔多斯高三十九度三十分；

阿拉善山高三十八度三十分；

　　右康熙年间实则。

雅克萨城高五十一度四十八分；

黑龙江高五十度一分；

三姓高四十七度二十分；

伯都讷高四十五度十五分；

吉林高四十三度四十七分；

甘肃高三十六度八分；

安徽高三十度三十七分；

湖南高二十八度十三分；

越南高二十二度十六分；

阿勒坦淖尔乌梁海高五十三度三十分；

汗山哈屯河高五十一度十分；

唐努山乌梁海高五十度四十分；

乌兰固木杜尔伯特高四十九度二十分；

额尔齐斯河高四十八度三十五分；

斋桑淖尔高四十八度三十五分；

阿勒台山乌梁海高四十八度三十分；

阿勒辉山高四十八度二十分；

科布多城高四十八度二分；

乌里雅苏台城高四十七度四十八分；

哈萨克高四十七度三十分；

塔尔巴哈台高四十七度；

布勒罕河土尔扈特高四十七度；

巴尔噶什淖尔高四十七度；

乌陇古河高四十六度四十分；

赫色勒巴斯淖尔高四十六度四十分；

和博克萨哩土尔扈特高四十六度四十分；

扎哈沁高四十六度三十分；

斋尔土尔扈特高四十六度十分；

哈布塔克高四十五度；

次河高四十四度五十分；

博罗塔拉高四十四度五十分；

拜达克高四十四度四十三分；

晶河土尔扈特高四十四度三十五分；

库尔喀喇乌苏土尔扈特高四十四度三十分；

安济海高四十四度十三分；

哈什高四十四度八分；

伊犁高四十三度五十六分；

塔拉斯河高四十三度五十分；

穆垒高四十三度四十五分；

济木萨高四十三度四十分；

巴里坤高四十三度三十九分；

崆吉斯高四十三度三十三分；

乌鲁木齐高四十三度二十七分；

珠勒都斯高四十三度十七分；

叶鲁番高四十三度四分；

塔什干高四十三度三分；

和硕特高四十三度；

那林山高四十三度；

特穆尔图淖尔高四十二度五十分；

鲁克沁高四十二度四十八分；

乌沙克塔勒高四十二度十六分；

哈喇沙尔高四十二度七分；

库尔勒高四十一度四十六分；

布尔古高四十一度四十四分；

赛哩木高四十一度四十一分；

纳木干高四十一度三十八分；

库车高四十一度三十七分；

布噜特高四十一度二十八分；

安集延高四十一度二十八分；

霍罕高四十一度二十三分；

阿克苏高四十一度九分；

乌什高四十一度六分；

鄂什高四十度十九分；

喀什噶尔高三十九度二十五分；

巴尔楚克高三十九度十五分；

英吉沙尔高三十八度四十七分；

叶尔羌高三十八度十九分；

斡罕高三十八度；

色埒库勒高三十七度四十八分；

喀楚特高三十七度十一分；

哈喇哈什高三十七度十分；

克里雅高三十七度；

和阗高三十七度；

伊里齐高三十七度；

博罗尔高三十七度；

三珠高三十六度五十八分；

玉陇哈什高三十六度五十二分；

鄂啰善高三十六度四十九分；

什克南高三十六度四十七分；

巴达克山高三十六度二十三分；

三杂谷高三十二度一分；

党坝高三十一度五十六分；

绰斯甲布高三十一度五十三分；

金川勒乌围高三十一度三十四分；

金川噶拉依高三十一度十九分；

瓦寺高三十一度十七分；

革布什咱高三十一度八分；

布拉克底高三十一度四分；

小金川美诺高三十一度；

巴旺高三十度五十八分；

沃克什高三十度五十六分；

明正高三十度二十八分；

木坪高三十度二十五分；

右乾隆《时宪》所增。

东西偏度：

盛京偏东七度十五分；

浙江偏东三度四十一分二十四秒；

福建偏东二度五十九分；

江南偏东二度十八分；

山东偏东二度十五分；

江西偏西三十七分；

河南偏西一度五十六分；

湖广偏西二度十七分；

广东偏西三度三十三分十五秒；

山西偏西三度五十七分四十二秒；

广西偏西六度十四分四十秒；

陕西偏西七度三十三分四十秒；

贵州偏西九度五十二分四十秒；

四川偏西十二度十六分；

云南偏西十三度三十七分；

朝鲜偏东十度三十分；

郭尔罗斯偏东八度十分；

扎赖特偏东七度四十五分；

杜尔伯特偏东六度十分；

扎鲁特偏东五度；

奈曼偏东五度；

科尔沁偏东四度三十分；

敖汉偏东四度；

阿禄科尔沁偏东三度五十分；

喀尔喀河克勒和邵偏东二度四十六分；

巴林偏东二度十四分；

喀喇沁偏东二度；

翁牛特偏东二度；

乌朱穆秦偏东一度十分；

克什克腾偏东一度十分；

蒿齐忒偏东三十分；

阿霸哈纳偏东二十八分；

阿霸垓偏东二十八分；

苏尼特偏西一度二十八分；

克尔伦河巴拉斯城偏西二度五十二分；

四子部落偏西四度二十二分；

归化城偏西四度四十八分；

土默特偏西四度四十八分；

喀尔喀偏西五度五十五分；

毛明安偏西十六度九分；

吴喇忒偏西六度三十分；

肯忒山偏西七度三分；

鄂尔多斯偏西八度；

图拉河韩山偏西九度十二分；

翁机河偏西十一度；

固尔班赛堪偏西十一度；

布龙看布尔嘎苏泰偏西十一度二十二分；

阿兰善山偏西十二度；

厄格塞楞格偏西十二度二十五分；

鄂尔昆河厄尔德尼招偏西十三度五分；

推河偏西十五度十五分；

桑金答赖湖偏西十六度二十分；

萨克萨图古里克偏西十九度三十分；

空格衣扎布韩河偏西二十度十二分；

哈密城偏西二十二度三十二分；

　　　右康熙年间实测。

三姓偏东十三度二十分；

黑龙江偏东十度五十八分；

吉林偏东十度二十七分；

伯都讷偏东八度三十七分；

安徽偏东三十四分；

雅克萨城偏西十七分；

湖南偏西三度四十二分；

越南偏西十度；

甘肃偏西十二度三十六分；

乌里雅苏台城偏西二十二度四十分；

巴里坤偏西二十三度；

扎哈沁偏西二十三度十分；

唐努山乌梁海偏西二十四度二十分；

哈布塔克偏西二十四度二十六分；

拜达克偏西二十五度；

穆垒偏西二十五度三十六分；

乌兰杜木杜尔伯特偏西二十五度四十分；

鲁克沁偏西二十六度十一分；

叶鲁番偏西二十六度四十五分；

济木萨偏西二十六度五十二分；

科布多城偏西二十七度二十分；

乌鲁木齐偏西二十七度五十六分；

布勒罕河土尔扈特偏西二十八度十分；

乌沙克塔勒偏西二十八度二十六分；

阿勒台山乌梁海偏西二十八度三十五分；

阿勒坦淖尔乌梁海偏西二十八度四十分；

汗山哈屯河偏西二十九度；

乌陇古河偏西二十九度十五分；

赫色勒巴斯淖尔偏西二十九度十五分；

哈喇沙尔偏西二十度十七分；

库尔勒偏西二十九度五十六分；

塔尔巴哈台偏西三十度；

珠勒都斯偏西三十度五十分；

安济海偏西三十度五十四分；

和硕特偏西三十一度；

和博克萨哩土尔扈特偏西三十一度十五分；

库尔喀喇乌苏土尔扈特偏西三十一度五十六分；

崆吉斯偏西三十二度；

布古尔偏西三十二度七分；

额尔齐斯河偏西三十二度二十五分；

齐桑淖尔偏西三十二度二十五分；

哈什偏西三十三度；

齐尔土尔扈特偏西三十三度；

博啰塔拉偏西三十三度三十分；

晶河土尔扈特偏西三十三度三十分；

库车偏西三十三度三十二分；

克里雅偏西三十三度三十三分；

伊犁偏西三十四度二十分；

赛哩木偏西三十四度四十分；

哈萨克偏西三十四度五十分；

玉陇哈什偏西三十五度三十七分；

和阗偏西三十五度五十二分；

伊里齐偏西三十五度五十二分；

哈喇哈什偏西三十六度十四分；

阿勒辉山偏西三十六度五十分；

阿克苏偏西三十七度十五分；

三珠偏西三十七度四十七分；

巴尔噶什淖尔偏西三十八度十分；

乌什偏西三十八度二十七分；

特穆尔图淖尔偏西三十九度二十分；

巴尔楚克偏西三十九度三十五分；

叶尔羌偏西四十度十分；

英吉沙尔偏西四十一度五十分；

吹河偏西四十二度；

喀什噶尔偏西四十二度二十五分；

色埒库勒偏西四十二度二十四分；

喀楚特偏西四十二度三十二分；

鄂什偏西四十二度五十分；

博罗尔偏西四十三度三十八分；

巴达克山偏西四十三度五十分；

塔拉斯河偏西四十四度；

布噜特偏西四十四度三十五分；

安集延偏西四十四度三十五分；

什克南偏西四十四度四十六分；

那林山偏西四十五度；

斡罕偏西四十五度九分；

鄂啰善偏西四十五度二十六分；

纳木干偏西四十五度四十分；

霍罕偏西四十五度五十六分；

塔什干偏西四十七度四十三分；

瓦寺偏西十二度五十八分；

木坪偏西十三度三十七分；

沃克什偏西十三度五十一分；

三杂谷偏西十三度五十六分；

小金川美诺偏西十四度七分；

布拉克底偏西十四度二十二分；

金川噶拉依偏西十四度二十九分；

党坝偏西十四度二十九分；

金川勒乌围偏西十四度三十四分；

巴旺偏西十四度三十九分；

绰斯甲布偏西十四度四十四分；

明正偏西十四度四十九分；

革布什咱偏西十四度五十一分；

　　右乾隆《时宪》所增。

清史稿卷二七
志第二

天文二

仪　象

汉创浑天仪，谓即玑衡遗制，唐、宋皆仿为之。至元始有简仪、仰仪、窥几、景符等器，视古加详焉。明于北京齐化门内倚城筑观象台，放元制作浑仪、简仪、天体三仪，置于台上。台下有晷景堂、圭表、壶漏，清初因之。康熙八年，圣祖用监臣南怀仁言，改造六仪，曰黄道经纬仪、赤道经纬仪、地平经仪、地平纬仪、纪限仪、天体仪。五十二年，复将地平经、纬合为一仪。乾隆九年，高宗御制玑衡抚辰仪，并安置台上。今考各形制用法，悉著于篇。

黄道经纬仪，仪之圈有四，各分四象限，限各九十度。其外大圈恒定而不移者，名天元子午规，外径六尺，规面厚一寸三分，侧面宽二寸五分，规之下半夹入于云座。仰载之半圈，前后正直子午，上直天顶，中直地平。从地平上下按京师南北两极出入度分，定赤道两极。次内为过极至圈，圈周平分处，各以钢枢贯于赤道二极。又依黄赤大距度，于过极至圈上定黄道南北极。距黄极九十度安黄道圈，与过极至圈十字相交，各陷其中以相入，令两圈为一体，旋转相从。黄道圈之两侧面，一为十二宫，一为二十四节气。其两交，一当冬至，一当夏至。次内为黄道经圈，则以钢枢贯于黄极焉。圈之径为圆轴，围三寸。轴之中心立圆柱为纬表，与经圈侧面成直角，而黄道圈经圈上各设游表,仪顶更设铜丝为垂线。全仪以双龙擎之,复为交梁以立龙足。梁之四端,各承以狮,仍置螺柱以取平。垂线有偏侧,则转螺柱,垂线正,则仪正矣。用法,欲求某星黄道经纬度,须一人于黄道圈上查先所得某星之经纬度分,其上加游表,而过南北轴中柱,表对星定仪;又一人用游表于经圈上过柱,表对所测之星,游移取置,则经圈上游表之指线定某星纬度,又定仪查黄道圈两表相距之度分,即某星之经度差。或测日月,以距星为比,亦如之。

赤道经纬仪,仪有三圈,外大圈者,天元子午规也。以一龙南向而负之。规之分度定极,皆与黄道仪同。去极九十度安赤道圈,与子午规十字相交,恒定不动。圈内规面及上侧面皆镂二十四时,时各四刻。外规面分三百六十度,内安赤道经圈。以南北极为枢,而可东西游转,与赤道圈内规面相切。经圈径为圆轴,轴中心立圆柱,以及游表、垂线、交梁、螺柱等法,皆同黄道仪。用法,若测日时刻,则赤道圈上用时刻游表,即通光耳,对于南北轴表,视赤道圈内游表所指,即时刻分秒。若诸曜经度,用两通光耳,即两径表,在赤道圈上一定一游。一人从定耳窥南北轴表,与先得星相参测之;一人以游耳转移迁就,而窥本轴表与所测参相直,视两耳间应赤道圈上之度分,即两经度之差也。纬度亦以通光耳于经圈上转移而迁就焉。务欲令目与表与所测相参直,视本耳下经圈在赤道或南或北之度分,即所测距赤道南北之度分也。

地平经仪,仪只一地平圈,全径六尺,其平面宽二寸五分,厚一寸二分。分四象限,各九十度,以四龙立于交梁以承之。梁之四端,各施取平之螺柱。梁之交处安立柱,高与地平圈等,适当地平圈之中心。又于地平圈上东西各立一轴,约高四尺,柱各一龙,盘旋而上,从柱端各伸一爪,互捧圆珠。下有立轴,其形扁方,空其中如窗棂,以安直线。轴之上端入于珠,下端入立柱中心,令可旋转。而轴中之线,恒为天顶之垂线焉。又为长方横表,长如地平圈,全径厚一寸,宽一寸五分,中心开方孔管于立轴下端,使随立轴旋转。复剡其两端令锐,以指地平圈之度分。又自两端各出一线,而上会于立轴中直线之顶,成两三角形。凡有所测,则旋转游表,使三线与所测参相直,乃视表端所指,即所测之地平经度也。

地平纬仪,即象限仪,盖取全圆四分之一以测高度者也。其弧九十度,其两边皆圆半径,长六尺,两半径交处为仪心。仪架东西立柱,各以二龙拱之。上架横梁,又立中柱上管于横梁,令可转动仪心,上指仪之两边,一与中柱平行,一与横梁平行。又于仪心立短圆柱以为表,又加窥衡,长与半径等,上端安于仪心,剡其下端,以指弧面度分,更安表耳。有所测,乃以窥衡上下游移,多表耳缝中窥圆柱,令与所测相参直。其衡端所指度分,即所测之地平纬度也。

纪限仪,弧面为全圆六分之一,分六十度。一弧一干,干长六尺,即全圆之半径。弧之宽二寸五分,干之左右,细云纠缦缠连,所以固之。干之上端有小衡,与干成十字。仪心与衡两端皆立圆柱为表,弧面设游表。承仪之台,约高四尺,中植立柱,以系仪之重心,则左右旋转,高低斜侧,无所不可,故又名百游仪焉。用法,测两曜,不论黄赤经纬,而求大圈相距之度,一人从衡端耳表窥中心柱表,对定此曜,又一人从游耳表向中心柱表窥彼曜相参直,视衡端至游耳表下度分,即两曜相距度分也。

天体仪,仪为圆球。径六尺,宛然穹象,故以天体名之。中贯钢轴,露其两端,以属于子午规之南北极,令可转运。座高四尺七寸,座上为地平圈,宽八寸。当子午处各为阙,以入子午规。阙之度与子午规之宽厚等,则两圈十字相交,内规面恰平,而左右上下环抱乎仪。周围皆空五分,以便高弧游表进退。又安时盘于子午规外,径二尺,分二十四时。以北极为心,其指时刻之表,亦定于北极,令能随天体转移,又能自转焉。座下复设机轮,运转子午规,使北极随各方出地升降,各方天象隐见之限,皆可究观矣。

地平经纬合仪,经仪中心立柱安纬仪。用法,旋纬仪,对定所测游表,于纬仪上得纬度,视纬仪边切经仪之处,即得经度,一测而两得焉。

玑衡抚辰仪,仪制三重,其在外者,即古六合仪,而不用地平圈,其正立双环为子午圈。两面皆刻周天三百六十度,自南北极起,初度至中要九十度,是为天经。斜倚单环为天常赤道圈,两面皆刻周日十二时,以子正午正当子午双环中空之半,而结于其中要,是为天纬。其南北二极皆设圆轴,轴本实于子午双环,中空之间,而轴内向,以贯内二重之环。其下承以云座,仰面正中开双槽以受双环,东面正中开云窝以受垂线。下面置十字架,施螺旋以取平。架之东西两端各植龙柱,龙口衔珠,开孔以承天常赤道卯酉之两轴,依观象台测定南北正线,将座架安定,则平面之四方正。又依京师北极出地度分,上数至成一象限,即天顶。依南极入地度分,下数成一象限,即地心。于天顶施小钉悬垂线,面垂适当地心,又适切于双环之面。线末垂球,又适当云窝,不即不离,则上下正立面之四方亦正,而地平已在其中。

次其内即古三辰仪,而不用黄道圈,其贯于二极之双环,为赤极经圈。两极各设轴孔,以受天经之轴,两面皆刻周天三百六十度。结于赤极圈之中要,与天常赤道平运者,为游旋赤道圈两面皆刻周天三百六十度,与宗动天赤道旋转相应。自经圈之南极,作两象限弧以承之,使不倾垫。

次最内即古四游仪,贯于二极之双环,为四游圈,两面皆刻三百六十度。定于游圈之两极者为直距,绾于直距之中心者为窥衡。游圈中要设直表,以指经度及时,窥衡右旁设直表,以指纬度。别设借弧指时度表、立表、平行立表、平行借弧表,以济所测之穷。又设绾经度表、绾时度表、平行线测经度表,以期两测之合。

其数,子午圈外径六尺三寸,内径五尺六寸六分,环面阔三寸二分,厚九分,中空一寸。天常赤道外径六尺一寸二分,内径五尺六寸四分,环面阔二寸四分,厚一寸四分。赤极经圈外径五尺五寸六分,内径五尺一寸二分,环面阔二寸八分,厚八分,中空一寸二分。游旋赤道外径五尺五寸六分,内径五尺一寸二分,环面阔二寸二分,厚一寸二分。四游圈外径五尺,内径四尺六寸八分,环面阔一寸六分,厚七分,中空一寸四分。直距长如圆之通径,阔一寸六分,厚七分,中空一寸四分。窥衡长四尺七寸二分,方一寸二分,中空一寸。上下两端施方铜盖,厚五分,内三分,方一寸,入于管中,外二分,方一寸二分,齐于管面,中心开圆孔。

指时度表,通长七寸三分,本长一寸六分,形如方筒,入于四游双环中空之间,阔一寸四分,横带长三寸二分,阔五分,两端各钩回二分,扣于环面之外。表长五寸二分,阔一寸。其指时度之边线,对方筒之正中,下端二寸四分,厚三分,切于游旋赤道之面,以指度分。上端二寸八分,厚二分,切于天常赤道之面,以指时刻。

指纬度表,其形两曲,安于窥衡之右面。底长三寸,阔九分,曲横七分,与四游环之厚等。又曲长一寸七分,切于四游环之外面,从中线减阔之半,所以指纬度也。

借弧指时度表,其本方筒及横带长阔并与前指时度表同。横带之下,自左向右,立安弧背一道,长九寸三分,阔一寸二分,厚一分六厘。弧背之末,平安指时度表,除弧背之厚,长五寸二分,阔一寸。计自表本方筒之中线至指时度表之内边,长六寸七分,当游旋赤道之十五度,当天常赤道之一小时。

立表二座,形直底平,表高底长各三寸二分,阔九分,厚一分。一表向上开长方孔,长一寸,中留直线,又上五分开圆孔,径四分,中留十字线,安于窥衡之上端。一表依前度下开直缝,上开小圆孔,安于窥衡下端,各对衡面中线,以螺旋结之。

平行立表,二座形曲底平,底盘长四寸,阔一寸二分,厚一分,中空三寸二分,阔九分。表曲如勾股。股直如立表,高三寸二分,阔九分。勾横连于股末,长五寸,阔九分横植于底盘之末。底盘中空,冒于立表底盘之外,以搯表固之。

平行借弧表,制如平行立表,而倒正异。一表上植于衡面,高四寸一分零八毫,一表自衡面下垂,长六寸二分零八毫。距表端下六分开圆孔,又下五分开长方孔,皆与立表制同。

绾经度表,通长四寸,阔一寸四分。其本方筒长一寸六分,高一寸八分,入于四游双环之间,以左右螺旋固之。其末上下二面以夹游旋赤道,上面阔七分,减本之半,与窥衡中线相直,下面以螺旋固之。

绾时度表,内外二截,内截上下内三面,绾于游旋赤道之内规。上面之末,承于外截之下,开二方孔,以受外截之方足,下面以螺旋固之。外截上下外三面,绾于天常赤道之外规。上面之末,覆于内截之上,下面以螺旋固之。

平行线测经度表,于直距南北极之两端,各安铜版,如工字形,正方二寸八分,与直距二面之分等。两要各缺一长方,长一寸六分,阔七分,扣于直距中空之间。中心开圆孔,贯于天经之轴。四隅距中心一寸九分,各安立柱,圆顶开孔,以穿直线,与直距中径平行。下安小环,以为结赤经平行线之用。又按距星宫度,于游旋赤道安赤经平行线表,其制上画半圆,内容半方,自对角斜线起,初度至横径为四十五度,其中直径与指度表之边线相参直。半圆中心安二游表,各长二寸,距中心一寸九分。边留小脐,中开小圆孔,以线穿之。上端系于北极铜版对角之两环,下端贯于南极铜版对角之两环,各以垂球坠之。

用法,测日时刻,以四游圈东西推转,窥衡南北低昂,令日光透孔圆正,视四游圈下指时度表临天常赤道某时刻,即得。若日影为赤道所碍,则用窥衡上立表测之,令表两孔正透,仍于指时度表视时刻。或为龙柱所碍,则用平行立表测之,亦于指时度视时刻。若指时度表为子午圈所碍,则易用借弧指时度表,次用平行立表。测定日影,视借弧指时度表所指时刻,加一小时,即得。测经度,取所知正午前后一恒星,以其赤道经度之对冲,用绾经度表于游旋赤道绾定四游圈。又任设一时,用绾时度表,于其时之对冲,绾天常赤道。乃将四游圈带定游旋赤道,用窥衡测准距星,随之左旋。候至所设时刻,视绾时度表对游旋赤道,某宫度分,即日赤道经度。或以本时太阳赤道经度,用绾时度表于游旋赤道绾定,又以所设时刻之对冲,于天常赤道绾定。候至所设时刻,用四游窥测月星,乃视指时度表所指游旋赤道宫度,加半周,即得所测月星赤道经度。测两曜相距经度,用平行线测经度表于游旋赤道初宫初度安定,令一人用此平行线表、左两线、右两线,并窥定距西之曜,随之左旋,一人用四游窥衡测距东之曜,视指时度表所指游旋赤道之度分,即所测两曜相距赤道经度也。测纬度,凡得经度时,随察指纬度表所指四游圈之度分,即得所测赤道纬度。其有所碍,皆如测时刻法易之。其近北极之星,则以平行借弧表测之。

清史稿卷二八
志第三

天文三

日月五星　　恒星
黄赤道十二次值宿　　昏旦中星

日月五星，自古言天之精者，知日月五星为浑象而已。近代西人制大远镜，测得诸曜形体及附近小星晕气各种，古今不同就其著者录焉。

日之面有小黑形，常运行二十八日满一周，月之面以日光正照显明影，偏照显黑影。其面有凹凸，故虽全明之中，亦有淡黑杂影。

土星之体，彷佛卵形，旧测谓旁有两耳，今测近于赤道星面相逼甚窄，于远赤道所宕甚宽。旁有排定小星五点，最近第一星，约行二日弱，第二星行三日弱，第三星行四日半强，第四星略大，行十六日，第五星行八十日，俱旋行土星一周。

木星之面，常有平行暗影，外有小星四点。第一星行一日七十三刻，第二星行三日五十三刻，第三星略大，行七日十六刻，第四星行十六日七十二刻，俱旋行木星一周。

火星之面，内有无定黑影。

金、水星俱借日为光，合朔弦望如月。

恒星，《历象考成》云："恒星之名，见于《春秋》，而四仲中星及斗、牵牛、织女、参、昴、箕、毕、大火、农祥、龙尾、鸟帑、元驷、元鼋之属，散见于《尚书》、《易》、《诗》、《左传》、《国语》。至《周礼·春官》冯相氏掌二十八星之位，而《礼记》、《月令》、《大戴礼》、《夏小正》稍具诸星见伏之节。盖古者敬天勤民，因时出政，皆以星为纪。秦炬之后，羲和旧术，无复可稽，其传者惟《史记·天官书》，而所载简略。后汉张衡云：'中外之官，常明者百有二十四，可名者三百二十，为星二千五百'，而其书不传。至三国时，太史令陈卓始列巫咸、甘、石三家所著星图，总二百八十三官，一千四百六十四星。隋丹元子作《步天歌》，叙三垣二十八宿，共一千四百六十七星，为观象之津梁，然尚未有各星经纬度数。自唐、宋而后，诸家以仪象考测，始有各星入宿去极度分，视古加密。

"《新法算书·恒星图表》，共星一千二百六十六，分为六等：第一等星一十七，第二等星五十七，第三等星一百八十五，第四等星三百八十九，第五等星三百二十三，第六等星二百九十五，外无名不入等者四百五十九。康熙壬子年钦天监新修《仪象志》，恒星亦分六等，而其数微异。第一等星一十六，第二等星六十八，第三等星二百零八，第四等星五百一十二，第五等星三百四十二，第六等星七百三十二，共计一千八百七十八。盖观星者以目之所能辨，因其相近，联缀成象而命之名，其微茫昏暗者，多不可考。故各家星官之数，多少不能画一。然列宿及诸大星，则古今中西如一辙也。"

又云："恒星行即古岁差也，古法俱谓恒星不动，而黄道西移，今谓黄道不动，而恒星东行。盖使恒星不动而黄道西移，则恒星之黄道经纬度宜每岁不同，而赤道经纬度宜终古不变。今测恒星之黄道经度，每岁东行，而纬度不变。至于赤道经度，则逐岁不同，而纬度尤甚。自星纪至鹑首六宫之星，在赤道南者，纬度古多而今渐少，在赤道北者反是。自鹑首至星纪六宫之星，在赤道南者纬度古少而今渐多，在赤道北者反是。凡距赤道二十三度半以内之星，在赤道北者，可以过赤道南，在赤道南者，亦可以过赤道北，则恒星循黄道东行，而非黄道之西移明矣。《新法算书》载西人第谷以前，或云恒星百年而东行一度,或云七十余年而东行一度,或云六十余年而东行一度,随时修改,迄无定数,与古人屡改岁差相同。迨至第谷,方定恒星每岁东行五十一秒,约七十年有余而行一度,而元郭守敬所定岁差之数亦为近之。至今一百四十余年,验之于天,虽无差忒,但星行微渺,必历多年,其差乃见。然则第谷所定之数,亦未可泥为定率,惟随时测验,依天行以推其数可也。"《仪象考成》云:"康熙十三年,监臣南怀仁修《仪象志》,星名与古同者,总二百五十九座,一千一百二十九星,比《步天歌》少二十四座,三百三十五星。又于有名常数之外,增五百九十七星。又多近南极星二十三座,一百五十星。近年以来,累加测验,星官度数,《仪象志》尚多未合。又星之次第多不序顺,亦宜厘正。于是逐星测量,推其度数,观其形象,序其次第,著之于图。计三垣二十八宿,星名与古同者,总二百七十七座,一千三百一十九星,比《仪象志》多十八座,一百九十星。与《步天歌》为近。其尤与古合者,二十八宿次舍,自古皆觜宿在前,参宿在后,其以何星作距,古无明文。《唐书》云:"古以参右肩为距",失之太远。《文献通考》载宋《两朝天文志》云:"觜三星,距西南星,参十星,距中星西一星。"西法,觜宿距中上星,参宿亦距中西一星。今按觜宿中上星在西南星前仅六分余,而西南星小,中上星大,则以中上星作距可也。若参宿以中西一星作距星,则觜宿之黄道度已在参宿后一度余,即赤道度亦在参宿后三十一分余。今依次顺序,以参宿中三星之东一星作距星,则觜宿黄道度恒在参前一度弱,与觜前参后之序合。其余诸座之星,皆以次顺序,无凌躐颠倒之弊。又于有名常数之外,增一千六百一十四星。近某座者即名某座增星,依次分注方位,以备稽考。其近南极星二十三座,一百五十星,中国所不见,仍依西测之旧。共计恒星三百座,三千八十三星。"

黄赤道十二次值宿,古者分十二次即节气,故冬至为丑中,春分为戌中,夏至为未中,秋分为辰中。后人则以中气,而冬至在星纪之初。古不知列宿循黄道东行,且不见有岁差,即以所在星象名其次,故奎、娄为降娄,房、心、尾为大火,后人悉仍其名,而星象之更则不论。积数千年,将所谓苍龙、元武、白虎、朱雀之四象且易其方,然则十二次之名,存古意尔。今以康熙甲子年推定十二次初度所值宿,及乾隆甲子年改定十二次初度所值宿,并纪于左。

康熙甲子年黄道十二次初度值宿:

星纪箕三度一十分;

元枵牵牛初度二十三分;

取訾危一度;

降娄营室一十度五十七分;

大梁娄初度二十七分;

实沉昴五度一十二分;

鹑首觜巂一十度三十八分;

鹑火东井二十九度零五分;

鹑尾七星七度零四分;

寿星翼一十度三十七分;

大火角一十度三十四分;

析木房一度三十九分;

康熙甲子年赤道十二次初度值宿:

星纪箕三度三十九分;

元枵南斗二十三度二十七分;

取訾危二度三十四分;

降娄东壁初度四十二分;

大梁娄五度四十二分;

实沉昴八度四十分;

鹑首觜巂一十度二十九分;

鹑火东井二十九度;

鹑尾张五度五十七分;

寿星轸初度零二分;

大火亢一度;

析木房五度零三分。

乾隆甲子年黄道十二次初度值宿：

星纪箕二度一十九分一十三秒；

元枵南斗二十三度二十四分一十八秒；

取訾危初度一十二分四十四秒；

降娄营室一十度五分四十七秒；

大梁奎一十一度八分五十二秒；

实沉昴四度九分三十九秒；

鹑首参八度五十五分一十五秒；

鹑火东井二十八度一十六分五十秒；

鹑尾七星六度一十七分一秒；

寿星翼九度四十八分一十七秒；

大火角九度四十三分三十九秒；

析木房初度三十七分三十五秒。

乾隆甲子年赤道十二次初度值宿：

星纪箕二度四十分一十四秒；

元枵南斗二十二度三十五分四十七秒；

取訾危一度五十分二十七秒；

降娄营室一十七度零三十八秒；

大梁娄四度五十二分三十三秒；

实沉昴七度三十四分三秒；

鹑首参八度一分五十五秒；

鹑火井二十八度八分一十五秒；

鹑尾张五度一十二分一秒；

寿星翼一十八度八分三十一秒；

大火亢初度一十分三十秒；

析木房四度八分一十七秒。

昏旦中星，自《虞书》纪四仲昏中之星，而《月令》并举逐月昏旦。然《虞书》仲冬星昴,《月令》则昏中东壁,相去约二千年,中星相差四宿。虽由岁差之故,而古法疏略无度分,固难深论也。今以康熙壬子年所定恒星经纬度,推得雍正元年癸卯各节气昏旦中星列于志。若求乾隆九年甲子以后各节气昏旦中星,则当按乾隆甲子年改定恒星经纬度备推焉。

春分系交节初日,后同。

昏北河(二)中(偏西四度三十四分。)旦尾中偏东一度七分。

因无当中之星,故用近中之星而纪其偏度。又星宿并用第一星,间有第一星距中太远而用余星者,则纪其数,如北河二及参四氐四之类。

清明

昏七中星偏东五度十四分。

旦帝座中偏东一度五十九分。

谷雨

昏轩辕十四中偏西四度五十九分。

旦箕中偏东四度十三分。

立夏

昏五帝座中偏西三十二分。

旦箕中偏西四度九分。

小满

昏角中偏东二度二十三分。

旦南斗中偏西三度八分。

芒种

昏氐中偏东三度二十九分。

旦河鼓二中偏东二度二十一分。

夏至

昏房中偏东二度八分。

旦须女中偏东一度四十三分。

小暑

昏尾中偏西四十分。

旦尾中<small>偏东三度二十五分</small>。

大暑

昏帝座中<small>偏西三度二十五分</small>。

旦营室中<small>偏西一度五十六分</small>。

立秋

昏箕中<small>偏西二度三十七分</small>。

旦土司空中<small>偏东一度四十分</small>。

处暑

昏南斗中<small>偏西二十六分</small>。

旦娄中<small>偏西一度四十六分</small>。

白露

昏南斗中<small>偏西八度三十二分</small>。

旦天囷中<small>偏西四度四十一分</small>。

秋分

昏河鼓<small>二</small>中<small>偏东三十四分</small>。

旦毕中<small>偏西三度七分</small>。

寒露

昏牵牛中<small>偏西五十三分</small>

旦参<small>四</small>中<small>偏西十三分</small>

霜降

昏须女中<small>偏西三度四十一分</small>。

旦天狼中<small>偏西五度三十七分</small>。

立冬

昏虚中<small>偏西三度二十分</small>。

旦舆鬼中<small>偏东一度二十七分</small>。

小雪

昏北落师门中<small>偏东五度四十一分</small>。

旦七星中<small>偏西二度十六分</small>。

大雪

昏营室中<small>偏西五度五十七分</small>。

旦翼中<small>偏东二度五十五分</small>。

冬至

昏东壁中<small>偏西四度二十六分</small>。

旦五帝座中<small>偏西二度一分</small>。

小寒

昏娄中<small>偏东三度三十三分</small>。

旦角中<small>偏东六度二十四分</small>。

大寒

昏胃中<small>偏西二度二十分</small>。

旦亢中<small>偏东四度十八分</small>。

立春

昏昴中<small>偏西五度三十四分</small>。

旦氐中<small>偏东一度二十八分</small>。

雨水

昏参七中<small>偏西四十五分</small>。

旦氐四中<small>偏西二度三十二分</small>。

惊蛰

昏东井中<small>偏西三度六分</small>。

旦房中<small>偏西二度四分</small>。

清史稿卷二九
志第四

天文四

康熙壬子年恒星黄道经纬度表一

撰日所以正时，候星所以纪日。日行黄道，故推测恒星，必求黄道经纬度分。且恒星循黄道东行，上考下求，每年只加减经度五十一秒。今依康熙壬子旧测恒星黄道经纬度分及南北之向，大小之等为二卷。先列降娄戌宫至鹑尾巳宫，凡一百八十度之名星及附近星，如左：

黄道	经		度		纬		度			黄道	经		度		纬		度		
星名	宫	十度	十分	向	十度	十分	等			星名	宫	十度	十分	向	十度	十分	等		
天钩二	戌	○○	二一	北	七一	四九	四			天钩一	戌	○○	五四	北	七四	○○	四		
天溷四	戌	○○	五七	南	一四	○○	五			天溷三	戌	○一	一七	南	一三	○○	五		
天园四	戌	○二	○○	南	五七	五○	三			天厨南六	戌	○二	○四	北	七七	三二	五		

星名							星名						
天溷二	戌	○二三七	南	一三四○五			车府一	戌	○二四五	北	四八二○四		
土公二	戌	○三二九	北	○五二八六			螣蛇南十一	戌	○三三七	北	四四○○三		
天溷一	戌	○三三七	南	一一四○五			壁宿一	戌	○四三八	北	一二三五二		
造父六	戌	○五四七	北	六四○○五			天仓二	戌	○七一二	南	一六五五三		
天钩三	戌	○八一三	北	六八五四三			造父三	戌	○八五三	北	五九五九四		
造父四	戌	○九二九	北	六一○三四			外屏一	戌	○九三六	北	○二一一四		
天园五	戌	○九四○	南	五四二五三			壁宿二	戌	○九四七	北	二五四二二		
螣蛇七	戌	一○二七	北	四○五七四			造父二	戌	一○五七	北	六一三○五		
天仓三	戌	一一四三	南	一五四七三			造父五	戌	一二三○	北	六五一○五		
螣蛇八	戌	一二四六	北	四一四四四			外屏二	戌	一二五八	北	○一○六四		
天仓五	戌	一三二五	南	二五○一四			外屏南八	戌	一三二五	南	○一三一六		
天厨一	戌	一三二七	北	八二四九三			螣蛇十	戌	一三四七	北	四三五○四		
造父一	戌	一四三九	北	五八四六四			外屏南九	戌	一四四六	南	○四二○六		
天仓六	戌	一四五○	南	三一○四四			外屏三	戌	一五一九	北	○○五八四		

腾蛇九	戌	一	五	二	三	北	四	二	○	八	五	天厩三	戌	一	五	五	八	北	三	一	三	三	五
天仓内七	戌	一	六	○	五	南	二	一	五	五	五	奎宿二	戌	一	六	○	九	北	一	七	四	八	四
天厨五	戌	一	六	二	一	北	七	八	一	○	四	奎宿四	戌	一	六	二	五	北	二	三	○	四	四
天园六	戌	一	六	二	五	南	五	四	四	○	三	天厩一	戌	一	六	四	六	北	三	三	二	一	四
天厩二	戌	一	七	○	七	北	三	二	一	五	五	奎宿五	戌	一	七	二	○	北	二	四	二	○	三
天仓四	戌	一	七	二	五	南	二	○	一	九	三	奎宿一	戌	一	七	五	四	北	一	五	五	八	五
奎宿三	戌	一	八	○	四	北	二	○	二	四	六	奎宿六	戌	一	八	○	七	北	二	七	○	七	五
外屏四	戌	一	八	三	三	南	○	三	○	三	五	奎宿十五	戌	一	九	○	三	北	一	二	二	二	六
奎宿十六	戌	一	九	○	七	北	一	三	二	一	五	奎宿内十九	戌	一	九	○	七	北	一	九	二	四	六
奎宿南二十一	戌	一	九	○	九	北	一	一	二	一	六	天钩四	戌	一	九	四	六	北	六	五	四	二	五
奎宿南二十	戌	二	○	○	○	北	一	二	二	八	五	奎宿内十八	戌	二	○	二	三	北	二	○	五	五	六
外屏五	戌	二	○	五	六	南	○	四	四	一	五	奎宿十四	戌	二	一	五	九	北	一	五	三	○	五
右更三	戌	二	二	○	六	北	○	一	五	二	五	右更二	戌	二	二	一	六	北	○	五	二	一	四
右更一	戌	二	二	三	七	北	○	九	二	四	五	奎宿内十七	戌	二	二	四	一	北	二	三	○	三	六

外屏六	戌	二	二	五	八	南	○	七	五	六	五	右更四	戌	二	三	一	二	北	○	一	三	九	五
奎宿十一	戌	二	三	五	○	北	二	○	四	三	五	右更五	戌	二	四	一	○	南	○	三	○	○	五
奎宿十	戌	二	四	一	五	北	二	二	○	○	六	奎宿十三	戌	二	四	一	八	北	一	七	二	六	五
奎宿七	戌	二	四	三	六	北	三	二	三	一	四	外屏七	戌	二	四	四	八	南	○	九	○	五	三
奎宿八	戌	二	五	○	七	北	三	○	三	四	四	天苑西十七	戌	二	五	○	九	南	二	五	一	七	四
奎宿十二	戌	二	五	一	一	北	一	八	三	一	六	天苑西十八	戌	二	五	三	二	南	二	八	三	一	四
螣蛇六	戌	二	五	三	九	北	四	九	二	五	六	奎宿九	戌	二	五	四	九	北	二	五	五	九	二
螣蛇四	戌	二	六	三	二	北	五	二	三	九	六	螣蛇五	戌	二	六	三	四	北	五	一	○	八	六
阁道十一	戌	二	六	五	五	北	三	八	○	九	六	天苑八	戌	二	七	○	七	南	三	二	四	七	四
天囷十	戌	二	七	二	○	南	一	四	四	○	四	天厨二	戌	二	七	四	四	北	八	○	五	四	四
阁道六	戌	二	七	五	六	北	三	九	一	六	六	天苑九	戌	二	七	五	七	南	三	四	五	○	四
娄宿二	戌	二	八	三	七	北	○	七	○	九	四	天厨三	戌	二	八	四	七	北	七	九	二	五	三
天苑西十九	戌	二	八	四	八	南	二	五	五	八	三	天钩五	戌	二	八	五	四	北	六	二	三	五	四
娄宿南七	戌	二	八	五	七	北	○	五	二	四	五	阁道西十	戌	二	八	五	七	北	四	一	二	六	六

名												名											
天苑七	戌	二	九	一	二	南	二	八	一	七	四	娄宿一	戌	二	九	二	三	北	○	八	二	九	四
天囷五	戌	二	九	三	○	南	○	四	一	九	四	王良五	酉	○	○	一	○	北	四	五	三	八	五
王良一	酉	○	○	二	六	北	五	一	一	五	三	阁道五	酉	○	○	三	二	北	四	一	一	五	六
附路	酉	○	○	三	五	北	四	四	四	一	四	天苑十	酉	○	○	四	七	南	三	八	三	○	四
天厨南七	酉	○	一	一	三	北	七	一	○	七	三	军南门	酉	○	一	五	六	北	三	六	二	○	五
天大将军西十二	酉	○	二	一	九	北	一	六	五	○	四	天苑二十一	酉	○	二	二	七	南	二	三	一	五	四
娄宿南四	酉	○	二	四	一	北	○	九	一	三	六	天良六	酉	○	二	五	四	南	○	五	三	二	四
天囷九	酉	○	三	○	二	南	一	四	三	二	三	娄宿三	酉	○	三	○	六	北	○	九	五	七	三
王良四	酉	○	三	一	八	北	四	六	三	六	三	娄宿五	酉	○	三	三	四	北	○	七	二	三	六
天园七	酉	○	三	四	七	南	五	二	○	○	四	天良七	酉	○	三	五	○	南	○	五	一	三	四
天苑六	酉	○	四	一	○	南	二	四	三	四	三	娄宿六	酉	○	四	二	○	北	○	五	四	三	六
天大将军六	酉	○	四	二	三	北	二	七	五	五	五	天大将军西十一	酉	○	四	三	七	北	三	四	三	○	五
天囷八	酉	○	四	五	四	南	一	二	○	三	三	王良三	酉	○	五	三	八	北	四	七	○	五	四
天大将军七	酉	○	五	四	○	北	二	三	三	五	五	天苑十一	酉	○	五	四	七	南	三	八	一	○	四

星名												星名											
天钩六	酉	○	六	○	○	北	六	一	四	五	五	天大将军五	酉	○	六	○	六	北	二	八	五	九	五
天大将军四	酉	○	六	○	七	北	三	二	三	○	五	阁道中七	酉	○	六	一	六	北	四	三	二	八	五
天苑北二十	酉	○	六	三	六	南	二	三	五	八	四	天园八	酉	○	六	四	七	南	五	三	三	○	四
金鱼一	酉	○	七	○	○	南	七	六	○	○	四	天囷四	酉	○	七	○	七	南	○	五	三	六	四
阁道四	酉	○	七	一	五	北	四	三	○	七	四	天大将军八	酉	○	七	五	○	北	二	○	三	三	四
天大将军三	酉	○	七	五	二	北	三	五	二	二	四	策西一	酉	○	七	五	二	北	四	七	三	二	六
客星	酉	○	七	五	四	北	五	三	四	五	六	王良二	酉	○	八	○	六	北	五	二	一	四	四
左更三	酉	○	八	五	二	南	○	○	三	九	六	天大将军十	酉	○	八	五	八	北	一	八	五	七	四
天大将军九	酉	○	八	五	九	北	一	九	二	九	五	天苑五	酉	○	九	一	六	南	二	五	五	九	三
天苑十二	酉	○	九	二	七	南	三	八	○	○	四	策	酉	○	九	二	八	北	四	八	四	六	三
左更五	酉	○	九	三	六	北	○	六	○	七	六	天大将军一	酉	○	九	三	九	北	二	七	四	七	二
左更四	酉	○	九	四	六	北	○	四	○	一	六	天囷一	酉	○	九	四	七	南	一	二	三	七	二
天园九	酉	○	九	四	七	南	五	三	○	○	四	天大将军二	酉	一	○	○	七	北	三	六	五	○	五
左更二	酉	一	○	二	三	南	○	一	三	○	六	天囷三	酉	一	○	三	一	南	○	七	五	○	四

左更一	酉	一	○	三	五	北	○	一	○	七	六	阁道八	酉	一	一	○	○	北	四	五	○	五	六
胃宿西四	酉	一	一	三	五	北	一	○	五	一	五	左更七	酉	一	二	二	二	北	○	一	一	二	六
胃宿一	酉	一	二	二	三	北	一	一	一	六	四	天苑十三	酉	一	三	一	七	南	四	一	三	○	四
阁道三	酉	一	三	二	一	北	四	六	二	二	三	天苑十四	酉	一	三	二	七	南	四	二	三	○	四
胃宿二	酉	一	三	四	○	北	一	○	二	四	三	天囷二	酉	一	三	四	五	南	一	四	三	○	五
天苑四	酉	一	三	四	五	南	二	七	四	七	三	胃宿三	酉	一	三	五	一	北	一	二	二	六	四
左更东六	酉	一	三	五	七	北	○	四	○	九	五	阁道九	酉	一	三	五	八	北	四	四	五	八	六
天苑十五	酉	一	四	○	七	南	四	三	二	○	四	天苑三	酉	一	六	○	七	南	二	八	四	七	三
天阴一	酉	一	六	一	五	北	○	一	四	七	四	少弼外九	酉	一	六	一	八	北	八	三	○	五	四
天苑二	酉	一	六	二	三	南	三	一	○	九	四	天囷四	酉	一	六	三	六	南	○	九	二	三	四
天苑十六	酉	一	六	三	七	南	四	三	二	○	四	大陵八	酉	一	七	二	四	北	○	二	五	三	四
天廪三	酉	一	七	一	八	南	○	八	五	○	四	天阴二	酉	一	七	一	六	北	二	○	五	○	五
九州西八	酉	一	七	二	五	南	一	八	二	六	四	天园十	酉	一	七	四	七	南	五	三	一	○	四
天廪二	酉	一	八	三	○	南	○	七	二	九	六	天囷东五	酉	一	八	三	三	南	○	九	三	五	六

星名					星名				
天阴三	酉	一八五一	北	○二三六六	天廪一	酉	一九○○	南	○五五七五
天苑一	酉	一九一八	南	三三一四三	积尸十	酉	一九二○	北	二一三五四
大陵一	酉	一九三一	北	三九○一六	大陵西九	酉	二○○五	北	三一三五四
天园十一	酉	二○○七	南	五三五○四	阁道二	酉	二○一四	北	四七二九三
大陵七	酉	二○一八	北	二○三三四	传舍四	酉	二○二八	北	五二四八六
少弼十	酉	二○四一	北	八○三八四	天廪七	酉	二○五七	南	一三三○六
九州九	酉	二一○七	南	二二四五四	大陵六	酉	二一三一	北	二○五四五
大陵五	酉	二一三七	北	二二二二三	天廪六	酉	二二四六	南	○八四一五
大陵二	酉	二二五○	北	三四二七五	传舍一	酉	二二五八	北	五二○九六
传舍二	酉	二三二一	北	五六一三六	金鱼二	酉	二三四○	南	八四三五四
大陵四	酉	二四○六	北	二六○四四	天船一	酉	二四一○	北	三七二九四
大陵三	酉	二四三三	北	三三三六四	昴宿一	酉	二四三八	北	○四一○五
九州一	酉	二四四○	南	三○二五五	昴宿二	酉	二四四八	北	○四三二六
九州二	酉	二四五三	南	二七三二四	昴宿三	酉	二四五四	北	○三五四六

昴宿四	酉	二	四	五	五	北	○	四	二	四	六	昴宿五	酉	二	五	一	五	北	○	四	○	○	三
天廩八	酉	二	五	一	九	南	○	四	三	一	四	天节九	酉	二	五	一	九	南	一	四	三	一	四
少卫	酉	二	五	二	三	北	六	四	二	八	三	天船二	酉	二	五	二	七	北	三	四	三	○	三
昴宿六	酉	二	五	三	八	北	○	三	四	五	六	昴宿七	酉	二	五	四	二	北	○	三	五	四	六
九州七	酉	二	五	五	八	南	二	八	○	九	四	毕宿六	酉	二	六	○	一	南	○	八	○	三	四
天园十三	酉	二	六	○	七	南	五	○	二	○	四	卷舌四	酉	二	六	三	三	北	一	二	○	八	四
九州三	酉	二	六	三	七	南	二	六	○	○	四	天园十二	酉	二	六	五	七	南	五	一	四	五	四
天船三	酉	二	七	一	七	北	三	○	○	五	二	九州内六	酉	二	七	三	七	南	二	七	○	○	四
阁道一	酉	二	七	三	九	北	四	八	五	四	四	传舍三	酉	二	七	四	五	北	四	二	二	六	五
天谗六	酉	二	八	○	○	北	一	二	四	○	六	天船西十	酉	二	八	○	五	北	二	七	五	九	五
上卫	酉	二	八	三	三	北	七	五	二	七	四	卷舌五	酉	二	八	三	六	北	一	一	一	八	三
九州四	酉	二	八	四	六	南	二	五	○	三	五	月	酉	二	八	五	一	北	○	一	一	二	五
天节西八	酉	二	八	五	九	南	一	二	一	四	四	卷舌一	酉	二	九	一	一	北	二	二	○	六	四
天船四	酉	二	九	一	四	北	二	七	五	五	五	天船五	申	○	○	一	五	北	二	七	一	四	三

天节三	申	○○二三	南	○六三三五	卷舌三	申	○○二四	北	一四五四五
砺石一	申	○○四六	北	○七五五五	砺石二	申	○一○四	北	五六一六
卷舌二	申	○一○八	北	一九○四三	天节七	申	○一一○	南	一二○一六
毕宿二	申	○一一三	南	○五四七三	天街二	申	○一二九	南	○○四七六
金鱼三	申	○二○○	南	八八一五五	九州五	申	○二一五	南	二五一二四
毕宿三	申	○二一七	南	○四○二三	卷舌东七	申	○二三七	北	一八○○六
天节一	申	○二四二	南	○六五七五	天节四	申	○二五九	南	○八四一五
上丞七	申	○三一八	北	四五一○六	毕宿四	申	○三二二	南	○五五三四
砺石内四	申	○三二六	北	○五四六五	积水九	申	○三三二	北	二九三一五
砺石三	申	○三三四	北	○三五七五	天街一	申	○三三八	北	○○三五四
毕宿一	申	○三五三	南	○二三七三	天街北三	申	○三五四	北	○一○四五
天节六	申	○四一一	南	一一四八五	天节二	申	○四二八	南	○七○五五
九斿一	申	○四四六	南	二五三四四	天船六	申	○四五五	北	二六一一五
天节五	申	○五○九	南	○九三二五	天船内十二	申	○五一二	北	二八五○四

毕宿五	申○五一三	南	○五三一一	华盖二	申○五四一	北	四九二七六
附耳	申○五五五	南	○六一八五	华盖一	申○六○二	北	四八○七六
天船七	申○六一四	北	二六三九四	九斿二	申○六三○	南	二七五二五
柱史	申○六三一	北	八四四八四	少弼	申○六三七	北	八三三○四
天船南十一	申○七○○	北	二四三五六	天船八	申○七一四	北	二八二三五
少丞八	申○七一五	北	五三三七六	参旗六	申○七二三	南	一五二七四
屏二	申○七二六	南	四五○○四	参旗七	申○七三二	南	一六五○四
诸王四	申○七三五	北	○○四○五	参旗五	申○七四九	南	一三○四四
参旗八	申○七五八	南	二○○二四	勾陈上七	申○八二二	北	六七四三六
玉井二	申○八三九	南	二九五二五	参旗一	申○八五三	南	○八一七四
参旗九	申○八五七	南	二○五六四	参旗四	申○九○一	南	一二二六四
卷舌八	申○九○一	北	一八五六五	参旗三	申○九一○	南	一一○六六
天高二	申○九一二	南	○三四○六	参旗二	申○九四八	南	○九○七四
玉井一	申一○四○	南	三一三六四	玉井三	申一○四二	南	二七五五三

星名	宫					向						星名	宫					向				
屏一	申	一	○	四	九	南	三	九	○	四	五	勾陈六	申	一	○	五	七	北	六	七	二	二	六
五车十六	申	一	一	○	四	北	一	四	五	一	五	军井一	申	一	一	五		南	三	四	三	四	五
军井二	申	一	一	二	一	南	三	五	五	四	五	五车十七	申	一	一	三	一	北	一	四	○	二	五
天高五	申	一	一	五	七	南	○	二	○	○	六	参旗十二	申	一	二	○	○	南	一	四	二	四	六
天高一	申	一	二	○	四	南	○	一	五	○	四	五车一	申	一	二	○	五	北	一	○	二	二	四
参宿七	申	一	二	一	七	南	三	一	一	二	一	参旗十一	申	一	二	三	三	南	一	三	○	八	六
参宿十五	申	一	二	五	八	南	二	○	○	八	四	五车西十五	申	一	三	○	○	北	一	五	○	三	五
天高内四	申	一	三	一	四	南	○	二	三	一	六	军井四	申	一	三	一	四	南	三	六	一	四	五
玉井四	申	一	三	一	六	南	二	九	五	三	四	军井三	申	一	三	二	七	南	三	五	一	八	六
西柱七	申	一	四	○	六	北	一	八	○	九	四	丈人二	申	一	四	○	七	南	五	九	三	○	四
西柱六	申	一	四	○	九	北	二	○	五	二	四	参旗东十	申	一	四	三	六	南	一	一	四	五	六
西柱八	申	一	四	五	○	北	一	八	一	二	四	参宿十七	申	一	四	五	九	南	二	三	三	二	五
伐南六	申	一	五	○	二	南	三	一	○	○	五	厕二	申	一	五	○	七	南	四	三	五	八	三
参宿十四	申	一	五	三	四	南	一	九	四	○	六	参宿十九	申	一	五	三	八	南	二	五	三	七	三

参宿十八	申	一	五	四	五	南	二	四	〇	六	六	参宿十六	申	一	五	五	七	南	二	一	二	三	五
天潢三	申	一	五	五	八	北	一	五	二	一	五	天高三	申	一	六	〇	三	南	〇	一	〇	四	六
天皇大帝	申	一	六	〇	七	北	六	八	〇	四	六	参宿五	申	一	六	二	三	南	一	六	五	三	二
参宿西十三	申	一	六	三	四	南	二	〇	〇	九	五	厕一	申	一	六	五	〇	南	四	一	〇	六	三
天潢二	申	一	七	〇	六	北	一	六	五	九	五	五车二	申	一	七	一	六	北	二	二	五	二	一
伐南五	申	一	七	二	〇	南	三	〇	三	八	四	五车内十三	申	一	七	三	九	北	一	一	一	五	六
参宿十二	申	一	七	四	六	南	一	九	五	三	六	觜宿南四	申	一	七	四	七	南	一	七	二	二	五
参宿一	申	一	七	五	一	南	二	三	三	八	二	天潢一	申	一	七	五	二	北	一	八	三	四	六
诸王七	申	一	七	五	六	南	〇	一	二	〇	六	丈人一	申	一	七	五	七	南	五	七	四	〇	二
五车五	申	一	八	〇	〇	北	〇	五	二	〇	二	天潢四	申	一	八	〇	九	北	一	四	〇	四	六
八谷五	申	一	八	一	七	北	三	五	五	〇	六	伐二	申	一	八	二	五	南	二	八	四	五	三
伐一	申	一	八	二	八	南	二	八	一	〇	五	伐三	申	一	八	二	八	南	二	九	一	七	三
八谷三	申	一	八	二	八	北	三	七	二	〇	六	参宿十一	申	一	八	四	〇	南	一	九	三	七	六
八谷四	申	一	八	四	五	北	四	〇	一	三	六	参宿二	申	一	八	五	四	南	一	四	三	四	二

名	申					向						名	申					向					
诸王三	申	一	八	五	七	北	○	二	四	○	五	屎	申	一	八	五	七	南	五	五	三	○	四
少卫六	申	一	九	○	三	北	四	二	五	六	六	觜宿二	申	一	九	○	七	南	一	三	五	四	五
觜宿一	申	一	九	一	二	南	一	三	二	六	四	伐四	申	一	九	二	三	南	三	○	三	八	五
觜宿三	申	一	九	三	三	南	一	四	○	五	五	南柱十二	申	一	九	三	四	北	○	八	五	一	五
参宿内八	申	一	九	三	九	南	二	六	○	一	四	参宿十	申	一	九	五	七	南	一	九	一	八	五
参宿三	申	二	○	○	七	南	二	五	二	二	二	天关	申	二	○	一	二	南	○	二	一	四	三
厕三	申	二	○	二	二	南	四	五	五	○	三	参宿九	申	二	○	四	五	南	二	一	五	八	五
诸王二	申	二	○	五	二	北	○	二	二	八	四	诸王六	申	二	○	五	七	北	○	一	○	○	五
天关南一	申	二	○	五	七	南	○	六	二	○	五	天关二	申	二	○	五	七	南	○	七	四	○	五
子二	申	二	○	五	七	南	五	九	四	○	二	厕北五	申	二	一	二	七	南	三	八	一	六	四
参宿六	申	二	一	五	○	南	三	三	○	八	三	子一	申	二	二	一	七	南	五	七	四	○	四
厕四	申	二	二	三	六	南	四	四	一	八	三	诸王南五	申	二	二	五	五	北	○	一	○	六	四
勾陈九	申	二	二	五	五	北	七	○	四	二	六	东柱九	申	二	三	一	二	北	一	五	四	二	五
东柱十	申	二	三	一	四	北	一	五	四	三	五	参宿二十	申	二	三	二	五	南	二	一	三	九	五

东柱十一	申二三三五	北	一三四九六	诸王一	申二三五八	北	○四○六四
勾陈大星	申二四○三	北	六六○二二	司怪四	申二四○九	南	○三一三五
参宿四	申二四一二	南	一六○六一	子东三	申二四一七	南	五九三○四
厕六	申二四二八	南	三七四一四	八谷二	申二四三八	北	三二一五六
司怪一	申二四五八	北	○二二六四	参宿二十一	申二五一○	南	二二五七五
八谷一	申二五一四	北	三○五○四	五车北十四	申二五二五	北	二七二七五
勾陈八	申二五三一	北	六九○三六	孙南三	申二五五七	南	六五五○四
五车四	申二五五九	北	一三四四四	觜宿东五	申二六○五	南	一四五一四
司怪二	申二六二二	南	○○一三四	司怪三	申二六二二	南	○三一二五
勾陈二	申二六三六	北	六九五一四	五车三	申二六五二	北	二一二八二
水府二	申二七二一	南	○八四四四	厕七	申二七二二	南	三八二六四
四辅一	申二七三○	北	六三五五六	水府三	申二八二二	南	○七二一六
水府一	申二八二四	南	○九一五四	五车东十八	申二八二七	北	○五五○四
铖	申二八五三	南	○○五八四	水府四	申二九○九	南	○七一九六

星官					星官				
水府南五	申	二九三一	南	一一三〇六	参宿二十二	申	二九四四	南	二九三一四
井宿一	未	〇〇四五	南	〇〇五三三	上卫	未	〇一三〇	北	四五三〇六
孙二	未	〇一五七	南	六一三〇四	军市南九	未	〇二〇七	南	五一四七三
四渎四	未	〇二八	南	一八四七四	井宿二	未	〇二一四	南	〇三〇八四
军市一	未	〇二四三	南	四一一九二	孙一	未	〇三一七	南	五八四五四
参宿东二十五	未	〇三二二	南	二八〇四五	参宿东二十四	未	〇三四三	南	二九四九四
四渎三	未	〇三五八	南	一五一六四	四渎南五	未	〇三五八	南	一八二四五
勾陈三	未	〇四二四	北	七三五〇四	井宿三	未	〇四三一	南	〇六四九二
天枢南八	未	〇四三八	北	五七五五六	军市南十一	未	〇四五七	南	五七〇〇四
井宿五	未	〇五二二	北	〇二一一三	四渎十	未	〇五五〇	南	一三一五四
军市南十	未	〇六〇七	南	五六〇〇四	井宿四	未	〇六三〇	南	一〇〇九四
五诸侯一	未	〇六三二	北	一〇五八五	四渎二	未	〇六三六	南	一四五九五
军市五	未	〇六三七	南	四六三〇五	井宿六	未	〇七二四	南	〇一一二六
军市五	未	〇六三七	南	四六三〇五	井宿六	未	〇七二四	南	〇一一二六

野鸡七	未	○	七	二	六	南	四	二	三	○	五	女史	未	○	七	三	五	北	八	三	○	五	四
野鸡六	未	○	七	四	一	南	四	二	五	五	五	军市二	未	○	八	○	○	南	四	一	三	○	五
野鸡十二	未	○	八	○	七	南	四	五	五	○	五	关邱一	未	○	八	一	四	南	二	○	三	三	四
天枢	未	○	八	三	五	北	六	七	二	○	六	四渎亦名井九	未	○	八	五	六	南	○	九	四	一	六
老人	未	○	九	○	七	南	七	五	○	○	一	天狼	未	○	九	三	六	南	三	九	三	○	一
天罇三	未	○	九	三	八	北	○	一	三	一	六	四渎一	未	一	○	一	七	南	一	一	四	五	五
井宿七	未	一	○	二	六	南	○	二	○	七	三	五诸侯二	未	一	○	五	四	北	○	七	四	三	四
天狼北二	未	一	二	○	二	南	三	四	五	○	四	老人北三	未	一	二	○	七	南	六	五	四	○	三
天狼北三	未	一	二	二	七	南	三	六	四	三	五	军市三	未	一	二	二	七	南	四	二	三	○	五
天狼北五	未	一	三	○	三	南	三	九	三	○	四	军市四	未	一	三	三	七	南	四	六	四	○	五
天罇二	未	一	三	五	六	南	○	○	一	四	三	井宿八	未	一	四	一	三	南	○	五	四	一	四
天罇一	未	一	四	一	八	北	○	二	五	六	六	五诸侯三	未	一	四	二	四	北	○	五	四	三	四
北河一	未	一	四	二	九	北	○	九	四	二	五	弧矢八	未	一	四	五	七	南	五	五	一	○	四
阙邱二	未	一	五	○	○	南	二	二	四	七	四	天狼北四	未	一	五	○	六	南	三	八	○	三	三

星名												星名											
北河南五	未	一	五	一	○	北	○	六	○	一	六	北河二	未	一	五	四	一	北	一	○	○	二	二
弧矢七	未	一	六	二	二	南	五	一	二	五	三	军市东八	未	一	六	三	一	南	四	六	一	○	五
五诸侯四	未	一	六	四	七	北	○	五	一	○	五	内阶三	未	一	七	○	八	北	四	四	二	二	五
南河二	未	一	七	四	○	南	一	三	三	四	三	水位一	未	一	七	四	二	南	○	九	四	六	六
南河一	未	一	七	四	九	南	一	二	五	一	六	积薪南二	未	一	八	○	二	南	五	五	二	六	
北河南四	未	一	八	○	五	北	○	七	二	四	五	内阶二	未	一	八	一	○	北	四	三	五	六	四
内阶一	未	一	八	三	七	北	四	○	○	三	四	北河三	未	一	八	四	三	北	○	六	三	八	二
弧矢三	未	一	八	五	五	南	四	八	三	○	三	上台南七	未	一	八	五	七	北	二	二	一	五	六
积薪	未	一	九	○	六	北	○	三	○	三	四	积薪南三	未	一	九	○	六	南	○	三	四	八	六
三师一	未	一	九	二	五	北	四	七	五	一	四	积薪南四	未	二	○	三	○	南	二	四	二	六	
五诸侯五	未	二	○	四	二	北	○	五	四	四	五	三师二	未	二	○	四	五	北	四	七	四	五	四
三师南五	未	二	○	四	九	北	四	七	三	○	六	老人北二	未	二	○	五	七	南	七	一	五	○	三
南河三	未	二	一	一	九	南	一	五	五	七	二	水位二	未	二	一	五	七	南	一	○	一	九	五
积薪南五	未	二	二	二	八	南	○	○	五	七	六	少辅北九	未	二	二	二	九	北	五	八	○	八	六

勾陈四	未	二	二	二	九	北	七	五	○	○	四	阙邱东三	未	二	四	○	○	南	三	○	○	○	五
少辅	未	二	四	○	○	北	五	二	三	○	六	三师南六	未	二	四	一	七	北	四	六	五	○	六
内阶四	未	二	四	五	○	北	四	二	三	○	五	三师南四	未	二	四	五	五	北	四	七	一	四	六
内阶四	未	二	四	五	○	北	四	二	三	○	五	三师南四	未	二	四	五	五	北	四	七	一	四	六
爟南二	未	二	四	五	六	北	○	一	一	六	五	弧矢二	未	二	五	一	二	南	五	一	二	五	三
三师三	未	二	五	四	三	北	五	一	三	七	五	勾陈北十	未	二	五	五	二	北	七	七	三	九	五
弧矢内十四	未	二	五	五	七	南	五	三	○	○	四	弧矢九	未	二	五	五	七	南	五	八	四	○	三
内阶五	未	二	六	○	二	北	四	五	○	三	四	水位三	未	二	六	○	四	南	○	七	○	五	五
上台一	未	二	六	五	六	北	二	九	一	六	三	内阶六	未	二	七	○	○	北	四	一	三	○	五
弧矢北十六	未	二	七	一	七	南	四	五	三	○	四	弧矢内十	未	二	七	二	七	南	四	九	四	五	四
爟一	未	二	七	三	七	北	○	五	○	八	五	水位四	未	二	七	五	○	南	○	二	一	五	四
文昌五	未	二	八	○	七	北	三	三	三	○	五	上台二	未	二	八	一	○	北	二	八	三	八	三
后宫	未	二	八	二	○	北	七	○	一	八	六	文昌六	未	二	八	二	六	北	三	六	○	六	五
文昌一	未	二	九	○	○	北	四	六	二	二	五	弧矢六	未	二	九	○	○	南	四	七	二	八	三

水位东九	未	二	九	一	三	南	○	一	○	四	六	水位东六	未	二	九	四	四	南	一	○	一	九	四
弧矢十二	午	○	○	一	七	南	四	九	一	五	四	轩辕一	午	○	○	四	二	北	二	三	四	一	四
弧矢内十五	午	○	○	四	七	南	四	六	○	○	四	鬼宿二	午	○	○	四	九	北	○	一	三	二	五
鬼宿一	午	○	一	一	○	南	○	○	四	八	五	弧矢内十一	午	○	一	一	七	南	四	九	五	○	四
文昌四	午	○	一	三	二	北	三	四	三	五	三	弧矢五	午	○	一	三	六	南	四	四	五	九	三
文昌二	午	○	一	三	八	北	四	二	三	六	四	轩辕西二十四	午	○	一	四	四	北	一	○	二	三	五
弧矢内十七	午	○	二	○	七	南	五	五	三	○	五	弧矢北十八	午	○	二	一	七	南	四	二	四	○	五
文昌南七	午	○	二	四	一	北	三	五	四	○	六	积尸气	午	○	二	四	七	北	○	一	一	四	气
鬼宿三	午	○	二	五	七	北	○	三	○	八	四	轩辕二	午	○	二	五	七	北	二	○	五	一	四
天社西十	午	○	三	三	七	南	六	三	○	○	四	庶子	午	○	三	五	四	北	七	一	二	三	六
弧矢南二	午	○	四	○	七	南	五	八	三	○	五	鬼宿四	午	○	四	○	八	南	○	○	○	四	四
外厨一	午	○	四	一	○	南	二	三	○	○	三	文昌三	午	○	四	三	九	北	三	八	一	六	四
天枢西即文昌八	午	○	四	五	八	北	四	七	五	五	六	外厨南三	午	○	五	○	六	南	三	三	○	七	四
弧矢南三	午	○	五	一	七	南	五	七	一	五	四	外厨南四	午	○	五	二	七	南	三	八	三	一	四

星名	数值	星名	数值
上辅	午○五三八北五七○七三	柳宿一	午○五四六南一二二七四
弧矢内十三	午○五五七南四九五○四	轩辕三	午○六○○北二○○五四
酒旗西八	午○六二七南○七一四六	柳宿二	午○六四○南一四三七五
弧矢四	午○六五四南四三一九三	弧矢一	午○七○七南五四三○二
轩辕四	午○七一七北一七五五三	近黄极六	午○七二六北八六五三四
柳宿三	午○七四六南一四一七四	酒旗西七	午○七四八南○一五四六
柳宿四	午○七四八南一一○八四	帝	午○八一七北七二五二二
柳宿五	午○八二三南一一三六五	弧矢南四	午○八二七南五七四五四
轩辕西二十三	午○八三七北○五二○六	酒旗西六	午○九○四南○五○八三
中台南十二	午○九一○北二○四二四	弧矢南一	午○九二七南五一一五二
柳宿六	午一○○一南一一○一四	弧矢南六	午一○○七南六○○○五
天枢	午一○三四北四九四○二	轩辕七	午一○四二北一○二三四
天社西十一	午一○五七南六四三○六	外厨二	午一一○一南二四二九四
少尉	午一一二六北六一三三三	酒旗西五	午一一三六南○五三六五

星名					星名				
柳宿七	午	一二五二	南	一一○六六	弧矢南七	午	一二五七	南	五九二○五
弧矢南五	午	一三○七	南	五八二○二	轩辕八	午	一三一七	北	○七五二四
外厨南五	午	一三二六	南	三二五六六	酒旗西四	午	一三三七	南	○五四○四
外厨南六	午	一三五一	南	三○一八四	天璇	午	一四四四	北	四五○四二
中台三	午	一四五七	北	二九五二四	弧矢南八	午	一五○七	南	五六四○五
内平一	午	一五一二	北	二一五三四	太子	午	一五四一	北	七五二四三
柳宿八	午	一五四二	南	一三○五四	轩辕九	午	一六○五	北	○九四○三
中台四	午	一六○五	北	二八四五四	弧矢南九	午	一六一七	南	五七○○五
轩辕十	午	一六五一	北	一二二一四	酒旗三	午	一七○二	南	○五四三五
酒旗二	午	一七○四	南	○三一○四	轩辕西二十一	午	一七一三	北	一○四七六
轩辕西二十二	午	一七三二	南	○四四八六	酒旗一	午	一八五五	北	○○一六五
轩辕十五	午	一九四○	南	○三四七四	中台南七	午	一九五五	北	二五○四四
天狗六	午	一九五七	南	四三二○四	星宿二	午	二○五四	南	一六四六五
中台南八	午	二○五七	北	二四五○四	天狗七	午	二○五七	南	四三三○四

星宿西五	午二一〇七	南一九四五六	中台南十	午二一〇九	北二〇四〇四
星宿三	午二一一二	南一五〇〇五	天狗五	午二一一七	南四九〇〇四
天社一	午二一五七	南六三五〇二	天牢	午二二〇二	北三三〇一五
天狗四	午二二〇七	南五一三〇四	轩辕西十九	午二二四四	北〇〇〇一四
星宿一	午二二四六	南二二二四一	轩辕十一	午二二五八	北一一五〇三
星宿四	午二三〇四	南一四一八四	轩辕十三	午二三二〇	北〇四五二三
轩辕西二十	午二三二四	北〇二一〇六	太尊	午二三三三	北三五一四四
中台南九	午二四二二	北二一二八四	张宿八	午二四四四	南三〇三〇三
御女十六	午二四四六	南 三五五四	轩辕十二	午二四五九	北〇八四七二
轩辕十四	午二五一七	北〇〇二七一	天玑	午二五四五	北四七〇七二
轩辕南十八	午二五五一	南〇一二六五	天狗三	午二五五七	南五七一〇四
中台南十一	午二六一九	北二四五八四	天权	午二六二六	北五一三七二
少微西五	午二七二二	北一七四〇五	天狗一	午二七三七	南五一三〇四
天狗二	午二八〇七	南五五四〇四	张宿五	午二八一二	南二六三四四

太阳守一	午二九一〇	北四一三〇四	天一	巳〇〇一七	北六五一八五
张宿西七	巳〇〇二六	南二一三九四	天社南十	巳〇〇二七	南六九四〇二
尚书四	巳〇〇四五	北八一〇五三	少微二	巳〇〇五〇	北一六三一五
天社二	巳〇〇五七	南六一一五四	张宿一	巳〇一〇九	南二六一二五
少微四	巳〇一一四	北一〇一七六	天社八	巳〇一一五	南六〇〇〇四
轩辕十六	巳〇一四八	北〇〇〇八四	下台五	巳〇一五五	北二六一四四
下台六	巳〇二三六	北二四五四四	天相一	巳〇二五七	南一六〇〇三
长垣二	巳〇三〇六	北〇五五六六	右枢	巳〇三一一	北六六三六二
张宿内六	巳〇三四八	南二三一三五	玉衡	巳〇四一〇	北五四一八二
上相西六	巳〇四一四	北一二五三五	张宿一	巳〇四五一	南二一二五四
长垣三	巳〇五〇五	北〇二　五	六虎贲	巳〇五五四	北一六四七五
西上相	巳〇六四一	北一四二〇二	相	巳〇七〇〇	北四八四〇六
天记	巳〇七〇〇	南五五三〇二	天社三	巳〇七〇七	南六五四〇三
相北三	巳〇七一九	北四九四二六	相北二	巳〇七三〇	北四九四二六

星名	入宿	方位	去极	星名	入宿	方位	去极
灵台二	巳○九三○	南	○○○九五	西次相	巳○九五○	北	○九四二三
灵台一	巳○九五八	北	○一二○四	次相南七	巳一○○八	北	○七五一六
灵台三	巳一○二○	南	○二二九五	张宿三	巳一○三二	南	二四三八四
开阳	巳一○五七	北	五六二二二	次将	巳一二五九	北	○六○七三
常陈西二	巳一三一六	北	四○　三　五	天社北七	巳一三一七	南	五六五○三
张宿四	巳一三四二	南	二三三一五	上将	巳一四○九	北	○一四○四
太子	巳一四二二	北	一七一九四	翼宿二	巳一五五一	南	二一四九四
明堂南四	巳一六五三	南	○七三九四	明堂一	巳一六五七	南	○○三三五
三公北四	巳一七○二	北	五二二五六五	帝座	巳一七○三	北	一二一八一
海石一	巳一七三○	南	七二○○三	天社四	巳一七五七	南	六五　五　二
内屏一	巳一八四四	北	六○七三	常陈一	巳一八四四	北	四○○六二
郎位七	巳一九○一	北	二三三○四	三公二	巳一九○一	北	四九二七六
翼宿一	巳一九一三	南	二二四一四	郎位一	巳一九一八	北	二八二五三
郎位五	巳一九二五	北	二五五一四	内屏二	巳一九三三	北	○四三七五

郎位三	巳	一九三八	北	二七二〇	四	郎位二	巳	一九四二	北	二七二四	四
郎位六	巳	一九四九	北	二六〇七	四	明堂三	巳	一九五〇	南	〇五四一	五
三公一	巳	二〇〇五	北	四九〇〇	六	郎位四	巳	二〇一九	北	二七〇七	四
明堂二	巳	二〇二七	南	〇三〇三	四	翼宿六	巳	二一二七	南	一三一〇	四
郎位九	巳	二一三八	北	二四五六	四	郎位八	巳	二二一〇	北	二五一六	四
翼宿四	巳	二二一一	南	一七二五	四	搖光	巳	二二一二	北	五四二五	二
右执法	巳	二二三二	北	〇〇四三	三	天社五	巳	二二五七	南	六二五〇	三
内屏四	巳	二二五八	北	〇六一〇	五	内屏三	巳	二三〇七	北	〇八三四	五
郎位十	巳	二三五二	北	二四〇一	四	内屏南五	巳	二三五七	北	〇三二三	六
翼宿十	巳	二四〇一	南	二五三六	四	翼宿七	巳	二四〇二	南	一一一六	四
翼宿三	巳	二四四三	南	一九三九	四	翼宿十一	巳	二四四九	南	三〇一七	五
天枪一	巳	二五一〇	北	五八五三	四	郎将	巳	二五一七	北	三〇一六	四
翼宿五	巳	二五五五	南	一四〇九	五	天枪二	巳	二六三三	北	五八五一	四
三公三	巳	二六四二	北	四八一一	六	上弼	巳	二七五二	北	八四四六	三

天枪三	巳	二	八	○	○	北	六	○	○	五	四	谒者	巳	二	八	四	六	北	○	五	○	○	六
周鼎二	巳	二	八	五	○	北	三	一	四	二	四	周鼎三	巳	二	九	一	五	北	二	八	三	二	五
尚书二	巳	二	九	二	一	北	八	三	一	八	五	尚书三	巳	二	九	二	二	北	八	一	四	一	五
翼宿八	巳	二	九	三	○	南	一	八	一	六	四	天社六	巳	二	九	五	七	南	六	二	一	五	三
周鼎一	巳	二	九	五	九	北	三	二	四	六	四												

清史稿卷三〇
志第五

天文五

康熙壬子年恒星黄道经纬度表二

列寿星辰宫至娵訾亥宫，一百八十度之名星及附近星，并增定最小名星及附近星，如左：

黄道	经	度	纬	度		黄道	经	度	纬	度	
星　名	宫	十度 十分	向	十度 十分	等	星名	宫	十度 十分	向	十度 十分	等
左执法	辰	〇〇 一六	北	〇一 二五	四	左枢	辰	〇〇 二二	北	七一 〇四	三
九卿一	辰	〇〇 五三	北	一三 三七	五	翼宿九	辰	〇一 三三	南	一六 〇二	四
海石二	辰	〇一 四〇	南	六六 四〇	三	元戈	辰	〇二 一八	北	五四 四〇	四
九卿三	辰	〇二 二一	北	一〇 二六	六	九卿二	辰	〇二 五二	北	一一 三七	六

星名	辰					方						星名	辰					方					
青邱一	辰	○	四	○	七	南	三	一	二	○	四	东上将	辰	○	四	三	○	北	二	○	三	○	五
东次将	辰	○	五	二	四	北	一	六	一	六	三	东上相	辰	○	五	三	六	北	○	二	五	○	三
轸宿一	辰	○	六	一	三	南	一	四	二	五	三	青邱二	辰	○	六	二	七	南	三	四	一	○	四
东次相	辰	○	六	五	五	北	八	四	一	三		轸宿二	辰	○	七	○	八	南	一	九	三	九	四
进贤南二	辰	○	七	三	八	南	三	二	五	五		右辖五	辰	○	七	三	八	南	二	一	四	六	四
青邱三	辰	○	八	○	七	南	三	一	四	○	三	海石三	辰	○	八	三	○	南	六	五	二	○	五
轸宿三	辰	○	八	五	五	南	一	二	○	七	三	少宰	辰	○	八	五	五	北	七	八	三	二	三
长沙	辰	○	九	一	三	南	一	八	一	四	五	左辖	辰	○	九	二	一	南	一	一	二	八	五
次将东六	辰	○	九	二	五	北	一	六	一	四	六	进贤一	辰	一	○	二	九	北	○	二	二	四	六
次将东七	辰	一	一	一	一	北	一	二	四	一	五	飞鱼二	辰	一	一	一	二	南	七	五	四	○	六
进贤三	辰	一	一	三	九	南	○	三	二	二	五	海石四	辰	一	二	一	五	南	六	六	五	○	五
轸宿四	辰	一	二	四	九	南	一	七	五	九	三	元戈北二	辰	一	二	四	九	北	六	○	四	○	六
马尾西五	辰	一	三	○	○	南	四	八	二	○	四	右摄提二	辰	一	三	二	五	北	二	六	三	三	四
上宰	辰	一	三	二	九	北	七	四	一	二	三	元戈三	辰	一	三	三	三	北	六	○	五	七	六

星名	辰					向					
平道一	辰	一	三	三	七	北	〇	一	四	五	四
右摄提三	辰	一	四	三	七	北	二	五	一	四	四
进贤四	辰	一	五	〇	八	南	〇	三	一	三	五
天田一	辰	一	五	四	六	北	一	二	三	五	六
角宿二	辰	一	六	二	三	北	〇	八	一	〇	三
天门一	辰	一	八	一	三	南	〇	七	五	一	五
角宿东五	辰	一	八	五	七	北	〇	〇	一	〇	六
角宿一	辰	一	九	一	六	南	〇	一	五	九	一
南船一	辰	一	九	三	五	南	六	〇	四	〇	四
七公西八	辰	一	九	四	四	北	五	四	一	六	三
海山二	辰	二	〇	二	〇	南	五	八	一	〇	四
天门南三	辰	二	〇	三	五	南	〇	九	一	六	五
马尾四	辰	二	一	〇	〇	南	五	〇	〇	〇	四
天门二	辰	二	一	三	五	南	〇	六	一	六	五

星名	辰					向					
招摇一	辰	一	四	〇	六	北	四	九	三	四	三
右摄提一	辰	一	四	四	二	北	二	八	〇	九	三
海山三	辰	一	五	三	〇	南	五	八	四	五	五
南船二	辰	一	六	二	〇	南	六	一	四	五	四
飞鱼一	辰	一	八	〇	〇	南	七	二	三	〇	五
梗河三	辰	一	八	一	八	北	四	二	三	六	四
角宿东三	辰	一	八	五	九	北	〇	三	一	一	六
梗河二	辰	一	九	一	六	北	四	二	一	一	四
大角	辰	一	九	四	〇	北	三	一	〇	三	一
天田南四	辰	一	九	五	七	北	〇	八	三	〇	五
平星西三	辰	二	〇	二	四	南	一	四	三	七	六
角宿东四	辰	二	〇	四	四	南	〇	一	〇	〇	六
海山一	辰	二	一	一	〇	南	五	六	三	〇	五
平道二	辰	二	二	一	〇	北	〇	一	四	六	六

星名	辰				向						星名	辰				向					
平星一	辰	二	二	二	四	南	一	三	四	三	三	海石五	辰	二	二	三	○	南	六	八	○	○	四
天田南三	辰	二	二	三	八	北	○	九	四	一	六	马尾三	辰	二	三	○	○	南	四	九	三	○	二
飞鱼三	辰	二	三	○	○	南	七	七	三	五	六	天田二	辰	二	三	一	一	北	一	三	○	八	五
梗河一	辰	二	三	三	○	北	四	○	四	○	三	库楼八	辰	二	四	三	七	南	四	一	○	○	五
马尾一	辰	二	四	三	七	南	四	六	一	○	二	马尾二	辰	二	五	一	七	南	四	六	四	五	四
亢宿西五	辰	二	五	四	四	北	○	二	二	五	六	库楼七	辰	二	六	五	七	南	四	○	二	○	三
七公五	辰	二	七	○	六	北	五	七	一	六	四	南船三	辰	二	七	一	○	南	六	一	五	四	四
左摄提二	辰	二	七	一	四	北	三	○	二	八	四	南船五	辰	二	七	一	五	南	七	一	○	六	三
金鱼四	辰	二	七	四	五	南	八	七	○	○	五	库楼六	辰	二	七	四	七	南	四	○	○	○	三
库楼西九	辰	二	八	○	七	南	二	五	四	○	三	左摄提三	辰	二	八	一	一	北	三	一	二	二	四
海山四	辰	二	八	一	七	南	五	五	一	○	四	左摄提一	辰	二	八	二	七	北	二	七	五	七	三
七公七	辰	二	八	三	○	北	四	九	○	一	三	七公六	辰	二	八	三	二	北	五	三	二	七	四
亢宿二	辰	二	八	四	九	北	一	一	○	三	五	左摄提北四	辰	二	○	五	二	北	三	三	五	二	四
梗河六	辰	二	八	五	三	北	四	二	一	六	五	亢宿三	辰	二	九	○	九	北	○	七	一	九	四

星名												星名											
梗河东四	辰	二	九	一	一	北	四	○	一	四	五	梗河九	辰	二	九	三	七	北	四	六	一	○	四
亢宿一	辰	二	九	五	一	北	○	二	五	八	四	梗河东七	卯	○	○	一	六	北	四	一	五	五	六
梗河东八	卯	○	○	三	四	北	四	五	○	六	五	梗河东五	卯	○	○	四	○	北	四	○	三	一	五
亢宿东五	卯	○	○	五	二	北	一	一	四	八	四	海山五	卯	○	○	五	五	南	五	六	三	○	四
柱二	卯	○	一	○	七	南	二	○	三	○	四	库楼四	卯	○	一	○	七	南	二	七	三	○	四
柱三	卯	○	一	五	七	南	二	○	○	○	五	库楼五	卯	○	一	五	七	南	三	七	三	○	五
十字二	卯	○	一	五	七	南	五	一	○	一	二	柱四	卯	○	二	一	五	南	一	八	五	○	五
亢宿四	卯	○	二	二	二	北	○	○	三	二	四	柱一	卯	○	二	二	七	南	二	二	四	○	五
十字四	卯	○	三	○	七	南	五	五	四	○	二	七公四	卯	○	三	二	九	北	六	○	一	六	四
贯索北十	卯	○	三	三	五	北	五	四	○	○	四	七公西九	卯	○	三	四	三	北	六	四	二	三	四
柱十	卯	○	四	○	七	南	三	三	五	○	五	贯索三	卯	○	四	一	○	北	四	八	二	五	五
南船四	卯	○	四	三	五	南	六	六	五	○	四	贯索二	卯	○	四	三	七	北	四	六	○	八	四
衡一	卯	○	五	一	七	南	二	八	二	○	四	平星二	卯	○	五	二	七	南	一	七	四	○	四
亢宿东六	卯	○	五	三	○	北	○	九	四	九	四	衡二	卯	○	五	五	七	南	二	九	二	○	四

飞鱼四	卯	○	六	一	○	南	七	六	四	五	六	飞鱼五	卯	○	六	三	○	南	八	三	二	○	五
十字一	卯	○	六	三	七	南	四	九	一	○	四	贯索四	卯	○	六	五	六	北	五	○	○	○	六
七公三	卯	○	六	五	七	北	六	三	五	一	四	衡三	卯	○	七	○	七	南	二	八	○	○	四
十字三	卯	○	七	一	七	南	五	一	四	○	二	海山六	卯	○	七	三	○	南	五	七	四	○	四
库楼三	卯	○	七	三	七	南	二	二	三	○	三	贯索一	卯	○	七	三	九	北	四	四	二	三	二
衡四	卯	○	八	一	七	南	二	六	三	○	四	马腹一	卯	○	八	一	七	南	四	三	○	○	二
柱八	卯	○	八	二	七	南	三	○	二	○	五	柱七	卯	○	九	三	七	南	三	一	○	○	五
马腹二	卯	○	九	三	七	南	四	三	四	五	三	氐宿内八	卯	○	九	四	二	北	○	一	五	五	五
七公二	卯	○	九	四	四	北	六	五	五	五	四	库楼一	卯	○	九	五	七	南	三	三	三	○	三
柱五	卯	一	○	○	七	南	二	二	二	○	四	贯索五	卯	一	○	一	五	北	四	四	三	三	二
南门一	卯	一	○	一	七	南	四	○	四	五	四	氐宿一	卯	一	○	三	一	北	○	○	二	六	二
氐宿内五	卯	一	○	四	一	北	○	八	一	九	四	柱六	卯	一	一	○	七	南	二	三	四	五	四
贯索六	卯	一	二	二	五	北	四	四	五	二	四	贯索南十一	卯	一	二	三	五	北	三	八	一	二	五
七公一	卯	一	三	二	五	北	六	八	○	○	五	氐宿内六	卯	一	三	二	七	北	○	一	一	四	五

名					名				
秦	卯	一三四七	北	二八五八三	骑官十一	卯	一三四七	南	三〇〇〇四
阳门一	卯	一三五七	南	一八一五四	骑官十	卯	一三五七	南	三一一二〇五
贯索八	卯	一四〇二	北	四八二四六	贯索七	卯	一四三二	北	四六一〇四
库楼二	卯	一四四七	南	二五一五三	氐宿四	卯	一四四八	北	〇八三五二
骑官十二	卯	一四五七	南	二九二〇四	周	卯	一五二二	北	三四二八三
贯索十二	卯	一五二五	北	三九〇七三	阳门二	卯	一五二七	南	二〇五〇四
马腹三	卯	一六〇七	南	四五二〇二	贯索十三	卯	一六一〇	北	三七二九四
氐宿二	卯	一六二七	南	〇一四八三	阵车一	卯	一六二七	南	〇七三七三
西咸八	卯	一六四六	北	〇八〇七四	氐宿内七	卯	一七一九	北	〇二五九六
蜀	卯	一七三〇	北	二五三六二	贯索南十四	卯	一七三二	北	四二三七四
女床西八	卯	一七三二	北	六二二九五	蜀北十四	卯	一七四八	北	二六三六四
骑官十三	卯	一七五四	南	二九一〇三	郑	卯	一八〇七	北	三五二五三
阵车二	卯	一八二七	南	一〇〇〇四	女床西七	卯	一八四〇	北	六三一四四
阵车三	卯	一九一七	南	一一三〇四	骑官一	卯	一九二七	南	二四〇〇三

蜂一	卯	一九三〇	南	五五一	八五	巴	卯	一九四七	北	二四〇	六三
骑官六	卯	一九五七	南	二四五	〇五	天棓西六	卯	一九五七	北	七六一	七四
蜂二	卯	二〇〇〇	南	五三一	〇六	西咸西七	卯	二〇二七	北	〇二二	一四
氐宿三	卯	二〇三三	北	〇四二	八三	晋	卯	二一〇七	北	三七一	九四
梁西十三	卯	二一二七	北	一六二	七四	骑官二	卯	二一四五	南	二一一	五四
骑官五	卯	二二〇七	南	二七〇	〇五	蜂三	卯	二二一五	南	五七三	〇六
骑官七	卯	二二四七	南	二九〇	〇二	西咸一	卯	二二四九	北	〇四〇	四四
天辐一	卯	二三〇七	南	〇八一	〇四	天辐二	卯	二三五七	南	〇九四	〇四
女床西六	卯	二四〇九	北	六〇二	三三	小斗四	卯	二四二五	南	六六三	〇六
蜂四	卯	二四三〇	南	五五四	〇六	河间	卯	二四三六	北	四〇〇	六三
骑官四	卯	二四五七	南	二五一	〇四	小斗七	卯	二五〇〇	南	七五一	〇六
日	卯	二五一一	北	〇〇〇	二四	西咸二	卯	二五一六	北	〇三三	三四
骑官九	卯	二五三七	南	三〇〇	〇五	西咸三	卯	二五四八	北	〇六一	一四
日北六	卯	二六〇三	北	〇〇〇	七四	骑官三	卯	二六〇七	南	二一〇	〇四

河中	卯	二	六	二	七	北	四	二	四	八	三	小斗一	卯	二	六	三	五	南	六	二	二	〇	六
骑官八	卯	二	六	三	七	南	二	八	三	〇	五	西咸四	卯	二	六	四	一	北	〇	九	一	九	四
天纪二	卯	二	七	〇	二	北	五	三	一	一	三	骑阵将军	卯	二	七	一	七	南	三	三	一	〇	五
从官一	卯	二	七	三	七	南	一	三	三	〇	四	梁	卯	二	七	四	五	北	一	七	一	九	三
房宿四	卯	二	七	五	九	南	〇	一	五	五	三	小斗六	卯	二	八	一	二	南	七	二	五	〇	六
西咸北九	卯	二	八	一	九	北	一	〇	五	七	五	房宿一	卯	二	八	二	五	南	〇	五	二	三	二
房宿三	卯	二	八	三	六	北	〇	一	五	二		从官二	卯	二	八	三	七	南	一	二	五	〇	四
房宿二	卯	二	八	四	四	南	〇	八	二	八	四	楚	卯	二	八	五	七	北	一	六	三	一	三
钩钤	卯	二	九	〇	七	北	〇	〇	一	四	六	键闭	寅	〇	〇	〇	四	北	〇	一	四	二	四
楚南十五	寅	〇	〇	〇	七	北	一	六	一	五	五	南门二	寅	〇	〇	一	七	南	四	一	一	〇	一
小斗五	寅	〇	〇	四	〇	南	七	〇	四	〇	六	积卒一	寅	〇	〇	四	七	南	一	七	〇	〇	四
小斗二	寅	〇	一	〇	〇	南	六	二	一	五	六	小斗三	寅	〇	一	〇	〇	南	六	六	五	〇	六
列肆二	寅	〇	一	〇	三	北	二	三	四	〇	四	积卒二	寅	〇	一	一	七	南	一	五	二	〇	四
东咸三	寅	〇	一	四	七	北	〇	一	四	〇	五	心宿南四	寅	〇	一	四	七	南	〇	六	三	八	五

名	寅				方						名	寅				方					
韩西十二	寅	○	一	五	七	北	一	三	一	九	五	女床西四	寅	○	一	五	七	北	五	六	一	○	五
心宿五	寅	○	二	二	七	南	○	六	四	○	五	东咸四	寅	○	二	三	七	北	○	○	四	五	四
东咸二	寅	○	二	三	七	北	○	三	一	○	五	女床五	寅	○	三	○	七	北	五	八	三	○	五
心宿一	寅	○	三	一	一	南	○	三	五	五	四	东咸一	寅	○	三	三	七	北	○	五	二	○	五
天纪三	寅	○	三	四	六	北	五	三	二	一	三	东咸东五	寅	○	四	一	七	北	○	○	四	○	五
韩	寅	○	四	三	九	北	一	一	三	○	三	心宿二	寅	○	五	一	三	南	○	四	二	七	一
天棓一	寅	○	五	一	五	北	七	八	一	五	四	斛一	寅	○	六	○	○	北	三	二	三	六	四
心宿三	寅	○	六	四	三	南	○	五	五	○	四	三角形一	寅	○	六	五	四	南	四	七	五	○	二
斛二	寅	○	七	一	六	北	三	一	五	六	四	天棓二	寅	○	七	二	○	北	七	五	二	一	三
女床一	寅	○	七	二	二	北	五	九	三	八	四	天棓南七	寅	○	八	○	六	北	七	一	二	○	六
女床二	寅	○	八	一	六	北	六	○	一	二	四	三角形内四	寅	○	八	三	○	南	四	五	○	八	五
异雀七	寅	○	九	二	五	南	五	八	二	五	六	三角形二	寅	一	○	三	五	南	四	○	二	○	二
魏一	寅	一	○	○	九	北	四	七	四	七	三	尾宿二	寅	一	○	二	七	南	一	一	○	○	三
尾宿一	寅	一	○	四	四	南	一	五	○	○	四	异雀六	寅	一	○	四	五	南	六	一	○	○	六

女床三	寅	一	〇	四	八	北	六	〇	一	四	四	尾宿三	寅	一	一	五	七	南	一	八	四	〇	四
神宫一	寅	一	二	〇	七	南	一	八	〇	〇	三	天棓八	寅	一	二	〇	七	北	七	一	四	〇	六
帝座	寅	一	二	三	〇	北	三	七	二	三	三	龟一	寅	一	二	三	七	南	三	〇	二	〇	五
三角形东五	寅	一	二	四	〇	南	四	〇	四	〇	五	龟四	寅	一	二	四	七	南	三	四	一	〇	四
宋	寅	一	三	二	四	北	〇	七	一	八	三	天江一	寅	一	五	〇	一	南	〇	二	一	二	三
天棓五	寅	一	五	一	七	北	六	九	二	二	三	赵二	寅	一	五	二	二	北	四	九	二	三	四
天江六	寅	一	五	二	三	北	〇	二	一	二	三	异雀五	寅	一	五	三	五	南	六	一	一	〇	五
车肆一	寅	一	五	四	九	北	〇	一	二	一	四	天江二	寅	一	六	四	二	南	〇	一	三	二	四
龟三	寅	一	六	五	七	南	三	三	二	〇	四	三角形三	寅	一	七	〇	〇	南	四	六	〇	〇	二
尾宿四	寅	一	七	〇	七	南	一	九	三	〇	三	龟二	寅	一	七	〇	七	南	三	四	一	〇	四
天江北五	寅	一	七	二	三	南	〇	〇	二	〇	四	鱼	寅	一	七	二	七	南	〇	六	一	〇	五
异雀三	寅	一	七	三	五	南	五	四	一	〇	六	南海南十七	寅	一	七	五	〇	北	〇	七	一	〇	五
候一	寅	一	七	五	〇	北	三	五	五	七	三	杵二	寅	一	八	〇	七	南	二	六	三	〇	四
天江三	寅	一	八	一	二	南	〇	〇	二	九	五	天江四	寅	一	八	三	六	南	〇	〇	五	八	五

尾宿九	寅一八五七	南	一三三○四	天棓九	寅一九○○	北	七一○五气		
尾宿八	寅一九二七	南	一三二○三	杵一	寅一九三七	南	二二四○五		
异雀四	寅一九四四	南	六○三○六	市楼二	寅一九四五	北	一五一八四		
南海十	寅一九五七	北	○八○四三	天棓三	寅二○○三	北	八○二二四		
尾宿五	寅二○○七	南	一八五○三	异雀二	寅二○二五	南	四七四○五		
市楼一	寅二○三三	北	一五一九四	九河三	寅二○三六	北	五一一七四		
宗正一	寅二○四五	北	二八○一三	车肆二	寅二○四八	北	一三五四		
尾宿七	寅二○五七	南	一五一○三	异雀一	寅二一○○	南	四四三○六		
糠	寅二一二七	南	○四一○五	宗正一	寅二二○五	北	二六一一三		
杵东三	寅二二一七	南	一五四五四	尾宿六	寅二二二七	南	一六四○三		
天江东七	寅二二四五	北	○四二○六	傅说	寅二三○七	南	一三一五气		
天棓四	寅二三二四	北	七五三一三	天纪九	寅二三五六	北	六○四七三		
帛度一	寅二四○○	北	四三四○四	中山十三	寅二四三八	北	五二四七四		
中山西十二	寅二四三九	北	五三四六四	燕九	寅二五一四	北	一三四七四		

星名	宫	经	向	纬	等	星名	宫	经	向	纬	等
宗人一	寅	二五三〇	北	二七五五	四	宗人南十五	寅	二五三五	北	一九五七	三
宗人二	寅	二五三八	北	二六二三	四	宗人三	寅	二五五三	北	二四五〇	四
燕東十六	寅	二六一五	北	一五二〇	五	屠肆二	寅	二六一五	北	四四四〇	五
箕宿一	寅	二六二〇	南	〇六三〇	三	帛度二	寅	二六三〇	北	四二四〇	四
宗人四	寅	二六五八	北	二六一〇	四	孔雀一	寅	二七一〇	南	四〇三〇	四
候二	寅	二七三一	北	三三〇三	四	箕宿四	寅	二八〇七	南	一三三〇	三
中山四	寅	二八一九	北	五二一九	四	斗宿三	寅	二八四二	北	〇二二八	四
箕宿二	寅	二九三七	南	〇六三〇	三	孔雀二	寅	二九四〇	南	三九二〇	五
箕宿三	寅	二九五七	南	一〇五〇	三	鱉十三	丑	〇一〇七	南	一八三〇	五
鱉一	丑	〇一〇七	南	二一三〇	四	東海	丑	〇一一三	北	二三八	三
孔雀三	丑	〇一三五	南	三八三四	五	鱉十二	丑	〇一三七	南	一五五〇	五
斗宿二	丑	〇一四八	南	〇二〇〇	四	孔雀五	丑	〇二二五	南	四八一〇	四
屠肆	丑	〇二三〇	北	四五一五	四	鱉二	丑	〇三三七	南	二一〇〇	五
鱉十一	丑	〇三四七	南	一四四〇	五	鱉三	丑	〇五〇七	南	二〇三〇	五

星名	宮	度	方位	去極度	等	星名	宮	度	方位	去極度	等
蛇尾十五	丑	○五三○	南	六三五○	五	斗宿一	丑	○五四○	南	○三五○	五
孔雀四	丑	○六二○	南	三八四○	五	鳖十	丑	○六三七	南	一四五○	六
鳖四	丑	○六四七	南	二○○○	四	建星南七	丑	○七○七	北	○○四五	六
鳖九	丑	○七○七	南	一五五○	六	孔雀六	丑	○七一五	南	四三三○	四
斗宿四	丑	○七五一	南	○三三一	四	鳖五	丑	○八○七	南	一八三○	五
斗宿六	丑	○八一七	南	○六四五	三	鳖八	丑	○八二七	南	一五二○	四
蛇尾十四	丑	○八五七	南	六四二○	五	鳖七	丑	○八四七	南	一六○○	四
建星一	丑	○八五七	北	○一四五	四	天渊二	丑	○八五七	南	一八○○	二
鳖六	丑	○九一七	南	一七一○	四	斗宿五	丑	○九三七	南	○四三○	四
天渊一	丑	○九三七	南	二三○○	二	宗一	丑	一○一二	北	四三三三	四
织女一	丑	一○一七	北	六一四八	一	宗二	丑	一○一八	北	四一○五	四
建星二	丑	一○二八	北	○○五九	四	齐	丑	一○三○	北	四五五三	四
徐	丑	一一一○	北	二六五九	三	孔雀七	丑	一一二○	南	五○○○	四
天弁二	丑	一一二九	北	一六五七	四	建星三	丑	一一四三	北	○一三一	四

狗西三	丑	一	一	五	七	南	○	二	三	○	五	天弁一	丑	一	二	四	六	北	一	七	四	一	三
蛇尾十三	丑	一	二	五	○	南	六	二	四	五	五	织女三	丑	一	三	二	六	北	六	○	二	六	五
建星四	丑	一	三	四	四	北	○	三	○	七	六	吴越西十四	丑	一	三	四	四	北	三	七	四	○	三
蛇尾十二	丑	一	四	○	○	南	五	五	五	○	五	渐台南五	丑	一	四	○	四	北	五	五	一	六	六
织女二	丑	一	四	一	四	北	六	二	二	七	五	狗二	丑	一	四	一	七	南	○	一	五	○	五
渐台二	丑	一	四	一	七	北	五	六	○	五	五	孔雀八	丑	一	四	二	五	南	四	四	五	四	四
建星五	丑	一	四	五	五	北	○	四	一	七	四	建星六	丑	一	五	一	一	北	○	六	一	○	五
吴越	丑	一	五	一	六	北	三	六	一	七	三	蛇尾十一	丑	一	六	○	○	南	五	七	四	五	六
夹白二	丑	一	六	四	○	南	八	二	三	○	五	波斯一	丑	一	六	五	四	南	三	三	一	○	六
渐台四	丑	一	七	一	一	北	五	五	○	六	三	渐台一	丑	一	七	一	一	北	五	九	二	六	四
渐台南六	丑	一	七	二	○	北	五	四	三	二	五	狗一	丑	一	七	二	六	南	○	三	○	八	六
孔雀九	丑	一	七	四	○	南	四	六	三	○	四	右旗四	丑	一	八	○	○	北	二	二	○	○	四
扶筐三	丑	一	八	○	四	北	八	一	五	三	五	天渊四	丑	一	八	三	七	南	二	○	一	○	三
右旗三	丑	一	九	○	一	北	二	四	五	六	三	天渊三	丑	一	九	一	七	南	一	三	三	○	三

星名						方位						星名						方位					
蛇尾十	丑	一	九	二	六	南	五	九	四	○	五	狗国一	丑	一	九	三	七	南	○	四	五	○	五
孔雀十	丑	二	○	○	○	南	四	一	一	二	六	天鸡一	丑	二	○	○	九	北	○	五	○	八	六
右旗六	丑	二	○	一	七	北	一	四	二	八	三	天鸡二	丑	二	○	二	四	北	○	一	二	五	六
狗国二	丑	二	○	二	七	南	○	四	五	○	五	狗国三	丑	二	○	二	七	南	○	五	五	○	五
孔雀十一	丑	二	○	五	五	南	三	七	○	五	三	右旗五	丑	二	一	一	八	北	二	○	一	五	三
狗国四	丑	二	一	二	七	南	○	六	三	○	五	扶筐二	丑	二	一	三	四	北	七	九	五	二	五
渐台三	丑	二	一	五	二	北	五	八	○	六	五	右旗一	丑	二	二	一	七	北	二	八	四	七	四
右旗二	丑	二	三	一	四	北	二	六	三	五	五	天鸡东三	丑	二	三	五	三	北	○	五	一	二	六
左旗北八	丑	二	四	五	七	北	四	六	○	三	四	波斯二	丑	二	五	○	五	南	二	八	四	五	五
扶筐一	丑	二	五	三	一	北	七	七	五	七	五	輦道一	丑	二	五	三	三	北	六	○	四	六	五
孔雀十二	丑	二	五	三	五	南	四	七	一	五	四	右旗东七	丑	二	五	五	○	北	二	一	三	八	三
河鼓东五	丑	二	五	五	二	北	三	○	五	五	六	輦道二	丑	二	六	○	二	北	五	九	四	一	五
波斯六	丑	二	六	一	五	南	三	六	三	○	六	波斯三	丑	二	六	二	○	南	三	四	○	○	六
蛇尾九	丑	二	六	二	五	南	六	四	三	○	四	河鼓三	丑	二	六	二	六	北	三	一	一	八	三

星名	宫	数	向	数	等	星名	宫	数	向	数	等
左旗三	丑	二六三一	北	三八五三	四	左旗四	丑	二六三九	北	三八一八	四
左旗九	丑	二六四四	北	四九〇二	三	河鼓六	丑	二七〇七	北	三〇四〇	六
河鼓二	丑	二七〇九	北	二九二二	二	河鼓东四	丑	二七〇九	北	三一五九	五
河鼓一	丑	二七五三	北	二六五〇	三	牛宿三	丑	二八〇八	北	〇七一六	六
牛宿西八	丑	二八一三	北	〇〇二四	气	左旗二	丑	二八五五	北	三八五九	五
牛宿二	丑	二九一八	北	〇七〇三	三	牛宿一	丑	二九三一	北	〇四四一	三
左旗北五	丑	二九三一	北	三九五一	六	波斯四	丑	二九五〇	南	三二二〇	四
牛宿东七	丑	二九五一	北	〇六五三	六	牛宿四	丑	二九五七	北	〇〇四九	气
九坎一	丑	二九五七	南	二二二〇	三	左旗北十	丑	〇〇二〇	北	五〇四二	五
右旗东八	子	〇〇二二	北	一八四八	三	牛宿六	子	〇〇三七	北	〇一二〇	六
牛宿五	子	〇〇四一	北	〇〇二八	气	夹白三	子	〇一〇〇	南	八六四〇	四
左旗北六	子	〇一一三	北	四二四三	四	波斯五	子	〇一二〇	南	三四〇〇	四
左旗一	子	〇二三二	北	三九一三	四	左旗七	子	〇二三六	北	四四〇二	四
越	子	〇二四七	南	〇六五八	六	罗堰二	子	〇三〇六	北	〇〇五〇	五

名	子					向						名	子					向					
九坎二	子	○	三	○	七	南	二	二	一	○	三	齐二	子	○	三	二	八	南	○	九	○	二	六
罗堰一	子	○	三	四	九	北	○	三	二	五	六	九坎四	子	○	三	五	七	南	二	○	五	○	五
波斯七	子	○	四	○	○	南	三	五	○	○	四	波斯九	子	○	五	○	○	南	三	八	二	○	四
附白一	子	○	五	二	○	南	七	六	三	○	四	鸟喙一	子	○	五	二	五	南	四	五	○	○	二
离瑜二	子	○	五	四	七	南	一	四	五	○	五	离瑜一	子	○	五	四	七	南	一	六	○	○	四
波斯八	子	○	五	五	四	南	三	七	○	六	四	鸟喙二	子	○	五	五	五	南	五	一	○	○	四
九坎三	子	○	五	五	七	南	二	一	○	○	三	楚	子	○	七	一	三	南	○	八	○	八	六
女宿一	子	○	七	一	三	北	○	八	一	○	四	蛇腹八	子	○	七	三	五	南	六	四	三	○	五
周	子	○	八	一	八	南	○	三	○	一	五	女宿二	子	○	八	二	九	北	○	八	一	九	五
魏	子	○	八	三	一	南	○	四	二	七	六	天津西十一	子	○	八	三	三	北	五	四	一	九	四
女宿南一	子	○	八	三	七	北	○	三	三	三	六	女宿四	子	○	八	四	二	北	一	二	一	三	六
秦	子	○	九	二	一	南	○	○	二	九	五	女宿三	子	○	九	三	○	北	一	一	○	六	六
败瓜一	子	○	九	三	二	北	二	九	○	八	三	败瓜三	子	一	○	一	八	北	三	○	四	二	六
韩	子	一	○	二	三	南	○	四	二	五	六	扶筐四	子	一	○	二	九	北	八	○	五	四	四

奎仲三	子	一〇三七	北	七三五〇四	败瓜五	子	一〇四二	北	二七三四六
败瓜二	子	一〇四八	北	二八五三六	瓠瓜五	子	一一一七	北	三二〇九五
鹤一	子	一一三〇	南	三二三〇二	败瓜四	子	一一四二	北	三〇四一六
女宿南二	子	一一五一	北	〇四五〇五	天津二	子	一一五三	北	六四二八三
瓠瓜一	子	一一四八	北	三一五七三	燕	子	一二二五	南	〇六五六五
瓠瓜二	子	一二五一	北	三三〇五三	天钱三	子	一二五七	南	一八一〇四
晋	子	一三〇〇	南	〇六二九六	败白一	子	一三〇〇	南	二三〇五三
代	子	一三〇七	南	〇一一七五	奎仲一	子	一三二一	北	六九四二四
奎仲二	子	一三四〇	北	七一三一四	天钱二	子	一三四七	南	一六三〇四
败白二	子	一四〇〇	南	二五〇〇四	鸟喙四	子	一四三五	南	五四四五四
瓠瓜三	子	一四四四	北	三二〇〇三	瓠瓜四	子	一五〇二	北	三二四七三
垒壁阵一	子	一五二五	南	〇四四八四	鸟喙三	子	一五三〇	南	五六四五三
鹤八	子	一七〇〇	南	四七五六二	垒壁阵二	子	一七〇六	南	〇四四九五
天钱一	子	一七〇七	南	一五一五四	鹤三	子	一七一〇	南	四三二五五

垒壁阵三	子	一	七	一	四	南	○	二	二	六	三	鹤四	子	一	七	五	○	南	四	一	一	○	四
鹤二	子	一	八	○	○	南	三	五	五	○	二	虚宿二	子	一	八	三	三	北	二	○	一	三	四
虚宿一	子	一	八	五	一	北	○	八	四	二	三	司非一	子	一	八	五	四	北	二	五	一	六	四
垒壁阵四	子	一	九	○	○	南	○	二	二	九	三	天垒城三	子	一	九	一	四	北	○	二	二	二	五
鸟喙六	子	一	九	一	五	南	六	○	二	五	四	天垒城一	子	一	九	三	八	北	○	六	○	一	五
司非二	子	一	九	五	五	北	二	四	五	二	四	天津一	子	二	○	二	五	北	五	七	一	○	三
鹤五	子	二	○	四	○	南	四	二	二	○	四	鸟喙五	子	二	○	四	○	南	五	六	四	四	二
天钱六	子	二	○	四	七	南	一	四	三	○	四	天垒城二	子	二	○	五	四	北	○	四	一	七	六
司危一	子	二	○	五	五	北	二	一	○	六	四	蛇腹七	子	二	一	二	○	南	六	四	○	○	五
天钱七	子	二	二	三	七	南	二	一	二	○	四	天钱五	子	二	三	○	七	南	一	五	一	○	五
天钱四	子	二	三	○	七	南	一	九	三	○	五	天津九	子	二	三	一	○	北	四	九	二	六	三
司禄一	子	二	三	二	七	北	一	五	二	三	六	天津三	子	二	三	五	○	北	六	三	三	七	四
鹤六	子	二	四	○	○	南	三	六	三	五	四	羽林军二十六	子	二	四	○	七	南	○	四	○	○	六
垒壁阵五	子	二	四	一	三	南	○	二	○	○	四	鹤七	子	二	四	三	○	南	三	四	四	○	五

天津内十	子	二五一八	北	五一四一四	蛇腹六	子	二五二〇	南	六七二五五
天津北十二	子	二五三五	北	六四一七四	人一	子	二五五一	北	三三二一四
天钱八	子	二六〇七	南	二二一五四	羽林军二十四	子	二六一七	南	一六一五四
泣二	子	二六三一	北	〇二四六四	危宿三	子	二七二二	北	二二〇八三
盖屋一	子	二七三六	北	〇九一二五	天钱九	子	二七三七	南	二二三〇四
羽林军二十五	子	二七五六	南	一〇四九五	蛇腹五	子	二八三五	南	七〇二〇五
天津八	子	二八四三	北	四四四四三	泣一	子	二八四五	北	〇二三〇六
危宿一	子	二八五〇	北	一〇四二三	北落师门	子	二九一二	南	二一〇〇一
火鸟三	子	二九一五	南	四〇〇〇四	人二	子	二九四七	北	三六一一四
人三	亥	〇〇三〇	北	二九〇〇四	羽林军一	亥	〇〇四〇	南	〇五四〇六
火鸟二	亥	〇〇四〇	南	三六五〇五	危宿西八	亥	〇〇四六	北	一五四三五
羽林军二	亥	〇〇五〇	南	〇九五八六	垒壁阵六	亥	〇〇五三	南	〇一一〇五
天津四	亥	〇〇五四	北	五九五六二	天津五	亥	〇一三二	北	五四五九四
蛇首四	亥	〇一四五	南	七〇五〇四	火鸟一	亥	〇二〇〇	南	三二三〇五

坟墓四	亥	○	二	一	○	北	○	八	一	八	三	危宿二	亥	○	二	一	六	北	一	六	二	五	四
天津七	亥	○	二	三	○	北	四	八	一	○	四	水委三	亥	○	二	四	五	南	五	二	五	○	四
天津六	亥	○	四	○	四	北	五	○	三	三	四	羽林军四	亥	○	二	○	五	南	○	五	三	七	五
坟墓五	亥	○	四	○	五	北	一	○	三	一	五	天津北十三	亥	○	四	○	七	北	六	三	四	五	五
羽林军二十	亥	○	四	一	七	南	一	五	五	三	五	火鸟四	亥	○	四	二	○	南	四	一	五	○	四
羽林军三	亥	○	四	二	二	南	○	八	一	○	三	坟墓六	亥	○	四	二	三	北	○	八	五	三	四
白一	亥	○	四	二	三	北	三	六	四	三	四	虚梁一	亥	○	四	五	二	北	○	四	○	九	四
羽林军十九	亥	○	五	○	二	南	一	五	四	○	五	羽林军十八	亥	○	五	二	五	南	一	四	二	六	五
白三	亥	○	五	四	○	北	三	八	○	○	四	坟墓七	亥	○	五	五	三	北	○	八	一	○	四
车府南六	亥	○	五	五	四	北	五	一	三	一	四	水委二	亥	○	六	○	○	南	五	五	○	○	四
火鸟七	亥	○	六	三	五	南	四	五	五	○	四	火鸟八	亥	○	六	四	○	南	四	六	四	○	四
车府四	亥	○	六	五	二	北	五	六	三	六	四	蛇首一	亥	○	七	○	○	南	六	四	二	五	二
垒壁阵七	亥	○	七	○	四	南	○	○	二	○	四	火鸟五	亥	○	七	一	七	南	四	○	○	○	三
土公吏一	亥	○	七	二	八	北	二	○	五	一	四	火鸟九	亥	○	七	三	五	南	四	五	三	○	四

星名	亥					向						星名	亥					向					
水委一	亥	〇	八	四	九	南	五	九	〇	〇	一	羽林軍十五	亥	〇	八	五	五	南	一	四	四	五	五
火鳥六	亥	〇	八	五	六	南	四	四	一	〇	四	羽林軍十六	亥	〇	九	二	一	南	一	五	三	〇	五
白二	亥	〇	九	五	〇	北	三	四	一	九	四	羽林軍五	亥	一	〇	〇	〇	南	〇	一	二	四	六
羽林軍十七	亥	一	〇	五	〇	南	一	六	三	一	五	雷電二	亥	一	一	四	〇	北	一	七	四	七	三
羽林軍七	亥	一	一	四	三	南	〇	三	五	九	五	蛇首三	亥	一	一	五	〇	南	七	一	二	五	四
羽林軍八	亥	一	二	一	一	南	〇	四	一	一	五	羽林軍九	亥	一	二	一	五	南	〇	四	四	四	五
羽林軍六	亥	一	二	三	三	南	〇	二	四	九	五	壘壁陣八	亥	一	二	三	八	南	〇	一	〇	〇	五
蛇首二	亥	一	三	一	五	南	七	〇	〇	〇	四	雷電三	亥	一	三	二	五	北	一	八	二	九	五
火鳥十	亥	一	三	二	五	南	四	七	四	〇	四	車府二	亥	一	三	三	〇	北	五	七	三	〇	四
雷電一	亥	一	三	四	四	北	一	五	四	四	六	雷電南四	亥	一	四	〇	〇	北	一	四	三	一	六
霹靂一	亥	一	四	〇	二	北	〇	九	〇	四	四	羽林軍十二	亥	一	四	〇	三	南	一	四	二	九	五
羽林軍十三	亥	一	四	四	六	南	一	五	一	七	六	杵一	亥	一	五	〇	三	北	四	一	〇	一	四
羽林軍十	亥	一	五	〇	七	南	一	〇	五	九	五	羽林軍十一	亥	一	五	三	八	南	一	一	三	三	五
羽林軍十四	亥	一	五	四	四	南	一	六	二	三	六	室宿西九	亥	一	六	一	五	北	二	三	一	六	四

霹雳二	亥	一	六	五	一	北	○	七	一	八	四	天园一	亥	一	七	四	五	南	五	三	○	○	四
云雨一	亥	一	八	二	一	北	○	四	二	七	五	离宫三	亥	一	八	三	○	北	二	八	四	九	四
霹雳北六	亥	一	八	三	一	北	○	八	五	五	六	羽林军二十一	亥	一	八	三	七	南	一	五	三	○	四
室宿一	亥	一	八	五	七	北	一	九	二	六	二	螣蛇二	亥	一	九	○	○	北	六	○	四	○	四
螣蛇一	亥	一	九	二	○	北	六	二	五	三	四	离宫四	亥	一	九	五	四	北	二	九	二	五	四
离宫六	亥	二	○	二	五	北	三	四	二	五	三	天园二	亥	二	○	三	五	南	五	六	四	五	四
霹雳三	亥	二	○	四	二	北	○	九	○	三	五	羽林军二十三	亥	二	○	四	七	南	一	八	一	五	四
离宫五	亥	二	一	一	一	北	三	五	○	八	三	羽林军二十二	亥	二	一	三	七	南	一	四	二	○	四
云雨二	亥	二	二	○	五	北	○	三	二	五	五	垒壁阵十二	亥	二	二	三	七	南	○	五	五	○	四
霹雳四	亥	二	二	五	七	北	○	七	一	四	五	垒壁阵九	亥	二	三	○	七	南	○	二	四	○	四
垒壁阵十一	亥	二	四	一	七	南	○	五	二	○	四	垒壁阵十	亥	二	四	二	二	南	○	二	三	○	四
天园三	亥	二	四	四	五	南	五	九	○	○	四	室宿二	亥	二	四	五	○	北	三	一	○	八	二
螣蛇三	亥	二	五	○	○	北	五	七	一	九	四	天仓一	亥	二	六	二	三	南	一	○	○	一	三
离宫七	亥	二	六	三	三	北	二	五	三	五	六	土司空七	亥	二	七	五	六	南	二	○	四	七	二

霹雳五	亥	二八〇	三	北	〇六二	四	五	离宫八	亥	二八〇	六	北	二四	五一六
土公一	亥	二九二	七	北	〇七二	七	六	天厨四	亥	二九三	三	北	八一	五一四

黄道星名	宫	十度十分	向	十度十分	黄道星名	宫	十度十分	向	十度十分	黄道星名	宫	十度十分	向	十度十分
膝蛇十八	戊	〇〇三	北	六五二〇	壁宿西五	戊	〇〇三	北	一八五七二	土司空	戊	〇〇五	南	二三四八
土司空三	戊	〇一三五	南	二五五八	壁宿西四	戊	〇四二三	北	二三三六	金鱼五	戊	〇五一	南	七九二
奎宿二十二	戊	〇五二三	北	一〇四五	壁宿西三	戊	〇六二三	北	一七四八	土公三	戊	〇六三五	北	〇三四五
天仓九	戊	〇八二	南	一二三三	天仓八	戊	〇八四八	南	〇七二二	膝蛇十二	戊	〇九三五	北	四九二〇
天仓十	戊	〇九四三	南	一五〇五	铁锁六	戊	一〇三八	南	二一三七	天仓十一	戊	一〇五	南	〇九六
铁锁二	戊	一〇五五	南	二七五五	铁锁一	戊	一一五五	南	二三四二	铁锁二	戊	一一五五	南	二八四
天仓十二	戊	一二一五	南	一一二七	奎宿二十四	戊	一二二二	北	〇八四五	天仓十三	戊	一二四	南	一〇
铁锁五	戊	一二四八	南	三三三〇	奎宿二十五	戊	一三二二	北	一〇四五	铁锁七	戊	一三四	南	二二
铁锁四	戊	一三四三	南	三一四七	天庚一	戊	一四五	南	三九一五	天庚二	戊	一四二	南	三八一二
天仓十四	戊	一五五五	南	一二三五	天仓十五	戊	一五五六	南	一五二六	天仓十九	戊	一八	南	二五五八
天仓十六	戊	一八二八	南	一五三五	天仓十七	戊	二〇一八	南	一七三〇	奎宿二十三	戊	二〇五	北	〇五三五

星名		度	向	度	星名		度	向	度	星名		度	向	度
天庾三	戌	二一五〇	南	四〇〇三	天苑三十六	戌	二一二〇	南	四六三三	天苑三十三	戌	二一五〇	南	四二二〇
天仓十八	戌	二一五五	南	二一二八	天苑三十四	戌	二二一五	南	四五一〇	刍藁二	戌	二四二〇	南	二二一八
天苑三十五	戌	二四三五	南	四九〇〇	螣蛇十三	戌	二五一二	北	五四五二五	天囷十四	戌	二五四二	南	一四〇〇
天囷十四	戌	二五四五	南	一一四八	天囷十三	戌	二七三五	南	一四四六	天苑三十七	戌	二九二〇	南	四二〇〇
刍藁一	戌	二九四九	南	一九二二	天囷十一	酉	〇〇一二	南	一四三五二	天囷十一	酉	〇〇一七	南	一五〇
娄宿北八	酉	〇一四一	北	一〇一三六	天囷十一	酉	〇〇四五	南	〇四〇五	天大将军十三	酉	〇四〇五七	北	二六一八
天苑二十二	酉	〇五一八	南	二〇一四	天大将军十五	酉	〇六一七	北	一九〇〇	天大将军十六	酉	〇六五九	北	一六〇八
天苑二十三	酉	〇七〇五	南	一八一五	天苑内二十七	酉	〇七一八	南	三三三四	天良六	酉	〇七五	北	四七二五
胃宿西五	酉	〇八一二	北	一二二〇	天大将军十四	酉	〇八五五	北	二四二〇	天苑三十八	酉	一〇五	南	四九五三
天苑二十四	酉	一〇三〇	南	一九〇〇	天大将军十七	酉	一〇三七	北	一六三二	天苑内二十八	酉	一一五	南	三四四三
天苑三十九	酉	一二二〇	南	四八〇〇	天囷十七	酉	一二三五	南	一一二四	天大将军十九	酉	一三一五	北	二九一
天大将军十八	酉	一三三〇	北	三九一〇	天苑二十五	酉	一四三八	南	二四二三	天大将军二十	酉	一四四五	北	三三一
天大将军二十二	酉	一五一五	北	三七一五	大陵九	酉	一五五七	北	二二三〇	大陵十四	酉	一六〇二	北	一八一二

星名	宫	经	南北	纬	星名	宫	经	南北	纬	星名	宫	经	南北	纬
天苑二十六	酉	一六三〇	南	二五三〇	天阴五	酉	一六三七	南	〇〇三五	天大将军二十一	酉	一六四〇	北	三四一八
少卫西二	酉	一七二七	北	六四一〇	大陵十三	酉	一七三八	北	二〇二四	天阴四	酉	一八四七	北	〇〇四〇
大陵十五	酉	一八一一	北	一七三〇	大陵西十一	酉	一九〇〇	北	三九二六	大陵西十二	酉	一九〇一	北	三八三二
天阿	酉	一九二五	北	〇九五五	大陵十四	酉	二一四〇	北	一五五〇	天苑二十九	酉	二二三〇	南	三六五五
传舍五	酉	二三〇八	北	五四一五	天苑三十	酉	二四〇〇	南	四〇一〇	大陵十七	酉	二四四七	北	二四二二
天苑三十一	酉	二五五八	南	四一一二	卷舌六	酉	二七〇二	北	一四二五	传舍六	酉	二七五〇	北	三七四五
天苑三十二	酉	二八五〇	南	四〇二〇	天船十四	申	〇〇三〇	北	三五〇〇	砺石五	申	〇〇四七	北	六五八〇
少弼南十一	申	〇〇一七	北	七八四〇	华盖三	申	〇〇一二	北	五一五五	华盖四	申	〇〇一七	北	五三五七
传舍七	申	〇〇一三	北	三八一〇	传舍八	申	〇〇五二	北	三九二五	天节十	申	〇〇二五	南	一四四三
毕宿八	申	〇二二六	南	〇五五〇	毕宿七	申	〇〇五七	南	〇三二〇	天船十三	申	〇〇三一	北	二六一五
九斿七	申	〇三三七	南	四一四〇	天节十一	申	〇三一四	南	一七三〇	屏三	申	一七〇三	南	一四
卷舌东九	申	〇四三〇	北	一九一五	九斿八	申	〇四三五	南	四三四五	天节十二	申	〇四五二	南	一五一五
九斿六	申	〇五二七	南	三九三五	九斿五	申	〇七三二	南	三六二五	九斿三	申	〇七二五	南	三二一〇
九斿四	申	〇七二七	南	三三四〇	天船十六	申	〇七三四	北	三三四〇	屏四	申	〇七三五	南	四九五五

玉井五	申	〇七 四〇	南	二六 五〇	卷舌东十	申	〇八 一〇	北	二一 二五	卷舌东十一	申	一〇 二六	北	二一 二二
屏五	申	一一 一〇	南	四八 三七	诸王八	申	一一 三五	北	〇一 三〇	勾陈十二	申	一二 一七	北	六四 三
玉井北五	申	一二 一七	南	二六 五九	八谷十	申	一二 四〇	北	三三 三四	诸王九	申	一三 〇三	北	〇〇 三
八谷七	申	一三 四〇	北	三二 〇五	屏六	申	一三 四五	南	四六 一〇	勾陈五	申	一五 三七	北	六四 四二
八谷六	申	一七 二〇	北	三一 二五	勾陈十五	申	一七 四〇	北	六六 一五	五车东二十二	申	一七 五五	北	二八 四五
天潢五	申	一九 一七	北	一六 三五	南柱十三	申	二〇 二七	北	〇五 五	八谷八	申	二〇 三七	北	三四 〇
南柱十四	申	二一 〇七	北	〇六 五〇	四辅西六	申	二二 二〇	北	六四 一八	天关南三	申	二二 三六	南	一〇 三
八谷九	申	二三 三三	北	三七 〇〇	六甲	申	二四 〇〇	北	五四 五〇	参宿二十七	申	二五 〇〇	南	三二 四
参宿东二十六	申	二五 一〇	南	二六 三〇	参宿东二十八	申	二六 一〇	南	三三 三〇	五车车十九	申	二六 一二	北	一四 三
五车北二十四	申	三六 五〇	北	二二 二二	五车东二十	申	二七 〇一	北	二五 五五	少卫北七	申	二七 一二	北	四七 五五
五车东二十一	申	二七 五〇	北	二四 五〇	八谷十二	申	二八 三〇	北	三七 三五	钺南二	申	二九 〇五	南	〇三 四〇
参宿东二十九	申	二九 三〇	南	三〇 〇〇	水府南六	申	二九 三五	南	一四 〇〇	少卫北八	申	二九 三七	北	五四 二八
五车北二十三	未	〇〇 四六	北	二五 二四	参宿二十九	未	〇一 三六	南	三一 〇〇	上卫北十二	未	〇一 三七	北	五二 三
四渎十一	未	〇一 四七	南	一二 〇五	上卫北十一	未	〇二 三六	北	四六 五八	座旗三	未	〇三 五	北	一九 〇〇

座旗四	未	○三一五	北	一七○○	四渎十二	未	○三二	南	一一一八	座旗二	未	○三二五	北	二四○
座旗五	未	○三五○	北	二○○	座旗一	未	○三五○	北	二三五○	勾陈北十三	未	○四七○	北	七二五八
座旗八	未	○四四五	北	二一二二	座旗七	未	○四五○	北	二一一○	座旗九	未	○四五五	北	一五八
座旗十	未	○六○○	北	一六四○	上卫十三	未	○八五	南	四○三	四辅二	未	一○三二	北	六三一五
四辅三	未	一三七	北	六五四五	四辅四	未	一三七	北	六四五○	北河北八		一四○	北	一四一
北河北六	未	一五○	北	一三一○	水位西七	未	一六三八	南	一○一二	水位西八		一六三八	南	一二一五
南河南四	未	一七三	南	一五一○	北河北七	未	一五○	北	一二四○	五诸侯六		一八○	北	四二五
阴德一	未	二○二五	北	五八一五	南河南五	未	一五○	南	二三三	南河南六		一八○	南	一九五○
五诸侯七	未	二二二七	北	○六五二	爟三	未	二三三	北	○四五七七	南河南七		二三三二	南	一七一二
爟四	未	二四五	北	九一五	勾陈北十四	未	一五一	北	七三五○	南河南八		二四一七	南	一六四○
爟九	未	二五三	北	五四八九	南河南九	未	二五三九	南	一五二○	爟八		二六三	北	七四五
爟五	未	二七三	北	八二八十二	南河南十二	未	二五三五	南	二三二五	爟六		二七五○	北	七五六
南河南十一	未	二八五	南	二一○	爟七	未	二九五	北	○五三五五	水位东五		二九五五	南	一五七○
爟东八	午	○○一八	北	○五二七	南河东十三	午	○一○六	南	二二五五	轩辕十八	午	一四八	北	一三四○

名	時	數	向	數	名	時	數	向	數	名	時	數	向	數
柳宿西九	午	○二 ○二	南	一二 ○一	軒轅二十九	午	○二 四六	北	一四 ○○	軒轅三十	午	○三 二一	北	一三 五九
軒轅三十二	午	○三 四一	北	一五 四○	軒轅二十五	午	○三 四七	北	一○ 三○	軒轅二十六	午	○四 二六	北	一○ 一一
軒轅三十二	午	○五 二一	北	一六 三○	酒旗西九	午	○五 二七	南	○四 四五	軒轅三十一	午	○六 一一	北	一二 四○
外廚三	午	○六 三○	南	一七 四○	軒轅二十七	午	○六 三一	北	○七 二○	外廚四	午	○八 三五	南	一六 五○
外廚五	午	一一 ○四	南	一七 四○	少尉南二	午	一一 一七	北	六○ 二五	內平三	午	一一 四六	北	二三 五五
軒轅五	午	一一 五二	北	一七 四○	酒旗西十	午	一二 一二	南	○一 四○	內屏二	午	一二 二七	北	二三 ○三
軒轅六	午	一二 三七	北	一五 ○○	天理一	午	一三 五○	北	四九 二○	太尊西二	午	一八 ○○	北	三四 ○○
天理三	午	一八 二五	北	五三 ○○	天理二	午	一九 四○	北	四七 五八	星宿八	午	二一 五八	南	二一 ○三
星宿七	午	二一 一○	南	二二 二四	星宿六	午	二一 四○	南	二四 ○五	星宿九	午	二一 三五	南	二三 ○三
星宿十二	午	二二 一五	南	一九 二二	星宿十	午	二三 ○○	南	二四 三五	星宿十一	午	二三 ○三	南	二二 五七
星宿十四	午	二三 一○	南	一八 三五	尚書一	午	二三 一七	北	八五 二九	尚書五	午	二三 三七	北	八三 ○三
星宿十三	午	二三 五五	南	二三 一五	天理四	午	二四 ○五	北	四八 四六	太一	午	二四 三七	北	六四 ○一
天社南十三	午	二五 ○七	南	八四 二○	天權北十一	午	二六 四二	北	五三 二五	張宿西九	午	二九 一五	南	一九 ○五
少微三	午	二九 一七	北	一三 五○	長垣一	巳	○○ 一七	北	○五 五九	天相四	巳	○二 一一	南	一○ 一四

星名	宫	经度	向	纬度	星名	宫	经度	向	纬度	星名	宫	经度	向	纬度
少微一	巳	○三/○○	北	一七/四○	天相二	巳	○三/四○	南	一八/○○	长垣四	巳	○三/四二	南	○一/○五
天相三	巳	○五/三○	南	一七/三○	张宿十	巳	○六/○二	南	二七/二五	天相五	巳	○七/一	南	一三/一五
天相六	巳	○七/二○	南	一二/三六	辅星一	巳	一二/三六	北	五六/五九	从官	巳	一二/四○	北	一八/○五
灵台东四	巳	一二/五一	南	○三/二五	灵台东五	巳	一二/五六	南	○六/三○	常陈西三	巳	一三/一七	北	三八/四○
灵台东六	巳	一三/五五	南	○五/○○	张宿南十二	巳	一四/二○	南	二二/四五	灵台东七	巳	一四/三五	南	○六/四○
灵台东八	巳	一五/○一	南	○五/二七	五帝座三	巳	一五/二七	北	一○/一二	翼宿十二	巳	一六/一九	南	一四/五五
五帝座二	巳	一六/三六	北	一四/○○	辅星三	巳	一七/一七	北	五七/一五	内屏西六	巳	一七/二一	北	一五/○一
幸臣	巳	一七/二七	北	一七/一七	五帝座五	巳	一八/五二	北	○九/三○	翼宿十三	巳	一八/三五	南	一六/○一
五帝座四	巳	一八/三六	北	一三/四○	辅星三	巳	一八/五二	北	五七/五九	内屏西七	巳	一九/○○	北	○六/三○
张宿南十一	巳	一四/○○	南	二○/四○	内屏西八	巳	二一/二二	北	○七/二四	翼宿十四	巳	二一/二五	南	一四/一六
翼宿十七	巳	二五/二○	南	二一/○五	天枪南四	巳	二一/○五	北	五六/五八	翼宿二十	巳	二六/二五	南	二一/一四
翼宿十六	巳	二七/一五	南	二八/○○	翼宿十五	巳	二八/○○	南	一○/二○	翼宿十九	巳	二七/三○	南	二三/一五
翼宿十八	巳	二八/五○	北	二六/三五	天枪东五	辰	○○/三七	北	五九/三○	翼宿二十一	辰	○一/四三	南	二四/三○
三公一	辰	○一/五七	北	○四/○二	三公二	辰	○二/三八	北	○六/二五	翼宿二十二	辰	○三/二九	南	二二/二四

星名	辰卯	数	方位	数	星名	辰卯	数	方位	数	星名	辰卯	数	方位	数
三公三	辰	○三／三七	北	○四／四二五	进贤南	辰	○六／二○	南	○四／四○六	进贤南	辰	○六／四○	南	○一／四○
轸宿北五	辰	○六／四五	南	一○／一五五	元戈北	辰	一○／三○	北	五五／○二	元戈北	辰	一○／四○	北	五七／三三
招摇南二	辰	一一／一二	北	四六／○○四	右摄提	辰	一二／四○	北	三一／○○	梗河四	辰	一三／○○	北	四二／○三
上宰一	辰	一三／四○	北	七二／○○七	进贤南	辰	一四／二○	南	○一／三○八	进贤南	辰	一四／二○	南	○三／五九
飞鱼六	辰	一四／三七	南	八二／五○十	梗河南	辰	一六／三○	北	三六／二○	上宰二	辰	一七／二○	北	七二／二○
亢池二	辰	二○／一五	北	二六／二八	亢池三	辰	二○／二七	北	二三／五○六	角宿南六	辰	二○／五五	南	○三／三
亢池一	辰	二一／一二	北	二八／三三四	天门南四	辰	二一／四五	南	○八／二	亢池四	辰	二一／四五	北	二五／四五
少宰一	辰	二二／二二	北	七七／○○二	大角东二	辰	二二／五五	北	三一／五五七	角宿南七	辰	二二／三○	南	○五
梗河东十	卯	○一／四二	北	四五／四○十	七公东十	卯	○二／三○	北	五八／三○○	七公东十一	卯	○三／○○	北	五七／○○
马腹西四	卯	○六／○二	南	四三／三五十四	贯索二十四	卯	○九／五五	北	五三／五五六	贯索十六	卯	○九／二七	北	三四／二
贯索二十五	卯	一○／○五	北	五五／四○十一	库楼南十一	卯	一○／四五	南	三四／二八五	贯索十五	卯	一○／五○	北	四六／三五
贯索十七	卯	一一／一二	北	三六／三九九	氐宿内九	卯	一一／二○	北	五九／○二八	贯索十八	卯	一一／二○	北	三五／三
秦南二十五	卯	一二／一三	北	二○／二三○	秦南二十六	卯	一二／四○	北	五一／五	贯索九	卯	一四／三	北	五一／三三
贯索十九	卯	一一／四二	北	三四／一○十	贯索二十	卯	一二／三五	北	三六／三○十一	贯索二十一	卯	一二／三七	北	三五／○三

星名	时	经	向	纬	星名	时	经	向	纬	星名	时	经	向	纬
秦南二十七	卯	一二四○	北	二一○○	贯索二十二	卯	一三三九	北	三六二五	贯索二十三	卯	一四○二	北	三四五九
秦南二十八	卯	一四○五	北	二二二○	周南二十	卯	七四五一	北	三一一二	周南二十一	卯	一五一七	北	三三一八
贯索二十六	卯	一五五○	北	五五一○	飞鱼七	卯	一六○五	南	八○五○	蜀南十六	卯	一六三五	北	一九五九
贯索二十七	卯	一六五○	北	五三○○	顿顽一	卯	一七○五	南	二六二一	郑南二十二	卯	一七四七	北	三四三二
蜀南十七	卯	一八一○	北	二三○○	贯索二十八	卯	一八五○	南	五三一○	贯索二十九	卯	一九二○	北	四九一○
贯索三十	卯	一九五○	北	五一○○	巴南十八	卯	二○○○	北	二二三三	巴南十九即天乳	卯	二○○○	北	一九○○
晋南二十三	卯	二○五九	北	三六三三	天纪一	卯	二一四七	北	五○三五	女床西九	卯	二二五七	北	五七四五
斗一	卯	二五二○	北	三四○○	房宿西五	卯	二六三○	南	○五二二	小斗九	卯	二六三○	北	七三二七
河中一	卯	二六四○	北	四二○○	房宿西六	卯	二六五○	南	○四四○	骑官十四	卯	二六五五	北	二二一五
小斗八	卯	二六五五	南	七五五五	小斗二	卯	二七一五	北	三六一八	小斗四	卯	二七二○	北	二九五○
列肆一	卯	二八一二	北	二三○○	西咸北十	卯	二八一五	北	一二一五	罚一	卯	二八二四	北	○五○○
罚二	卯	二八五○	北	○九四五	斗三	卯	二九二○	北	三四○○	罚三	卯	二九三三	北	一二四○
斗五	卯	二九五○	北	二七五六	斛三	寅	○二二○	北	二六二○	斛四	寅	○三二四	北	三一二五
斛六	寅	○四五○	北	二七三三	斛五	寅	○五二五	北	二九四○	宋北十八	寅	○九○五	北	一七一五

星名	宫	度	向	度	星名	宫	度	向	度	星名	宫	度	向	度
天纪四	寅	○九○六	北	五四三三	异雀八	寅	○九四七	南	五九五八	宦者四	寅	○九五○	北	三六三○
天纪五	寅	○九五七	北	五七一五	天纪六	寅	一一三八	北	五六二五	宦者一	寅	一三○一	南	三四二五
异雀十一	寅	一四○七	南	六二五九	宦者二	寅	一四四七	北	三二五五	异雀九	寅	一四四七	南	五五○一
宗正西三	寅	一五五○	北	二七四五	天纪七	寅	一六○七	北	五五五九	尾南十	寅	一六三○	南	二二二三
市楼西三	寅	一六五七	北	一六五九	异雀十	寅	一七一五	南	五五一○	宦者三	寅	一七三○	北	三二五○
异雀十二	寅	二○二七	南	六二○○	天纪八	寅	二○五七	北	五七三○	天纪十	寅	二一三○	北	六三二○
帛度南三	寅	二四一七	北	四三○一	侯北四	寅	二四五○	北	三九一○	帛度南四	寅	二六五九	北	四二○一
侯东三	寅	二七二○	北	三二四○	宗人东五	寅	二七四○	北	二七二○	宗人东六	寅	二八○五	北	二八○○
中山南十四	寅	二八三二	北	五○二二	中山北十五	寅	二八三二	北	五四二二	中山北十六	寅	二九五一	北	五五二二
中山北二十	丑	○二二三	北	五三一八	织女西四	丑	○三三五	北	○六二五	徐西二	丑	○三三四	北	二二一○
徐西三	丑	○四二六	北	二五一○	天弁三	丑	○四三五	北	一六○○	织女五	丑	○四三五	北	六三○一
天弁四	丑	○五一七	北	一五○一	徐西四	丑	○五四○	北	二三四○	天弁五	丑	○六三七	北	一五五九
徐西五	丑	○七三五	北	二五四○	天弁六	丑	○八一五	北	一八五○	天弁七	丑	一○二一	北	一六二九
徐七	丑	一○三五	北	二七五○	徐南六	丑	一一一五	北	二六二○	孔雀十三	丑	一二三六	南	四四○二

星名	支	经	向	纬
天渊五	丑	一二三八	南	一九〇〇
天渊六	丑	一二三九	南	一九五九五
越西十五	丑	一三〇〇	北	三六一五
天弁八	丑	一三〇八	北	二〇一九
天渊七	丑	一三一七	南	一八一〇
天弁九	丑	一三二二	北	一九〇〇
天渊八	丑	一三四二	南	二〇〇一
天渊九	丑	一四二七	南	一八二五
天渊十	丑	一四三七	南	一九二五
越西十六	丑	一四五〇	北	三三五〇
右旗九	丑	一六五〇	北	一六三〇
越西十七	丑	一九四〇	北	一八五五
越西十八	丑	一八三〇	北	三四四二
孔雀内十五	丑	一八四二	南	三九五五
右旗十	丑	一九四〇	北	一八五五
越西十九	丑	一九五〇	北	三三五〇
孔雀十六	丑	二〇二七	南	三九五五
孔雀十四	丑	二〇三六	南	四六二五
辇道三	丑	二一二〇	北	六五二〇
孔雀十七	丑	二三一七	南	四四五九
左旗北十四	丑	二三二〇	北	五〇三〇
孔雀十八	丑	二四一七	南	四〇四五
波斯十	丑	二四二〇	南	三四三〇
左旗十五	丑	二五二〇	北	五二五五
河鼓西七	丑	二五三六	北	二八四〇
河鼓北八	丑	二五四五	北	三二五八
左旗西二十	丑	二五五〇	北	三六五五
河鼓九	丑	二六三一	北	三四一〇
扶筐南五	丑	二六五三	北	六七三〇
波斯十一	丑	二七二〇	南	三四四五
河鼓十一	丑	二七五〇	北	二八五五
河鼓东十	丑	二八三八	北	三一三〇
左旗北十六	子	〇〇〇七	北	四六四五
辇道四	子	〇〇〇四	北	五六二〇
左旗十一	子	〇一五二	北	三七三五
左旗十二	子	〇二二二	北	三六五四
左旗十	子	〇三〇七	北	三七三三
左旗二十	子	〇三〇四	南	四二五〇七
左旗七	子	〇四二五	北	三九三二
天津西十四	子	〇五〇五	北	五四〇五
附白北二	子	〇五〇七	南	七三二〇
赵	子	〇五〇八	南	五〇〇〇

星名		度	向	距	星名		度	向	距	星名		度	向	距
左旗二十一	子	○五二二	北	四四二六三	左旗十三	子	○五五○	北	三四一五八	左旗十八	子	○五五○	北	四○○○
天津十五	子	○五五五	北	五三○五九	左旗十九	子	○六二五	北	四二四○六	天津十六	子	○六四	北	四七二
郑	子	○九三	南	一○五○	天津十七	子	一○二○	北	四五○五八	天津十八	子	一一○○	北	四六三
鸟喙七	子	一二四七	南	五六一二	天津二十九	子	一三○○	北	五四○一○	天津三十	子	一四二	北	五五○五
天津十九	子	一五○○	北	三七三三	天津三十二	子	一五二七	北	四九二一二	天津三十二	子	一五三五	北	五二二
天津三十一	子	一五五五	北	五四五○	天津十三	子	一六○	北	四七○	鹤九	子	一六○二	南	二七三
天津二十	子	一六四	北	四○一五一	天津十一	子	一六○	北	四二二五	天钱十	子	一七二	南	二四
天津三十三	子	一七二	北	五五二	鹤十	子	一七二七	南	三一三五	奚仲四	子	一七五	北	六九二
鹤十一	子	一八二七	南	二六二○	天津二十四	子	一八四	北	四○○五	司命一	子	一九二	北	一一二
鹤十二	子	一九五七	南	三○三五	天津二十六	子	二○三	北	五一二五	天垒城四	子	二一	北	二五八
天垒城五	子	二○三	北	○五	天津二十五	子	二一	北	四六○	哭一	子	二一	南	一
司禄二	子	二一三七	北	一五	司命二	子	二一四七	北	一一五	天津二十七	子	二一	北	四二二
天津二十八	子	二三○○	北	四三○○	奚仲东五	子	二四○○	北	六七三○	奚仲东六	子	二四○○	北	七三
哭东二	子	二五○五	北	○○○三	奚仲七	子	二五○五	北	六九四	人四	子	二九○九	北	四○○

虚梁二	亥	○三一七	北	○三五九	虚梁三	亥	○六○二	北	○四五九	虚梁四	亥	○七○七	北	○五五九
车府北七	亥	○八三○	北	六二二	车府五	亥	一○一二	北	五九三	车府三	亥	一○一七	北	五五九
车府八	亥	一○四○	北	六二三	夹白四	亥	一二一○	南	八六四○	霹雳南七	亥	一四四五	北	○七三
云雨三	亥	一七三八	北	○一四五	腾蛇十四	亥	二○五二	北	五八二五	云雨四	亥	二一二二	北	○○五七
雷电五	亥	二一二七	北	一五○	腾蛇十五	亥	二一三七	北	六五○三	雷电七	亥	二三○○	北	四○五
雷电六	亥	二四○七	北	一四○七	腾蛇十六	亥	二六三七	北	六六二五					

清史稿卷三一
志第六

天文六

乾隆甲子年恒星黄道经纬度表一

　　乾隆甲子新测恒星，较旧尤密，星数增多，分四卷。首黄道降娄戌宫，迄实沈申宫，凡八百九十七星，如左：

黄道	经　度			纬　度				黄道	经　度			纬　度			
星　名	宫	十度	十分/十秒	向	十度	十分/十秒	等	星名	宫	十度	十分/十秒	向	十度	十分/十秒	等
天厨六	戌	〇〇	〇七/三五	北	八一	四八/三〇	四	天厨北增一	戌	〇〇	一一/一六	北	八二	五七/二〇	六
土公一	戌	〇〇	二三/四一	北	〇七	三一/四三	五	土公北增一	戌	〇〇	三四/二二	北	〇七	五七/五五	六
室宿东增五			五五/三八	北	三一	三一/三九	六	天钩四	戌	〇〇	五七/五八	北	七一	四六/二二	四
车府二	戌	〇一	〇四/五二	北	四七	三〇/五九	五	天钩三	戌	〇一	二二/四〇	北	七三	五七/三〇	五
车府南增十四	戌	〇一	二六/〇五	北	四四	三四/三四		天溷三	戌	〇一	三九/三〇	南	一六	一八/三九	六

星名						星名					
车府东增十九	戊○一	四二五四	北五一	二四二○	五	天溷北增一	戊○一	四四○七	南○六	三七七七	六
室宿东增六	戊○一	五六一二	北三二	三九一○	六	天厨南增二	戊○二	一○一一	北七七	一九一○	六
天溷四	戊○二	一八三	南一四	七四五	五	螣蛇二	戊○二	二二三三	北五三	一九○九	五
车府南增十五	戊○二	三○二八	北四三	四一一○	六	土公南增八	戊○二	三○二五	南○二	四二○○	六
壁宿西增九	戊○二	三四五九	北一八	一三四一	六	车府一	戊○二	五○○九	北四五	三三三八	六
土公南增九	戊○二	五一一六	南○三	五九五六	六	天厨五	戊○二	五二一八	北七七	二八一○	五
室宿东增七	戊○三	○○○三	北三三	一○一九	六	土公南增七	戊○三	○○一○	南○○	四四四九	六
天溷北增二	戊○三	三○三六	南○六	四七二八	六	壁宿南增十	戊○三	○七一一	北一一	四二三八	六
土公北增二	戊○三	一一一三	北○九	一二二七	六	螣蛇七	戊○三	二○一三	北六三	四五○○	六
土公北增三	戊○三	二二一六	北○六	三六○三	六	土公北增四	戊○三	三○三八	北○五	五四二六	六
天溷内增六	戊○三	四二○○	南一四	四四一四	五	壁宿西增八	戊○三	四二二三	北二二	三二五八	六
壁宿西增七	戊○三	四八○一	北二○	三五○○	六	夹白二	戊○三	五一四五	南七八	○五五二	三
螣蛇八	戊○四	○七五五	北六一	一四○○	六	天围四	戊○四	一一五五	南五六	五七五三	四
车府南增十六	戊○四	一四二七	北四三	四五三八	五	壁宿西增二	戊○四	二○二四	北三一	○一五七	六
土公北增五	戊○四	二四一三	北○五	二七二八	六	螣蛇一	戊○四	三七一三	北五三	一七二六	四

土公南增十	戊○四	四五一一	南○三	五八六六		车府南增十七	戊○四	四三二二	北四四	○三八	六
天溷二	戊○四	四七三二	南一五	五三五○	五	土公南增十一	戊○四	五八二六	南○四	一五一六	六
螣蛇十	戊○五	○八五六	北五五	三四○	五	土公二	戊○五	二一五五	北○四	三四二	六
天溷东增五	戊○五	二二三九	南一六	一五五	五	天溷一	戊○五	二二四六	南一三	二四○八	六
螣蛇南增八	戊○五	二九一六	北三八	二○四五	六	壁宿西增三	戊○五	三一○○	北二八	一八五	五
天钩二	戊○五	三一○八	北七六	一六五四	六	壁宿一	戊○五	三四北	北一二	三五二	二
壁宿西增一	戊○五	四一三一	北三二	五三○○	六	壁宿南增十一	戊○五	四九○六	北一一	五三六	六
壁宿西增十八	戊○五	五四一七	北一五	四六一五	六	壁宿西增四	戊○六	三二二四	北二七	一六二	六
壁宿西增六	戊○六	三○五	北二三	○九一六	六	土公东增六	戊○六	三四○三	北○三	一一八	六
壁宿南增十二	戊○六	五四四八	北一	○九○八	六	车府南增十八	戊○七	○○一一	北四三	五七○五	六
造父四	戊○七	○三一一	北六四	○六五三	六	壁宿东增十七	戊○七	○三四五	北一三	○二四	六
螣蛇十五	戊○七	一二二八	北五三	四一四四	六	螣蛇西增七	戊○七	二一二九	北四一	三九五四	六
壁宿东增十六	戊○七	三一一八	北一二	五五○三	六	天仓内增十四	戊○七	三四九	南一五	三八五九	六
天仓内增十三	戊○七	四三四九	南一五	三五二九	六	壁宿南增十三	戊○七	四六六	北一○	四一三四	六
螣蛇西增六	戊○七	五三一二	北四一	四六三二	六	壁宿东增十九	戊○八	○○四二	北一七	○一四二	六

星名	宫	度	分秒	南北	纬分	等	星名	宫	度	分秒	南北	纬分	等
铁锧一	戊	○八	○六四四	南二八	三七五六	六	天仓北增十二	戊	○八	○八五二	南一五	三九五六	六
天仓二	戊	○八	一○一八	南一六	○七一六	三	天溷北增三	戊	○八	一○一八	南○六	一七五○	六
壁宿西增五	戊	○八	二二三三	北二四	三四四二	六	螣蛇南增九	戊	○八	二三一五	北三八	一四四二	六
造父西增一	戊	○八	二六四八	北六一	五二五○	六	螣蛇西增四	戊	○八	三八一五	北四六	三五○五	六
天仓北增十一	戊	○九	○五一○	南一五	○六四七	六	天溷北增四	戊	○九	五二一四	南一	四一○○	六
天钩五	戊	○九	一五三三	北六八	五六○二	三	螣蛇九	戊	○九	二五○五	北五九	五九○五	四
壁宿东增十五	戊	○九	二八三一	北一二	一六五六	六	螣蛇南增十	戊	○九	四六一四	北三八	三六○四	六
壁宿东增十四	戊	○九	五三四七	北一一	三九一三	六	外屏西增九	戊	○九	五七二二	北○一	三一四八	六
螣蛇西增五	戊	一	○○一二	北四一	四六五九	六	壁宿东增二十	戊	一○	○一四八	一三	三七三三	六
造父内增四	戊	一	二○○五	北六五	二三五	六	天仓内增十五	戊	一○	二二三六	南二一	五○五七	五
外屏西增八	戊	一	二二三三	北○○	五七二八	六	造父二	戊	一○	二四四五	北六一	○九四一	四
天仓北增九	戊	一	二七○四	南一四	三七五五	五	壁宿东增二十一	戊	一○	三二四○	北一五	四四五	六
天仓北增十	戊	一	三三○三	南一三	二四五八	六	外屏一	戊	一○	三四一七	北○二	○九四四	四
造父内增二	戊	一	四○五七	北六一	四八五○	六	壁宿二	戊	一○	四三三三	北二五	一○四一	二
外屏南增十	戊	一	四五三八	南○五	○二五	六	造父五	戊	一○	五○○八	北六五	二九○三	五

星名	宫	度	分	秒	黄纬	分	秒	等	星名	宫	度	分	秒	黄纬	分	秒	等
铁锁二	戌	一○	五八	二七	南二八	○○	二○	五	造父东增五	戌	一一	○三	一二	北六五	二九	一五	五
滕蛇内增二	戌	一一	○六	○九	北四八	五六	二三	六	滕蛇十六	戌	一一	○六	一六	北四九	五三	二六	六
天钩南增九	戌	一一	○八	二一	北六六	四○	三五	六	天仓内增十六	戌	一一	一九	一七	南二○	三二	四○	六
天仓北增八	戌	一一	二○	五五	南一四	四一	三九	六	天钩南增十	戌	一一	二七	○○	北六六	四七	二八	六
造父内增三	戌	一一	四三	一六	北六二	五四	二二	六	壁宿东增二十二	戌	一一	五○	○一	北一五	二九	○四	六
天仓内增十八	戌	一二	二五	五○	南二三	四一	二四	六	壁宿东增二十三	戌	一二	四三	三七	北一五	二四	四七	六
铁锁三	戌	一二	○七	三二	南二八	五五	五一	五	天仓北增四	戌	一二	○七	三八	南○九	○八	四三	六
滕蛇十二	戌	一二	一一	四五	北四八	三四	三三	六	天园五	戌	一二	一三	三三	南五四	一三	一三	四
造父三	戌	一二	二五	四六	北六一	五四	五○	六	天仓内增十七	戌	一二	三○	三○	南二三	三三	五六	六
滕蛇二十二	戌	一二	三二	二五	北四一	○一	二六	四	天仓三	戌	一二	三八	五二	南一五	四六	三○	三
天仓北增七	戌	一二	四○	○六	南一五	三五	四四	六	外屏南增十一	戌	一二	五二	○四	南○四	四九	一六	六
滕蛇十八	戌	一二	五三	二九	北四七	四五	一七	六	滕蛇内增三	戌	一二	五四	二七	北四七	一五	五五	六
天仓北增六	戌	一三	○八	二五	南○九	四九	三三	六	天仓北增三	戌	一三	○八	五六	南○八	一四	四五	六

星名							星名						
天仓北增五	戊	一三	一七一○	南○九	三八一二	六	外屏南增五	戊	一三	二六四六	南○一	五五三	六
外屏南增六	戊	一三	三一四六	南○一	一○五五	六	外屏南增十二	戊	一三	三八一	南○四	四○五七	六
螣蛇二十一	戊	一三	四五一六	北四一	四三○六	四	外屏内增七	戊	一三	四六四○	北○一	○九二八	六
天厨一	戊	一三	五一○三	北八二	五二○五	三	外屏二	戊	一三	五七一	北一	四○四七	四
奎宿西增三	戊	一四	○二三九	北一五	三七一二	六	造父一	戊	一四	○四○五	北五九	三三二五	四
外屏南增十三	戊	一四	○六五八	南○四	五○三三	六	奎宿西增二	戊	一四	一○二六	北一五	四四四七	六
天庾一	戊	一四	一六五一	南三八	五二一九	六	天庾北增一	戊	一四	一八○八	南三七	五○五	六
铁锁五	戊	一四	一八三二	南三二	○三二八	四	奎宿西增五	戊	一四	一九○二	北一	四四四九	六
天仓五	戊	一四	二○四八	南二四	五七三二	三	外屏南增四	戊	一四	二一四五	南○	三○一四	五
天仓北增二	戊	一四	三九二五	南○八	一七四二	六	螣蛇十九	戊	一四	四五四三	北四三	四八三四	四
天园北增一	戊	一五	○○○六	南五一	四三○三	四	奎宿西增四	戊	一五	○一三六	北一三	一九五八	六
天钩北增五	戊	一五	○三三八	北六九	五九○三	六	天仓北增一	戊	一五	一九二八	南○八	三○三六	六
天钩北增六	戊	一五	二八三六	北六九	五五二四	六	天钩一	戊	一五	四○五五	北七四	七○三	六
奎宿西增一	戊	一五	四四○三	北二四	一一四二	六	外屏南增十四	戊	一五	四五○四	南○四	一七一三	五

铁锁四	戊	一五	四九一五	南三一	○二二九	四	天仓六	戊	一五	五三三二	南三○	四七五二	五
外屏三	戊	一六	一七一三	南○○	一三二五	四	外屏南增三	戊	一六	一七五三	南○○	五一五○	六
天钩南增十一	戊	一六	一八一七	北六四	一八二六	六	腾蛇二十	戊	一六	二五一三	北四二	五六二九	四
天钩南增十二	戊	一六	二七一七	北六四	一六四○	五	外屏北增二	戊	一六	二八二一	北○五	一三	六
奎宿西增六	戊	一六	二八二九	北一二	一七一三	六	天厩三	戊	一六	四八五三	北三一	三五五六	五
天厨四	戊	一六	五八四三	北七八	○七四○	五	奎宿二	戊	一七	○一二九	北一七	三五五一	四
外屏北增一	戊	一七	○八三六	北○七	二三二二	六	天钩南增十三	戊	一七	一四二一	北六四	三六四八	六
奎宿四	戊	一七	二○二二	北二三	○○五六	四	天厩一	戊	一七	三六四四	北三三	二二五三	四
天厩二	戊	一八	○一五○	北三二	二三二一	五	奎宿五	戊	一八	一三一四	北二四	二二三五	三
腾蛇内增十二	戊	一八	一七三五	北四六	五五三二	六	天厩北增一	戊	一八	一九三五	北三五	四六一二	六
天仓四	戊	一八	三一四七	南二○	二一一九	三	奎宿内增九	戊	一八	二五五八	北一六	一九三五	六
奎宿一	戊	一八	五○一八	北一五	五五一九	四	奎宿三	戊	一九	○二四六	北二○	三○四三	六
奎宿六	戊	一九	○四四七	北二七	○八二八	四	天钩南增十四	戊	一九	一六四四	北六三	二四四○	六
外屏四	戊	一九	三一四○	南○三	○四二五	五	天园六	戊	一九	三三二七	南五三	四四五二	三

星名	宫	经度	经分秒	南北	纬度	纬分秒	星等
右更西增五	戌	一九	四二五五	北	○一	五四五二	六
奎宿南增七	戌	二○	○二五○	北	一一	一八○九	六
奎宿内增十	戌	二○	○八二四	北	一九	二九三九	六
天庾南增三	戌	二○	四一一八	南	四六	一九二七	六
奎宿十五	戌	二○	五六四三	北	一二	二五二九	五
天庾三	戌	二一	一一四二	南	四四	五二二三	五
奎宿内增十六	戌	二一	一八五六	北	○	五七○八	六
腾蛇北增十三	戌	二一	五一四五	北	五六	四六○○	六
天庾东增二	戌	二二	○二一七	南	四二	一四三二	六
奎宿十四	戌	二二	五三三一	北	一二	二九○二	五
右更西增四	戌	二二	五八三八	北	○二	二八○五	六
天园南增三	戌	二三	○七二五	南	五八	○二三六	五
右更二	戌	二三	一四四二	北	○五	二一○七	四
右更一	戌	二三	三○二二	北	○九	二二三三	五

星名	宫	经度	经分秒	南北	纬度	纬分秒	星等
奎宿十六	戌	一九	五四○○	北	一三	二一○八	五
奎宿南增八	戌	二○	○三二五	北	一二	二八四六	六
天钩六	戌	二○	三九三九	北	六五	四六○五	五
腾蛇南增十一	戌	二○	五四五二	北	四○	二四三三	五
天庾二	戌	二○	○九○八	南	三九	四一五五	六
天钩北增七	戌	二一	一五一八	北	七○	二一五五	六
天钩北增八	戌	二一	三六一三	北	六九	五七二二	六
外屏五	戌	二一	五五三七	南	○四	四三三二	五
天苑西增七	戌	二二	○○○○	南	三四	一四○五	六
奎宿北增二十二	戌	二二	五八一三	北	三一	五五三六	五
金鱼四	戌	二三	○四一七	南	八八	一四○二	五
刍藁西增一	戌	二三	○八三三	南	二一	二五三五	六
右更三	戌	二三	二○一八	北	○	五二○五	五
右更东增一	戌	二三	三七二七	北	○九	二三五八	六

星名	距	度一	向度二	距度	等	星名	距	度一	向度二	距度	等
天钩南增十五	戌二三	三八四〇	北六二	〇二六		奎宿内增十五	戌二三	三八四一	北二三	〇三四七	五
天囷西增二	戌二三	四八五五	南一三	三二三四	六	螣蛇十四	戌二三	五〇〇五	北五四	三八三二	六
天钩南增十六	戌二三	五一四七	北六二	〇〇三七		外屏六	戌二三	五六一八	南〇七	五五四五	五
右更内增二	戌二三	五六三五	北〇四	二〇四七		六右更四	戌二四	〇九四〇	南〇一	三八五八	五
奎宿北增二十一	戌二四	一六四〇	北三三	二〇四四	气	天园北增二	戌二四	二六五四	南四九	〇四三七	六
奎宿十	戌二四	三一三三	北二三	〇六二三	五	右更五	戌二四	三五〇六	北一三	四〇三二	六
奎宿十一	戌二四	四三二六	北二〇	四二一九	五	奎宿内增十四	戌二四	四九一八	北一二	四七五一	六
天钩七	戌二四	五〇三五	北六三	五七一〇	六	天囷西增三	戌二五	〇六三二	南一二	〇九一三	六
天囷西增四	戌二五	〇七四四	南一一	三九五三	六	奎宿十三	戌二五	一二五七	北一七	二六五七	五
奎宿东增十三	戌二五	一二三三	北二一	五九〇六	六	外屏内增十五	戌二五	二七〇五	南〇八	三五五五	六
奎宿八	戌二五	三三四五	北二九	三九三〇	四	奎宿七	戌二五	三三五二	北三二	三三三〇	四
天囷西增一	戌二五	四一四〇	南一四	二九三三	六	外屏七	戌二五	四七三二	南〇九	五一一〇	三
刍藁五	戌二五	五四四三	南二二	一六二八	六	刍藁三	戌二六	〇五三二	南一八	五八五一	六
刍藁一	戌二六	〇七一一	南二五	一五五〇	四	右更东增三	戌二六	〇九四二	南〇〇	二六三九	六

奎宿十二	戊	二六	一〇 二一	北一八	三九 五三	六	天囷十二	戊	二六	一三 一六	南一四	〇八 〇三	六
天囷十三	戊	二六	三〇 三〇	南一四	五〇 〇五	六	天苑西增九	戊	二六	三一 〇二	南二八	三四 四八	四
螣蛇十一	戊	二六	三五 四〇	北四九	二四 五〇	六	奎宿九	戊	二六	四七 四四	北二五	五六 一九	六
婁宿西增三	戊	二七	二一 一八	北五〇	七五 三〇	六	螣蛇十二	戊	二七	三一 一四	北五一	〇九 一七	六
螣蛇十三	戊	二七	三一 一〇	北五二	三九 五〇	五	婁宿西增三	戊	二七	三一 五	北〇九	〇一 二六	六
阁道西增一	戊	二七	五一 一八	北三八	一九 〇〇	六	天厨二	戊	二七	五四 三五	北八一	五五 五四	四
刍藁北增二	戊	二七	五六 一五	南一五	五六 三八	气	奎宿东增十六	戊	二八	〇九 〇八	北二七	四二 二八	五
婁宿东增二十	戊	二八	二〇 二三	北三一	四〇 〇九	六	螣蛇北增十四	戊	二八	二七 四九	北五七	一一 二二	五
天苑八	戊	二八	二八 五〇	南三二	四六 〇三	四	天苑内增八	戊	二八	二九 三三	南三二一	四六 六二	六
阁道六	戊	二八	五五 二五	北三九	一七 四五	六	天苑九	戊	二九	〇二 四〇	南三五	三二 四四	四
婁宿北增四	戊	二九	〇七 五二	北一一	二四 〇八	六	天厨三	戊	二九	一六 四〇	北七九	二七 四〇	五
天囷十一	戊	二九	二一 〇四	南四一	一四 〇一	六	刍藁四	戊	二九	二三 三六	南一六	一五 一二	六
天苑西增六	戊	二九	二五 五〇	南八三	四三 四八	六	婁宿二	戊	二九	三六 〇〇	北〇七	〇八 五八	四
天钩八	戊	二九	四三 三三	北六二	三六 五〇	四	天苑西增五	戊	二九	四四 二三	南三八	三三 一六	六

天困内增五	戊	二九	四四/四二	南	一三	○○/五六	六	乌藁六	戊	二九	四五/一五	南	二六	○○/二五	三
阁道北增二	戊	二九	五五/○四	北	四一	二五/五○	六	娄宿南增一	戊	二九	五五/五七	北	○五	二六/二二	五
乌藁二	戊	二九	五八/五八	南	二一	五○/三六	六	天困西增六	酉	○○/○五	南	○四	二四/三八	六	
天苑七	酉	○○	○九/五三	南	二八	一六/三二	三	奎宿东增十八	酉	○○	二一/二七	北	三一	四一/四四	六
乌藁东增五	酉	○○	一九/三四	南	二一	五五/四四	六	娄宿一	酉	○○	二二/五九	北	八一	二八/一六	三
天困五	酉	○○	二七/三六	南	○四	一七/五	四	奎宿东增十七	酉	○○	三九/三九	北	二六	三九/○三	六
奎宿东增十九	酉	○○	四三/一六	北	三三	三三/三三	五	奎宿东增十二	酉	○○	五○/一七	北	一七	三九/○八	六
天苑南增四	酉	○○	五六/一四	南	四四	四五/○一	三	天苑南增三	酉	○○	五六/五一	南	四四	四四/三二	四
王良五	酉	○一	七三/二三	北	四五	三八/五	五	天苑十	酉	○一	○○/○○	南	三九	○○/一	三
天园南增四	酉	○一	二○/四三	南	五七	四○/四八	五	阁道五	酉	○一	二六/五○	北	四一	一六/○五	五
附路	酉	○一	三二/三八	北	四四	四二/一三	四	王良一	酉	○一	三三/三六	北	五一	一三/五○	二
乌藁东增三	酉	○一	四○/三七	南	一七	四九/○一	六	天困十	酉	○一	四四/一九	南	一五	一二/一五	五
王良北增一	酉	○一	五四/四○	北	五五	○七/四五	六	上卫东增一	酉	○二	○二/五三	北	七一	○九/○○	三
娄宿北增五	酉	○二	○七/一五	北	○一	四七/四七	五	乌藁东增四	酉	○二	一七/五五	南	一七	五二/四三	六

星名	黄經	分	黄緯	分	等	星名	黄經	分	黄緯	分	等
娄宿南增十五	酉○二	三四/五○	北○一	四六/二五	六	军南门	酉○二	五三/○一	北三六	二○/三一	五
金鱼一	酉○二	五八/三八	南七○	一二/二八	四	娄宿北增六	酉○三	一五/五一	北一六	四八/二三	四
娄宿南增十四	酉○三	二八/四九	北○五	五六/五八	六	娄宿南增十一	酉○三	四○/○八	北○九	一三/二九	五
天囷北增七	酉○三	四五/四九	南○三	三三/一三	六	天囷六	酉○三	五二/三五	南○五	五三/○七	四
天囷九	酉○三	五九/二六	南一四	二九/五七	三	天囷南增二十	酉○四	○三/三九	南一五	三五/三九	六
娄宿三	酉○四	○四/二八	北○九	五七/一二	二	天大将军西增一	酉○四	一○/四四	北三三	四七/五○	四
娄宿北增七	酉○四	一二/一四	北一一	三三/一五	六	王良北增三	酉○四	一三/五九	北五三	五七/一○	六
王良四	酉○四	一五/二三	北四六	三五/五三	三	天大将军西增二	酉○四	一八/四四	北三三	四七/五○	五
金鱼二	酉○四	一九/四一	南七四	三八/二三	三	娄宿南增十二	酉○四	三一/五○	北○七	二二/四五	六
娄宿北增八	酉○四	四七/二三	北一一	○四/○○	六	天囷七	酉○四	四八/○九	南○九	一二/二六	四
上卫东增二	酉○四	五八/四七	北七一	一六/三三	五	天大将军六	酉○五	○一/二七	北二八	五八/二一	五
天苑六	酉○五	○九/五○	南二四	三三/三八	三	天大将军西增三	酉○五	一三/四五	北三三	一七/三一	五
娄宿南增十三	酉○五	一七/二五	北○五	四三/三九	六	天园七	酉○五	一九/○八	南五四	五○/二一	四

星名								星名							
天大将军七	酉	〇五	二一/二一	北	二七	五〇/四六	五	天大将军西增四	酉	〇五	二一/〇四	北	二六	二五/一五	六
娄宿北增九	酉	〇五	二五/四六	北	一二	〇五/三二	六	天苑南增二	酉	〇五	五一/三六	南	三九	〇八/二八	六
天囷八	酉	〇五	五二/〇三	南	一二	〇一/二六	三	天钩九	酉	〇六	二六/五五	北	六一	二三/四六	五
天苑十一	酉	〇六	三〇/〇三	南	三八	三二/一七	四	天大将军四	酉	〇六	三四/二七	北	三四	三〇/五五	五
王良三	酉	〇六	三七/五六	北	四七	〇四/一九	四	王良内增四	酉	〇六	四四/一五	北	五二	〇一/二〇	六
娄宿北增十	酉	〇六	四四/三八	北	一一	二七/四四	六	天大将军南增五	酉	〇六	四五/二五	北	一九	二八/〇〇	六
天苑北增十	酉	〇六	四七/四四	南	三一	四五/二〇	六	王良北增二	酉	〇六	四九/〇三	北	五五	一〇/〇六	六
天大将军五	酉	〇六	五六/二六	北	三一	二七/四三	六	天园八	酉	〇六	五六/四五	南	五五	三三/二二	四
天大将军八	酉	〇六	五八/〇五	北	二三	三九/一三	六	天囷北增八	酉	〇七	〇五/〇七	南	〇二	四四/一二	六
天苑北增十一	酉	〇七	一一/三九	南	二三	五四/三七	五	天苑北增十二	酉	〇七	三七/九	南	二三	五七/一六	四
天大将军南增六	酉	〇七	三七/三五	北	一五	五九/〇二	六	天大将军内增十一	酉	〇七	五四/〇	北	二七	〇八/〇八	气
天囷北增九	酉	〇七	五九/二二	南	〇四	四八/二九	六	上卫东增三	酉	〇八	〇一/〇六	北	七〇	二二/七	五
天囷南增十九	酉	〇八	〇八/〇四	南	一八	四二/二三	六	天园九	酉	〇八	二三/九	南	五四	一九/一	四

阁道四	酉○八	二三二九	北四三	○五一五	四	左更西增一	酉○八	一六四五	北○四	四一三○	六
天囷南增十八	酉○八	一六五八	南一九	一○一五	六	天囷四	酉○八	一九五○	南○五	三五三三	四
胃宿西增一	酉○八	二三三三	北一三	五五二六	六	天大将军九	酉○八	四四四四	北二○	三四一七	四
少卫西增四	酉○八	五二一○	北六八	一八二○	六	天大将军三	酉○八	五三三六	北三五	二三四五	五
王良东增五	酉○九	○四二六	北四七	三二二○	六	王良二	酉○九	○五一九	北五二	一四四○	四
传舍一	酉○九	二六三○	北五九	○○五三	五	少卫西增三	酉○九	二五三三	北六八	二五五五	五
天大将军南增七	酉○九	二七四○	北一八	三四二一	六	天大将军内增九	酉○九	四一四四	北二三	一八一一	六
左更三	酉○九	四八四三	南○○	三六二四	六	天大将军十一	酉○九	五四四三	北一九	二一三二	五
天大将军十	酉○九	五五二一	北一八	五六○七	四	天苑五	酉一○	一四二五	南二五	五七二一	三
天苑内增十三	酉一○	二○一三	南二六	一九四六	六	天园北增五	酉一○	二三三五	南五三	一五二六	五
策	酉一○	二四○五	北四八	四七五六	三	左更一	酉一○	三三三五	北○六	○七五六	六
天苑十二	酉一○	三六三二	南三九	二八一四	四	天大将军东增十	酉一○	三九三二	北二四	一三三四	六
天大将军一	酉一○	四四○四	北二七	四六○七	二	天囷一	酉一○	四四一五	南一一	三六五九	二

星名	酉			北/南			等	星名	酉			北/南			等
胃宿西增二	酉	一〇	四三 四四	北	一四	〇 一四三	六	左更二	酉	一〇	四五 四五	北	〇四	一 五六	六
天囷内增十	酉	一〇	五〇 〇八	南	一二	二二 五五	六	天大将军二	酉	一〇	三三 一三	北	三六	四九 一三	四
少卫西增二	酉	一二	一一 四八	北	六九	二四 〇〇	五	左更四	酉	一〇	二〇 四六	南	〇一	一九 三七	六
天囷三	酉	一一	三〇 〇六	南	〇七	四九 一二	四	左更五	酉	一〇	三二 五二	北	〇〇	六一 一三	六
左更东增二	酉	一一	三七 三九	北	〇一	五六 一四	六	天囷南增十七	酉	一三	四七 一三	南 一八	二五 四二	六
阁道内增三	酉	一一	五八 一六	北 四五	〇四 〇七	六	天园南增六	酉	一二〇	二二 〇八	南 六一	四三 四三	四
少卫西增一	酉	一二	二四 二七	北 六九	五五 〇〇	六	胃宿西增五	酉	一二	三三 五五	北 一〇	五一 五五	五
天大将军东增十六	酉	一一	三七 二一	北 三六	一八 三七	六	天苑内增一	酉	一一	五三 五七	南 三五	四〇 一五	五
传舍西增一	酉	一二	五四 二四	北 五五	〇一 四一	六	左更东增三	酉	一一	五四 三二	北 〇〇	五八 三七	六
天大将军东增十五	酉	一一	五四 五六	北 三四	二六 〇一	六	天囷南增十六	酉	一三	一六 三五	南 一八	三三 四二	六
左更东增五	酉	一三	一七 二	北 〇〇	二八 五八	六	天大将军东增十二	酉	一三	一七 二〇	北 二八	五二 三五	六
左更东增四	酉	一三	一九 二四	北 〇〇	一〇 〇三	六	胃宿一	酉	一三	二〇 四七	北 一一	一七 一三	四
传舍二	酉	一三	三二 四七	北 五四	五九 四八	六	天苑十四	酉	一三	四五 五二	南 四二	三四 三二	五

星名	宫	度	分秒	方向	纬度	分秒	等
天苑十三	酉	一三	四九一五	南	四一	五三〇九	四
天大将军东增八	酉	一三	五三二八	北	二〇	〇〇三七	六
少卫西增五	酉	一四	〇九二〇	北	六七	〇〇一〇	六
少卫西增六	酉	一四	一八〇六	北	六六	五六四〇	六
阁道三	酉	一四	二二一五	北	四六	二三二六	三
御女西增一	酉	一四	二二二三	北	七九	〇四五〇	六
左更东增六	酉	一四	二七〇八	北	〇三	三四三七	六
胃宿三	酉	一四	三六四五	北	一〇	二五三七	三
天苑四	酉	一四	四〇二四	南	二七	四六三〇	三
天囷南增十一	酉	一四	四二五八	南	一四	二九二一	五
胃宿二	酉	一四	四五五五	北	一二	二八〇八	八
阁道南增四	酉	一四	五三三五	北	四四	五八五五	六
左更东增七	酉	一四	五五〇九	北	〇	〇八五	五
大陵北增四	酉	一五	〇四一三	北	四〇	一三一六	六
天苑北增十四	酉	一五	一五二〇	南	二三	二二二七	四
天囷二	酉	一五	一五二五	南	一四	一八二五	四
天苑十五	酉	一五	一六二〇	南	四三	四〇五	四
传舍三	酉	一五	四〇〇六	北	五一	三九二	六
天大将军东增十三	酉	一五	四九〇九	北	三一	二二二八	六
天大将军东增十四	酉	一六	一二四八	北	三二	四八三六	六
天阴西增一	酉	一六	一五四八	北	〇	〇五三九	六
大陵北增五	酉	一六	二四一〇	北	三八	五七三六	六
大陵西增六	酉	一六	二九五七	北	三五	〇九三四	六
传舍四	酉	一六	三一一二	北	五一	一三五	六
少弼	酉	一六	五三〇五	北	八三	一一三	四
天阴四	酉	一七	一五一八	北	〇一	四七三四	四

星名	宿度	距度	向	纬度	等	星名	宿度	距度	向	纬度	等
天苑三	酉一七	一五五六	南二八	四六一六	三	大陵八	酉一七	一六五三	北二二	一三〇六	六
阁道南增五	酉一七	一六五五	北四五	三〇一六	六	天苑北增十五	酉一七	一九一四	南二四	二五二〇	六
大陵南增十六	酉一七	二一三五	北一七	四六〇八	五	天苑二	酉一七	二二二八	南三一	〇九一五	
上卫	酉一七	二三〇八	北七五	一八四五	五	大陵西增七	酉一七	二三三三	北三三	四九三一	六
天苑十六	酉一七	二三三七	南四三	三〇四四	四	胃宿东增四	酉一七	二四二〇	北〇七	二九〇五	六
天廪四	酉一七	三四三六	南〇九	二一四七	四	胃宿东增三	酉一七	三六〇八	北一四	二四四七	四
天苑北增十六	酉一七	五一三七	南二四	〇八一八	五	大陵西增八	酉一七	五六五八	北三三	二八二七	六
大陵七	酉一八	一四一三	北二〇	五五三二	四	天廪三	酉一八	一八四三	南〇八	四九四八	四
天阴二	酉一八	二一三四	北〇二	五一一九	五	天囷东增十五	酉一八	二三三八	南一一	二七四一	四
大陵西增九	酉一八	三七一九	北三三	三八五〇	五	金鱼三	酉一八	四六四九	南八五	〇四二二	四
大陵西增十	酉一八	四九四一	北三三	四七三五	六	天园十	酉一八	五二〇〇	南五三	八五五四	三
大陵内增十五	酉一八	五三四一	北二〇	四四四三	六	大陵内增十四	酉一九	一〇五七	北二六	五七二七	六
天廪二	酉一九	二九五八	南〇七	二八二九	六	天廪南增一	酉一九	三二四一	南〇九	三〇二七	六
大陵北增三	酉一九	四六二七	北四一	一二二三	六	天廪东增十二	酉一九	四八〇八	南一六	〇四五七	六

星名						星名					
大陵南增十七	酉一九	五六/一〇	北一八	〇五/〇〇	六	天囷东增十四	酉一九	五六/三六	南二〇	二七/一七	五
少卫	酉一九	五九/四六	北六五	三三/〇〇	五	天廪一	酉二〇	〇〇/一八	南〇五	五七/一三	五
天阴三	酉二〇	三/四九	北〇二	〇四/五六	六	华盖四	酉二〇	一五/三六	北五四	一三/四〇	六
天囷东增十三	酉二〇	一五/五〇	南一九	三八/三四	六	天苑一	酉二〇	一六/三四	南三三	三三/三五	二
积尸	酉二〇	一九/三五	北二一	四二/一五	四	大陵一	酉二〇	二九/四三	北三八	五七/四一	六
大陵北增一	酉二〇	四一/四八	北四〇	四三/二二	六	天园十	酉二〇	五一/三三	南五四	三三/一五	五
大陵北增二	酉二〇	五七/三五	北四一	〇三/二二	六	九州殊口西增四	酉二〇	〇〇/二〇	南五二	〇〇/三八	五
九州殊口西增三	酉二一	〇三/一六	南二四	四二/二五	六	大陵内增十三	酉二一	〇四/二三	北三一	三六/三七	四
阁道二	酉二一	一一/四八	北四七	三五/五〇	六	九州殊口西增五	酉二一	一八/三七	南二四	五九/四七	五
柱史北增一	酉二一	一八/四八	北八七	一七/五五	六	大陵六	酉二一	一九/三二	北二〇	三三/三二	四
华盖五	酉二一	二四/四〇	北五二	四九/四五	五	天阴北增二	酉二一	二四/四五	北〇五	五一/三九	六
御女一	酉二一	二九/四〇	北八〇	四〇/〇三	四	天阿	酉二一	四一/五四	北〇八	四五/二五	六
天廪南增二	酉二一	五八/〇六	南一三	〇〇/三六	六	九州殊口西增二	酉二二	〇二/三八	南二一	四五/四三	四

星名						
大陵内增十二	酉	二二	一七／〇〇	北三一	四八一／〇	六
天阴一	酉	二二	三一五／〇	南〇〇	〇五／二	六
大陵南增十八	酉	二二	四六／四四	北二〇	五五／五八	五
昴宿西增二	酉	二三	三五／二	北〇五	〇二／四〇	六
毕宿西增一	酉	二三	四五／一五	南〇八	四〇／三六	五
大陵四	酉	二四	〇六／一二	北二六	〇四／二一	五
天阴东增三	酉	二四	一五／四九	南〇〇	〇／五〇	六
大陵二	酉	二四	二〇／三〇	北三四	二〇／一二	五
天阴东增四	酉	二四	三五／二九	南〇〇	〇七／一五	六
柱史北增二	酉	二五	〇三／二二	北八七	一八／五〇	六
昴宿北增一	酉	二五	一一／二四	北〇五	三一／五一	六
九州殊口西增六	酉	二五	二五／二四	南二七	二九／五六	六
大陵三	酉	二五	三二／一一	北 三	五六／二九	四
九州殊口一	酉	二五	四五／五〇	南 三	五七／二八	五

星名						
天阴五	酉	二二	一二／七八	北〇二	五五／九七	六
大陵五	酉	二二	三五／四二	北一一	二三／四七	二
华盖六	酉	二三	一九／五三	北五一	五〇／一二	六
毕宿西增二	酉	二三	三九／一七	南一三	二二／五七	六
昴宿西增三	酉	二三	五一／一〇	北〇三	四一／三七	五
杠九	酉	二四	一三／四四	北五四	一二／二〇	六
九州殊口西增一	酉	二四	一七／二四	南二一	四七／二八	五
华盖三	酉	二四	三〇／七	北五六	一／一三	五
大陵东增十一	酉	二四	三七／四〇	北三四	一四／三二	六
天船一	酉	二五	一〇／二四	北三七	二六／五〇	四
大陵东增二十	酉	二五	二三／四八	北二四	四九／五二	六
昴宿南增四	酉	二五	二〇／九	北〇三	〇三／四三	六
华盖七	酉	二五	三六／〇八	北五一	三八／五〇	六
昴宿一	酉	二五	五〇／二一	北〇四	〇九／五〇	五

星名	宿		黄经		黄纬	等	星名	宿		黄经		黄纬	等
九州殊口一	酉	二五	五○五一	南二七	三○○三	三	卷舌西增一	酉	二五	五一一	北一二	二北三三	六
大陵东增十九	酉	二五	五二五六	北二三	五八○四	六	天园十三	酉	二五	五三二○	南五○	五六四三	四
杠八	酉	二五	五七○四	北五三	五二一九	六	少丞	酉	二五	五九三○	北五九	四一○	六
昴宿二	酉	二五	五九四二	北○四	二九三二	五	少丞北增一	酉	二六	○一五四	北五九	五三四三	六
传舍五	酉	二六	○六二四	北四八	五三○六	六	昴宿四	酉	二六	○六三一	北○四	二一二五	五
昴宿五	酉	二六	○七三○	北三	五四四七	五	天柱三	酉	二六	○八二九	北七六	三六一○	六
昴宿三	酉	二六	一○一六	北○四	三一三三		天园十二	酉	二六	一七一	南五一	五一○	三
毕宿南增三	酉	二六	二○○八	南一四	二九五○	四	毕宿南增四	酉	二六	二二五一	南一五	四四○二	六
昴宿六	酉	二六	二五○八	北○四	○○三七	三	天船二	酉	二六	二七○七	北三四	三○○五	三
少卫东增八	酉	二六	三三三五	北六四	三六三○	三	天柱二	酉	二六	三三五四	北七二	三五二○	五
昴宿七	酉	二六	四六五二	北○三	五三三七	五	九州殊口内增七	酉	二六	五二四五	南二八	一三二三	五
毕宿八	酉	二七	○二三	南○七	五九五七	四	卷舌五	酉	二七	○七五四	北一二	二一三五	五
少卫东增七	酉	二七	二二三四	北六八	二三三四	六	卷舌六	酉	二七	三三五○	北一三	五二○○	六
天船西增一	酉	二七	三七四四	北三	四二一二	六	天船西增二	酉	二七	三九四四	北三○	三三四二	五

华盖二	酉	二八	〇八二七	北	五五	五八五一	六	昴宿东增五	酉	二八	〇一二二	北	〇一	五八三二	六
华盖一	酉	二八	一一三〇	北	五五	二四四〇	六	毕宿南增五	酉	二八	一七五八	南	一五	二一一〇	六
杠七	酉	二八	二三二六	北	五三	一二〇七	五	天船三	酉	二八	三一〇四	北	三一	〇五五二	二
天船南增五	酉	二八	四八一五	北	二六	〇三四八	六	阁道一	酉	二八	四九〇〇	北	四八	五五〇九	五
天谗	酉	二八	五二四一	北	一二	五三一八	六	传舍六	酉	二八	五五二一	北	四二	三一一七	五
天船南增四	酉	二九	〇二四二	北	二八	〇〇二五	五	毕宿南增六	酉	二九	一七〇五	南	一三	一七五五	六
天船内增三	酉	二九	一七三五	北	二九	三〇三二	六	卷舌四	酉	二九	三二四四	北	一一	一七五三	三
天柱内增二	酉	二九	三六二二	北	七五	二八三〇	五	毕宿南增八	酉	二九	四〇三八	南	一一	四七三九	六
九州殊口三	酉	二九	四四四七	南	二五	〇一〇一	三	杠六	酉	二九	四五四三	北	五三	二四一五	六
月	酉	二九	五二一九	北	〇一	一三二〇	五	毕宿南增七	酉	二九	五九一二	南	一二	一三一七	四
月东增一	申	〇〇	〇〇〇〇	北	〇一	〇八五三	六	杠五	申	〇〇	〇〇五三	北	五四	二一〇四	四
天船四	申	〇〇	一〇五六	北	二七	五五五八	五	卷舌一	申	〇〇	一五〇二	北	二二	〇七〇二	四
天街西增一	申	〇〇	二五五二	南	〇一	二三五八	五	九斿八	申	〇一	〇八四一	南	四一	二五五三	三
毕宿北增九	申	〇一	一二四三	南	〇五	五〇一一	六	天船五	申	〇一	一四〇六	北	二七	一五二二	三

卷舌三	申	○一	二四	一五	北	一四	五四	○五	五
九斿西增四	申	○一	四一	一一	南	三六	○一	四八	三
九州殊口内增八	申	○一	四五	三一	南	二九	五三	五一	四
天节三	申	○一	五八	三一	南	○七	二○	三二	六
砺石二	申	○二	○四	三二	北	○五	一六	四二	六
天节八	申	○二	○九	五七	南	一二	○一	一二	五
毕宿南增十	申	○二	一八	一二	南	○六	一九	五七	六
杠四	申	○二	三六	一八	北	五五	五六	四五	五
传舍八	申	○二	四一	五八	北	三八	二六	四三	五
九州殊口四	申	○三	一四	一五	南	二五	○八	三九	四
毕宿三	申	○三	一六	二七	南	○四	○○	三四	四
卷舌东增四	申	○三	四一	四九	北	一六	二六	二六	六
九州殊口北增十	申	○三	四四	○三	南	二四	○二	三七	四
传舍九	申	○一	二七	三六	北	三五	一○	四七	五
砺石一	申	○一	四二	二五	北	○七	五四	三八	五
九州殊口内增九	申	○一	五七	三八	南	二八	二四	五○	五
九斿西增一	申	○二	○○	一五	南	○二	一二	一七	五
卷舌二	申	○二	○六	二五	北	一九	○四	五三	三
毕宿四	申	○二	一二	三四	南	○五	四六	二二	三
天街二	申	○二	二八	四○	南	○○	四七	二六	六
九斿西增二	申	○二	三八	二四	南	二一	四三	五三	五
传舍七	申	○三	二二	五五	北	三九	三二	二三	五
毕宿内增十一	申	○三	一六	二四	南	○四	四四	五八	六
毕宿内增十二	申	○三	三二	二三	南	○四	○九	○四	四
天节一	申	○三	四一	五七	南	○六	五六	五三	五
毕宿七	申	○三	四七	一○	南	○六	二四	四四	六

星名							星名						
卷舌东增五	申	〇三	四八 四四	北一六	四四 二四	六	九斿七	申	〇三	五六 二五	南三九	〇一 四九	五
毕宿二	申	〇三	五六 四二	南〇三	四三 二七	五	天节四	申	〇三	五七 三一	南〇八	四〇 三二	五
杠内增一	申	〇三	五八 五一	北五三	一五 三〇	五	杠三	申	〇四	一三 二二	北五七	〇	六
上丞	申	〇四	一七 一四	北四五	一〇 五六	五	砺石四	申	〇四	一七 五九	北〇五	四六 一二	五
九州殊口六	申	〇四	一八 一〇	南三〇	四九 一八	六	九斿一	申	〇四	二〇 三五	南二〇	五四 〇六	五
毕宿六	申	〇四	二一 二五	南〇五	四七 一六	五	九斿西增五	申	〇四	二一 三八	南三八	二七 一三	六
毕宿南增十三	申	〇四	二一 五一	南〇五	五二 五五	五	九州殊口五	申	〇四	三〇 五八	南三〇	二八 二二	六
积水西增一	申	〇四	三一 四七	北二九	三二 三三	五	砺石三	申	〇四	三一 五六	北〇三	五八 四二	五
天街一	申	〇四	三六 三七	北〇〇	二九 四六		天街北增二	申	〇四	三六 三二	北〇〇	三五 二一	五
九斿六	申	〇四	五二 四六	南三八	二四 二二	六	毕宿一	申	〇四	五三 二一	南〇二	三五 五八	三
天街北增三	申	〇四	五四 四二	北〇一	〇四 〇六	五	天街北增四	申	〇五	一〇 一八	北〇一	一二 三六	六
天节七	申	〇五	一二 一〇	南一一	四六 四五	五	五帝内座北增二	申	〇五	二二 二一	北六一	三八 一〇	六
天节二	申	〇五	二七 〇七	南〇七	〇五 五六	五	五帝内座二	申	〇五	三四 〇七	北五八	〇六 五六	五
卷舌东增六	申	〇五	三四 三三	北一八	五三 二〇	五	卷舌东增三	申	〇五	三六 二一	北一二	五一 四九	六

九斿二	申	〇五	四五五三	南二四	二四一三	四	五帝内座内增一	申	〇五	五〇一三	北五八	〇六〇〇	六
天柱内增一	申	〇五	五二四	北七八	三九一六	六	天船六	申	〇五	五五五三	北二六	一二二七	
天节五	申	〇六	〇九三	南〇九	三二三三	五	积水	申	〇六	一二二二	北二八	五〇五九	四
毕宿五	申	〇六	一二〇〇	南〇五	二九四九	一	卷舌东增二	申	〇六	二二〇六	北一二	一七四八	六
天节六	申	〇六	三四五八	南〇九	五五一四	六	附耳南增一	申	〇六	五二一四	南〇六	一九一九	
上丞东增二	申	〇六	五三〇〇	北四二	〇四四四	五	附耳	申	〇六	五四五二	南〇六	一二三五	五
天船七	申	〇七	一四〇〇	北二六	四〇〇九	四	九斿三	申	〇七	二八〇三	南二七	五〇四〇	五
九斿九	申	〇七	二九〇二	南四五	二〇一七	六	柱史	申	〇七	四一二八	北八四	五〇四〇	五
传舍东增二	申	〇七	四六一四	北三九	二八八八	六	天柱内增三	申	〇七	五〇〇〇	北七二	四七二二	六
天柱四	申	〇七	五二二五	北七九	〇〇〇六	六	天船南增六	申	〇八	〇二四七	北二四	三四五九	六
天船八	申	〇八	一〇四九	北二八	〇八五一	五	参旗六	申	〇八	一七三九	南一五	二五三〇	四
上丞东增一	申	〇八	一九四〇	北四四	〇四五四	五	上丞东增三	申	〇八	二三五四	北四一	二七三〇	五
九斿五	申	〇八	二六〇〇	南三五	〇四五二	六	九斿东增三	申	〇八	二八四六	南二七	三〇四九	六
屏二	申	〇八	三〇〇六	南四五	〇〇一八	四	参旗七	申	〇八	三一〇〇	南一六	四八五五	四

星名	宫	度	分	纬	度	分	等	星名	宫	度	分	纬	度	分	等
诸王六	申	○八	三二四○	北	○○	四○二三	五	天船九	申	○八	三八四六	北	三一	二六○○	六
参旗西增十一	申	○八	四一○九	南	一九	五七一五	六	九斿四	申	○八	四四五一	南	三二	四九一三	六
参旗五	申	○八	四五五三	南	一三	三一二○	四	杠二	申	○八	四七四八	北	五三	二九一八	六
传舍东增四	申	○八	四八三二	北	三七	三八一○	六	天柱内增四	申	○八	五一四八	北	七二	三六五	六
参旗八	申	○八	五四四○	南	二○	○二四二	四	勾陈西增一	申	○九	○七三○	北	六七	四五○○	六
诸王北增一	申	○九	八八	北	○一	四四	六	御女二	申	○九	一二三	北	八○	二四二五	四
参旗北增一	申	○九	二六二七	南	○六	二八	六	玉井二	申	○九	三八二	南	二九	四八三○	五
五车西增二	申	○九	四○四六	北	二○	四九一○	六	参旗一	申	○九	五四一五	南	八	一六七	四
参旗九	申	○九	五六四二	南	二○	五三五五	四	参旗四	申	○九	五九五五	南	一二	二四○二	六
五车西增三	申	一○	○一二	北	一八	五八○○	五	参旗三	申	一○	○七一	南		○九七	六
天高二	申	一○	○九五八	南	○三	四○三五	六	参旗二	申	一○	四五三四	北	○九	○六三	四
天柱一	申	一○	五一二	北	七一	三三四六	五	传舍东增三	申	一○	五二○八	北	三九	三四○七	六
杠一	申	一○	○一五六	北	四九	三三四○	五	天船东增九	申	一○	○五五○	北	三一	三四一	六
玉井北增一	申	一○	二六一八	南	二七	一六五六	六	参旗北增二	申	一○	二六五八	南	○六	一九六	六

星名	申	時	分秒	方	度	分秒	等	星名	申	時	分秒	方	度	分秒	等
五车西增一	申	一一	三三〇五	北	二〇	五三三二	六	玉井	申	一一	三七五五	南	三一	三四〇	四
玉井三	申	一一	四二二〇	南	二七	五三四八	三	五帝内座四	申	一一	四八三四	北	五六	〇五五三	六
屏一	申	一一	四九三五	南	三九	〇五二八	四	参旗北增三	申	一一	五一二八	南	〇六	三九〇〇	六
玉井北增二	申	一一	〇〇二四	南	二七	一七五〇	六	五帝内座一	申	一二	〇三三二	北	五七	四七二七	六
五车西增七	申	一二	〇七二二	北	一四	五二三五	五	军井一	申	一二	一二一〇	南	三四	四五三九	五
勾阵六	申	一二	一二四五	北	六七	三〇四〇	六	诸王五	申	一二	一〇四〇	北	〇〇	五〇二九	六
军井二	申	一二	二〇四三	南	三五	五〇二五	五	诸王北增二	申	一二	二五五八	北	〇二	一九〇三	六
五车西增八	申	一二	三四四五	北	一四	〇一四七	五	天船东增七	申	一二	三六五九	北	三	三三〇〇	六
天船东增八	申	一二	四二〇八	北	三	五七〇五	五	少卫西增一	申	一二	四二二四	北	四二	四九二八	六
五帝内座三	申	一二	四三二〇	北	六〇	二四二三	六	参旗北增四	申	一二	五六五六	南	〇七	二五五五	五
御女四	申	一三	〇一五七	北	八三	三一二〇	四	五车一	申	一三	〇四三二	北	〇	二四五三	四
参旗东增十	申	一三	〇五四五	南	一四	二二三七	五	参旗东增九	申	一三	〇六三二	南	一三	三二二〇	六
参旗东增八	申	一三	〇九四七	南	一三	二二五一	六	天高	申	一三	一二三六	南	〇一	一四三四	四
参宿七	申	一三	一五〇〇	南	三一	一〇〇〇	一	玉井四	申	一三	一五二六	南	二九	五二五一	四

参旗东增七	申	一三	三六／五八	南	一三	○五／三四	六	天高南增一	申	一三	五四／一八	南	○四	一六／○八	六
参宿西增九	申	一三	五八／四八	南	二○	○七／二四	四	五车西增六	申	一四	○三／四一	北	一五	○四／○○	五
天高内增二	申	一四	一一／五五	南	○二	三○／五九	六	参旗北增五	申	一四	一二／三四	南	○七	二一／三二	五
军井三	申	一四	一二／四七	南	三六	一三／五九	四	天高内增三	申	一四	二○／二二	南	○一	一四／○六	六
天高三	申	一四	二三／五二	南	○三	○五／三四	六	军井四	申	一四	二五／三二	南	三五	二三／○	五
诸王四	申	一四	二六／二九	北	○一	四二／四二	六	五车西增五	申	一四	二六／四七	北	一六	三二／二三	六
五车西增四	申	一四	二九／三五	北	一六	四八／○六	六	八谷西增一	申	一四	三九／五一	北	三四	二一／三四	六
柱二	申	一五	○三／五八	北	一八	一○／三七	四	丈人二	申	一五	○八／三七	南	五八	三八／三四	四
柱一	申	一五	一六／○○	北	二○	五四／二四	四	军井东增一	申	一五	一九／五二	南	三七	○三／四二	六
参旗东增六	申	一五	二七／二六	南	一一	四三／四四	五	参宿西增八	申	一五	三一／四二	南	二○	三○／四二	六
八谷西增三	申	一五	三四／四○	北	三二	二三／一四	六	八谷五	申	一五	四三／五三	北	三○	五一／○六	五
柱三	申	一五	五一／五二	北	一八	一五／一四	四	八谷西增二	申	一五	五七／一四	北	三二	五五／一五	六
参宿西增五	申	一五	五八／三六	南	二三	三一／一九	五	参宿内增三十七	申	一五	五八／四七	南	三○	五七／四四	五
厕二	申	一六	○七／二五	南	四三	五七／二四	三	参宿西增十	申	一六	三三／四二	南	一九	三七／三九	六

星名	宫	度	分秒	向	距度	距分秒	等	星名	宫	度	分秒	向	距度	距分秒	等
参宿西增三	申	一六	三四四七	南	二五	三四四七	三	参宿西增四	申	一六	四○四九	南	二四	○五二四	六
参宿西增六	申	一六	五五四六	南	二一	四○四四	六	天潢三	申	一六	五五五三	北	○九	三四○六	六
参宿西增七	申	一六	五七二六	南	二一	二一○七	五	天高四	申	一六	五九五八	南	○一	○三三三	六
天潢五	申	一七	○○一六	北	一五	二三三八	五	厕内增一	申	一七	○三一四	南	四四	○六二五	六
八谷南增四	申	一七	○五○四	北	二八	三三二九	六	天皇大帝	申	一七	○九一五	北	六八	○一四四	六
八谷六	申	一七	一一五一	北	二九	二四五○	四	少卫	申	一七	一九四二	北	四三	二○二八	五
参宿五	申	一七	二二三三	南	一六	五一三一	○	天潢内增一	申	一七	三四一七	北	一○	一三三二	六
参宿西增十一	申	一七	三五五○	南	二○	○八八八	五	天潢内增二	申	一七	三八○四	北		三五四四	六
八谷北增十四	申	一七	四一一三	北	三七	二三五五	四	厕一	申	一七	四九四七	南	四一	○六二八	三
八谷七	申	一七	五五一九	北	三五	五三三三	五	八谷北增十三	申	一七	五六三五	北	三五	五六二一	六
勾陈五	申	一七	五六四五	北	六五	○○二○	六	天潢一	申	一八	○○二三	北	一○	四六二○	六
参宿内增	申	一八	○八二二	南	二四	二一二九	六	咸池三	申	一八	一三五四	北	一六	五八三九	五
天关南增一	申	一八	一四四四	南	○六	三三三二	六	五车二	申	一八	一六四一	北	二二	五一四八	六
五帝内座五	申	一八	一七○○	北	五七	五七四○	六	五车北增十八	申	一八	一七三五	北	二三	五○○八	六

星名						星名					
参宿内增三十六	申一八	一九／〇五	南三〇	三五／一二	四	丈人一	申一八	三五／四四	南五七	二三／四一	二
参宿内增十二	申一八	四六／一〇	南二〇	〇〇／〇九	六	参宿三	申一八	四六／三八	南二三	三六／〇七	二
参宿内增十三	申一八	四七／五〇	南一七	二〇／二五	五	天高东增四	申一八	五五／〇六	南〇一	二〇／一二	五
咸池一	申一八	五五／五八	北一八	三四／二三	六	五车五	申一八	五八／五六	北〇五	二一／三四	二
老人西增四	申一九	〇五／〇〇	南七四	二七／三〇	四	天潢四	申一九	一一／四八	北一四	〇七／三一	五
伐西增二	申一九	二二／五八	南二八	四二／四五	六	伐三	申一九	二四／一七	南二九	一四／三七	三
伐二	申一九	二四／五〇	南二八	四四／二三	四	伐一	申一九	二七／一一	南二八	〇七／一七	五
诸王三	申一九	二七／五六	北〇一	五一／一四	六	伐东增一	申一九	三一／四八	南二八	〇四／四五	五
八谷四	申一九	三三／四八	北三九	二九／二九	五	参宿内增十四	申一九	三六／〇六	南一九	二四／一〇	六
天潢二	申一九	三八／四〇	北一一	一〇／五〇	五	勾陈内增二	申一九	四二／〇五	北六六	四七／五五	六
参宿二	申一九	五二／四四	南二四	三三／二三	二	八谷内增十二	申一九	五五／四一	北三四	五二／二八	六
觜宿二	申二〇	〇〇／五一	南一三	五一／一九	五	觜宿一	申二〇	〇七／一八	南一三	二五／〇二	四
参宿内增三十五	申二〇	二〇／二五	南三〇	三四／五〇	五	参宿内增一	申二〇	三〇／四一	南二五	五八／四七	四

星名					星名					等
觜宿三	申二○	三一二八	南一四	二五○八	八谷内增十一	申二○	三一三三	北三四	一五三五	六
厕南增二	申二○	三五○○	南四五	四六四六	六柱七	申二○	三五二二	北○八	五○四三	五
诸王南增三	申二○	四八五五	北○○	四○三二	参宿内增十五	申二○	五四三六	南一九	一六○三	五
咸池二	申二○	五九二三	北一六	二○○五	参宿一	申二一	○六四五	南二五	二○一七	二
六甲南增一	申二一	○九五五	北五○	三四三八	六屏	申二一	○○二六	南五五	四二二六	六
天关	申二一	一二二八	南○二	一四二一	三厕三	申二一	二一二○	南四五	四九五八	三
六甲五	申二一	二七五五	北五七	五三五○	参宿内增十六	申二一	四三四九	南二一	五六一二	五
柱八	申二一	四七四六	北○七	○五五四	六诸王二	申二一	五一○七	北○二	二九二三	四
天关南增二	申二一	五四二八	南○六	五三四二	八谷内增十	申二一	五七三八	北三三	五二○七	六
柱九	申二二	一七○○	北○六	四二二五	天关南增六	申二二	二一五四	南○四	二五五四	六
厕北增七	申二二	二四五二	南三八	一五三三	勾陈内增三	申二二	二八三七	北六五	四二五四	六
天关南增三	申二二	四四二三	南○七	二五五七	参宿六	申二二	四八四一	南三三	○七○六	三
子二	申二二	四九五六	南五九	一五三一	八谷北增十五	申二三	○○二二	北四○	四五○一	六
天关南增四	申二三	一二二○	南○七	三八○一	六甲六	申二三	一六四四	北五五	五四○五	五

水府西增二	申二三	一七一六	南○八	五七三九	六	参宿内增十七	申二三	一七三七	南一六	五九五五	六
水府西增一	申二三	二三四四	南○九	三三二八	六	天关南增五	申二三	二四二二	南○五	四三二三	六
八谷北增十六	申二三	三○三八	北三八	三二	六	厕四	申二三	三六○九	南四四	一七一九	三
八谷内增九	申二三	三九○二	北三三	○八三五	六	子一	申二三	四七二三	南五七	一六○六	四
参宿东增三十四	申二三	五四三二	南三○	五八五八	六	五车北增十七	申二三	五四五五	北二六	二二三九	六
诸王南增四	申二三	五五三	北○一	○六三一	四	八谷北增十七	申二四	○二二八	北三八	一一八	六
水府西增三	申二四	○四四八	南○九	○九三七	六	八谷三	申二四	一二二三	北三一	三九五七	五
柱六	申二四	一五二四	北一五	四三四一	五	八谷内增八	申二四	一八五四	北三三	二八一○	六
参宿东增二十二	申二四	二三一○	南二一	三七五四	六	水府西增四	申二四	三一二九	南○九	一八二六	六
水府西增五	申二四	三一五四	南○九	一一一三	六	柱四	申二四	三五三八	北一三	五○三三	六
柱五	申二四	四二三五	北一五	四一○七	五	八谷内增七	申二四	五三三七	北三三	二七五三	五
诸王一	申二四	五五三七	北○四	一八一五	五	勾陈一	申二四	五九四三	北六六	四○一○	二
司怪四	申二五	○七二三	南○三	一一四四	五	参宿四	申二五	一○○○	南一六	四二六	一

星名	宮	赤經	向	赤緯	等	星名	宮	赤經	向	赤緯	等
八谷內增十八	申二五	一○三八	北三五	二九四二	六	司怪南增三	申二五	一四一三	南○三	四四○一	六
厠北六增	申二五	二○四八	南三七	三九二七	四	子東增一	申二五	二八○九	南五八	四四三一	五
八谷內六增	申二五	三五○五	北三二	一三三二	六	八谷二	申二五	三五二七	北三二	三三○五	五
八谷八	申二五	三九三一	北三六	二四四○	五	司怪一	申二五	五七二八	北○二	二八○五	五
參宿東增二十一	申二五	五九一○	南二一	三八五○	六	老人北增三	申二六	○五○四	南六六	一六三	五
參宿東增二十三	申二六	○五四一	南二六	五六○四	六	參宿東增三十三	申二六	○六三二	南三二	五一五○	六
參宿東增三十二	申二六	○七二二	南三三	○二二一	六	勾陳內增五	申二六	一○二七	北六七	二八三五	六
五車三	申二六	二○三三	北二一	二八二一	二	八谷一	申二六	二一一三	北三○	四九二	四
五車四	申二六	二一四五	北一三	四四一九	四	八谷東增五	申二六	二三二八	北三一	五一○四	六
五車北增十六	申二六	二五二一	北二二	二七五二	六	天柱五	申二六	二九○五	北七六	三一三五	五
天柱東增五	申二六	三○三八	北七六	二八○○	五	司怪內增一	申二六	三一三五	南○○	三五三三	六
五車北增十五	申二六	三七二五	北二四	二五二一	六	司怪內增二	申二六	四八四○	南○一	○四四三	六
參宿東增三十一	申二六	五六三五	南三四	○四三九	六	參宿北增十八	申二七	○一○五	南一三	五○一	四

五车东增十	申二七	○四○九	北一九	三一四八	六	参宿东增十九	申二七	○六三八	南一八	○二五六	六
司怪二	申二七	二二二四	南○○	一二一九	四	五车东增十一	申二七	二五○六	北一九	三一一四	六
勾陈二	申二七	三四三○	北六九	五四○一	三	参宿东增二十	申二七	四四○○	南一九	一九○八	六
五车东增九	申二七	四五五五	北一五	○○五九	六	勾陈东增六	申二七	五一二三	北六九	三四二五	六
司怪南增四	申二七	五六四四	南○三	四八三一	六	厕北增四	申二八	○○一三	南三九	五七三五	六
八谷东增十九	申二八	○一三○	北三五	二八○○	五	司怪三	申二八	○三二五	南○三	二一三三	五
上卫西增一	申二八	一三二八	北四二	一五一七	六	水府一	申一八	一六一七	南○八	四二二六	四
厕北增五	申二八	二二三四	南三八	二四二六	四	五车东增十四	申二八	三三四二	北二五	一五三二	六
八谷东增二十	申二八	五二○九	北三六	三三○○	六	参宿东增三十	申二八	五三三九	南三四	三六二六	六
厕东增三	申二八	五四五○	南四二	三八二三	六	上卫西增二	申二八	五五○七	北四五	五八二六	五
勾陈南增四	申二九	○三三七	北六三	四八○○	六	八谷东增二十一	申二九	○九四二	北三八	○四四三	五
司怪东增五	申二九	一五二五	南○三	三九五九	六	水府二	申二九	一九○一	南○九	一四四九	四
水府四	申二九	一九一四	南○七	一九三三	六	孙二	申二九	二八四九	南六○	四一四二	五

八谷东增二十六	申二九	三二五五	北三五	三四三〇	四	五车东增十三	申二九	四三〇二	北二一	五九三二	六
井宿北增一	申二九	四七四〇	北〇六	〇四四七	四	八谷东增二十二	申二九	四八一八	北三八	二〇五二	六
五车东增十二	申二九	五〇五二	北二一	五六三四	六	钺	申二九	五一三三	南〇〇〇〇	四六〇〇	四
八谷东增二十五	申二九	五五二二	北三五	五七三四	六	天柱北增六	申二九	五六〇〇	北七九	二七五〇	六
司怪东增六	申二九	五七一一	南〇四	一六二	六						

清史稿卷三二
志第七

天文七

乾隆甲子年恒星黄道经纬度表二

黄道鹑首未宫迄鹑尾巳宫，凡七百九十二星，如左：

黄道	经	度	纬	度		黄道	经	度	纬	度	
星名	宫	十度	十分十秒	向	十度	十分十秒	等	星名	宫	十度	十分十秒	向	十度	十分十秒	等
女史	未	○○	○五五八	北	八四	三○一	四	六甲一	未	○○	○六四	北	五六	一八三	六
水府三	未	○○	○九九	南	○七	一七三	六	八谷东增三十四	未	○○	一二三	北	三○	二五七	六
钺北增一	未	○○	一八五	北	一八	一八四八	六	水府南增六	未	○○	一九九	南	一	五三三	六
水府南增七	未	○○	三二二	南	一一	一○二	六	参宿东增二十八	未	○○	三八一四	南	二九	四二○	四
八谷东增二十七	未	○○	四三二四	北	三五	○二三	六	水府南增八	未	○○	四五○	南	一三	二八五	六

星名					星名					
座旗西增一	未○○	五七 四○	北二五	五四 二二	八谷东增二十八	未○一	二二 四五	北三四	五○ 三六	六
参宿东增二十九	未○一	三七 一四	南三四	○七 四四	六井宿一	未○一	四三 一○	南○○	五一 一二	三
六甲四	未○二	○一 二五	北五九	二三 三七	六座旗西增二	未○二	○二 二五	北二三	二五 五四	六
六甲二	未○二	○三 四五	北五三	四七 五五	五参宿东增二十七	未○二	○六 四○	南三一	一二 三○	六
八谷东增二十三	未○二	○九 三三	北三八	一二 二○	六八谷东增三十三	未○二	一五 二○	北三三	三○ 三○	六
八谷东增二十四	未○二	一六 二二	北三八	一二 二二	六八谷东增三十二	未○二	三五 三八	北三三	三四 五五	六
井宿北增二	未○二	三七 一七	北○七	九三 ○	六四渎四	未○二	四一 四九	南一八	四五 四四	四
四渎西增四	未○二	四二 五五	南一八	○五 一八	六孙一	未○二	五三 五六	南五八	○三 二九	五
井宿二	未○三	一三 二○	南○三	○六 三	四上卫南增三	未○三	一八 二七	北四四	二六 三八	
上卫	未○三	三四 三三	北四五	五九 四六	五军市一	未○三	三七 五八	南四一	一七 四七	
四渎南增五	未○三	五一 五七	南二三	○四 四八	六孙北增一	未○三	五二 二四	南五三	二四 二四	三
四渎南增六	未○三	五四 三五	南二三	三四 二六	六参宿东增二十四	未○四	○二 二五	南二七	三九 五○	五

座旗五	未○四	○五二三	北一九	一六三四	五	座旗七	未○四	一二五	北一六	四○四四	五
座旗八	未○四	一二四六	北一六	一○三五	五	八谷东增三十一	未○四	一一五七	北三四	○○二	六
井宿北增六	未○四	一二四六	北○四	四六三	六	参宿东增二十五	未○四	一九○三	南二八	○二五八	六
座旗三	未○四	四○○	北二一	二三二	五	参宿东增二十六	未○四	四一五八	南三○	一八二	五
八谷东增二十九	未○四	四七○五	北三六	二一二	五	孙北增三	未○四	四八三八	南五六	四四三八	五
井宿北增三	未○四	五一一六	北○五	四七五	六	四渎三	未○四	五五三三	南一五	五四一九	四
四渎南增三	未○四	五五五四	南一八	二二四六	五	孙北增四	未○四	五七三九	南五六	四四○八	四
四辅一	未○五	○○一八	北六四	五一一五	六	座旗一	未○五	三五七	北二五	四○○	六
井宿内增八	未○五	○五七	南○六	一四五七	六	井宿北增五	未○五	九三九	北○五	四五○	六
座旗四	未○五	一四四	北二○	二六三二	六	井宿西增九	未○五	一四四二	南○七	四四三八	五
六甲三	未○五	二五二五	北五七	○六三二	六	井宿三	未○五	三一一八	南○六	四七一九	二
八谷东增三十	未○五	三四五六	北三五	二四三○	五	勾陈三	未○五	四二二五	北七三	五三○八	四

井宿北增四	未○六	一五／二二	北○五	五二／○○	六	井宿五	未○六	二一／三七	北○二	二一／三○	三
座旗六	未○六	二三／三四	北一八	四五／○八	四	井宿内增七	未○六	三三／○二	南○五	二七／三四	五
四渎北增一	未○六	四九／三一	南一三	一二／五二	四	孙北增二	未○六	五九／二三	南五三	四七／三七	三
军市六	未○七	○五／五四	南四六	三六／一七	五	座旗九	未○七	○六／五六	北一五	五二／四七	六
座旗南增三	未○七	一○／一五	北一五	二八／○七	六	井宿西增十	未○七	一六／四七	南○九	五二／三七	六
座旗南增四	未○七	二○／二八	北一五	三一／二二	六	座旗二	未○七	二二／三二	北二二	○九／一四	六
五诸侯一	未○七	三二／三二	北一○	五九／二五	四	井宿四	未○七	三七／五三	南一○	○七／五七	四
井宿南增十一	未○七	四七／五七	南一○	一一／一三	六	四辅二	未○八	二一／一五	北六三	五二／二五	六
军市内增一	未○八	○一／四八	南四一	四六／二三	五	军市内增二	未○八	○六／二五	南四六	五三／三六	五
野鸡	未○八	一○／四一	南四二	二一／二五	五	四渎北增二	未○八	一九／四六	南一四	○○／二五	六
内阶西增二	未○八	二○／二二	北三六	五七／一七	六	井宿六	未○八	二二／三九	南○一	一六／一五	六
座旗东增五	未○八	二五／五三	北一五	一三／三三	六	军市二	未○八	二六／五七	南四一	一九／二四	五
四渎二	未○八	三四／四○	南一四	五六／四四	五	井宿内增十二	未○八	四九／三五	南○九	三一／四七	六
天罇西增一	未○八	五四／四六	北○二	二九／○九	六	阙邱一	未○九	一二／五六	南二○	三二／一八	四

星名						星名					
女史东增一	未〇九	四六五〇	北八四	〇七四〇	六	天罇西增二	未〇九	四七一三	北三	〇七一二	六
御女三	未〇九	五〇四〇	北八一	五八三三	六	井宿内增十三	未〇九	五三一九	南〇九	四〇一五	六
内阶西增一	未一〇	二一五五	北三二	四八一九	五	天狼	未一〇	三四〇一	南三九	三二〇八	一
天罇三	未一〇	三七二	北〇一	三〇一四	六	四辅南增一	未一〇	四二五八	北六一	三八四七	六
天狼北增一	未一〇	四四三八	南三七	一九三八	五	座旗东增六	未一〇	四七五三	北一六	四三三五	四
井宿内增十四	未一〇	五九一	南〇六	四三二	六	四渎一	未一一	〇九一二	南一一	四九〇三	四
座旗东增十一	未一一	一〇二	北二七	四四一四	六	井宿七	未一一	二四三一	南〇二	五二七	三
天罇南增六	未一一	二七二五	北〇〇		六	老人	未一一	三〇五九	南七五	五一九	一
四辅三	未一一	三六五五	北六二	五一一五	六	军市内增三	未一一	四二〇二	南四三	五三一九	六
座旗东增七	未一一	五一三五	北一八	二六三五	五	五诸侯二	未一一	五四〇四	北〇七	四三〇七	五
四辅四	未一二	〇三〇七	北六五	四〇〇八	六	座旗东增九	未一二	〇八一三	北二六	五三五八	五
天罇北增三	未一二	一九三〇	北〇四	二一二五	六	座旗东增十	未一二	三七〇九	北二七	二六三五	六
天狼北增二	未一二	三七五三	南三四	四四三四	五	内阶西增三	未一二	四六四八	北三六	四一〇〇	五
天罇内增五	未一二	五四一二	北〇一	四一〇五	六	井宿内增十五	未一二	五六一三	南〇六	三四二五	六

星名	未		向		等
弧矢西增一	未一二	五七一四	南五三	五五〇〇	六
座旗東增八	未一三	〇五五三	北一八	二四二二	五
北極	未一三	〇九二五	北六七	〇二五一	五
積水	未一三	一五〇二	北一四	二八一一	五
天罇內增四	未一三	一八四六	北〇二	二九五六	六
天狼北增三	未一三	二九二九	南三六	四一五〇	四
老人北增二	未一三	三八四二	南六六	〇五一九	三
軍市三	未一三	四〇〇四	南四二	五五三三	六
井宿內增十六	未一三	五八三五	南〇七	一三二五	六
天狼東增五	未一三	五八三七	南三九	四二〇〇	四
闕邱南增四	未一四	〇二三九	南二六	四五三八	四
井宿內增十七	未一四	〇六五一	南〇六	一三三三	六
軍市四	未一四	一〇四九	南四三	〇三二四	六
軍市東增四	未一四	一九二九	南四二	四六三二	六
軍市五	未一四	三五三四	南四六	四八五二	五
弧矢八	未一四	五〇二六	南五五	〇一二五	五
天罇二	未一四	五六三六	南〇〇	一三〇七	三
五諸侯內增一	未一五	〇八二五	北〇六	三一六	六
井宿八	未一五	一二〇四	南〇五	四〇三七	四
天罇一	未一五	一六五五	北〇二	五五四一	五
五諸侯三	未一五	二三一〇	北〇五	四三三五	四
北河一	未一五	二九五五	北〇九	四五四五	五
天罇南增七	未一五	三四三九	南〇一	四〇五八	五
闕邱二	未一五	四九〇九	南二二	三五二三	五
闕邱東增三	未一五	五八一七	南二二	四五四〇	五
天狼東增四	未一六	〇二四四	南三八	一五〇三	三
闕丘南增五	未一六	〇四四三	南二六	三二四一	六
五諸侯北增二	未一六	〇七五八	北〇六	〇九二三	六

五诸侯北增三	未一六	一五五一	北	○五	五八二○	六	阙邱东增二	未一六	一九○六	南	二二	二九一六	六
北河二	未一六	四○二○	北	一○	○三四八		天罇东增八	未一六	四五四五	南	一	四一五五	六
天罇东增九	未一六	四六二九	南	○○	二九二八	六	阙邱东增一	未一六	五○三四	南	二二	一九○○	六
北河北增一	未一六	五五二八	北	一三	一八一三	五	北河北增二	未一七	○八二二	北	一二	五二四九	五
弧矢七	未一七	○九四六	南	五一	二三五七		军市东增五	未一七	二六二五	南	四六	○○一三	五
水位西增一	未一七	三三三四	南	一○	一六一二	六	上台西增二	未一七	三四三九	北	二六	○○四五	五
上台西增三	未一七	三四四三	北	二五	五八五五	六	五诸侯四	未一七	四六三四	北	○五	一一二○	五
弧矢内增二	未一七	五七三一	南	五○	一六○○	四	内阶西增五	未一七	五九○○	北	三八	三八五○	五
内阶西增八	未一八	○四一五	北	四四	三三○○	五	南河一	未一八	○四五八	南	一二	三六四二	六
五诸侯北增四	未一八	二○三六	北	○六	二六一五	六	五诸侯增五	未一八	二八二九	北	○六	一四二六	六
南河二	未一八	三六五二	南	一三	三一三○	三	水位一	未一八	四一三一	南	○九	四五一八	六
内阶西增九	未一八	四六一六	北	四四	三五四五	五	南河北增一	未一八	四六二三	南	一二	五一五一	六
水位北增二	未一九	○○一七	南	○五	五○二一	六	内阶西增四	未一九	○○五二	北	三六	五六五○	六
北河内增四	未一九	○二五六	北	○七	二五四六	五	上台西增一	未一九	○三三四	北	三○	三一二六	五

星名						星名					
南河南增二	未一九	〇三四	南一四	四九一四	六	北河北增三	未一九	〇五四七	北一二	〇一四一	五
内阶西增七	未一九	一四四五	北四三	五九三五	六	内阶一	未一九	二五三二	北四〇	一二三四	四
北河三	未一九	四一〇九	北〇六	三九二七		积薪北增一	未一九	四六五二	北〇四	二四二五	六
弧矢一	未一九	四八三〇	南四八	二九三七		二积薪	未二一	〇五五八	北〇三	二二二三	四
水位北增三	未二〇	〇五三二	南〇二	四七一九	六	三师一	未二〇	二四四〇	北四七	五四四五	五
南河南增五	未二〇	五五四〇	南一九	三七五八	六	弧矢北增五	未二〇	五七二六	南四七	五三四九	六
南河南增四	未二〇	五九〇七	南一八	一三五一	六	南河南增三	未二一	一三三三	南一八	〇六二二	六
积薪东增二	未二一	一四五九	北〇一	五七一九	六	内阶三	未二一	二三四九	北四四	五五五三	五
水位北增四	未二一	三〇五三	南〇二	四〇五九	六	少辅北增一	未二一	三七四五	北五三	三八三〇	六
三师三	未二一	三八六	北四七	二八五〇	五	五诸侯五	未二一	四〇一二	北〇五	四四三八	五
弧矢北增四	未二一	四四五二	南四八	一二三八	六	三师内增一	未二一	四三二六	北四七	四八一〇	五
弧矢北增三	未二二	〇三三四	南四八	三六五一	五	南河三	未二二	一五三一	南一五	五七五五	五
内阶五	未二二	一八五二	北四二	一九三五	五	积薪东增三	未二二	二四五八	北〇一	二二二〇	五
阴德北增一	未二二	三四〇七	北五八	三二五三	五	弧矢北增七	未二二	四一〇	南四六	一五三七	五

星名	未	数	方向	数	度	星名	未	数	方向	数	度
水位二	未二二	四一二二	南一〇	二〇一五	六	少辅	未二二	四六五二	北五一	三四〇一四	四
弧矢北增六	未二三	四八二五	南四六	三八三〇	五	阴德一	未二二	五四四七	北五八	一一三	五
内阶内增六	未二三	一九〇八	北四一	二六〇〇	六	阙邱东增六	未二三	二七三一	南二五	二〇一七	六
水位北增五	未二三	二八三四	南〇〇	五四四一	六	爟西增二	未二三	三四五八	北〇四	四三一	六
爟西增三	未二三	三九二八	北〇七	二一一六	五	勾陈四	未二三	四七二五	北七五	〇六五〇	四
爟西增一	未二三	四九一一	北〇四	二七一五	六	上台西增四	未二三	五八三八	北一三	〇四二一	五
内阶内增十	未二三	五九三〇	北四四	三二五七	五	水位内增十	未二四	〇七二三	南〇八	一五一七	五
老人东增一	未二四	一二三八	南七二	五一一四	三	水位北增九	未二四	三四四三	南〇四	五二四六	六
爟西增四	未二四	五二四六	北〇七	〇八〇一	六	水位北增七	未二五	〇九四六	南〇三	一二三五	六
水位北增八	未二五	三三三〇	南〇〇	〇〇二一	六	爟内增五	未二五	三二二三	北〇五	三六〇四	六
爟一	未二五	三九四九	北〇五	一八四四	四	内阶二	未二五	四一一八	北四二	四八〇〇	五
阙邱东增七	未二五	四一五二	南三〇	二九二七	六	大理一	未二五	五二三八	北六四	〇一二五	五
水位北增六	未二五	五四二六	北〇一	一九〇三	五	弧矢二	未二五	五七一六	南五〇	三八五六	二
南河东增六	未二六	〇四四七	南一八	五三〇〇	五	弧矢九	未二六	四七一九	南五八	三一五五	三

三师二	未	二六	四九／〇七	北五一	五二／一七	六	勾陈东增九	未	二七	〇三／二二	北七七	四四／一五	五
水位三	未	二七	〇三／三四	南〇七	〇五／三〇	五	勾陈东增七	未	二七	〇七／二六	北七四	四五／四八	
内阶四	未	二七	一三／〇一	北四五	〇七／〇四	四	勾陈东增八	未	二七	一四／二八	北七七	二四／一五	
爟内增六	未	二七	二三／〇三	北〇七	二七／三二	六	南河东增七	未	二七	四二／三三	南一八	六一／〇一	六
水位四	未	二七	四五／二二	南〇二	一七／五二	五	水位东增十一	未	二七	四六／四二	南〇六	二四／三五	六
大理二	未	二七	五三／三八	北六四	一二／〇五	五	轩辕西增八	未	二八	一〇／二六	北一七	六二／〇一	六
弧矢北增八	未	二八	一一／二六	南三五	一八／〇二	六	爟二	未	二八	一四／四三	北〇四	二三／三三	六
弧矢北增十	未	二八	一七／二六	南三二	五四／〇五	六	弧矢北增九	未	二八	一七／四〇	南三五	九一／〇三	六
内阶六	未	二八	二二／四〇	北三八	三五／〇八	五	爟三	未	二八	三七／二八	北〇八	一五／四三	五
南河东增八	未	二八	四〇／〇七	南一七	四八／二七	四	爟东增七	未	二八	五二／一三	北〇八	二七／三一	六
文昌北增一	未	二八	五三／〇〇	北四六	二五／一七	五	爟东增八	未	二八	五五／三二	北〇七	三〇／〇〇	六
后宫	未	二九	〇八／二四	北七〇	二九／三八	五	南河东增九	未	二九	一四／四四	南二一	二八／四二	五
上台一	未	二九	一五／四九	北二九	三四／三二	四	上台南增五	未	二九	二二／二〇	北二五	一五／五五	六
南河东增十	未	二九	二四／〇八	南二三	四七／五〇	五	爟东增九	未	二九	二九／一八	北〇五	〇一／三六	六

文昌五	未	二九	三二五○	北	三三	二五五六	五	勾陈东增十	未	二九	三六四五	北	七七	五○五五	六
文昌六	未	二九	四三三三	北	三六	○四二五	五	弧矢六	未	二九	五四五八	南	四七	二四五三	三
爟东增十	午	○○	○○四○	北	○四	五三四五	六	文昌一	午	○○	○四一三	北	四六	○九二一	五
弧矢北增十一	午	○○	一一○五	南	三五	○三一○	六	弧矢北增十二	午	○○	一一○八	南	三七	三二二五	五
鬼宿西增二	午	○○	一二○六	南	一	○二三九	六	轩辕西增十	午	○○	一八○四	北	一三	三七○五	六
轩辕西增九	午	○○	一九二○	北	一三	五一三三	六	上台二	午	○○	二一五八	北	二八	五七四三	四
爟东增十一	午	○○	四○○六	北	○四	五九四八	六	柳宿西增十	午	○○	四一一九	南	一	一九○六	四
鬼宿南增三	午	○一	○五二四	南	○二	○七五五	六	大理东增一	午	○一	○五五三	北	六三	三一一三	六
文昌内增三	午	○一	二○三八	北	三六	三七二五	六	弧矢内增十八	午	○一	二三四五	南	四六	○四五五	六
外厨西增一	午	○一	三四三三	南	二二	三七三五	六	轩辕一	午	○一	四三二二	北	二三	四一四七	四
文昌南增五	午	○一	四六一五	北	三三	四五三二	六	鬼宿二	午	○一	五○二九	北	○一	三二三三	五
轩辕西增十一	午	○一	五六四九	北	一二	○一四六	五	柳宿西增九	午	○一	五○二二	南	八	三二三二	六
鬼宿一	午	○二	○九四四	南	○○	四七四六	五	天枢西增一	午	○二	一二五六	北	四九	二七一八	五
弧矢内增十九	午	○二	一九二二	南	四九	一四五八	四	鬼宿南增五	午	○二	一九五八	南	○六	二二二六	五

鬼宿南增四	午○二	二四／二四	南○四	四五／二六	六	弧矢北增十七	午○二	二九／一四	南四四	五八／四九	五
弧矢五	午○二	三一／一三	南四六	○三／八	四	鬼宿内增一	午○二	三八／一九	北○○	五二／○○	六
文昌二	午○二	四一／四九	北四二	三九／六	四	轩辕西增二十二	午○二	四五／五三	北一○	二三／四	五
文昌南增六	午○一	四九／四五	北三一	一六／一六	六	轩辕西增七	午○一	五七／四四	北一四	一八／三三	六
文昌内增二	午○三	○七／○七	北四○	三九／三	五	天枢西增二	午○三	二○／二四	北五○	三五／五	六
积尸	午○三	三八／一○	北○一	三一／一八	气	积尸北增一	午○三	三八／五三	北○一	三四／一	气
上台东增六	午○三	四三／四五	北二五	四九／三六	五	轩辕西增六	午○三	四四／三五	北一四	五九／四一	五
文昌四	午○三	四五／五二	北三四	五六／二二	三	积尸东增二	午○三	五○／○九	北一○	一八／三七	气
积尸南增三	午○三	五○／二五	北○一	○六／二二	气	轩辕西增十二	午○三	五一／一二	北一二	三五／三四	五
文昌内增四	午○三	五一／一六	北三五	二二／一八	五	轩辕二	午○三	五六／一五	北二○	五○／五三	四
鬼宿三	午○三	五八／○○	北○三	○九／四一	四	弧矢北增十五	午○四	○五／四三	南四二	三六／四○	四
轩辕西增二十一	午○四	○八／二	北一○	一五／一二	六	轩辕西增二十	午○四	一○／二	北一○	二一／四七	六
庶子北增一	午○四	一一／五	北七三	○六／三四	六	柳宿西增八	午○四	二三／○	南○八	三一／五	六

星名	午			方		
轩辕西增五	午	○四	二五五○	北一四	四○四六	六
外厨南增十五	午	○四	四一一九	南三二	三○一七	六
庶子	午	○四	四六○九	北七一	二五二○	四
轩辕西增四	午	○四	五二二二	北一四	三七四六	六
轩辕西增十八	午	○四	五五五二	北一○	○八二四	六
外厨南增十四	午	○五	○七五二	南三二	五九二○	六
弧矢南增二十四	午	○五	一二五七	南六三	四七二一	三
弧矢南增二十	午	○五	三二○六	南五八	二五二五	三
上台东增七	午	○五	三六五九	北二八	五八四	六
柳宿西增六	午	○五	四九三○	南○八	四○○四	六
鬼宿南增六	午	○六	一四四六	南○五	二○三六	六
外厨西增三	午	○六	一七二二	南二二	二八五八	六
外厨南增十三	午	○六	二九四○	南三四	四四一○	五
上辅	午	○六	四三三三	北五七	一三○	三

星名	午			方		
轩辕西增十九	午	○四	二六一	北一○	二四三四	六
轩辕西增十三	午	○四	四四四二	北一二	二九○一	六
天枢西增三	午	○四	五一二	北五一	二四三二	五
弧矢北增十六	午	○四	五五五四	南四二	五三一○	六
外厨南增十六	午	○五	○○四七	南三二	六二二七	四
鬼宿四	午	○五	○八四○	北○○	三四六	四
弧矢北增十四	午	○五	一九二四	南三九	四四五	六
柳宿西增七	午	○五	三四二七	南○八	三九一	六
文昌三	午	○五	四五一七	北三八	一四一	五
外厨西增二	午	○五	五八二九	南二二	二四三二	四
轩辕西增十七	午	○六	一五三七	北一○	三○五	六
弧矢北增十三	午	○六	二四○六	南三八	二四四○	五
外厨一	午	○六	三一○九	南二二	三○一	四
柳宿一	午	○六	四四○三	南一二	二五三七	四

星名	一	二	三	四	五	星名	一	二	三	四	五
轩辕西增十六	午○六	四五四○	北一○	三七四八	六	轩辕三	午○六	五八一	北二○	○四二	四
轩辕西增三	午○六	五九二八	北一七	四七四一	六	轩辕西增十四	午○七	○三一四	北一二	三四○六	六
上辅东增一	午○七	一三二○	北五七	三○三三	六	鬼宿东增九	午○七	一二○○	南○一	三七一五	六
鬼宿南增七	午○七	一六三七	南○五	三八五八	六	柳宿北增五	午○七	一七二二	南○七	四四五八	六
弧矢三	午○七	二○三四	南五七	四四○五	四	鬼宿东增八	午○七	二二○○	南○二	一六六	六
弧矢四	午○七	一二五○	南四九	四○四七	六	轩辕西增二十三	午○七	一七二	北○七	一四三九	六
外厨六	午○七	三○○四	南一七	四三○八	六	柳宿二	午○七	三八一四	南一四	三八○五	五
外厨南增十二	午○七	五○三一	南三四	一八二四	三	庶子南增二	午○七	五四○四	北七○	○四五五	六
外厨南增十一	午○八	○五○○	南三四	五七○○	六	轩辕西增十五	午○八	○八五八	北○九	四六二	六
外厨南增十七	午○八	一五○六	南三一	二九一七	六	轩辕四	午○八	一六○	北一七	五六○○	四
柳宿内增一	午○八	三二四九	南一一	五八二三	五	文昌东增七	午○八	三五五八	北三四	三六四○	六
柳宿三	午○八	四四一二	南一四	一七一○	四	柳宿五	午○八	四六五二	南一一	○七五九	六
鬼宿东增十	午○八	四七五六	南○一	五三三六	六	鬼宿东增十一	午○八	四八五一	南○一	三六四五	六
尚书西增一	午○八	五八三三	北八六	五二一○	四	文昌东增八	午○九	○五三三	北三五	五○○六	六

柳宿四	午〇九	二〇四	南一一	三五〇〇	五	鬼宿东增十二	午〇九	二一四一	北〇〇	七五六	六
外厨五	午〇九	三一一七	南一六	四八一五	六	柳宿北增四	午〇九	三一三三	南〇五	三〇三二	四
内平西增四	午〇九	三七〇〇	北二四	三五四三		轩辕西增二十四	午〇九	三七四五	北〇五	二三二四	五
帝	午〇九	四〇〇八	北七二	五八二六	一	鬼宿东增十三	午〇	二〇四〇	北〇〇	三九三三	六
外厨南增四	午一〇	二五五二	南二五	四六〇六	六	柳宿北增三	午〇	三〇三四	南〇五	六二七七	四
内平西增五	午一〇	三五七	北二〇	三五三七	六	轩辕北增一	午〇	一〇七	北一九	一九三三	五
内平西增六	午一〇	一三三二	北二〇	四二二四	四	庶子北增三	午〇	二四二〇	北七三	五九四四	六
弧矢东增二十一	午一〇	三二一	南五八	〇四二七	五	内平西增三	午〇	三五六	北二四	二四三	六
轩辕内增二	午一〇	三五七	北一七	五四〇六	六	内平西增七	午〇	四七一二	北二〇	一七四〇	六
鬼宿东增十四	午一〇	五六一五	北〇一	〇〇五四	六	天璇西增二	午〇	五七四二	北四三	四五三六	五
天璇西增一	午一〇	〇〇〇六	北四二	三〇〇	五	柳宿六	午一	〇〇一八	南〇〇	〇〇三	四
鬼宿东增十八	午一〇	〇五二	南〇一	一三四五	六	内平西增八	午一	一三一五	北一九	五七五三	五
上辅东增二	午一	二二二	北五六	〇六三	六	鬼宿东增十七	午一	二二〇七	南〇一	五五五二	六

星名	宮	度	分秒	向	度	分秒	等	星名	宮	度	分秒	向	度	分秒	等
弧矢東增二十三	午	一一	三三三	南	五九	四二三八	四	天樞	午	一一	三五〇〇	北	四九	四〇〇五	一
外廚內增五	午	一一	三八三	南	二四	二七〇〇	六	軒轅七	午	一一	四二二八	北	一〇	二三五一	四
軒轅西增二十五	午	一一	四五四一	北	〇九	二一五七	六	天璇西增三	午	一一	五〇五二	北	四六	四八三〇	五
外廚二	午	一一	五八〇三	南	二四	二八一〇	三	中台西增一	午	一二	二二	北	二九	四二三四	六
外廚四	午	一二	一〇一九	南	一七	四五〇〇	六	內平北增二	午	一二	一三三	北	二四	五二一九	六
天璇西增五	午	一二	一五五四	北	四四	二八一八	六	外廚三	午	一二	一六八	南	二〇	二六一四	五
少尉北增一	午	一二	二〇八	北	六一	五七二	六	內平三	午	一二	二九二七	北	二一	〇六二五	六
天璇西增四	午	一二	三四二八	北	四四	四八五八	六	柳宿北增二	午	一二	三五四四	南	〇五	三六〇八	四
少尉	午	一二	三六四〇	北	六一	四三二〇	三	外廚南增八	午	一二	四三三〇	南	二九	四四四二	六
天璇西增六	午	一二	五〇三六	北	四四	二三二七	六	軒轅五	午	一二	五四〇〇	北	一七	五二二七	六
中台西增二	午	一三	三四	北	二六	四三二二	五	鬼宿東增十六	午	一三	四〇四八	北	〇〇	五八四五	六
鬼宿東增十五	午	一三	〇五五四	北	〇〇	五六〇七	六	少尉北增二	午	一三	一七四三	北	六一	四九四〇	六
內平北增一	午	一三	二二三二	北	二三	二五四一	六	柳宿七	午	一三	四九〇五	南	一一	〇三四五	六

天璇西增七	午	一三	五六一○	北	四四	二八四六	六	外厨东增六	午	一四	○○四一	南	二三	五○四五	六
轩辕八	午	一四	一七三	北	○七	五一二七	四	外厨南增十	午	一四	二四四九	南	三二	五五五三	六
轩辕六	午	一四	二七三二	北	一五	二一二三	六	天理一	午	一四	四六○八	北	四九	一七○四	六
外厨南增九	午	一四	四七三九	南	三○	一八四	六	弧矢东增二十二	午	一五	○○四一	南	五八	二三三七	二
轩辕内增二十六	午	一五	○六○五	北	○九	五五四八	六	外厨东增七	午	一五	一六五八	南	二四	一八四四	六
轩辕内增二十七	午	一五	三○一六	北	一一	二三二六	六	天璇南增八	午	一五	四七一二	北	四二	五八○	六
天璇	午	一五	四九一三	北	四五	○六五一	二	中台一	午	一五	五八四二	北	二九	五二二二	三
天理西增一	午	一六	○一五五	北	五一	五四○○	六	内平四	午	一六	一八四二	北	一八	三四四八	六
柳宿八	午	一六	四二○四	南	一三	○二四七	四	天床六	午	一七	○二二三	北	七二	三一四四	六
轩辕九	午	一七	○七一六	北	○九	四一四四	三	中台内增三	午	一七	一五三三	北	二九	一二○八	六
内平二	午	一七	二四三○	北	二一	○四○○	五	内平南增九	午	一七	二六三九	北	一八	三二一一	六
酒旗北增一	午	一七	三六三○	北	○二	○四五四	六	中台二	午	一七	三九四七	北	二八	五八一	三
轩辕十	午	一七	五一二六	北	一二	一九二九	三	太子	午	一七	五五二八	北	七五	一三一	三

星名	宫	度	分秒	南北	度	分秒	等	星名	宫	度	分秒	南北	度	分秒	等
酒旗三	午	一七	五七 五七	南	○五	三五 二七		天床北增三	午	一七	五九 一七	北	七四	五六 ○○	五
酒旗北增二	午	一七	五九 二○	北	○○	一五 五○	六	酒旗二	午	一八	○四 四四	南	○三	一二 二二	四
天床北增一	午	一八	○四 四八	北	七三	四○ 四○	六	轩辕内增二十八	午	一八	一二 四五	北	一○	四五 一○	六
酒旗南增五	午	一八	一四 四六	南	○六	二四 二二	六	酒旗北增三	午	一八	二九 二四	北	○○	一四 四八	六
酒旗东增四	午	一八	三五 一	南	○四	四一 一二	六	轩辕内增二十九	午	一八	五二 三三	北	○七	三二 五八	六
星宿西增四	午	一八	五三 二二	南	二三	五三 ○九	六	星宿西增三	午	一九	一一 ○一	南	二四	○○ 二九	六
内厨一	午	一九	一七 ○二	北	六一	○四 一○	六	星宿西增五	午	一九	一九 二七	南	二一	一一 三五	六
天理四	午	一九	二九 三一	北	五三	○一 一七	六	酒旗一	午	一九	五五 五四	北	○○	一九 三	六
星宿西增六	午	二○	八 二六	南	二一	八 ○一	六	势西增三	午	二○	二二 三三	北	二七	一四 二二	六
内平一	午	二○	三一 五六	北	一九	○一 一二	六	势西增六	午	二○	三七 五○	北	二三	一七 ○四	五
轩辕十五	午	二○	四一 ○八	南	○三	四六 五○	四	天理二	午	二○	四四 二六	北	四七	○○ 五三	六
轩辕南增四十五	午	二○	四四 五八	南	○六	五九 五四	五	金鱼东增一	午	二○	五一 五九	南	八一	○一 五九	四
势西增四	午	二○	五六 三六	北	二五	○二 四二	五	星宿西增二	午	二○	五九 二八	南	二三	二三 三三	六

星名								星名							
势西增五	午	二一	○六六	北	二三	四一五六	六	内厨北增一	午	二一	○七四八	北	六一	五七一五	六
势西增七	午	二一	一二二七	北	二二	○五二五	六	轩辕内增四十四	午	二一	一五二八	南	○一	三三二三	六
势西增八	午	二一	二八五○	北	二一	五九二六	六	内平东增十	午	二一	三七五二	北	一七	一六四二	五
轩辕南增四十六	午	二一	四五四四	南	○八	五六五六	五	势西增九	午	二一	四八四四	北	二二	一二三五	四
星宿西增七	午	二一	五四一五	南	一九	一五八	六	轩辕内增四十三	午	二一	五四二六	北	○○	七七	六
天狗六	午	二一	五四三七	南	四三	一八二二	四	内平东增十一	午	二一	五六二五	北	一六	四三四八	六
星宿二	午	二二	○○四二	南	一六	四四○一	五	天床一	午	二二	○四五六	北	六九	一二五	五
星宿三	午	二二	一○四一	南	一五	○○三	五	星宿五	午	二二	一四五六	南	二三	五○四九	六
内厨二	午	二二	三○○○	北	六○	五三四五	五	势北增二	午	二二	四三五○	北	二七	五一七	六
尚书一	午	二二	四四五○	北	八六	五○四五	五	势北增一	午	二二	四九四○	北	二五	二三一五	五
势一	午	二二	五一一○	北	二三	五二七	四	天牢一	午	二二	五五四○	北	三三	二三六	四
天狗五	午	二二	五六一五	南	四八	五一六	三	尚书四	午	二三	○六○○	北	八○	三○○	六
天狗四	午	二三	一二三八	南	五一	○九五三	四	天狗七	午	二三	一四四九	南	四二	五二○九	五

势二	午	二三	三八一○	北	二一	二三四五	四	星宿一	午	二三	四二五九	南	二二	二四三二	二
轩辕内增四十二	午	二三	四五五二	北	○○	○一二五	四	天社一	午	二三	四八一七	南	六四	二六五一	二
星宿内增一	午	二三	四九五六	南	二二	五七四九	六	轩辕东增三十	午	二三	五六二八	北	一一	五四五五	六
轩辕十一	午	二三	五八四一	北	一一	五○一三	三	星宿六	午	二三	五九○七	南	二四	三八二七	六
轩辕内增四十一	午	二四	○○三六	南	○一	○四二四	六	星宿四	午	二四	○四一九	南	一四	一八一七	四
势内增十	午	二四	○八三一	北	二三	二七三二		轩辕东增三十一	午	二四	一五五二	北	一一	三七一三	六
轩辕十三	午	二四	一九二四	北	○四	五○二○	三	星宿东增八	午	二四	二七二九	南	一九	一五○六	六
轩辕南增四十	午	二四	三二五一	南	○三	二五一九	六	内厨南增二	午	二四	三五四○	北	五七	五五三六	六
天理三	午	二四	三七五七	北	四九	三八四○		轩辕南增四十八	午	二四	四三一七	南	○八	一四○五	六
星宿七	午	二五	○一三	南	二三	一五五八		轩辕南增三十九	午	二五	○八四七	南	○三	五一三二	五
太尊	午	二五	三三五八	北	三五	三一三○	三	势内增十一	午	二五	一四五○	北	二一	三六二八	六
轩辕南增四十九	午	二五	三二○八	南	○七	二二一四	六	轩辕内增三十二	午	二五	二六○四	北	○八	二六○八	六

星名	午		南北			星名	午		南北		
天牢三	午二五	二八五五	北三一	○二一二	六	轩辕内增三十四	午二五	二九○○	北○四	○八四五	六
太乙	午二五	三六○○	北六四	一三	六	轩辕南增三十八	午二五	四四○四	南○三	五六一八	四
轩辕南增四十七	午二五	四六○四	南○九	五二五三	六	轩辕十二	午二六	○○○五	北○八	四七二七	二
轩辕内增三十三	午二六	○七二五	北	二六五一	六	轩辕十四	午二六	一六二	北	二六三八	
天牢五	午二六	二三一六	北三○	○四二六	六	轩辕内增三十七	午二六	三○	北二	○一	六
星宿东增十五	午二六	三四三九	南二一	一五○○	六	轩辕十七	午二六	五○三六	南○	二六一五	六
天玑	午二六	五一三八	北四七	七二二○	一	轩辕南增五十	午二六	五三四一	南○七	二四四一	六
星宿东增十四	午二七	○五○○	南二一	○五一九	六	天社南增一	午二七	一二四九	南七○	一七五九	三
势四	午二七	一五○四	北二四	五五三○	四	势三	午二七	一八四三	北二	○二四七	四
天权	午二七	二五五五	北五一	三九四○	一	天权北增二	午二七	二七五二	北五二	四五二二	六
少微西增一	午二七	二八三○	北一七	三九五二	六	轩辕内增三十六	午二七	三一○二	北○二	四八五二	六
星宿东增十三	午二七	三八一八	南二三	○六二四	六	势东增十二	午二七	四三一○	北二四	五三五○	六

星名	經度	分秒	距度	分秒	星等	星名	經度	分秒	距度	分秒	星等
星宿東增九	午二七	五五一四	南一六	一四二五	六	勢東增十三	午二八	○二二七	北二四	二七二三	六
軒轅南增五十二	午二八	○六三七	南○五	三八三五	六	勢南增十四	午二八	○九○五	北二○	○八一四	六
軒轅內增三十五	午二八	一四二三	北○四	二四五四	六	星宿東增十	午二八	一五一二	南一九	一九五七	六
軒轅內增五十一	午二八	二○四五	南○八	○七三七	六	天牢六	午二八	二二四四	北三五	四六二二	六
天權北增一	午二八	二三三九	北五三	五七二○	六	天狗一	午二八	三○三四	南五八	一四四五	五
天狗三	午二八	三一○○	南五二	二九五○	四	少微西增二	午二八	三五二四	北一六	四六一六	六
星宿東增十一	午二八	五四○七	南一九	一四二○	六	張宿五	午二九	四○四三	南二六	三七二一	四
勢南增十五	午二九	○九五○	北一九	○四四三	六	勢南增十六	午二九	一七三二	北一八	五四一二	六
太陽守南增一	午二九	一八二○	北四○	○三五一	六	軒轅南增五十四	午二九	○三○七	南○四	五三五五	六
軒轅南增五十三	午二九	三一五○	南○五	○六三○	六	星宿東增十二	午二九	四二二二	南一九	四三一六	六
少微三	午二九	五四一五	北一三	五六四六	五	太陽守	巳○○	○五一六	北四一	三一五八	四

天牢四	巳○○	六二	北三六	一四八	六	天狗二	巳○○	○八一六	南五七	二一三○	五
天牢南增二	巳○○	三六○五	北三○	四五五○	五	相西增一	巳○○	五○二六	北四八	四六三七	六
长垣一	巳○○	五二五八	北○四	三三二七	六	天权东增三	巳○○	五三三五	北五一	四三○六	六
轩辕南增五十六	巳○一	一五三九	南○一	○二二七	五	天乙	巳○一	一六○五	北六五	二一三八	五
天牢北增一	巳○一	二○四六	北三七	一六四七	六	少微北增三	巳○一	二五○四	北一七	○○五五	六
轩辕内增五十七	巳○一	二七四五	北○○	○五五八		轩辕南增五十五	巳○一	三二一○	南○三	二一四	六
尚书二	巳○一	三三五二	北八一	○○○五	四	长垣北增一	巳○一	三九二一	北○七	○○四八	六
少微二	巳○一	五五二二	北一六	二八四○	四	天牢二	巳○二	○○二八	北三二	四一三二	六
张宿一	巳○二	○八三三	南二六	一五四○	五	少微四	巳○二	一五五四	北一○	一四五二	六
少微内增四	巳○二	三七一○	北一七	一四四○	六	长垣南增四	巳○二	三八八	南○七	二九八	五
轩辕十六	巳○二	四八五	北○○	七八四八	四	天社二	巳○二	五九四八	南六一	○八一七	五
下台一	巳○三	○三四	北二六	八二一	四	长垣内增二	巳○三	三四二五	南○○	一六○	六
下台二	巳三○	四五三六	北二四	四六○	四	右枢	巳○三	四七四三	北六六	二○五二	三

少微内增五	巳○三	四九○○	北一七	四六四○	六	天社北增二	巳○三	五六三七	南六○		○七五三	五
天相二	巳○四	○○○七	南一六	一一八	四	少微一	巳○四	三二	北一八	一四二六		五
长垣二	巳○四	○四二	北○五	五四四八	六	天相一	巳○四	○四二四	南一八	二五三六		六
长垣四	巳○四	○九五	南○一	五二二七	六	天床二	巳○四	一三一六	北七四	○四二七		六
相	巳○四	一三二八	北四八	○六二七	六	天相内增一	巳○四	一八三七	南一八	二三二七		六
天相北增八	巳○四	二二五六	南一○	一三四二	六	长垣南增三	巳○四	二三五三	南○四	一四三六		六
天相内增三	巳○四	三三三八	南一七	八二八	六	少微东增八	巳○四	三七○八	北一○	二五三九		六
张宿内增一	巳○四	四六四五	南二三	一一	五	少微东增六	巳○四	四九五六	北一七	三五五四		五
天相内增二	巳○四	五四二六	南一七	三九二九	六	长垣南增五	巳○四	五七二	南○六	四二四一		六
少微东增七	巳○五	○八二○	北一六	一六二九	六	天相北增九	巳○五	○八三九	南○九	五六二		六
西上相西增一	巳○五	一六○○	北一二	五四○五	五	玉衡	巳○五	一八五	北五四	一九三五		二
天相北增四	巳○五	三五三八	南一三	一○一六	六	相南增二	巳○五	三六四	北四五	三七三○		六
天相三	巳○五	四八一	南一七	二四○	六	张宿二	巳○五	四九○	南二二	一四		四
天相北增十	巳○五	五六二	南○九	一九四七	五	天相北增六	巳○六	○○三五	南一一	三三三		五

长垣三	巳〇六	〇六一九	北〇二	四七四〇	六	天相北增七	巳〇六	〇八二九	南一〇	二六三五	五
常陈七	巳〇六	二八三六	北三八	五八一四	六	天相北增五	巳〇六	二八五三	南一三	〇九三二	六
虎贲	巳〇六	五三一三	北一六	四六〇二	五	天床五	巳〇六	五五三三	北七二	〇三一八	五
长垣南增八	巳〇六	五五四八	南〇一	二一四一	六	长垣南增七	巳〇六	五六四六	南〇三	〇六三三	六
张宿四	巳〇六	五八〇七	南二七	二九〇四	六	下台东增一	巳〇七	一〇四二	北二九	一四五一	六
长垣南增六	巳〇七	一三四八	南〇四	一五二七	六	长垣南增九	巳〇七	一四三三	南一〇	一五五九	六
天记	巳〇七	三六〇一	南五五	五二二三	二	西上相	巳〇七	四二二〇	北一四	一九〇四	二
灵台西增二	巳〇八	一二〇〇	南〇五	〇二四二	六	下台东增二	巳〇八	三七五七	北二七	五二二四	六
天相北增十一	巳〇八	五六一六	南〇九	一八二六	六	西次相北增一	巳〇九	一四三四	北一一	三五五五	六
灵台西增一	巳〇九	一八二八	南〇〇	三五五一	六	西次相	巳〇九	五〇三五	北〇九	三九五〇	三
天社北增三	巳一〇	一五五二	南五九	一八三六	五	灵台二	巳一〇	二五三三	南〇〇	一三一六	五
常陈六	巳一〇	五一五八	北三八	一四五〇	五	灵台一	巳一〇	五七〇九	北〇〇	二〇二一	四
西次相南增三	巳一一	〇三〇七	北〇七	五一四一	六	天记北增一	巳一一	一〇三二	南五一	〇九四六	四
常陈北增一	巳一一	一三一五	北四〇	三五五〇	六	灵台南增三	巳一一	一九三二	南〇五	三九五七	六

星名							星名						
灵台三	巳一一	二三 ○四	南	○二	三一 五一	六	张宿三	巳一一	二九 五	南	二四	四○ 一	四
灵台南增四	巳一一	三三 三七	南	○五	五四 ○三	六	天相北增十二	巳一一	三九 五二	南	○	四○ 三五	六
相东增三	巳一一	四四 五四	北	四七	五六 四四	六	西次相东增二	巳一一	五九 ○○	北	一	四一 四	六
开阳	巳一二	○三 三三	北	五六	二二 四七	一	开阳北增一	巳一二	一三 五	北	五六	三三 三○	五
西上相东增二	巳一二	一五 四九	北	一三	五七 一○	六	张宿内增二	巳一三	○七 四七	南	二四	○八 二四	五
天社内增四	巳一三	一○ 二二	南	六六	一五 四四	四	从官	巳一三	一七 二一	北	一七	三八 三○	六
五帝座西增二	巳一三	一九 ○	北	一○	○八 九	六	灵台南增七	巳一三	一七 二一	南	○五	三四 三五	六
灵台南增八	巳一三	二八 四四	南	○三	二六 一	六	辅	巳一三	三一 五	北	五七	四○ 四○	五
翼宿西增二	巳一三	三三 四二	南	一五	一八 三八	六	张宿北增三	巳一三	四三 二七	南	二三	一四 ○二	六
翼宿西增一	巳一三	五○ 三五	南	一五	○三 五五	六	五帝座西增一	巳一三	五一 四一	北	一二	五三 ○八	六
西次将	巳一三	五七 五八	北	○六	○五 一○	六	灵台南增五	巳一三	五八 四○	南	○八	○三 ○三	六
常陈四	巳一四	一一 ○○	北	四○	三三 三二	五	五帝座西增三	巳一四	一四 二七	北	一○	二三 五三	六
张宿六	巳一四	三○ 五六	南	二三	二九 五○	五	灵台南增六	巳一四	五三 五六	南	○六	二四 ○八	六
常陈五	巳一四	五八 ○四	北	三七	四五 五八	五	天床四	巳一五	○四 四○	北	七八	五五 四○	六

西上将	巳一五	○七三五	北○一	四○五六	四	天社三	巳一五	二○三六	南六七	一三○六	二
太子	巳一五	二三五○	北一七	一八○九	四	常陈三	巳一五	二九四八	北四○	三七三	六
辅东增一	巳一五	四○二四	北五七	五○二四	六	明堂西增四	巳一五	四八三九	南○二	三二五三	六
明堂西增五	巳一五	四九二九	南○四	三八五三	五	五帝座三	巳一六	三一○八	北○一	二三二四	六
张宿南增四	巳一六	三七二八	南三○	一一一五	六	三公三	巳一六	三九○二	北五一	四七○六	六
翼宿西增三	巳一六	三九二四	南二三	○四二四	六	明堂西增二	巳一六	四二五一	北○○	○○三五	六
翼宿五	巳一六	四八三九	南二一	四九二八	四	翼宿十二	巳一七	九○○八	南一四	五一○○	六
辅东增二	巳一七	○九二三	北五八	一三三四	六	五帝座二	巳一七	二八一六	北一四	○三三七	六
明堂西增三	巳一七	三六五三	南○二	一六五五	五	开阳东增二	巳一七	三八○五	北五六	二五五○	六
明堂西增六	巳一七	五五一九	南○七	三九○五	四	明堂一	巳一七	五六○五	南○○	三四○四	四
常陈二	巳一七	五六三三	北三九	五一三○	六	五帝座一	巳一八	○四四四	北一二	一六五一	二
郎位西增三	巳一八	○六一五	北二四	四五二三	六	翼宿西增四	巳一八	一一一六	南二三	四五○三	六
内屏西增一	巳一八	一五○五	北○五	一九一三	六	天社内增五	巳一八	二六○七	南六五	四○○○	六
幸臣	巳一八	二六一三	北一七	四八○四	六	郎位十五	巳一八	二九○九	北二○	○二五一	六

郎位西增一	巳一八	三五五九	北二七	五一五六	六	郎位西增二	巳一八	四一二八	北二七	三二三五	六
天社四	巳一八	五七〇五	南六五	四八一七	二	五帝座四	巳一九	〇四二七	北一三	五三三二	六
明堂北增一	巳一九	二〇二一	北〇〇	一六九	六	翼宿十一	巳一九	二九二一	南一五	五九〇	六
翼宿西增五	巳一九	二九三三	南二四	五九四二	六	五帝座五	巳一九	三二〇五	北〇九	三一〇七	六
海石一	巳一九	三四五六	南七二	三八五九	一	辅东增三	巳一九	三六三四	北五八	二五〇	六
内屏一	巳一九	四五二九	北〇六	〇六二	五	五郎位十	巳二〇	〇三一九	北二三	二八三三	五
翼宿一	巳二〇	一一四三	南二二	四二〇〇	四	四郎位一	巳二〇	一七二四	北二八	二四〇二	五
内屏内增二	巳二〇	二二一五	北〇六	二一三三	六	六郎位七	巳二〇	三〇二九	北二五	四七二一	五
内屏二	巳二〇	三四三五	北〇四	三五三九	五	五郎位三	巳二〇	四〇四〇	北二七	二六五四	五
郎位十四	巳二〇	四一〇六	北一九	五九〇七	六	三公二	巳二〇	四六〇〇	北五二	五二〇〇	五
郎位六	巳二〇	四七二三	北二六	一一四七	五	明堂三	巳二〇	四八一三	南〇五	四二二二	四
常陈一	巳二〇	五八二一	北四〇	四七一八	二	郎位四	巳二一	〇一五五	北二七	〇六五〇	五
郎位二	巳二一	二六三二	北二七	三六三六	六	明堂二	巳二一	二七五二	南〇三	三三三五	四
内屏内增三	巳二一	五四四七	北〇七	一四五三	六	郎位五	巳二一	五五二九	北二六	二九二一	五

五诸侯西增七	巳二一	五九三〇	北一六	二七〇〇	六	常陈东增二	巳二二	二七一七	北四三	四〇三五	六
翼宿十	巳二二	四〇五九	南一三	二八二八	四	郎位九	巳二二	五四四四	北二四	五四五〇	五
郎位八	巳二三	〇三一五	北二五	二九一〇	五	翼宿七	巳二三	〇八五〇	南一七	三五二〇	四
摇光	巳二三	一八四〇	北五四	二四三〇	一	天记东增二	巳二三	二五三〇	南四八	一四四五	四
右执法	巳二三	三一一四	北〇〇	四〇四七	三	三公一	巳二三	四八〇二	北五〇	五一四〇	五
常陈东增四	巳二三	四九四〇	北四一	五一四四	六	五诸侯北增六	巳二三	五〇五一	北一八	一九五三	五
常陈东增五	巳二三	五二四〇	北四一	四〇一五	五	翼宿九	巳二三	五四二〇	南一四	三五一六	五
内屏三	巳二三	五八二九	北〇六	〇八五二	五	常陈东增六	巳二三	五八五八	北四一	四〇三五	六
五诸侯五	巳二四	〇一四四	北一五	一三五五	五	内屏四	巳二四	〇八〇六	北〇八	三一二九	五
常陈东增三	巳二四	一二四〇	北四四	一二二四	六	郎位十三	巳二四	二八二六	北二二	〇二三八	六
翼宿南增六	巳二四	四八二八	南三〇	〇八四八	六	郎位十一	巳二四	五二一四	北二四	〇七〇九	四
内屏南增六	巳二四	五七三一	北〇三	二〇三三	五	翼宿十六	巳二五	〇〇三五	南二五	三七三三	三
翼宿十三	巳二五	〇一二六	南一一	一八三三	四	天社五	巳二五	一七三三	南六三	四二三〇	二
内屏北增四	巳二五	二三三三	北一〇	四四二四	六	翼宿二	巳二五	四一一六	南一九	三九二二	四

郎将西增一	巳二五	四五二二	北二九	五八二四	六	翼宿二十	巳二五	四六四○	南三○	一六三一	五
翼宿四	巳二五	五一四三	南二○	四九三一	五	天床三	巳二五	五四三○	北七五	二三二三	六
郎将	巳二六	一五二四	北三○	一二二四	四	天枪一	巳二六	二一三九	北五八	五四四四	四
内平东增五	巳二六	二四五六	北○六	一九三一	六	周鼎二	巳二六	二八○四	北三三	五六三六	四
郎位十二	巳二六	三三三八	北二三	○八○五	五	郎将东增二	巳二六	四四五八	北三三	○五三一	五
五诸侯北增五	巳二六	五二二三	北二○	一七五七	五	翼宿八	巳二六	五三五二	南一四	一三二二	五
翼宿南增七	巳二六	五九一一	南三○	四一一二	六	五诸侯四	巳二七	二七一○	北一五	二六○六	六
翼宿十五	巳二七	三○一四	南二一	二五五八	六	天枪二	巳二七	三一○○	北五八	五一五○	四
五诸侯北增四	巳二七	五一四九	北一九	一九二二	六	谒者西增一	巳二七	五三二二	北○二	四二五二	六
天枪南增一	巳二七	五四二四	北五六	三四四八	六	翼宿十四	巳二八	○四○七	南一○	一四四六	六
翼宿十九	巳二八	二一○七	南二八	○○一三	六	翼宿十七	巳二八	二九一五	南二三	○一一七	六
九卿西增九	巳二八	五一三四	北一二	四四四七	六	天枪三	巳二八	五九○○	北六○	○一○四	四
上弼	巳二九	二四○五	北八四	四七○○	三	谒者北增二	巳二九	二九一八	北○七	○七○九	六
翼宿十八	巳二九	四○○八	南二七	○一一三	六	五诸侯北增二	巳二九	四四四四	北二四	四四四二	四

谒者	巳	二九	四七一七	北	○五	○四二二	四	周鼎	三	○	二九	四七四二	北	三一		四九四一	四
海石北增一	巳	二九	四九二九	南	六七	三○一○	四	九卿西增八			巳	二九	五二五五	北	一二		四三二二	六

清史稿卷三三
志第八

天文八

乾隆甲子年恒星黄道经纬度表三

黄道寿星辰宫至析木寅宫,凡六百七十六星,如左:

黄道	经	度	纬	度		黄道	经	度	纬	度	
星名	宫	十度	十分十秒	向	十度	十分十秒	等	星名	宫	十度	十分十秒	向	十度	十分十秒	等
海石内增二	辰	〇〇	〇七二九	南	七〇	六五	五	五诸侯三	辰	〇〇	一九四九	北	一九	四八四二	五
翼宿二	辰	〇〇	三五五〇	南	一八	一七二九	四	尚书三	辰	〇〇	三〇五八	北	八一	三七一〇	五
天社六	辰	〇〇	三七五九	南	六四	一三五三	四	周鼎一	辰	〇〇	五一三三	北	三二	二八三三	五
尚书五	辰	〇〇	五二四七	北	八三	一八一四	五	左执法南增一	辰	〇一	一四一四	北	〇	八八	六
左执法	辰	〇一	一五五二	北	〇一	二二一	三	左枢	辰	〇一	一八五	北	七一	四四	三

九卿三	辰	○一	三四四五	北一一	○九五二	六	海石二	辰	○一	四六一二	南六七	○四五四	二
九卿北增五	辰	○一	四八○五	北一三	四一三七	六	尚书东增二	辰	○一	四八二八	北八三	一八四○	六
九卿内增七	辰	○一	四八三三	北一一	○一一○	六	九卿北增二	辰	○一	五五二八	北一七	四七五七	六
九卿北增一	辰	○一	五五三○	北一七	四八○○	五	九卿一	辰	○一	五五三三	北一三	三二四九	五
九卿北增三	辰	○二	○一○五	北一七	一二五七	六	五诸侯北增一	辰	○二	○七五一	北二七	一四三九	六
天枪东增二	辰	○二	二四四六	北五八	五五○五	六	九卿北增四	辰	○二	二七五一	北一五	三九○一	五
翼宿六	辰	○二	三二四四	南一六	○四四六	四	五诸侯二	辰	○二	四八五五	北二一	四六五六	五
三公一	辰	○二	四九○○	北○八	四九三○	六	五诸侯一	辰	○二	五○○七	北二五	五五五六	五
青邱三	辰	○二	五一五六	南二九	二二四一	六	翼宿二十一	辰	○三	一○五四	南二四	二四一五	六
九卿北增六	辰	○三	一三五一	北一三	二二四五	六	三公二	辰	○三	二一一四	北一○	二四四五	六
元戈	辰	○三	二二五八	北五四	三九二○	四	五诸侯东增三	辰	○三	二七二三	北二一	四五一四	六
东次将西增一	辰	○三	四八○五	北一六	四三三三	六	海山西增一	辰	○三	四八五一	南五一	○二四六	四
九卿二	辰	○三	五一一八	北一一	三四一五	六	青邱四	辰	○三	五六二五	南三○	五五五九	六
青邱五	辰	○四	二二四七	南三一	三五五五	四	轸宿北增二	辰	○四	二三五二	南○六	一四五二	六

星名						星名					
翼宿二十二	辰○四	四一一八	南二二	一七二六	六	軫宿西增三	辰○四	四三四一	南一七	五二五九	五
海石三	辰○五	○八四六	南六五	二一三○	五	青邱六	辰○五	一九一五	南三二	二一二二	六
东上将	辰○五	二三三五	北二二	五九一二	四	青邱内增二	辰○五	五二四六	南三二	一二二七	六
东次将南增二	辰○五	五七一○	北一二	三七二七	六	三公三	辰○六	○○一四	北○八	○一一四	六
东次将	辰○六	二二四○	北一六	一二五四	三	东上相	辰○六	三七二一	北○二	四八五三	三
青邱内增一	辰○六	三八○二	南三一	一八四○	六	青邱南增三	辰○六	三九一○	南三三	三九二三	六
海山西增二	辰○六	五四○八	南五一	○四二一	三	东次相西增一	辰○七	○五三○	北○七	五五五五	六
軫宿一	辰○七	一○五八	南一四	二九○○	三	海石内增三	辰○七	一六二四	南六九	二七三一	五
进贤西增九	辰○七	二七二二	南○一	三五三二	六	青邱七	辰○七	三二二六	南三三	二六三九	五
青邱二	辰○七	三八○三	南二六	二一三三	六	軫宿北增一	辰○七	五四五二	南○五	一九四七	六
东次相	辰○七	五四五五	北○八	三八二七	三	軫宿二	辰○八	○六五八	南一九	三九四一	四
进贤南增八	辰○八	三五三八	南○三	二七二三	五	右辖	辰○八	四○三五	南二一	四四二六	四
軫宿南增四	辰○八	四五二五	南二○	二七四五	六	进贤南增七	辰○九	○○四九	南二一	四四二五	六
天枪东增三	辰○九	○二一一	北六○	○四	六	青邱一	辰○九	四九四七	南三一	二八一六	四

轸宿三	辰	○九	五四一三	南	一二	○九四七	三	进贤西增一	辰	一○	○四二四	北	○二	○○三四	六
帝席西增一	辰	一○	一四五三	北	三三	五九二○	六	长沙	辰	一○	一四五八	南	一八	一六四○	五
左辖	辰	一○	一六○七	南	一一	三九五五	五	东次将东增三	辰	一○	二六○三	北	一六	一三○七	六
右摄提西增二	辰	一○	二八三四	北	三○	三二○○	六	少宰	辰	一○	三九○○	北	七八	二六三○	三
元戈东增一	辰	一○	四四○二	北	五五	二七三九	六	东上将东增一	辰	一一	二三○七	北	二一	二四三五	六
飞鱼三	辰	一一	三三五五	南	七五	三三二二	五	右摄提西增三	辰	一一	三六五六	北	二八	一一二六	六
进贤	辰	一一	三七五五	北	○二	二一五○	六	进贤北增三	辰	一一	三九○○	北	○二	二三○四	六
进贤北增三	辰	一一	四一三二	北	○二	五二五五	六	帝席三	辰	一一	四五三八	北	三六	三三三一	五
元戈东增二	辰	一一	四七四八	北	五七	五四○一	六	轸宿南增五	辰	一二	○一一五	南	二○	二三四二	六
天田西增一	辰	一二	一二○七	北	一一	三九三○	五	进贤南增六	辰	一二	一六○三	南	一三	三三○六	六
进贤北增四	辰	一二	三三四五	北	○二	五六一五	六	进贤南增五	辰	一二	三七二五	南	○三	二五二二	五
东上将东增二	辰	一二	四九九七	北	一八	四二四九	六	帝席二	辰	一二	五八○五	北	三六	五三三六	六
上宰	辰	一三	○九一二	北	七四	二六○○	三	右摄提西增一	辰	一三	一一○七	北	三○	一四二八	五
天田西增二	辰	一三	二四○六	北	一二	四八○○	六	海石四	辰	一三	二八○○	南	六六	一七一六	五

星名	辰	度	分／秒	南北	度	分／秒	等	星名	辰	度	分／秒	南北	度	分／秒	等
轸宿四	辰	一三	八二／五	南	一八	○一／四	三	招摇	辰	一四	○三／一八	北	四九	三三／○○	三
天枪东增四	辰	一四	二一	北	六○	三二／三七	六	海山一	辰	一四	一四／二六	南	五九	五三／○四	五
右摄提二	辰	一四	二二／三	北	二六	三一／○八	四	平道一	辰	一四	三九／二三	北	○一	四五／二九	四
右摄提三	辰	一五	三六／五七	北	二五	一二／四七	四	右摄提一	辰	一五	四三／三三	北	二八	○七／三五	三
飞鱼五	辰	一五	五二／三八	南	八二	二七／二六	五	角宿西增十五	辰	一六	○／九	南	○／三	一五／三	五
角宿西增十四	辰	一六	二六／二八	南	○二	四二／二五	六	南船一	辰	一六	二七／五八	南	六二	三五／二三	四
帝席一	辰	一六	二八／○四	北	三五	四一／一三	五	天田	辰	一六	四八／四八	北	一二	三三／○	六
角宿西增十三	辰	一六	四九／二七	南	○二	二一／二五	六	飞鱼一	辰	一七	○○／二四	南	七二	一五／○	五
角宿西增一	辰	一七	三○／○○	北	三	三五／五一	六	角宿西增十二	辰	一七	三六／○七	南	二二	一五／二五	六
角宿西增十一	辰	一八	一二／五二	南	○一	五八／三八	六	海山二	辰	一八	三一／三六	南	五八	五四／四三	四
角宿二	辰	一八	三四／五○	北	八	三九／○九	三	天田北增三	辰	一九	○○／○四	北	一三	一六／四五	六
梗河三	辰	一九	一○／五	北	四二	二七／五七	四	天门一	辰	一九	○一／五六	南	○七	五三／二○	四
角宿西增十	辰	一九	一三／九	南	○二	三五／二六	六	海石五	辰	一九	一七／三一	南	六七	二八／三三	四
南船二	辰	一九	二五／五四	南	六一	二五／三八	四	角宿内增二	辰	一九	四四／一八	北	○二	四七／二五	六

星名	辰	度	向	度	度	等	星名	辰	度	向	度	度	等
海山三	辰一九	四六二五	南	五六	五一〇七	四	角宿东增三	辰二〇	〇一二七	北	〇三	〇八五五	六
角宿一	辰二〇	一六二二	南	〇二	〇一五九	一	梗河二	辰二〇	一六三三	北	四二	〇八二四	五
角宿东增四	辰二〇	三一二二	北	〇四	一五二二	六	天门南增三	辰二〇	三〇二〇	南	一〇	〇二一六	六
七公西增五	辰二〇	三八四一	北	五四	一〇三八	三	大角	辰二〇	三八五二	北	三〇	五七〇〇	一
七公西增六	辰二〇	五一〇〇	北	五二	五八四〇	六	亢池二	辰二一	〇三二三	北	二六	二九三一	六
角宿南增九	辰二一	一一四八	南	〇三	一八二四	五	天门南增二	辰二一	一五三〇	南	一〇	〇六二四	六
平西增一	辰二一	一七〇五	南	一四	三三一五	六	天门南增四	辰二一	二八〇〇	南	〇九	九〇〇五	四
天门南增一	辰二一	二八二〇	南	一一	〇〇〇五	六	角宿东增八	辰二一	四〇五〇	南	〇〇	一四四七	六
角宿东增五	辰二一	五五二四	北	〇二	〇九〇二	六	亢池一	辰二一	五六〇〇	北	二八	二七〇〇	五
天门南增五	辰二二	一三二二	南	〇八	一九四一	六	天门二	辰二二	三四一五	南	〇六	一七五四	五
天田南增四	辰二二	四〇〇九	北	一一	五九三四	六	亢池三	辰二二	五三四二	北	二四	五一〇〇	六
天田西增五	辰二三	〇六三二	北	一二	〇九四一	六	平道二	辰二三	〇八三一	北	〇一	四三四五	六
大角东增一	辰二三	二三〇〇	北	三一	四五五四	五	平一	辰二三	二七三〇	北	一三	四三三八	六
天门东增六	辰二三	三三三〇	南	〇五	一四四四	六	天田南增六	辰二三	三七二二	北	〇九	三七二二	六

左半：

星名	辰				向				等
马尾三	辰	二	三	五五／三三	南	四	四	二七／二一	三
亢池四	辰	二	四	○八／五二	北	二	五	一○／一五	六
梗河南增五	辰	二	四	二一／二一	北	四	○	○○／○九	六
库楼九	辰	二	四	三一／○三	南	四	○	三五／○○	六
角宿东增七	辰	二	五	二八／○六	南	○	一	二一／四六	六
马尾二	辰	二	五	五○／○三	南	四	五	三一／○六	五
天门东增八	辰	二	六	三五／○三	南	○	四	三○／三八	六
天门东增十	辰	二	七	四四／三四	南	○	六	一八／一九	六
马尾一	辰	二	七	四六／四六	南	四	三	三○／○四	六
左摄提二	辰	二	八	一五／○六	北	三	○	二三／一八	三
南船五	辰	二	八	二一／三六	南	七	二	一三／○八	一
库楼七	辰	二	八	四六／三六	南	四	○	○六／二九	二
亢宿西增一	辰	二	八	五五／三○	北	○	三	四一／四八	六
亢宿西增二	辰	二	九	一○／二五	北	○	三	一九／五九	六

右半：

星名	辰				向				等
角宿东增六	辰	二	四	○一／○七	北	○	四	○四／○四	六
天田二	辰	二	四	○九／五六	北	一	二	○四／五○	五
梗河一	辰	二	四	二九／三五	南	四	○	三八／二一	三
天门东增十一	辰	二	四	三七／一四	南	○	八	二六／四○	六
南船三	辰	二	五	三二／四○	南	六	二	七三／三四	三
天门东增七	辰	二	六	一一／○五	南	○	五	六三／二二	六
库楼十	辰	二	七	一一／○七	南	四	二	二一／五八	五
库楼八	辰	二	七	四六／一五	南	○	四	四三／四○	四
海山四	辰	二	七	五三／○九	南	五	五	一六／三八	四
柱十	辰	二	八	一九／五一	南	二	四	三五／二○	五
天门东增九	辰	二	八	二四／三六	南	○	六	二一／二七	五
公五	辰	二	八	五四／二五	北	五	七	○五／五四	六
公内增九	辰	二	九	○七／二七	北	五	七	一四／一七	六
左摄提一	辰	二	九	一二／四五	北	三	一	一七／○七	四

左摄提三	辰二九	二五二一	北二七	五三四二	三	七公七	辰二九	三三〇八	北四九	〇〇一〇	三
七公六	辰二九	三六一三	北五三	二六五六	四	柱十一	辰二九	三六一四	南二五	五六五六	三
亢宿西增十二	辰二九	四九四〇	北一〇	〇二五七	五	梗河东增一	辰二九	五五二〇	北四二	一一四〇	五
左摄提北增一	辰二九	五五三三	北三三	四七二八	四	亢宿西增三	卯〇〇	〇一五四	北〇二	三二二〇	五
梗河东增四	卯〇〇	一一四八	北四〇	一一三三	五	亢宿二	卯〇〇	一二三六	北〇七	一五四〇	四
亢宿北增十一	卯〇〇	一八〇五	北一一	三〇三三	五	左摄提南增二	卯〇〇	二二三三	北二五	五九五五	六
亢宿内增四	卯〇〇	四二二一	北〇三	一五二三	六	海山五	卯〇〇	五三五四	南五六	四六四七	四
亢宿一	卯〇〇	五五四〇	北〇二	五五四〇	四	梗河东增二	卯〇一	一九二二	北四一	五四四三	六
七公东增十	卯〇一	三〇二三	北五七	一四四六	六	贯索西增一	卯〇一	三六〇〇	北四五	〇四〇七	五
左摄提南增三	卯〇一	三八二八	北二二	四一三二	五	梗河东增三	卯〇一	三九三八	北四〇	二五一九	五
七公东增八	卯〇一	四四四三	北五五	四八五〇	五	亢宿三	卯〇一	五三五四	北一一	四七二五	四
十字架四	卯〇二	〇八二六	南五〇	二一一三	三	平北增二	卯〇二	四四三四	南一二	〇二〇六	六
贯索西增二	卯〇二	五〇一六	北四五	五七五二	六	库楼五	卯〇二	五六一六	南二七	三四五三	四
亢宿东增六	卯〇二	五九四二	北〇八	〇四二三	六	库楼六	卯〇三	〇六一七	南三七	〇三二九	四

星名	时	经	向	纬	等	星名	时	经	向	纬	等
柱九	卯○三	○七四三	南二○	三三三四	四	十字架一	卯○三	一○四八	南四七	四四四九	二
平北增三	卯○三	一七四三	南一一	五一二三	六	亢宿四	卯○三	二三一三	北○○	三一一四	四
贯索西增三	卯○三	二九四五	北四六	四九○三	五	亢宿东增五	卯○三	三三一○	北○七	二五五六	六
飞鱼四	卯○三	四五○二	南七六	四五○○	六	南船四	卯○三	四六二五	南六七	二一一八	四
柱七	卯○四	一二五五	南一八	五七○○	四	柱八	卯○四	○○○○	南二○	○二二五	四
库楼四	卯○四	二六三六	南二一	三四○四	四	七公四	卯○四	○三四七	北六○	一五四五	六
七公内增十二	卯○四	三七三八	北六一	○五二一	六	七公东增七	卯○四	四三三二	北五三	五九○三	四
七公西增四	卯○四	四七四四	北六四	二三三三	五	亢宿东增十	卯○四	五五五○	北一七	○七○一	四
平二	卯○四	五六○八	南一三	○三五八	四	亢宿东增九	卯○五	○七四四	北一五	五六五二	六
七公内增十一	卯○五	三○二一	北六○	三九○五	六	贯索三	卯○五	三○五三	北四六	四○四○	四
贯索二	卯○五	五○二二	北四八	三四五○	四	库楼内增一	卯○六	○六五○	南三五	一四四九	气
飞鱼二	卯○六	一五四九	南八二	三五二七	五	亢宿东增七	卯○六	三二二三	北○九	四三○八	四
折威西增一	卯○六	三七三八	南一三	○四二一	六	海山六	卯○七	二一○八	南五八	二九三七	五
亢宿东增八	卯○七	二六○九	北一三	三○一七	六	折威一	卯○七	二九四四	南一二	四五三三	五

衡一	卯○七	三二一四	南二八	一二五九	四	衡二	卯○七	五八三八	南二八	五五五九	四
七公三	卯○八	○三二六	北六三	四九三六	六	十字架三	卯○八	○五四一	南四八	三四○一	二
馬腹三	卯○八	一二二七	南四三	四九五七	五	十字架二	卯○八	一九三三	南五二	四九二四	一
貫索一	卯○八	三五四一	北五○	三○三三	五	貫索四	卯○八	四○五六	北四四	二一一七	二
庫樓三	卯○八	四五一八	南二一	五九○六	一	貫索北增四	卯○九	二三三四	北五三	五九四三	五
氐宿北增二十七	卯○九	○二四二	北一八	三四一五	六	貫索北增五	卯○九	○三二二	北五六	二五三二	五
折威南增二	卯○九	五○○○	南一二	五四二一	五	七公北增一	卯○九	二三二一	北七三	一○○○	五
七公北增二	卯○九	二一四七	北七二	五九一六	五	氐宿北增二十八	卯○九	二七○七	北一六	二一二三	六
衡三	卯○九	二七三八	南二七	五八三三	五	氐宿北增二十九	卯○九	三五○八	北一二	○○四八	五
七公東增十三	卯○九	三六三五	北六一	五六三○	六	氐宿西增六	卯一○	一三二七	北○○	三五三八	六
馬腹二	卯一○	二五三五	南四二	一九二四	五	衡四	卯一○	三二二四	南二六	三五一○	五
氐宿西增五	卯一○	三六四三	北○二	○三五四	五	折威二	卯一○	四○五五	南一○	二二二六	五
周西增一	卯一○	四二二○	北三二	五八五五	六	柱二	卯一○	四九○五	南三○	二三一四	五

星名	宫	赤经	赤纬	分秒	等	星名	宫	赤经	赤纬	分秒	等
七公二	卯	一〇四九一一	北六五	五三〇〇	四	氐宿西增四	卯	一一〇七三一	北〇四	三四三八	六
贯索五	卯	一一一六五〇	北四四	三二一八	四	蜀西增二	卯	一一一八三一	北二二	一一〇〇	六
库楼一	卯	一一二三三九	南三二	五二一四	二	氐宿西增七	卯	一一二七五五	北二二	二四二六	六
氐宿一	卯	一一三一〇四	北〇〇	二二五一	一	氐宿西增三	卯	一一三二五九	北〇五	一二二七	六
折威三	卯	一一三七〇四	南〇九	〇一二二	六	氐宿西增一	卯	一一四三三四	北〇八	一六三四	四
柱一	卯	一一四六三四	南三〇	五〇〇四	五	南门一	卯	一一五七一九	南三九	三〇一六	二
氐宿西增二	卯	一一五七五五	北〇五	三七〇三	六	飞鱼六	卯	一二〇五四八	南七九	二一四六	五
七公西增三	卯	一二〇七四六	北六九	〇一三八	六	柱六	卯	一二〇九三七	南二二	二七〇八	四
氐宿南增八	卯	一二二四一四	南〇〇	〇四五三	六	折威四	卯	一二二八一七	南〇八	四三〇九	六
折威五	卯	一二三〇二九	南〇八	四二一一	六	周西增五	卯	一二三八一七	北三五	四八四〇	六
氐宿北增二十六	卯	一二四九〇八	北一七	五〇二三	六	折威南增三	卯	一三一五〇〇	南〇九	〇〇五〇	五
氐宿北增二十四	卯	一三一五〇〇	北一九	二七〇六	六	柱五	卯	一三一六〇四	南二三	四七〇三	四
贯索六	卯	一三二三一四	北四四	五三〇五	四	周西增三	卯	一三二五〇〇	北三四	二三二八	六

星名							星名						
贯索九	卯	一三	三三二四	北五二	三〇二四	六	折威南增四	卯	一三	三四一〇	南〇九	五六	六
周西增七	卯	一三	三六〇五	北三八	八二一一	五	周西增二	卯	一二	四六〇五	北三三	二四〇九	六
折威南增五	卯	一三	四六四九	南〇九	二六一五	六	氐宿北增二十五	卯	一四	〇二一四	北一八	三二一六	六
周西增六	卯	一四	〇八一七	北三六	五九五四	六	南船东增一	卯	一四	二五五五	南六七	五二三四	五
贯索北增六	卯	一四	二七五一	北五五	五七四五	六	周西增四	卯	一四	四二五四	北三四	三六一二	六
秦	卯	一四	四五三四	北二八	五四二三	三	折威六	卯	一四	四七四七	南〇七	三七三三	六
阵车一	卯	一四	五三五八	南一	〇三〇九	五	阵车内增一	卯	一四	五五〇〇	南一	三二	五
氐宿内增十	卯	一五	一三〇一	北一	〇三一四	五	柱三	卯	一五	一四四七	南三	八五	五
氐宿内增九	卯	一五	一九〇六	北一	〇三一二	六	周北增九	卯	一五	二一二四	北三六	二二三一	六
秦南增一	卯	一五	二四三八	北二七	三〇五五	六	贯索八	卯	一五	二四三八	北四九	一一一二	五
氐宿北增二十三	卯	一五	三〇一八	北二〇	〇七二	六	贯索七	卯	一五	三一一五	北四六	〇六二七	四
折威南增六	卯	一五	四三四八	南〇八	一一一五	六	七公一	卯	一五	四七四九	北六九	三四〇五	六
阳门二	卯	一五	四八二七	南一八	一九五八	四	氐宿四	卯	一五	四八四四	北〇八	三二二三	二

贯索南增十三	卯	一五	五六 二一	北四○	一三 三九	三	周南增十四	卯	一五	五七 三一	北三一	三四 ○○	六
柱四	卯	一六	○四 二九	南二八	五六 一八	五	周北增八	卯	一六	一一 四七	北三七	○八 五○	四
周	卯	一六	二二 ○三	北三四	二二 三○	三	阳门一	卯	一六	二二 五○	南二一	五五 ○九	四
周北增十	卯	一六	二五 五三	北三五	三四 ○四	六	周北增十一	卯	一六	三○ 三二	北三四	二七 五○	五
蜜蜂一	卯	一六	三四 五一	南五五	一○ ○○	四	阵车北增二	卯	一六	三七 ○○	南一○	一三 五○	六
库楼二	卯	一六	三九 四三	南二五	二八 ○六	三	蜜蜂三	卯	一六	五○ 三九	南五六	二九 五○	
周南增十二	卯	一七	○六 ○六	北三三	○九 三六	六	折威七	卯	一七	○七 三一	南○七	三五 五六	三
氐宿内增十二	卯	一七	二六 二○	北○○	一八 四三	六	氐宿二	卯	一七	二六 四三	南○一	四八 二三	四
阵车二	卯	一七	二八 一九	南○一	二三 五二	六	氐宿北增二十一	卯	一七	三四 五七	北一七	二七 五四	六
氐宿内增十一	卯	一七	三九 三三	南○一	三五 五八	六	氐宿北增二十	卯	一七	四六 四三	北○八	○五 四四	四
贯索北增七	卯	一七	四九 四三	北五三	五二 四六	七	公东增十四	卯	一七	五七 一三	北六二	二○ 五八	五
氐宿北增二十二	卯	一八	○一 一八	北一八	一七 三八	六	氐宿内增十七	卯	一八	二一 四八	北○六	四九 四六	六
蜀	卯	一八	二八 二二	北二五	三一 五六	一	贯索南增十二	卯	一八	三三 二二	北四二	二八 五一	四

星名	宫			方			等	星名	宫			方			等
氐宿内增十八	卯	一八	四三/三二	北	○三	二一/一八	六	蜀北增一	卯	一八	四九/五六	北	二六	三四/五三	四
氐宿内增十三	卯	一八	五九/二六	北	○○	一八/五六	六	周东增十三	卯	一九	○一/一八	北	三二	四一/一八	六
郑	卯	一九	八○/○四	北	三五	一九/三二		巴南增一	卯	一九	二七/五○	北	二一	四五/○三	六
车骑三	卯	一九	三六/三六	南	三三	二一/五○	五	天纪北增二	卯	一九	三六/五二	北	五七	五三/一○	三
七公东增十五	卯	一九	四○/四五	北	六三	一一/四八		四骑官十	卯	一九	五五/二三	南	二九	五七/四二	三
晋西增一	卯	一九	五五/三三	北	三七	三六/○四	三	氐宿北增十九	卯	二○	○四/四一	北	○八	五六/五○	六
车骑二	卯	二○	五三/三八	南	三二	四○/四九	五	五马腹一	卯	二○	一三/二七	南	四四	三○/四七	二
骑官九	卯	二○	一五/○○	南	二五	四九/四○	五	氐宿东增十六	卯	二○	二○/二三	北	○二	○八/一七	六
天纪北增三	卯	二○	二五/五六	北	五四	一六/三	五	蜜蜂四	卯	二○	二八/二八	南	五六	四○/二七	五
贯索东增八	卯	二○	三六/一五	北	四九	二八/○四	六	巴	卯	二○	四四/二二	北	二四	○二/○五	三
氐宿东增十五	卯	二○	五一/四○	北	○二	二三/○六	六	天乳北增一	卯	二○	○四/四六	北	一七	三九/二五	六
顿顽二	卯	二一	○六/○○	南	一二	五八/二一	五	贯索东增十一	卯	二一	○八/二三	北	四三	四三/四七	五
巴南增二	卯	二一	一二/○五	北	二一	四七/三八	六	天桮西增九	卯	二一	一二/四五	北	七六	一七/○一	四
骑官三	卯	二一	一三/○四	南	二四	○○/○四	四	天纪北增四	卯	二一	一九/一六	北	五二	五四/○八	五

星名							星名						
阵车三	卯	二一	二四二四	南一一	二八一二	五	骑官四	卯	二一	二六三三	南二四	五九二〇	三
氐宿东增十四	卯	二一	二七〇五	北〇二	一六三九	四	氐宿三	卯	二一	三三五三	北〇四	二五二七	四
天纪一	卯	二一	三九一〇	北五一	二七〇〇	五	南门南增一	卯	二二	〇六一八	南四二	五一二九	五
晋	卯	二二	〇六二六	北三七	一四五七	四	晋北增二	卯	二二	一六〇〇	北三七	二六四六	六
天乳南增三	卯	二二	一六四六	北一五	五一〇〇	六	天乳	卯	二二	三二一八	北一六	一六〇〇	四
贯索东增九	卯	二二	二三一三	北四六	二五二二	六	蜜蜂二	卯	二二	三六二五	南五八	四七四二	五
贯索东增十	卯	二二	四〇一二	北四三	三八四七	六	天乳北增二	卯	二二	四二一三	北一六	四一四九	六
天纪北增五	卯	二二	五二〇八	北五三	三二〇六	六	天棓北增十	卯	二三	〇二四〇	北八四	三四四三	六
七公东增十六	卯	二三	〇七四二	北六七	二六一九	五	晋东增三	卯	二三	一四五九	北三七	〇三三三	六
巴东增三	卯	二三	一七五四	北二四	三二三〇	五	日西增一	卯	二三	二四〇二	北〇〇	一四〇七	六
河间西增一	卯	二三	四六三四	北三九	二二四二	六	西咸四	卯	二三	四七三八	北〇四	〇二五二	二
顿顽一	卯	二三	五五一八	南一七	〇六四七	五	斗西增四	卯	二三	五六四七	北三〇	一五二五	六
斗西增三	卯	二四	〇一一七	北三〇	二八一四	六	巴东增四	卯	二四	〇五一〇	北二五	一五四二	六
骑官八	卯	二四	〇六〇八	南二八	二〇三三	五	骑官五	卯	二四	〇八四八	南二六	二七四七	五

星名								星名							
日	卯	二四	一二〇〇	北	〇〇	一四五	四	斗二	卯	二四	一九〇七	北	三四	〇四四〇	六
頓頑南增一	卯	二四	二〇五九	南	一七	三七四七	六	天輈西增一	卯	二四	二六五四	南	〇八	三〇一六	六
斗西增五	卯	二四	三〇五六	北	二八	五八四三	六	房宿西增三	卯	二四	四五三四	南	〇四	五〇三八	六
天輈一	卯	二五	〇二二八	南	〇八	二八九	四	騎官二	卯	二五	〇四二九	南	二一	〇二五	四
天紀北增一	卯	二五	〇七〇八	北	六〇	一九四七	三	斗三	卯	二五	三六三〇	北	三二	一二五	五
河間	卯	二五	三六三三	北	四〇	〇二六	三	小斗西增一	卯	二五	三六三九	南	七五	二四二二	五
天紀南增六	卯	二五	三八二七	北	五一	四一三七	六	天輈二	卯	二五	四六一七	南	〇九	五八五〇	四
騎陣將軍	卯	二五	五四二八	南	二九	三五五六	五	斗內增二	卯	二五	五四五〇	北	三二	一〇二九	六
西咸北增一	卯	二六	一七一六	北	一二	〇〇〇九	六	西咸三	卯	二六	一八〇四	北	〇三	三〇四〇	四
南門二	卯	二六	二〇〇七	南	四二	二六五八		斗南增六	卯	二六	二三一三	北	二八	三七五〇	六
騎官六	卯	二六	三二一五	南	二五	一一四	四	斗南增七	卯	二六	三八〇〇	北	二五	五七二四	六
小斗三	卯	二六	四四二六	南	六八	〇四二九	五	騎官七	卯	二六	四八三六	南	二八	二六三八	五
西咸二	卯	二六	四九〇四	北	〇六	〇七四八		房宿西增二	卯	二六	五四四三	北	〇〇	〇七五〇	四
西咸北增二	卯	二六	五五〇四	北	一一	二九三二	六	從官西增一	卯	二七	〇五四三	南	一四	二五四四	六

车骑一	卯	二七	○七/二九	南三二	四五/五六	五	房宿西增一	卯	二七	○七/三七	北○○	○九/一二	六
小斗八	卯	二七	一九/○三	南七五	一○/五二	五	河中	卯	二七	二九/四六	北四二	四二/二四	三
房宿西增四	卯	二七	三三/五○	南○五	二六/三三	六	西咸一	卯	二七	四三/四三	北○九	一六/二九	五
从官一	卯	二七	四七/二八	南一四	三四/○六	五	罚三	卯	二七	四九/五三	北○四	○四/四二	六
骑官一	卯	二七	五二/五三	南二一	一/一六	四	天纪二	卯	二七	五三/四九	北五三	○七/一五	三
斗内增一	卯	二七	五九/四九	北三五	一二/二五	六	斗一	卯	二八	○○/○二	北三五	一二/四三	六
房宿西增五	卯	二八	○三/○八	南四○	五四/一三	五	房宿西增六	卯	二八	四○/四六	南○五	四三/四八	六
小斗二	卯	二八	四○/四七	南六三	五六/三六	五	梁	卯	二八	四三/一五	北一七	一七/一五	五
罚二	卯	二八	四六/一	北○八	○四/四四	六	南门南增二	卯	二八	四七/二一	南四六	○七/○四	三
房宿三	卯	二九	○○/五○	南○一	五六/三二	三	罚西增一	卯	二九	○四/五四	北一二	二九/三四	六
斗南增九	卯	二九	一一/四二	北二八	三/三七	六	从官二	卯	二九	一四/四○	南一三	○七/四八	五
罚内增二	卯	二九	二○/○七	北一○	五四/四三	五	房宿一	卯	二九	二二/二五	南○五	二五/四六	三
天纪南增七	卯	二九	三一/四二	北四八	三五/一二	五	房宿二	卯	二九	三三/五二	南○八	三三/二五	四
房宿四	卯	二九	三七/五六	北○一	○三/○九	一	斗南增八	卯	二九	三八/○五	北二六	二二/一四	六

列肆一	卯	二九	五〇五四	北二二	一六〇二	五	罚一	卯	二九	五四二三	北一二	四六三九	四
楚	卯	二九	五五四五	北一六	二八二	三	钩钤一	寅	〇〇	六三三五	北〇〇	一六〇五	五
罚东增三	寅	〇一	八一	北〇九	一五一六	六	天纪南增八	寅	〇〇	一三一五	北五〇	八四三	六
钩钤二	寅	〇〇	一七九	北二二	〇五五六	五	天纪北增十二	寅	〇〇	二八三三	北五五	三〇二六	五
小斗九	寅	〇〇	三〇五二	南七七	二五五六	五	五斗四	寅	〇〇	三六三七	北三三	〇一四六	四
键闭	寅	〇一	〇五二一	北〇一	四〇四五	四	天纪南增十	寅	〇〇	〇九二五	北五一	五四四〇	六
天纪南增九	寅	〇一	四一一三	北五一	四八〇六	五	五车肆一	寅	〇一	四三三二	北一三	一八	五
小斗一	寅	〇一	四五四三	南六三	三五四一	五	斗南增十	寅	〇一	四七三〇	北二七	〇九一七	六
斗南增十一	寅	〇一	四八二一	北二七	八三四	六	小斗七	寅	〇一	五三〇〇	南七三	〇〇二五	六
天纪北增十一	寅	〇一	五三二二	北五三	四六〇六	五	小斗四	寅	〇一	五七五四	南六七	四七一七	五
积卒二	寅	〇一	五八〇〇	南一七	二一三八	五	列肆二	寅	〇二	〇〇三八	北二三	三五三八	四
积卒一	寅	〇二	二九	南一五	三〇五五	五	斗五	寅	〇二	三八三五	北二八	五三〇五	六
心宿南增二	寅	〇二	四〇五九	南〇六	三八二二	六	心宿南增一	寅	〇二	四五三五	南〇七	七三	六
魏西增一	寅	〇三	三一五	北四六	四七二三	五	小斗六	寅	〇三	四七五九	南七一	〇一五	五

星名	宫度	分	南北	分	等	星名	宫度	分	南北	分	等
心宿北增三	寅○三	五二／三五	南○二	三七／一	六	小斗五	寅○三	五三／五九	南七○	三七／七	五
东咸三	寅○三	五九／一八	北○一	三六／○九	五	列肆东增四	寅○四	○八／一九	北一九	三四／一七	六
斛南增四	寅○四	一二／四六	北二六	五一／五六	六	斛南增五	寅○四	一三／五○	北二六	○九／一七	六
斛南增六	寅○四	一四／一六	北二六	○○／五七	六	心宿一	寅○四	一四／二四	南○三	五九／○四	四
魏西增二	寅○四	一五／五九	北四七	五八／三	六	天纪四	寅○四	二二／三三	北五五	五六／○八	六
东咸二	寅○四	二五／二五	北○三	一六／三二	五	天纪三	寅○四	四一／五六	北五三	一九／一二	三
心宿北增四	寅○四	五二／五八	南	四二／三五	六	斛四	寅○四	五七／○四	北三○	四一／二○	五
斛内增一	寅○四	五七／四一	北三○	四一／一八	六	列肆东增三	寅○五	二／四五	北二三	一二／三四	六
东咸一	寅○五	六／二六	北○五	一四／四一	四	斛南增二	寅○五	九／二二	北二八	一二／五七	六
魏西增三	寅○五	一一／一九	北四七	四○／四五	六	天纪五	寅○五	一二／五○	北五七	五四／三五	六
韩	寅○五	三八／三五	北一一	二五／二七	三	宦者西增三	寅○五	四一／三六	北三七	一四／二五	五
三角形一	寅○五	四九／一三	南四八	一○／二三	三	宦者西增二	寅○六	○○／一四	北四○	四六／三五	五
斛南增三	寅○六	二五／二八	北二七	二七／四三	五	东咸四	寅○六	四五／四三	北	二八／四	五
列肆东增二	寅○六	○五／三	北二三	一一／三○	六	宦者西增一	寅○六	五○／六	北四○	四五／○五	五

心宿北增五	寅○六	一一二	南○三	一一三	六	心宿二	寅○六	一○四	南○四	三一二六	一
斛三	寅○六	二六八	北二九	三一四五	五	天棓西增一	寅○六	四六一八	北七八	一五○	四
天棓二	寅○六	五一三三	北七八	一一八	四	三角形内增二	寅○六	五四二七	南四五	一二四八	五
天棓西增八	寅○七	二四八	北六九	二五	六	斛一	寅○七	二五一	北三二	三一一六	四
列肆东增一	寅○七	三九七	北二三	三五一六	六	东咸东增一	寅○七	四三一	北○四	二八二五	六
金鱼五	寅○七	五三七	南八七	三三四八	六	心宿三	寅○七	五二五六	南○六	四○二三	四
斛二	寅○八	一五二	北三一	五二二	四	三角形二	寅○八	一八三六	南四一	一○五	三
女床一	寅○八	二六二二	北五九	三五○	三	天棓三	寅○八	三三四六	北七五	一九五五	三
车肆二	寅○八	四八五	北一一	三八○○	六	魏北增四	寅○八	五○六	北四九	五六三	六
宦者一	寅○八	五七二一	北三六	四二○○	六	魏西增五	寅○九	一○四○	北四七	一三七	六
天棓西增七	寅○九	○六五三	北七一	一四○三	六	女床二	寅○九	二二三	北六○	○八三五	四
宦者二	寅○九	二三○八	北三六	一五○二	六	车肆北增一	寅○九	二七一六	北一六	二二一○	六
宦者内增四	寅○九	二七四五	北三六	一三三五	六	心宿东增六	寅○九	三五五六	南○○	四五二	六
心宿东增八	寅○九	五七五四	南○三	○五一	六	三角形南增三	寅○九	五九一	南五二	○二五六	六

宦者三	寅一○	○○ 五○	北三五	二六 五	六	异雀九	寅一○	○七 三六	南五九	四五 ○二	六
天纪六	寅一○	一九 二二	北五五	五九 二四	五	心宿东增七	寅一○	三一 二一	南二	七五	六
异雀八	寅一○	四○ 四五	南五八	一三 ○八	四	车肆北增二	寅一○	五四 一七	北一八	二八 三二	六
三角形南增四	寅一○	五八 二○	南五一	五一 三三	六	异雀七	寅一一	○二 三九	南六	三二 ○○	五
魏	寅一一	○八 三○	北四七	四三 四五	四	三角形北增一	寅一一	一五 四三	南四一	三二 一四	五
天纪内增十三	寅一一	三六 四一	北五五	三一 五七	六	女床三	寅一一	四七 ○二	北六○	三二 ○○	四
尾宿二	寅一一	四八 三二	南一一	三九 四九	五	宋西增一	寅一一	五二 二三	北○九	四四 四五	六
宦者四	寅一二	二一 一二	北三三	二九 三七	六	尾宿一	寅一二	二九 二四	南一五	二四 五九	三
帝座	寅一二	三五 三	北三七	一九 一五	三	宋西增二	寅一二	四一 四二	北○三	五五 五	六
天江西增九	寅一二	五三 二一	南○二	一一 ○○	六	尾宿北增一	寅一三	○七 二	南一	二九 五六	六
魏东增六	寅一三	○九 六	北四七	三一 四七	四	魏东增七	寅一三	一七 ○八	北四七	三二 ○	五
神宫	寅一三	二二 五○	南一九	○五 ○五	气	天棓西增六	寅一三	二四 ○六	北七○	三三 一三	四
天棓西增五	寅一三	二六 四六	北七○	三三 ○○	四	尾宿三	寅一三	三四 二二	南一九	三七 一七	四
天江西增十	寅一三	三四 五五	南○二	五一 一七	六	天江西增十一	寅一三	四五 一五	南○二	四六 四○	六

天江西增八	寅	一三	五七五五	北	○一	二一五○	六	天棓内增四	寅	一四	○四一六	北	七一	四八四六	六
宦者东增五	寅	一四	一○○○	北	三三	五五○六	六	宋	寅	一四	二三四六	北	○七	一三五三	三
魏东增八	寅	一四	二九二	北	四六	○四二九	六	异雀五	寅	一四	四二三四	南	六二	○四四五	四
候西增二	寅	一五	○八二七	北	三七	二一一四	六	宗正西增三	寅	一五	一○○四	北	二二	三八三二	六
龟四	寅	一五	二○二七	南	三六	一三三二	四	候西增一	寅	一五	五六五四	北	三六	二○四五	六
龟一	寅	一六	○一三一	南	三○	三三三四	三	天江一	寅	一六	一三一五	南	○三	五三四七	
天棓五	寅	一六	一六○六	北	六九	一八四九	四	赵	寅	一六	一六二八	北	四九	二一○六	四
龟五	寅	一六	一六三一	南	三三	○四六	四	赵北增一	寅	一六	二一四七	北	五一	三八四○	六
天江二	寅	一六	二七一四	南	○三	二四○九	五	天江内增三	寅	一六	○一五	南	○三	二○八	六
市楼四	寅	一六	四二三九	北	○一	一八一一	四	天江北增六	寅	一六	五一一七	南	一	○八五三	
天江东增二	寅	一六	五七四六	南	○三	二九三九	六	市楼南增一	寅	一六	五七四六	北	一	○八五九	六
宗正西增二	寅	一七	○○五二	北	二七	二○三九	五	尾宿四	寅	一七	○七一四	南	二○	○八五三	四
三角形三	寅	一七	一五五九	南	四六	○四五一	一	天江北一增七	寅	一七	一八五五	北	○一	○四四三	四
天纪七	寅	一七	四○○八	北	五四	二○○○	五	异雀六	寅	一七	四五一二	南	五五	五六○六	五

天江内增五	寅	一七	四五二七	南	○一	四二二八	六	天江三	寅	一七	四八一	南	○一	四七四七	三
市楼五	寅	一八	一三四○	北	一○	四五二一	六	天江南增	寅	一八	一八○五	南	○四	五四四七	四
天江内增五	寅	一八	二八五七	南	○○	五九五四	六	候北增三	寅	一八	三八五九	北	三六	二八二二	六
赵东增二	寅	一八	四二三六	北	四七	三八○七	六	天江四	寅	一八	四四四五	南	○○	五四四三	四
候	寅	一八	五○三二	北	三五	五三一六	一	候北增四	寅	一八	五一五一	北	三六	二七二七	六
候南增五	寅	一八	五六一二	北	三二	五四二七	六	异雀四	寅	一八	五七四二	南	五六	○○二二	四
异雀三	寅	一九	一六一三	南	五四	三○四七	四	糠	寅	一九	一六六	南	○六	三四一	五
天桴西增一	寅	一九	四五四七	南	○○	三一一二	六	天桴六	寅	一九	五四一五	南	○○	三八二三	五
天桴七	寅	二○	○八一○	南	二	三九五二	六	天桴内增二	寅	二○	○九三六	北	七四	一三	六
尾宿九	寅	二○	二六一六	南	一	五七○二	四	赵东增三	寅	二○	三○六	北	四七	三八○七	六
杵三	寅	二○	三六五三	南	三二	一四三	四	龟二	寅	二○	四一四二	南	三三	○二四四	四
天桴五	寅	二○	四二三八	北	○○	一九五五	六	南海	寅	二○	五八二三	北	一七	五九○五	四
市楼一	寅	二○	五九三七	北	一五	一五五一	四	尾宿八	寅	二一	○○○	南	一三	四四二○	三
天桴一	寅	二一	一四二○	北	八○	一九四	三	天桴东增三	寅	二一	一四三	北	七一	四九三三	六

杵二	寅二一	二〇／〇六	南二六	二九／三〇	四	异雀一	寅二一	二〇／四八	南四四	三二／五五	五
天桴四	寅二一	三一／二三	北〇一	三〇／二四	六	异雀二	寅二一	三八／五九	南四六	五二／二二	六
九河	寅二一	三九／二六	北五一	一二／三八	四	宗正一	寅二一	四五／四四	北二七	五八／〇〇	三
杵一	寅二一	五〇／〇二	南二三	〇五／二六	五	市楼二	寅二一	五二／〇九	北一〇	三三／五一	五
龟三	寅二一	五八／四〇	南三七	一七／二四	四	尾宿五	寅二一	五九／〇七	南一九	三七／三六	一
市楼六	寅二二	〇七／二七	北一五	〇一	四	宗正南增一	寅二二	〇七／四六	北二六	〇一／二四	六
天纪八	寅二二	一〇／一五	北五七	〇二／二三	五	九河南增一	寅二二	三一／一〇	北四九	〇四	六
天篇三	寅二二	三三／四四	北〇一	四四／四五	五	尾宿七	寅二二	五一／三九	南一五	三六／三八	四
宗正二	寅二三	〇三／三二	北二六	〇九／二〇	三	天篇二	寅二三	二〇／二九	北〇一	三六	六
天纪北增十四	寅二三	三〇／五一	北六三	二八／二〇	六	天篇八	寅二三	四〇／一〇	南〇一	二二／四二	六
尾宿六	寅二三	五四／二九	南一六	四一／四一	三	传说	寅二四	二一／四〇	南一三	三七／一五	四
孔雀一	寅二四	一一／五四	南四一	二八／二二	四	天桴四	寅二四	二七／四八	北七四	五八／二二	一
天纪九	寅二四	五〇／五五	北六〇	四三／四〇	四	鱼	寅二五	〇九／三四	南一一	二四／三四	四
天篇一	寅二五	一六／三〇	南〇一	二四／四八	五	中山西增一	寅二五	三三／四九	北五二	四三／五六	四

中山西增二	寅二五	五一〇〇	北五三	四〇一五	五	燕	寅二六	一〇一六	北一三	四二四五	四
帛度南增三	寅二六	二一三七	北四〇	一二五八	五	天籥东增二	寅二六	三三一六	南〇〇	一九四五	六
天籥东增三	寅二六	二八一七	南〇〇	四七五一	六	宗人一	寅二六	二九三三	北二七	五一〇三	四
斗宿西增一	寅二六	三一〇五	北〇五	二八五一	六	东海西增一	寅二六	三二三二	北一九	四七五二	三
宗人二	寅二六	三六一九	北二六	二四三	四	帛度一	寅二六	五〇三六	北四五	〇四〇三	四
宗人三	寅二六	五四一七	北二四	四七〇七	四	天籥东增四	寅二七	〇四四七	南〇〇	四七五〇	六
帛度南增一	寅二七	〇六五〇	北四四	一八五四	五	市楼三	寅二七	一二三	北一五	一七三五	五
屠肆西增一	寅二七	一七一六	北四六	二四四八	五	杵东增一	寅二七	三二〇四	南二六	三六〇五	五
孔雀二	寅二七	三七〇四	南四〇	〇九二八	五	箕宿一	寅二七	四〇四七	南〇六	五五五一	三
宗人四	寅二七	五四一六	北二六	〇三五四	四	屠肆二	寅二八	二〇二四	北四五	四一二四	五
宗人北增二	寅二八	三二四四	北三二	一一五三	六	宗人北增一	寅二八	三四四三	北三三	〇一二五	六
中山北增三	寅二八	五八四〇	北五四	一三二一	五	中山南增七	寅二九	五八二八	北四九	三三四〇	六
中山	寅二九	〇六一三	北五一	一三三五	四	宗人东增三	寅二九	六三三九	北二七	二六一四	六
帛度南增二	寅二九	一二〇九	北四三	三〇二二	五	帛度二	寅二九	一三三六	北四四	一七〇六	四

四	〇三六	南三八	五三二七	寅二九	孔增二 雀北	四	二二五四	北〇二	三九一〇	寅二九	斗宿三

清史稿卷三四
志第九

天文九

乾隆甲子年恒星黄道经纬度表四

黄道星纪丑宫迄娵訾亥宫，凡七百一十八星，如左：

黄道 星名	宫	经 十度	度 十分十秒	纬 向	十度	度 十分十秒	等	黄道 星名	宫	经 十度	度 十分十秒	纬 向	十度	度 十分十秒	等
斗宿北增二	丑	○○	○○ ○五	北	○二	四二 二八	六	箕宿四	丑	○○	○五 四八	南	一三	一七 四五	三
中山北增四	丑	○○	四七 五八	北	五四	五○ 三	四	箕宿二	丑	○○	五九 一二	南	○六	二五 二一	三
孔雀三	丑	○一	○三 四四	南	三八	五四 一四	五	箕宿三	丑	○一	三○ 三三	南	一○	五九 五四	三
鳖一	丑	○一	三二 三三	南	二二	三六 三三	四	孔雀八	丑	○一	三六 三三	南	四八	○六 ○三	四
宗人东增四	丑	○二	一四 四九	北	二六	四四 三六	六	东海	丑	○二	一六 ○三	北	二○	三一 五六	三

斗宿北增三	丑○二	二三五五	北○二	四八三九	六	屠肆北增二	丑○二	三二二五	北四七	四九三○	五
斗宿二	丑○二	四四五五	南○二	○四○一	四	鳌十一	丑○二	五三五六	南一八	五九五五	六
孔雀内增一	丑○二	五六二一	南四一	三七○九	五	鳌十	丑○三	○五一三	南一五	二三一五	六
屠肆内增三	丑○三	○七三六	北四五	二○○六	六	东海北增二	丑○三	五一五一	北二三	二九五三	六
中山东增六	丑○三	五三三六	北五二	一三二○	六	中山东增五	丑○三	五七五四	北五三	一三三一	六
孔雀五	丑○四	○七三四	南四四	○六一三	五	孔雀四	丑○四	○九三二	南三九	○三三三	四
屠肆一	丑○四	一二四九	北四五	○六五五	五	织女西增四	丑○四	二○三九	北五九	二四四二	五
东海东增四	丑○四	二三三八	北二一	一七二四	六	东海东增三	丑○五	○四○四	北二二	一四三一	六
孔雀北增三	丑○五	二五一三	南三七	一○四六	六	天弁一	丑○五	二五五七	北一四	五九○七	四
农丈人	丑○五	三一三四	南一二	二八一八	六	鳌二	丑○五	四五四七	南二○	三四四○	六
斗宿北增四	丑○六	○一○○	南○○	四一一二	六	织女西增三	丑○六	一四一九	北六二	四六四○	六
斗宿一	丑○六	三五四二	南○三	五四三五	五	天弁二	丑○七	一一一四	北一四	○二三○	五
天弁三	丑○七	三三三二	北一四	四六五七	五	鳌九	丑○七	五五四八	南一四	二四一六	六
建西增一	丑○八	○四五六	北○二	三九一二	六	建西增五	丑○八	一一二四	北○○	四八三四	六

鳖八	丑○八	二三四八	南一四	一三○八	六	建西增四	丑○八	三五五	北○一	一○三	六
鳖三	丑○八	四一五九	南一九	一六二二	六	徐西增一	丑○八	四八○○	北二五	三六二六	五
斗宿四	丑○八	四八一二	南○三	二三三三	三	天弁四	丑○八	四九四	北一八	一三三七	四
建西增六	丑○八	五四四○	北○○	九一二	五	天弁北增一	丑○八	五九○五	北二二	○○二九	六
建西增三	丑○九	○○○九	北○一	三二○三	六	建西增七	丑○九	七一四	北	一二三三	五
建北增二	丑○九	五一一九	北一二	九二五	六	建一	丑○九	五三五二	北	四二二一	五
鳖四	丑○九	五五四一	南一七	四八○八	六	鳖七	丑○九	五七九	南一四	二○○八	五
孔雀九	丑○九	五七一七	南五	四九○七	四	天弁北增二	丑○九	五九七	北一九	三七一六	六
斗宿六	丑一○	○二二二	南○七	○七五五	三	天弁北增三	丑一○	○二二四	北一九	三三二二	六
鳖五	丑一○	二四二六	南一六	四二一二	五	鳖六	丑一○	二八三四	南一五	一五五七	五
宗一	丑一一	一二三七	北四三	二七五四	五	斗宿五	丑一一	一五○	南○五	○一二	四
天弁五	丑一一	一五三五	北一六	五四一	四	宗二	丑一一	一五四八	北四一	○三二三	四
建二	丑一一	二五四六	北○○	五四三八	五	织女一	丑一一	四二一八	北六一	四五三一	一
天渊二	丑一二	○八四四	南二二	○五四八	四	徐	丑一二	一一五	北二六	五四四一	三

星名						星名					
天渊一	丑一二	一二六	南二二	二六五〇	四	徐北增二	丑一二	一六八	北二九	一九二七	六
徐南增四	丑一二	一六四八	北二五	一三四五	六	天弁六	丑一二	二九四二	北一六	五三三三	四
建三	丑一二	四一四四	北〇一	二八五九	四	天渊三	丑一二	五八四六	南一八	一九五一	四
天弁九	丑一三	〇二二五	北一八	五二四〇	六	狗西增六	丑一三	二八〇六	南〇二	五二五五	五
齐	丑一三	二八四四	北四四	〇八八	四	天弁八	丑一三	三一五九	北一八	二九二六	六
天弁七	丑一三	四七一五	北一七	三九三六	三	孔雀六	丑一三	五六三八	南四四	二九〇八	三
吴越西增二	丑一四	一五二九	北三六	二八五一	六	吴越西增三	丑一四	一八五五	北三六	一一四五	四
蛇尾四	丑一四	二五〇〇	南五六	〇〇	五	齐北增一	丑一四	三〇一七	北四五	一六二〇	五
织女三	丑一四	三一五五	北六〇	二三一三	五	织女南增一	丑一四	三二二九	北六〇	一二一六	五
吴越西增一	丑一四	四一五八	北三七	三六四三	三	建四	丑一四	四七二二	北〇三	一七五九	六
天弁东增四	丑一五	〇一三七	北一四	二二一七	五	织女内增二	丑一五	〇二一七	北六二	二三二一	六
织女二	丑一五	〇二四二	北六二	二六〇五	五	渐台南增五	丑一五	〇二五八	北五五	一三五八	六
渐台南增六	丑一五	〇四四二	北五五	二九四八	六	渐台二	丑一五	二〇三〇	北五六	〇一四八	三
波斯一	丑一五	二七〇〇	南三二	二五〇〇	五	狗二	丑一五	四五一九	南二一	二六一七	五

星名	宫	度	分秒	距向·度	分秒	等	星名	宫	度	分秒	距向·度	分秒	等
狗北增五	丑	一五	四七／四三	南 ○二	二一／○五	六	建南增八	丑	一五	五一／一七	北 ○三	四八／四三	六
狗北增四	丑	一五	五二／四六	南 ○一	五四／三六	六	建五	丑	一五	五三／二○	北 ○四	一五／四三	五
徐東增三	丑	一五	五九／四六	北 二八	二三／四八	六	建六	丑	一六	○六／四九	北 ○六	○八／四二	五
吳越南增四	丑	一六	一二／四八	北 三三	二四／三二	六	吳越	丑	一六	一三／三四	北 三六	一三／四八	三
蛇尾三	丑	一六	一五／○○	南 五八	一○／○○	五	狗北增三	丑	一六	二四／○四	北 ○○	一二／○二	六
右旗西增二	丑	一六	四三／三四	北 二四	二八／四五	五	天弁東增五	丑	一七	二一／五一	北 一六	三六／○九	六
漸台西增一	丑	一七	四八／五一	北 五九	二六／三九	四	右旗西增一	丑	一七	五三／三○	北 二六	五四／一一	六
右旗西增三	丑	一八	○五／五五	北 二一	○四／四四	六	漸台一	丑	一八	○六／三九	北 五九	二一／五四	四
狗北增一	丑	一八	○九／一二	南 ○三	○一／五三	六	狗一	丑	一八	一六／一五	南 ○三	○一／○三	六
漸台三	丑	一八	二二／○○	北 五五	○三／二八	三	漸台南增四	丑	一八	三五／三六	北 五四	二八／一五	六
扶筐三	丑	一八	四六／四四	北 八一	四八／四○	五	孔雀七	丑	一八	五五／四八	南 四五	五二／三四	三
狗東增二	丑	一九	一三／三四	南 ○一	五四／○四	六	吳越東增五	丑	一九	二七／○八	北 三三	三一／五三	六
右旗西增九	丑	一九	三八／二七	北 一七	五七／三八	六	右旗四	丑	一九	五一／四○	北 二二	○四／一七	五
蛇尾二	丑	一九	五五／○○	南 ○六	○○／○○	五	右旗三	丑	二○	○二／一一	北 二四	五五／○四	三

星名						星名					
吴越东增六	丑二○	八三三	北三四	一三二七	六	右旗西增八	丑二○	一二二	北一八	二二四六	六
孔雀十一	丑二○	一四三	南三六	一一一八	二	右旗南增十	丑二○	一四二四	北一○	五八二十	六
右旗西增七	丑二○	二四五五	北一八	四六一○	六	天鸡西增一	丑二○	三八五六	北○五	○五五四	六
齐东增二	丑二○	四五○八	北四三	○七五四	六	右旗内增四	丑○○	四八三五	北二三	三四○○	六
齐东增三	丑二一	○五二四	北四三	一五三三	五	天鸡一	丑二一	○五二九	北○五	一一二六	五
右旗八	丑二一	一六四七	北一四	二三三三	六	渐台南增三	丑二一	○二一八	北五四	三三二二	六
天鸡二	丑二一	二一四一	北○一	二七○二	六	吴越东增七	丑二一	三三○四	北三三	三二一五	六
辇道一	丑二一	三九四六	北六六	一三○六	六	右旗七	丑二一	五四四六	北一六	四二○○	六
渐台北增二	丑二一	五五四六	北六○	二二○六	六	右旗六	丑二一	五五四八	北一八	二五二二	六
狗国一	丑二二	一四四六	南○五	二二五五	五	右旗五	丑二二	一五四七	北二○	二五九	三
狗国四	丑二二	二○一五	南○六	一六三四	五	左旗西增三	丑二二	三○四五	北三八	三一二至	六
齐东增四	丑二二	三二一○	北四四	四九二六	六	右旗东增六	丑二二	三七一	北一九	四六二九	六
左旗西增二	丑二二	三八二七	北三八	三一一八	六	渐台四	丑二二	三九○八	北五八	○三五四	五
天鸡东增二	丑二二	五一○二	北○一	五四○三	六	狗国二	丑二二	五八一六	南○五	二四四四	五

星名	宫	度	分秒	纬	分秒	等	星名	宫	度	分秒	纬	分秒	等
扶筐一	丑	二三	○九五六	北七九		五	右旗一	丑	二三	一二五八	北二八	四二三	四
孔雀东增四	丑	二三	一五○○	南三九	一五○○	四	右旗东增五	丑	二三	二六二	北二○	三一一四	六
狗国三	丑	二三	二八三○	南○七	○三四八	五	左旗西增四	丑	二三	三二四三	北四一	一六二七	六
左旗西增五	丑	二三	五二一二	北四一	三二四三	六	右旗增南十一	丑	二四	○三二六	北一○	○五二○	五
右旗二	丑	二四	一三五六	北二六	三○四四	五	波斯九	丑	二四	二五○○	南三三	○○	六
齐东增八	丑	二四	三二三六	北四七	四六三五	六	天鸡东增三	丑	二四	五二四九	北○五	八三	六
左旗西增六	丑	二四	五二五九	北四一	三四二八	五	孔雀十	丑	二四	五六○○	南四六	五六二一	三
波斯十	丑	二四	五七○○	南三三	四五○○	六	齐东增七	丑	二五	○○四五	北四六	二五四	六
波斯二	丑	二五	一七○○	南二七	五五○○	三	右旗九	丑	二五	一八二	北一二	○五一	五
辇道二	丑	二五	一八一一	北六一	○○一三	六	右旗东增十二	丑	二五	二九五四	北一二	二四一○	六
波斯八	丑	二五	三五○○	南三六	○○○○	五	波斯十一	丑	二五	三七○○	南三三	五三○○	六
齐东增五	丑	二五	五七三四	北四五	五四二○	五	辇道南增八	丑	二六	○三四七	北五○	五七三○	五
齐东增六	丑	二六	一○四九	北四六	二八三七	六	牛宿西增一	丑	二六	一二一九	北○六	四四三二	六
左旗西增一	丑	二六	一四四二	北三七	二七○九	五	左旗西增七	丑	二六	二○五	北四○	四九二六	六

星名						星名					
扶筐一	丑二六	二八三六	北七七	四五〇〇	五	河鼓西增九	丑二六	二九一五	北二八	二二〇四	六
辇道东增二	丑二六	三一一九	北六〇	四二五五	六	辇道北增一	丑二六	三一二六	北六八	五二二二	六
河鼓北增二	丑二六	三七〇三	北三三	〇二〇八	六	河鼓北增三	丑二六	三七二〇	北三二	三九二四	六
天桴四	丑二六	五一五四	北二一	三三二三	三	辇道三	丑二六	五九一	北五九	三六二〇	六
蛇尾一	丑二七	〇五五八	南六四	三一二七	三	牛宿西增二	丑二七	一四二七	北〇七	三一四五	六
天桴三	丑二七	一七二八	北二〇	四三四三	六	河鼓三	丑二七	二二〇八	北三一	一六五二	三
牛宿西增三	丑二七	二三〇六	北〇八	三四四〇	六	左旗一	丑二七	三〇一六	北二八	四九五二	五
河鼓北增一	丑二七	三三三三	北三四	〇〇〇六	六	左旗二	丑二七	三八二三	北三八	一五五七	五
辇道南增七	丑二七	四〇三七	北四九	〇〇三	三	河鼓二	丑二八	〇八二四	北二九	一九一	一
牛宿西增九	丑二八	一〇	南〇二	〇三二三	六	河鼓北增四	丑二八	二一二九	北三二	一九四九	六
牛宿西增四	丑二八	二一五八	北〇七	二七〇四	六	河鼓东增五	丑二八	三八一〇	北三〇	五一二〇	六
河鼓一	丑二八	五一四四	北二六	四四二〇	三	牛宿三	丑二八	五五二四	北〇七	一三一八	六
河鼓东增八	丑二九	〇二五六	北二八	四六一二	五	牛宿西增八	丑二九	〇六四四	北〇〇	二九九	气
天桴二	丑二九	三五一七	北一九	一六〇一	六	辇道四	丑二九	三六二〇	北五七	二〇四四	六

波斯三	丑	二九	三七○○	南三二	三○○○	六	左旗三	丑	二九	四九四○	北三八	五六五三	四
牛宿内增五	丑	二九	五六四一	北○七	一五三四	六	牛宿内增六	子	○○	一二一九	北○七	五○一三	四
牛宿二	子	○○	一七二一	北○六	五八○六	三	河鼓东增六	子	○○	二一五七	北三一	三二一七	六
左旗四	子	○○	二八四七	北三九	二七○五	六	牛宿一	子	○○	二八五七	北○四	三七二七	三
天桴内增一	子	○○	三二三	北一九	○七二七	辇道南增九	子	○○	四一一七	北五五	一五○八	六
牛宿东增七	子	○○	五二一九	北○六	三六五一	六	左旗北增八	子	○○	○三三八	北四六	一○三二	六
牛宿四	子	○一	○八五五	北○○	五六○六	气	九坎三	子	○一	○○○○	南二二	四○○○	三
天桴一	子	○一	二○三	北一八	四五三五	左旗内三增二十九	子	○一	二○四一	北三八	四八三二	六
辇道南增六	子	○一	二一一九	北五○	三九三八	五	河鼓东增七	子	○一	二七二七	北二八	○三一六	六
牛宿六	子	○一	三六○九	北○一	一四一七	气	牛宿五	子	○一	三九一○	北○○	二六○九	气
左旗内增二十八	子	○一	四七一三	北三六	三六五四	六	天桴东增二	子	○一	四七三三	北一八	二八○七	五
扶筐北增一	子	○一	四八一○	北八七	二七一○	六	波斯四	子	○○	五○○○	南三六	五五○○	六
左旗北增十八	子	○二	一三四九	北四二	四一○五	五	左旗七	子	○二	一九五三	北三六	三九四三	六

左旗六	子〇三	一三〇六	北三七	一四〇三	六	辇道东增三	子〇三	二三一六	北五七	二三三六	六
左旗北增九	子〇三	二六四〇	北四七	二八〇三	气	左旗五	子〇三	二七五八	北三九	一三三九	四
左旗北增十七	子〇三	二八二九	北四三	五八二六	六	鸟喙二	子〇三	三〇四四	南四九	五〇四〇	四
天田四	子〇三	三五一一	南〇六	五八二三	五	左旗八	子〇三	四五二四	北三五	三五〇六	六
罗堰二	子〇四	〇五五三	北〇〇	一五四六	五	罗堰西增一	子〇四	一三五七	北〇三	一九〇三	六
左旗东增二十七	子〇四	一八一〇	北三六	三五〇二	六	九坎二	子〇四	二一〇〇	南二二	〇〇〇〇	三
天田二	子〇四	二二〇五	南〇八	五五〇五	六	罗堰三	子〇四	三五五九	南〇三	二二三四	六
罗堰一	子〇四	四三四四	北〇三	二三二六	五	离瑜西增一	子〇四	五〇〇〇	南一四	三七五三	五
左旗北增十九	子〇四	五二一九	北四二	四〇五六	五	离珠南增一	子〇五	二一四八	北一五	一六五〇	六
波斯五	子〇五	〇七〇〇	南三七	〇〇〇〇	六	九坎四	子〇五	〇〇〇〇	南二一	一〇〇〇	五
扶筐七	子〇五	一三〇〇	北七四	四二〇〇	五	辇道五	子〇五	二一三七	北五三	四二三三	五
离珠四	子〇五	二八四四	北一五	三九三九	五	左旗东增二十六	子〇五	三一二八	北三九	一八二二	四
离瑜西增二	子〇五	四〇二六	南一四	五八二	六	鸟喙一	子〇五	五三〇五	南四五	二七五三	三
波斯七	子〇六	二二〇〇	南四〇	〇〇〇〇	六	左旗北增十六	子〇六	二四四一	北四四	一五五〇	五

左旗九	子○六	三二三二	北三四	○六一二	五	辇道东增四	子○六	三五四三	北五七	一五○九	六
附白二	子○六	三七三二	南七二	五六五三	六	附白一	子○六	四八五八	南七六	四五三五	四
离瑜一	子○七	○一○○	南一七	二○○○	四	波斯六	子○七	五○○○	南三八	三五○○	六
九坎一	子○七	一一○○	南二一	三○○○	四	左旗东增二十五	子○七	一四五三	北三九	五二五八	六
左旗北增十	子○七	一六三七	北四七	○一四三	四	离珠一	子○七	二○一四	北一五	三一四九	五
左旗北增二十	子○七	二一二四	北四二	四一一二	四	扶筐六	子○七	二五三○	北七六	五七四○	六
越	子○七	三二二四	南○○	二八○九	六	离珠二	子○八	○九○三	北一六	四八五六	四
女宿一	子○八	○九○六	北○八	○六四一	四	天田三	子○八	一五四六	南○八	○三三八	六
郑	子○八	一九二四	南○一	五一○○	六	离瑜二	子○八	二○二○	南一五	三六○七	四
天津西增一	子○八	三九四四	北六二	四二○五	六	天田一	子○八	四一二八	南一○	五五四○	六
离珠三	子○八	五一五八	北一八	一六三六	六	周二	子○九	○二二二	南○○	二九三七	六
周一	子○九	一○五五	南○二	五七四三	五	辇道东增五	子○九	二二二八	北五四	一八四八	六
左旗东增二十四	子○九	二二四八	北四○	○七一七	六	女宿四	子○九	二三四六	北一二	二四四二	五

星名	次	数一	距	数二	等	星名	次	数一	距	数二	等
女宿二	子○九	二九一三	北○八	一六一○	四	败瓜西增一	子○九	二四五○	北二八	五四三八	六
天津西增二	子○九	三八二二	北五八	○七二二	六	齐	子○九	四二五二	南○四	三一○八	五
左旗东增十三	子○九	四八五一	北四五	三四五四	六	左旗东增二十三	子○九	五二四六	北四二	○○二七	五
天垒城九	子一○	○四四二	北○三	五一五二	六	左旗东增十五	子一○	○四四二	北四五	○四四八	五
赵	子一○	○七七七	南○三	五八○九	六	女宿三	子一○	○七二八	北一一	三四五一	六
左旗东增十四	子一○	○九一四	北四五	二四二八	六	赵一	子一○	○九五七	南○三	三六四六	六
扶筐五	子一○	一一○五	北七九	七	六	天垒城八	子一○	一三一	北○三	一九三○	五
秦一	子一○	一六四	南○○	三三○○	五	女宿南增五	子一○	一七五九	北○七	一七五三	六
女宿东增一	子一○	一九三四	北一一	三八五四	六	败瓜一	子一○	二九二七	北二九	○六二一	三
离瑜三	子一○	四一○○	南一五	二二三六	六	离瑜东增三	子一○	四二四○	南一八	一五一四	六
左旗东增二十一	子一○	四三四七	北四三	○一五三	五	败瓜二	子一一	一五○六	北三○	四二○六	六
天津西增三	子一一	一六二○	北五七	三一四三	六	奚仲一	子一一	二三一八	北七三	五○一一	四
楚	子一一	二七四四	南○四	二九五○	六	扶筐四	子一一	二八三三	北八八	五○○○	四

败瓜五	子	一一	三九〇六	北二七	三一四〇	六	天津西增四	子	一一	四三一〇	北五五	五四二九	六
左旗东增十一	子	一一	四四二八	北四七	〇二八	五	败瓜四	子	一一	四五一八	北二八	五一三	六
左旗东增十二	子		四八一二	北四六	〇五二〇	四	天钱西增四	子	一一	五七一〇	南一七	四三二七	六
鹤一	子	一二	一六一九	南三二	五〇三五	一	女宿东增三	子	一一	二二四四	北一一	〇五六	
女宿东增二	子	一二	三六三八	北一一	四九〇〇	六	败瓜三	子	一一	三九〇五	北三〇	三八一四	
败瓜南增三	子	一二	三九一二	北二三	〇〇〇五	五	天津二	子	一一	四二一七	北六四	二七一四	三
瓠瓜四	子	一二	四六一四	北三一	五六五二	三	秦二	子	一一	四七三一	南〇二	七二三	六
天垒城十	子	一二	四九一三	北〇四	四七四八	五	天垒城七	子	一一	五五三九	北〇〇	四三四〇	六
女宿东增四	子	一三	〇八五四	北〇	三〇一四	六	天津西增五	子	一一	五一二九	北五四	二八一六	五
魏	子	一三	一八三五	南〇五	一七二五	六	燕	子	一三	二四四九	南〇六	五七三六	五
天钱三	子	一三	三九二八	南一八	一七一五	四	败瓜南增二	子	一一	四五三三	北二四	三七三〇	六
瓠瓜南增一	子		四七二五	北三一	三九四八	六	瓠瓜一	子	一三	四八二四	北三三	〇二五八	三
败白一	子	一三	五〇〇八	南二二	五八五二	三	韩	子	一三	五三〇八	南〇五	二〇二七	六
晋	子	一四	〇〇二〇	南〇六	三一四五	六	代一	子	一四	〇六五〇	南〇一	二〇一三	五

天钱北增三	子	一四	一一/一八	南一一	一二/○五	四	奚仲二	子	一四	二七/四三	北七一	二八/三八	六
奚仲东增一	子	一四	二九/四○	北七二	一○/○○	六	瓠瓜三	子	一四	三三/○七	北三一	五八/一二	四
天津西增六	子	一四	四二/四三	北五五	○一/四○	五	虚宿西增四	子	一四	五七/五七	北二○	三二/五六	五
天垒城十一	子	一五	○三/三三	北○六	二一/四三	六	鸟喙七	子	一五	○四/二五	南五六	三五/二二	四
天钱二	子	一五	○四/三三	南一六	二一/一八	四	奚仲三	子	一五	○七/四二	北六九	三七/五六	四
鹤四	子	一五	○八/四一	南四一	二四/○六	五	瓠瓜南增二	子	一五	一三/二五	北二九	○七/○五	六
败白二	子	一五	一九/四一	南二五	五四/四六	五	瓠瓜北增五	子	一五	四一/五九	北三八	○七/○七	五
天垒城六	子	一五	四六/一六	北○二	一七/三三	六	瓠瓜二	子	一五	四八/四一	北三二	四四/三二	三
代二	子	一五	三三/三七	南○五	三一/一九	六	代内增四	子	一五	五五/五七	南○五	二一/一五	六
扶筐东增四	子	一五	五七/○六	北七七	一三/四八	五	天津西增七	子	一六	一九/四三	北五四	三六/三三	六
鹤十二	子	一六	二一/二四	南二八	一七/○四	五	鹤内增一	子	一六	二五/五四	南二八	三七/四四	五
代南增二	子	一六	二七/一六	南○八	五三/三八	六	天津西增十五	子	一六	二七/二二	北四九	三六/三三	六
天津西增十四	子	一六	二九/三三	北五二	三六/一五	六	天垒城十二	子	一六	三五/三三	北○五	四五/四一	六
垒壁阵二	子	一六	三七/五二	南○四	五六/五六	五	鸟喙内增一	子	一六	四一/五七	南五五	三三/一二	五

虚宿西增一	子一六	四三 四七	北二三	二○ 三六	六	鹤五	子一六	四七 ○五	南四七	四四 八五	三
虚宿西增三	子一六	四三 七三	北二一	一○ 六一		天津西增二十二	子一六	四二 九六	北四○	五一 四一	六
瓠瓜南增三	子一六	五四 二○	北二八	四一 ○九		天津西增二十一	子一六	五○ 五四	北四二	四一 五一	六
虚宿西增五	子一六	五○ 七○	北○	四四 一一		天垒城十三	子一六	五三 九七	北○五	一一 三三	六
司非西增二	子一七	○五 ○七	北二六	四○ 九五	六	鹤三	子一七	○四 四八	南三九	四○ 三九	四
天津西增十六	子一七	○二 九○	北四七	二五 八三	四	虚宿西增二	子一七	一三 ○七	北二一	三三 八一	六
瓠瓜南增四	子一七	一○ 六五	北二九	四三 六五	六	天津西增二十	子一七	二四 七一	北四三	一三 三二	五
虚宿西增六	子一七	三三 八二	北○	二一 五二	六	奚仲四	子一七	四○ 六八	北六九	三五 ○五	六
天津西增八	子一七	四一 七三	北五四	三一 三六	六	鹤十一	子一七	五二 五七	南三一	三三 五○	五
鹤内增二	子一七	五二 八三	南三一	一三 八一	五	垒壁阵一	子一八	○○ 四五	南○四	四三 八六	五
鸟喙三	子一八	○二 五七	南五四	三三 二五	五	垒壁阵三	子一八	一四 二二	南○二	三一 一八	四
天津西增九	子一八	一四 四四	北五五	二二 九○	六	鹤六	子一八	一四 六七	南四一	五四 五○	四
鸟喙六	子一八	二五 二五	南五七	三○ 六四	三	天钱四	子一八	三五 ○六	南二○	○○ 二四	四

星名		数一	方位	数二	等	星名		数一	方位	数二	等
鹤二	子一八	三七四八	南三五	二二四○	二	天钱北增一	子一八	四○二	南一五	一三四	五
天钱北增二	子一八	四二四八	南一四	二二二	六	天钱一	子一八	五三○	南一六	五一四五	六
虚宿西增八	子一八	五五二○	北一一	一四一○	六	虚宿西增七	子一八	五八一五	北一一	○三一九	六
天钱五	子一九	○一三六	南一九	四五二	五	鹤十	子一九	○五四一	南二六	四八一七	五
天津西增二十三	子一九	○七三四	北四一	三○五四	六	哭西增一	子一九	二五四九	南○○	九一三	六
扶筐东增三	子一九	二九二七	北七七	四四一○	五	虚宿二	子一九	三二四八	北二○	○九○九	四
哭西增二	子一九	三八四六	南○○	三七四四	六	哭西增三	子一九	四五○○	南○○	一五五四	六
虚宿一	子一九	四九二二	北○八	三八四三	三	司非一	子一九	五一二四	北二五	一三一二	四
司非南增一	子一九	五二○七	北二五	○六五二	六	垒壁阵四	子一九	五八一四	南○二	三二一九	三
天津西增十七	子二○	一三一七	北四七	五七一六	六	鹤九	子二○	一五一三	南三○	一一一八	五
鸟喙五	子二○	二八二九	南五九	四六五三	五	天垒城一	子二○	三二一六	北○五	五九一四	五
天津西增十二	子二○	四五五七	北五三	○七○六	六	司非二	子二○	五二五	北二四	四七五七	四
天津一	子二一	一七五一	北五七	○九二○	三	天垒城五	子二一	二一五八	北○四	五八二四	六
天津西增十三	子二一	二二一八	北五一	三八一六	六	天垒城四	子二一	二六○四	北○四	五七二四	五

星名						星名					
人西增一	子二一	三〇〇四	北三七	三九四二	六	天津西增十一	子二一	三五五四	北五三	二五二四	六
司危二	子二一	三六〇五	北二一	四二五三	六	天津西增十	子二一	三六五八	北五五	〇四四六	六
天津西增十八	子二一	三九五五	北四八	二一一三	六	羽林军六	子二一	四八二〇	南一五	四〇四〇	四
天垒城二	子二一	五〇三一	北〇四	一三五	六	司危一	子二一	五二〇二	北二一	〇三三六	四
天津西增二十四	子二二	〇三一二	北四二	三七〇九	六	天垒城三	子二二	〇四四三	北〇三	五六三八	六
天津西增十九	子二二	〇六二九	北四六	三〇二六	六	哭一	子二二	一四一二	南〇〇	三九一〇	五
鸟喙四	子二二	五七四二	南五七	一五三八	三	羽林军一	子二三	〇九五七	南〇四	三七二九	六
天津西增二十五	子二三	一三二九	北四三	一八四二	五	败臼内增一	子二三	三四五五	南二一	一八三〇	三
司命一	子二三	三五五七	北一三	一二二八	六	羽林军二	子二四	〇四五一	南〇六	三七四七	六
天津九	子二四	〇七五二	北四九	二六二三	三	羽林军三	子二四	一九二二	南〇九	二七四五	六
羽林军七	子二四	二一〇〇	南一五	三〇〇〇	五	司禄二	子二四	二二五六	北一五	二一〇〇	六
司禄内增二	子二四	二三二七	北一五	二一四七	六	奚仲东增三	子二四	二九一二	北六七	三三四〇	六
天津三	子二四	三一一九	北六三	四三二九	四	天津内增三十八	子二四	三二五五	北六三	三八〇三	五

司命二	子二四	四一三〇	北一四	一三五五	六	鹤七	子二四	五一五一	南三六	一一三四	五
羽林军五	子二四	五六五四	南一三	三九一一	五	奚仲东增二	子二五	〇〇三四	北七〇	五三二六	五
垒壁阵五	子二五	〇九〇一	南〇二	〇三一五	四	鹤八	子二五	一二四三	南三四	二三五四	五
蛇腹四	子二五	二〇四六	南六七	〇八三六	五	危宿西增二	子二五	二一五五	北一八	四六〇五	六
危宿西增一	子二五	二八四一	北一九	三八一四	六	蛇腹三	子二五	三一二三	南六九	五〇四六	四
人西增二	子二五	三六三六	北三七	五九五〇	六	羽林军四	子二五	四四三八	南一〇	三三四五	五
危宿西增三	子二六	〇六一一	北一八	二一三六	六	天津内增三十	子二六	一〇四七	北五一	三八三七	四
天津北增三十七	子二六	一六五八	北六四	一八五三	五	司禄南增一	子二六	二四二一	北一五	〇六五九	六
司禄一	子二六	二四三九	北一五	〇七一四	六	人二	子二六	四三三九	北三三	一八三九	四
哭二	子二六	五四五八	南〇〇	一五三七	六	泣西增一	子二七	〇一二二	北〇五	〇四四八	六
败白四	子二七	〇七五〇	南一九	三〇五〇	五	哭东增四	子二七	〇九一四	北〇〇	二六四三	六
败白三	子二七	四三二六	南二三	三六一〇	五	羽林军八	子一七	四三四〇	南一七	一四〇八	三
泣西增二	子二七	四九三三	北〇二	五九四八	六	羽林军十八	子二八	一二四六	南〇二	三六〇五	五
蛇腹二	子二八	一六二二	南七一	一四四九	四	危宿三	子二八	一八三二	北二二	〇七一六	六

盖屋一	子二八	三二一九	北〇九	一〇五八	五	天纲	子二八	三五一五	南二三	三六〇七	五
羽林军十五	子二八	三八二三	南〇六	二八三六	六	羽林军十一	子二八	五六四二	南一〇	五一四二	五
羽林军九	子二八	五八一六	南二〇	二六三六	六	危宿西增四	子二九	〇〇二一	北一一	五八二一	六
盖屋二	子二九	二〇四〇	北一〇	一三一四	六	羽林军十七	子二九	二二〇五	南一三	一七四二	六
天津八	子二九	二九三六	北四三	四三一三	三	羽林军十	子二九	三〇五〇	南一六	六一〇〇	六
泣二	子二九	四〇四四	北〇二	四三四七	四	危宿一	子二九	四七一六	北〇一	四三三八	三
火鸟三	子二九	五九〇〇	南三八	四七〇〇	四	火鸟内增一	亥〇〇	〇一五六	南三八	四九一一	四
北落师门	亥〇〇	一三五九	南二一	〇四五四	一	羽林军十六	亥〇〇	一七四一	南〇四	四八三二	六
泣一	亥〇〇	二七七七	北〇二	二三三三	五	羽林军十四	亥〇〇	二八一五	南〇七	五八三一	六
人内增三	亥〇〇	三四三二	北三一	二八三五	六	人一	亥〇〇	三四五七	北三六	〇九三〇	四
虚梁一	亥〇〇	三六五五	北〇四	五六〇三	六	垒壁阵内增一	亥〇〇	四三一六	南〇一	二一二五	六
危宿内增七	亥〇一	〇一二一	北一七	四六〇二	五	蛇腹一	亥〇一	〇五〇四	南七一	三三〇八	五
火鸟二	亥〇一	一七四五	南三六	〇五三	四	人四	亥〇一	二六〇四	北二九	〇二四九	四
水委三	亥〇一	三八〇一	南五四	二四一六	三	羽林军十三	亥〇一	三九五五	南〇九	五六二四	六

星名	亥		向			星名	亥		向		
危宿内增六	亥○一	四三/○六	北一五	四二/○一	五	天津四	亥○一	四六/三二	北五九	五六/三七	二
垒壁阵六	亥○一	四八/五四	南○一	一二/三三	五	危宿东增八	亥○一	五一/三九	北一九	○六/三六	六
羽林军十九	亥○一	五八/一○	南○一	三○/三四		天津东增三十六	亥○二	○七/一七	北六四	四一/四六	五
羽林军十二	亥○二	一四/五五	南一一	○○/二四	六	危宿北增十一	亥○二	二○/二二	北二三	○一/四六	六
虚梁二	亥○二	二六/四八	北○四	四九/一二		天津东增三十五	亥○二	三一/○七	北六四	○三/五一	五
天津五	亥○二	三六/二一	北五四	五六/二五		天津内增二十九	亥○二	四五/○三	北五一	五○/三五	六
人南增四	亥○二	四九/○四	北二八	二八/五八		天津东增三十一	亥○三	○七/五六	北五八	○五/三一	六
坟墓二	亥○三	○八/一一	北○八	一四/四九	三	危宿二	亥○三	一三/四六	北一六	一一/四八	四
天津东增三十四	亥○三	一六/○四	北六四	一○/七七	五	危宿北增九	亥○三	三六/四一	北二一	四七/五七	五
火鸟一	亥○三	三七/五○	南三一	三九/五五	四	天津七	亥○三	四二/二九	北四七	二九/一○	五
危宿北增十	亥○三	四六/四二	北二三	三七/二二	六	羽林军二十	亥○三	四七/三三	南○一	一八/○○	六
人三	亥○四	一九/一七	北三四	○五/一○		天津东增三十二	亥○四	二四/一九	北五八	○五/一三	六

星名	经	数一	方向	数二	度
羽林军二十五	亥○四	二五／二四	南○五	五五／○四	五
羽林军三十	亥○四	四四／四四	南一六	三四／三四	六
羽林军二十一	亥○四	五二／二○	南○一	四八／五	六
天津东增三十三	亥○四	五三／五四	北五九	五七／一○	六
天津六	亥○五	○一／三八	北五○	三二／四○	四
坟墓四	亥○五	○一／五一	北一○	二九／○八	五
羽林军二十四	亥○五	○一／二五	南○五	三八／四二	五
羽林军二十七	亥○五	○一／一一	南○八	三七／○一	六
羽林军二十六	亥○五	一八／四九	南○八	一一／一七	三
坟墓一	亥○五	一九／三	北○八	五一／三六	四
臼二	亥○五	二二／一	北三六	三九／○五	四
奚仲东增七	亥○五	三三／三四	北七四	○一／一五	六
危宿东增五	亥○五	三三／三	北一五	○一／四七	六
虚梁三	亥○五	五一／一三	北○四	○七／四七	五
羽林军二十二	亥○五	五五／四六	南○二	四四／三六	六
坟墓南增四	亥○五	五七／二六	北○六	五五／四七	六
羽林军二十九	亥○五	五九／五三	南一五	四一／五五	五
火鸟四	亥○六	○○／二	南四一	五四／三八	三
垒壁阵北增二	亥○六	○五／○九	北○一	○五／○九	六
羽林军二十八	亥○六	二五／五三	南一四	二九／○七	四
坟墓北增一	亥○六	二七／四五	北一三	○九／五六	六
奚仲东增六	亥○六	三二／三四	北七四	一八／○○	六
羽林军二十三	亥○六	三九／二三	南○四	○一／一八	六
天津东增二十八	亥○六	四八／四九	北五一	三○／四五	四
坟墓三	亥○六	四九／五三	北○八	○九／四二	四
臼一	亥○六	五三／○○	北三九	三二／一六	三

星名	亥		方向			星名	亥		方向		
坟墓北增二	亥○六	五三五五	北一三	二一○九	六	车府六	亥○七	一七○三	北五六	三六○五	四
坟墓北增三	亥○六	一八一六	北一二	五三二八	六	天津东增二十六	亥○七	二六四	北四八	二五八	六
臼内增三	亥○七	三九二七	北三六	○七一七	六	天津东增二十七	亥○七	四六一五	北四八	三四五五	六
火鸟八	亥○七	五五三三	南四六	三一○五	四	垒壁阵七	亥○七	五九四一	南○○	二三	四
车府北增一	亥○八	○二三三	北四六	○四一八	六	蛇首一	亥○八	一八四四	南六四	一○二二	三
土公吏一	亥○八	二二五二	北二○	五一四二	六	车府内增二	亥○八	二七一	北五八	五○一九	六
垒壁阵北增三	亥○八	三五三四	南○○	一二四四	六	水委二	亥○八	四一四八	南五五	○五二三	四
土公吏二	亥○八	五六五七	北一七	一八五一	六	臼内增二	亥○九	○四一	北三八	四六○七	六
扶筐北增二	亥○九	○九二七	北八七	一四二二	六	臼内增一	亥○九	一一三	北四○	一五四四	六
臼南增四	亥○九	一六三○	北三○	五一四二	六	臼南增五	亥○九	三三五一	北二九	五七四四	六
车府五	亥○九	三四○九	北六○	○六一九	五	奚仲东增五	亥○九	三五四一	北七四	四一一五	六
羽林军三十四	亥○九	五三四二	南一四	四六二六	五	奚仲东增四	亥一○	○七七六	北七一	三七四八	五
羽林军三十三	亥一○	二○二一	南一五	三四四六	五	虚梁四	亥一○	二七三	北○一	四一二九	六

车府南增八	亥	一〇	四四二八	北四九	七〇〇	六白三	亥	一〇	四八〇九	北三四	一六四八	四
羽林军四十二	亥	一〇	四九一	南〇一四	四〇一四	六火鸟五	亥	一〇	五二三六	南四一	一五四一	四
羽林军四十一	亥	一一	五三四一	南〇一	五七四五	六羽林军三十二	亥	一一	一五五五	南一六	四五四八	五
羽林军四十	亥	一一	二二三	南〇一	五二三四	六水委一	亥	一一	三三五六	南五九	一九〇六	
车府北增三	亥	一一	三五四一	北五九	三三四〇	六羽林军三十六	亥	一一	四三〇四	南〇八	一八〇二	六
羽林军三十一	亥	一一	四九一九	南一六	三〇二一	五火鸟六	亥	一一	四九四二	南四〇	三三四五	二
羽林军三十五	亥	一一	五三〇二	南〇一	〇七五七	六火鸟七	亥	一二	〇八二四	南四五	一四〇六	四
杵三	亥	一二	二四五七	北三七	四〇三四	六雷电一	亥	一二	三四〇六	北一七	四二三二	三
离宫西增一	亥	一二	四〇四六	北二八	三五三一	六羽林军三十九	亥	一二	四二二八	南〇三	五八三	五
车府七	亥	一二	四六二三	北五〇	三二〇二	六霹雳西增一	亥	一二	四九四八	北〇六	〇九	六
霹雳西增二	亥	一二	五一二二	北〇六	五一三九	六羽林军三十八	亥	一三	〇九一七	南〇四	一五四五	五
羽林军三十七	亥	一三	一三一六	南〇四	四五三九	五夹白一	亥	一三	二六〇七	南八五	二五二九	六
羽林军四十三	亥	一三	二八五六	南〇二	四九五一	五垒壁阵八	亥	一三	三三五七	南〇一	一二五	五
车府南增七	亥	一四	一六五五	北五〇	二五二一	六雷电二	亥	一四	二二一九	北一八	二七一八	五

星名								星名							
离宫西增二	亥	一四	三三四三	北	二七	〇九三	六	车府南增六	亥	一四	四一四九	北	五〇	三四二六	六
雷电三	亥	一四	四二〇一	北	一五	四三三	六	铁钺一	亥	一四	五四四二	南	一四	四〇五六	五
雷电南增二	亥	一四	五九〇六	北	一四	三〇三六	六	铁钺北增一	亥	一五	〇〇〇〇	南	一四	〇〇〇〇	六
霹雳一	亥	一五	〇〇五六	北	〇九	三一九	五	霹雳南增三	亥	一五	二六一八	北	〇七	一三一	六
铁钺二	亥	一五	三三二四	南	一五	一〇一七	六	铁钺南增二	亥	一五	三六四〇	南	一五	四二三六	六
离宫西增三	亥	一五	四五二九	北	二五	五四一	六	杵西增一	亥	一五	四九一五	北	四一	〇三四五	五
白四	亥	一五	五五五六	北	三五	三四〇三	六	杵二	亥	一六	〇〇一三	北	四〇	五九五二	四
车府内增五	亥	一六	〇〇五二	北	五二	三九三〇	六	离宫西增四	亥	一六	〇二三三	北	二五	五六五九	六
羽林军四十四	亥	一六	⊙五三〇	南	一一	〇一四六	五	车府北增四	亥	一六	二四四五	北	五六	二五三六	六
火鸟九	亥	一六	三六三八	南	四八	一四二七	三	羽林军四十五	亥	一六	三七一七	南	一一	三六二五	五
车府四	亥	一六	三八一八	北	五五	一二二	四	铁钺三	亥	一六	四三一八	南	一六	二六五九	六
雷电北增一	亥	一七	〇六五九	北	一六	四六一八	六	离宫西增五	亥	一七	一四三六	北	二五	〇五四八	六
蛇首二	亥	一七	四七〇六	南	七六	〇五二三	五	霹雳二	亥	一七	四八四四	北	〇七	一六四三	四
雷电四	亥	一七	五九一六	北	一三	五三五二	五	雷电南增三	亥	一八	一六一九	北	一二	五八一〇	六

左:

星名	宫	度				等
云雨南增一	亥	一八	四四 一七	北〇一	二五 二四	六
雷电南增五	亥	一八	五三 一九	北一三	五五 七八	六
云雨一	亥	一九	一三 九三	北〇四	二二 六六	五
霹雳北增四	亥	一九	二一 七八	北〇八	五三 二五	五
离宫一	亥	一九	二四 八八	北二八	四一 八二	四
天园一	亥	一九	五四 二	南五二	三二 四二	三
云雨南增二	亥	一九	五八 五八	北〇一	二四 五三	六
杵东增二	亥	二〇	二五 六一	北三八	二〇 九八	六
腾蛇五	亥	二〇	三二 五〇	北六〇	四一 一五	五
离宫二	亥	二〇	四二 八	北二九	二三 三二	四
云雨内增五	亥	二一	一三 九三	北〇三	三七 五四	六
霹雳三	亥	二一	三七 二七	北〇九	〇一 五八	五
云雨北增六	亥	二一	五六 〇四	北〇四	一五 三四	六
离宫四	亥	二二	〇一 九二	北三五	〇七 一二	三

右:

星名	宫	度				等
雷电南增四	亥	一八	四三 八二	北一二	四二 七四	六
云雨二	亥	一九	〇一 一五	北〇二	〇二 四二	六
云雨内增四	亥	一九	二二 〇二	北〇四	一四 六〇	六
八魁三	亥	一九	二〇 二九	南一四	一二 四五	六
云雨南增三	亥	一九	三二 三八	北〇一	四三 六六	六
室宿一	亥	一九	五一 四三	北一九	二三 四七	二
八魁二	亥	二〇	〇三 一七	南一六	一二 四二	四
杵一	亥	二〇	二〇 七七	北四四	二三 四三	五
室宿西						
腾蛇六	亥	二一	一四 二五	北六二	四九 二二	五
离宫三	亥	二一	二四 二三	北三四	二五 四三	五
腾蛇北增一	亥	二一	二二 二四	北六九	〇〇 一二	五
八魁六	亥	二一	五一 七二	南一八	四五 五四	五
天园二	亥	二二	二三 二三	南五六	五一 八七	四

星名		度	分				等	星名		度	分				等
垒壁阵北增四	亥	二二	三三二二	南	○一	一九五○	五	八魁一	亥	二二	四二一二	南	一五	○六三	五
天钩北增一	亥	二二	四五○八	北	七五	四七四六	六	雷电五	亥	二二	五五二三	北	一四	五七二五	六
云雨四	亥	二三	一○三六	北	○三	二五○七	五	八魁四	亥	二三	一三四	南	○一	五七	六
垒壁阵北增五	亥	二三	三二四四	南	○二	一三九	六	雷电北增六	亥	二三	五一一九	北	一六	四九○八	六
螣蛇三	亥	二四	○二一八	北	五七	二二二六	五	雾霹四	亥	二四	○三三八	北	○七	一二一二	六
云雨三	亥	二四	二六七	北	○二	一四六	六	垒壁阵十二	亥	二四	二七三六	南	○五	四三三三	五
天钩北增二	亥	二四	二七五二	北	七五	一五○	六	火鸟十	亥	二四	二八二七	南	四七	三三一七	三
雷电六	亥	二四	三○○六	北	一四	四五二五	五	云雨北增七	亥	二四	四一五五	北	○四	三二四三	六
垒壁阵九	亥	二四	四二三四	南	○三	七四九	五	螣蛇四	亥	二四	四六四五	北	五八	五二三七	四
室宿东增二	亥	二五	一三四八	北	二八	二八三	五	垒壁阵十一	亥	二五	二一三八	南	○五	四六五五	四
垒壁阵十	亥	二五	三八○四	南	○三	五七五五	五	云雨东增九	亥	二五	四○二四	北	○二	三六三	六
云雨东增八	亥	二五	四四四四	北	○三	二八五七	六	室宿二	亥	二五	四七一三	北	三一	○八○六	二
车府南增十	亥	二六	二八二八	北	四四	○二三一	六	离宫南增六	亥	二六	三五八	北	二二	四四二二	六
八魁五	亥	二六	四一二二	南	一三	二七一五	六	霹雳北增五	亥	二六	四五一九	北	一一	○七四	六

星名						星名					
车府南增十一	亥二六	四九三六	北四三	一二三四	六	天钩北增三	亥二六	五七三三	北七四	三三一〇	六
室宿东增三	亥二七	〇一〇四	北二九	一三四八	六	天园三	亥二七	一五一三	南五八	五六四八	四
天仓一	亥二七	二〇〇〇	南一〇	一〇三〇	三	垒壁阵东增六	亥二七	二四四五	南〇三	一一四二	六
离宫五	亥二七	二九〇八	北二五	三三五七	六	垒壁阵东增七	亥二七	三三三五	南〇三	〇九五四	六
天钩北增四	亥二七	四五五三	北七四	一三四〇	六	车府南增九	亥二七	五三二四	北四七	三二四一	五
霹雳北增八	亥二八	〇七五五	北〇六	五八一三	六	霹雳北增七	亥二八	〇九四五	北〇九	二四二六	六
车府南增十二	亥二八	一〇二七	北四三	五九三五	六	离宫六	亥二八	二三一五	北二四	四七五二	六
室宿东增四	亥二八	三八四〇	北三〇	〇五一七	六	车府三	亥二八	四三三六	北五一	一八一二	五
雷电东增七	亥二八	五七三四	北一九	〇〇四八	六	土司空	亥二八	五八二〇	南二〇	四六五二	二
霹雳五	亥二八	五九五五	北〇六	二二一五	五	霹雳北增六	亥二九	〇七三三	北一〇	四五五九	六
雷电东增八	亥二九	〇八五五	北一六	四〇〇二	六	离宫东增八	亥二九	四六五一	北二六	〇九二〇	六
离宫东增七	气二九	四九〇二	北二三	一〇〇九	六	车府南增十三	亥二九	五六三六	北四五	五六〇六	六

清史稿卷三五
志一〇

天文十

天汉黄道经纬度表

天汉在中国所见,起箕尾没七星而已。过赤道南视之,绕南船、海山,如循环然。由人目所测,澹澹浮空而已。制大远镜窥之,现无数小星,若积雪然,盖与恒星为一体,即随恒星天运行。康熙壬子、乾隆甲子所纪不同,备列于表:

黄道北康熙壬子年测定

戌宫经度	南界纬度			北界纬度	戌宫经度	南界纬度			北界纬度
十度十分	十度十分			十度十分	十度十分	十度十分			十度十分
〇〇〇〇	五三〇二			六七二〇	〇二〇〇	五三二〇			六七〇〇
〇四〇〇	五三〇〇			六六三〇	〇六〇〇	五二三〇			六六一〇
〇八〇〇	五二一〇			六五四〇	一〇〇〇	五一一〇			六五〇〇

一二〇〇	五〇〇〇			六四四〇	一四〇〇	四九三〇			六四二〇
一六〇〇	四九〇〇			六四〇〇	一八〇〇	四八一〇			六三五〇
二〇〇〇	四八〇〇			六三〇〇	二二〇〇	四七一〇			六三〇〇
二四〇〇	四六四〇			六二一〇	二六〇〇	四五五〇			六一三〇
二八〇〇	四五〇〇			六〇三〇	酉宫经度	南界纬度			北界纬度
酉宫经度	南界纬度			北界纬度	十度十分	十度十分			十度十分
十度十分	十度十分			十度十分	〇〇〇〇	四四〇〇			五九三〇
〇二〇〇	四二〇〇			五九〇〇	〇四〇〇	四一四〇			五八二〇
〇六〇〇	四〇三〇			五七一〇	〇八〇〇	三九三〇			五六三〇
一〇〇〇	三八〇〇			五六〇〇	一二〇〇	三六三〇			五五二〇
一四〇〇	三五三〇			五四二〇	一六〇〇	二四〇〇			五二四〇
一八〇〇	三二二〇			五〇五〇	二〇〇〇	二九五〇			四八五〇
酉宫经度	南界纬度			北界纬度	酉宫经度	南界纬度			北界纬度
十度十分	十度十分			十度十分	十度十分	十度十分			十度十分

二二○○	二八○○			四六三○	二四○○	二六三○			四五○○
二六○○	二五○○			四三○○	二八○○	二三○○			四○三○
申宫经度	南界纬度			北界纬度	申宫经度	南界纬度			北界纬度
十度十分	十度十分			十度十分	十度十分	十度十分			十度十分
○○○○	二○三○			三八○○	○二○○	一八五○			三六二○
○四○○	一七二○			三四一五	○六○○	一五四○			三二二○
○八○○	一四○○			三○二○	一○○○	一三○○			二九○○
一二○○	一○五○			二七二○	一四○○	○九○○			二五二○
一六○○	○七○○			二三一○	一八○○	○五○○			二○三○
二○○○	○○○○			一九○○	二二○○				一六○○
二四○○				一三○○	二六○○				一○○○
二八○○				○五○○	末宫初度				○○○○
									○○○○
寅宫经度				北界纬度	寅宫经度				北界纬度
十度十分				十度十分	十度十分				十度十分

一一二〇				〇〇〇〇	一二〇〇				〇一二〇
一四〇〇				〇六〇〇	一六〇〇				〇九三
寅宫经度	十七度北界纬初度	河中南上界纬	河中北上界纬	河中北上界纬	寅宫经度		河中南上界纬	河中北下界纬	河中北上界纬
十度十分		十度十分	十度十分	十度十分	十度十分		十度十分	十度十分	十度十分
一八〇〇		〇一二〇	一三三〇	二〇〇〇			〇六〇〇		一七〇〇
二二〇〇		〇九五〇	二三〇〇	二三〇〇			〇〇〇〇	一一三〇	二五〇〇
二四〇〇		〇一四〇	二六二〇	二六〇〇			〇四二〇	一七三〇	二九〇〇
二八〇〇		〇七〇〇	三二〇〇	三二四〇	丑宫经度	河中南下界纬	河中南上界纬	河中北下界纬	河中北上界纬
丑宫经度	河中南下界纬	河中南上界纬	河中北下界纬	河中北上界纬	十度十分	十度十分	十度十分	十度十分	十度十分
十度十分	十度十分	十度十分	十度十分	十度十分	〇〇〇〇		一〇一〇	二三三〇	三四三〇
〇二〇〇		一三二〇	二六二〇	三七三〇	〇四〇〇		一七〇〇	二九〇〇	三九三〇
〇四〇〇	〇〇〇〇	一七三〇	三〇三〇	四〇三〇	〇六〇〇	〇三一〇	一九二〇	三一〇〇	四三〇〇
〇八〇〇	〇六四〇	二三三〇	三二四〇	四五五〇	一〇三〇	〇九三〇	二五三〇	三五三〇	四六五

子宫经度	河中南下界纬	河中南上界纬	河中北下界纬	河中北上界纬	子宫经度	河中南下界纬	河中南上界纬	河中北下界纬	河中北上界纬
一二〇〇	一二〇〇	二六四〇	三六〇〇	四七二〇	一四〇〇	一五二〇	二九一〇	三七〇〇	四八〇〇
一六〇〇	一九〇〇	三一〇〇	三九〇〇	四九〇〇	一八〇〇	二二〇〇	三四〇〇	四〇三〇	五〇〇〇
二〇〇〇	二三三〇	三六〇〇	四二〇〇	五一〇〇	二二〇〇	二四二〇	三七二〇	四四〇〇	五二〇〇
二四〇〇	二五四〇	三九〇〇	四四二〇	五三〇〇	二六〇〇	二七三〇	四〇〇〇	四五三〇	五三三〇
二八〇〇	二八四〇	四〇五〇	四七四五	五四四五	子宫初度	三〇〇〇	四二三〇	四九三〇	五五三〇
子宫二度	三一五〇	四三二〇	五〇〇〇	五七〇〇	子宫四度	三三〇〇	四四三〇	五一二〇	五九〇〇
子宫六度	三四五〇	四五二〇	五二三〇	六〇〇〇	子宫八度	三六三〇	四七〇〇	五三二〇	六一二〇
子宫经度	河中南下界纬	河中南上界纬	河中北下界纬	河中北上界纬	子宫经度	河中南下界纬	河中南上界纬	河中北下界纬	河中北上界纬
十度十分	十度十分	十度十分	十度十分	十度十分	十度十分	十度十分	十度十分	十度十分	十度十分
一〇〇〇	三九〇〇	四八四〇	五四四〇	六二一〇	一二〇〇	四一〇〇	四八三〇	五五〇〇	六三一〇
一四〇〇	四二四〇	四九二〇	五五二〇	六三四〇	一六〇〇	四三二〇	五〇〇〇	五五二〇	六四〇〇
一八〇〇	四四四〇	五〇四〇	五五三〇	六四五〇	二〇〇〇	四五〇〇	五一〇〇	五六三〇	六五一〇
二二〇〇	四五五〇	五一三〇	五八〇〇	六六〇〇	二四〇〇	四六四〇	五二三〇	五八五〇	六六一〇
二六〇〇	四七一〇	五二三〇	六〇三〇	六六四〇	二八〇〇	四七五〇	五三〇〇	六一二〇	六七〇〇

亥宮經度	河中南下界緯	河中南上界緯	河中北下界緯	河中北上界緯	亥宮經度	河中南下界緯	河中南上界緯	河中北下界緯	河中北上界緯
十度十分	十度十分	十度十分	十度十分	十度十分	十度十分	十度十分	十度十分	十度十分	十度十分
○○○○	四八三○	五三三○	六二○○	六七○○	○二○○	四九二○	五四四○	六一五○	六六二○
○四○○	四九三○	五五○○	六二○○	六七○○	○六○○	五○三○	五五二○	六一五○	六七○○
○八○○	五一○○	五五三○	六一三○	六七一○	一○○○	五一三○	五七一○	六一○○	六七三○
亥宮經度	南界緯度			北界緯度	亥宮經度	南界緯度			北界緯度
十度十分	十度十分			十度十分	十度十分	十度十分			十度十分
一二○○	五一五○			六七三○	一四○○	五二○○			六七三○
一六○○	五二二○			六七四○	一八○○	五二三○			六八○○
二○○○	五二四○			六七五○	二二○○	五三○○			六七三○
二四○○	五二五○			六七二○	二六○○	五三○○			六七二○
亥宮經度	南界緯度			北界緯度					
十度十分	十度十分			十度十分					
二八○○	五三一○			六七二○					

黄道南<small>康熙壬子年测定</small>

申宫经度			南界纬度	申宫经度			南界纬度
十度十分			十度十分	十度十分			十度十分
二〇〇〇			〇〇〇〇	二二〇〇			〇六一〇
二四〇〇			〇九三〇	二六〇〇			一五〇〇
二八〇〇			二三〇〇	未宫经度	北界纬度		南界纬度
未宫经度	北界纬度		南界纬度	十度十分	十度十分		十度十分
十度十分	十度十分		十度十分	〇〇〇〇	〇〇〇〇		二五一〇
〇二〇〇	〇三二〇		二七〇〇	〇四〇〇	〇六三〇		二八三〇
〇六〇〇	〇九四〇		三一〇〇	〇八〇〇	一二五〇		三三三〇
一〇〇〇	一七二〇		三五一〇	一二〇〇	二二〇〇		三七一〇
一四〇〇	二四〇〇		三九三〇	一六〇〇	二六二〇		四一一〇
一八〇〇	二八〇〇		四三〇〇	二〇〇〇	三〇		四四一〇
二二〇〇	三一一		四六〇〇	二四〇〇	三二四		四八〇〇

二六〇〇	三四〇〇			五〇二	二八〇〇	三五二〇			五二五〇
午宫经度	北界纬度			南界纬度	午宫经度	北界纬度			南界纬度
十度十分	十度十分			十度十分	十度十分	十度十分			十度十分
〇〇〇〇	三七〇〇			五八〇〇	〇二〇〇	三八一〇			六〇〇〇
〇四〇〇	三九〇〇			六一〇〇	〇六〇〇	四〇〇〇			六二〇〇
〇八〇〇	四一〇〇			六二二〇	一〇〇〇	四三〇〇			六三一〇
一二〇〇	四四一〇			六四一〇	一四〇〇	四六〇〇			六五〇〇
一六〇〇	四七三〇			六六一〇	一八〇〇	四九〇〇			六七〇〇
二〇〇〇	五〇四〇			六八〇〇	二二〇〇	五一三〇			六八三〇
二四〇〇	五二一〇			六九〇〇	二六〇〇	五二五〇			六九二〇
二八〇〇	五三〇〇			七〇一	巳宫经度	北界纬度			南界纬度
巳宫经度	北界纬度			南界纬度	十度十分	十度十分			十度十分
十度十分	十度十分			十度十分	〇〇〇〇	五三二			七〇三〇
〇二〇〇	五三二〇			七一二	〇四〇〇	五四〇〇			七一四〇

〇六〇〇	五五〇〇			七二〇〇	〇八〇〇	五五三〇			七二一〇
一〇〇〇	五五三〇			七二二〇	一二〇〇	五五五〇			七二二〇
一四〇〇	五六〇〇			七二三〇	一六〇〇	五五五〇			七二四〇
一八〇〇	五六一〇			七三一〇	二〇〇〇	五六一〇			七三二〇
二二〇〇	五六一〇			七三二〇	二四〇〇	五六二〇			七三一〇
巳宮經度	北界緯度			南界緯度	巳宮經度	北界緯度			南界緯度
十度十分	十度十分			十度十分	十度十分	十度十分			十度十分
二六〇〇	五六〇〇			七三一〇	二八〇〇	五六〇〇			七三二〇
辰宮經度	北界緯度			南界緯度	辰宮經度	北界緯度			南界緯度
十度十分	十度十分			十度十分	十度十分	十度十分			十度十分
〇〇〇〇	五五四〇			七三二〇	〇二〇〇	五六一〇			七三一〇
〇四〇〇	五六一〇			七三〇〇	〇六〇〇	五六一〇			七二四〇
〇八〇〇	五六二〇			七二三〇	一〇〇〇	五六四〇			七二〇〇
一二〇〇	五六三〇			七二三〇	一四〇〇	五六三〇			七一三〇

一六〇〇	五六三〇			七一〇〇	一八〇〇	五六〇〇			七〇五〇
二〇〇〇	五五二〇			七〇二〇	二二〇〇	五四三〇			七〇〇〇
二四〇〇	五四一〇			六九四〇	二六〇〇	五三二〇			六九三〇
二八〇〇	五二三〇			六九〇〇	卯宫经度	北界纬度			南界纬度
卯宫经度	北界纬度			南界纬度	十度十分	十度十分			十度十分
十度十分	十度十分			十度十分	〇〇〇〇	五一五〇			六八三〇
〇二〇〇	五一〇〇			六七四〇	〇四〇〇	四九五〇			六七〇〇
〇六〇〇	四八四〇			六六一〇	〇八〇〇	四八〇〇			六五二〇
一〇〇〇	四六三〇			六四五〇	一二〇〇	四四三〇			六四〇〇
卯宫经度	北界纬度			南界纬度	卯宫经度	北界纬度			南界纬度
十度十分	十度十分			十度十分	十度十分	十度十分			十度十分
一四〇〇	四三五〇			六三〇〇	一六〇〇	四二五〇			六二〇〇
一八〇〇	四二〇〇			六〇三〇	二〇〇〇	四一二〇			五八三〇
二二〇〇	四〇三〇			五七〇〇	二四〇〇	三九五〇			五六〇〇

二六〇〇	三八一〇			五五一〇	二八〇〇	三七一〇			五四四〇
寅宫经度	北界纬度			南界纬度	寅宫经度	北界纬度	北下界纬		南界纬度
十度十分	十度十分			十度十分	十度十分	十度十分			十度十分
〇〇〇〇	三六〇〇			五四〇〇	〇二〇〇	三三三			五三二〇
〇四〇〇	二八〇〇			五二〇〇	〇五〇〇	一四〇〇	二四〇〇		五一三〇
〇六〇〇	一一〇〇			五一四〇	〇八〇〇	〇六〇〇			五〇〇〇
〇九〇〇	〇四二〇			四九三〇	一〇〇〇	〇三〇〇			四九二〇
一一〇〇	〇一〇〇			四八五〇	一一三〇	〇〇			四八二〇
一二〇〇				四八〇〇	寅宫经度		河中北下界纬	河中南上界纬	河中南下界纬
寅宫经度	河中北上界纬	河中南上界纬	河中南下界纬	十度十分			十度十分	十度十分	十度十分
十度十分	十度十分	十度十分	十度十分	一二二〇	一〇二〇		一一四〇		四七三〇
一三〇〇	〇八三〇	一三三〇	四五〇〇	一四〇〇			〇六三〇	一四四〇	四三三〇
一五〇〇	〇五〇〇	一三三〇	四二三〇	一六〇〇			〇三二〇	一一〇〇	四一三〇

寅宫经度		河中北下界纬	河中南上界纬	河中南下界纬	寅宫经度		河中北下界纬	河中南上界纬	河中南下界纬
十度十分		十度十分	十度十分	十度十分	十度十分		十度十分	十度十分	十度十分
一七〇〇		〇〇〇三	〇九三	四一一〇	一八〇〇			〇八一〇	四〇一
二〇〇〇			〇五	三七四	二二〇〇			〇一一四	三三三
二三〇〇				三二〇〇	二四〇〇				三一
二六〇〇				二二〇〇	二八〇〇				一三三
丑宫经度			河中南下界纬	丑宫经度					河中南下界纬
十度十分			十度十分	十度十分					十度十分
〇〇〇〇			〇九一〇	〇二〇〇					〇四四〇
〇四〇〇			〇一一〇	〇四三					〇〇〇〇

黄道北 乾隆甲子年改测

黄道经度	北界纬度	北之南界纬度	南之北界纬度	南界纬度	黄道经度	北界纬度	北之南界纬度	南之北界纬度	南界纬度

宫	十度十分	十度十分	十度十分	十度十分	十度十分	宫	十度十分	十度十分	十度十分	十度十分	十度十分
寅	一二四〇	〇四〇〇				寅	一二四〇	〇四四〇			
	一二四〇	〇八〇〇					一三二〇	〇二〇〇			
	一三二〇	〇六〇〇					一三二〇	一〇四〇			
	一三二〇	一二四〇					一四〇〇	〇〇〇〇			
	一四〇〇	〇三〇〇					一四〇〇	〇九三〇			

黄道经度	北界纬度	北之南界纬度	南之北界纬度	南界纬度	黄道经度	北界纬度	北之南界纬度	南之北界纬度	南界纬度
宫 十度十分	十度十分	十度十分	十度十分	十度十分	宫 十度十分	十度十分	十度十分	十度十分	十度十分
寅 一四〇〇	一一四〇				寅 一四〇〇	一三三〇			
一五〇〇	一四〇〇				一五〇〇	一七〇〇			
一五〇〇	一八〇〇				一五四〇	一九二〇			
一六二〇	一五二〇				一七〇〇	二〇〇〇			
一七三〇	二三五〇				一七三〇	二四五〇			
一八〇〇	二二〇〇				一八〇〇	二五五〇			

一九三○	二七○○	○二○○			一九三○		○四三○		
二○○○	○○○○				二○三○		○三二○		
二○三○		○五三○			二一○○	二九二○			
二一四○		○六四○			二一四○		○八三○		
二二○○	三一○○				二二四○		一一○○		
二三三○	三一五○	○九三○			二三三○	三三○○	一二二○		
二三三○		一四○○			二四○○	三四○○			
二四三○		一六三○			二四三○		一八四○		
二四三○		二一二○			二五○○	三四二○	一五○○		
二五○○		二○○○			二五○○		二二○○		

黄道经度	北界纬度	北之南界纬度	南之北界纬度	南界纬度	黄道经度	北界度纬	北之南界度纬	南之北界纬度	南界纬度
宫 十度十分	十度十分	十度十分	十度十分	十度十分	宫 十度十分	十度十分	十度十分	十度十分	十度十分
寅 二五三○		二四○○			寅 二六○○	三五三○	一七三○	○三二○	
二六三○			○一○○		二六三○			二○三○	

二七○○	三五三○		○○○○		二七○○		○二○○	
二七三○			○四○○		二七三○		○五○○	
二八○○		二四四○	○五○○		二九○○		○七○○	
二九四○	三四○○		○九○○		二九四○		一一○○	
丑○○三○		二六○○	○六○○		丑○○三○		一三○○	
○二○○	三五○○		○七二○		○二○○		○八四○	
○二二○		二六二○	一五○○		○二三○	二七三○		
○三三○	三六四○		一七○○		○四○○	二八三○	一九三○	
○四○○			二○三○		○五○○	三六三○	一九○○	
○六三○	三五三○		二二○○		○七○○	二九二○		
○八○○		三○○○	二三○○		○九○○	三六三○	二四三○	○○○○
○九○○				○二○○	○九○○			○四○○
一○○○		三○○○		○五○○	一○○○			○六○○
一一○○	三八四○		二五二○	○七○○	一一○○			○九○○

黄道经度	北界纬度	北之南界纬度	南之北界纬度	南界纬度	黄道经度	北界纬度	北之南界纬度	南之北界纬度	南界纬度
宫 十度十分	十度十分	十度十分	十度十分	十度十分	宫 十度十分	十度十分	十度十分	十度十分	十度十分
丑 一一 三○		三二 ○○		○七 四○	丑 一三 ○○			二七 ○○	一○ 四○
一三 ○○				一二 二○	一四 ○○	四○ ○○	三三 ○○	二九 ○○	一一 ○○
一四 ○○				一三 二○	一四 ○○				一四 三○
一五 ○○	四二 三○	三五 ○○			一六 ○○			三○ ○○	一五 三○
宫 十度十分	十度十分	十度十分	十度十分	十度十分	宫 十度十分	十度十分	十度十分	十度十分	十度十分
一六 ○○				一七 ○○	一六 三○	四三 三○			
一六 三○	四五 ○○				一七 ○○			二九 三○	一七 四○
一七 ○○			三○ 二○		一八 三○			二九 ○○	一七 三○
一八 三○			三一 二○	一九 ○○	一九 ○○	四五 ○○	三七 ○○	三○ ○○	二○ ○○
一九 ○○			三二 四○		一九 三○				一八 ○○
一九 三○				二○ ○○	二○ ○○	四六 ○○		三四 二○	
二一 ○○				二一 ○○	二二 ○○	四六 二○	三七 ○○	三五 四○	

二二 三〇				二一 二〇	二三 三〇	四九 〇〇		二二 四〇
二四 〇〇		三八 四〇	三六 〇〇	二四 〇〇	二四 〇〇	四〇 二〇	三七 〇〇	
二五 〇〇	五〇 三〇	四二 〇〇		二四 〇〇	二五 〇〇			二五 四〇
二六 三〇				二七 〇〇	二七 三〇	五一 〇〇	三八 〇〇	
二七 三〇			四〇 〇〇		二八 〇〇	五三 〇〇	四二 三〇	
丑二八 〇〇		四三 五〇		丑二九 〇〇			四〇 三〇	二七 〇〇
二九 〇〇				二九 〇〇	子〇〇 三〇	五三 三〇	四四 四〇	
子〇〇 三〇	五五 〇〇			〇一 〇〇	六〇 〇〇			二九 〇〇
〇二 〇〇			四一 〇〇	二九 〇〇	〇二 〇〇		四二 四〇	
〇三 〇〇	五七 〇〇	四五 〇〇		三〇 三〇	〇三 〇〇		四六 三〇	
〇四 〇〇		四七 三〇		〇四 〇〇		四九 〇〇		三〇 二〇
〇五 〇〇	六一 〇〇		四三 二〇	〇五 〇〇	六三 〇〇			
〇六 〇〇		五〇 〇〇	四五 〇〇	三〇 〇〇	六〇 〇〇	五一 三〇		
〇七 三〇				三二 〇〇	〇八 三〇		四五 〇〇	

○九 三○	六三 四○	五一 三○		三二 三○	○九 三○		五三 二○		三四 二○
一一 ○○				三五 ○○	一一 ○○				三七 ○○
一二 ○○		五四 ○○	四六 ○○		一四 ○○			四七 二○	三八 ○○
一四 ○○				四○ ○○	一五 ○○	六四 ○○	五四 ○○		
一七 ○○			四九 ○○	四一 ○○	一七 ○○				四二 三○
一八 ○○		五四 二○			一九 二○	六四 三○		四九 三○	四三 ○○
二○ 三二		五六 ○○			二一 ○○				四四 ○○
子 二二 ○○	六六 ○○		五一 ○○		子 二三 ○○		五六 ○○		
二四 ○○				四五 ○○	二五 ○○	六六 ○○	五七 四○	五三 ○○	四七 三○
二七 三○	六七 ○○	五七 四○	五四 二○	四八 ○○	二七 三○				四九 二○
亥 ○○ ○○		五八 四○	五四 二○	四九 三○	亥 ○二 ○○	六六 三○	五七 四○	五六 ○○	五二 ○○
○四 ○○		五八 ○○	五六 ○○		○六 ○○	六六 二○			五三 三○
一○ ○○	六八 ○○			五二 ○○	一五 ○○	六七 四○			五三 ○○
一五 ○○				五一 ○○	一七 ○○	六九 ○○			五一 二○

二〇〇〇				五二二〇	二二〇〇	六七四〇		五一〇〇
二四〇〇				五一二〇	二五〇〇			五〇〇〇
二七〇〇	六八〇〇			五二二〇	戌〇〇〇〇	六八四〇		五二〇〇
戌〇三〇〇				五三〇〇	〇五〇〇	六八四〇		五二三〇
〇八〇〇				五三〇〇	一〇〇〇	六八四〇		
一〇〇〇	六七二〇				一二〇〇			五三〇〇
一二〇〇				五二〇〇	一五〇〇	六七二〇		五二三〇
一五〇〇	六七一〇				一七三〇	六五〇〇		五〇三〇
一七三〇	六六〇〇				二〇〇〇	六五〇〇		五一〇〇
戌二二三〇	六二二〇			四九〇〇	戌二五〇〇	六二〇〇		五〇〇〇
二七〇〇	五八四〇			四七三〇	二九〇〇	六一〇〇		四六三〇
酉〇〇〇〇	五八二〇			四五〇〇	酉〇二三〇	五八三〇		四四三〇
〇四〇〇	五六四〇			四二三〇	〇七〇〇	五五四〇		四二二〇
〇九〇〇	五四三〇			四〇四〇	〇九〇〇	五二四〇		

一○ 三○	五○ 二○				一二 ○○			四○ 三
一三 ○○	五○ ○○		三八 ○○	一三 ○○	四八 三○			三五 ○○
一五 ○○	四八 三○			一五 ○○	四七 ○○			
一七 ○○	四七 ○○		三六 二○	一七 ○○	四六 ○○			二八 四○
一九 三○	四五 四○		三四 ○○	一九 三○				三一 二○
一九 三○			二八 四○	二二 三○	四六 二○			二七 三○
二四 ○○			二七 四○	二五 ○○	四六 ○○			二六 四○
二七 ○○	四五 ○○		二六 二○	二七 ○○	四四 ○○			二五 ○○
二九 ○○	四三 四○		二四 三○	申○○ ○○	四二 二○			二二 四○
申○一 三○			二二 二○	○二 三○	四一 ○○			二一 ○○
○二 三○	三九 ○○			○二 三○	三六 ○○			
申○四 ○○	三七 四○		二一 三○	申○四 ○○	三五 ○○			
○五 ○○	三五 ○○		二○ 三○	○六 三○	三二 二○			二一 二○
○八 ○○	三○ ○○		二○ 二○	○九 三○	二九 三○			二○ 四○

〇九 三〇	二七 三〇			一五 三〇	一一 三〇	二七 二〇			一九 四〇
一一 三〇	二六 二〇			一七 〇〇	一一 三〇				一四 四〇
一一 三〇				一三 三〇	一二 三〇	二六 〇〇			一二 三〇
一二 三〇	二四 四〇				一四 〇〇				一一 〇〇
一四 〇〇				〇九 三〇	一五 〇〇	二四 三〇			〇九 〇〇
一五 〇〇	二三 四〇			〇八 〇〇	一六 三〇	二二 二〇			〇七 三〇
一六 三〇	二〇 〇〇			〇六 二〇	一七 三〇	二〇 〇〇			〇五 四〇
一九 〇〇	一九 〇〇			〇六 二〇	二〇 〇〇	一八 四〇			〇五 四〇
二〇 〇〇				〇三 四〇	二〇 三〇				〇二 〇〇
二〇 三〇				〇〇 〇〇	二一 三〇	一七 〇〇			
二一 三〇	一四 三〇				二二 二〇	一五 四〇			
二二 二〇	一四 〇〇				二三 四〇	一二 四〇			
二四 四〇	一三 〇〇				二四 四〇	一二 〇〇			
申二五 四〇	一一 四〇				申二五 四〇	一〇 二〇			

二七〇〇	〇九二〇				二七〇〇	〇八〇〇			
二八〇〇	〇七三〇				二八〇〇	〇六〇〇			
二九〇〇	〇五〇〇				二九〇〇	〇三三〇			
二九三〇	〇一三〇				二九三〇	〇〇〇〇			

黄道北乾隆甲子年改测

黄道经度	北界纬度	北之南界纬度	南之北界纬度	南界纬度	黄道经度	北界纬度	北之南界纬度	南之北界纬度	南界纬度
宫 十度十分	十度十分	十度十分	十度十分	十度十分	宫 十度十分	十度十分	十度十分	十度十分	十度十分
申 一九四〇				〇二三〇	申 二〇三〇				〇〇〇〇
二〇三〇				〇一四〇	二〇三〇				〇三二〇
二〇三〇				〇四二〇	二〇三〇				〇七三〇
二〇三〇				〇九〇〇	二一〇〇				〇五二〇
二一〇〇				〇六四〇	二一〇〇				〇九〇〇
二二〇〇				一〇〇〇	二三三〇				一〇二〇

二四 〇〇				一二 〇〇	二四 四〇			一三 二〇
二六 〇〇				一三 二〇	二六 〇〇			一四 四〇
申 二七 二〇				一六 〇〇	申 二七 二〇			一七 三〇
二八 〇〇				一九 〇〇	二九 三〇	〇〇 〇〇		一九 四〇
未 〇〇 四〇	〇 〇〇			一九 〇〇	未 〇〇 四〇	〇一 二〇		
〇一 四〇	〇二 〇〇			〇二 四〇	〇一 四〇	〇三 〇〇		二三 四〇
〇二 四〇	〇三 三〇			二二 〇〇	〇三 〇三	〇四 三〇		二五 〇〇
〇三 三〇	〇五 三〇				〇四 二〇	〇六 〇〇		二七 〇〇
〇五 〇〇	〇七 三〇			二九 四〇	〇六 〇〇	〇七 二〇		
〇七 〇〇	〇七 四〇			二九 〇〇	八〇 〇〇	〇八 〇〇		三〇 〇〇
〇八 三〇				二九 〇〇	〇九 〇〇	〇九 三〇		二八 〇〇
一〇 〇〇	一〇 〇〇			二九 〇〇	一〇 〇〇			三〇 四〇
一一 二〇	一一 二〇			三二 〇〇	一一 二〇			三四 〇〇
一二 四〇	一二 三〇				一三 二〇	一二 〇〇		

一四○○	一二三○			三五○○	一五○○	一三四○			三七二○
一五三○	一七○○				一六○○	一三三○			
一六○○	一八三○				一六三○	一六三○			
未一七○○	一五○○			四○○○	未一七○○	一四○○			
一七三○	一六三○			四二二○	一八○○	一九○○			
一八○○	二○二○				一九○○	二一○○			四五○○
一九○○	二三二○				二一○○	二四二○			
二一○○	二七四○				二二○○	二六○○			四五○○
二二○○	二七三○				二二○○	二九○○			
二三○○	三○○○				二四○○	三一○○			四八○○
二四○○	三二○○				二五○○	三二二○			
二六○○	三四○○			五○三○	二八○○	三四○○			五三○○
二九○○	三五四○			午○一○○	三五四○				五三二○
午○二○○	三七○○			五六○○	○二三○	三七四○			

〇三〇〇	三八四〇				〇四〇〇	三七三〇			五六四〇
〇五〇〇	三九〇〇			五八四〇	〇六三〇	四一三〇			
〇七〇〇				六〇〇〇	〇七〇〇				六二〇〇
〇八〇〇	四四三〇				一〇〇〇	四七〇〇			
一二〇〇	四七三〇			六二三〇	一五〇〇	四八三〇			六五〇〇
一六〇〇	五一〇〇				一九〇〇	五一〇〇			
二二〇〇	五三〇〇			六七〇〇	二五〇〇	五三四〇			六九三〇
二七〇〇	五四四〇				巳〇一〇〇	五五二〇			七〇〇〇
巳〇五〇〇	五六三〇			七二〇〇	〇九〇〇	五六三〇			
一四〇〇	五五四〇			七一〇〇	一六〇〇	五七〇〇			
一九〇〇	五六四〇				二二〇〇	五七三〇			七一〇〇
二五〇〇	五七〇〇				二八〇〇	五七三〇			
辰〇一〇〇	五六〇〇			七一〇〇	辰〇三〇〇	五六〇〇			
辰〇五〇〇	五六〇〇				辰〇五〇〇	五五〇〇			

○五 ○○	五四 ○○				○八 三○	五四 三○		
○九 ○○	五五 ○○		七○ ○○	一三 ○○	五四 ○○			
一六 ○○	五五 ○○			一九 ○○	五五 ○○			七○ ○○
二一 ○○	五四 ○○			二三 ○○	五三 四○			
二三 ○○	五二 ○○			二五 ○○				六九 ○○
二七 三○	五二 ○○			卯○○ ○○	五○ ○○			六七 ○○
卯○四 ○○	四八 三○		六五 ○○	○七 ○○	四七 三○			
○九 ○○	四六 ○○		六二 ○○	○九 ○○				六五 ○○
一○ ○○			六○ 三○	一○ ○○				六四 ○○
一二 ○○	四五 四○		六二 三○	一二 ○○				六○ ○○
一四 ○○	四六 ○○			一七 ○○	四七 三○			六○ ○○
一九 ○○	四七 四○			二一 ○○	四七 二○			五七 ○○
二三 ○○	四七 ○○			二三 ○○	四五 ○○			
二五 ○○	四二 三○			二七 ○○	三九 三○			五五 ○○

二九〇〇	三九三〇				寅〇一〇〇	三七三〇			五四二〇
寅〇二三〇	三六二〇				〇二三〇	三四〇〇			
〇三三〇	三二四〇				〇四〇〇	三六〇〇			五〇三〇
〇四〇〇	三五〇〇		五三〇〇		〇四〇〇	三四二〇			
〇四〇〇	三一三〇				〇五〇〇				五一二〇
〇六〇〇	三〇〇〇		五二〇〇		〇六〇〇	二八三〇			五〇二〇
〇七二〇	二六〇〇		五〇〇〇		〇七二〇	二四〇〇			
〇八〇〇	二〇二〇				〇八〇〇	一九〇〇			
〇八〇〇	一四〇〇				〇八〇〇	一二四〇			
寅〇八〇〇	一一〇〇				寅〇八〇〇	一〇〇〇			
〇八〇〇	〇九〇〇				〇九〇〇	二二三〇			四八〇〇
〇九〇〇	二一〇〇				〇九〇〇	一二〇〇			
〇九〇〇	一六〇〇				〇九〇〇	一〇四〇			
〇九〇〇	〇八三〇				〇九〇〇	〇七二〇			

一一○○	○七○○			四七三○	一二○○	○五四○			四五○○
一二○○	○四四○				一二○○	○三○○			
一二三○	○四○○				一三三○	○一四○	一四二○		
一四○○	○○○○			四○四○	一四三○		一七三○		
一四三○		一五二○			一四三○		一三○○		
一四三○		一二○○			一四三○		一○二○		
一四三○		○九○○			二五○○		一○三○		四二四○
一五○○		一一○○			一五○○	○八四○			
一六○○		○九三○			一六二○	○九四○	一六○○		四○○○
一六二○		○八三○	一五○○		一六二○	○七○○	一四○○		
一七○○		○五○○			一七三○	○四○○	一四○○		
一七三○		○三○○	一二二○		一八三○	○二○○	一一三○		三九三○
寅一八三○				三七二○	寅一九三○		一一三○		
二○○○		○○○○	○九二○	三六二○	二○○○			○七○○	

二〇三〇			一一四〇		二〇三〇		一一〇〇
二〇三〇			一〇〇〇		二〇三〇		〇七四〇
二一〇〇			〇五三〇		二一〇〇		〇四二〇
二二〇〇			〇四〇〇	三五〇〇	二二〇〇		三二三〇
二三三〇			〇三二〇	三四〇〇	二三三〇		三一〇〇
寅 二三三〇			〇三二〇	二九〇〇	寅 二四三〇		〇三二〇
二五四〇			〇二〇〇	二〇〇〇	二五四〇		一八三〇
二六〇〇				二九〇〇	二六〇〇		二七〇〇
二七〇〇			〇一四〇	二五〇〇	二七〇〇	〇〇〇〇	二四〇〇
二七〇〇				一九三〇	二七〇〇		一七三〇
二八〇〇				二二〇〇	二八〇〇		二〇〇〇
二八三〇				一五〇〇	二九三〇		一三三〇
丑 〇一〇〇				一一三〇	丑 〇一〇〇		〇九二〇
〇二〇〇				〇八三〇	〇三三〇		〇七〇〇
〇四〇〇				〇五〇〇	〇五二〇		〇四三〇

| ○五二○ | | | | ○三○○ | ○七二○ | | | | ○二二○ |
| ○八○○ | | | | ○一○○ | ○九○○ | | | | ○○○○ |

清史稿卷三六
志第一一

天文十一

五星合聚

《天官书》言同舍为合,于两星、三星、四星、五星之合各有占,而以五星合为最吉,谓经度之同如合朔也。兹就三星以上同宫同宿,及两星以上同度者,著于篇。

顺治元年正月庚戌,土木金聚于降娄两旬余。丙辰,土金同躔壁三度。三月乙巳,土水同躔壁八度。

二年二月乙亥,金水同躔危一度。三月庚子,土金水聚于降娄旬余;己酉,土水同躔奎七度。四月壬戌,土金同躔奎九度;癸酉,木水同躔毕五度。闰六月己酉,火金水聚于鹑尾。七月庚申,聚于翼;丁卯,聚于寿星两旬;壬申,聚于轸。八月癸未,聚于角;丁酉,聚于亢;戊戌,聚于大火。

三年三月庚戌,土金水聚于大梁旬余;壬子,土水同躔娄七度。四月丁酉,土火金聚于大梁月余。五月癸丑,聚于胃旬余。六月甲申,木水同躔井十九度。七月乙丑,木火金聚于鹑首聚于井;丙寅,木金同躔井二十八度。

四年二月庚子,木火同躔井二十八度。三月丁未,土金水聚于大梁两旬;丙辰,聚于胃,金水同躔胃二度;戊午,土水同躔胃六度;庚申,土金同躔胃七度。六月乙未,木水同躔柳十度。七月庚申,火金同躔軫五度。八月己巳，火金水聚于寿星。十月戊子，聚于析木旬有九日。癸巳，聚于尾。

五年四月甲午，火金水聚于大梁旬余，聚于娄。闰四月乙巳，聚于胃；丙午，火金同躔胃二度；丙辰，土水同躔毕四度。五月丁卯，土火金水聚于实沉，土金同躔毕五度。七月甲戌，木金水聚于鹑尾两旬余，聚于张浃旬。

六年三月丙寅，土金同躔毕八度。五月庚申，土水同躔觜一度。六月辛卯，木火同躔翼十三度。九月戊午，木水同躔軫十二度。

七年三月壬申，火金水聚于降娄。四月辛卯，聚于大梁。五月丁巳，聚于实沉；癸亥，土水同躔井初度；乙丑，土金水聚于鹑首旬余；乙亥，聚于井旬余。六月庚戌，土火水聚于井旬余；辛亥，聚于鹑首旬余。七月癸丑，土火同躔井七度。九月辛未，木水同躔氐三度。

八年正月甲子，金水同躔危二度。四月辛未，土水同躔井十四度。六月甲寅，土金水聚于鹑首旬余；乙卯，聚于井旬余；癸酉，土金同躔井二十二度。八月乙卯，木火同躔心二度。十月戊辰，木金水聚于析木旬余；壬申，木金同躔尾十度。十一月乙亥朔，木金水聚于尾。癸卯，火金水聚于元枵。十二月丁卯，聚于危。

九年正月己亥，火金同躔壁五度。四月癸亥，土金水聚于鹑首，聚于井旬余；庚午，土金同躔井二十六度。六月丁卯，土水同躔鬼二度。七月丁丑，土火水聚于鹑火；丁亥，土火同躔柳初度。

十年正月壬午，木水同躔牛二度；壬辰，木金水聚于牛；癸巳，聚于元枵两旬余。六月癸亥，土金水聚于鹑火旬余。闰六月丙寅，聚于柳；辛未，土水同躔柳九度；壬申，土金同躔柳九度。十月丙戌，木火金聚于元枵。十一月庚子，木金同躔女十度。

十一年正月己酉，木水同躔危四度。二月辛巳，火金水聚于大梁旬余；己丑，聚于胃。六月庚午，土火水聚于鹑火；乙亥，土水同躔星四度。八月壬戌，土火同躔张二度；癸酉，土火金水聚于鹑尾旬余；丁丑，土金同躔张三度；乙亥，土火金水聚于张。九月辛卯，火金同躔翼二度。

十二年正月乙巳,木金水聚于娵訾;乙卯,聚于室浃旬。二月甲子,木金同躔室十四度;乙丑,木金水聚于降娄两旬;戊辰,聚于壁。六月癸酉,土金同躔张七度;丙子,土金水聚于鹑尾旬余;丁丑,聚于张。八月乙亥,土水同躔张十四度。

十三年七月癸亥,土火金水聚于鹑尾旬余。八月丙子朔,土金同躔翼七度;壬辰,土火同躔翼九度。

十四年二月庚子,木金同躔毕一度。六月癸巳,木金水聚于鹑首;丙申,聚于井。十月己卯,土金同躔轸八度。

十五年四月丁丑,木火同躔井八度。五月乙巳,木火金水聚于鹑首;丁未,聚于井。七月己亥,木水同躔井二十五度;己未,火金水聚于鹑尾旬余。八月乙亥,土金水聚于寿星浃旬;丙戌,土火水聚于寿星浃旬。九月己未如之;庚申,聚于角旬余;辛酉,土火同躔角三度。

十六年二月甲戌,金水同躔女八度;丁丑,火金水聚于元枵。九月辛巳,土金水聚于大火两旬。

十七年六月癸巳,木火金聚于张旬余;戊戌,木金同躔张十一度;癸丑,木火金水聚于鹑尾两旬,木火水聚于张。七月乙卯,木火同躔张十四度;癸亥,木水同躔张十六度;壬申,木火金水聚于翼旬余。九月己卯,土火水聚于大火旬余。十月乙酉,土火同躔氐四度;丙戌,土火水聚于氐浃旬。十一月丙子,土金同躔氐十六度。十二月庚戌,火金水聚于星纪旬余。

十八年正月甲寅,聚于斗;庚申,火水同躔斗十九度;乙亥,火金水聚于元枵。六月己卯,金水同躔井二度。闰七月乙巳,木金同躔轸十二度。八月壬申,土金同躔氐十二度。九月丁丑朔,土金水聚于大火。

康熙元年三月己亥,金水同躔奎八度。九月甲戌,木火水聚于大火旬余;庚辰,聚于氐旬余;辛巳,木火同躔氐八度;乙酉,木水同躔氐九度;戊子,火水同躔氐十三度。十月丙午,土火同躔心三度。十一月辛未朔,五量聚于析木,土金水聚于心;乙亥,土金同躔心六度;乙酉,土水同躔尾初度。十二月庚子朔,火金水聚于星纪旬余;甲辰,聚于斗;戊申,聚于牛;甲寅,火金同躔斗二十二度;戊午,火金水聚于元枵旬余。

二年二月辛亥,金水同躔壁五度;戊辰,火水同躔室七度。九月丙戌,土木同躔尾三度;甲午,土木金水聚于析木旬余。十月乙未朔,土木金聚于尾旬余。十一月癸巳,土水同躔尾十度。十二月戊戌,木水同躔箕三度。

三年正月壬午,木金同躔斗三度。六月丙辰,金水同躔井十度。八月甲申,火金水聚于大火。九月戊申,土火金聚于析木两旬。十月乙丑,土火同躔箕一度;庚午,土火金聚于箕;壬申,木火金聚于星纪两旬余;丁丑,聚于斗两旬。十一月庚寅,木金同躔斗十六度;丁酉,土木水水聚于星纪浃旬;己亥,木火水聚于斗,木火同躔斗十八度;壬子,火金水聚于元枵;丁巳,火水同躔女一度。十二月丁卯,木火水聚于元枵。

四年六月丁卯,火金水聚于鹑首;己巳,聚于井。七月癸丑,火金同躔井二十八度。

五年二月己未,木金水聚于娵訾,聚于危;乙丑,木水同躔危十一度;己卯,金水同躔壁一度。十月丙辰,火金同躔箕二度;丁巳,土火金聚于星纪月余;乙丑,聚于斗两旬余;癸酉,土金同躔斗十一度。十二月癸丑,火金水聚于元枵旬余;壬申,火金同躔虚九度。

六年二月丁未,金水同躔女六度;癸酉,木火水聚于降娄旬余。五月辛亥,火金水聚于实沉。六月庚子,火金同躔井二十六度。

七年二月庚寅,木金水聚于大梁旬余。四月辛卯,木水同躔胃十一度。

八年正月癸卯,土水同躔女九度。五月癸巳朔,木火金水聚于实沉旬余;甲午,木火同躔觜初度;甲辰,木水同躔觜三度;丁巳,火金水聚于鹑首。六月丁丑,木火金聚于鹑首。七月乙未,火金水聚于鹑火旬余。

九年六月丙午,木金水聚于井。十月丁酉,金水同躔氐四度。

十年正月庚申,土金水聚于娵訾两旬余,聚于危旬余;戊辰,土金同躔危十度;辛未,金水同躔危十四度。四月丙戌,火金水聚于实沉旬余;戊戌,聚于觜;癸卯,聚于鹑首两旬余,乙巳,聚于井两旬;丁未,火水同躔井三度。五月己卯,木金同躔柳十三度。六月丙戌,木火金聚于鹑火。七月庚戌朔,木火水聚于鹑火旬余;甲子,取于星;壬申,木火同躔星六度;甲戌,木火水聚于鹑尾旬余。十月丁未,火金水聚于大火。

十一年三月戊申,土金水聚于于娵訾;壬申,土金同躔室八度。六月丁酉,金水同躔井九度。闰七月丁丑,木金水聚于鹑尾;戊寅,木水同躔箕四度。八月己酉,木金水聚于寿星旬余。

十二年二月壬子,土水同躔壁一度。三月戊子,火金同躔觜九度;癸巳,同躔井一度。五月壬辰,金水同躔井三度。六月庚申,火水同躔星三度。九月戊辰,木火水聚于寿星旬余。十月甲寅,木火金聚于大火两旬余。十二月甲子,火金水聚于星纪。

十三年正月丁亥,金水同躔虚五度。三月庚午,土金同躔奎初度。十月辛丑,木水同躔氐十五度。

十四年三月丁卯,土水同躔娄初度。五月丁卯,土金水聚于大梁;甲戌,土金同躔娄八度。八月壬申,火金水聚于寿星旬余。九月丙申,聚于大火。十月壬申,木火金水聚于析木旬余。十一月丙戌,火水同躔心六度;己亥,木火水聚于箕;癸丑,聚于星纪旬余。十二月辛酉,聚于斗;甲子,木火同躔斗二度。

十五年二月己巳,土金同躔娄十一度。四月戊午,土水同躔胃四度。

十六年二月戊申朔,木金同躔女六度。四月庚戌,土金水聚于大梁;壬戌,土水同躔昴三度;甲戌,土金水聚于实沈。八月庚申,火金水聚于寿星旬余;壬申,聚于角。九月丁丑,火水同躔角八度;庚辰,火金水聚于大火两旬余;辛巳,聚于亢旬余;丁酉,聚于氐。

十七年正月辛巳,木金水聚于娵訾;甲申,木水同躔危四度。二月戊辰,木火水聚于娵訾两旬,聚危旬余。三月乙酉,木火同躔危十九度；戊子，木火水聚于室；己亥，火金水聚于降娄。闰三月丙寅，土水同躔毕七度；己巳，火金同躔奎四度。五月庚戌，金水同躔胃九度；庚申，土火金水聚于实沈。六月癸巳，土火同躔觜二度。

十八年二月丁丑，木金同躔壁八度；乙酉，木金水聚于降娄。三月戊午，土金水聚于实沈两旬余。四月甲戌，土金同躔觜四度；丙子，土金水聚于觜。七月乙亥，火金水聚于寿星。十月壬戌，火金同躔心二度。

十九年四月戊寅，木水同躔胃十一度；庚辰，木火金水聚于大梁。五月辛卯，火金水聚于胃旬余；丁酉，火水同躔胃八度；己亥，火金同躔胃九度；甲辰，木火金水聚于昴；辛亥，聚于实沈旬余；乙卯，火金水聚于毕。六月庚午，土金水聚于鹑首；辛未，聚于井；壬午，土金同躔井十三度。八月甲子，土火同躔井十八度。

二十年三月乙卯，木金同躔毕十度。五月辛酉，木金水聚于鹑首旬余，聚于井旬余；甲子，金水同躔井六度；癸酉，土水同躔井二十四度。六月丁酉，土木金聚于鹑首旬余；庚子，聚于井两旬余。

二十一年二月丁酉，火金水聚于降娄两旬余。三月甲子，火金同躔娄四度。四月甲申，火金水聚于大梁；辛丑，聚于实沈。五月丁巳，木金水聚于鹑首旬余；戊午，聚于井旬余；辛未，同躔井二十四度。六月戊寅，土水同躔柳一度；庚寅，土木金水聚于鹑火，土金水聚于柳浃旬。七月戊午，土木水聚于柳旬余；辛未，土木火水聚于鹑火浃旬；八月庚辰，土木火聚于柳两旬余。

二十二年正月丁未，土木同躔柳十一度。六月癸酉，土木水聚于鹑火两旬余；庚辰，聚于柳。闰六月乙丑，土金水聚于鹑火旬余。七月癸未，木水同躔张三度；己丑，木金水聚于鹑尾；乙未，木金同躔张五度。八月癸丑，土木金聚于鹑尾。十二月乙卯，火金水聚于娵訾旬余。

二十三年正月庚寅，火金同躔壁十度。五月庚寅，火水同躔井八度；壬辰，土金同躔张初度，土木金聚于张旬余。七月丁丑，土木金水聚于鹑尾旬余；庚辰，土金水聚于张；辛巳，土水同躔张六度；

丙戌,金水同躔张十四度;癸巳,木水同躔翼九度。八月戊申,土火
金聚于鹑尾旬余;辛亥,聚于张两旬余。九月己巳,土火同躔张十一
度;乙亥,土金同躔张十二度。十月甲午,木金水聚于寿星;丙申,木
火金聚于寿丙旬余;戊申,聚于轸;己酉,木金同躔轸八度。

二十四年二月乙未,金水同躔虚一度。七月甲戌,土金水聚于
鹑尾旬余;乙亥,聚于张浃旬;甲申,金水同躔张十六度。八月壬辰,
土金水聚于翼;甲午,木金水聚于寿星两旬余;庚戌,聚于角浃旬。
十月甲辰,木水同躔亢六度。

二十五年二月庚寅,火金同躔奎五度。三月甲戌,火金水聚于
大梁。七月庚寅,土水同躔翼十度。八月己未,火金水聚于鹑尾旬
余;丙子,土火金水聚于翼。九月丙戌,聚于寿星旬余;庚寅,土金水
聚于轸,土金同躔轸初度;庚子,土火同躔轸一度。十月壬申,木金
水聚于析木。

二十六年正月丙申,木火同躔尾十度。二月乙亥,金水同躔娄
四度。七月戊子,土金同躔轸三度。九月戊子,土水同躔轸十度。十
月辛未,木水同躔箕二度。

二十七年正月戊寅,木金火聚于星纪;丙申,木金同躔斗十二
度。六月壬子,火水同躔鬼三度。八月辛亥,火金同躔张十一度;乙
卯,火金水聚于鹑尾。九月戊寅,土火金水聚于寿星旬余;丁亥,土
金水聚于角;辛卯,土水同躔角八度。十月壬寅,金水同躔氐五度。

二十八年正月癸未,木水同躔女三度。九月甲午朔,土水同躔
亢七度。十月戊寅,土金水聚于大火旬余;丁亥,聚于氐。

二十九年正月甲寅,木金水聚于娵訾两旬余。二月戊辰,木金
同躔危十八度;壬申,木水同躔危十九度。五月辛卯朔,火金水聚于
鹑首;癸巳,聚于井;丙辰,聚于鹑火。六月己卯,火金同躔星四度。
八月甲申,土金同躔氐五度;丁亥,土金水聚于大火浃旬。九月乙
卯,土火水聚于大火四旬余。十月庚辰,聚于氐旬余。十一月庚寅,
土火同躔氐十三度;壬辰,土水同躔氐十三度。

三十年二月辛酉,火金水聚于元枵旬余五月甲午,木金同躔娄

四度。九月乙卯,金水同躔角五度。十月甲午,土金水聚于析木旬余。

三十一年二月戊戌,木金同躔胃五度。六月丁未,火金水聚于鹑尾旬余。十月辛卯,土火水聚于析木旬余;己亥,土水同躔尾二度;乙巳,土火水聚于尾。十一月辛亥,土火同躔尾四度。十二月乙未,火金水聚于星纪旬余;辛丑,聚于斗。

三十二年庚申,聚于元枵旬余;丁卯,聚于女。二月丁亥,聚于娵訾。四月癸巳,金水同躔胃十一度。五月乙丑,木金同躔井二度;壬申,木水金聚于鹑首旬余。六月癸酉朔,聚于井旬余。九月戊午,木水同躔井二十二度。十月壬午,土金同躔尾十度。十一月壬寅,土水同躔尾十二度。

三十三年七月己丑,木金同躔柳九度。十月丁巳,土火水聚于箕旬余。十一月己巳,土火同躔斗初度;癸巳,土火金水聚于星纪。

十二月戊戌,聚于斗;庚子,土水同躔斗三度;癸卯,火金同躔牛二度;癸丑,火金水聚于元枵旬余。

三十四年正月丁丑,聚于娵訾,聚于危;庚辰,金水同躔危十九度。五月壬午,木金水聚于鹑火旬余。六月辛卯朔,金水同躔星三度。十二月甲辰,土水同躔斗十三度。

三十五年正月壬午,土金同躔斗十七度。五月戊寅,木火同躔张十七度。八月辛丑,木金水聚于翼;丙午,聚于寿星旬余;己酉,木火同躔翼十五度。庚戌,木金同躔翼十五度。九月乙卯,木金水聚于轸。十月甲午,火金水聚于析木。十一月丁巳,土火金聚于星纪两旬余;癸亥,聚于斗旬余。十二月丁亥,土火同躔斗二十一度。

三十六年正月壬戌,火水同躔虚六度;丁卯,火金水聚于娵訾。六月乙丑,聚于鹑首;戊辰,聚于井。八月戊申朔,火金同躔柳初度。十月己未,木金水聚于大火浃旬。

三十七年正月癸未,土金水聚于元枵旬余。八月乙巳,木火同躔氐十度;壬子,木火金聚于大火。九月壬辰,聚于析木。十月癸丑,火金同躔斗三度。十二月壬寅,土火金水聚于元枵旬余,土火同躔女十度；甲辰，土金同躔女十度；己未，金水同躔女九度。

三十八年正月壬午，金水同躔牛四度。二月己酉，土水同躔虚六度。三月甲戌，土金同躔虚九度。五月丁酉，火金水聚于实沈。六月癸亥，聚于鹑首。七月己丑，火金同躔井三十度。庚寅，同躔鬼初度。八月甲戌，火金水聚于鹑尾。十月乙酉，木水同躔箕八度；戊子，木金水聚于星纪两旬；甲午，聚于斗旬余，木金同躔斗一度。

三十九年正月壬子，土水同躔危七度。十月辛酉，木火同躔斗二十度。十二月己未朔，土火同躔危十一度。

四十年五月丁亥朔，火金水聚于实沈；癸卯，聚于鹑首旬余；乙巳，聚于井旬余；丙辰，火金同躔井十四度。十二月庚申，土木金聚于娵訾两旬余；丁卯，木金同躔危七度。

四十一年正月壬寅，土木水聚于娵訾旬余。二月己未，土水同躔室八度；壬戌，土木水聚于室。三月壬寅如之；丙午，土木金水聚于降娄两旬余。四月庚申，土金水聚于壁；辛未，土木金聚于壁；丙子，土木同躔壁一度。十一月己巳，土木火聚于降娄四旬余；乙亥，土火同躔室十四度。十二月壬午，木火同躔壁三度；甲申，金水同躔牛一度；乙酉，土木火聚于壁旬余。

四十二年正月庚午，土木金水聚于降娄。二月庚辰，土金同躔壁六度。四月丁酉，火金水聚于鹑首旬余；己亥，聚于井旬余。五月庚午，聚于鹑火。十月庚寅，聚于大火旬余。

四十三年四月甲申，土金同躔娄初度。

四十四年二月戊寅，土火金聚于大梁；辛巳，土金同躔娄三度。三月乙巳，木火金聚于实沈；辛酉，木火同躔觜三度。四月乙丑，土水同躔娄九度；丁卯，木火金聚于觜。闰四月丙申，聚于鹑首两旬余；癸卯，聚于井旬余；丙辰，木金同躔井三度。五月庚寅，木水同躔井十度。九月丙子，火金水聚于寿星。十二月丁未，聚于星纪；辛亥，金水同躔斗二十一度。

四十五年三月癸未，土金同躔胃九度。五月壬午，木金同躔鬼二度。六月壬寅，木水同躔柳二度。八月癸巳，土火同躔昴八度。

四十六年六月庚寅,土金同躔毕八度;癸卯,木火同躔张初度。七月壬子,木火水聚于鹑尾;甲子,聚于张旬余。八月癸巳,木金水聚于鹑尾两旬余;丙申,聚于张旬余。九月庚申,火金水聚于寿星。十月壬午,聚于大火;癸未,聚于亢;壬辰,聚于氐;甲午,火金同躔氐三度。十一月乙卯,火金水聚于析木。

四十七年正月己酉朔,火水同躔斗二度。闰三月乙酉,土金同躔毕十一度。六月癸丑,木金水聚于鹑尾旬余。八月己酉,土火同躔井初度;乙丑,木水同躔轸四度。十月壬戌,木金同躔角三度。

四十八年四月甲寅,金水同躔胃九度。五月乙亥,土水同躔井二度;乙酉,土金水聚于鹑首;丁亥,聚于井;庚寅,土金同躔井四度。七月戊戌,木火金聚于寿星。八月乙卯,火金水聚于寿星;乙丑,木火金聚于亢;丙寅,木金同躔亢三度。九月辛未,木火同躔亢四度;壬申,木火金水聚于大火旬余;癸酉,木火水聚于亢;庚辰,火金水聚于氐,火水同躔氐初度。十月丙午,火金水聚于析木。

四十九年三月壬午,聚于降娄旬余,火水同躔室九度。四月己亥,火金同躔壁七度。五月壬午,土水同躔井十五度。六月己酉,火金同躔昴七度。七月癸酉,土金水聚于鹑首;乙亥,聚于井;戊子,土火金聚于鹑首浃旬;辛卯,聚于井浃旬。闰七月乙未,土金同躔井二十四度。十月己卯,木金水聚于析木旬余;丙戌,聚于氐旬余;己丑,木金同躔尾四度。

五十年正月壬辰,金水同躔危五度。四月辛未,土金水聚于鹑首两旬;癸酉,聚于井两旬。五月辛卯,土金同躔井二十八度。七月己丑,火金水聚于寿星;己酉,火金同躔角六度。八月甲戌,火金水聚于大火浃旬。九月己丑,火金同躔氐十三度。十一月庚寅,木水同躔斗三度;癸巳,木火水聚于星纪旬余;戊戌,聚于斗旬余。

五十一年正月己酉,木金同躔斗二十一度。五月丁亥,火金同躔胃十二度;癸巳,火金水聚于实沉两旬余;庚子,聚于毕浃旬。六月辛酉,金水同躔井五度;庚辰,土金水聚于鹑火旬余。七月丙戌,聚于柳。十二月癸丑,木金水聚元枵旬余。

五十二年六月丁亥,土水同躔星五度。八月壬辰,土金水聚于鹑尾。

五十三年正月戊甲,金水同躔女八度;庚戌,木火同躔室初度;戊午,木火金水聚于娵訾;丙寅,木火水聚于室。二月己卯,火水同躔壁七度;庚辰,木金同躔室七度;壬午,火金水聚于降娄;辛卯,木火金聚于娄旬余。三月丙午,火金水聚于大梁旬余;丁未,聚于娄旬余。六月丙戌,土金水聚于鹑尾两旬余;戊子,聚于张旬余;甲午,土金同躔张九度;丁酉,土水同躔张九度。十月庚辰,土火同躔翼三度。

五十四年八月乙亥,土金水聚于鹑尾旬余;辛卯,土水同躔翼八度;壬辰,土金水聚于翼。九月己亥,土金同躔翼九度。

五十五年正月己酉,火金水聚于娵訾。二月庚午,聚于降娄;庚辰,火金同躔奎三度。三月壬辰朔,木火金聚于大梁两旬余;辛亥,木金同躔昴一度。闰三月甲戌,木火金聚于实沉;己卯,木火同躔昴七度。四月辛卯,木火水聚于实沉旬余;甲午,聚于毕;辛丑,火水同躔毕十二度。八月甲午,土水同缠轸二度。九月壬午,土火金聚于寿星两旬余。十月辛卯,聚于轸浃旬;戊申,土火同躔轸十度。

五十六年四月己酉,木水同躔井四度。五月丙寅,木金水聚于鹑首两旬余;己巳,聚于井两旬余;丙子,木金同躔井十度。八月乙酉,土金水聚于寿星两旬;庚寅,聚于轸;戊戌,聚于角,土水同躔角初度。

五十七年七月庚戌,木火水聚于鹑火旬余;甲寅,聚于柳;己未,木火同躔柳八度。八月庚辰,木火金聚于鹑火。闰八月庚午,火金水聚于寿星两旬余。九月辛巳,聚于轸;甲午,土金水聚于大火旬余;乙未,聚于亢;丁酉,土水同躔亢六度;庚子,土金同躔亢六度。十月丙辰,土火金聚于大火;甲戌,土火同躔亢十度。

五十八年六月壬寅朔,木金同躔张二度;癸亥,木金水聚于鹑尾;己巳,木水同躔张八度。八月己酉,土金同躔氐初度。九月庚寅,土金水聚于大火旬余;丁酉,聚于氐。十月庚子朔,土水同躔氐五度。

五十九年六月辛亥，火金水聚于鹑火。七月丙戌，聚于鹑尾两旬余；戊子，聚于张旬余。八月戊戌，火金同躔张十二度。九月庚午，木火水金聚于寿星；丙子，木火水聚于轸；庚辰，木水同躔轸十度；丁亥，土金水聚于大火旬余。十月乙未，聚于氐；丙申，土金同躔氐十五度；癸卯，土水同躔氐十五度。十二月甲午，土火水聚于析木旬余。

六十年九月壬辰，木水同躔氐一度；戊申，土水同躔心三度。十一月戊子朔，土金水聚于析木两旬余；戊戌，聚于尾浃旬；己亥，土金同躔尾一度。

六十一年五月辛丑，火金水聚于鹑火两旬余；戊申，聚于柳。九月丁酉，土金同躔尾四度；癸卯，木土金水聚于析木。十一月丁酉，土木火水聚于析木两旬余；戊戌，聚于尾浃旬；甲辰，木水同躔尾十度；乙巳，土水同躔尾十一度。十二月壬子朔，土木同躔尾十二度；乙卯，土火同躔尾十二度。

雍正元年正月癸未，木火金聚于星纪两旬；庚子，火金同躔斗二十一度。三月壬午，火金水聚于娵訾浃旬。十一月癸巳，土金同躔箕三度。十二月丙午朔，土木金水聚于星纪旬余；丁未，土水同躔箕五度；庚戌，木金水聚于斗；丁巳，木水同躔斗十二度。

二年七月壬寅朔，火金水聚于鹑尾旬余。十一月庚戌，土水同躔斗五度；癸丑，土火水聚于星纪。十二月癸酉，土火同躔斗八度；乙亥，木水同躔女十度；壬午，土火金聚于星纪旬余；丁亥，聚于斗。

三年正月丁未，木火金水聚于元枵旬余；癸丑，火金水聚于女；乙卯，金水同躔女三度；癸亥，火金水聚于虚。二月己巳朔，同躔虚八度；庚午，木火金水聚于娵訾旬余；辛未，聚于危浃旬；癸酉，木火同躔危二度。十月辛卯，土金同躔斗十三度。十一月乙卯，土水同躔斗十五度。十二月辛巳，木金同躔危十七度。

四年正月丙午，土水同躔斗二十一度。二月甲申，木金水聚于降娄旬余。四月甲戌，木金同躔壁七度。十二月癸亥，火金水聚于星纪两旬;己巳,聚于斗旬余;丁亥,土火金聚于元枵两旬。

五年正月戊子朔,聚于牛;甲午,火金同躔女初度;戊申,土火金水聚于星纪;壬子,土火水聚于元枵。二月乙丑,火金水聚于娵訾旬余。聚于危;辛巳,木金水聚于降娄旬余。三月己亥,聚于大梁两旬余;庚子,聚于娄浃旬。闰三月庚辰,木火水聚于大梁两旬余;辛巳,聚于娄。四月丁酉,聚于胃;庚子,木火同躔胃二度。九月壬申,金水同躔氐八度。

六年十月庚辰,火金水聚于析木旬余;庚寅,聚于尾。十一月壬申,土火金聚于元枵两旬。十二月戊子,土金同躔虚五度;壬寅,土火水聚于元枵浃旬。

七年正月乙丑,聚于危;丙寅,火水同躔危十二度;戊辰,木火聚于娵訾旬余。五月乙卯,火金水聚于实沉;癸亥,木水同躔井十度。七月丙辰,木火金水聚于鹑首;己未,聚于井。闰七月丙子,木火同躔井二十六度;丁亥,木火金聚于鹑火两旬余;戊子,木金同躔井二十八度。

八年正月辛巳,土金水聚于娵訾两旬余;壬午,聚于危;壬辰,土金同躔危十三度。十二月丙申,火金水聚于元枵;己未,土火水聚于娵訾旬余,聚于危。

九年正月丙寅,土火同躔室初度。二月壬戌,土水同躔室七度。三月壬辰,土金同躔室十度。六月己酉,火金水聚于鹑首旬余;辛亥,聚于井浃旬。七月甲戌,聚于鹑火旬余;己酉,木水同躔张十四度。八月丙辰,木金同躔翼二度;丁巳,木火金聚于鹑尾。

十年六月丙子,金水同躔张四度。

十一年正月丙戌,土火同躔壁八度。二月戊辰,土水同躔奎初度。五月戊戌,火金水聚于鹑首;己亥,聚于井旬余;甲辰,火金同躔井十六度;己酉,火水同躔井二十度。六月癸丑,金水同躔井二十七度;辛酉,火金水聚于鹑火浃旬。

十二年二月甲寅,土金水聚于降娄旬余;丁卯,聚于奎;丙子,土水同躔娄初度。五月辛卯,土金同躔娄九度。十一月辛巳,木金水聚于析木旬余;辛卯,聚于尾旬余。

十三年正月庚子,金水同躔危九度。二月己酉,土火同躔娄九度。闰四月辛未,土水同躔胃六度;壬辰,火金水聚于鹑首;甲午,聚于井。五月癸丑,聚于鹑火。十月辛巳,聚于大火旬余。十二月癸酉,木水同躔斗十九度。

乾隆元年正月壬戌,木金同躔牛六度。四月甲戌,土水同躔昂四度。六月丙子,金水同躔井十七度。九月乙卯,同躔氐十度。十二月壬申,木金水聚于元枵。

二年二月辛酉,木水同躔危三度;乙亥,土火同躔毕一度。三月癸巳,土火金聚于实沉两旬;癸卯,土金同躔毕四度。四月辛未,土金水聚于实沉;戊寅,土水同躔毕八度;癸未,土金水复聚实沉。五月庚戌,土金同躔毕十二度。七月丁亥朔,同躔觜一度。闰九月壬戌,火金水聚于寿星。十月丙戌,火水同躔氐三度;丁亥,火金水聚于大火;辛亥,聚于析木。十一月乙卯,火金同躔心初度。十二月辛亥,金水同躔女六度。

三年二月丙申,木金水聚于降娄旬余;庚子,聚于壁。三月乙亥,土金水聚于实沉两旬余。四月癸巳,聚于觜;戊戌,土金同躔觜七度。十一月乙亥,金水同躔牛四度。

四年二月乙巳,土火同躔井二度。三月乙卯,木水同躔娄八度。四月己亥,木金水聚于大梁旬余。八月丁丑,火水同躔翼十四度;丙申,金水同躔翼初度。九月癸丑,火金水聚于寿星;癸酉,聚于大火旬有七日。十月庚辰,聚于氐浃旬;戊戌,聚于析木浃旬。十一月壬申,金水同躔斗十五度。十二月壬辰,火水同躔斗二度。

五年正月甲寅,同躔斗十九度。三月癸亥,木金同躔毕一度。五月甲辰,土金同躔井二十度。六月乙酉,土水同躔井二十四度。闰六月戊申,金水同躔张三度。

六年二月癸卯,土木火聚于井旬有八日。三月己卯,土火同躔鬼初度。五月庚午,木金水聚于鹑首旬余;癸酉,聚于井旬余;戊寅,木水同躔井十六度。六月乙未,土金水聚于鹑火旬余;乙卯,复聚四日;戊午,金水同躔室四度。七月辛未,土木水聚于鹑火两旬。九月丁卯,火金水聚于大火;己丑,聚于析木浃旬。

七年三月庚申朔,火水同躔室六度;庚午,火金水聚于室;癸酉,聚于降娄两旬,火金同躔室十五度;戊寅,金水同躔室十四度;乙酉,火水同躔壁九度。五月癸未,土木水聚于鹑火月余。六月己丑,聚于柳两旬余;壬寅,火水同躔毕五度。七月乙酉,木土金水聚于鹑火。八月戊子,土木水聚于星;乙巳,土木金聚于星;己酉,聚于鹑尾两旬余。九月丙寅,聚于张。十一月辛卯,土木火聚于鹑尾两月;庚午,聚于张月余。十二月戊子,土火同躔张四度;甲寅,同躔张二度。

八年二月辛卯,金水同躔室二度。五月戊子,土木火聚于张;癸卯,土木火金聚于鹑尾;乙巳,土木金聚于张旬余。七月戊子,土木水聚于鹑尾旬余;庚寅,聚于张。八月癸亥,火金水聚于大火旬有七日;甲戌,聚于氐。九月壬午,金水同躔氐四度;丁未,同躔亢二度。

九年正月壬午,火水同躔危三度。三月丁亥,火金水聚于降娄。四月丁丑,火金同躔昴三度。五月甲申,火金水聚于鹑首;癸亥,聚于井。七月庚寅,土金水聚于鹑尾旬余;癸巳,聚于张。八月甲寅,木水同躔轸十度,木金水聚于寿星两旬余;壬申,聚于角。九月丙子,金水同躔角六度。

十年二月己巳,土火同躔翼八度;壬申,同躔翼七度。四月己巳,同躔翼五度。七月甲午,木火同躔亢六度。八月壬寅,土水同躔翼十一度。九月庚午朔,同躔翼十五度。十月癸卯,土金水聚于寿星。

十一年正月壬申,金水同躔斗十二度。三月戊辰,火金水聚于娄旬余;壬辰,聚于大梁两旬余。闰三月甲辰,聚于胃;丁巳,火水同躔胃九度。七月丁未,土金同躔轸五度。九月庚子,木金同躔尾一度。十月丙子,木水同躔尾九度。十一月己未,木金水聚于星纪月余。十二月壬戌朔,木水同躔箕四度;癸未,金水同躔斗十一度;丙戌,木金水聚于斗。

十二年七月戊午,金水同躔星二度。八月丙戌,土金水聚于星、寿星旬有七日。九月壬寅,聚于角;己酉,聚于大火旬余,土金同躔角九度;壬子,木火同躔斗五度。

十三年二月壬戌,火金水聚于降娄浃旬。七月庚子,聚于鹑火两旬余;壬寅,火水同躔柳二度;辛亥,火金水聚于柳旬余。闰七月戊午,同躔柳十二度。八月丙午,土水同躔亢九度。十月丙申,土金水聚于大火。十一月辛亥朔,土火金聚于大火浃旬。十二月乙酉,土火同躔氐八度。

十四年正月丁丑,木金水聚于娵訾两旬余。二月戊子,聚于危;庚寅,金水同躔危十八度。六月丁丑朔,同躔井二十八度。八月戊戌,土金水聚于大火旬有七日。九月丁未,聚于氐,土金同躔氐八度;甲寅,土水同躔氐八度;辛未,同躔氐十度。十一月庚午,木火金聚于娵訾浃旬。十二月戊戌,木金同躔室七度。

十五年正月庚戌,木火金聚于降娄旬余。二月乙未,木金同躔壁五度。三月戊甲,木金水聚于降娄旬有六日;庚戌,金水同躔室十二度。九月乙丑,火金水聚于寿星旬余。十月己亥,聚于大火。十一月乙巳,土金水聚于析木旬余;戊申,聚于心。

十六年正月甲辰,土火同躔尾初度;壬子,金水同躔虚六度。三月辛酉,木金水聚于大梁。四月己巳,木水同躔胃一度。九月乙酉,金水同躔亢初度。十月壬子,土水同躔尾四度。十二月丙午,土金同躔尾十度。

十七年二月甲辰,木火同躔毕一度。三月戊寅,木火水聚于实沉。四月甲寅,金水同躔胃十一度。五月壬戌,木金水聚于实沉两旬;戊寅,聚于觜。六月壬辰,聚于鹑首;丁未,火金水聚于鹑火。七月辛未,聚于鹑尾。八月庚寅,聚于翼旬余;丁酉,金水同躔翼十度;辛丑,火水同躔翼七度。九月丁丑,同躔角初度。十月己亥,土金水聚于析木;甲辰,土金同躔尾十二度;甲寅,土水同躔尾十三度。十二月丙辰,土火水聚于星纪浃旬。

十八年正月辛酉,土火同躔箕五度。六月癸巳,木水同躔井二十二度。八月壬寅,木金同躔柳二度。十一月甲子,土水同躔箕八度。十二月甲午,金水同躔尾十三度;壬寅,土金水聚于星纪旬有九日;己酉,聚于斗旬余。

十九年正月戊辰,金水同躔牛六度。三月壬申,同躔奎八度。五月癸巳,木火金水聚于鹑火旬余;戊戌,聚于柳。八月甲戌,火水同躔角四度。十月癸丑,土金同躔斗七度。十一月己卯,火水同躔心五度;庚子,同躔尾十三度。十二月丙午,土火金水聚于星纪旬余;庚戌,土金同躔斗十四度;甲寅,金水同躔斗十一度;丙辰,土火金水聚于斗,土水同躔斗十四度;丁卯,火金同躔斗八度。

二十年正月辛卯,土金同躔斗十八度。二月己巳,火金水聚于娵訾旬余。八月壬寅朔,木金水聚于鹑尾旬余;丙辰,木水同躔翼七度;庚申,木金水聚于翼;丙寅,聚于寿星;戊辰,木金同躔翼十度。十月乙卯,金水同躔房初度。十二月壬寅,土金同躔斗二十二度;戊午,土金水聚于元枵;己未,土水同躔牛初度。

二十一年七月壬辰,金水同躔柳十三度。八月甲寅,木火水聚于寿星旬有九日。九月丁卯,聚于角;戊辰,木水同躔角二度;辛未,火水同躔角七度。闰九月戊戌,同躔氐五度;己亥,木火水聚于大火旬有七日。十月戊寅,木金水聚于大火;丙戌,木金同躔亢八度。十一月己亥,火水同躔箕四度。

二十二年正月乙未,土火同躔女六度;己亥,土火金聚于女;庚子,土火金水聚于元枵旬余;丁未,火水同躔虚四度;己酉,火金水聚于虚;辛亥,金水同躔虚三度;庚申,火金同躔危四度;壬戌,火金水聚于娵訾旬余。二月癸亥朔,聚于危浃旬;癸酉,火水同躔危十度;庚辰,火金水聚于室;乙酉,金水同躔室十五度。三月壬辰朔,火金水聚于降娄。五月丙申,金水同躔井初度。八月甲戌,木金水聚于大火旬余;戊子,木金同躔氐八度。十月己卯,木水同躔房一度。

二十三年二月辛酉,土水同躔虚八度。十月庚辰,木火同躔尾十二度;癸未,木火水聚于尾。十一月壬辰,聚于箕,木水同躔箕初度;己酉,木火金水聚于星纪;辛亥,木金同躔箕四度。十二月乙卯,火金水聚于斗;己巳,火水同躔牛一度;壬申,木金水聚于斗。

二十四年正月癸未朔,火金同躔女四度;辛丑,土金同躔危五度;乙巳,土火金聚于危。二月癸丑,土火同躔危七度;己未,土火金水聚于娵訾;辛酉,土火水聚于危;乙丑,土水同躔危八度;壬申,火水同躔室一度。三月壬午朔,火金水聚于降娄。五月乙酉,火水同躔胃三度。九月丁巳,金水同躔亢一度。

二十五年正月丁卯,土水同躔危十八度。七月丁巳,金水同躔张二度。九月庚午,火金水聚于析木。十月丙申,聚于星纪。十一月乙卯,木火金聚于元枵两旬余。十二月甲午,土火木金聚于娵訾;乙未,木火金聚于危。

二十六年正月辛丑朔,土金同躔室六度;癸丑,土木火水聚于娵訾旬有八日;乙卯,木火水聚于危;戊午,木水同躔危八度;丙寅,土火水聚于室浃旬。二月辛未朔,土水同躔室九度;壬申,土火水聚于降娄月余,土火同躔室九度。三月庚子朔,火水同躔奎一度。四月乙未,火金水聚于实沈旬有六日。五月辛丑,聚于毕;癸卯,金水同躔毕九度;己酉,火金同躔毕五度。八月辛卯,同躔柳十度。

二十七年二月甲申,土木同躔壁五度;辛卯,土木金水聚于降娄。三月丁酉,土木金聚于壁浃旬;癸卯,土金同躔壁八度;乙巳,木金同躔壁十度。四月癸酉,木水同躔奎四度。闰五月丙子,金水同躔柳初度。十一月丁亥,同躔斗十五度;十二月辛亥,火水同躔危一度。

二十八年二月乙未,土火同躔奎五度。三月丁卯,木火同躔胃四度;甲戌,土水同躔奎九度;壬午,土木火水聚于大梁;丙戌,木水同躔胃九度。四月甲午,火水同躔毕一度;甲辰,土木金聚于大梁旬余。六月乙未,火金水聚于鹑首旬有八日;丁酉,聚于井旬有九日。七月己未,聚于鹑火旬余;丙寅,聚于柳。九月丙子,金水同躔亢三度。

二十九年二月壬寅,土金同躔娄五度。三月丙子,土水同躔娄八度;丁丑,木金同躔毕十一度。四月丁亥,木金水聚于实沈;癸卯,木水同躔参一度。五月甲子,同躔参五度。六月丁酉,同躔井二度。

三十年正月丙子,金水同躔牛二度。闰二月己未,土火同躔胃六度;戊辰,土火水聚于大梁。三月壬午,土水同躔胃八度。四月丁未,土金同躔胃十二度;甲寅,土金水聚于昂,金水同躔昂八度;丙寅,土水同躔昂二度。五月壬辰,木火金水聚于鹑首;甲午,聚于井,火金同躔井二十度;己亥,木金同躔井二十六度。六月己酉,木火金水聚于鹑火旬余,木火水同躔井二十九度;丁巳,火金水聚于柳;丙寅,金水同躔星七度。七月丁酉,同躔轸二度。

三十一年二月甲寅,同躔壁二度。五月庚辰,土水同躔毕六度。八月甲寅,木金水聚于鹑尾旬有七日;丁巳,聚于张,癸亥,木金同躔张七度。十一月甲午,金水同躔箕五度。

三十二年二月丁未,火金水聚于降娄旬余。三月戊子,土火同躔毕十一度;辛卯,土火金聚于实沉旬有八日。四月丁未,土金同躔毕十三度。五月甲申,土水同躔参二度。六月癸卯,火金水聚于鹑火。七月癸亥朔,木金水聚于鹑尾旬余;癸未,木火水聚于鹑尾。八月乙丑,聚于翼浃旬;庚午,聚于寿星旬有六日;庚辰,木火同躔翼十五度;庚寅,金水同躔亢四度。九月庚子,木火金聚于寿星旬有六日;庚戌,火金同躔角五度。十一月戊申,火金水聚于析木。

三十三年五月戊子朔,土水同躔井四度;甲寅,土金同躔井七度。六月丁丑,金水同躔柳初度。八月丁卯,木金水聚于寿星旬有六日;己卯,聚于角;癸未,同躔角八度。九月丙戌朔,聚于大火旬有八日;癸丑,金水同躔心二度。

三十四年四月辛酉,土火同躔井十二度;乙亥,金水同躔毕十二度。五月壬午朔,土火水聚于鹑首;甲申,聚于井;甲午,土水同躔井十六度。六月乙丑,同躔井十五度。七月乙酉,同躔井二十二度;戊子,土金水聚于鹑首;庚寅,聚于井。八月丙辰,土金同躔井二十六度;乙丑,火水同躔翼十一度。九月丁未,木火水聚于大火旬余。十月癸亥,火水同躔亢九度;癸酉,火金水聚于大火旬有七日。十一月丁酉,木火金水聚于析木旬余;戊戌,木火水聚于心;壬寅,木火金聚于心;乙巳,同躔心五度。十二月戊午,聚于尾。

三十五年二月辛亥,金水同躔危三度。五月丙戌,土金水聚于鹑首;戊子,聚于井两旬余。闰五月癸丑,土金同躔井三十度。六月壬辰,土水同躔柳初度。十一月乙巳,木金水聚于星纪;己未,聚于斗,金水同躔斗十六度。十二月辛巳,木金同躔斗五度。

三十六年正月乙巳,同躔斗十度。六月丙申,土水同躔柳十二度。八月壬午,火水同躔轸十度;庚寅,火金水聚于寿星;丙申,金水同躔轸初度。九月丁卯,火金水聚于大火浃旬。十月壬申,火金同躔氐十度;丙子,火金水聚于氐;丙戌,聚于析木旬有六日;庚寅,火金同躔心一度。十一月庚子,火金水聚于尾;壬寅,木金水聚于星纪;癸卯,金水同躔箕三度;戊申,木金水聚于斗;丙寅,聚于元枵两旬余。十二月丁卯朔,聚于牛;乙未,火水同躔斗十七度。

三十七年正月己酉,木火水聚于元枵两旬余;丁巳,聚于女。六月壬午,土金水聚于鹑火。七月丙申,聚于星;丁酉,金水同躔星二度;己亥,土水同躔星六度。九月甲辰,土金水聚于鹑尾;丙辰,土金同躔张八度。

三十八年二月丙子,木水同躔危十六度;己卯,木金水聚于娵訾。三月丙申,木金同躔室初度。闰三月壬申,金水同躔娄四度。五月丁丑,同躔井二十三度。六月乙巳,土金水聚于鹑尾两旬余;戊申,土水同躔张十度;丁巳,土金同躔张十一度。七月辛酉,土水同躔张十二度。八月辛丑,火金同躔亢六度。九月庚辰,火金水聚于析木。十月丙戌朔,火水同躔心四度。十一月丙辰朔,同躔箕四度。

三十九年正月戊午,同躔女十一度;丙寅,木金同躔壁四度。二月乙酉,木金水聚于壁;丁未,火金同躔室八度;壬辰,木水同躔壁十度。三月乙卯,同躔奎二度;壬申,木火金水聚于降娄旬有六日;辛巳,木火水聚于奎。四月戊子,聚于大梁旬有七日;壬辰,聚于娄;庚戌,木火金聚于大梁两旬。五月丁巳,木金同躔娄五度。六月丁酉,火金同躔毕十四度。八月丙申,土金水聚于鹑尾;癸卯,土水同躔翼九度。十一月乙卯,金水同躔房三度。

四十年正月癸亥,同躔危三度。二月庚寅,同躔壁一度。四月壬寅,木水同躔昴三度。六月丁酉,土木同躔翼十三度。七月丁巳,土火金聚于寿星两旬。九月丙午朔,土水同躔轸三度;辛酉,金水同躔亢五度。

四十一年正月丙戌,火水同躔危十九度。三月戊子,同躔娄六度;戊戌,火金水聚于大梁。四月乙卯,木水同躔参六度;癸亥,木火金聚于实沈;丁卯,火金同躔毕八度。五月癸巳,木金同躔井四度;丙申,金水同躔井八度。六月癸卯,木火金水聚于鹑首;丁未,聚于井。七月己丑,金水同躔张十二度。八月庚子朔,土金水聚于寿星旬有五日;庚戌,土水同躔角一度;己未,土金同躔角二度。九月丁亥,金水同躔氐二度。

四十二年四月己酉,同躔毕十四度。六月己未,土火同躔角七度。七月丙寅,木水同躔柳初度。十月甲寅,土金水聚于大火。

四十三年正月壬申,金水同躔牛五度。二月丁酉,火水同躔毕初度。三月壬戌,火金水聚于降娄;丁丑,金水同躔奎八度;戊寅,火金水聚于大梁旬有八日;庚辰,聚于娄;乙酉,火金水同躔娄十一度;庚寅,火金水聚于胃。四月癸巳,火金同躔胃四度;庚戌,火金水聚于实沈旬有七日;乙卯,金水同躔毕九度;戊午,火金水聚于毕。五月癸亥,火水同躔毕三度。六月丁未,同躔井六度。闰六月乙亥,木金水聚于鹑尾;丙子,木水同躔张初度。八月己未,土金同躔氐初度;丁卯,木火水聚于鹑尾浃旬。九月癸丑,土水同躔氐七度。十一月癸巳,金水同躔斗十六度。

四十四年三月甲辰,土金同躔氐十二度。六月乙丑,土火同躔氐八度。八月丁巳,金水同躔张九度;己卯,木金同躔轸一度;辛巳,木金水聚于寿星旬余。九月丁亥,聚于轸;己亥,土金水聚于大火旬有七日;丙午,聚于氐浃旬;戊申,金水同躔氐三度。十月丙辰,土水同躔氐十六度;己未,土金同躔氐十七度;乙丑,土金水聚于析木浃旬。

四十五年二月丙辰,火金水聚于降娄;丙子,聚于大梁。六月乙巳,金水同躔星二度;庚午,火金水聚于鹑火。七月癸巳,火金同躔柳七度;庚子,火金水复聚鹑火旬有七日。八月己酉,火水同躔星初度。十月己未,土水同躔心三度。十一月癸巳,木火金聚于大火旬余;戊戌,木金同躔氐六度。十二月戊申,土金水聚于析木旬余;己未,聚于尾。

四十六年二月丙辰,土火同躔尾六度。三月辛卯,金水同躔壁一度。五月丁亥,同躔毕十度。六月庚辰,同躔柳十二度。八月癸巳,木金水聚于大火。九月庚子朔,木金同躔氐十六度;癸丑,土木金水聚于析木旬余;甲寅,木水同躔房一度。十一月庚戌,同躔尾一度,土木水聚于尾浃旬;丁巳,土水同躔尾十一度。

四十七年二月丁酉,金水同躔室三度。六月丙寅朔,火水同躔井三十度。七月庚申,同躔张三度。九月庚申,土木同躔尾十四度。十月壬午,火金水聚于大火。十一月丁巳,土木金水聚于星纪旬余,土金水聚于箕;壬戌,木金水聚于斗旬余,木金同躔斗三度。十二月甲子,木水同躔斗四度;丁卯,金水同躔斗九度。

四十八年正月壬子,同躔危十三度,土木火聚于星纪月余。二月甲子,聚于斗月余。戊辰,土火同躔斗四度。九月乙未,金水同躔亢四度。十二月癸亥,土水同躔斗七度。

四十九年正月壬子,木水同躔女八度。二月丁巳朔,土金同躔斗十三度;癸亥,木金水聚于元枵旬有六日。五月乙卯朔,金水同躔毕七度。六月甲午,火金水聚于鹑火;丁酉,金水同躔鬼一度。七月丙辰,火水同躔张六度;戊午,火金水聚于鹑尾水浃旬;辛酉,聚于张;乙亥,火金水同躔翼初度。八月戊子,火金水聚于寿星旬有八日;戊戌,金水同躔轸十一度;丙午,火水同躔轸四度。九月庚辰,同躔亢二度。十月辛亥,土金水聚于星纪。十一月癸丑,土金同躔斗十五度;丁巳,土金水聚于斗;丁卯,土水同躔斗十六度。十二月辛丑,土火水聚于星纪旬有六日。癸卯,土水同躔斗二十一度;庚戌,土火水聚于斗。

五十年正月丁巳,土水同躔斗二十二度,十二月癸巳,金水同躔斗四度。

五十一年正月乙卯，土金同躔女初度；戊午，土金水聚于元枵旬余；乙丑，土水同躔女一度。二月乙酉，金水同躔危十五度；乙未，木金水聚于降娄旬有五日。三月丙午，木水同躔奎三度；丁巳，木金同躔奎六度；癸酉，金水同躔胃二度。四月甲戌朔，木金水聚于大梁浃旬；辛卯，木水同躔娄三度。六月戊子，火金水聚于鹑火。七月丙午，聚于鹑尾旬有八日；戊申，聚于张；庚申，火木同躔张十四度。十一月乙未，火金水聚于星纪两旬余；戊午，火水同躔危十度。十二月庚子朔，火金同躔斗初度；壬寅，火金水聚于斗，金水同躔斗初度；乙巳，火水同躔斗四度；戊申，火金水复聚斗浃旬；戊辰，土火水聚于元枵，土水同躔女十一度。

五十二年正月丙戌，土火金聚于元枵两旬余。二月戊申，聚于虚；壬子，土金同躔虚四度。三月丙戌，火金水聚于降娄旬余。四月戊午，木水同躔毕初度。七月己卯，金水同躔柳十度。八月辛亥，同躔翼六度。十月乙卯，同躔尾五度。

五十三年正月庚午，土金水聚于娵訾；辛未，土水同躔危三度。三月庚寅，木金同躔参四度。五月庚午，木水同躔井二度；乙酉，火金水聚于鹑火。七月己卯，金水同躔柳二度。九月乙亥，火水同躔氐初度。十月壬寅，同躔房二度。十二月乙巳，同躔斗十二度。

五十四年正月乙亥，土水同躔危十度。二月壬寅，土火金水聚于娵訾两旬余；癸卯，聚于危旬有七日；乙巳，土水同躔危十四度；庚戌，火金水同躔危十度；乙卯，土金同躔危十五度；丁巳，土火同躔危十五度。三月丁卯，土水同躔危十六度；辛未，火金水聚于室；丙子，聚于降娄旬余。四月戊戌，金水同躔娄七度。五月壬午，木金水聚于井。闰五月戊戌，金水同躔井二十度。六月辛巳，木水同躔柳六度。十一月戊子，木火同躔星七度。十二月丁巳，同躔星五度；戊辰，土金水聚于娵訾；五十五年二月丙辰，复聚旬有八日；庚申，土金同躔室。庚午，土金水聚于室，金水同躔室一度；甲戌，土水同躔室八度。三月癸卯，土金同躔室十一度。七月壬辰，木水同躔张六度。十月己巳，金水同躔氐十四度。十一月乙未，火金水聚于星纪浹旬；壬寅，聚于斗。十二月己未，聚于元枵两旬余；丙寅，聚于女；癸酉，同躔女九度。

五十六年二月壬子，土金同躔壁初度；乙丑，土火金聚于降娄；壬申，土火水聚于降娄旬有五日。三月丙子，聚于壁；丁丑，同躔壁三度。七月壬子，木金水聚于寿星旬有六日；辛巳，木金同躔翼八度。八月乙巳，木水同躔翼十三度；庚午，同躔轸二度。九月丙戌，木金水复聚寿星两旬余。十月甲辰，聚于轸。

五十七年三月庚辰，土水同躔奎一度。四月丁巳，土金同躔奎五度。闰四月甲戌，金水同躔胃一度。五月丙午，同躔参二度。六月癸未，木火同躔角三度。七月戊午，金水同躔翼二度。八月甲午，木金同躔亢五度。九月戊申，木金水聚于大火。十月甲申，火金水聚于星纪旬余；庚寅，聚于斗旬余。

五十八年正月乙卯，土火金聚降娄；丙辰，土金同躔奎九度。二月甲申，土金水聚于大梁；丁亥，土水同躔娄一度。三月甲午朔，土火水聚于大梁旬有九日；丁酉，聚于娄旬有六日；辛丑，土火同躔娄三度；乙巳，火水同躔娄六度；戊申，土水同躔娄四度。四月戊寅，同躔娄八度；乙酉，火金同躔毕初度；庚寅，火金水聚于实沈；辛卯，金水同躔昴六度。五月己亥，火水同躔毕十度。八月辛酉朔，火金水聚于鹑火。辛巳，火金同躔柳十四度。十月戊辰，木水同躔心二度。十一月辛丑，木金水聚于析木两旬余；壬子，木水同躔尾四度；癸丑，木金水聚于尾旬余；丙辰，金水同躔尾四度。

五十九年正月己丑朔，同躔斗二十一度。三月壬辰，同躔壁十三度；丙辰，土金同躔胃三度。四月癸未，土水同躔胃七度。九月戊戌，木火金聚于析木；癸卯，火金同躔尾十四度。十月戊辰，木火金聚于星纪旬有七日；壬申，木金同躔箕四度。十二月壬戌，同躔斗六度；己巳，木金水聚于星纪；庚辰，木水同躔斗十度。

六十年二月戊辰，木金同躔斗二十一度。三月戊辰，土火同躔昴四度。四月乙酉，土火水聚于实沈旬有六日；丁亥，土水同躔昴六度;乙未,火水同躔毕十三度。六月癸未,火金水聚于鹑首旬余;甲申,聚于井旬有八日;己丑,火水同躔井二十二度;癸卯,金水同躔井二十四度;丙午,火金水聚于鹑火两旬。七月癸丑,聚于柳旬余。九月丙子,金水同躔氐十度。十二月癸未,木金水聚于元枵浃旬;癸巳,木水同躔女七度。

清史稿卷三七
志第一二

天文十二

日食　月五星凌犯掩距　太白昼见
日变月变

日食　《三统》、《四分》，皆有推月食术，而无推日食术。由日食或见或否，或浅或深，随地而变。不详其数，立术綦难。故自古以为尤异，每食，史册必书。后人推日食之术密矣，犹必书者，从其朔也。其见于本纪，无食分及所次宿，备以入志，言推步者考焉。

顺治元年八月丙辰朔午时，日食二分太，次于张。五年五月乙丑朔卯时，日食九分强，次于觜嶲。七年十月辛巳朔巳时，日食七分太，次于亢。十四年五月癸卯朔寅时，日食六分半强，次于觜嶲。十五年五月丁酉朔辰时，日食四分少，次于毕。

康熙三年十二月戊午朔申时，日食九分弱，次于南斗。五年六月庚戌朔申时，日食九分太强，次于东井。八年四月癸亥朔未时，日食五分半，次于胃。十年八月己卯朔申时，日食二分，次于翼。二十年八月辛巳朔辰时，日食三分太强，次于翼。二十四年十一月丁巳朔申时，日食二分少强，次于心。二十七年四月癸卯朔辰时，日食九分太强，次于胃。二十九年八月己未朔卯时，日食二分太，次于翼。三十年二月丁巳朔午时，日食三分少强，次于危。三十一年正月辛亥朔午时，日食五分少强，次于危。三十四年十一月己未朔申时，日食八分半强,次于尾。三十六年闰三月辛巳朔辰时,日食既,次于娄。四十三年十一月丁酉朔午时,日食四分半强,次于心。四十五年四月戊子朔酉时,日食六分半弱,次于胃。四十七年八月甲辰朔申时,日食五分少强,次于翼。四十八年八月己亥朔卯时,日食五分弱,次于翼。五十一年六月癸丑朔寅时,日食五分太弱,次于东井。五十四年四月丙寅朔酉时,日食六分少弱,次于胃。五十八年正月甲戌朔申时,日食七分,次于危。五十九年七月丙寅朔巳时,日食七分,次于柳。六十年闰六月庚申朔酉时,日食四分,次于东井。

雍正八年六月戊戌朔巳时,日食九分,次于东井。九年十二月庚寅朔卯时,日食八分太,次于南斗。十三年九月丁酉朔辰时,日食八分少强,次于角。

乾隆七年五月己未朔辰时,日食七分强,次于毕。十年三月癸酉朔巳时,日食一分少弱,次于东壁。十一年三月丁卯朔午时,日食七分弱,次于营室。十二年七月己丑朔申时,日食二分少强,次于柳。十六年五月丁酉朔辰时,日食四分太弱,次于昴。二十三年十二月癸丑朔申时,日食八分太强,次于南斗。二十五年五月甲辰朔酉时,日食九分太弱,次于参。二十七年九月庚申朔酉时,日食五分太弱,次于角。二十八年九月乙卯朔辰时,日食七分,次于轸。三十四年五月壬午朔酉时,日食三分半强,次于毕。三十五年五月丁丑朔辰时,日食四分弱,次于昴。三十八年三月庚寅朔未时,日食四分少弱,次于营室。三十九年八月壬午朔辰时,日食三分太强,次于张。四十年八月丙子朔午时,日食四分半强,次于七星。十二月甲辰朔巳时,日食一分太强,次于南斗。四十九年七月甲寅朔卯时,日食二分弱,次于柳。五十年七月戊申朔辰时,日食四分少强,次于柳。五十一年正月丙午朔巳时,日食七分少弱,次于婺女。五十三年五月壬戌朔酉时,日食三分半弱,次于毕。五十四年十月癸丑朔巳时,日食五分太弱,次于氐。六十年正月甲申朔卯时,日食九分弱,次于南斗。

月五星凌犯掩距　《天官书》言"相凌为斗"，又云"七寸以内必之"，谓纬度相迫如交食也。今法，两星相距三分以内为凌，月与星相距十七分以内为凌，俱以相距一度以内为犯，相袭为掩。钦天监每年预推月五星入此限者，缮册进呈，本名《凌犯书》，雍正初年，改名《相距书》。既凭占候，即课推步，各循本称，并志所在之宿。

顺治元年七月庚寅，荧惑犯岁星于昴。三年十一月辛酉，月犯岁星于柳。四年二月壬午，掩岁星于觜。六年六月癸巳，荧惑犯岁星于翼。七年五月甲子，月犯岁星于亢。十年十月庚午，荧惑犯岁星于女；十一月己亥，太白犯岁星于女；十二月甲申，荧惑犯岁星于壁。十七年五月壬申，荧惑犯太白于柳。十月甲午，太白犯岁星于轸。

康熙四年六月丁卯，月犯填星于箕。八年十二月丁卯，太白犯填星于虚。十二年三月甲戌，月犯太白于壁。十三年六月戊申，荧惑犯填星于奎。十八年五月己未，月犯岁星于娄。二十一年八月丙申，荧惑犯填星于柳；九月己巳，岁星掩填星于柳。三十年六月戊寅，荧惑犯岁星于娄。三十一年五月丁卯，太白犯荧惑于星。三十三年十一月癸未，犯填星于斗。三十八年十二月丁丑，犯填星于危。四十年二月庚申，犯岁星于虚。五十五年十月戊戌，犯填星于轸。五十七年九月丙申，辰星犯填星于亢。

雍正二年十二月丙申，太白距填星于斗。三年二月壬申，距岁星于危。九年十月癸丑，荧惑距岁星于翼。十二年正月甲申，距岁星于心。

乾隆元年三月乙巳，距岁星于女；壬戌，月距太白于奎；五月己亥，太白距填星于昴；八月戊辰，辰星距太白于翼；十二月乙丑，太白距岁星于女；丁亥，辰星距岁星于虚。

二年正月癸巳，月距太白于室；二月乙酉，辰星距岁星于危；五月己丑，距太白于觜；八月癸亥，距荧惑于张。闰九月乙丑，月距岁星于危；十月癸巳，如之。

三年二月壬辰，太白距岁星于壁；辛丑，辰星距岁星于壁；三月乙卯,距太白于娄;四月乙未,太白距辰星于觜;五月丙寅,荧惑距岁星于奎;丁丑,辰星距填星于井;七月壬子,月距辰星于张。

四年五月庚申,太白距岁星于胃;六月壬午,辰星距填星于井;七月乙巳朔,太白距填星于井;丁未,月距辰星于虚;壬戌,辰星距荧惑于翼;十月癸未,太白距荧惑于氐;乙酉,辰星距荧惑于氐;癸巳,月距填星于井;丙戌,辰星距太白于氐;十一月庚申,月距填星于井;十二月戊子,五年正月乙卯、四月丁丑,如之;五月丙寅,辰星距岁星于觜;六月壬申,月距填星于井;闰六月甲子,距岁星于井;七月壬辰,距荧惑于井;八月壬寅,荧惑距岁星于井;庚申,月掩岁星于井;距荧惑于井;九月戊子,复距;十月甲寅,距岁星于井;丙辰,距荧惑于鬼;十一月辛巳,距岁星于井;甲午,距太白于危;十二月戊申,距岁星于觜;六年正月乙亥,如之;三月庚午,掩岁星于井;壬申,距荧惑于井;五月甲子朔,辰星距太白于觜;六年正月乙亥,如之;三月庚午,掩岁星于井;壬申,距荧惑于井;五月甲子朔,辰星距太白于觜;丁亥,太白距岁星于井;己丑,辰星距填星于柳;六月甲辰,太白距填星于柳;八月辛亥,距荧惑于亢;九月壬午,辰星距荧惑于氐;十月丙申,月距太白于箕;壬子,荧惑距辰星于尾;十一月癸亥,月距荧惑于尾;十二月甲寅,辰星距荧惑于牛。

七年五月乙酉,月距荧惑于昴;八月乙丑,辰星距岁星填星于星,岁星距填星于星;庚戌,太白距填星于星;壬子,距岁星于星;十月乙卯,距辰星于氐;十二月癸卯;月距荧惑于张;乙巳,辰星距太白于斗。

八年正月庚午,月距荧惑于星;四月戊申,荧惑距填星于星;闰四月壬戌,距岁星于张;五月丙午,太白距填星于张;六月甲寅,距岁星于张;七月癸巳,辰星距填星于张;庚子,距岁星于翼;八月乙卯,月距荧惑于氐;十一月辛丑,距岁星于轸;十二月壬了,辰星距荧惑于女;己巳,月距岁星于轸。

九年二月辛酉,距填星于张;癸亥,掩岁星于轸;三月甲申,辰星距荧惑于奎;庚寅,月距岁星于翼;四月戊午,如之;六月乙亥,辰星距太白于柳；七月戊寅，月距填星于张；丙申，辰星距填星于张；
八月戊申，月距岁星于觜，太白距填星于翼；壬申，距岁星于角；十
月庚戌，辰星距岁星于角；戊辰，月距荧惑于张；己巳，距填星于翼；
十一月辛丑，荧惑距填星于翼。

十年二月丁未，月距太白于娄；三月甲戌，荧惑距填星于翼；四
月壬子，月距荧惑于翼；五月戊戌，辰星距太白于毕；癸巳，距填星
于觜；十月壬子，太白距填星于觜；甲子，辰星距岁星于氐；十一月
甲午，太白距岁星于房。

十一年二月己亥，月距荧惑于室；癸亥，辰星距太白于室；三月
壬午，距荧惑于奎；闰三月癸卯，太白距荧惑于娄；五月乙巳，辰星
距荧惑于觜；六月戊辰，月距太白于星；七月壬戌，距荧惑于柳；八
月庚寅，距荧惑于张；九月庚子，辰星距填星于觜；十二月癸亥，荧
惑距填星于角。

十二年七月辛卯，月距辰星于张；十月庚寅，辰星距太白于翼；
十一月辛卯，月距荧惑于女；甲午，太白距辰星于尾；十二月丁巳
朔，距岁星于斗；戊午，月距太白于斗。

十三年正月己丑，辰星距岁星于牛；癸丑，月距岁星于女；二月
辛未，太白距荧惑于奎；五月壬寅，辰星距荧惑于觜；六月乙卯，月
距辰星于井；八月壬辰，距岁星于女；九月己卯，太白距荧惑于觜；
十月庚戌，距填星于氐；十二月癸卯，辰星距岁星于危。

十四年二月甲申，太白距岁星于危；三月戊辰，月距荧惑于斗；
乙亥，辰星距太白于胃；六月乙巳，月距辰星于井；十月己卯，距太
白于箕；癸卯，辰星距填星于氐；十一月己巳，荧惑距岁星于室。

十五年正月癸酉，月距辰星于危；三月丁巳，辰星距岁星于壁；
四月乙亥，月距荧惑于毕；庚子，太白距岁星于奎；五月壬寅朔，
辰星距荧惑于井；己未，荧惑距辰星于井；七月己未，辰星距荧惑于
星；九月己未，太白距荧惑于翼；十月戊寅，距辰星于角；十一月戊
申，辰星距太白、填星于心。

十六年正月癸亥，月距荧惑于尾；三月癸丑，太白距岁星于娄；

四月己巳,月距太白于昴;闰五月壬辰,距岁星于昴;七月丁亥,距岁星于毕;八月丁酉,距辰星于角;九月壬辰,距太白于角;十月乙未,距填星于尾;戊申,距岁星于毕;十一月丙子,距岁星于昴;庚寅,距填星于尾;十二月己未,距太白于箕。

十七年正月庚午,距岁星于昴;二月戊戌,距岁星于毕;四月庚申,距太白于昴;五月甲戌,距填星于尾;辛巳,太白距岁星于觜;壬午,辰星距岁星于觜;癸未,距太白于觜;六月辛丑,月距填星于尾;甲寅,辰星距荧惑于星;七月丁亥,太白距荧惑于张;八月庚寅,月距辰星于翼;十月乙卯,距荧惑于氐。

十八年五月辛未,辰星距太白于毕;十一月甲戌,填星距辰星于斗;十二月丙午,太白距填星于斗。

十九年正月壬子,辰星距填星于斗;五月己丑,荧惑距岁星于柳;乙巳,太白距岁星于柳;丁未,辰星距岁星于柳;六月丙辰,太白距荧惑于张;七月甲辰,辰星距岁星于张。

二十年正月丁丑,荧惑距填星于斗;辛丑,月距太白于牛;三月辛巳,太白距荧惑于危;庚子,月距荧惑于室;七月庚寅,辰星距太白于柳;九月己亥,月距岁星于轸;

二十一年正月己丑,如之;八月辛酉,荧惑距岁星于角;十一月壬戌,辰星距填星于女。

二十二年正月乙巳,太白距填星于女;辛酉,月距辰星于虚;三月乙卯,距填星于虚;六月丁丑,距填星于女;九月戊戌,如之;十一月壬寅,太白距填星于女。

二十四年十二月乙未,月距荧惑于翼;

二十五年正月辛酉,如之;甲戌,太白距岁星于女;二月乙巳,距填星于室;三月甲戌,距辰星于奎;四月癸巳,辰星距太白于胃;十一月辛亥,太白距荧惑于斗;十二月戊寅,距岁星于虚;己亥,荧惑掩岁星于危。

二十六年正月庚午,辰星距荧惑于室;十月癸巳,月距太白于亢。

二十七年五月戊午，辰星距太白于井；己未，月距岁星于娄；七月丁卯，距荧惑于氐；十月辛丑，距填星于壁；十二月丁酉，距岁星于娄。

二十八年四月丁未，太白距填星于娄；五月壬申，距岁星于昴；六月甲寅，辰星距荧惑于井；七月丁卯，太白距荧惑于柳。

三十年二月庚寅，辰星距太白于虚；八月己巳，月距岁星于柳；十月甲子。三十一年三月己卯，如之；六月辛亥，太白距填星于毕；辛酉，辰星距岁星于星。

三十二年五月甲子朔，太白距荧惑于井；丙寅，月距荧惑于井；六月丁未，辰星距荧惑于鬼；七月丁卯，太白距岁星于翼；八月乙丑，月距太白于亢。

三十三年九月丙午，距填星于井。

三十四年七月丁未，距太白于井；十一月乙未，辰星距岁星于心；乙巳，太白距岁星于心，荧惑距岁星于心；丁未，月距荧惑于心。

三十五年二月庚午，距岁星于尾；四月丁卯，辰星距太白于毕；五月辛卯，月距岁星于尾；丙申，太白距辰星于井；闰五月戊午，月距岁星于尾；六月丙戌、八月庚辰，如之。

三十六年四月丙申，荧惑距填星于柳；七月己未，太白距填星于柳；癸亥，辰星距荧惑于翼；十一月丙寅，距岁星于牛；十二月戊辰，太白距岁星于牛。

三十七年正月己未，辰星距荧惑于女；辛酉，距岁星于女；甲子，荧惑距岁星于女；二月己巳，月距太白于壁；八月乙丑，距辰星于翼；庚寅，距太白于柳。

三十八年五月己巳，荧惑距填星于张；庚辰，月距岁星于壁；八月戊戌，辰星距填星于张；九月戊辰，月距岁星于室；十月乙未、十二月庚寅，如之。

三十九年正月戊午，距岁星于壁；九月壬戌，太白距填星于翼；十月丙午，月距填星于翼；十二月辛丑，距填星于轸；

四十年正月戊辰，如之；三月乙丑，太白距岁星于胃；四月己丑,月距填星于翼;十二月丁巳,辰星距荧惑于虚。

四十一年六月壬戌,荧惑距岁星于井。

四十二年五月戊辰,月距岁星于井;八月甲寅,太白距岁星于柳;十月戊申,辰星距填星于亢;十一月癸亥朔,太白距填星于亢;辛卯,月距太白于尾;十二月甲午,距辰星于斗。

四十三年三月丁丑,距填星于氐;四月乙巳如之;六月辛卯,距太白于氐;丙辰,太白距岁星于星;闰六月丙寅,月距填星于亢;八月辛酉,距填星于氐;九月庚子,荧惑距岁星于张;十月甲申,月距填星于氐;十二月戊寅,距荧惑于氐。

四十四年二月庚申,荧惑距填星于氐;甲戌,月距荧惑于氐;三月辛丑,如之;四月壬午,距太白于胃;九月戊子,辰星距岁星于轸;十一月癸巳,距太白于斗。

四十五年正月己亥,月掩岁星于角;二月壬戌,太白距荧惑于娄;三月癸巳,月距岁星于角;五月癸卯,辰星距荧惑于井;七月壬午,月距岁星于角;九月己亥,辰星距岁星于亢;十月庚午,太白距荧惑于轸;壬申,月距荧惑太白于轸;十二月辛酉,太白距填星于尾;壬申,荧惑距岁星于氐。

四十六年七月辛亥,月距荧惑于斗。

四十七年五月辛丑,辰星距荧惑于井;九月戊申,荧惑距太白于翼;十月丁卯,岁星距填星于箕;丙子,辰星距太白于氐。

四十八年三月乙未,荧惑距岁星于斗;六月甲子,月距太白于柳;十二月戊寅,辰星距岁星于女。

四十九年二月丙子,距岁星于虚;三月丙戌朔,太白距岁星于虚;五月甲戌,月距岁星于危;八月乙未,距岁星于虚;十二月庚寅,太白距岁星于危。

五十年二月癸未,荧惑距填星于牛;壬辰,辰星距岁星于室;三月癸丑,月距太白于毕;五月甲寅,荧惑距岁星于壁;戊午,辰星距太白于昴;十月癸未,月距填星于斗;十二月戊寅,距填星于牛。

五十一年三月庚戌,距荧惑于参;七月丙午,太白距荧惑于张;

九月乙亥，月距太白于尾；丁丑，辰星距荧惑于亢。

五十二年二月庚子，荧惑距填星于虚；三月丁丑，太白距荧惑于室；五月乙酉，距岁星于毕；七月丙戌，荧惑距岁星于参。庚寅，月距荧惑于参。十月辛亥，距岁星于参。十一月己卯，距岁星于毕。十二月辛亥，太白距填星于虚。

五十四年闰五月庚戌，距岁星于鬼。

五十五年三月癸卯，荧惑距岁星于柳；八月壬子，月距荧惑于亢；甲戌，太白距岁星于张。九月戊戌，辰星距太白于轸。十一月壬寅，距荧惑于斗。

五十六年十月壬寅朔，距岁星于轸；己巳，月距太白于角；辛未，太白距岁星于角。十一月丁酉，月距岁星于角；戊戌，距太白于氐。

五十七年正月辛卯，距岁星于亢。二月己未，距岁星于角。三月丁酉，距太白于室。五月丙午，距荧惑于翼。十月丁丑，距填星于奎。十一月癸卯，太白距荧惑于牛；甲辰，月距填星于奎。

五十八年正月丙申，距荧惑于危。二月甲戌，辰星距荧惑于壁。九月戊午，月距太白于翼。十月乙酉，距荧惑于翼。十一月丙辰，太白距岁星于尾。

六十年正月辛亥，月距岁星于斗。五月壬戌，太白距填星于毕。七月乙卯，辰星距太白荧惑于柳，太白距荧惑于柳；壬戌，月距岁星于斗。十二月庚辰，太白距岁星于女。

太白昼见　太白见于午位者，康熙元年四月庚午，四年六月甲戌，俱不著时。七年六月癸酉至丁丑，俱未时。九年五月戊午、乙丑，十年六月甲午，十二年六月庚申，十三年十一月丁卯，十五年五月甲申，俱不著时，九月丙戌巳时。十六年十二月辛酉，不著时。十七年五月庚申，巳时。乾隆八年七月庚寅、壬辰，俱未正三刻。十年七月丙子、丁丑，俱辰时。十三年八月丙午至辛亥，九月癸丑、丙辰、丁巳、己未、辛酉、壬戌、丙寅至辛未、甲戌、己卯，十月丙戌，俱巳时。

十四年十二月丙子、丁丑、己卯、辛巳、丙戌至己丑、辛卯、乙未、戊戌、壬寅、癸卯，十五年正月己酉，俱未时。四月庚子，五月壬寅、乙巳、丁未、己酉、壬子、癸丑、丁巳至己未，六月乙亥至丁丑，十八年六月辛亥，俱巳时。二十四年闰六月丁亥、戊子、壬辰，二十九年六月甲申，俱未时。十月庚辰、甲申、辛卯，俱巳时。三十年十一月癸酉、庚辰至甲申、丙戌、己丑、癸巳、乙未至戊戌、庚子、辛丑，十二月乙卯、丁巳、辛酉、戊辰，三十一年正月丙子，俱申时。三十二年闰七月癸卯、丙午、丁未、庚戌、壬子至乙卯，俱未时。丁巳，申时。戊午、庚申，八月壬戌朔，俱未时。十月戊辰至庚辰、壬午至甲申，俱巳时。丁亥至庚寅，俱辰时。十一月辛卯朔、壬辰，俱巳时。癸巳、丁酉、己亥，俱辰时。五十四年十二月戊午、己未、癸亥、丙寅，俱未时。

太白见于巳位者，顺治十一年五月辛亥，与日争明。十七年九月庚辰，康熙四年三月辛卯，俱不著时。七年六月癸酉至丁丑，俱午时。十二年六月辛酉，十八年十一月丙辰，俱不著时。乾隆八年十月辛酉、甲子、丙子至十一月壬午、乙酉，十三年八月乙未，九月壬申、丁丑，十月癸未、甲申、丙戌至己丑、壬辰、乙未、丙申、戊戌至辛丑、甲辰、丁未、戊申，十一月辛亥朔、壬子、甲寅、乙卯、丁巳、己未、乙丑、丁卯、癸酉、乙亥，十五年五月壬戌，十八年六月戊戌，三十二年十月戊辰至庚辰、壬午至甲申，十一月辛卯朔、壬辰，俱辰时。

太白见于未位者，顺治九年九月乙未，康熙八年十二月丁卯，十二年正月丁亥，俱不著时。十五年九月丙戌，午时。乾隆元年十二月庚午、癸酉、甲戌、己丑，二年正月庚寅朔、壬辰、癸巳、丁巳，二月辛酉、乙丑、庚辰，三年十月甲申至丙戌、戊戌、己亥、乙巳、丙午、戊申，六年十月己未至辛酉，十一月甲子、戊辰、庚午至壬申，丙子至戊寅、甲申、丙戌、戊子，十二月壬辰、癸巳、丁酉、戊戌、戊申，十年正月辛巳、癸未至丁亥、辛卯至丁酉、壬寅，二月癸卯朔、戊申，俱申时。丙辰，酉时。丁巳、癸亥、己巳、壬申，三月庚辰、癸未，十一年十月丙寅、丁卯、己巳、甲戌至丁丑、壬午、乙酉、己丑至辛卯，十一月癸巳、甲午、戊戌至辛丑，十四年十月乙巳，十一月壬子、癸丑、乙卯、丙寅、丁卯、辛未至甲戌，十二月丁丑、己卯、辛巳、丙戌至己丑、辛卯、乙未、戊戌、癸卯，三十年十月丁巳、戊午、辛酉、丙寅至戊辰，十二月癸卯、甲子，俱申时。戊辰，酉时。三十一年正月癸酉、辛巳、壬午，俱申时。三十二年闰七月丁巳，酉时。八月甲子，五十四年十二月戊午、己未、癸亥、丙寅、辛未、乙亥，俱申时。

太白见于辰位者，乾隆七年六月癸巳、甲午、丁酉、辛丑至癸卯，俱寅卯二时。丁未、戊申、庚戌、壬子、乙卯、丁巳，七月癸亥、戊寅至庚辰、壬午、甲申、乙酉，八月丁亥朔、戊子、庚寅，十年六月丁卯，七月辛巳，十三年九月甲寅，十五年六月戊寅，五十五年七月壬辰、庚子、甲辰至戊申，八月丙辰、己巳，俱卯时。

太白见于申位者，康熙二年七月丙申，连日如之，不著时。乾隆三年九月丙寅、丁卯，二十四年六月丙辰、戊午，闰六月乙酉，三十二年闰七月辛丑，俱酉时。

太白见于卯位者，康熙四年六月丙辰，不著时。

太白见于酉位者，乾隆八年五月辛卯、壬寅、甲辰至丙午，俱戌初。

太白见于辰、巳二位者，乾隆二年七月己亥、癸丑、、八月甲子、癸酉、乙亥至己卯，癸未至乙酉，九月丁亥至辛卯、乙未、丁酉、庚子，甲辰至丙午，闰九月丙辰朔、辛酉、癸亥，十年七月壬申、戊寅至庚辰、壬午，十三年八月戊子、丙申至庚戌，九月乙卯、丙辰、戊午、辛酉、丙寅至戊辰，十五年五月丁未、己酉、壬子、癸丑、戊午、己未，六月丙子、丁丑，俱卯、辰二时。

太白见于未、申二位者，乾隆二年正月丙申至戊戌、癸卯，戊午至二月庚申、丙寅、戊辰、庚午，三年九月戊辰、己巳、辛未，五年五月辛亥，八年七月己丑、庚寅、壬辰、甲午、甲辰至丙午、戊申、己酉，十五年正月己酉，三十二年闰七月壬寅、癸卯、丙午至戊申、庚戌、壬子至乙卯、戊午、庚申，八月壬戌朔、丙寅、丁卯，俱申、酉二时。

太白见于巳、未二位者，乾隆十年七月丙子、丁丑，俱卯巳二时。十三年八月辛亥，九月己未、辛未、甲戌、己卯，十五年四月庚子,五月乙巳,俱辰、午二时。

太白见于卯、辰、巳三位者,乾隆十年六月庚午,十五年五月丁巳,十八年六月癸巳、甲午,俱寅、卯、辰三时。

太白见于辰、巳、未三位者,乾隆十三年九月癸丑、丁巳、己巳、庚午,十五年五月壬寅,六月乙亥,十八年六月辛亥,俱卯、辰、午三时。

太白昼见不著位者,顺治元年六月庚午,九月己酉,三年正月己未,六年八月甲午,七年十二月辛丑,康熙七年九月戊戌、己亥,二十一年十月乙未至戊戌,二十三年五月己卯至庚寅,俱不著时。

日变月变 崇德七年四月庚戌,二日并出,上大下小,须臾大日散没。顺治元年二月癸亥,月中有黑子。七年三月己未,日赤如血。十一年四月庚申朔,日出时色变赤;戊子,日色变白。十四年二月乙酉,日赤如血。康熙元年二月丁卯,日赤如血;戊辰,日出色如血,无光。十三年六月丙午,月生光一道,色苍白。十九年四月己巳,日赤无光。二十一年六月乙巳戊时,日射青气二道。乾隆八年三月辛巳,日赤无光。二十九年六月甲申,月见正午。十一月壬子,如之。四十八年六月戊辰,日心中出白圈,向东成围。五十八年正月壬子,日生赤黄色大半环及大围圈各一。二月戊子,日生赤黄色大半环。

清史稿卷三八
志第一三

天文十三

虹蜺　晕珥

虹蜺异色者，天聪八年三月丁亥朔，天霁无云，色绿。

崇德六年九月己亥，阴气蔽日，色白，自巽至乾，是晚天霁色黑，自艮兑形如烟。

康熙十六年八月庚申，东北；三十六年六月丁巳，东南；四十六年二月癸卯，五十二年八月丙戌，五十五年七月癸酉，俱东北，俱色白。

乾隆三十八年八月丁未，东方二道；己酉，西南；戊辰，东方二道。三十一年三月庚寅，东方；五月丁亥，东北；辛卯，东北至东南；甲午，西方；戊戌，东北；六月庚子，东南；壬寅，东北；癸亥，东方；乙丑，东北；丙寅，东南，又东方二道；七月辛未，东南；戊子，东北；八月己酉，西北。三十六年四月辛巳，东北至东南二道；五月甲辰，东南至东北二道；丁未、庚申，俱东北至东南；壬戌、乙丑，俱东北至东南二道；六月庚午朔，东北；辛未，东南至东北；丙子，东北；乙酉，东南二道；戊戌，七月辛丑，俱东南至东北；甲辰，东北至东南二道；己酉，东北。四十一年四月丙寅，东北至东南二道；丁卯，东南；五月戊子，西北至东南；丙申，西北；丁酉，东北；六月乙巳，东南；丙辰，东北；丁巳，东南二道，七月辛未、壬申、丁丑，俱东北；甲申，东南；庚寅,东北;八月壬寅,四十六年三月丙申,俱东方。四月癸丑,东南至东北二道;五月癸未,东北;乙酉,东北至东南二道;己亥,闰五月丙午,俱东北;己酉酉、戌二时,俱东南至东北二道;丙辰,西方;庚申,东北至东南二道;壬戌,东方二道;甲子,东北至东南;丙寅,丁卯申、酉二时,俱东南;戊寅、己巳,俱东北;庚午,东南;六月己亥,东方二道;庚寅,东方;癸巳,东南至东北;七月丁未,东方二道;辛亥,东南二道;丙辰,东南;壬戌卯、未二时,西方;申、酉二时,东北二道;乙丑、丙寅,八月辛未朔,俱东北。五十一年五月壬戌,东方;戊辰,东南;六月丁丑,东南至东北二道;戊寅酉时,东南二道;戊时,东方,庚辰、庚寅、壬辰,俱东南;癸巳,西南;七月甲辰,东南;闰七月丙戌,东北;己丑,东方。五十六年五月丙申,东南二道;壬寅,东南;六月癸丑,西南;乙卯、丙辰,俱东南;戊午,东南二道;庚申,东南;丙寅、壬申,俱东南二道,八月壬子,西方二道,戊午,东方二道,俱五色。

虹蚬多道者,康熙六年五月壬子申时,正东四道;酉时,东北。

乾隆元年五月甲午朔,八月乙丑,二年四月乙酉,七月辛丑,俱东方;壬寅,东南;壬子,西北至西南。三年六月庚寅,东南。五年五月丙辰,东方;六月癸巳,闰六月丙午,俱东南。六年三月丙戌,东北至东南;四月戊午,东南;己未,东北至东南俱二道;六月甲午朔,东北至东南四道;乙未,壬寅,七年五月丁亥,俱东南二道。八年闰四月丁巳,东南至东北四道;五月甲申,六月庚戌,七月癸未,九年五月丁酉,六月癸丑,七月甲午,九年五月庚子,六月癸丑,七年甲午,十年五月庚子,六月丙寅,七月乙亥、丙子,十一年四月庚寅,七月癸丑,俱东南;己未,东方。十二年五月庚戌、丁巳,俱东南;六月己巳,东方,庚午,西北,俱二道;八月丙寅,东南至东北四道;辛未,东方。十三年六月丁丑,东南。十四年六月甲午,西南;壬寅,东南;七月丙辰,东北;八月庚辰,东方;九月辛亥,东北。十五年六月甲戌、乙亥、乙酉,十六年四月甲申,六月壬寅、庚申,十七年六月己亥,俱东南;八月庚戌未时,东北;酉时,十八年四月乙未,俱东方。十九年五月戊子,东南;丙午,东方;六月丙辰,东南。二十年四月辛未,东方;六月乙巳,东北;辛未,二十一年五月乙亥,俱东南;七月甲午,西方。二十二年四月己丑,二十三年六月癸未,俱东南。二十四年六月辛未,西南至西北,二十五年五月甲子、丁卯、戊辰,俱东北至东南;六月壬午,东南;甲申,二十六年六月丙子,俱东方;七月甲寅,东南;八月甲戌,东南至东北;庚辰,二十七年四月壬午,俱东南;丁亥,西方;五月丁酉,闰五月庚寅,六月甲辰,俱东南;戊午,西南至西北;庚申,东北至东南;八月庚子,东南至东北。二十八年五月辛未,六月己亥,俱东南;七月戊寅,东方。二十九年五月甲戌、乙亥,俱东南;六月壬寅、癸卯,七月己卯,俱东方。三十年四月辛酉,东南;五月丁酉,东方。三十一年六月己亥朔,三十二年五月壬辰,俱东南;六月己未,东方;七月丁卯、己巳,俱东北;己卯,东南。三十三年六月辛未,东方;壬申,东北至东南。三十四年六月庚申,西南至西北;己巳,东北至东南。三十五年闰五月癸丑,东北;六月丙子,东北至东南;己丑,东南至东北;庚寅,东北至东南;壬辰,七月庚午,三十七年五月辛亥,俱东南至东北;壬子,东北至东南;六月庚午,东南至东北;乙酉,七月癸卯,俱东北至东南;九月辛酉,东北至东南。三十九年六月辛卯,东南。四十年五月己未,东北至东南;六月乙酉,东南;七月壬午,东方俱二道。四十二年八月丁未,东南至东北四道。四十三年七月壬辰,东北至东南。四十四年三月庚子,东方;五月甲申朔,东南;庚子,东方;乙巳,东南;六月甲寅,东方;七月甲申,东南。四十五年五月辛丑,东北至东南;七月丁丑,西北;庚子,东方;八月壬子申时,东北;酉时,己巳,四十七年五月庚申,俱东方;六月乙亥,东南至东北;壬辰,东南。五十年五月丁卯,七月丁丑,俱东方。五十二年六月戊申,东南;七月戊子,东方;壬辰,东南至东北;癸巳,东南;八月丁未,西南至西北。五十三年四月庚申,五月己巳,俱东南。五十四年闰五月辛丑,西南;六月戊午、壬戌,俱东南。五十五年五月庚子,五十六年三月庚子,俱东北,俱二道。五十八年六月癸亥,东南至东北四道;癸酉,七月癸卯,俱东北至东南。五十九年六月戊辰,东北至东南;七月甲辰,东南,俱二道。

日生晕者,顺治元年九月癸巳,二年三月戊戌。三年三月丙子。四年三月甲辰,辛酉。五年闰四月壬子。六年正月壬申;四月丙午,八月丁未。八年闰二月乙丑,丁丑;四月戊辰;七月丁亥。九年正月壬午;二月庚午。十年三月癸未;四月己未;五月甲午兼两珥,六月乙卯,闰六月甲子,庚辰,辛卯;七月己亥,癸卯。十一年二月壬午;三月丁丑,庚辰,己丑;五月癸卯,七月丙午。十二年正月乙未;二月戊午,乙丑,癸未;三月丁亥,乙未;四月癸亥,庚午,丙子;十月戊午。十三年二月丙辰兼两珥;四月甲戌;五月甲申,戊戌;十月甲午。十五年三月癸亥;四月癸未。十六年七月甲子,乙酉;十月丁酉兼两珥。十七年正月己卯;三月壬午;四月丙申。

康熙元年三月壬辰。三年正月己巳兼两珥,己丑。五年五月乙巳兼抱气。六年五月壬申兼直气。七年十一月己未兼两珥。十二年六月己酉兼抱气。旋生两珥。十三年六月戊申兼直气。十五年二月辛酉兼两珥、抱气。二十年四月戊子兼两珥。

乾隆九年二月丙寅。

十三年四月己巳。

二十八年正月辛酉兼两珥、抱气。

二十九年正月乙亥巳时至酉时,辛巳;三月乙丑,辛未兼两珥、背气;四月辛卯,壬辰。

三十年闰二月己酉,辛未;三月己亥;六月癸亥巳时至未时;十月壬戌。

三十一年三月庚寅,丙申;四月甲辰,丙午,辛亥;五月辛巳,甲申,丙戌,壬辰;十一月乙酉兼两珥。

三十三年三月壬寅;五月己丑,壬寅;六月乙丑巳、午二时;七月丙申,庚子,癸丑;九月丙戌;十二月壬午兼两珥。

三十四年正月甲午;二月丙辰兼两珥,辛酉,壬戌;三月庚寅,壬寅,己酉;四月癸丑朔巳、午二时,戊辰,戊寅巳、未、申三时;五月丙午兼两珥,十二月戊寅。

　　三十五年正月丙戌;二月丙辰;三月戊子兼两珥、背气二道,乙未,癸卯;四月戊申朔,壬子,己未兼两珥,癸亥,甲戌;五月壬午,戊子,辛卯巳时,癸巳兼两珥,乙未,己亥;闰五月丁未,庚戌,辛亥,乙卯;八月壬午;九月丁卯;十二月甲申。

　　三十六年正月丙寅;二月乙未;三月丙辰,甲子兼两珥,乙丑;五月戊申,癸亥;七月丙午;十一月乙巳兼两珥。

　　三十七年二月丙戌未时,癸巳;三月壬寅,戊申,己酉;四月辛未,甲戌,丁丑,甲申,乙酉,癸巳;五月丁酉,丙午,丙辰,戊午;六月戊辰,辛未,甲申,丙戌,丁亥兼抱气;七月乙未午、未二时,丙申,八月戊寅未时,庚寅;九月乙未,戊戌,辛丑;十月甲子,庚寅申时兼两珥、背气、抱气。

　　三十八年正月甲辰兼两珥;二月甲戌,壬午,癸未;三月壬辰兼两珥,戊戌,戊申,乙卯未时,己未;闰三月壬戌,癸亥,辛未,戊寅兼两珥,癸未,乙酉;四月己丑朔;五月壬戌;戊子;六月丙午;七月丙子,壬辰,丙戌;八月壬辰,辛丑;九月丁巳朔,癸亥,十二月乙酉朔兼背气,甲辰。

　　三十九年正月辛酉兼两珥,辛未巳、午二时;二月丙申兼两珥,丁酉,辛丑,辛亥兼两珥;三月壬戌,甲戌,丁丑;四月甲申至丙戌,甲午,辛丑,壬寅,壬子;五月丙辰,壬戌,壬申兼两珥,己卯;六月丙午兼抱气,辛亥;七月壬戌,丁卯;八月乙酉;九月辛酉,乙亥午时,己卯;十月壬午兼两珥,癸巳兼背气,乙未兼两珥,壬寅兼两珥、背气;十一月庚申,如之;十二月庚辰朔兼两珥,壬辰、丙午皆如之。

　　四十年二月己卯朔辰时,庚辰,癸未兼两珥,戊子如之,己丑巳、午二时,辛丑兼两珥,乙巳、三月己未皆如之,乙丑至丁卯;四月辛卯,壬辰,丙午;五月辛亥,甲戌;六月甲申,丙申,丁酉兼背气;七月甲子兼两珥,戊辰;八月丁丑,己卯,丙申,甲庚未时兼两珥,乙巳;九月己酉至辛亥,丁卯未、申二时,壬申兼两珥;十月戊子,辛卯,壬寅;十一月己卯,甲午;十二月辛未。

四十一年正月丁丑,戊寅,己卯兼两珥,乙酉,丙戌,己丑未时,甲午兼背气;二月乙巳申时,戊申,己未,庚申,庚午;三月甲申,丙戌,己丑巳时,甲午,乙未兼两珥,庚子,辛丑;四月壬寅朔,癸卯辰时兼两珥,丙午如之,己酉,癸丑兼两珥,抱气,甲寅至丁巳,己未至辛酉;五月癸未,乙酉,丙戌,庚寅兼抱气,癸巳,乙未,戊戌兼背气;六月庚子,甲辰兼两珥,辛酉如之,丙寅;七月甲戌,己卯,壬午,辛丑,癸卯,丁未,庚戌,丁巳;九月庚辰至壬午;十月辛丑,壬子兼两珥,癸丑,戊午;十一月庚午、丙子、丁丑、癸未皆如之,乙酉兼抱气,丙戌兼两珥,丁酉;十二月甲辰。

四十二年正月己巳申时兼两珥,庚午如之,壬申,丁丑申时,戊子巳、午二时;二月丁酉朔兼两珥,癸卯,乙巳巳、午二时兼两珥,戊申,丙辰,戊午;三月戊辰,己巳,庚午兼两珥,癸酉如之,甲戌,丁丑申时兼两珥,戊寅、己卯、乙酉皆如之,丁亥,戊子,癸巳兼背气、两珥;四月丙申朔兼两珥,戊戌,甲辰,乙巳,甲寅,辛酉;五月癸酉,丙子未时,丁丑辰时,己丑;七月甲子朔,辛未午时,丁丑,戊子,壬辰;八月壬寅,甲辰,己酉;九月庚午,辛巳兼两珥,己丑,庚寅;十月辛丑兼两珥;十二月甲午、甲辰皆如之,戊申兼抱气。

四十三年正月乙丑,甲申,丙戌己时至申时;二月癸巳巳、午、申三时兼两珥,甲午兼两珥、背气;三月辛酉朔,己丑,四月壬寅,癸卯,己酉;五月甲子,丁卯巳时至酉时,辛巳;六月壬辰,辛丑,乙巳;闰六月癸未;七月己丑巳、午二时,丁酉,庚子兼戴气,丙午,丙辰;八月戊辰;十月己巳,壬申;十一月乙巳兼两珥;十二月丁卯兼两珥、重背气,辛未兼两珥,己卯如之。

四十四年正月乙未兼背气,丙申,丙午;二月辛未,庚辰;三月丁未;四月丁巳,壬戌兼两珥,戊辰申时兼两珥,己巳,壬申,癸酉,甲戌兼两珥;五月戊子,丁酉,辛亥,壬子辰时兼戴气;七月丁亥,庚寅,辛亥;八月戊午,辛酉,甲戌,辛巳;九月壬午朔,甲午,癸卯兼两珥,十月丙辰,壬戌兼两珥,癸亥、己卯皆如之;十一月乙酉,癸巳;十二月壬子兼两珥,丙辰兼背气、辛酉,辛未,甲戌兼抱气。

四十五年正月壬辰兼两珥,癸巳兼背气、两珥,甲辰兼两珥,乙巳兼背气;二月癸丑兼两珥,辛酉、戊寅兼两珥,己卯兼两珥、抱气;三月戊戌辰时兼两珥,辛丑,丙午;四月己酉朔,庚申,甲子,庚午巳时至申时,癸酉兼两珥,丁丑巳时至未时;五月壬午,癸未巳时至未时,戊子,戊戌,辛丑,丁未;六月己酉兼两珥,己巳;七月己卯,辛巳巳、午二时;八月丁未朔午时,戊辰;九月癸巳,戊戌,己亥兼两珥;十月庚申如之,甲戌兼两珥、抱气;十一月己丑;十二月乙巳朔兼两珥,戊申兼背气,庚戌兼两珥,丁巳。

四十六年正月丁丑,戊寅,庚寅兼两珥,庚子;二月壬子未、申二时,甲寅兼戴气、两珥、抱气,戊午,乙丑巳、午二时,己巳,癸酉兼两珥;三月甲戌朔,乙亥,戊寅,乙酉,丙戌午、未二时,戊子,己丑兼两珥,丙申,壬寅;四月乙巳,戊申辰、巳、午三时,辛亥,戊午兼背气,己未,庚申,乙丑兼戴气,辛未,壬申;五月癸酉朔,丙子,戊寅,己卯未时,庚辰至壬午,乙酉,丙戌,戊子兼两珥,癸巳,甲午兼戴气、抱气,乙未,丙申;闰五月甲辰兼两珥,乙巳如之,丁未,戊申,辛亥,癸丑兼背气,甲寅,丙辰,丁巳,戊午兼两珥,辛未如之;六月壬申朔,甲戌,戊寅,甲申至丙戌,辛卯;七月辛丑朔,癸亥;八月癸酉辰时,己丑,庚寅兼抱气;九月辛丑,甲辰,丙午,丁未,庚申兼两珥,辛酉,壬戌,甲子兼两珥;十月辛未,癸酉巳、午、未三时,己卯,庚辰,甲申,丁亥,戊子;十一月丙午兼两珥、背气;十二月己卯兼抱气。

四十七年正月庚子兼两珥、戴气,壬寅兼两珥,丁未兼两珥、抱气,丙辰兼两珥,壬戌如之,癸亥,乙丑午时至酉时,丙寅兼两珥,丁卯;二月庚午兼两珥,辛未如之,壬申未时,癸酉兼两珥,癸未,甲申兼两珥、背气,乙未兼两珥,丙申如之,丁酉;三月庚子,癸卯,甲辰辰时兼两珥,乙巳,己酉,庚戌巳时至未时,辛酉兼两珥;四月己巳巳时至申时,庚午兼两珥,辛未,乙亥,丙子未时,癸巳兼两珥,己亥如之,辛丑,乙巳兼两珥,己未,乙丑;六月丙寅朔,壬午兼直气、背气、抱气;七月己酉,丙辰,癸亥,甲子;八月癸未辰、巳、未、申四时,癸巳;九月己亥酉时,戊申,壬子;十月癸酉兼抱气、两珥,癸未,戊子兼两珥、抱气;十一月丙申己、未、申三时,己亥;十二月戊子。

四十八年正月丙申巳、午二时,辛丑,甲辰,己未兼两珥、戴气;二月壬戌朔兼两珥,乙丑,庚午,庚辰,丁亥;三月壬辰朔,乙未,丙午兼两珥,辛亥;四月壬戌,甲子,乙丑,辛未兼两珥、背气,壬申,丙子兼两珥,丙戌如之;五月壬辰,乙未,壬寅兼两珥、抱气、背气;七月甲午,癸丑,丁巳;八月甲戌,壬午,戊子;九月庚子兼两珥、抱气,甲辰兼两珥,乙巳己、午二时,丁巳;十月辛酉,甲申,丁亥;十一月辛亥兼两珥;十二月己未。

四十九年正月辛卯,癸巳兼两珥、抱气,丙申兼两珥;二月丁巳朔,己未兼两珥,乙亥,戊寅巳、午二时,壬午兼两珥;三月丁亥,戊子,戊戌,壬子,乙卯闰三月丙辰朔,戊午,甲子,乙丑,癸酉兼两珥,己卯兼两珥、背气,甲申兼两珥;四月壬辰如之,癸巳,丙申未时,庚子,辛丑,乙巳;五月壬戌,甲子,乙丑;六月甲辰,己酉,癸丑;七月己巳,丙子;八月丙申兼两珥;九月丁丑、十月丙午皆如之;十一月戊午,辛酉,辛未;十二月癸未兼两珥,甲辰如之,乙巳。

五十年正月壬子午时,壬戌,丙寅,庚午,壬申未时,甲戌兼两珥,丁丑如之,戊寅;二月辛巳朔兼两珥,丙戌兼背气,己亥兼戴气,甲辰午时,戊申兼两珥;三月甲寅,丁巳,壬戌兼两珥,甲子如之,乙丑未时,丙子兼两珥,戊寅;四月丁亥巳时至未时,戊子至庚寅,乙未兼两珥,丙申,甲辰,丙午;五月甲寅,戊午兼两珥,己未,甲子,乙丑,戊辰,丁丑辰时;七月戊辰,己巳,丁丑;八月丁亥午时至申时,癸巳,辛丑;九月甲寅,丙辰,戊午,丁卯巳时至未时;十月戊寅兼两珥,己卯如之,庚辰,壬午巳时至申时,壬辰,戊戌,庚子辰、午、未、申四时,壬寅兼两珥;十一月戊辰如之;十二月辛卯,辛丑,癸卯。

五十一年正月丁未兼抱气,癸丑,壬申;二月丁丑,戊子兼两珥,己丑,庚寅,辛卯兼两珥,癸卯;三月戊申,壬子,甲寅,丁巳,癸亥,己巳,癸酉;四月乙亥兼两珥,丙子至戊寅,庚辰,壬午至甲申,丙戌至戊子,辛卯,乙未,丁酉;五月乙巳至丁未,己酉,癸丑,庚申,癸亥,甲子,丙寅,辛未;六月甲戌,戊戌;七月甲寅,乙卯;闰七月辛巳,壬辰,己亥,庚了;八月己酉;九月丙子;十月壬寅;十一月己卯,戊子兼两珥,甲子;十二月丁未,己巳。

五十二年正月辛未兼两珥,癸酉,辛巳兼两珥、直气,丙戌,甲午,乙未兼两珥;二月辛丑,甲辰兼两珥,丙午,己酉巳时,壬子,癸丑,乙丑兼两珥,丁卯;三月丁丑,壬午兼两珥,癸未,戊子兼两珥,庚寅如之,癸巳;甲午;四月庚戌,癸丑,甲寅,戊午,己未,甲子;五月丁卯朔,甲戌,丁丑,庚辰至壬午,丙戌至己丑,辛卯,癸巳;六月辛丑,乙巳,壬子至乙卯,癸亥;七月辛未,乙亥,癸未,丁亥;八月戊戌,乙卯;九月戊辰,己巳,甲申,癸巳,甲午;十月壬寅,甲寅兼两珥,癸亥;十二月乙未,丁酉,庚子辰、巳、未、申四时兼两珥、背气。

五十三年正月丙寅兼两珥,戊辰,甲戌兼两珥,庚辰,癸未,戊子兼背气,己丑,庚寅兼背气、两珥,辛卯;二月丙申辰时至未时,辛丑兼两珥,乙巳,丁未,辛酉;三月甲戌,辛巳,丙戌,戊子,庚寅,辛卯;四月乙未至丁酉,戊戌巳、午二时,壬寅兼两珥,癸卯,癸丑兼两珥,戊午,己未;五月癸亥,丙寅兼两珥、背气,壬申,甲戌,乙亥,辛巳,丁亥,戊子、六月壬辰朔兼两珥,戊戌,己未兼两珥;七月乙丑,辛未,丁丑,乙酉,戊子;八月壬辰,庚子,辛丑,甲辰,乙巳,丙辰;九月乙丑,丁卯,乙亥兼抱气、两珥;十月乙巳兼两珥,丁未,癸丑;十一月辛酉,己巳巳、未二时兼两珥,壬午,癸未;十二月癸巳兼两珥,辛丑,癸卯,辛亥。

五十四年正月戊午朔,丁亥;二月辛丑,壬寅,庚戌,癸丑;三月丙寅午时至申时,己巳午时,庚午兼两珥,壬午兼背气,丙戌;四月丁亥,庚寅,乙未,己亥,乙巳午时,癸丑,甲寅;五月戊午兼直气,丑至丁卯,乙亥,庚辰;闰五月丙戌朔,丁亥,辛卯,癸巳,甲午,丙申,庚子,丁未;六月乙卯朔,丁卯,甲戌,癸未;七月乙酉朔,乙未,丁未,戊申,壬子巳时至申时,癸丑;八月庚辰,壬午兼两珥;十月庚申,己巳;十一月丁亥未、申二时,乙巳;十二月丙辰兼两珥、抱气,甲戌,丁丑兼两珥。

五十五年正月壬午朔,壬辰;二月丁卯,甲戌,丁丑;三月壬辰,
丁未兼两珥;四月乙丑,甲戌兼两珥;五月辛巳朔;六月壬子兼抱
气,庚申,戊辰;七月丙戌,庚寅兼背气、两珥,癸巳,戊戌,己亥兼两
珥、抱气,辛丑兼两珥;八月己酉朔,甲子,己巳;九月戊寅朔至庚
辰,甲申,乙酉,癸卯兼两珥,丁未;十月乙卯,乙丑兼两珥、背气,戊
辰,己巳,辛未,壬申兼两珥、背气、抱气,乙亥;十一月乙未兼两珥、
背气,丙申,丁酉午时,壬寅兼两珥;十二月戊申如之,己酉,兼两
珥、抱气,丙寅兼两珥,戊辰兼两珥、背气、抱气,辛未兼两珥。

五十六年正月庚辰如之,壬午,癸未,丙戌,庚寅兼背气,癸巳
兼两珥、抱气、背气,甲午,乙未,丁酉兼两珥,己亥;二月丁未午时,
己酉兼两珥、抱气、背气,甲寅,癸亥,甲子,丙寅,己巳,庚午,壬申;
三月丙子,丁丑,辛巳,甲申,丙戌兼两珥,丁亥,戊子兼两珥,庚寅,
辛卯兼两珥、直气,壬辰,癸巳,丙申,戊戌,己亥,辛丑,甲辰至四月
丙午,戊申,辛亥,癸丑申时,甲寅辰时,庚申,壬戌卯、辰、午、未、
酉、戊六时,甲子,丁卯至己巳,甲戌;五月戊寅,癸未,乙酉,丙戌兼
背气,丁亥,戊子,庚寅,壬辰兼背气,癸巳,乙未,丁酉兼两珥,己亥
兼两珥、背气,庚子兼两珥,辛丑如之,癸卯;六月丙午兼抱气,丁未
兼两珥,壬子,甲寅,丙辰,己未,庚申,壬戌兼抱气;七月丙子,甲
申,丙戌,辛丑;八月丙寅;九月辛巳申时,乙酉兼两珥、背气,丙戌
兼背气,丙申,己亥兼背气,辛丑;十月乙巳,丙午,庚戌,甲子,辛
未;十一月己卯辰时,庚寅兼两珥、背气,辛卯,壬辰兼两珥,己亥;
十二月壬寅兼两珥,癸卯兼抱气,甲辰兼两珥,庚申、壬戌皆如之,
癸亥。

五十七年正月丁丑兼抱气、两珥,癸未申时,乙酉兼两珥、抱
气,丙戌兼两珥,丙申、己亥皆如之;二月癸卯至乙巳,丁未未时兼
两珥,辛亥如之,壬子兼两珥、背气,丙辰,丁巳兼两珥,戊午;三月
庚午朔,辛未巳时至申时,甲戌,戊寅,辛巳,丁亥,戊子兼两珥、抱
气,癸巳,甲午兼两珥,丙申至四月己亥朔,壬寅,甲辰,乙巳,丁未,
戊申,癸丑,甲寅,戊午,辛酉,壬戌,戊辰;闰四月己巳朔兼背气,乙

亥,丙子,己卯,癸未兼抱气,甲申兼两珥,乙酉,丁亥,戊子,壬辰,癸巳卯时至未时,甲午兼两珥,乙未,丁酉;五月乙巳,丙午,癸丑兼背气,乙卯巳、午二时,丙辰至己未,庚申兼两珥,癸亥兼两珥;抱气,丙寅,丁卯;六月庚午,癸酉兼两珥,抱气,甲戌,戊子,乙未,丁酉;七月甲辰,戊申,癸丑,癸亥兼背气,乙丑兼两珥;八月丁卯朔,辛未,甲戌兼两珥,丙子,丁丑;九月乙巳申时,己酉兼两珥、背气,庚戌兼背气,癸亥如之,乙丑,十月己巳,庚午,辛未辰时,甲戌,戊子,乙未;十一月壬子;十二月乙亥兼两珥,己卯。

　　五十八年正月丙申兼两珥,甲辰,丁未兼两珥、背气,壬子兼两珥、抱气、背气,癸丑兼两珥,丙辰,丁巳兼两珥,戊午兼两珥、抱气,己未午时;二月甲子朔兼两珥,丁卯,戊辰兼两珥,己巳,庚午兼两珥,壬申如之,乙亥至戊寅,辛巳兼两珥、抱气,壬午,丁亥兼两珥,戊子兼两珥、抱气,壬辰、癸巳皆如之;三月庚子,壬寅,甲辰巳、未二时,乙巳巳时至申时,庚戌兼两珥,己未;四月甲子,戊辰兼两珥、背气、抱气,己巳辰、未二时,庚午未时,辛未兼两珥,壬申,甲戌,辛巳兼背气、两珥,癸未,辛卯;五月癸巳,甲午,丁酉至己亥,辛丑至癸卯,乙巳至己酉,辛亥兼两珥,丙辰,戊午;六月丙寅兼背气,辛未如之,己卯,甲申,乙酉,庚寅;七月乙未,癸卯,甲辰,甲寅,庚申至八月壬戌,乙丑兼抱气,辛未,壬申,甲申兼两珥,丁亥如之,戊子;九月乙未兼背气,壬寅,癸卯兼两珥,乙巳,己酉兼两珥;十月癸亥,乙丑,己卯,癸未,乙酉,戊子;十一月丙午,庚戌,戊午;十二月丁卯,甲戌丙子,丁丑兼两珥背气,甲申兼两珥,乙酉,戊子。五十九年正月辛卯皆如之,甲辰兼两珥、背气,丙午,己酉兼两珥;二月庚申,甲子兼两珥,丙寅,丁卯兼两珥、抱气,庚午至癸酉,皆兼两珥,甲戌午时至申时,庚辰,辛巳,乙酉至三月己丑,甲午,丙申兼两珥,戊戌,癸卯,甲辰,戊申兼两珥,己酉,甲寅至丙辰;四月庚申,甲子兼两珥、背气二道及抱气,丙寅,戊辰,己巳,壬申,甲戌,乙亥兼两珥,己卯,辛巳;五月丁亥,己丑,壬辰,乙未,戊戌,庚子至壬寅,戊申,己酉,辛亥,癸丑,乙卯;六月辛酉,甲子,己巳兼两珥;七月丙戌朔,癸巳,癸卯,癸丑,甲寅;八月戊午至庚申,癸亥,癸未;九月乙酉,丁亥,己丑,辛丑;十月乙卯朔,丙辰兼两珥,庚午,癸酉,甲戌;十一月己丑兼两珥、背气、抱气,戊戌,辛丑,庚戌,兼两珥;十二月乙卯,乙亥。

六十年正月己丑,壬辰,乙未午、申二时,癸卯兼两珥,乙巳;二月壬戌,丙寅,壬申,癸酉,丙子兼两珥、抱气,丁丑兼抱气,戊寅;闰二月丙戌兼两珥,辛卯,癸巳,丙申,辛丑,癸卯,丁未,己酉兼两珥,庚戌如之,辛亥;三月乙卯,丁巳,己未,壬戌未时至申时,甲子,乙丑,戊辰兼两珥,辛未,壬申,戊寅午时;四月丙戌兼两珥,庚寅,丙申,庚子,丁未,戊申;五月戊午,壬戌,癸亥,辛未,甲戌兼两珥、抱气,丙子至戊寅;六月庚辰,戊子,庚寅,辛卯巳、午二时,丙申,丁酉;七月辛亥,戊辰,癸酉,丙子;八月庚辰,壬午,庚寅,乙未,庚子;九月庚申,丙寅,丁卯,辛未;十一月辛亥,己未,庚申兼抱气,甲子,丁卯,乙亥;十二月壬午,壬辰,戊戌,己亥兼背气。

日生重晕者,乾隆十二年己酉兼两珥。十三年十月丁酉三重兼两珥、背气、抱气。二十二年三月甲辰兼两珥。二十九年十二月辛卯。三十年正月壬戌兼两珥、背气,壬申兼两珥;六月癸亥辰时兼两珥、背气、抱气。三十一年三月癸酉兼两珥、背气;十月甲辰兼背气。三十六年三月丁未。四十二年二月丁巳申时兼背气;六月丁酉。四十三年二月戊戌兼两珥、背气、戴气。四十四年五月丙戌酉时兼两珥,壬子巳时。

日生交晕者,康熙十七年正月丁酉兼两珥,背、抱、戴、纽四气。二十八年十二月己丑兼两珥、背气、左右戟气。三十年三月甲辰兼两珥、背气。

月生重晕者,顺治三年正月丙寅三重;四月乙酉如之。十年闰六月辛巳。乾隆三十五年五月甲子。三十八年正月壬子。

日生两珥者,顺治元年六月乙酉;十二月戊午。二年十月壬辰兼背气。四年正月乙巳;十二月己丑。九年十一月壬午。十年正月甲午兼抱气;二月丁未,乙卯申时;六月戊午;七月乙巳;八月己巳兼抱气;十一月戊午兼背气。十一年正月辛丑兼抱气;六月丙寅;九月癸巳兼背气;十二月辛巳,十二年四月辛巳兼背气;十月癸酉。十三年二月辛亥;四月甲寅。十四年三月庚午;六月壬辰。十七年二月庚戌。

康熙二年五月甲申。四年正月己亥兼抱气。五年正月戊戌如之;四月辛未兼背气、抱气;六月癸亥兼背气二道。六年二月甲子兼抱气。九年十二月丙申如之。十年正月丁巳兼背气;十二月甲申兼抱气。十一年三月丙寅;七月庚午兼直气。十二年二月庚申。十三年正月丙寅兼背气,庚辰兼抱气。十四年正月庚午如之;十一月己酉兼抱气、背气。十五年二月乙丑兼背气。十六年三月丙戌;四月丁未朔兼背气、抱气。十八年十一月辛亥如之。十九年正月丙申兼抱气。二十二年二月丁酉兼抱气、背气。二十四年十月甲辰兼背气。二十五年十二月乙丑如之。二十六年二月甲寅兼背气、抱气。二十九年正月甲辰兼抱气、背气、戟气。三十一年十二月丙戌兼背气、抱气。三十四年三月己卯。三十八年二月壬戌兼背气、抱气。三十九年正月壬寅。四十三年正月甲寅。四十四年十二月丙申。四十九年五月庚午。五十二年二月癸亥。五十四年二月丙申。五十六年九月丁卯。五十七年六月戊戌兼抱气。五十八年正月乙亥兼抱气、背气,十二月己酉兼背气二道。六十一年六月壬申兼背气、抱气。

雍正二年三月甲申。四年正月己亥兼背气。五年正月庚戌如之。六年三月丁巳。十年二月辛丑兼抱气。十一年八月丙辰兼抱气、背气、左右直气。十三年二月甲辰兼抱气。

乾隆元年正月庚子,甲辰,丙午,戊申,辛亥,甲子;二月乙丑朔,戊辰,庚午,壬申,戊寅,辛巳辰、巳二时,丁亥,辛卯,壬辰;三月乙未朔,丁未,癸丑,丁巳;四月庚午,丙戌;五月庚子;六月庚午;七月戊戌兼抱气,甲寅;八月辛未,戊寅,丁亥;九月壬辰朔,辛丑,戊午;十一月庚子;十二月丙子兼抱气,癸未。

二年正月乙未兼背气,辛丑,甲辰,己酉;二月丁卯,庚辰;三月辛卯,丁未兼抱气;四月己未朔,丁卯卯、申二时;五月乙卯;六月壬戌,甲申;七月丁未兼直气;九月乙卯;闰九月庚辰;十月甲午,辛丑,丙午;十一月甲子,己巳;十二月丙戌。

三年正月庚辰;二月丁酉,己亥;三月戊寅;四月己丑,庚戌;六月丙戌。

四年正月丙寅;二月丙戌,丙申,丙午兼背气;三月乙丑;四月甲申;五月丙辰,辛酉寅、卯二时,甲子;六月辛巳,丙申,甲辰兼抱气;七月壬子;八月丁丑;十一月乙卯,庚申。

五年三月辛酉,丙寅;四月癸酉,丙子;五月庚子朔,壬寅,癸卯,癸丑,戊午;六月甲戌;九月乙酉;十月癸卯,乙巳,壬戌至甲子,丙寅;十一月癸酉,甲申,戊子,庚寅,甲午;十二月壬子,乙卯。

六年正月庚午,乙亥,丙子,甲申兼背气,丁亥如之,甲午,乙未;二月丙申朔兼抱气,丁酉兼背气,壬寅,乙酉兼背气、抱气,甲寅,丙辰,丁巳,甲子;三月丙寅朔兼抱气,己巳,壬午,癸未;四月乙未朔,己亥,癸卯;五月癸酉,六月辛丑;七月乙丑卯时,乙酉,丙戌;八月丁酉,癸卯,甲辰;九月甲子,壬申,癸酉,己卯,辛卯;十月壬辰朔,丁未,己酉;十一月癸亥,丁卯;十二月甲辰,辛亥,癸丑,甲寅。

七年正月戊辰,己巳,甲戌,甲申兼背气、抱气,戊子,己丑;二月辛卯朔兼抱气、背气,丁酉如之,己亥,丁未兼抱气及背二道,戊申,己酉申时,丁巳;三月庚申朔兼抱气,辛酉卯、辰二时,壬戌,戊辰,戊寅,壬午酉时,癸未;四月乙巳,丙午,丙辰;五月己未朔,辛酉至癸亥,甲戌至丙子,己卯,丙戌;六月己丑,乙卯;七月壬申,庚辰;八月丁亥朔,丙申,丁酉辰时,己亥,癸卯,丙午,庚戌;九月壬戌,丙寅,癸酉,乙亥,癸未,甲申;十月戊子,己亥,辛丑;十一月丙辰朔,庚申,辛酉,癸亥兼背气、抱气,丁卯,辛未,壬申,甲申;十二月丙戌朔,壬寅,乙巳辰时。

　　八年正月癸酉,甲戌,庚辰,壬午,癸未;二月丙戌,丁亥,甲午,辛丑,壬寅,己酉至辛亥,甲寅;三月乙卯朔,壬戌,甲子,丁卯,甲戌,丁丑,己卯;四月丁亥,辛卯,壬辰,丙申,甲辰,丙午至戊申,辛亥,癸丑;闰四月甲寅朔,庚申,壬戌,甲子卯、未二时,己巳,癸酉,甲戌,戊寅;五月癸未朔,庚寅,甲午,戊戌,辛丑,癸卯,戊申,辛亥;六月丁巳,甲子,乙丑,己巳,乙亥,戊寅;七月丁未;八月辛亥朔,甲寅,乙卯,戊午;九月庚寅,壬辰,丙申,己亥,丙午;十月辛亥,丁巳,戊午,庚申,壬戌,乙丑,戊辰;十一月庚辰朔,癸未,甲申,丁亥,庚寅,乙未,戊戌,辛丑,甲辰至丙午;十二月庚戌朔,辛亥,癸丑,甲寅,丁巳,辛酉至甲子,庚午,壬申,乙亥兼抱气,丙子。

　　九年正月壬午,甲申,乙酉,丁亥,壬辰,乙未,丁酉至辛丑,癸卯,甲辰;二月癸丑兼抱气,丙辰,乙丑,己巳,辛未兼背气、抱气,丙子;三月戊子,壬辰,戊戌,庚子,丁未;四月辛亥,乙卯,庚申,丙寅,辛未;五月己卯,庚辰,甲申;六月戊申,辛未;七月癸卯兼抱气;八月癸丑,丁卯;九月壬午,辛丑;十月丙辰;十二月甲寅兼背气。

　　十年正月甲戌,乙亥,己卯兼抱气,庚辰,甲午;二月丁未,庚戌,辛亥,丁卯;三月丙子,丁丑;四月癸丑;五月壬申朔,甲申;六月辛酉;九月庚寅;十一月癸巳;十二月乙巳,戊午。

　　十一年正月庚午,壬午兼抱气,丁亥;二月辛丑兼背气,乙巳,己酉兼背气;三月丁亥,闰三月戊午;四月癸巳;十二月壬午,癸未兼背气。

　　十二年正月甲寅,乙卯;三月己酉,丁巳;六月壬戌,癸亥申、酉二时兼背气;十一月癸巳,丙辰;十二月壬戌。

　　十三年二月庚申,辛酉,乙丑;三月甲辰;六月辛巳;九月壬子朔兼背气、抱气,癸亥;十月壬寅;十一月戊午兼背气;十二月己丑。

　　十四年正月戊寅;二月辛卯,丁酉;三月庚申,乙丑,丁丑;四月甲申兼背气、抱气,戊戌兼抱气;五月甲寅,乙卯;七月戊午;八月庚寅;九月丁未;十一月甲子,庚午,甲戌;十二月乙亥朔,丙子,戊寅兼背气,癸未,乙酉。

十五年正月庚戌申时,戊午,己未兼背气;二月乙亥兼抱气,戊寅,丁亥,己丑,辛卯兼背气;三月甲辰朔如之,丙辰;四月甲申;七月壬寅兼抱气,甲寅;八月乙酉兼背气,丙戌;十月庚午朔;十一月甲子,乙丑兼背气。

十六年正月癸亥;二月己巳朔,癸未;四月壬申,闰五月丁丑;十月辛丑兼背气、抱气,壬戌;十一月乙亥。

十七年正月乙丑,丁卯,甲戌,壬辰;二月乙未,辛丑兼背气,乙卯;五月辛酉朔;七月己未朔;十月戊戌,丁未;十一月甲子兼抱气。

十八年正月壬午未时,丙戌;二月丁酉;十二月丙申。

十九年正月辛未,癸酉,戊寅;二月丙戌;十一月乙未,己亥;十二月甲寅。

二十年正月乙亥;二月戊午;十二月戊申。

二十一年正月戊寅,癸巳;乙未;二月辛亥,戊辰;五月壬午;十一月壬子。

二十二年乙亥;四月丁卯,癸酉;七月庚戌;十月乙丑,乙酉;十一月丙辰,丁巳;十二月己未朔。

二十三年正月戊戌兼抱气;二月癸酉;三月辛丑;六月癸酉,甲戌;八月甲寅朔;九月辛亥;十一月壬辰,己酉兼抱气、背气,辛亥兼抱气;十二月辛酉。

二十四年正月乙酉,二月戊午,丁丑;七月乙亥;十月丙午;十二月甲午兼抱气,己亥。

二十五年正月戊辰;二月己卯,壬寅;五月庚戌,癸丑;六月辛巳,丙戌,戊戌,壬寅;七月戊申,壬戌兼背气;十一月壬寅;十二月丙戌。

二十六年正月甲辰;三月庚戌,辛亥酉时,戊午;四月壬申,己丑,癸巳;五月乙巳,丙午,甲寅,乙卯;六月壬申;十二月己卯,丙戌,壬辰,癸巳。

二十七年正月壬寅,丁巳;二月戊寅;三月丙申,己酉,癸丑;四月丁卯兼抱气,戊辰;十月戊申兼抱气;十一月丁丑;十二月乙未,庚子,戊午。

二十八年正月乙丑,戊辰,庚辰,癸未,甲申,戊子;二月癸巳,甲午,庚子,壬寅,戊申,甲寅,丙辰;三月辛酉;四月戊子朔,庚子,甲寅;六月辛卯,壬寅;八月己丑,辛卯,癸已;九月丁巳卯时;十月丁亥;十一月戊午,乙丑兼抱气、背气;十二月乙酉,癸卯兼背气,甲辰兼背气、抱气、戴气,丁未至己酉。

二十九年正月己未,壬戌,庚午,乙亥辰时;二月庚寅,壬辰,癸巳,丙申;三月丙寅兼背气,戊辰,壬申兼背气;四月庚寅;五月戊午,甲子兼抱气、背气;六月辛巳朔,甲辰;七月戊午;八月壬午;十二月壬辰。

三十年二月癸巳,丙申;闰二月癸酉;三月庚寅;四月壬子;六月癸亥卯时兼背气、抱气,甲子,丁卯;七月丁亥兼抱气、背气;九月丙申,辛丑;十月甲子;十一月己亥;十二月甲辰兼戴气,戊申,己巳。

三十一年正月辛未朔,丁丑,甲申,庚寅;二月甲辰,庚戌,癸丑;三月辛未,四月丁未,戊申,戊辰;五月甲戌;七月丙戌兼抱气;九月庚午,己卯;十月辛丑,壬子兼抱气,戊午,庚申;十一月己巳;十二月甲辰,辛亥兼抱气,壬子。

三十二年正月己巳,辛巳兼戴气,己丑,壬辰;二月甲辰,己未,庚申;三月乙酉,辛卯;四月癸亥,五月丙寅,丙子;十月甲子兼抱气,乙丑兼直气,丙寅,癸酉;十二月辛巳。

三十三年正月辛亥,丙辰;三月辛卯,丙申,丙午;五月庚子,辛丑,辛亥;六月丁卯;七月己丑;八月乙丑;九月庚寅兼戴气、背气;十月癸亥,甲子;十一月戊戌,甲辰,壬子。

三十四年正月丁酉,壬寅,丁未;二月甲寅,乙卯,甲子兼背气、抱气,乙丑,庚午;四月癸丑朔酉时,壬申,丙子,戊寅寅时;五月壬午朔,丁亥,丁未;十二月庚申兼背气,丁卯。

三十五年正月甲申,甲辰,丁未;二月戊申朔,戊午;三月甲申;四月戊午,庚申;五月辛卯申、酉二时;六月己亥,七月庚戌,八月乙

亥,癸卯;九月辛亥,癸丑辰时,戊辰,己巳;十一月丙午兼抱气,十
二月乙酉,丙申。

三十六年正月癸丑,丙辰,戊午,甲子,戊辰,庚午,辛未兼背
气;二月丙子如之,戊寅,庚辰,甲申,乙酉,甲午,戊戌;四月丁丑,
庚寅;五月丁未,甲寅;六月丁酉;七月癸卯酉时,丁巳;九月庚子,
戊午申时,庚申兼抱气;十月甲戌,乙亥丙申;十一月丁酉朔,丙辰;
十二月壬申,壬午,庚寅,壬辰。

三十七年正月庚戌,壬子兼背气,戊午,乙丑;二月庚午,辛未,
丁丑兼抱气,戊寅兼背气,丙戌申时,己丑;三月庚子,甲辰,丁巳;
四月丙寅朔,庚午;六月壬午;七月己未;八月辛未,戊寅卯、辰二
时;九月癸丑;十月癸未,庚寅辰、巳二时;十一月甲午,庚戌兼抱
气;十二月壬戌如之,辛未兼抱气、背气,己卯,己丑。

三十八年正月庚子,丙午,乙卯;二月甲子,壬申,甲申兼戴气;
三月癸巳,丁酉,丙午,丁未,己酉;闰三月丙寅,辛巳;四月甲辰,乙
卯;六月己酉;九月庚申兼抱气,戊寅,己卯兼背气,癸未;十月辛卯
兼背气,乙巳,丙午兼背气,乙卯;十一月壬戌,己巳,壬申,癸酉;十
二月丁亥,壬寅,丁未。

三十九年正月丙辰,辛未申、酉二时,丁丑,己卯兼背气,庚辰,
辛巳兼背气,癸未;二月己亥,乙巳;三月庚申,己巳,己卯;五月己
未;六月甲申;九月庚申,乙亥未时兼背气;十月己亥。

四十年正月甲寅;二月己卯朔巳、午二时,庚子,甲辰;三月辛
亥,甲寅,丁丑兼背气;四月庚辰,甲申,丁亥,戊子,庚子,辛丑,乙
巳;五月己巳;八月甲辰辰时;九月乙卯,辛酉,丁卯卯、辰二时;十
月丙子,庚辰,癸未,甲辰;闰十月丁未兼背气,丁巳,丁卯,辛未兼
背气;十一月丙子如之,庚辰,戊子,己丑;十二月甲辰朔,甲子。

四十一年正月乙亥,己丑辰时,庚寅,丙申;二月乙巳辰时,丁
未,庚戌,戊午,戊辰;三月辛巳,戊子,己丑卯、辰二时,戊戌;四月
丁未兼抱气;六月乙巳,丙辰;九月丙戌;十月辛酉兼背气,甲子如
之;十一月甲申,庚寅;十二月庚子,戊申,庚申。

　　四十二年正月己巳未时,丁丑巳、午二时兼抱气、背气,戊子申时;二月庚子,乙巳申时兼背气,丙午兼抱气,癸丑至乙卯,丁巳酉时兼抱气,辛酉,壬戌兼背气,癸亥;三月丁丑卯时,壬午,甲申,辛卯兼抱气;四月丁酉,戊申,己酉,乙卯,己未;五月丙子酉时,丁丑卯时,丁亥,壬辰;六月壬寅,甲寅,丁巳,庚申;七月庚午,辛未卯、辰二时兼抱气,己丑;八月丙午;十月辛亥;十二月戊戌,甲寅兼抱气,丁巳,辛酉。

　　四十三年正月丁卯,己卯,庚辰;二月辛丑申时,庚申兼背气;四月辛卯朔,戊申兼背气,壬子;五月癸亥,丁卯卯时;七月己丑卯时兼背气;十月辛酉;十一月丁亥朔,戊戌,辛丑兼抱气、背气,甲辰兼背气;十二月戊辰,庚午,壬午。

　　四十四年正月癸巳,乙巳,辛亥;二月己卯;三月乙未,乙巳;四月戊辰卯时,癸未;六月庚申兼抱气,壬戌,丁卯,戊辰,己卯;七月丙申卯时,乙巳;九月壬寅,乙巳;十月戊午,辛酉,甲戌。

　　四十五年正月甲申,甲午兼背气;二月甲子,丁卯;三月丁亥,戊戌卯时兼抱气,己亥;四月己未兼背气,癸亥兼戴气,乙丑,丁卯,乙亥兼背气,丁丑辰、申二时;五月癸未卯时,丙午;六月甲寅,戊辰兼背气;七月辛巳卯时,辛卯,丁酉申时,戊戌,辛丑兼抱气;八月丁未朔卯时兼背气;九月丙子朔,丁亥兼背气,己丑兼抱气;十月癸酉辰时;十一月庚辰,己亥,甲辰;十二月丁未,己未,乙丑巳时,辛未,壬申兼背气。

　　四十六年正月己丑,辛卯,戊戌;二月戊申,壬子辰、巳二时,癸丑,辛酉,乙丑卯时;三月丙戌申时;四月戊申酉时,乙卯;五月己卯卯时;闰五月庚午兼背、抱、直三气;六月丙申兼背气;七月丙午兼抱气;八月癸酉申时兼戴气;九月庚子朔兼背气、抱气,癸卯,甲寅;十月癸酉辰时;十二月己丑兼背气,癸巳。

　　四十七年正月戊戌朔兼抱气,乙丑辰时;二月壬申辰时兼抱气,丁丑如之,戊寅兼抱气、戴气,丁亥;三月戊戌朔,丙午,庚戌卯、辰二时,甲寅;四月己巳辰时,丙子申时;五月甲子;九月己亥辰时;

十月丙子,丙戌,丁亥兼背气;十一月甲午朔,丙申辰时,癸卯至乙巳,己酉兼抱气,戊午如之;十二月辛巳,己丑。

四十八年正月丙申辰时,辛酉;二月辛未,甲申,乙酉兼背气;三月丁未,己未;四月庚寅;九月乙巳辰时,壬子;十一月庚子,壬子巳时;十二月乙丑,丙子。

四十九年正月庚寅,壬辰,丁未;二月戊寅卯、辰二时;四月庚寅,甲午;六月庚戌;九月壬戌;十月癸巳;十一月壬子朔,壬戌;十二月辛卯。

五十年正月壬子巳时,甲子,戊辰,辛未,壬申酉时;二月甲申,乙未,甲辰辰时,乙巳,丁未;三月乙丑酉时;四月癸未,甲申兼背气,丁亥辰时;六月壬辰,乙未;九月乙丑,丁卯辰时;十月壬午如之,己亥,庚子巳时;十一月丙寅。

五十一年正月己酉;四月己卯;五月庚午;十月甲寅;十一月辛未朔,辛卯;十二月辛丑,壬子。

五十二年正月甲申兼背气;二月辛酉;五月庚寅;七月辛巳;十月乙未朔,丁巳;十一月丁卯。

五十三年正月庚午,甲申、二月丙申申时,甲辰,丙午;三月庚午,庚辰;四月戊戌酉时,乙巳;五月戊辰,庚午兼背气;七月壬戌,甲子;九月辛巳辰时,甲申;十二月己丑。

五十四年二月丁未;三月丙寅卯、辰二时,己巳如之;四月乙巳酉时,丙午兼抱气;五月壬申,癸酉,己卯;六月丙寅;八月丁卯;十月戊辰,丁丑兼背气,辛巳如之;十一月甲申,丙戌,丁亥辰、巳二时,己丑,庚寅;十二月庚申,辛酉,庚午申时,丙子。

五十五年二月辛未,庚辰;三月丁亥,丙申;四月甲寅;五月庚寅,壬寅;六月癸丑,己巳;七月庚子;九月甲午;十一月壬辰,丁酉未时;十二月庚戌。

五十六年正月乙巳;二月丁未未时,壬戌;四月癸丑酉时;十月壬戌;十一月癸酉兼抱气,乙卯己时,丁亥,丁酉;十二月乙丑。

五十七年正月癸未己、午二时兼抱气,甲申,甲午,乙未;二月乙卯，丙寅；三月辛未辰时，庚辰，甲申，丙戌；闰四月辛卯，癸巳申时兼背气；五月壬戌；七月乙巳；十月丙戌。

五十八年正月辛酉；二月己卯兼抱气，辛卯兼背气；三月甲辰卯时，乙巳卯、辰二时；四月庚午申、酉二时，癸酉，八月庚寅；九月丙辰，己未，庚申；十月壬申巳时；十一月己酉兼背气；十二月庚午。

五十九年正月庚戌；七月戊子；十月丁卯。

六十年正月乙未辰、巳二时，甲辰申时，丁未；闰二月甲辰；三月丙子，戊寅卯、辰二时兼抱气、背气；七月庚戌朔，壬申兼抱气；八月辛巳；十月辛卯；十二月丁酉。

日生戴气者，顺治二年十一月辛亥。乾隆三十二年七月乙亥。三十三年九月甲辰。三十五年九月癸丑午时。四十二年二月己亥。四十四年二月乙丑辰时兼背气。四十七年八月癸未午时。四十九年四月丙申巳时。

日生冠气者，康熙十四年九月乙巳。乾隆三十三年六月戊寅。

日生抱气者，顺治十年二月乙巳，乙卯午时。十一年正月庚子，辛酉兼直气。十五年二月戊寅。十七年五月甲戌上下二道。

康熙十四年六月乙亥。

雍正三年正月己未。

乾隆元年二月辛巳午时，己丑，庚；九月甲辰；十一月甲寅。二年二月戊寅；四月丁卯巳时。三年七月戊辰。四年三月壬戌；五月辛亥，辛酉申时，丙寅。五年二月丙申；六月辛未。六年正月辛巳；二月庚子；九月庚午；十一月丙寅。七年二月己酉未时，戊午；三月辛酉巳、午二时上下二道，癸亥，壬午卯时；四月丙申；五月壬午，乙酉；八月丁酉巳时，戊戌；十一月乙酉。八年二月戊子；闰四月甲子辰时；五月己丑。九年二月丁巳。十年四月戊辰；八月壬子；十一月丁酉。十二年六月癸亥卯、辰时。十三年三月丙午，丁未；十月己酉。

十四年四月辛丑；五月癸酉，丙子；六月壬午，己丑兼背气；七月庚
戌。十五年正月庚戌巳时兼背气；二月乙酉，乙未。十六年二月丁
丑；四月癸未。十八年正月壬午午时。十九年正月丙寅。二十四年
六月戊午，庚申。二十五年九月庚申，戊辰。二十六年三月辛亥申
时。二十七年四月丙寅，己丑。二十八年三月庚辰；六月甲辰；七月
癸未巳时；八月丁酉；九月丁巳巳时。二十九年正月戊午兼背气；五
月庚午；十一月壬子。三十年正月乙卯；二月乙酉；六月辛未兼背
气；九月辛卯；十二月己未。三十一年正月戊寅；二月戊辰；三月戊
寅；四月辛丑；五月甲午兼直气；六月甲子，乙丑；八月甲辰，辛酉；
九月戊辰朔。三十二年六月己未兼背气；七月壬申；九月壬寅。三
十三年正月辛卯；六月庚申，乙丑辰时，庚午；七月乙未；十一月乙
酉朔。三十五年正月丙午；闰五月丙午朔。三十六年四月己卯；六
月甲申兼背气；七月癸卯申时；九月戊午未时。三十七年七月乙未
申时；八月丙戌；十月壬午。三十八年正月甲午；三月乙巳，乙卯巳
时；六月甲午；八月丙午。三十九年九月乙卯。四十年二月壬午，己
丑未时；七月辛酉。四十一年四月癸卯巳时；五月丁亥；六月丁未；
九月壬辰。四十二年三月庚辰；四月甲子；六月壬戌；八月庚子；十
月乙未。四十三年正月甲戌，丙戌酉时；二月癸巳未时，庚子，辛丑
巳、午二时；五月戊辰。四十四年二月乙丑巳时；三月丙申；四月辛
巳；五月丙戌申时；七月丙申酉时。四十五年四月庚午辰时；七月丁
酉如之。四十六年正月辛巳；闰五月辛酉，壬戌。四十七年正月甲
辰；二月庚寅；三月甲辰未时；五月壬子；七月丁酉；十月庚午。四十
八年六月戊辰；八月癸未；十一月辛丑，壬子未时。四十九年三月己
丑。四月丙申午时兼背气。五十年八月丁亥酉时。五十一年六月
丙子，己丑。五十二年正月壬辰；三月丙子，丙申；六月辛酉；八月戊
午。五十三年四月丁未，丁巳；七月癸亥，戊寅；八月癸卯；九月辛巳
巳时。五十四年正月庚辰；四月丁酉，辛丑；七月壬子酉时；十二月
庚午未时。五十五年正月甲辰，五十六年四月甲寅申时，壬戌如之；
八月癸亥。五十七年二月丁未午时；五月己亥兼背气；乙卯卯时。五

十八年四月己巳巳时；十一月壬寅。五十九年二月甲戌巳时。六十
年三月壬戌辰时，己巳；六月辛卯辰时。

　　日生背气者，顺治十四年三月辛未。康熙四十五年十二月己
丑。五十九年二月丁未。乾隆四年正月丙辰。七年七月庚申。十
四年七月辛亥，乙丑；十二月丙申。十七年五月乙酉。二十五年七
月辛酉。二十七年六月壬寅。二十八年七月己未，癸未申时；九月
戊寅。二十九年八月己丑。三十年十月乙卯，己巳，壬戌。三十一
年正月乙亥。三十四年六月丙寅；八月壬子。三十五年九月癸丑未
时。三十七年十二月戊寅。三十八年正月壬寅；十二月丙午。三十
九年正月丁卯。四十三年二月己亥；六月甲寅。四十五年十月癸酉
未时；十二月乙丑辰时。四十六年六月癸酉；十一月丙寅；十二月戊
寅。乙酉。四十七年三月壬寅，壬子。四十八年五月壬子，五十年
五月丁丑卯时；八月戊子；十二月戊寅。五十一年七月戊午；十二月
癸卯，辛亥。五十二年十一月癸酉。五十三年三月戊辰；十一月己
巳辰时。五十四年六月壬戌。五十五年六月庚午。五十六年二月
戊申；三月戊寅；六月戊申，甲子；七月丁亥；九月辛未未时；十月丁
未。五十七年闰四月戊寅；九月乙巳未时；十月辛未巳时。五十八
年正月乙未如之；四月己巳酉时。五十九年六月丁卯。六十年正月
甲辰未时；五月己卯。

　　日生直气者，乾隆六年二月庚申；七月乙丑午时。七年十二月
乙巳未时。八年正月丁巳。五十二年二月乙酉酉时；十二月庚子午
时。五十七年六月丙子左右二道，辛卯；八月戊辰。五十八年十月
壬申申时左右二道。

清史稿卷三九
志第一四

天文十四

客星　流陨　云气

客星　太祖丁未年九月丙申,彗星见东方。

天命三年十月丙寅,彗星见东方,尾长五丈,每夜渐移向北斗,十九日而没。

顺治九年十一月庚寅,异星苍白气见于参,西北行入毕。

康熙三年十月己未朔,有星弗于轸,见东方;丁卯,尾长七八寸,苍色,指西南;丁亥,尾长三尺余,指西北,逆行至翼;十一月戊戌,尾长五尺余,指北方,至张;庚子,至井;癸卯,往西北行至昴;乙巳,尾指东北,至胃;庚戌,至娄,尾指东,青色;十二月壬戌,至奎,体小,尾长二尺余。四年二月己巳,东南方有异星见于女;甲戌,尾长七寸,指西南,苍白色;丁丑,尾长尺余,往东北顺行至虚;辛巳,至室,体渐大,尾长八尺余;乙酉,至壁,尾长五尺余。七年正月甲子,西南白光,长六尺余,尾指东南,占曰天枪;二月乙亥,渐长至四丈余,尾扫天苑、九斿、军井;丁亥,没。十二年二月癸巳,异星见于娄,大如核桃,色白,尾长尺余,指东方;甲午,仍见。十五年正月戊子,异星见于天苑东北,色白。十六年三月癸卯,东北方有异星见于娄,体色光明润泽,尾长尺余,指西南,占曰含誉。十九年十月戊子,彗星见右执法,色白,尾长尺余,指西方,东行甚速;壬寅,近太阳不见。十一月丙辰朔，尾迹夕见西方；壬戌见星体，色苍白，尾长六丈余，宽二尺余，指东北。二十一年七月己巳，彗星见北河之北，色白，尾长二尺余，指西南，往东北行甚速；壬申，入午宫，尾长六尺余。二十二年闰六月庚戌，异星见于五车北八谷东，色白，往西南逆行；戊辰，入五车。二十三年五月甲申，异星见太微垣，东属轸，色白明大，往东北顺行；乙酉，行四度余，至右摄提下。二十五年七月庚寅，异星见东方，近地平，色白，东行不急；丁酉，凡行十六度，至柳，微有尾迹；壬寅，至星，渐没。二十七年十月己酉，异星见奎，色白，凡三夜。二十九年八月己酉，异星见箕，色黄，凡二夜。

雍正元年九月己丑，异星见孤矢下，色白，体微，芒长尺余，指西北，逆行至井。

乾隆二年六月丁卯，异星出右更东，色白，属娄，向西南行；丙子，仍见。七年正月丁亥，异星见东南方；戊子，出地二十七度余，大如弹丸，色黄，尾长四尺余，指西南，属丑宫，在天市垣徐星外，逆行四旬余不见。八年十一月己亥，彗星见奎、壁之间，大如弹丸，色黄白，尾长尺余，向东指，属戌宫，逆行至九年正月辛卯，凡五十三日，行二十九度余。十三年三月癸丑，异星见东方，大如榛子，色黄，尾长二尺余，向西南指，在离宫第三星南，顺行至四月甲寅朔，行三度，尾长尺余，体小光微；壬戌，至螣蛇；乙丑，至王良；丙寅，不见。十四年五月甲寅，瑞星见东方，大如鸡卵，形长圆，色黄白，光莹润泽，行不急，出天津，入匀藁，占曰含誉。二十四年三月壬辰，彗星见东南方；甲午，出虚第一星下，大如榛子，色苍白，尾长尺余，指西南，顺行；癸卯，体小光微，尾余三四寸；戊申，全消。四月戊辰，彗星见西南方，在张第二星上；己巳，离张六度，大如榛子，色苍黄，尾光散漫，长二尺余，指东南，顺行；壬申，形迹微小；丁丑，更微；己卯，渐散；五月壬午，全消。十一月戊辰，异星见东南方，在井第四星下，大如榛子，色苍黄，向西北行；癸酉，行四度，在胃，微有尾遗迹；十二月丁丑朔，全消。三十四年七月甲辰，彗星见东南方，在昴下；丁未，大如弹丸，色苍白，尾长三尺，指西南，顺行甚速；八月丁卯，与太阳同宫不见；十月辛亥，见西方，在列肆第二星下，体势微小，尾长一尺；丙子，全消。三十五年闰五月己酉，异星见东南方，在天弁第一星西，大如弹丸。色苍黄；癸丑，向北行三十二度；乙丑，不见。十一月乙丑，彗星见东南方，长尺余；丙寅，在柳第二星下；戊辰，色苍白，尾指东南，每日向西北行十余度；庚午，微暗；辛未，全消。

流陨　陨星如斗者，太祖戊子年九月辛亥朔夜，时征王甲城，士马皆惊。

流星如盆者，乾隆十四年九月壬申，出娄宿，色赤。入天苑，有光，有尾迹。

流星如碗者，顺治四年十一庚辰，自天中西北行入蜀，有声，色赤，光烛地，鸡犬皆惊。五年九月辛巳如之，声如雷。十五年六月辛未，自西北至东南，有声，色赤，不著光、尾迹。

流星如盏者，顺治四年五月戊午寅时，自西北至西南，色青白，有光。七年八月甲午，自东南至东北，色赤黄，入斗，不著光、尾迹。八年四月己酉，自氐宿南行，色青白；五月戊寅，自亢宿西南行，色白，众小星随之，入翼；九年三丙子，自中天西南行，色赤，入毕；俱有光，有尾迹。九月丙申，自中天入紫微垣，色赤；十年八月丙寅，自中天入天市垣，色青赤；俱有光。十二年四月甲子，自亢宿入危，色赤黄，有光，有尾迹。癸酉，出房宿，色青黄，入尾；十六年七月甲申，出牛宿，东北行，色赤黄，至蜀没；俱不著光迹。康熙二年八月丁巳，自虚宿入紫微垣，小星随之；三年九月戊申，自中天入奎；俱色赤；六年正月戊寅，出鬼宿，色青，随后有声，入土司空；七年二月戊子，出大角，色赤黄，入箕；十二年九月甲午，出勾阵，色青白，至蜀没；俱有光、有尾迹。十六年九月己亥酉时，自正北下行，色赤白，尾迹如蛇，有光。十九年六月癸酉酉时，自西南向东北，声如雷，尾迹如匹布。二十五年十一月壬午，出左枢，色白，至蜀没，尾长竟天。十二月戊寅，出轸宿，色青黄，入骑官。二十九年二月丁亥，出河鼓，色黄，入尾。乾隆十九年正月丁巳一更，出奎宿，西北行；二十二年三月戊申一更,出西北方,下行;俱色青。二十四年闰六月甲申五更,出土司空,下行;三十五年九月戊辰三更,出室宿,西北行;俱色赤,俱入云。三十六年二月己丑昏,出上弼,下行,色黄,不著入。三十九年十月丙戌二更,出天禀,西行;四十年九月丁未一更,出垒壁阵西,下行;四十一年三月丁丑昏,出翼宿,西南行;十月丁卯晓,出平道,下行,俱色赤。十二月癸丑,出天苑,下行;四十二年八月壬戌一更,出右旗,西行;俱色白。五十四年十二月己卯昏,出参宿,下行;五十五年九月壬寅一更,出五车,西行;五十六年三月庚寅五更,出天津,下行;五十七年五月丙辰一更,出天巉,东北行;五十八年九月己亥五更,出娄宿,西南行。五十九年十月丙寅晓,出张宿,下行;六十年闰二月戊戌三更,出大角,西北行;俱色赤,俱入云,俱有光、有尾迹。

　　流星如饮钟者,康熙八年九月乙卯巳时,出午位,色赤黄,入巳位,不著光、尾迹。

　　流星如杯者,乾隆十八年七月甲戌三更,出奎宿,东南行,色赤,入云,有光,有尾迹。

　　流星如桃者,顺治五年八月癸巳朔,自中天东北行,不著色,入天关。十三年正月癸卯,自奎宿入天中,色黄白,俱有光、有尾迹。康熙二年八月乙巳,自中天至心,不著色、光、尾迹。四年六月壬申,出建星,入南斗;辛巳,出天桴,入河鼓;又出阁道,入离宫,俱色赤。壬午,出庶子,入开阳,色赤黄。九月甲申朔,出女宿,入羽林军,小星随之,不著色。十二月壬申,出南河,入柳,小星随之;五年正月己酉,出参旗,入天苑,俱色青白。二月戊午,出五车,至蜀没;五月乙酉,出勾陈,入大陵,俱色赤;十月戊午,出少宰,入大桔,色黄,俱有光,有尾迹。六年二月庚戌,出氐宿,入大角,色黄,有尾迹。八年四月癸亥,出天弁,入氐,色青白,有光,尾迹先直后曲,留东,咸结为云气,如鱼形,向东散。十年正月己未,出勾陈,入华盖,色黄白,有光。十一年七月辛未,出东井,入毕,色青黄,有光,有尾迹。十三年三月甲申辰时,自西北至西南,色白,有光。十五年九月丁未,出外屏,入坟墓,色青黄,有光,有尾迹。十六年四月丁未朔,出紫垣,在云中,往北行,不著色,映地有光。十七年九月辛丑出昴宿,入阁道,色青白,有光,有尾迹。十八年七月己未,出勾陈,入文昌,色青黄,有光。十九年五月壬辰,出摄提,入房,色青黄;闰八月己酉,出外屏,入建星,前小后大,色赤黄;十二月甲午,出勾陈,入大陵,色青;俱有光、有尾迹。二十一年正月戊辰,出大陵,入壁,色青白,有光,二十二年二月丁丑,出明堂,入轸;色青白,有光,有尾迹。二十三年二月己丑,出七星,入地,小星随之,色青,有光。二十九年二月丁亥,出郎位,入轩辕;八月乙亥,出参宿,入弧矢;三十二年二月癸卯,出房宿,入尾;俱色青。三十三年三月壬戌,出女宿,入危,色赤;三十六年十月丙辰,出五车,八弧矢,色白;俱有光、有尾迹。

流星如鸡子者,乾隆十二年十月戊辰二更,出阁道,东北行,色青;十四年二月乙酉昏,出王良,下行,色赤;五月庚申晓,出织女,西北行,色青;俱入云,有光,有尾迹。

十五年正月壬申二更,出天枪,西北行,色青,入云,有光。五月戊午晓,出天船,下行。色青,入云;八月戊子晓,出天狼,东行,色赤,入柳;十六年八月丙申二更,出斗宿,下行,色青,入云;十七年六月丁巳昏,出女床,西北行,色赤,入天理;戊午昏,出织女,东南行,色青,入河鼓;十八年六月乙酉晓,出河鼓,南行,色白,入云;俱有光、有尾迹。己酉昏,出东南云中,下行,色赤,入斗,有光。

十九年正月癸亥晓,出南河,下行,色赤;二十年五月甲午昏,出亢宿,东南行,色青;俱入云。

二十一年六月甲子一更,出河鼓,西北行,色赤,入贯索。七月辛未三更,出宗正,西行,色青。十一月丙申四更,出文昌,西北行;二十三年七月戊子二更,出王良,下行;十一月壬辰一更,出左枢,西北行;十二月辛酉五更,出南河,下行;俱色赤。

二十四年正月癸未朔二更,出弧矢,西南行,色青;二月庚辰一更,出柳宿,西南行,色赤;俱入云,俱有光、有尾迹。闰六月乙酉五更,出天仓,下行,色赤,入云,有光。七月丙寅二更,出奎宿,下行;

己巳二更,出勾陈,下行;二十五年六月辛丑昏,出王良,南行;俱色赤;七月己酉一更,出危宿,下行,色青;俱入云,有光,有尾迹。

二十六年二月己卯昏,出外屏,下行,色黄,入云,有光。辛卯二更,出五帝座,东南行,色青,入云,有光,有尾迹。九月丁巳二更,出虚宿,下行,色赤,入云,有光。

二十七年正月乙未朔二更,出中台,东北行,不著色。癸丑晓,出天桴,下行,色赤。

二十八年二月庚戌一更,出西方云中,下行,色黄;六月壬子一更,出天厨,西南行;九月戊寅四更,出天市垣市楼,东行;二十九年四月庚寅昏,出四辅,西北行;七月辛酉晓,出阁道,南行;俱色赤。八月庚辰朔一更,出天钱,下行,色青;三十年闰二月庚午二更,出轩辕,东北行,色赤;俱入云,有光,有尾迹。六月丁卯昏,出东北云中,东南行,色黄;一更出天津,东行,色赤;俱入云,有光。七月壬午晓,出王良,西行,色青。九月庚子五更,出王良,下行;十月戊辰五更,出中台,东南行;俱色赤,俱入云。

三十一年六月甲子晓,出壁宿,西南行,色赤,入羽林军。十月庚子二更,出天津,下行,色青。丙午五更,出壁宿,西行;晓出南河,下行;己未晓,出军市,东行;十一月甲戌五更,出文昌,下行;三十二年二月甲寅五更,出角宿,东南行;俱色赤,俱入云,俱有光、有尾迹。六月庚申昏,出西南云中,下行,色赤,入云,有光。闰七月癸巳晓,出八谷,东北行;九月庚申二更,出瓠瓜,西南行;十月癸亥二更,出天津,下行;己巳一更,出昴宿,东南行;庚午五更,出五车,北行;俱色赤。

三十三年七月己丑晓,出河鼓,西北行,色黄。乙卯一更,出斗宿,下行;八月辛酉一更,出左枢,下行;俱色青。乙亥一更,出天枪,下行;九月丙午五更,出壁宿,下行;俱色赤。丁未二更,出天苑,下行,色黄。庚戌晓,出五车,西南行;十月壬戌二更,出五车,下行;十一月乙酉朔晓,出天狼,下行;俱色赤。

三十四年三月戊子晓,出库楼,下行;五月丁亥二更,出天厨,下行；俱色青。七月辛卯三更，出开阳，下行，色赤。辛丑昏，出左旗，西南行，色黄。八月乙卯晓，出天苑，下行；辛未昏，出斗宿，下行；俱色青。十二月癸酉五更，出井宿，下行；三十五年正月壬寅晓，出螣蛇，东行；癸卯五更，出帝座，西南行；二月辛亥一更，出北河，东南行；丁卯五更，出大角，西北行；三月丙申二更，出大角，东北行；七月丁未二更，出天市垣梁星，西北行；九月乙丑晓，出五车，下行；辛未二更，出天棓，下行；十月丙子晓，出轩辕，东南行；三十六年正月庚午二更，出南河，下行；俱色赤。十月戊辰朔五更，出毕宿，南行，色黄。十一月壬戌五更，出鬼宿，西北行；三十七年七月丙辰昏，出天弁，下行；俱色赤。十一月甲辰晓，出柳宿，东南行，色苍白。十二月庚辰五更，出贯索，下行，色黄。三十八年正月庚子晓，出氐宿，西行，色赤。九月乙丑昏，出天桴，南行，色苍白。丁丑二更，出参宿，下行；十月乙巳一更，出女宿，下行；俱色黄。戊申一更，出垒壁阵，西行，色赤。

　　三十九年三月乙丑晓，出角宿，下行，色黄。七月戊寅昏，出勾陈，西行；九月庚午二更，出八谷，下行；癸酉二更，出天囷，下行；俱色赤。十月乙酉二更，出右枢，下行，色白。丙戌五更，出奎宿，色赤。丁亥五更，出天廪，南行；十二月辛巳昏，出渐台，下行；俱色黄。四十年四月乙巳昏，出勾陈，西行；五月甲戌昏，出上台，下行；六月戊寅五更，出虚宿，下行；甲辰五更，出瓠瓜，下行；七月丙辰五更，出王良，下行；丁巳昏，出勾陈，南行；戊午二更，出奎宿，西行；俱色赤。八月丙子朔四更，出奎宿，西行，色苍白。丁丑三更，出昴宿，下行，色黄。九月丙午朔三更，出天廪，下行，色赤。己巳三更，出羽林军，下行，色苍白。十月癸巳一更，出昴宿，下行，色白。甲午三更，出五车，南行；十二月丙辰一更，出卷舌，北行；俱色黄。辛酉昏，出北河，西南行；四十一年三月癸酉一更，出五车，东南行；戊子二更，出帝座，下行；俱色赤。四月己巳二更，出尾宿，西行，色白。五月甲戌晓，出离宫，南行，色赤。戊戌昏，出女宿，下行；晓出阁道，下行，俱色白。六月壬寅晓，出天津，西南行；戊申一更，出室宿，下行；

俱色赤。乙丑二更,出天津,西南行,色青。七月甲申四更,出毕宿,下行;壬辰四更,出霹历,下行;癸巳二更,出奎宿,南行;甲午昏,出阁道,下行;俱色赤。一更出昴宿,下行,色白。己亥一更、五更俱出奎宿,南行;九月乙未昏,出左旗,西北行;俱色赤。十月乙巳晓,出屏星,下行,色白。甲子三更,出庶子,下行,色黄。乙丑三更,出左枢,西北行,色白。丁卯五更,出右执法,下行;四十二年三月己巳昏,出北斗天枢,西北行;俱色赤。甲午昏,出轩辕,西北行,色白。四月戊申晓,出左旗,东北行。五月甲戌一更,出天市垣郑星,东行,六月癸卯四更,出离宫,西南行,俱色赤。七月己巳二更,出女宿,下行,色黄;三更出天纪,南行,色赤;晓出天船,南行,色黄;出参宿,下行,色白。庚午二更,出贯索,下行,色赤。丙戌二更,出天市垣蜀星,西北行,色白。癸巳一更,出左枢,西行。八月庚戌四更,出天囷,北行;癸丑二更,出天溷,下行;俱色赤。十二月戊午二更,出天仓,下行,色黄。

四十三年二月丙辰五更,出七公,东北行,色赤。丁巳一更,出奎宿,下行,色黄。四月丙辰二更,出右旗,下行;五月丙寅晓,出奎宿,西南行;俱色赤。六月戊寅二更,出阁道,西行,色黄。八月乙丑五更,出井宿,东南行;十月乙亥三更,出卷舌,北行;十一月戊子晓,出右摄提,西南行;俱色赤。壬辰一更,出上卫,西行,色白。癸丑晓,出翼宿,南行,色黄。丙辰二更,出昴宿,西北行;十二月戊辰二更,出文昌,北行;癸酉一更,出天枢,西行;戊寅一更,出天权,下行;二更出勾陈,下行;四十四年正月辛丑一更,出天权,西北行,俱色白。甲辰四更,出南河,下行,色赤。戊申一更,出上卫,下行,色黄;四月辛巳五更,出天市垣赵星,西行,色赤;俱入云。六月丙子二更,出西北云中,东南行,色白,入室宿。八月戊寅一更,出羽林军,下行,色白。九月庚戌晓,出军市,下行,色赤。

四十五年二月庚申一更,出参宿,西行,色黄。丁丑三更,出轸宿,西行;七月乙未三更,出天津,北行;八月壬子晓,出上卫,下行;俱色赤。庚午二更,出王良,西南行,色黄。九月辛卯晓,出毕宿,西南行；十月甲寅昏，出织女，下行；俱色赤。己未二更，出天枢，西行，色白。十一月辛巳二更，出王良，东南行，色黄。四十六年五月庚寅一更，出河鼓，下行，色赤。六月辛卯二更，出勾陈，西南行；乙未昏，出房宿，西行；俱色黄。九月丙寅二更，出文昌，下行；丁卯二更，出娄宿，西南行；十月辛未二更，出玉井，下行；俱色赤。丙申五更，出天枢，下行，色黄。戊戌晓，出玉井，下行；十一月癸卯三更，出大角，南行；甲辰晓，出毕宿，北行；俱色赤。

四十七年六月己巳昏，出贯索，西南行，色白。乙未四更，出奎宿，西南行，色赤。七月戊戌一更，出壁宿，南行，色黄。九月壬寅晓，出郎位，下行；癸卯昏，出贯索，下行；十月己巳三更，出昴宿，东行；俱色赤。

四十八年四月壬戌三更，出瓠瓜，下行，色白。乙丑一更，出五帝座，西北行；五月庚子四更，出天棓，东北行；七月丙午昏，出文昌，下行；九月庚寅一更，出天船，下行；十月甲戌一更，出土司空，下行；四十九年正月丁亥朔晓，出天枪，东北行；甲寅一更，出天枪，下行；闰三月壬午二更，出天津，下行；四月丁酉一更，出开阳，西北行；六月丁亥五更，出垒壁阵东井，西行；壬辰二更，出危宿，下行；甲辰昏，出天棓，下行；七月丁巳昏，出开阳，下行；俱色赤。十二月壬午二更，出织女，下行，色白。

五十年三月己卯五更，出左执法，下行；五月甲戌二更，出天津，下行；八月壬午晓，出瓠瓜，下行；庚寅四更，出牛宿，下行；戊戌五更，出勾陈，西行；十月乙巳四更，出五车，东南行；五十一年闰七月丙申一更，出天厨，西南行；十月辛丑朔昏，出危宿，下行；己未一更，出王良，东南行；丙寅四更，出大陵，下行；五十二年五月戊子五更，出螣蛇，南行；八月己亥三更，出五车，下行；辛亥五更，出壁宿，西南行；辛酉二更，出天仓，下行；五十三年四月乙巳二更，出文昌，下行；六月辛丑二更，出箕宿，下行；己未三更，出奎宿，下行；七月壬戌五更，出织女，下行；己巳二更，出壁宿，下行；下亥三更，出贯索，下行；十月乙未四更，出井宿，下行；五十四年五月己未昏，出天

桴，下行；闰五月戊戌晓，出尾宿，下行；辛丑昏，出天津，下行；五十
五年四月癸丑四更，出文昌，下行；五月癸未昏，出天桴，下行；俱色
赤。六月癸亥五更，出尾宿，下行，色白。七月壬午二更，出帝座，西
北行；丙戌四更，出五车，下行；八月丁巳一更，出王良，下行；戊辰
晓，出文昌，下行；十一月甲申昏，出坟墓，下行；十二月丁卯一更，
五十六年四月丙午晓，俱出文昌，下行；己酉晓，出郎位，下行；五月
丁酉五更，出贯索，下行；七月丁丑三更，出室宿，下行；壬午晓，出
奎宿，西南行；癸未昏，出文昌，下行；二更出天津，南行；三更出壁
宿，下行；五更出危宿，下行；乙未昏，出文昌，下行；八月壬申晓，九
月戊寅四更，俱出天仓，下行；丁亥昏，出文昌，下行；十月壬寅朔五
更，出轩辕，东南行；癸丑四更，出毕宿，下行；俱色赤。十一月己卯
昏，出坟墓，下行，色黄。十二月辛酉昏，出文昌，下行；五十七年三
月丁酉五更，出贯索，东北行；六月戊寅昏，出织女，西北行；丁亥
昏，出亢宿，下行；庚寅晓，出室宿，下行；壬辰五更，出五车，下行；
甲午晓，出昴宿，下行；九月辛丑五更，出天仓，下行；辛亥昏，出文
昌，下行；乙丑晓，出轩辕，东南行；十月丙子四更，出毕宿，下行；五
十八年三月戊申晓，出室宿，下行；六月甲申二更，出大陵，下行；戊
子五更，出天纪，下行；七月甲午四更，出七公，下行；丙申二更，出
贯索，下行；戊申昏，出织女，西南行；甲寅昏，出贯索，下行；丁巳一
更，出危宿，下行；八月戊辰三更，出室宿，东南行；九月甲午一更，
出阁道，下行；己酉昏，出壁宿，下行；辛亥昏，出斗宿，下行；丁巳一
更，出室宿，东南行；十月壬午二更，出危宿，下行；五十九年六月乙
酉一更，出王良，下行；十月乙卯朔一更，出天桴，下行；己巳四更，
出五车，东北行；六十年二月丁巳昏，出王良，下行；七月庚午二更，
出昴宿，下行；俱色赤，俱入云，俱有光、有尾迹。

　　流星如李者，康熙七年四月乙亥，出右执法，入翼；十二月癸
酉，出参宿，入军市；俱不著色。八年十月己丑，出伐星，色青白，入
天狼。九年六月庚戌，出离宫，入虚；十年九月戊寅，出室宿，入羽林
军；俱不著色，俱有光、有尾迹。十二年八月丙午，出螣蛇，色青白，

入心,微有尾迹。十四年十一月戊子,出张宿,色青白,入天庙,有光。十六年八月甲寅,出常陈,色青赤,入氐。十七年正月丙子,出参宿,色青白,入九斿。十八年十月庚午,出右旗后,小星随之,色青赤,入候星。二十一年六月乙巳,出天市垣,色青白,入心、尾之间。十一月戊申,出东井,色赤黄,入上台。二十四年三月戊辰,出建星,色白,入垒壁阵。二十五年九月壬午朔,出胃宿,色赤,入东壁。二十六年七月癸未,出垒壁阵,色青白,入天纪,自东南至西北竟天;二十八年二月乙卯,出东次将,色白,入氐;三十年十月丁未,出胃宿,色白,入天仓;三十一年正月己卯,出贯索,色青,入亢;九月癸丑,出东井,色白,入天苑,三十二年七月辛亥,出王良,色黄,入五车;三十五年十月甲辰,出少微,色青,入庶子;三十八年十一月乙未,出勾陈,色赤,入王良;四十七年九月戊戌,出内屏,色青,入文昌;五十三年八月壬申,出蜀星,色赤,入尾;己卯,出牛宿,色青,入南海;五十六年十二月丁未,出毕宿,色青,入天仓;俱有光、有尾迹。六十年十一月丙午未时,自西北至东南,色赤,有尾迹。雍正元年三月壬午,出左枢,色青,入天津;二年四月庚戌,出左执法,色赤,入角;俱有光、有尾迹。

流星如核桃者,乾隆八年八月乙卯未正,出东北云中,下行,色黄,入云,微有尾迹,以昼见。其余乾隆年间一千五百有余,皆以昏、晓及夜见。

流星如栗者,康熙十一年五月壬子,出天厩,入奎,有光,有尾迹。

流星如弹丸者,康熙十七年五月庚申辰时,出西南,色赤,有光。七月戊午酉时,出西北,色青。乾隆元年五月壬戌午正,自西南方下行,色黄。七月癸卯戌初初刻,出东北,高五十余度,下行至二十余度没,色白,有光,有尾迹,皆以昼见。其余顺治年间五,康熙年间六十二,雍正年间一十三,乾隆年间三千一百有余,皆以昏、晓及夜见。

流星如榛子者,乾隆年间一十四,皆以夜见。

云气　太祖壬子年九月癸丑，东方有蓝、白二气。癸丑年九月庚辰，日傍有青、红二气，对照如门，祥光四映。乙卯年三月甲戌，有黄气亘天，人面映之皆黄。十月戊申，有红、绿祥光二道夹日，又有蓝白光一道，掩映日上如门。天命三年正月丙子，有黄气贯月中，其光宽二尺许，约长三四丈。四月壬子，有蓝、黑气二道，自西而东，横亘于天。五月乙卯，有红、绿、白三气，自天下垂，覆营左右，上圆如门。九月甲寅，东南有白气，自地冲天，末偏锐如刀，约长十五丈，凡十六日而灭。五年三月癸丑夜，有蓝、白二气，自西向东，绕月之北，至南而止。

天聪五年八月丁卯，明兵来攻阿济格贝勒，大雾不见人，忽有青蓝气自天冲入敌营，雾忽中开如门，我兵遂克。崇德六年九月辛巳黎明，东方有金光大如斗，内复有金光一道直如椽，冲天而起。

顺治元年六月庚午酉时，有白气自西南至东北。十月壬辰，五色云见日上。三年正月壬戌，北方云中有赤光如火影。四年五月庚戌，有白气自西南至东北。十月壬辰，五色云见日上。十二月壬辰如之。八年十二月壬子夜，有白气从艮至乾。十年六月丙申，青赤气生日上下。十二年六月庚午，北方有青黑云气变幻如龙。康熙三年十二月甲戌，金星生白气一道，长三丈余。五年二月庚申亥时，中天苍白气四五道。三月庚寅酉时，东南黑气一道。六年八月己亥，有白光一道，自东至西。七年正月甲子酉时，西南白光一道，尾至东南入地，约长六尺余，十余日渐长至四丈余，扫天苑、天翃、军井。八年六月甲申，西北直气一道。十一年二月甲午，五色云见中天，历巳至申。乙未如之。六年戊子，五色云见日上。十二月癸卯，五色云见日旁。十二年正月庚辰，西北至东南，苍白气经天如匹布。十三年六月己巳夜，东北苍白云一道。七月甲戌，白气一道贯日，自南至北，长六丈余。十五年三月乙酉，五色云见中天。七月戊戌、庚戌皆如之。十六年三月甲辰，五色云见日傍。七月癸未、十七年二月戊辰皆如之。六月辛巳，青气一道，宽五尺余。壬午，苍白气一道，青气三道,宽尺余。癸未,青气一道,宽六尺余,俱自西北至东南。十八年八月乙丑,正北黄黑云一道,变赤黄色,宽四尺余,长数丈。十九年十一月戊午至辛酉,西南苍白气一道,宽尺余,锐指东北,长三丈余,渐长至四丈余。二十年六月辛卯,东北青气六道。十月癸未,正北黑云一道,穿北斗,约长三丈余。二十四年十月丙午,日上苍白云映出五色鲜明。三十五年五月戊辰,五色云见中天。四十一年二月甲寅酉时,西南白云一道,长二丈余,宽尺余,穿天仓、天苑,入地平,至丁巳,长三丈余。六十一年十一月癸卯,五色云见日上。

雍正元年九月丁丑朔,五色云见中天。十月辛未、二年正月辛巳皆如之。五年八月辛亥丑时,正北黑云一道,东西俱至地平,宽尺余。七年三月戊辰,五色云见日旁。十一月丙申,庆云见于曲阜,环捧日轮,历午、未、申三时,于时上发帑金修建阙里文庙。八年正月辛巳,五色云见日下。六月辛丑子时,正北至东南,黑云一道,宽尺余。九年九月乙酉丑时,西北至东西,白云二道,宽尺余。十三年正月,云南奏报,年前十月二十九日,大理等府五色云见;广东高州府如之。

乾隆元年十月壬戌未时,五色云见日上及旁。癸亥未时,乙丑辰、巳二时皆如之。二年正月辛卯子时,西南至东北,黑云一道,宽一尺。三年七月己巳卯时,西北白云一道,宽三寸,长一丈余,往西南行。四年三月乙丑寅时,东南云一道,宽尺余,长数丈。丙寅巳时,北方白云一道,宽七八寸,长三丈余。八月乙未,北方白云一道,宽尺余,自东至西。五年三月丁巳亥时,东南白云一道,宽尺余,长三丈余。五月辛酉亥时,东南黑云一道,宽尺余,长二丈余。七年正月戊寅子时,月下白云一道,宽尺余,长三丈余。二月丁酉午时,五色云绕日。戊申巳时,见日旁;亥时,北方白云一道,宽二尺余,自东至西。八月己酉子时,东方白云一道,宽尺余,长五尺。甲寅巳时,五色云捧日。九月甲子午时绕日。十月庚寅辰时,丁酉辰时,八年三月丙辰辰时皆如之。己巳巳时见日上,丁丑酉时如之。闰四月辛酉夜子时,月上白云一道,宽尺余,自西北至东南。戊寅辰时,五色云

见日旁。六月甲子酉时,见日上。戊辰未时,绕日。甲戌巳、午二时
如之。七月丁酉子时,绕月。戊戌子时,北方白云一道,宽尺余,自
东至西。乙巳午、申二时,五色云绕日。八月丁卯,见月上。戊辰亥
时,绕月。十月丙辰巳时,见日下。丁巳申时,绕日。壬戌巳时,见
日下。九年正月乙巳辰时至午时,见日上。五月癸未戌时,绕月。十
一年七月乙巳亥时,中天白云一道,长丈余。十二年六月辛酉丑时,
西南至正东,黑云一道,宽三尺余。俱至地平。丁亥,五色云绕日。
十四年二月庚辰子时,东南黑云一道,宽二尺余,长十丈余。十一月
戊申卯时,东方白云一道,宽尺余,长丈余。十八年二月丁亥朔申
时,五色云见日上。十九年四月丙申子时,中天白云南一道,自东南
向西,宽尺余,长二丈余。二十一年五月辛巳亥时,东南白云一道,
宽尺余,长数丈。闰九月乙卯丑时,东北至西北如之。

清史稿卷四〇
志第一五

灾异一

传曰：天有三辰，地有五行，五行之诊，地气为之也。水不润下，火不炎土，木不曲直，金不从革，土爰稼穑，稼穑不熟。是之谓失其性。五行之性本乎地，人附于地，人之五事，又应于地之五行，其《洪范》最初之义乎？《明史·五行志》著其祥异，而削事应之附会，其言诚韪矣。今准《明史》之例，并折衷古义，以补前史之阙焉。《洪范》曰："水曰润下。"水不润下，则为咎征。凡恒寒、恒阴、雪霜、冰雹、鱼孽、蝗蟊、豕祸、龙蛇之孽、马异、人痾、疾疫、鼓妖、陨石、水潦、水变、黑眚、黑祥皆属之于水。

顺治九年冬，武清大雪，人民冻馁；遵化州大雪，人畜多冻死。十年冬，保安大雪匝月，人有冻死者；西宁大雪四十余日，人多冻死。十一年冬，滦河大雪，冻死人畜无算。十三年冬，武强大雪四十日，冻死者相继于途；昌黎、滦州大雪五十余日，人有陷雪死者。

康熙三年三月，晋州骤寒，人有冻死者；莱阳雨奇寒，花木多冻死。十二月朔，玉田、邢台大寒，人有冻死者；解州、芮城大寒，益都、寿光、昌乐、安丘、诸城大寒，人多冻死；大冶大雪四十余日，民多冻馁；莱州奇寒，树冻折殆尽；石埭大雪连绵，深积数尺，至次年正月方消；南陵大雪深数尺，民多冻馁；茌平大雪，株木冻折。十一年三月，文水大雪严寒，人多冻死。冬，昌化大雪，平地深三尺。十五年十一月，咸阳大雪深数尺，树裂井冻。十六年九月，临淄大雪深数尺,树木冻死;武乡大雨雪,禾稼冻死;沙河大雪,平地深三尺,冻折树木无算。二十二年十一月,巫山大雪,树多冻死;太湖大雪严寒,人有冻死者。二十四年四月,定陶烈风寒雨,人有冻死者。二十七年,郏昌大雪,寒异常,江水冻合。二十八年冬,衢州大雪,寒异常。二十九年十一月,高淳大雪,树多冻死;武进大寒,木枝冻死。十二月,卢州大寒,竹木多冻死;当涂大雪,橘橙冻死;阜阳大雪,江河冻,舟楫不通,三月始消;宜都大雪□树,飞鸟坠地死;竹谿大雪,平地四五尺,河水冻;三水大雪,树俱枯;海阳大寒,冻毙人畜;揭阳大雪杀树;澄海大雨雪,牛马冻毙。三十年冬,房县酷寒,人多冻死。四十二年春,房县雨雪大寒。五十五年冬,高淳大雪盈丈。五十七年七月,通州大雪盈丈。十二月,太湖、潜山大雪深数尺。五十八年正月,嘉定严寒,太湖、潜山,大雪四十余日,大寒。

雍正五年冬,屯留大雪严寒,井冻。

乾隆五年正月,嵊县大雨雪,奇寒;福山大雪。九年正月,曲沃大寒,井中有冰。十三年十二月,上海大寒雨雪。十六年三月,武强大雪,平地深尺许,人畜多冻死。二十二年正月,丰顺雨雪大寒,人畜冻毙。二十四年冬,永年大寒。二十六年冬,福山大寒,树多冻死;文登、荣成大雪寒甚;娄县大寒,河冰塞路;临朐大寒,井水冻;余姚大寒,江水皆冰。五十七年六月,房县大寒如冬。五十九年七月,湖州寒如冬。

嘉庆元年正月,青浦雨雪大寒,伤果植;滦州大寒井冻,花木多萎;永嘉大风寒甚,冰冻不解;湖州大雪,苦寒杀麦;义乌奇寒如冬;桐乡大风雪寒。十二月,金华大雪,麦几冻死。三年五月初五日,青浦大寒,厨灶皆冰。十年十二月,枣阳大雪,结寒冰厚五尺。十九年秋,招远、黄县大寒,海冻百余里,两月始解。二十四年十二月,南乐大雪,平地深数尺,人畜多冻死。

道光十一年冬,元氏、南乐大雪,井浆,冰深四五尺。十一年十二月朔,抚宁大雪,平地深三尺,飞鸟多冻死。二十一年正月,登州府各属大雪深数尺,人畜多冻死。冬,高淳大雪深五尺,人畜多冻死;黄川大雪深数尺,经两月始消,民多冻馁;罗田大雪深丈余,民多冻馁。

咸丰八年七月,大通大雪厚二尺,压折树枝,谷皆冻,秕不收。九年六月,青浦夜雪大寒;黄岩奇寒如冬,有衣裘者。十一年十二月,临江府及贵溪大寒,树多冻折;蒲圻大雪,平地深五六尺,冻毙人畜甚多,河水皆冰。

同治元年六月,崇阳大寒。冬,咸宁冰冻奇寒。四年正月十四日,三原大风雪,人多冻死;枣阳雨雪连旬,树多冻死。十六日,钟祥、郧阳大雪;汉水冰,树木牲畜多冻死。十二年十一月,三原大雪六十余日,树多冻死。

光绪二年五月,遂昌奇寒,人皆重棉。

顺治四年三月,献县、肃宁昏雾,四昼晦。十四年十月二十八日,东阳大雾,竟日不散。十五年正月朔,潜江大雾,昼晦。

康熙元年三月初八日,临榆昏雾竟日。十六年,清河阴雾四十余日。二十年三月,桐乡恒阴。二十二年三月,肃县重雾伤麦。三十年正月,江浦大雾蔽天。四十三年八月,庆云昏雾障天。六十一年六月,潍县浓雾如烟。

雍正二年十二月十五日,掖县大雾。

乾隆元年十一月二十一日,海阳大雾。二十六年八月初四日,独山州宿雾冥濛,近午始霁。三十三年二月十六日,梧州大雾。

嘉庆元年三月二十六日,宜城昏雾,昼晦。四年十二月朔,蓬莱大雾竟日,气如硫磺。十五年正月,荣成大雾。

道光六年五月,肃州大雾。二十九年正月,云梦昼晦六阅月,天气阴霾。三十年正月朔,登州阴雾。

咸丰元年十二月除夕,泰安、通渭大雾。二年正月二十四日,陵川大雾,昼晦。

同治元年正月庚寅,青浦大雾,著草如棉,日午始散。二年正月二十四日,陵县大雾,昼晦。三月十六日,泾州大雾,通渭、泰安大雾,至四日乃止。六年二月,日照大雾。

光绪十一年,邢台大雾。

顺治元年四月,栖霞陨霜杀麦。二年八月,垣曲陨霜。六年四月,庄浪陨霜杀麦。七年四月,灵台陨霜杀麦。十五年四月,东昌陨霜杀麦。六月,高唐陨霜。十六年三月,荣河陨霜杀麦。十七年春谷雨后,岳阳霜屡降;万全陨霜杀麦。

康熙二年四月二十三日,高苑陨霜杀麦。六月,雒南、商南陨霜三次。三年四月二十一日夜,清河风霜并作。二十三日,新城、邹平、阳信、长清、章丘、德平陨霜杀麦。二十四日,益都、博兴、高苑、宁津、东昌、庆云、鸡泽陨霜杀麦。十一年四月,乐安陨霜杀麦。五月,通州陨霜杀麦。七月,岢岚州、吉州陨霜杀禾。十二年正月四日,寿光陨霜杀麦。十四年四月,平度、掖县、莱阳、昌乐、安丘、馆陶、滨州、蒲台陨霜杀麦。五月,冠县陨霜杀麦。十五年四月,武强陨霜杀麦。十七年春,砀山、颍上、铜山陨霜杀麦。十八年三月,无极陨霜杀麦。十九年四月,榆社陨霜杀菽。六月,沂州陨霜。八月,高州大雪。二十一年三月,太平陨霜杀麦。二十二年七月,静乐陨霜杀禾。二十三年四月,仪征、静宁州陨霜杀麦。二十六年七月,西宁陨霜。二十七年三月,临潼陨霜杀麦。七月,岳阳陨霜杀禾。二十九年三月,商州陨霜。四月,长治陨霜。三十年五月,长治陨霜。八月,武进陨霜杀稼。五月朔,平远雨雪。六月,龙川陨霜杀禾。三十三年八月,怀来陨霜杀稼。三十四年七月,盂县陨霜杀禾。八月十五日,岚县、永宁州、中衙、绛县、垣曲陨霜杀禾。三十五年八月,静宁、介休、沁州、沁源、临县、陵川、和顺、延安各处陨霜杀稼。三十六年七月,乐平、保德州陨霜杀禾。八月,岳阳陨霜杀禾;沁、涿霜灾。九月,龙门大雪;西乡陨霜杀稼。三十七年七月,阳高陨霜杀禾。四十四年三月,砀山、湖州大雪。六月,铜乡、湖州大雪;狄道州陨霜杀禾。四十七年二月,鹤庆陨霜杀麦。四十八年七月,德州陨霜杀禾。五十年正月,潮阳陨霜。五十六年二月,泾阳陨霜杀麦。七月,通州大雪盈丈。五十九年七月,安定陨霜杀禾。八月,德州陨霜杀禾。六十年五月,临朐陨霜杀麦。

雍正元年八月,怀安陨霜杀禾。二年八月,江浦陨霜杀稼。六年七月,甘泉陨霜杀禾。八年八月,沁州陨霜杀禾稼。九年八月,沁州复陨霜杀禾稼。

乾隆四年四月,通州陨霜杀麦。八年七月,无为大雪。八月初一日,东光陨霜杀禾。十年七月,广陵陨霜杀禾。十二年六月丙子,苏州雨雪,己卯、庚辰又微雪。十三年四月,同官陨霜杀麦。十六年四月,同官陨霜杀麦。九月,龙川陨霜杀禾。二十年七月,正宁陨霜杀禾。八月,葭州陨霜杀禾。二十七年七月,会宁、正宁陨霜杀禾。二十八年五月,和顺陨霜杀稼。三十一年三月,高邑陨霜。五十一年五月,通渭陨霜杀麦。五十二年七月,宣平陨霜杀菽。五十五年三月,平度、邹平、临邑陨霜杀麦。四月,范县陨霜杀麦。五十六年三月,寿光、安丘、诸城陨霜杀麦;平阴陨霜杀麦,数日后复发新苗。

嘉庆十年三月,东平、济宁、莘县陨霜杀麦。十三年四月,靖远、乐清陨霜杀禾。十四年立夏前三日,江山雨雪。十九年八月,望都陨霜杀稼。二十二年八月,涿州、望都陨霜杀稼。二十五年八月,贵阳陨霜杀稼。

道光十二年四月,诸城陨霜杀麦。七月,望都、宁津陨霜杀禾。十五年四月,黄县陨霜杀麦。十八年八月,元氏陨霜杀禾。十九年八月,狄道州陨霜杀禾。二十年七月,临朐陨霜杀禾。二十二年四月初八,秦州陨霜杀麦。

咸丰九年二月,沁源陨霜杀麦。

同治九年二月,沁源陨霜杀麦。

光绪二年八月初八日,宁津、东光、临榆陨霜杀禾。十八年四月,化平川厅陨霜。二十八年八月,庄浪陨霜杀禾。

顺治元年,沙河大雨雹。二年三月,平乐雨雹,大如鹅卵。五月二十四日，武乡雨雹，大如鹅卵，南雄雹，拔木。四月，文安大雨雹，伤麦。四年五月，岑溪雨雹，大如碗。五年二月，丘县大雨雹。三月，海丰雨雹，小者如鸡卵，损麦。闰三月三日，昆山雨雹，大如斗，破屋杀畜。六年六月，临淄大雨雹；寿光大雨雹，平地深数尺，木叶尽脱。九月，定远厅雨雹，伤麦。十月十五日，咸宁大雨雹，所过赤地。七年五月，应山大雨雹；信阳雨雹，伤麦。六月，武乡雨雹，其形如刀。八年二月十六日，顺德雨雹，大如斗，击毙牛马。五月，丘县大雨雹；汾西雨雹，大者如拳，小者如卵，牛畜皆伤，麦无遗茎。七月，黎城雨雹，大如鹅卵。九年四月二十三日，潞安雨雹，大如鸡卵，屋瓦俱碎；长治雨雹，大如鸡卵。五月十六日，临县雨雹，大如鸡卵，积地尺许；岚县大雨雹，伤禾；胶州雨雹，大如鸡卵。六月，临县雨雹，阳曲雨雹，大如鹅卵。十年四月四日，贵池雨雹，大如碗，屋瓦皆碎；武宁雨雹如石，杀鸟兽；崇阳雨雹，人畜树木多伤。五月，海宁雨雹，大如鸡卵，屋无存瓦，树无存枝；泾阳雨雹，大如拳；永寿雨雹，大如拳，小如卵，积地五寸，二日始消，大伤禾稼。十月十日，袁州雨雹，大如栲栳者甚多，有一雹形如杵，长可一丈一尺有奇。十一年二月十五，苍梧大雨雹。三月，松滋大雨雹。五月，长乐雨雹；汉阳雨雹，大如鸡卵，平地深一尺。六月，雒南大雨雹，积地尺许，人不能行。十四年六月初三，猗氏大雨雹；霸、蓟等七州，宝坻等二十一县雨雹。十五年三月，宁波大雨雹，击毙牛羊，桑叶尽折；镇海大雨雹。闰三月朔，上虞、龙门大雨雹，倏忽高尺许，或如拳，有巨如石白，至不能举，人畜多击死。十六年闰三月初四，顺德大雨雹。四月，萧县大雨雹，杀麦。六月，清漳雨雹，大如鹅卵。八月，胶州雨雹，伤稼。九月，新河雨雹，伤数十人，至三月始消。十七年四月壬寅，清河雨雹，大如斗。十一月，鹤山雨雹，大如鸡卵。十八年正月二十七日，顺德大雨雹，伤人畜；揭阳雨雹，大如拳，屋瓦皆碎。三月初六，萍乡雨雹，其状或方或圆，或如犁，屋瓦皆碎。八月，怀安雨雹，大如鸡卵，厚盈尺。冬，清涧雨雹，大如鹅卵，有径尺者，积数尺。

　　康熙元年三月二十一，海宁大雨雹；河间雨雹，大如斗。五月，怀安大雨雹，人畜有伤；龙门大雨雹；榆社大雨雹，人畜多伤。二年正月二十八，望江雨雹。二月，安陆雨雹。三月朔，襄阳雨雹。四月十六日，镇洋大雨雹。六年六月，香河雨雹，大如碗，平地深数尺，田禾尽伤，屋瓦皆碎，远近数十里。八月，保安州大雨雹，伤人畜；宣化大雨雹，伤禾；怀来大雨雹，伤人畜。七年五月，新安雨雹，大如甀，屋舍禾稼尽伤。十二年三月，行唐大雨雹。七月，卢龙雨雹，大如斗。十七年三月，连山雨雹，大如拳，击死牛畜。十八年正月，惠州雨雹，大如拳。十九年七月，阳曲雨雹，大如鸡卵，有大如砲礧者，击死人畜甚多。二十六年四月，平湖雨雹，大如升，小如拳。六月二十四日，文县雨雹，大如鸡卵，割之，内有小鱼、松苔。三十三年二月，开平大雨雹。五月，汶上雨雹，大者径尺，击死数人。三十四年三月，江夏雨雹，大如豆，中有黑水。三十六年闰三月，黄安大雨雹。四月，湖州大雨雹，三十七年正月十六，灵川雨雹，大如难卵；安南雨雹，大如拳，麦无收。三十九年七月，元氏大雨雹。四十年二月，鹤庆大雨雹。四十二年三月，桐乡大雨雹，损菜菽；湖州大雨雹；龙门大雨雹，或如拳、如臂、如首，或长或短，或方或圆，积深二三尺，坏民居无算，虎豹雉兔毙者甚多；崖州大雨雹，如霜，著树皆菱；蒲县雨雹。四十三年六月，翁源大雨雹；浦县雨雹，伤禾。七月，定襄雨雹，伤禾。四十四年三月，桐乡大雨雹；湖州大雨雹。八月，密云雨雹，伤禾。七月，定襄雨雹，伤禾。四十四年三月，桐乡大雨雹；湖州大雨雹。八月，密云雨雹，伤禾。四十六年二月，湖州雨雹。三月初四日，陵川雨雹；琼州雨雹，大如拳。六月，东明大雨雹。麦尽伤。四十八年二月初六日，荔浦雨雹，大如鹅卵，积地尺许。夏，大埔雨雹，白如茧，积地数尺；江浦、来安雨雹。五月十六日，鸡泽大雨雹，伤人百余。秋，代州雨雹。五十一年五月，解州雨雹；沁源雨雹，大如鸡卵。七月，黄冈雨雹。击毙人畜。五十二年三月二十七日，全州大雨雹，屋瓦皆飞。五十三年五月，固安西雨雹。七月朔，平大街雨雹，伤禾。五十四年三月，江浦雨雹，大如升，伤麦。五十五年夏，新乐雨雹，大如碗；浮山雨雹，大如鸡卵，田禾尽伤；崇阳雨雹。五十七年三月，龙川雨雹,大如斗,坏民舍,牛马击毙无算。五十九年六月,鸡泽雨雹,大如鸡卵,伤禾。六十年三月,连平雨雹,毁民舍;镇安、慈炀、上虞、余姚雨雹。小者如碗,大者如斗。七月,柏乡大雨雹,如鸡卵,伤禾。六十一年四月,平定,乐平冰雹。五月,安丘大雨雹。十一月初十日,香山雨雹。十二月,赣州雨雹,大如鸡卵,伤牲畜。

　　雍正元年正月,鹤庆大雨雹。三月,融县雨雹。二年五月,福山雨雹,大如鸡卵。八月,秦州雨雹,击毙牛马鸟雀无算;东安雨雹,伤稼。三年正月,定州大雨雹。三月,昆山大雨雹。夏,长宁雨雹,大如鸡卵,伤鸟兽甚多。四年正月,甘泉雨雹,大者如斗,小者如升,屋舍尽毁。三月,吴川雨雹。五月,舒城雨雹,大如斗。六年五月,商南大雨雹,损屋舍。七年四月,惠来大雨雹,如鸡卵,伤禾。高平、岑溪雨雹,树皆折。七月,静宁州雨雹,大如碗。八年六月,安远大雨雹,击毙禽畜甚多。八月,海宁、沁州大雨雹,毁屋舍。十年二月,连州大雨雹,损麦。八月,白水雨雹。九月,湖州、桐乡大雨雹。十一年三月,海宁雨雹;桐乡雨雹,伤麦。八月,阳信雨雹,大如鸡卵,深三尺余,田禾尽损。冬,嘉兴雨雹,伤麦。十二年三月,无为大雨雹;鹤庆大雨雹;蒲圻大雨雹。四月,湖州雨雹,损麦。

　　乾隆元年二月,广州大雨雹。三月,荣经冰;方山大雨雹。五月十七日,青城雨雹,大如胡桃。六月,郧西雨雹,鸟兽多击死。七月二十五日,南和大雨雹;平乡大雨雹,毁房庐,伤田禾;怀安雨雹,伤禾。九月,长子大雨雹,片片著禾如刈。十一月,京山雨雹。三年正月十四日,武宁雨雹,大者重四五斤。四月,白水大雨雹,伤麦。四年三月,北流雨雹;富平、临清雨雹,伤禾。四月丙戌,苏州大雨雹,损麦;昆山大雨雹,损麦。五年六月,绛县雨雹,伤禾。六年秋,广灵雨雹,伤稼。七年三月,毕节雨雹,大如鸡卵。四月,涿州雨雹,大如鸡卵。八年四月初五日,安州雨雹,大如鸡卵,深三尺。初九日,昆山大雨雹,损麦。闰四月,高邑大雨雹。七月,高苑大雨雹,伤麦。十年五月,涿州雨雹。初八日,青城雨雹,大如酒杯。六月丁未,同官雨雹,大如弹;戊午,又雨雹,坏庐舍无算。八月,庆阳大雨雹,伤禾。

十一年三月，体县大雨雹。四月，金乡、鱼台、营州雨雹，大如鸡卵，伤麦。五月，曲沃雨雹，大如车轮。十二年六月十一日，高平、文镇大雨雹，伤稼。七月二十五日，安化雨雹。伤禾。十三年正月初二日，鹤庆、信宜、象州、恩县、遂安雨雹，大如斗，伤麦。四月初四日，上海雨雹，伤麦豆；昆山大雨冰雹，击死人畜无算。五月十一日，泰州、通州大雨雹，坏屋。十三日，滕县大雨雹，大如臼，民舍损坏无算。六月，乐平雨雹，伤稼。秋，怀来、怀安、西宁、蔚州、保安雨雹成灾。十二月，忠州、西乡大雨雹，伤禾。十四年二月初七日，忠州雨雹。四日，太平雨雹。六月朔，高邑大风雹。十月，乐平、稷山雨雹，伤禾。十一月，正定府属雨雹，伤稼。十五年五月，彭泽大雨雹，重三十余觔。五月初四日，宜昌大雨雹。六月十五日，胶州，滨州大雨雹，伤人畜禾稼。八月戊子，白水雨雹，伤稼。九月，郧县、房县大雨雹，伤人畜。十二月，信丰大雨雹。十六年三月，荣成大雨雹。十八年四月二日，定番州大雨雹，坏民舍百余间。二十年三月，黄冈雨雹，长三十余里，大者径尺。四月初三，玉屏大雨雹，坏屋。五月十七日，高平大雨雹，人有击毙者。二十一年六月，潮阳大雨雹，周遭二十余里，禾稼多伤。二十二年八月，即墨大雨雹，深尺许。二十三年三月，龙川大雨雹；东湖雨雹，大如卵，积盈尺者十余里，四月二十九日，永平大雨雹，形如钵，人有击毙者。五月，中部雨雹，大如卵，厚尺许；庄浪、环县大雨雹。六月十六，长子大雨雹，十一日方止。二十三年三月，宜昌雨雹，大如卵，积地盈尺。四月，陵川雨雹，大如鸡卵，深盈尺。十一月，武宁大雨雹，重五六觔。二十八年十月，罗田雨雹。二十九年二月，庆元大雨雹。三十年三月，临邑大雨雹，鸟兽死者相枕藉。六月二十四日，乐平雨雹，伤稼。三十一年五月，鄞县冰雹。三十二年五月，邢台大雨雹，深尺许。三十三年四月，莒州大雨雹。三十五年五月二十三，东平大雨雹。三十九年二月，乐平雨雹，伤麦。五月，黄县大雨雹，厚积数寸。四十年三月十七日，屏山大雨雹。四十二年六月二日，寿阳雨雹，深者四尺，浅者二尺，月余方消。四十三年五月，房县雨雹，或方或圆，或如砖，伤人畜无算;合肥大雨雹。四十四年四月,平度大雨雹。五月,黄县雨雹,伤麦。四十七年四月戊子,宝鸡雨雹,伤麦。五月,文登大雨雹,伤禾。五十年二月二十三,泸溪雨雹。三月,潜江雨雹。五十四年五月初四,洛川大雨雹。五十五年二月,荆州大风雹。四月初六,青浦雨雹,大如拳,击死一牛。八月,江陵大雨雹。五十六年二月,永安州大雨雹。十月初八日,东光大雨雹。五十七年五月三日,泰州大雨雹;莒州雨雹,大如鹅卵,厚三尺,伤禾稼;禹城、陵县、寿光大雨雹。七月,黄县大雨雹,伤禾。五十八年三月,武宁雨雹,坏民舍。五十九年四月,黄州雨雹,大如碗。人畜多击毙。十二日,江山大雨雹。

嘉庆元年正月,平谷大雨雹,形如鸡卵。四月,邢台雨雹,大者如斗。二年六月,中部雨雹,大如卵,小如杏,伤人畜;枝江雨雹,大如鸡卵,鸟兽击伤。十二月,云和冰雹,大如斗,屋瓦皆碎。三年四月,宜城雨雹,大如鸡卵。四年四月,襄阳大雨雹。五年四月,白河县雨雹,大如鸡卵,深尺余。五月,滕县雨雹,大如碌碡。七月,延安大雨雹,屋瓦皆碎,秋禾无存。六年五月,博兴大雨雹,坏官民厅舍。十年八月,中部雨雹,大如卵,积地五寸。十一年,滦州大雨雹,平地积尺许。十二年二月,贵阳雨雹,大如马蹄。四月,沂水大雨雹,如盂者盈尺,有大如碌碡者。八月,武强大雨雹,有如鹅卵者,屋瓦皆碎,禾叶尽脱;邢台雨雹。十三年春,武强大雨雹。十四年四月,蓟州雨雹,伤麦;襄阳大雨雹;荆门州大雨雹。六月,南乐雨雹,大如鸡卵。十五年三月,宜都雨雹,伤麦。八月,章丘雨雹;东光雨雹。十六年三月,枝江大雨雹。十七年三月,宜都雨雹,禾尺伤。秋,博野雨雹,成灾。二十一年四月,栖霞雨雹,伤麦;定远厅大雨雹,鸟兽多毙。二十二年五月,滕县雨雹,平地深半尺,禾黍尽伤。二十三年五月,苏州大雨雹,湖州大雨雹。

道光四年五月,日照大雨雹,伤禾。十月,曲阳大雨雹盈尺。五年四月八日,罗田雨雹,损麦豆无数;苏州雨雹。五月,皋兰大雨雹。八月初九,复雨雹。六年四月十七,云梦雨雹,大如拳。七年十二月,宜平雨雹,折树碎瓦。十三年五月癸未,临朐雨雹,大如马首。秋,博野等十三州县雨雹。十月二十四日,宜城雨雹。十四年四月三日,三原雨雹,伤禾。初六,诸城雨雹,伤麦。十六年二月十六日,湖州大雨雹。四月二日,光化大雨雹。十七年七月十三日酉亥,平谷大雨雹,如鸡卵,秋禾尽平,屋瓦皆碎。十八年五月,通渭大雨雹。七月十八日丁巳,滦州雨雹,大如卵,秋禾尽损。十九年三月,元氏雨雹,厚尺许。二十年四月,黄安大雨雹,伤稼。七月二十六日,随州大雨雹,伤稼。二十一年八月,陵县大雨雹。九月又雨雹。二十三年五月二十二日,孝义厅大雨雹,状如砖,有重数十觔者,人畜触之即毙。七月十二日,云和雨雹,大如斗,屋瓦皆碎,损伤人畜甚多。二十五日,安定雨雹,大如鸡卵,山巅有径尺者,数日不化。二十六日,随州大雨雹,禾稼多伤。二十五年正月,崇阳大雨雹。四月,安丘大雨雹,损麦,三日不消。二十七年春,龙川大雨雹。夏,黄岩大雨雹。二十九年四月,应山雨雹,大如拳,鸟雀多击死。六月,兴山大雨雹,伤稼。七月,西宁大雨雹。三十年三月,黄冈雨雹,大如瓜,小如弹丸,坏稼伤人。

咸丰元年三月甲子,大雨雹,伤人畜,坏屋宇;怀来大雨雹。五月丙午,东光大雨雹,屋瓦皆毁,伤人畜。三年三月,崇仁雨雹,大者如碗,小者如拳,屋瓦尽毁。四年四月,黄安雨雹,重十余觔,损麦。九年七月,黄冈雨雹,大如卵。十年七月,罗田大雨雹,伤禾无数;麻城雨雹,大如鸡卵,击毙牛马;黄安大雨雹,树俱折。十一年十一月,麻城、罗田、宜都雨雹,大如鸡卵,伤禾稼,损屋舍。

同治元年六月,东湖大雨雹,击毙牛马无算。六月,狄道州雨雹,大如鸡卵,禾蔬尽伤。二年五月,元氏雨雹,大如拳,禾稼尽伤,田庐俱损。六月,孝感雨雹,大如鸡卵。四年正月十三日,日照大雨雹,伤禽兽;武昌、黄□、宜都雨雹,大如鸡卵。二月,青田大雨雹,损麦。四月,均州雨雹,大如鸡卵,破屋折树。五月,房县大雨雹,数百里禾稼尽伤。五年正月,均州大雨雹,积地深数尺。四月,随州、江陵大雨雹,损麦。五月,通渭、泰安大雨雹,伤牛马。六年七月,怀来、青县大雨雹,秋禾损。九月十六日,高淳雨雹,大如拳,损屋舍。七

年三月十八日,黄安、江夏大雨雹,鸟兽多击死。八年五月十一日,
肥城雨雹,平地深尺许,大如鹅卵,八月十三日,滦州大雨雹,阔十
五里。九月,泰安大雨雹。九年三月十四日,潜江雨雹,大如鸡卵。
五月二十三日,阶州大雷电,雨雹如注。十年二月,青田大雨雹。四
月,上饶大雨雹。五月二十二日,阶州、白马关大雨雹,平地水深数
尺,淹毙二百余人。十一年二月,新城大雨雹。三月十一日,嘉兴大
雨雹;柏乡大雨雹,重者十七觔;湖州大雨雹;景宁雨雹,大如碗;青
田尤甚。十三年三月,黄冈雨雹,大如升,数十里麦尽损。四月乙未,
青浦雨雹,有重至十余觔者。

　　光绪元年四月二十二日,邢台雨雹,大如核桃,积地二寸许。二
年四月,惠民大雨雹,鸟雀多击死。三年四月十五日,沔县雨雹,大
如鸡卵。六年夏,均州雨雹,大如鸡卵。八年四月十一日,均州雨雹,
大如鹅卵,袤百余里,广十余里;二十五日,复雨雹,灾尤重。八月,
皋兰雨雹,大如鸡卵。九年七月初四日,山丹雨雹,大如鸡卵。九月
初二日,孝义厅雨雹,大如鸡卵。十年五月二十五日,兴山大雨雹,
伤稼。八月,滦州大雨雹。十二年五月二十日,庄浪大雨雹,无极大
雨雹。十四年六月十三日,新乐大雨雹,三十村禾尽损。十五年五
月,化平川厅雨雹如蛙形,伤禾稼。十九年五月,狄道州雨雹,大如
碗。二十二年九月,南乐大冰雹。二十四年四月二十四日,泾州雨
雹,大如鸡卵。五月,河州大风雨雹,平地水深三尺。二十五年五月
初五日,海城雨雹,大如鸡卵,击死牛羊一千有余。二十六年八月,
南乐大雷雨雹。三十年七月,山丹大雨雹,伤禾。三十一年七月二
十四日,洮州雨雹,大如鸡卵,伤禾。

　　顺治二年正月初一日,上元大雪雷雨。三年五月初一日,齐河
雷火焚孔子庙;夏,阳城大雷,人有震死者。十二月初二日,吴川雷
鸣,岑溪大雷雨。五年十月,揭阳大雷雨霹雳。六年正月十一日,潞
安雨雪雷电。五月初九日,石门大雷雨;安丘雷击二人。十一月二
十五日,镇洋大雷电。七年正月二十七日,震泽大雷电。八月,河源

雷震大成殿。冬至后二日,解州雷鸣。十二月除夕,上元大雪雷电。九月,泾阳雷震,十月朔,雷;江阴雷;萧县雷。十二月二十八日,胶州雷。除夕,昆山雷,临邑雷震。九年正月朔,黄陂震雷大雪,蕲水震雷大雪,应山大雷电。二月二十六日,石门雷震死三人。十月十五日,杭州大雷电。十六日,揭阳雷大震。十一月十四日,上海大雷,凡震三次;青浦雷。十二年九月,震泽雷电大雨。十月,二十五日,香山雷鸣;二十七、二十八日,复鸣。十二月十三日,遂安雷震柏山庵。十三年二月二十九日,钟祥震雷。十月,安丘雷震大雨。十四年正月十四日,辽州雷电大震。十一月十一日,永安州大雷电。十八日,杭州大雷电,铜陵雷。三十日,咸宁大雪雷电。十五年十一月,咸阳大雪雷鸣。十六年十二月,高淳大雷。十七年十一月,鹤山大雨雷电。十八年正月十七日,阳信,海丰大雷。

康熙元年二月,鹤庆雷鸣。三年正月,通州迅雷达旦,望江雷击南城楼。五年十二月,封州雷鸣。六年正月,南乐迅雷。十二月,开平大雷雨,凤凰洲雷鸣,揭阳雷,澄海雷鸣,钦州雷电。七年八月,平远州雷击右营守备署。八年二月十四夜,思州雷火起大成殿北角。十一月,西充大雷电。十二月,黄岩大雷。九年正月,乌城大雷电。十二月,苏州雷电。七月,东阳大风雨雷电。十二年正月初六日,富阳大雷电。十月十四日,贵州雷,东流大雨。十月,婺源雷震儒学棂星。十二月,雷震孔子庙戟门。十三年正月,苏州雷,青浦雷,嘉定震雷自四鼓达旦。十二月除夕,桐乡雷电交作。十六年正月初一日,湖州雷震大雪。十七年正月,巢县雷。十八年正月朔,苏州震雷。沛县雷。十九年正月朔,苏州雷。二十年正月,宿州雷雨雹。二十一年正月,宿松雷电。二十二年正月,解州雷电,石门雷电。二十三年正月,丹阳雷电雨雪,含山大雷电,兖州雷震。二十四年正月十七日,巢县雷。二十五年十一月,信宜雷鸣。二十八年正月,沛县雷电。十一月初九日,义乌大雷电。十二月十六日,巢县大雷。三十一年正月,武进雷电。三十三年正月初十日,巢县雷。十二日,琼州雷鸣。十四夜半,莱县大雷电。十二月,青浦雷电大雨。三十四年正月初一日,琼州雷。三十六年正月初一日,昆山雷,青浦雷。三十七年十二月除夕,开平雷鸣。三十八年十二月初三日,吴川雷大震,次日又震。三十九年正月,解州雷。四十二年十二月,湖州雷。四十三年正月二十日,苏州雷鸣。十一月二十八日,钦州雷鸣,揭阳雷鸣。十二月,澄阳雷鸣,普宣雷鸣。四十五年正月,巢县大雷。四十九年正月初七日,香山雷鸣。十一月二十一日,景宁雷鸣。五十年十一月,大埔雷。十二月,阳春雷鸣。除夕,平乐雷电霹雳,骤雨达旦。五十三年十二月,泾州大雷电,福山大雷雹,湖州雷鸣。五十四年正月朔,大埔雷鸣。十一月,阜阳雷鸣。五十五年十月,通州雷。十一月,铜陵雷震。五十六年正月湖州雷。十月二十五日,香山雷鸣。五十九年七月,南笼大雷雨。九月,通渭县暴雷,震死一人。六十年十一月,潮阳雷鸣,岑溪雷鸣。六十一年十一月,顺德大雷,广宁雷电。十二月,钦州雷电大作,风雨暴至,吹塌城垣二十余丈;阳春大雷雨,揭阳雷鸣,澄海雷鸣。

雍正十二年二月初八日,蒲圻大雷电。十月,揭阳雷鸣。

乾隆元年三月,邢台雷震府学奎星楼,海阳震雷霹雳。二年十一月,赣县大雷电。十二月二十五日,普宁雷鸣。九年二月十一日,昆山雷击马鞍山浮图末级。十月十五日,岐山雷电风雨。十年四月十五日,横州雷击大成殿西柱。十二年四月二十五日,顺潭村狂风迅雷大作,树木尽拔,倒屋二千余间,压毙三十余人。十月朔,胶州雷。十三年十二月初八日,上海大雷。十四年十二月,信丰大雷电雨雹,毕节大雷电。十六年十月,平度、海盐震雷。十七年五月十一日,长子大风雷。十一月二十七日,揭阳雷鸣。十八年十二月,宣都大风雨雷电。二十年正月,赣榆大雷电雨雪。二十二年除夕,龙川雷鸣。二十四年十一月十一日,荆门州大雷。二十八年十月初四日,武进大雨雷电。三十五年十二月,嘉善雷电。三十六年十二月戊寅,苏州大雷电,湖州雷电。三十九年十月,阳湖大雷。四十年十一月初六日,房县大雷电。四十六年十二月十二日,桐乡雷电。五十五年十二月二十四日,黄岩大雷雨,苏州大雷电。除夕,云梦大雪大雷。五十七年十二月乙巳,南陵雷电交作。五十九年十二月,江山大雷电。

嘉庆六年正月,阳湖雷。七年正月十七日,东光雷电。十年十一月,滕县大雪闻雷。十九年十二月,滕县雨雪闻雷。二十年二月,湖州雷电大雪。二十三年二月,金华雷电。

道光三年正月十四日,湖州雷。二月十五日,监利大雷。五年冬至后一日,章丘雷。七年十二月,湖州大雷雪。十二月,崇阳大雨雷电。十二年十二月,丽水雷电大雪。十三年十二月,宜城雷电雨雹。十八年十月,太平大雷。十一月二十九日,云梦大雷。十二月除夕,湖州大雷电;青浦大雷电;随州大雷。十九年正月,湖州大雷,枣阳雷鸣,云梦雷鸣,十二月,文登大雷。除夕,靖远雷电大雨。二十年正月十六日,武定大雷震。二十一年正月三十日,定远雨雪雷鸣。二十二年冬至夜,滕县雷鸣。二十三年十月,应城雷电。二十四年十月,崇阳雷。十二月,鄱阳大雨雷电,丽水雷电,即墨雷电。二十五年正月,崇阳大雷电。七月,榆林雷震。二十六年五月二十五日,滕县雷火焚城南楼,贵阳雷。二十七年冬,武昌雷震,黄冈大雷。二十九年六月,武昌雷震。

咸丰二年八月,崇阳雷鸣。四年正月十三日,平乡雨雪雷鸣。十月初六日,应山雷。八年十一月二十三日,南安雷震。十一年十月初一日,东光雷电。十一月十二日夜,宜都大雷。

同治元年冬,方山雷震北峰塔。二年正月初十日,定远厅雷鸣。三年正月,青浦雷四年正月十三日,平乡雨雪雷鸣,震教堂;东光大雨雪雷电;永嘉大雷电;太平雪中闻雷;武昌震雷;黄冈震雷;随州雷电;麻城震雷;枣阳大雨迅雷;陵县大雷电;日照大雷电;房县雷;曹县大雷电;菏泽大雷电。五年正月初八日,均州雷电,郧县大雷电,房县雷。十四日,孝义厅大雪雷电。十一年十一月,临榆大雨雷震。

光绪元年八月甲戌,青浦雷震南门塔。五年十一月十五日,京山大雷雨,安陆大雷电;夜,蕲水雷电四次。八年八月二十八日,玉田大雷,自二更彻夜。十一年十月二十日,东光闻雷。十二年十一月二十八九两夜,德安大雷。十三年正月,德安大雷而雨。

顺治八年二月,柴胡塞出大鱼,长十丈余,形似海猪。

康熙元年正月朔,台州见二巨鱼斗于江内,三日,其一死,肉重四百余觔。三年三月,莱阳羊圈口潮上巨鱼,长六丈余,声如雷,旋死。五年三月三日,绥德州天雨鱼。十一年,海康鲸鱼入港,长五丈,阔二丈,以千人曳之岸。十五年十二月,海盐有大鱼,长十丈余,形如车轮。头似马首。二十一年六月,綦江县雨鱼。二十二年四月,海宁滨有鱼长二十余丈,无鳞,有白毛,土人呼之为海象。二十六年四月,文县雨鱼。三十四年七月,嘉定有二巨鱼斗于海,声如雷,其一死者虎首人身,长丈余,腥闻数里。四十二年八月,青浦龙安桥下有二大鱼上游,形如船,旁有小鱼无数。四十七年二月初,台州有巨鱼至中津桥,向人朝拜,十二日随潮而逝。

乾隆五年,黄县海出大鱼六丈,其骨专车四。十三年,涪州弹子溪巨鱼见,长约丈余,相传岁歉则上,是岁果大荒。二十六年三月二十三日,平湖海滨来一大鱼,其声如牛,长六丈七尺,径一丈四尺。

咸丰四年五月,黄岩有巨鱼数十入内港,色黄如牛,大者重五六觔。六年六月,平湖金门山一鱼死海滨,取得一齿,形如钩,重十三觔。十一年,平湖鲤鱼数十头从空飞过。

顺治三年七月,延安蝗;安定蝗;滦城蝗,蔽天而来;元氏蝗,初,蝗未来时,先有大鸟类鹤,蔽空而来,各吐蝗数升;浑源州蝗。九月,洪洞蝗,宣乡蝗。四年三月,元氏、无极、邢台、内丘、保定蝗。六月,益都、定陶旱蝗,介休蝗,山阳、商州雹蝗。七月,太谷、祁县、徐沟、岢岚蝗;静乐飞蝗蔽天,食禾殆尽;定襄蝗,坠地尺许;吉州、武乡、陵州、辽州、大同蝗;广灵、潞安蝗;长治飞蝗蔽天,集树折枝;灵石飞蝗蔽天,杀稼殆尽。八月,宝鸡蝗,延安蝗,榆林蝗,泾州、庄浪等处蝗。九月,交河蝗,落地积尺许。五年五月,衡水蝗。六年三月,阳曲蝗,盂县蝗。五月,阳信蝗,害稼。六月,德州、堂邑、博兴蝗。七年七月,太平、岢岚蝗,介休、宁乡蝗。十年十一月,文安、府谷蝗。十三年正月,徐海蝗。三月,玉田大旱蝗。五月,定陶大旱蝗。七月,昌平、密云、新乐、临榆蝗,滦河蝗,东平蝗。冬,昌黎大雨蝗。十五年三月,邢台、交河、清河大旱蝗,害稼。

　　康熙四年四月,东平、正定、日照大旱蝗。五年五月,萧县蝗;任县飞蝗自东来蔽日;伤禾;日照、江浦大旱蝗。六年六月,杭州大旱蝗;灵寿、高邑大旱,蝗,害稼。八月,东明、滦州、灵寿蝗。八年八月,海宁飞蝗蔽天而至,食稼殆尽。九年七月,阳□大旱蝗,食稼殆尽。丽水、桐乡、江山、常山大旱蝗。六月,宁海、天台、仙居大旱蝗,定陶大旱蝗,虹县、凤阳、剿县、合肥、溧水大旱蝗。七月,全椒、含山、六安州、吴山大旱蝗,济南府属旱蝗害稼,丽水蝗,桐乡、海盐、淳安大旱蝗,元城、龙门、武邑蝗。十一年二月,武定、阳信蝗害稼。三月,献县、交河蝗。五月,平度、益都飞蝗蔽天,行唐、南宫;冀州蝗。六月,长治、邹县;邢台、东安、文安、广平蝗。定州、东平、南乐蝗。七月,黎城、芮城蝗,昌邑蝗飞蔽天,辛县、临清、解州、冠县、沂水、日照、定陶、菏泽蝗。十六年三月,来安蝗,三河、内丘蝗。十八年正月,苏州飞蝗蔽天。夏,全椒蝗。七月,宁津、抚宁、五河、含山蝗。二十一年,信阳、莒州蝗。二十三年四月,东安蝗,永年蝗。二十五年春,章丘、德平蝗。六月,平定、无极、饶阳、井陉蝗。二十六年,东明;藁城蝗。二十九年五月,临邑、东昌、章丘蝗。七月,平陆、武清蝗。三十年五月,登州府属蝗。六月,浮山、翼城、岳阳蝗,万泉飞蝗蔽天,沁州、高平落地积五寸,乾州飞蝗蔽天,宁津、邹平、蒲台、莒州飞蝗蔽天。七月,昌邑、潍县、正定、卢龙、平度、曲沃、临汾、襄阳蝗,平阳、猗氏、安邑、河津、蒲县、稷山、绛县、垣曲、中部、宁乡、抚宁等县蝗。三十一年春,洪洞、临汾、襄陵、河津,夏,浮山蝗。三十三年五月,高苑、乐蝗、宁阳蝗。三十六年,文安、元氏蝗。三十八年,遵化州、晋州、卢龙、抚宁蝗。三十九年秋,祁州、卢龙、抚宁蝗。四十三年,武定、滨州蝗。四十四年九月,密云、卢龙、新乐、保安州蝗。四十六年,邢台、肃宁、平乡蝗。四十八年秋,昌邑、卢龙、昌黎蝗。五十年夏,莘县、邹县、卢州蝗。五十三年秋,沛县、合肥、庐江、舒城、无为、巢县蝗。五十七年二月,江浦、天镇蝗。五十九年,胶州、掖县蝗。

雍正元年四月,铜陵、无为蝗,乐安、临朐大旱蝗,江浦、高淳旱蝗,栖霞、临朐蝗。三年冬,海阳、普宣蝗。十三年九月,东光、获鹿、蒲台蝗。

乾隆三年六月,震泽、日照旱蝗。四年六月,东平、宁津蝗。五年八月,三河飞蝗来境,抱禾稼而毙,不为灾。九年七月,阜阳、亳州、滕县、滋阳、宁阳、鱼台蝗。献县、景州蝗。十三年夏,兰州、郯城、费县、沂水、蒙阴旱;诸城、福山、栖霞、文登、荣成蝗;高密、栖霞尤甚,平地涌出,道路皆满。十五年夏,掖县飞蝗蔽天。十六年六月,诸城、交河、祁州蝗;河间蝗,有鸟数千自西南来,尽食之。十七年四月,柏乡、鸡泽、元氏、东明、祁州蝗。七月,东阿、乐陵、惠民、商河、滋阳、范县、定陶、东昌蝗。十八年秋,永年、临榆、乐亭蝗。二十年六月,苏州大雨蝗。二十三年夏,德平、泰安蝗,有群鸟食之,不为灾。二十四年夏,高邮大旱,蝗集数寸。二十八年三月,临邑、静海、滦州、文安、霸州、蒲台飞蝗七日不绝。二十九年夏,吴川大旱,蝗损禾;东昌、安丘蝗。三十年三月,黄安、宁阳、滋阳蝗。三十三年七月,武清、庆云蝗。三十七年二月,景宁飞蝗蔽天,大可骈三尺;淄川、新城蝗;凤阳旱蝗,三十九年二月,安丘、寿光、沂水蝗。八月,文登蝗。四十三年三月,黄安、南陵旱蝗。九月,武昌蝗;江夏、潜江大旱蝗。四十九年冬,济南大旱蝗。五十年六月,日照县大旱,飞蝗蔽天,食稼、苏州、湖州、泰州大旱蝗。五十一年五月、七月,房县、宜城、枣阳、阳春旱蝗;罗田、麻城大旱蝗。五十二年四月初二日,麻城蝗,积地寸许。七月,黄冈、宜都、麻城、罗田、荆门州蝗。五十三年六月,平度县大旱,飞蝗蔽天,田禾俱尽,五十六年六月,宁津、东光大旱,飞蝗蔽天,田禾俱尽。五十七年五月,武城、黄县、高唐旱蝗。五十八年春,历城旱蝗,有虫如蜂,附于蝗背,蝗立毙,不成灾。七月,安丘、章丘、临邑、德平蝗。

嘉庆七年，蓬莱、莘县、高唐、邹平、诸城、即墨、文登、招远、黄县蝗。十年春，博兴、昌邑、诸城蝗；临榆蝻生。夏，滕县飞蝗蔽天，食草皆尽。秋，昌邑蝗，食稼；宁海蝗。十九年，菏泽、曹县、博兴蝗。

道光三年，莘县、抚宁蝗。四年，东平、清苑、望都、定州蝗。五年七月，清苑、定州飞蝗蔽天，三日乃止；内丘、新乐、曲阳、长清、冠县、博兴旱蝗。六年二月，滦州、抚宁蝗。十四年五月，潜江、枣阳旱蝗，云梦旱蝗十五年春，黄安、黄冈、罗田、江陵、公安、石首、松滋大旱蝗。五月，均州、光化蝗。七月，滨州、观城、巨野、博兴、谷城、应城蝗。八月，安陆、玉山、武昌、咸宁、崇阳蝗；黄陂、汉阳大旱蝗。十六年夏，定远蝗，紫阳蝗，宜都、黄冈、随州、钟祥旱蝗。七月，谷城、郧县、郧西蝗。十七年春，应城蝗蝻。五月，郧县旱蝗；秋，复旱蝗。十八年夏，郧县蝗，应山大旱蝗，博兴旱蝗。八月，东光蝗，不为灾。十九年九月，应山蝗。二十三年三月，郧西旱蝗。二十五年七月，光化、麻城蝗。二十七年夏，应城蝻生，元氏旱，沾化蝗。十月，临邑蝗。

咸丰四年六月，唐山、滦州、固安、武清蝗。五年四月，静海、新乐蝗。六年三月，青县、曲阳蝗。六月，静海、光化、江陵旱蝗，宜昌飞蝗蔽天，松滋蝗。八月，昌平蝗，邢台蝗，香河、顺义、武邑、唐山蝗。七年春，昌平、唐山、望都、乐亭、平乡蝗；平谷蝻生，春无麦；青县蝻胸生；抚宁、曲阳、元氏、清苑、无极大旱蝗；邢台有小蝗，名曰蠋，食五谷茎俱尽；武昌飞蝗蔽天；枣阳、房县、郧西、枝江、松滋、旱蝗；宜都有蝗长三寸余。秋，咸宁、汉阳、宜昌、归州、松滋、江陵、枝江、宜都、黄安、蕲水、黄冈、随州蝗；应山蝗，落城厚尺许，未伤禾；钟祥飞蝗蔽天，亘数十里；潜江蝗。八年三月，扶宁、元氏蝗蝻生。六月，均州、宜城蝗害稼，应城飞蝗蔽天，房县、保康、黄岩蝗害稼。秋，清苑、望都、蠡县、归州蝻子生。十月，黄陂、汉阳蝗。十一月，宜都、松滋蝗。十年六月，枣阳、房县蝗。

光绪三年夏，昌平、武清、滦州、高淳、安化旱蝗。秋，海盐、柏乡蝗。四年九月，灵州蝗。七年六月，武清蝗。七月，临朐蝗。八年春，

玉田蜅生。九年夏,邢台蝗。十七年三月,宁津旱蝗伤稼。三十三
年五月,山丹蝗。

顺治五年,杭州民家猪生三耳八足;蒙阴县民家猪产象,旋卒。
九年八月,香山寺前猪生二人头,双眼,头上一角,人身猪足,无毛。
康熙元年八月,天门民家猪生一豕、一身、二首、八蹄、二尾。十
二年九月,揭阳民家猪产麒麟。十八年二月,栖霞民家猪生异兽,旋
毙。五十一年,深泽县民家豕生子,大物,大倍别子,色白,无毛,二
目骈生顶上。

雍正五年,博山民家猪产象,长鼻,白色。

嘉庆十年,乐清民家豕生象。十八年,黄岩民家豕生象。

同治三年,新闻民家豕生象,未几即毙。

光绪元年,豕生象,色灰白,无毛。十三年,皋兰民家豕生一象。

顺治六年十一月,仪征有四龙见于西南。十一年,涞水县兴云
寺梁上有蛇,身具五彩,十日后变为白色;六月十五日,狂风骤雨,
霹雳不绝,殿中若有龙斗,及霁,蛇乃不见。

康熙元年七月二十九日,嘉兴二龙起海中,赤龙在前,青龙在
后,鳞甲发火,过紫家埭,倒屋百余间,伤一人;九月初九夜半,火龙
见。二年四月十六日崇明龙见;三台东南出一蛇,长数丈,腰围约三
尺,身有鳞甲,赤光。三年五月二十一日,京山龙见,鳞甲俱现。七
月朔,镇洋大风海溢,有龙下麋场,伤数人。八月初四日,天晴无云,
黄龙见于东南。七年七月,咸宁有龙游于县署前,雨霁,不能升跃,
市人击其颈以游于市。十二年六月,深泽马铺民家龙起,大风雨,破
壁而去。十二月十八日,丹阳见两龙悬空,移时始去。十三年夏,永
嘉龙见;万载大水,龙出。十七年六月,咸宁大墓山有龙突现头角,
三日,鳞甲晃如赤金,白昼飞腾,穿山为河,伤民畜。十八年十月十
五日,镇洋龙见于东南。二十一年十月,青浦、兴化龙见。二十六年
六月,黄县龙昼见于朱家村,烟雾迷濛,火光飞起。三十六年三月,

毕节龙见赤水河。四十年八月，独山川南羊角村有龙见。四十一年六月初九日，鳌泉有白龙跃于平地，飞去。四十五年五月初六日，金山之岩有龙出，金光闪烁。四十七年，灵州井中有龙，时见其首尾，数日，忽大雨霹雳，腾空而去。六十年六月，金擅学宫前悬一龙，腥气逆鼻，焚香祷之，腾空而去。七月十三日，南笼大雷雨，龙见于城西。

雍正二年七月，北流飞龙见。十二月，木门海子起烟雾，有蛟龙飞出之状。五月，横州有龙起。七年春，安定文苇塔见一龙腾空而去。九年四月，安南有龙见于东北。六月，青浦龙见于沙滩。

乾隆二年二月，潮阳白龙见。三年正月，枝江龙见于城西。九月，青浦龙斗于泖，自西南至东北入海。五年五月，高邮大风，有白龙舞空中，鳞甲俱现。六年六月十三日，昆山东乡设网村有白龙卷去民房十七家。二十五日，席家潭有白龙卷去周家庄大舟并二人，坠巴城镇三里岸渚，复卷去镇民盛某，掷地，身无恙。九年六月十二日，浮山有龙飞入民间楼舍，须臾烟起，楼尽焚。七月壬辰，建□天顿黑，有白龙尾垂二丈余。十二年八月，高州龙见于小华山。十四年七月初五日，高淳龙起于永丰圩下，首尾鳞甲俱现。十五年七月，正宁秦家店有龙破屋而升，俄大雷雨。十九年秋，济南巨治河有龙斗。二十年五月二十日，澄海狂风骤雨，有双龙自东而来，由蓬州所东门经过，冲倒城垣五十七丈，民房三百余间，有压毙者。二十一年六月，招收、龙井地方有龙自空冉冉而下。二十六年五月二十七日，葭州赤龙见于张体两川围中。六月初七日，高平火龙见于石末村。七月十四日，泰安蛟起夏辉村西河，高二丈，彩色灼烂，横飞东南，风云随之。二十九年四月十三日，天门乌龙见，头角爪甲俱现。四十三年三月，安丘龙见。四十六年八月十二日，莒州群龙见于吴山东北。五十五年五月，定海舟山龙起，漂没田庐，淹毙人口；越三日，龙斩三段，尾不见，其鳞巨如葵扇。五十六年六月，莒州赤龙见于龙王峪，先大后小，长数丈，所过草木如焚。六十年春，青浦有白龙自东至金泽镇南，去地祇三四尺，所过屋瓦皆飞。

　　嘉庆六年,东湖修孔子庙,见白龙乘风飞去。九年,曲阳济渎河水暴发,见龙车数乘涉水而没,水退。十四年五月,有龙戏于瑞州城隍庙江均河,水立丈余。二十年六月,黄冈柳子巷蛟起,伤一百四十余人,冲没田宅无算。二十一年六月,蛟见于婴武水。

　　道光四年七月,麻城龙见于月望岩。五年七月甲辰,武进龙见于芙蓉湖。六年六月初五日,宜都蛟起,坏民居,溺人无算。七年五月初十日,房县汪家河水溢,蛟起,坏民田无算。九年十一月二十二日,滕县见青龙,长约数十丈,鳞甲俱现。十年六月,松滋城原寺出龙,过洋州上升。七月十二日,永嘉起蛟,裂山而出,漂没田庐,淹毙人畜无算。十六年七月甲申,武进有龙陷地成潭。二十八年五月,监利龙见于洪湖。七月二十三日,太平五龙同见空中,是夜飓风大作。

　　咸丰二年五月十七日,枝江天无片云,有白龙降于瓦窑湖,蜿蜒行数里,忽腾去。三年七月初七日,西乡白龙见,长数十丈。七月十五日,黄陂龙见于聂口,鳞甲宛然,拥船只什物于空中。十一月,西宁西纳川降孽龙,臭闻数里。五年七月二十三日,石首风雷大作,顷之,二龙接尾而上。六年五月,鄱阳县两头蛇见。七年五月初八日,来凤县曾氏塘风雨骤至,有物长丈余,乘风入塘,形似牛,身备五色,目灼灼有光,水喷起。八年六月十七日,云梦有龙入城,坏庐舍无数,绕城东北去。十年三月,麻城龙见。五月,松滋天鹅塘出龙,行陆地,所过禾稼尽偃。十一年冬,平湖有二龙斗于海。

　　同治三年,苏州有龙斗。四年正月,宜城龙见于芳草洲。六年五月初五日,高淳见三龙。十年三月二十二日,湖州有龙斗,狂风骤雨,拔木覆舟。五月十二日,高淳龙见。七月底,城有蛟起于井中。

　　光绪十九年正月,灵台龙见于井中。二十一年十月,大通龙见于惠广寺。

　　顺治十年四月,吴川有山马二:一渡石埓,一自城东南角入。

　　康熙三年七月,毕节民家马生驹,五足。五年六月,孝丰有马见于鱼池乡之安市,毛鬣如凡马,背有肉鞍,往来田间,月余不知所终。十五年五月,南乐生员赵豪马生双驹,一牝一牡。二十六年,平远州民家马产双驹。

雍正八年二月,江津县民家马产双驹。

乾隆二十一年夏,丰顺汤坑寨有白马成队,夜出食禾,驱之不见。

道光二十九年二月,定州中谷村民家白马产二青骡。

同治元年,西宁镇海营骒马同胎而生。

顺治八年,歙县民吴全妻吕氏一产四男。

康熙元年,莱阳民徐维平妻生男四目、四手、四足。十一年,晋州民郭好刚妻冯氏一产四男。十三年,东阳民某姓兄弟,其妇俱孕,及产,一产鲇鱼,鱼头蛇身;一产猕猴,手爪俱备。十六年,毕节民彭万春女七岁出痘,及愈,变为男。十七年春,清河民家生子无首,两目在乳,口在脐,殆形天类欤?二十五年五月,忠州民雷氏女化为男,后为僧。三十二年,德州民王邦彦妻一产四男。三十四年,长治民张自富妻王氏一产三男。三十七年,保安州民岳戌妻李氏一产三男。三十八年,潞城民常通妻一产三男。三十九年,湖州陆氏妇产一男,两首四臂。四十一年,西宁县贾文举妻一产四男。四十四年夏,石首县民张若芝妻一产三男。四十六年,吴县民谭某家女子化为丈夫。五十三年,广元民妇产二蛇,无恙;莱阳县民高万言妻一产四男。五十四年六月,东平州民孙子芳妻一产三男。五十六年,东流檀上元妻洪氏一产三男;颍上民张某妻一产三男。五十七年,信阳州民邢序妻一产三男。五十八年,兴化县民赵自显妻一产三男;赵城民贾则宜妻一产三男。五十九年,邯郸民王某妻一产三男。六十一年,巨野县民史遍妻一产三男。

雍正元年,郸县民某妻一产三男,青州民李福奎妻一产二男一女,高密民刘巨卿妻一产三男,巢县民马少步妻庞氏一产三男。二年秋,南陵民毛起美妻一产三男,汾阳民贾三聘妻一产三男,简州民王之佐妻一产三男。三年二月，齐河民甄养武妻一产三男，潞城民秦述贤妻郭氏一产三男，襄垣民郝世惠妻武氏一产三男，阳城民张国泽妻刘氏一产三男。四年，陶县民徐来振妻一产三男，襄陵县民栗星奇妻一产三男。五年，东河县民刘虎妻一产三男，阳城民李珍妻一产三男。六年，定兴县民任万通妻、榆次民刘志龙妻俱一产三男，东山村民家产妇生鱼，亭山县民田禹妻一产三男。七年，钱塘县民邵学桂妻吴氏、天台县民褚伯贤妻刘氏、萧山县民高耀妻俱一产三男，新建县民周义士妻夏氏一产三男，彭泽县民罗翰声妻宋氏一产三男，合肥民龚绍衣妻陈氏一产三男，安邑县民冯维明妻薛氏一产三男，施县民王进禄妻崔氏一产三男。八年，商县民孙作圣妻一产三男，黄县民高从义妻一产三男，钱塘县民杨大成妻严氏、遂安县民洪文锡妻毛氏俱一产三男，壶关民某妻李氏一产四男，崇阳县民孙文林妻王氏一产三男，兴安民龚章纯妻一产三男，临海县民项如茂妻林氏、镇海县民陈道才妻应氏俱一产三男。十年，洪洞县民许元生妻郑氏一产三男，赵玉锡妻章氏一产三男，介休民燕居宇妻武氏一产三男，陵川民秦遇妻一产三男，什邡县杜某妇一产三男，永嘉县民李天锡妻林氏一产三男，浮梁县民魏经武妻李氏一产三男，房县民吴士贵妻一产三男。十一年，冀州民白起妻薛氏一产三男，遂安县民姜自周妻胡氏一产三男。十二年春，齐河民刘鈖妻官氏、新城民赵允中妻俱一产三男。六月，潜山民汪祝三妻一产三男，开化县民毕懋增妻一产三男。十三年四月，滦州民张德福妻一产三男。九月，滦州民胡在梁妻一产三男，临海县民荣宗棣妻奚氏一产三男，南昌县民朱中禄妻曹氏一产三男。

乾隆元年，武强民杨守有妻蔡氏一产三男。定远县民罗旌友妻杨氏一产三男。二年二月，平湖监生徐士谷妻张氏一产三男。九月，景州民张自立妻王氏一产三男，静海民娄蒙贵妻某氏一产三男。十一月，石城县民董永瑠妻李氏一产三男。三年六月，甘泉民蒋国泰妻苏氏一产三男。八月，秀水县民葛汉文妻徐氏一产三男，营山县民周铭妻文氏一产三男。十一月，滦州民李廷玺妻·产三男，景州民张世勋妻刘氏一产三男一女。四年四月,岳池县民荀稀圣妻李氏一产三男,娄县民何效章妻陆氏一产三男。六月,稷山民张桂妻刘氏一产三男。五年三月,潜山县民冯某妻一产三男。五月,无为生员魏海元子妇一产三男,潞泽营兵丁谢金成妻魏氏一产三男。八年五月,稷山民赵杰妻一产三男。九年五月,大埔民罗淑鄞之妻李氏一产三男。十年,铜山民刘瑞发妻韩氏一产三男,夏名魁妻刘氏一产三男,贵池民吴来盛妻叶氏一产三男。十一年,大埔县民危肇彬妻詹氏一产三男,贵阳民刘允福妻喻氏一产三男。十四年,无极县民袁文孝妻焦氏一胎产四子,两男两女,皆活。十五年,监利县民何名周妻黄氏一产三男。十六年,南昌县民徐仲先妻万氏一产三男,盂县民田世隆妻石氏一产三男。十七年四月,宁河民刘守秀妻赵氏一产三男。十八年,平利县民张宁妻吕氏一产三男。十九年,济阳民贾含福妻谷氏一产三男。二十年,深泽民苏勇妻宋氏、刘邦林妻阎氏俱一产三男,滦州民高宗义妻一产三男。二十一年五月,定州民张照妻徐氏一产三男,济宁州民王尽忠妻一产三男,营山县民魏国平妻陈氏一产三男。二十二年,资阳县生员宋如衡妻苏氏一产三男,浦江县民葛有圣妻徐氏一产三男。二十三年八月初五日,兵丁刘任妻黄氏产一男,越日产一女,午刻又产一男。二十五年,陵川诸生马伯顾妻一产三男,南丰县民邓君奇妻朱氏、安义县民熊壁湘妻彭氏俱一产三男,云梦民冷少松妻许氏一产三男。二十六年七月,凤台县民陈全妻一产三男,武昌县民刘升妻一产三男。二十七年,邹县民田成妻一产三男。二十八年三月,武进县民巢云五妻一产三男。二十九年,武城县民刘成妻高氏一产三男,即墨县民高岱妻王氏一产三男,平陆县民高怀妻一产三男,清水县民乔国祥妻王氏一产三男。三十年,临清州民杨维桐妻一产三男。三十一年,新城民朱振连妻一产三男,临清州刘德员妻一产三男,乐至县民罗景璋妻周氏一产三男。三十二年五月,府谷县民王友妻一产三男。六月,临县民李映实妻一产三男。十月,德州民陈三妻一产三男。三十四年,宁河于邦朝妻苏氏一产三男,黄县民王思妻高氏一产三男。三十五年,武昌县徐定贵妻一产二男二女。三十八年,高平县民张万全妻李氏一产三男。三十九年二月,诸城县民郭荣妻一产三男。四十年,南昌县民李菁妻梁氏一产三男,乐平县民王彩珍妻廖氏一产三男。四十一年六月,龙里县民家生子,目中有臂三寸许,青阳民曹正送妻董氏一产三男。四十二年,贵池民孙全恺妻谢氏一产三男。四十三年九月,德州民赵楷妻崔氏一产三男,陵川民李珏妻王氏一产三男,洵阳寄籍楚民张希贤妻雷氏一产三男。四十四年,昭化县民王宰仕妻张氏一产三男,此妇四孕,每产必三,亦异妇也;光化县民许文思妻柯氏一产三男。四十六年,高邮县民于志学妻管氏一产三男,梓潼县民罗全义妻杨氏一产三男。四十七年,宁州民彭国治妻叶氏一产三男。四十八年,茂州民文廷柱妻一产三男。四十九年十一月,新建县民黎献文妻熊氏一产三男。五十年,太平县民傅学妻罗氏一产三男。五十二年二月,房县民张大业妻一产三男,京山县民李群来妻一产三男。五十三年,广州民廖伯万妻朱氏一产三男。五十四年三月,瑞昌县民周全万妻陈氏一产三男。昭化县民张应辉妻刘氏一产三男,宜宾县民万方麟妻陈氏一产三男,简州民蓝学荣妻王氏一产三男,莒州民刘翰阁妻一产三男。五十七年五月,高邮县民闵立礼妻李氏一产三男。五十八年,贵阳女子莫二阳化为男子,石首县民谭盛治妻一产三男,阳信县民王学皆妻张氏一产三男。五十九年,天全州民刘祥远妻熊氏一产三男。六十年,沂水县民赵有佐妻王氏一产三男。

嘉庆二年,莘阳县民杨国玉妻简氏一产三男,分宜县民罗大成妻蓝氏一产三男,邹平民樊梅清妻一产三男,诸城县民工立妻一产三男。四年七月,博兴县民张维庆妻一产三男,溪阳县民吴正彩妻刘氏一产三男,十二月,定州民薛际昌妻赵氏一产三男。五年正月,随州民聂中妻一产三男。六年,营山县龙宣江妻郭氏、广元县民董在义妻俱一产三男,长乐县民张茂荣妻刘氏一产三男,竹山男子李大凤化为女,栖霞邱家村王氏妇化为男子。八年三月,临淄县民王氏妇一产四男,新城民岳景妻一产三男。十年三月,日照县民张延妻徐氏一产三男。十二年二月，诸城县民王授尧妻曲氏一产三男，三月，东阿县民蔡光辉妻金氏一产三男，东乡县民黎凤兰妻赵氏一产三男。十三年五月，留坝县民靡永钳妻陈氏一产三男，应城县民某妻一产三男。十五年正月，黄济县民金泽妻生子无耳目口鼻，两头一角，扣之有声如铜。十八年，益都县民梁氏子骒长一丈有奇。十九年，巴县民刘天才妻一产三男，博兴县民李敬昌妻赵氏一产三男，靖远县民张守和妻王氏一产三男。二十一年六月，武城县武庠生王灵妻刁氏一产三男，九月，湖口县民吴绍荣妻时氏年四十五岁，初胎一产三男，应城县钱姓妇遗腹一产三男。二十二年正月，彭泽县民何奇峰妻王氏一产三男。二十三年十一月，博兴县民孙在兴妻白氏一产三男。二十四年四月，乐安游氏女春桃年十五岁化为男。二十五年，日照县民宋晰妻周氏一产三男，定海厅民陈宏球妻一产三男。

　　道光元年九月，日照县民赵希常妻张氏一产三男。三年五月，中卫县民吴兴妻一产三男。五年，乐平县民甘德喜妻陈氏一产三男。六年七月，乐清县民戴万春妻林氏一产三男，麻城民甘学楷妻一产三男。七年，宜城县民张金福妻一产三男，狄道州民潘永周妻一产三男。九年十月，乐陵县民张志芳妻柳氏一产三男。十年七月，滨州民赵登坡妻张氏一产三男。十一月七月，莱阳县民孙洪妻一产三男。十三年，崇阳县民傅调鼎妻一产二男一女。十四年，日照县民马立太妻一产三男。十五年七月，利津县民马恭妻宋氏、商县民张曲寅妻胡氏俱一产三男。十六年，日照县民郭忠妻刘氏一产三男。十七年，乐陵民陈吉顺妻宋氏一产三男，观城县民陈珩妻钱氏一产三男。二十年，贵定民王某妻一产三男。二十二年十一月，南乡有女化为男。二十五年十二月，平度民兰种玉妻一产三男。二十七年十月，公安县民妇产一女，手足各四，三日而口有齿。二十八年四月，葛家坡卢氏女年十二化为男。二十九年，西宁县民张侈伦妻一产三男，玉山县民李前郏妻周氏一产三男。三十年三月，应城县民宋爽先妻张氏一产三男，黄陂县民李允垄妻刘氏一产三男。

　　咸丰元年,崇阳县民某妇一产五男。二年二月,黄县民王经魁妻一产三男。五月,宜都杜氏女十三化为男。五年,平湖民黄某妻一产四女一男。六年,黄安县民妇产一子,二首一身。十一年,兴国县民曾世红女许字王氏子,幼,即收养夫家,及年十四,化为男,遣归。

　　同治三年,即墨县民家有男化女,孕生子。四年,秀水陈氏妇产四鼠。五年,东南乡民有女化为男。八年九月,灵州民惠泽之妻孕三岁不产,忽小腹溃裂,子从孔出,如人形,顷之,子死,腹复合无痕。十年冬,襄阳民徐氏子生而有佛像三,下作莲花纹,在其左偏。

　　光绪三年四月,皋兰庠生张文焕妻一产四男。十八年六月,宁州民马寿隆妻生一子,三眼、三足,一眼在额上。三十三年,宁州民冯某家生一子,深目长嘴,爪背有毛长寸,能左右顾,啼声如猿。

　　顺治元年,怀来大疫,龙门大疫,宣化大疫。九年,万全大疫。十三年,西宁大疫。

　　康熙元年五月,钦州大疫,余姚大疫。七年七月,内丘大疫。九年正月,灵川大疫。十二年夏,新城大疫。十六年五月,上海大疫。六月,青浦大疫。七月,商州大疫。十九年正月,苏州大疫,溧水疫。八月,青浦大疫。二十年,晋宁疫,人牛多毙;曲阳大疫。二十一年五月,榆次疫。二十二年春,宜城大疫。三十一年三月,郧阳大疫。五月,房县大疫,广宗大疫。六月,富平疫,同官大疫,陕西大疫,凤阳大疫,静宁疫。三十二年七月,德平大疫。三十三年夏,湖州大疫,桐乡大疫。秋,琼州大疫。三十六年夏,嘉定大疫,介休大疫,青浦疫,宁州疫。三十七年春,寿光、昌乐疫。夏,浮山疫,隰州疫。四十一年三月,连州疫,四十二年春,琼州大疫,灵州大疫。五月,景州大疫,人死无算。六月,曲阜大疫,东昌疫,巨野大疫。八月,文登大疫,民死几半。四十三年春,南乐疫,河间大疫,献县大疫,人死无算。六月,菏泽疫。秋,章丘大疫;东昌大疫;青州大疫;福山瘟疫,人死无算;昌乐疫;莱州、宁海大疫;潍县大疫。四十五年夏,房县大疫;蒲圻大疫;崇阳疫。四十六年五月,平乐疫,永安州疫。七月,房县大疫;公安大疫。八月,沔阳大疫。四十七年二月,公安大疫。三月,沁源大疫。五月,灵州大疫;武宁大疫;蒲圻大疫;凉州大疫。四十八年三月,湖州大疫。四月,桐乡大疫,象山大疫,高淳大疫,溧水疫。五月,太湖大疫,青州疫。六月,潜山、南陵、铜山大疫,无为、东流、当涂、芜湖大疫。十月,江南大疫。四十九年秋,湖州疫。五十二年冬,化州大疫,阳江大疫,广宁大疫。五十三年夏,阳江大疫。五十六年正月,天台疫。六十年春,富平疫,山阳疫。六十一年七月,桐乡疫,嘉兴疫。

雍正元年秋,平乡大疫,死者无算。二年六月,阳信大疫。四年四月,上元疫,曲沃疫。五月,大埔疫,献县疫。五年夏,揭阳大疫,海阳大疫。秋,澄海大疫,死者无算。冬,汉阳疫,黄冈大疫,钟祥、榆明疫。六年三月,武进大疫,镇洋大疫,常山疫。四月,太原疫;井陉疫,沁源疫,甘泉疫,获鹿疫,枝江疫,崇阳大疫,蒲圻大疫,荆门大疫。夏,巢县疫,山海卫大疫,郧西大疫。十一年,镇洋大疫,死者无算;昆山疫;上海大疫,宝山大疫。

乾隆七年六月,无为疫。十年十一月,枣阳大疫。十二年五月,蒙阴大疫。十三年春,泰山大疫,曲阜大疫。夏,胶州大疫,东昌大疫,福山大疫。秋,东平大疫。十四年五月,青浦大疫,武进大疫。七月,永丰、溧水疫。二十一年春,湖州大疫,苏州大疫,娄县大疫,崇明大疫,武进大疫,泰州大疫。夏,通州大疫。十一月,凤阳大疫。二十二年四月,桐乡大疫。七月,陵川大疫。二十五年春,平定大疫。六月,嘉善大疫。冬,靖远大疫。三十二年八月,嘉善大疫。三十五年闰五月,兰州大疫。四十年春,武强大疫。四十八年六月,瑞安大疫。五十年冬,青浦大疫。五十一年春,泰州大疫,通州大疫,合肥大疫,赣榆大疫,武进大疫,苏州大疫。夏,日照大疫;范县大疫;莘县大疫;莒州大疫死者不可计数;昌乐疫;东光大疫。五十五年三月,镇番大疫。八月,云梦大疫。五十七年九月,黄梅大疫。五十八年冬,嘉善大疫。六十年十二月,瑞安大疫。

嘉庆二年六月，宁波大疫。三年五月，临邑大疫。五年五月，宣平大疫。十年二月，东光大疫。三月，永嘉大疫。十六年七月，永昌大疫。十九年闰二月，枝江大疫。二十年春，泰州疫。四月，东阿疫，东平疫。七月，宣州疫，武城大疫。二十一年，内丘大疫。二十三年十一月，诸城大疫。二十四年五月，恩施大疫。二十五年七月，桐乡大疫，太平大疫，青浦大疫。八月，乐清大疫，永嘉大瘟疫流行。冬，嘉兴大疫。

道光元年三月，任丘大疫。六月，冠县大疫；武城大疫；范县大疫；巨野疫；登州府属大疫，死者无算。七月，东光大疫，元氏大疫；新乐大疫；通州大疫；济南大疫，死者无算；东阿、武定大疫；滕县大疫；济宁州大疫。八月，乐亭大疫；青县时疫大作，至八月始止，死者不可胜计；清苑、定州瘟疫流行，病毙无数；滦州大疫。元氏、内丘、唐山、蠡县大疫；望都大疫；临榆疫；南宫；曲阳；武强大疫；平乡大疫。九月，日照大疫，沂水大疫。二年夏，无极、南乐大疫，临榆大疫，永嘉疫。七月，宜城大疫，安定大疫。三年春，泰州大疫。秋，临榆大疫。四年，平谷、南乐、清苑大疫。六年冬，沾化疫，七年冬，武城疫。十一年秋，永嘉瘟。十二年三月，武昌大疫，咸宁大疫，潜江大疫。四月，蓬莱疫。五月，黄陂、汉阳大疫；宜都大疫；石首大疫，死者无算；崇阳大疫；监利疫；松滋大疫。八月，应城大疫，黄梅大疫，公安大疫。十三年，诸城大疫。四月，乘县大疫。五月，宜城大疫，永嘉大疫，日照大疫，定海厅大疫。十四年六月，宣平大疫，高淳大疫。十五年七月，范县大疫。十六年夏，青州疫，海阳大疫，即墨大疫。十九年九月，云梦大疫。二十二年正月，高淳大疫。夏，武昌大疫，蕲州大疫。二十三年七月，麻城大疫，定南厅大疫。八月，常山大疫。二十七年秋，永嘉大疫。二十八年春，永嘉大疫。二十九年五月，丽水大疫。

咸丰五年六月，清水大疫。六年五月，咸宁大疫。十一年春，即墨大疫。六月，黄县大疫。

同治元年正月，常山大疫。四月，望都、蠡县大疫。六月，江陵大疫,东平大疫,日照大疫;静海大疫。秋,清苑大疫;滦州大疫;宁津大疫;曲阳、东光大疫;临榆、抚宁大疫;莒县大疫;临朐大疫;登州府属大疫,死者无算。二年六月,皋兰大疫,江山大疫。八月,蓝田大疫。三原大疫。三年夏,应山大疫,江山大疫,崇仁大疫。秋,公安大疫。五年五月,永昌大疫。六年二月,黄县大疫。七月,曹县大疫。九月,通州疫,泰安大疫。八年六月,宁远、秦州大疫。七月,麻城大疫。九年秋。麻城大疫。冬,无极大疫。十年五月,孝义厅疫。六月,麻城大疫。十一年夏,新城大疫,武昌县大疫。

顺治六年六月,太平启山县山鸣如雷,移时乃止。十月,皆州山鸣。九年九月,武强天鼓鸣。

康熙元年七月七日,夜闻有声。二年四月二十三日,莱阳有声如海啸,自南起,至子时方息。四年正月初九日,西山鸣,永嘉山鸣,瑞安山鸣。七年八月,泰山鸣。九年夏,驾岩天鼓鸣。十七年十二月二十二日未时,枣强、同官中有声如雷,起自西北。二十四年五月,乐昌有声如雷,自西南之东北。四十七年七月,沾化无云而雷。五十年十月十一日,玉屏南山有声如鸣鼓。五十六年七月,合肥县城墙夜哭三次。六十年十一月十九日午刻,遵化有声自西南来,其声如雷。

雍正七年九月,嘉平无云而雷者三。十二年正月初三,武定有声如雷,自东北至西南,移时乃止。

乾隆六年八月,宜昌峰山有声如牛鸣,声闻数十里,数十昼夜不息,自止。十年五月宁津无云而雷。十一年四月,分水南慈山夜半石鸣,逾日乃止。十二年正月十三日,解州无云而雷。十二月乙酉,肥城仁贵山有声如雷,移时乃止。十七年二月,忻城夜中有声如雷,移时乃止。十八年五月,池州东南山鸣。二十一年八月,秦州邽山鸣。二十三年三月,东莱清岭鸣声如殷雷。

嘉庆元年二月,荣城有声如雷,自西北向东南。十年三月三日,袁州空中有声。

道光二十年九月,星子五老峰有声如雷。二十六年八月,平湖四城鸣如鸟啾啾不已。

咸丰元年六月,浮梁城隍庙有哭号声。八月二十八日,随州有声如雷。三年七月,元氏天鼓鸣,自东北至西南,数日始止。十年二月,临朐逢山石鼓鸣。

同治元年正月初二日,三原东乡夜闻兵马声。六月,狄道州凤凰山鸣声如雷,数日不息。四年四月,通渭、泰安有声鸣如鼓。六年夏,江山江郎山鸣。二年六月十四日,漳县有巨声三作,闻声数十里。

光绪二十二年四月戊子,南乐无云而雷。二十三年五月,南乐无云而雷。

顺治五年六月,贵池陨石。十年四月,泸州星陨化为石,大如斗。

康熙十三年五月,宁远坠二星,化为红石。十五年五月,青浦星陨,坠地有声,居民掘之,见一黑石,按之尚热,重九十斤,击碎,刀摩之,火光四射。二十年正月二十日,海丰有星陨化为石,其形三角,重九斤。二十四年正月初六,饶平星陨黄冈五丈港,声闻数十里化为石,其大如斗,其色外青内白。

雍正八年八月,府谷星陨,入土四尺,掘之,得一黑石。

乾隆三十五年三月,乐安空中有光如炬,掘地得一石,铁色,大如斗,叩之有声,欲异之,不语则举,语则虽大力不能举。四十年八月,巨□县属吴家集陨星一,化为黑石。四十七年八月,滕县星陨忠三保杨氏院中,化为石,色青白,重约百斤,孔数百,大容拳,小容粟。五十八年四月,分宜陨石于田,巨声如雷,黑色。

嘉庆二十三年十一月二十五日,长星落,有声如雷,土人视其陨处成一坑,掘之,得一石,长二尺余,阔尺余,形方而角圆,击碎之,中分五色。

咸丰十一年七月三十日,光化陨星三,化为石。

同治十二年六月十四日，漳县马成龙川有巨声三作，闻数十里，空中坠石三块，高可四尺五寸。十月，罗田陨石，触地而碎。

光绪二十年正月二十二日，皋兰陨星如火球，土人识其处，掘之，得一铁卵。

顺治十一年二月初九日，香山河水如血，次日复故；崖州东荔枝塘水赤如血，旬日乃已。十二年，万泉井水黑。十三年，江州泉水忽赤如血。十四年三月，毕节双井出红水，龙潭出黑水。十五年四月，潮阳江水变色黑而浊。十八年八月，通州河水黑如墨。

康熙十五年九月，渭水赤。三十二年，襄陵水赤，半月始复。

雍正二年七月，桐乡海水入内河，味如卤。

乾隆三十三年六月，歙县西乡池塘、井泉之水沸起如立，移时乃平。

道光元年六月，曹县城中坑水赤。

咸丰三年七月，应城堰水无故由南趋北，涌起如山，南北水二道中凹见底，移时始合；安陆水斗。四年十一月，蕲水水涌，跃高数尺；青浦水无故自涌。五年六月，云梦池水自溢，高尺许，顷复故。十一月初五，宜昌堰水，无风水自涌起尺许。

光绪四年五月十二日，孝感塘水忽沸起，高二尺许，逾时始定；黄冈水自涌；云梦塘自溢，久之始定。

宣统元年六月，陇水赤三日。

顺治元年八月，东阳大水，邢台大水。二年四月，万载大水，淹没田禾；东安大水。七月，嵊县大水，邢台大水，枣强大水，真定滹沱河溢，鸡泽大水，单阳大水。三年二月，阜阳大水，亳州大水。五月，兖州大水，漂没庐舍，沂州、蒙滇大水。七月，高平大水，临淄大水。四年四月，万载大水。六月，平乐、萧县、铜山、望江、无为、阜阳、亳州大水。七月，瑞安、曲阜、沂水、乐安、汶上、昌乐、安丘大水。八月，高州、高邮大水，宁阳汶水溢。五年春，五河、平原、汶上大水。五月，平乐、永安、密云、献县、新河、柏乡、霸州大水;白河堤决。六月,武强、平乡、南和、永年、枣强、密云、晋州、宿松大水;建德蛟起大水。七月,颍上、亳州、太平、常山大水。六年四月,九江、汉阳、钟祥大水。五月十八日,阜阳淮河涨,平地水深丈许,坏民舍无算。七月,盐城、文安、真定、顺德、广平、大名、河间大水。七年正月,汉阳九真山蛟发水。五月,齐河河决,长清河决,荆陆口平地水深丈余,村落漂没殆尽,黄河决;剡城、日照大水。六月,苍梧、遂昌、台州、湖州、兴安、安康大水。秋,东阿大水,淹没六十七村;东明、荆隆口决,河溢,陆地行舟;茌平、昌邑潍水决,漂没田禾;石城、胶州、恩县、堂邑、武定府属大水。十月,仙居大水,城北隅塌,坏田庐无数,民多溺死;抚宁、滦城大水。八年正月,石埭、苏州大水;景州河决。四月初七日,潜山蛟出千百条,江暴涨,坏民居无算;望江大雷雨。五月,旌德大雨,蛟发水,平地水深丈余,溺死人畜无算。八月,乌程、瑞安、高淳、镇洋大水伤禾。十月,广宗、南乐、玉田、邢台、宁河、南和大水。九年二月,东流大潦,湖水出,江涌高丈余。三月,齐东黄河决。五月,临清、平定、乐平、寿阳、武定、商河、乐陵大水,村落多淹没。六月,乐平、岳阳、平阳、荣河、寿光、昌乐、安丘、高苑大水。七月,蒙阴、秦州、陇西、乌程、钟祥、开平大水害禾稼。八月,普宁、桐乡大水。十年四月,石首、枝江大水;松滋堤溃。五月,沁水、寿阳、兴安大水;钦州海水溢。六月乙卯,苏州大风雨,海溢,平地水深丈余,人多溺死;安定、白河雷雨暴至,水高数丈,漂没居民;阳谷大水,田禾淹没,民舍多圮,陆地行舟;文登大雨三日,海啸,河水逆行,漂没庐舍,冲压田地二百五十余顷。七月,镇洋、萧县、嘉兴大水。八月,莘县、临清大水。十一年三月,武昌县雷山寺蛟起,水平地深丈许;沔阳堤溃大水。五月,兴宁、龙川大水。六月,茌平黄河决,村墟漂没。十二年正月,盐城海溢,人民溺死无算。四月,石埭、嘉兴、钟祥、潜江大水。六月,漳水溢,平地水深丈许,陆地行舟。十三年五月,武强、湖州大水,兴宁大水,陆地行舟。六月,万载、萍乡、宁都大水。十月,平湖、乌程、天台大水。十四年六月,太平、石埭、铜陵大水。秋,望门、高要、安丘大水。十五年三月,台州、临海大水。夏,归州、峡江、宜昌;松滋、武昌、黄州,汉阳、安陆、公安、嵊县大水;宜城汉水溢,浮没民田;当阳水决城堤,浮没田庐人畜无算,荆门州大水,漂没禾稼房舍甚多。秋,苏州、五河、石埭、舒城、婺源大水,城市行舟;钟祥大水;天门汉堤决;潜江大水。十六年四月,湖州、信宜大水。五月,衢州、江山常山、江陵大水。六月,江夏、汉川、沔阳大水。十一月,仙居、通州、延川大水。十二月,望都、献县大水。十八年五月,龙川、峡江、万载大水。六月,河源、平乐、苍梧、武强大水。八月,淳安、庆元、南昌各府大水。

康熙元年五月,广州大水。六月,洵阳、白河、兴安、榆林大水。七月,孝感、沔阳、广陵、江陵、松滋、巨鹿、兴化、萧县、沛县、宁州大水。八月,天门汉水溢,堤决,舟行城上,成安、钟祥、潜江大水。九月,冀州、阜城大水。二年六月,汉中、汉江、交河大水。七月,永安州、平乐、贵州、咸宁、大冶、蕲州、江陵大水。八月,松滋堤决,大水浸公安,民溺无算;枝江大水,漂没民居,浮尸旬日不绝;宜都、黄冈、钟祥、麻城、巨鹿大水。九月,浦江、当涂、望江大水。十二月,蒲圻、大冶、沔阳、天门大水;江陵郝穴堤溃,大水。三年三月,阜城、万载大水。六月,偏阘河水暴发,坏民舍甚多,城内水深丈余;海宁海决,水入城壕,天门、大埔大水。闰六月,延安、昌黎大水。七月,交河、梧州大水。八月,余姚、山阴大水害稼,仙居、桐乡大水。十二月,汾州府属大水。四年三月,阜阳、望都大水,凤阳水入城。七月,平定嘉水溢,景州、肥乡、湖州、丽水、萍乡、望都、鸡泽大水,天门水决入城。八月,高邑、仁化、平乐、梧州大水。六年八月,怀来、河间、蠡县大水,莱阳大水高数丈。七年五月,麻城、玉田、大埔大水。六月,滦城、南宫、藁城、磁州大水。七月,赵州、临城、高邑、深泽、安平、永年、蠡县、巨鹿、黄岩、乐清、萍乡大水。八月,交河、高平、苍梧大水。八年六月,三水、茂名、化州大水;房县大水,坏田庐;东莞潦潮大溢。九年,钟祥、应城、蒲圻、崇阳、枝江、凤阳大水,湖州太湖水陡涨丈余,漂没人畜庐舍无算;青浦、全椒、五河、鄞县、上虞大水;博野等二十九州县大水。

十年秋七月，松滋、宜都大水。八月，文安、安肃、济宁州大水，沐阳、石首大水。十一年，巴县、忠州大水入城，酆都、遂宁、平乐、永安州、任县大水。六月，湖州、宜兴大水，漂没民房，英德、杭州、邢台大水，宜都、潜江、松滋、太平、乌程大水。十二年六月，高要、苍梧、虹县、济南府属大水。十三年三月，苏州大水，霸州等十一州县水。五月，任县、万载大水；琼州海水溢，民舍漂没入海，人畜死者无算。十四年六月，五河、新城、蠡县、肃宁大水。八月，梧州大水。十五年正月，潜江、谷城大水；宜城汉水溢，漂没人畜禾稼房舍甚多。五月，白河、永安州、平乐、武昌、大冶、蒲圻、黄陂、孝感、沔阳、广济、宜城、天门、梧州大水。六月，黄冈、江陵、监利、苏州、青浦大水；广济江决，大水；怀集、震泽、萧县大水。九月，铜山、南乐大水。十六年二月，高邮、铜山、萧县大水。四月，潜江、望江大水。七月，河间、安丘、任县、鸡泽、钦州、苍梧、横州、浔州大水。十七年四月，龙川、和平、湖州大水。六月，钦州、惠来、遂州、合江大水。七月，任县、邢台、萧县、铜山、延安、平乐大水。十八年七月，祁州、肃宣大水。八月汉中大水，潜江堤决。十九年六月，广济、宜都、宜昌、宜兴、武进、福山、沂水、蒙阴、滕县大水。七月，陕江、宜昌、宜都大水。八月，太湖溢，湖州大水。

二十年四月，常山、封川大水。五月，昌化、汤溪、江陵、监利大水，死者无算；新建等十四州县水。二十一年春，秀水大水。五月，封川、枝江、建德大水入城。十七日，严州府属六邑大水，二十一日方退。六月初五，水复大至。七月，平乐、苍梧、建德、震泽、太湖、宿松、邹平大水。二十二年七月，永安州、苍梧大水。十月，藁城、单县、宁□大水。二十三年正月，铜陵、东昌大水。四月，宁州、莘县、乐安、藁城大水。二十四年正月，饶阳、临城、迁安、献县、河间、乐亭、东平大水。夏，江夏、通城、黄冈、蕲水、麻城、黄陂、黄梅、广济、罗田、钟祥、沔阳、荆州、江陵、监利、孝感、蒲圻、公安、高苑、安平、武强大水。二十五年六月，常山、乐安、寿光、昌乐、蓬莱大水。七月，台州、蓟州大水。二十六年，高明、连州大水。秋。震泽、高苑大水。二十七年五月，澄海、泽州、定远厅大水。二十八年夏，永安州、平乐大水；河源大水，陆地行舟。二十九年八月，余姚大水，蛟蜃出者以千计，平地水深丈余；诸暨上虞皆被水，田禾尽淹；蓟州、宝坻大水。

三十年，永宁河决，淹没田二百余顷。三十一年二月，新城、新安、邹平大水。七月，嘉定、眉州、绵州、灌县、新津、威远河水涨，损民舍，伤稼。九月十二日，新市河中水忽涌立高丈余，径围俱有丈余。三十二年七月，阳高、高邮、保定、顺天、无定、河间大水。三十三年十二月，铜山溢，阳湖、高邮、东明大水。三十四年五月，湖州、桐乡、澄海、公安、三水、乐安、震泽大水。三十五年六月，新安、即墨、藁城大水。七月，江夏江水决；崇阳、溪黄徒、蒲圻、江陵大水、黄潭堤决；枝江大水入城，五日方退，庐舍漂没殆尽。八月，黄冈、饶阳、秦州、歙县、沛县；迁安大水。九月，深泽、荣成大水。三十六年七月，昆山、临榆大水。三十七年五月，婺源、堂邑、凤阳、东昌、五河、新安、建昌大水。三十八年六月，逾城、泰顺、建德、新安、无极大水。闰七月，杭州大水，八月，台州大水，平寺高丈余；金华、汤溪、西安、江山、常山、赣县、沔阳大水。三十九年七月，剡城、沂州、高邮大水。

四十年，平乐、鹤庆、广平、连州、广州大水。六月，大埔、黄冈、海阳大水。四十一年五月，英山、澄海、宁县大水。四十二年五月，高唐、南乐、宁津、东阿、江陵、监利、湖州大水；平乐漓江涨，平地水深丈余，民舍倾圮；青城、阳谷、沂州、平遥、南乐、广平大水；恩县大水，陆地行舟；卫河决。七月，登州府属大水。十一月，汉中府属七州县大水，济南府属大水。四十三年二月，景州、汉江、天门；沔阳；监利大水。五月，连州、山阳大水，平地深丈余；苍梧、湖州、汉阳、汉川、监利、邢台大水。四十四年，新建、丰城、卢陵、吉水大水。秋，青浦、柏乡、六合大水。十一月，随州涢水溢，坏民居；江夏、嘉兴、汉川、潜江、天门、沔阳、监利、当阳大水。四十五年，清江、新淦、瑞金、谷城、钟祥、天门大水。秋，沛县、铜陵、阜阳大水。四十六年五月，

鹤庆、龙门、河源、苍梧、邹平大水。冬，霸州六州县大水。四十七年
五月，杭州、高淳、南汇、太平、铜陵、无为、庐江、巢县、太湖、南陵、
昆山大水。六月，太湖水溢。七月，西安、常山、江陵、上海、武进、丹
阳、苏州大水。冬，当涂、芜湖、翼山大水。四十八年春，颖川、阜阳、
临安大水。五月，庆元、江陵、监利、应城、荆门州、汉阳、汉川、孝感、
潜江、光化大水。六月，婺源大水，漂没田庐；黄河溢；滦河溢；东安、
单县、台州大水。四十九年八月，铜陵、无为、舒城、巢县、嵊县大水。
十一月，枣强、霸州、庆云、崇阳大水。

　　五十年五月，沂水大水。十月，平阳大水，漂没居民数百人。五
十二年五月，海阳、兴安、鹤庆大水，石城河决，浸入城，田舍漂没殆
尽；赣州山水陡发，冲圮城垣。八月，台州、卢州大水。五十三年五
月，石城、肃□大水。五十四年春，梧州、镇安府、昆山大水，江夏七
州县大水。四月，全州大水，城内深四五尺。五月，澄海大水，堤决；
丘县、寿光、获鹿、献县、武定、滨州、海丰、阳信大水；长山河溢，涌
起数丈。六月，苏州大水，城水深五六尺，庐舍田地冲没殆尽；杭州、
枝江大水。秋，东昌河决。十一月，德平大水。五十五年三月，黄梅、
广济、江陵、监利大水。五月，昌化、常山、宁武、建昌、丘县、乐安大
水；漳水决，宁阳、济宁、汶上均受其灾；崇阳、黄陵、天门、铜陵、太
湖大水。九月，济南府属大水；潜山江水汔溢，田庐尽淹。五十七年
三月，万全、光化大水。五月，大埔大水。六月，旌德大水，漂没人民
桥梁无算；海丰、普宁、嘉庆州、黄定县、崇阳大水。秋，黄陂大水。五
十八年正月，清河大水。七月，福山、日照、潍县大水；胶州大水，平
地深丈余，漂没庐舍无算，城垣崩圮。五十九年五月，龙川、海阳、澄
海、庆元、桐乡、高邮大水。六月，石首大水，漂没民居殆尽；蒲圻、汉
阳、汉川、沔阳大水。七月，横州、宣化、降安、永淳、苍梧大水。六十
一年六月，东阿河决；沂水河决，山东曹、单、濮等州县均受其灾；海
州海溢；齐河金龙口河决。

　　雍正元年夏，东流、房县大水；海阳韩江涨，保康水溢。七月，上
海、大埔大水。二年二月，饶阳、肃宣、新乐、三河、宁河大水。四月，

饶平大水。五月,澄海大水,堤决四十余丈;光化汉水溢,伤人畜禾稼;房县大水入城,漂没民居甚多;谷城大水,一月始退;潜江、天门大水入城;钟祥大水,堤决;沔阳、江陵、庆元大水。六月,东阿河决,陆地行舟。七月,泰州海水泛溢,漂没官民田八百余顷;南汇大风雨,海潮溢,田庐监房人畜尽没;海宁海潮溢,塘堤尽决;余姚海溢,漂没庐舍,溺死二千余人;海盐海水溢;太湖溢;定海大风海溢,漂没庐舍;镇海大风雨,海水溢;鄞县、慈谿、奉化、象山、上虞、仁和、海宁、平湖、山阴、会稽、嵊县、永嘉,于七月十八日同时大水。八月己丑,苏州海溢;乐清大水;即墨大水,民舍多圮。十二月,汉水暴发入城。三年正月,宝坻大水。二月,济南、齐河、济阳、德州大水。四月,广州西江水溢。五月,饶平大水。六月,沂州河决;武强滹沱河溢,平地水深数尺,田禾尽淹没;普宣大水;澄海大水,堤决五百丈。八月十五夜,大埔大水,陆地行舟;曲阳、武强、鸡泽、邢台、枣强、蓟州、清苑、遵化州大水;新安大水,南北堤同日决。四年,济南府属大水。六月,大埔、应城、黄梅、黄冈、江陵、监利大水;蕲州江水高起丈余;天门大水,陆地行舟。七月,嘉应、信宜、庆阳、汉阳、汉川、黄陂、江夏、武强、祁州、唐州、黄安、平乡、饶平、苍梧、普宣、济宁州、兖州、东昌大水;崇阳蛟起,水浸入城。八月,桐乡、南昌、新建、丰城、进贤、清、新淦、建昌、德化、高淳、鹤庆大水。十二月,曹县、单县、菏泽、兖州、东昌大水。五年,汉水溢,武昌、安陆、荆州三府堤决。五月,苍梧、安南、荆门州、黄冈、蕲州、广济大水。六月,平鲁山水暴发,漂没民居;庆阳、苍梧、石城大水。七月,临安、孝丰两县蛟出,山水陡发,余杭、新城、安吉、德清、武康俱被水;蕲州江水涨;罗田、石首、公安、广济、嵊县、安肃、容城大水;霍山蛟发水,黄河高数丈,沿河居民漂没甚众。十月初三日,昌邑海溢,人多溺死;高邮、铜陵、庐江、舒城大水。六年,崇阳、汉阳、潜江大水。七年五月,大庚、南康大水。八年五月,苏州、震泽大水。八年六月,武定、滨州、海丰、利津、沾化、滕县、宁阳、兖州大水;济南小清河决,伤禾稼;莱州霪雨两月,河水暴发,田禾漂没,民多溺死;衡水、沙河、鸡泽、大名、顺德、广平、永年、高苑、博兴、乐安大水;庆云北河溢,清涧、黄河、无定河溢。漂没人畜。九年春,乐安、寿光、东昌、长宁、庆云大水。四月,宜昌溪水暴溢,坏民田。六月,砀山、长山大水。十月,济南、邹平大水。十年四月,富川大水。五月,峨眉大水,冲塌房七十九间,淹毙人口九十五口;荣经、雅安、南安、南昌、抚州、瑞州、吉安大水。六月,黄冈大水。七月,苏州大风雨,海溢,平地水深丈余,漂没田庐人畜无算;镇洋飓风,海潮大溢,伤人无算;昆山海水溢;宝山飓风两昼夜,海潮溢,高丈余,人多溺毙;嘉定海溢;崇明海溢,溺人无算;青浦大风海溢。八月,昆山海水复溢,溺人无算。十一年,武强、邢台、饶阳、丰润、蓟州、肃宁、沙河、卢龙、昌黎、献县大水;三河、宁河溢;沙州山水骤发,冲塌民房五百七十余间。八月,剡城、高淳大水。十二年三月,怀安大水入城。

乾隆元年,钟祥汉水溢;汉川、江陵、沔阳、天门大水。七月,鄞县海水溢,庆元大水。二年二月,乐清、永嘉、瑞安大水。五月,凤台、黄冈大水。七月,武强、饶阳、获鹿、栾城、平山、景州、容城、献县、新乐、新河、高邑、顺天、莘县大水,东昌卫河决。三年七月,黄冈、麻城、柏乡、肃宁、沧州、武强、东安、新安、饶平、献县、遂宁、合江、邢台大水;浑河溢,秋禾被灾者一百九十村;深泽、无极、滹河水溢。四年四月,亳州河决,颍上、阜阳、五河大水。秋,阳谷、寿张大水,禾尽淹;润德泉溢。六年四月,钟祥、天门、沔阳大水、五月,龙川、潮阳、宁都大水。七月,永嘉海溢,瑞州海溢,宝山海溢,苍梧、湖州大水。八月,钟祥南郊大水。七年六月,光化、宜城、江陵、枝江、南安、府属、永宁大水;游水发,田庐尽没。七月,盐城河决,毁民居数万间;铜山河决,漂没庐舍;安丘水溢六七里,人有溺毙者;胶河溢;剡城、袁州、江夏、嘉鱼、东流、汉阳、汉川、黄陂、孝感、钟祥大水,颍上、五河、亳州大水。八年夏,黄冈、宜都、兴国、高淳大水。九年,天津、河间、霸州、抚宁大水。五月,澄海大水;东林堤决六十余丈,冲倒民房数百间;大埔洪水入城,漂没民房一百九十余间。六月,汉川、遂宁、简州、崇庆、绵州、邛州、成都、华阳、金堂、新都、郫县、崇宁、温江;

新繁、彭水、什邡、罗江、彭山、青神、乐山、仁寿、资阳、射洪大水，溺死居民六百余人。七月，当阳江水暴发，田禾尽淹；绍兴、徽岩水发，海溢，田禾尽淹；常山大水，溺人无算；淳安江涛暴涨，城市淹没；桐庐江水骤涨，市城水高二丈，凡浸五日方退；昌化、建德、嘉善大水。

十年四月，西桂、普安州大水，潜江、沔阳等九州县大水。五月，泰州海溢；亳县水灾；七沃、沧河大水，淹没人畜无算；渭水溢；秦州籍水溢；白沙北堤决，水入城，民居漂没甚多，陇石、枣阳、江陵大水。十一月，济南大水。十一年，枣阳、潜江、沔阳、袁州、高苑大水。六月，连州、临武大水。七月，凤阳、颍上、亳州大水。十月，江陵、万城堤溃，潜江被水灾甚重。十一月，即墨大水。十二年五月，游仙山水骤发。六月，应州、浑源、大同三州县大水。七月，海宁潮溢；镇海海潮大作，冲圯城垣；苏州飓风海溢；常熟、昭文大水，淹没田禾四千四百八十余顷，坏庐舍二万二千四百九十余间。溺死男女五十余人；昆山海溢，伤人无算，泰州大风潮溢，淹盐城，伤人甚多；枣阳大水，淹没田禾；济阳、德平、平原、沾化、兖州、济宁州、嘉祥、剡城、莒州、蒙阴、日照、兰山大水；东□、赤城水灾。十三年五月，日照海溢、金乡、鱼台、济宁州、宁阳、范县、寿光、胶州、岐山、润德、肥城、潜江、汉川、天门、沔阳、江陵、监利大水，太原汾水溢。九月，郧西、房县大水。十四年三月，寿光海溢，海丰、全州、太湖大水。八月，宜都汉水涨，冲没民居百余家；沔阳、潜江、天门、江陵、监利、汉川大水。十五年三月，平远大水，连日洪水涨发，坏田屋，漂没人畜无算。五月，乐亭海潮，运河上，田禾尽淹；英山大水，淹没田庐；肃宁、阜平、武进、阜阳大水；淳安水骤发，田禾淹没。六月，日照水溢；随州涢水溢，坏民田舍；富平、容城、祁州大水。十六年三月，潍县海水溢；掖县大风雨，海水溢，漂没人畜。四月，平度海溢；兖州府属大水。七月，东昌、日照、利津、沾化、惠民、台蒲、寿光、永乐大水，滦州河溢。十七年正月，郧县、钟祥、京山等十六州县大水。四月，洛川水。六月，雷州、文登、荣成、遵化、陵县、临邑大水。七月，仁和、海宁水骤至，田禾尽淹。八月，襄阳、枣阳、宜城、谷城、均州、龙川大水。冬，

桐乡南栅大水。十八年二月,峡江、潜江、沔阳、天门、吉安、蕲水大
水。六月,饶平大水,漂没民房五百六十余间。八月,海丰、利津海
溢,寿光海溢,滨州、沾化、兰山、剡城、日照大水。九月,淮水溢,坏
民舍;涑水涨,淹没西王等村;太湖、凤阳、五河大水;信宜大水,淹
没庐舍二百余间,男妇五十余口。十月,黄河溢,漂没民舍甚多;庆
云大水。十二月,天门江溢。

　　二十年,金乡、鱼台、潜江、沔阳、荆门、江陵、监利、光化大水。
十二月,潜江团湖埝堤溃,光化、寿州、凤阳、潮州大水。二十一年十
二月,五河、德州、金乡、鱼台、寿张大水,东昌卫河决。二十三年,青
浦、金乡、鱼台、济宁州大水,普宁大水入城。二十四年八月,泰州大
风潮溢,淹没禾稼;临清卫河决;太湖、潜山大水。二十五年五月,庆
元、洵阳、柏乡大水。秋,屏山县百溪水暴涨。二十六年五月,潜江、
沔阳等七州县大水。六月,南宫河水溢;云梦河水涨,高涌丈余,田
宅尽淹,死者无算;峡江大水溢;江陵、娄县、固安、永清、宁河、文
安、望都、容城、卢龙大水;乐陵、金乡、鱼台、宁阳、汶上、寿张大水。
八月,东昌卫河决。二十七年四月,庆云、枣强、安肃、望都大水。七
月,丘县漳水溢,淹没田禾;海盐潮溢塘圮,水入城,漂没民居;仁
和、钱塘、海宁、余杭大风雨,山水骤发,灶场、田禾尽淹;平湖、蒲
台、义乌、青浦、东昌、德平、黄县大水。二十八年五月,瑞安潮溢,陆
地行舟;资阳大水。二十九年二月,南昌、吉安、九江、汉阳、汉川、武
昌、江夏大水。四月,黄安、黄州、黄冈、蕲水、广济、石首大水;洞庭
湖涨,漂没民居无算。五月,宣平、达州大水。

　　三十年三月,长清、惠民、诸城大水。七月,府谷河涨;蓟州大
水;北山蛟水陡发,漂没房舍。三十一年秋,东昌卫河决,济南、禹
城、惠民、商河、利津、金乡、鱼台大水。三十二年,江夏、武昌、黄陂、
汉阳、荆门州、黄冈、蕲水、罗田、广济、江陵、枝江大水。三十三年七
月,太原、武清、庆宁、河南、乐安、安肃、望都大水。三十四年五月,
苍梧、怀集、新乐、溧水大水。六月,太湖溢,武进、潜山、湖州、嘉善
大水。十月,江夏、武昌、崇阳、黄陂、汉阳、黄冈、广济、江陵、枝江大

水。三十五年春，鄞县、庆元大水。夏，古北口山水暴发，沧州、宝坻、武清、喀喇河屯厅、望都、洵阳、白河、武宁大水，郧西汉水溢。秋，济南、东昌大水。寿光大风雨，海溢，伤民畜无算。三十六年正月，凤阳大水。五月，宁阳、安丘、寿光、博兴大水。秋，五河、邹平、商河、惠民、东昌、德平大水。

四十年春，直隶省四十州县大水。八月，河津汾水溢，近城高数尺，次日退。四十一年六月，海子山水骤发，浪高丈许，坏城垣庐舍，人多溺死。秋，代州秋峪口河决，田庐多没。四十四年六月，临清卫河决；施南清江水溢；钟祥汉水溢。入城，坏民庐舍；江陵大水，田禾尽淹；宜都、武昌大水。四十五年三月，庆元大水。五月，袁州、义乌大水入城，钟祥沔阳、潜江、荆州三卫大水。六月，常山大雨，湖水暴发，民房多圮；武清、房山、滕县大水。九月，庆元、金华大水。四十六年十二月，宜城、江陵、寿光、博兴大水。四十七年六月十七日，郫、涪二江涨，顷刻水高丈余，民田庐舍淹没殆尽。中江、三台、射洪、遂安、蓬溪、盐亭同日大水，江夏、武昌、黄陂、汉阳、安陆、德安瑞安大水。四十八年五月，宣平大水，漂没田禾。六月，江夏、黄梅、武昌三卫、黄冈、广济大水。

五十一年春，沾化、崇阳大水。八月，江陵大水。五十三年五月，宜昌大水，冲去民舍数十间；常山、庆元、南昌、新建、进贡、九江、临榆大水。六月，荆州万城堤决，城内水深丈余，官署民房多倾圮，水经两日始退。漳河溢；枝江大水入城，深丈余，漂没民居；罗田大水，城垣倾圮，人多溺死；江夏、汉阳九卫、武昌、黄陂、襄阳、宜城、光化、应城、黄冈、蕲水、罗田、广济、黄梅、公安、石首、松滋、宜都大水。七月，江陵万城堤溃，潜江被灾甚重；汉阳大水。五十四年五月，瑞安、宁海、东湖大水。八月，安州、临榆大水。五十五年七月，长清、滨州大水；运河决，水溢，禹城、平原等县水深数尺。八月，滦州滦河溢；乐亭、武强、高唐大水。五十六年正月，湖州大水。十月，即墨沽河水溢。十一月，保康大水，田庐多没。五十七年十一月，临江、吉安、抚州、九江大水。五十八年春，青浦大水；贵定大水，坏民舍。四

月，随州、黄安、南昌大水。七月，海盐潮溢，坏民舍。大名、元城大
水。五十九年三月，卫河溢，武城大水，襄阳、光化、宜城、黄安、清
苑、蠡县、抚宁大水，滹沱河溢。六十年五月，汉水溢，丽水、分宜、玉
山、潜江、沔阳、松滋大水，朱家阜堤决。

嘉庆二年六月，武进、东平、良乡、天津、静海、青县、沧州大水。
七月，乐亭、永清大水；宁都霪雨，水骤发，毁民居瓦房一万八千九
百三十间，草房一千二百四十五间，淹毙男妇四千三百九十二名。
三年夏，武昌、文安大水。四年二月，蠡县大水。七月，长清大水。五
年，霸州、河间、任丘、隆平、晋宁、定州大水。六年春，禹城运河决，
水至城下；长清、观城、任丘、静海、黄县、平乡大水；滹沱河溢，田禾
尽没；镇西堤决。六月，武清、昌平、涿州、蓟州、平谷、武强、玉田、定
州、南乐、望都、万全、大兴、宛平、香河、密云、大城、永清、东安、抚
宁、南宫、金华大水，滦河溢，永定河溢。七月，义乌大雨，江水入城；
新城、缙云大水。七年四月，义乌大水，禾尽没。五月，定海大水，田
禾尽没。七月，新城大水，漂没民房一万七千余间；汉川、沔阳、钟
祥、京山、潜江、天门、江陵、公安、监利、松滋等州县连日大雨，江水
骤发，城内水深丈余，公安尤甚，衙署民房城垣仓厫均有倒塌，而人
畜无损。九月，郧西大水；钟祥大水，堤决。八年五月，随州大水。冬，
黄河溢，大水；东阿河决，坏民田庐舍；东昌河决；蒲台、利津、滨州、
沾化、云梦、范县、观城大水。九年三月，南昌、抚州、赣州、九江大
水。十年六月，文安、安州、新城、霸州大水。十一年七月，温州、宁
波、钟祥、珙县大水。十三年三月，武进、望都、清苑、定州大水。五
月，新城、庆元大水。七月，庆元复大水。九月，南宫、袁州、九江大
水。十四年四月，望都、房县大水。六月，南宫大水。十五年四月，
新林、宜城大水。六月，济南大水。七月，永定河溢，南宫、平度、广
元、盐源大水。十月，宜城大水。十六年四月，保定、文安、大城、固
安、永清、东安、宛平、涿州、良乡、雄县、安州、新安、任丘大水。秋，
肥城、即墨、平度、宁海大水。十七年春，南昌、临江大水。五月，竹
溪大水入城。六月，丽水、房县大水。二十年四月，历城、长清大水。

二十二年七月,宜城、谷城、婴武大水。二十四年二月,黄县大水,冲塌民房,人多溺死。四月,唐山、滦州大水。二十五年,宣化、宁晋、宁河、宝坻、文安、东安、涿州、高阳、安州、静海、沧州、埠山、大名、南乐、长垣、保安、万全、怀安、西宁、怀来、新河、丰润大水。六月,丽水大水。

道光元年三月,宁津大水。五月,保康、随州、博兴、即墨大水。秋,济南、惠民、商河、沾化、潜江、任康大水。二年正月,钟祥大水,堤决;潜江大水。五月,光化汉水溢;竹山、郧县大水。六月,武城河决;武强河水溢;清苑、唐山、蠡县、任丘、曲阳大水。七月,定远厅应城大水。八月,沾化徒骇河溢;东昌卫河决,坏民田;长清、日照、菏泽、观城、巨野大水。三年三月,石首、江陵大水;郝穴堤淤;平乡、固安、武清、平谷、清苑、蠡县、任丘、青县、曲阳、玉田、霸州大水。六月,武城河决;江山、黄梅、巨野、通州大水;东昌卫河决。七月,太湖溢;鲍家坝决,下河禾稼尽淹,苏州、高淳大水。四年二月,大兴、宛平等九州县大水。七年五月,房县汪家河水溢,坏田庐无算;西河水溢入城;蕲州大水,漂没田庐人畜;江陵大水。六月,枝江大水入城;日照大水。八月,崇阳山水陡发,城中水深数尺;潜江大水堤溃。九年秋,沾化、长清大水。

十年五月,通山水陡发数丈高,淹没田庐人畜无算;崇阳大水。六月,枝江大水入城,漂没田庐;宜都、兴山大水。十一年,贵筑、黄安、黄冈、麻城、蕲水、公安、宜都大水;石首堤溃。六月,云梦堤决,漂没田庐无算;房县、安陆大水。七月,日照、清苑、惠民、商河、沾化、高淳、武进大水。八月,钟祥大水漫堤,黄陂、汉阳大水。十一月,陆河水大涨,房县、黄州、应山、武昌、南昌、南康、瑞州、袁州、饶州、抚州、文安、清苑大水。十二年夏,松滋堤决;江夏、应山、麻城、郧县大水,民房多坏;玉田大水。七月,钟祥大水,堤决;汉江暴涨,城圮二百四十余丈,溺人无算;堵水溢,坏官署民房过半;襄阳、宜城大水。八月,均州汉水溢入城,深七尺,民房坍塌无算;应城水溢,青田大水。九月,观城、巨野大水,武城河决。十三年春,平乡大水。四月,贵溪、江山、咸宁、江夏、黄陂大水;武昌大水至城下。五月,公安、宜都、归州大水。六月,汉江溢、黄冈、蕲州、黄梅大水;大兴、宛平、望都、抚宁、石首、公安、松滋大水。五月,丽水、孝义厅大水。六月,榆林大水,淹没田禾;缙云大水。十五年五月,沔县汉水溢,漂没田庐;钟祥大水。七月,沾化、蒲台、邢台大水。十六年春,宁海海溢,淹没民田。七月,钟祥大水堤溃。十八年六月,宜都水溢,南阳淹没民居甚多。七月,恩施清江水溢。十九年正月,惠民、沾化、济宁州大水。三月,枝江大水入城,公安、松滋、郧西大水。四月,钟祥大水堤溃。六月,武昌、临江大水;文昌、天门、公安、枝江、宜都、松滋大水。六月,汶水溢;临邑、陵县大水;玉田大水,相继五年被灾甚重。秋,静海溢,禾稼尽没;沾化大水;沔县汉水溢。

二十一年夏,武昌、黄陂、汉阳、松滋、黄州、钟祥大水。二十二年五月,江陵大水入城,松滋大水。二十四年七月,嵊县堤溃,溺死七十余人;江陵大水,城圮;松滋、枝江大水入城;南昌、袁州、饶州、南康、惠民、沾化、蒲台大水。二十五年六月,东平大水。七月,青县、缙云、云和、太平、公安大水,乐亭海溢。二十六年正月,滦河溢。五月,枝江大水入城;青浦大水,漂没数千家。六月,汶水涨,堤决;青县大水。二十七年,盐山等二十六州县大水。二十八年,松滋、安陆、随州大水;黄州大水至清源门;保康大水,田庐多损。六月,南昌、袁州、饶州、南康、陵县大水;云梦山水陡涨,堤尽溃;咸宁、江夏、黄陂、汉阳、高淳、武清大水;蒲圻水涨,高数丈。十二月,随州、应山、黄冈、江陵、公安大水。二十九年四月,应山大水,居民漂没无算;黄冈大水入城;苏州、嘉兴大水;湖州大水,田禾尽淹。五月,兴安、黄陂、汉阳大水,蛮水溢。六月,公安、罗田、麻城、蕲水、归州、宜昌、蒲圻、咸宁、安陆大水,黄州大水入城,枝江大水入城。七月,三原河溢,漂没田舍,溺人甚多;日照大水,武昌大水,陆地行舟。十二月,桐乡大水,田禾尽淹。三十年六月,黄河涨,漂没田庐无算;青田、东平大水。

咸丰元年正月东平,夏,太平大水。秋,怀州大水。二年六月,平河、高阳大水。七月,钟祥、谷城、襄阳、潜江、公安大水。三年三月,丽水大水。五月,孝义厅、嵊县、太平大水。六月,左田,如德山水暴涨,平地深丈余。七月,保定府属大水;宜城汉水溢,堤溃,城垣圮一百五十丈,均州大水入城。四年五月,松阳大水,广昌蛟出水,西南北三面城圮。淹死男妇以万计,官厅,民舍仅存十之一二。秋,保定府属大水。五年七月,丽水,云和大水;景宁山水暴发,田庐尽坏,黄坡、麻城、黄冈、蕲州、广济陂塘水溢。十二月,钟祥水暴溢。六年五月,嵊县、太平大水。七年夏,松滋、枝江大水。七月,缙云、滨州大水。八年十二月,江陵、松滋、公安大水。十一年六月,钟祥大水堤溃。七月,景宁大水。

同治元年五月,公安大水,日照大水。秋,临江大水。二年春,湖州海水溢。六月,钟祥大水;潜江高家拐堤决;保康大水,淹没田舍;公安大水。秋,郧西大水。三年夏,公安大水。秋,郧西大水。四年四月,公安大水。五年夏,公安、德安、崇阳、咸宁大水。九月,临江、江夏大水。六年三月,罗田大水。五月,江陵、兴山大水。八月,宜城汉水溢,入城深丈余,三日始退;襄阳、谷城、定远厅、沔县、钟祥、德安大水;潜江朱家湾堤溃。九月,临邑大水,黄河溢。九年六月,滹沱河溢;宜城汉水溢;公安、枝江大水入城,漂没民舍殆尽;归州江水暴溢;黄冈、黄州大水。秋,孝义厅、武昌、黄陂大水。十年夏,武清、平谷大水。秋,公安大水,泗河堤溃。十一年三月,公安、枝江大水。六月,滹沱河溢,漫入滋河;直隶诸郡大水;高淳、甘泉、临朐大水。十二年六月,公安大水。秋,临朐、高淳大水,滦河溢,青县黑港河决。秋,潜江大水。十三年五月,公安大水。秋,甘泉、孝义厅大水;潜江大水深丈余,宣平北门外洪水泛滥,水高丈许,冲塌民房八十余间,男妇二十余人。

光绪元年二月,青浦、鱼台河决,境内淹没过半;潜江大水。二年五月,南昌、临江、吉安、抚州、饶州、南康、九江、潜江大水。六月,青田、宣平大水。八月,邢台白马河溢。三年五月,宣平大水。四年夏,常山大水入城,南昌、临江、吉安、抚州、南康、九江、饶平、广信、武昌大水。五年五月,玉田、蓟运河决;阶州大水;文县大水,城垣倾圮,淹没一万八百三十余人。六月,文县南河、阶州西河先后水涨,淹没人畜无算。八年三月,武昌、德安大水;常山大水,田禾尽淹,秋复大水。九年正月,玉田、孝义厅、皋兰、顺天大水。十一年五月,黄河溢,惠民徙骇河溢,沾化大水。十三年秋,滦州、洮州大水。十八年六月,南乐卫河决,洮州大水。二十年七月,太平、松门溢,堤尽溃;南乐卫河决。

宣统元年六月,兰州黄河涨,泰安大水。

顺治六年七月二十日,上海晚日中黑气一道,直贯天顶,须臾,海中黑气一道上升,与日中黑气相接如桥,至暮乃灭。七年十月十四日戌刻,湖州有黑气一道,自西亘东,长百余丈。九年正月十五日,黄冈雨黑水如墨。十三年正月初一日,衡水有黑气自西北来,如烟。十四年七月,昆山黑眚见。十一月,含山黑眚见。十五年夏,平湖黑眚见。

康熙二十年八月初四日,澄海见黑气一条入东门,至北门东林村始灭。十月,宜昌夜间黑眚见。三十四年四月,襄陵黑眚见。

雍正六年三月初九日,镇洋见黑气如匹布,良久方散。

乾隆三十五年七月,东光黑气迷漫,移时方灭。三十九年二月朔,高邑黑眚迷人。四十年四月初五日,高邑黑眚,咫尺不辨。

嘉庆元年秋,枣阳有黑气自东向西,啐嚓有声。十四年正月朔,东光有黑气一道,自西北抵东南,长竟天。

道光二十八年六月,昌黎见黑气冲。

咸丰三年三月十六日,中卫有黑黄气二道,直冲天际。五年七月初十,曹县见黑气宽二三丈,长亘天。

同治二年六月,肃州日昃时有黑气长竟天,半夜方灭。

清史稿卷四一
志第一六

灾异二

《洪范》曰："火曰炎上。"火不炎上，则为咎征。凡恒燠、草异、羽虫之孽、羊祸，其灾火，赤眚、赤祥皆属之于火。

顺治十三年冬，庄浪燠，无雪。十八年冬，龙门无雪。

康熙二十一年冬，西宁无雪。二十七年冬，天镇无雪。三十五年冬，临县无雪。四十一年冬，平原燠如夏。四十二年冬，咸阳燠，无雪。五十九年冬，浮山无雪。

乾隆四年冬，彭泽、元昌燠如夏，人有衣单衣者。四十九年冬，菏泽无雪。五十七年冬，苏州无冰雪。

嘉庆三年冬，桐乡燠。十三年冬，昌黎无雪。十八年冬，郧县无雪。二十年二月，湖州大燠。

咸丰十年冬，皋兰无雪。

同治元年冬，黄县大燠。

光绪元年冬，望都、抚宁无雪。十四年冬，皋兰燠。

顺治三年五月，丘县雨麦。六月，潮阳雨麦。十一年六月，商州一蒂两瓜，大如斗。十二年二月，渭南天雨粟，平乐天雨荞麦。三月，凤阳、安西天雨莜麦、豌豆。五月，临潼、咸阳雨莜麦、豌豆。十四年二月，婺源雨黍。十五年冬，昌化竹生实。十八年十月，高要竹生实。

康熙二年十月，阜阳雨粟，粒若荞麦，圆小而坚，味辛，厚处盈寸。三年七月，婺源大彰山竹生实，形如稗，民采而舂食之，厥味甘。

二十一年三月,温州雨豆。二十二年四月,宁都天雨豆,又雨黑黍。二十六年二月,合肥雨黑豆。二十八年正月,含山雨小豆。四十一年二月,湖南竹生实。四十四年三月,葭州雨黑豆。四十五年春,横州竹生实。六十年夏,安化天雨荞麦。六十一年正月,大埔竹结实。十一月,岑溪枯竹开花。

雍正五年五月,钟祥竹开花。十月,当涂雨红绿豆,形如小麦,无蒂。十年,什邡县雨荞麦。十一年二月,山阳、清河雨黑豆,啖之味苦。十二年三月,宜昌竹结实,民采食之。十三年七月,夷陵竹生实如麦,民竞采食之。

乾隆二年二月,昌化雨豆。六年十一月,成县竹生实。十八年九月,阳春竹皆结实枯死。二十二年正月,永嘉东山竹结实如麦。二十三年,池州雨豆。二十六年,安化雨荞麦,形似而小。四十一年六月,余姚雨小麦、黄豆。

嘉庆十二年春,黄陂雨豆。

道光二年夏,黄岩天雨菽。四年十月,黄梅雨豆麦谷米。十六年十二月,武宁雨豆。二十年十一月,钟祥竹开花。二十五年七月,竹生米,可食。

咸丰元年六月,孝义厅山竹结实,人采食;青浦竹生花。二年十一月,太平雨豆。四年二月,随州天雨豆。四月,黄冈雨黑豆,食之味苦。冬,武昌县雨黑豆。五年正月初三日,孝感天雨小豆。二月,又雨豆。三月,武昌天雨黑豆,如槐实;黄安雨豆。夏,黄州、蕲水雨豆,如槐实。十一月,黄冈天雨豆,如槐实;归州竹结实,人采食之。六年八月,随州雨豆。八年二月,兴国雨豆,色赤。秋,兴山竹结实。九年春,麻城民间番瓜成人形。十年,龙泉雨豆,色赤。十一年三月,麻城雨豆。十二月,溪梁雨豆,色赤。

同治元年八月,西宁丹噶尔厅竹开红花;滦州瓜窳剖之有血,食者立病。三年正月,永丰天雨豆,五色斑烂。三月,景宣、嵊县雨豆。五月,京山县雨豆,其色黑光。六年二月,栖霞甜草子如荞麦。夏,嵊县雨豆。七年,藁城生豆如人面,五官俱备。九年十月,遂昌雨谷。外黑内红;德兴雨豆,内黑外白。十一年三月,即墨天雨红豆荞麦。

光绪二年四月,青田雨豆。九年三月,咸宁雨红麦。十年八月,孝义厅竹结实。十一月,洮州山竹开花结实。

顺治十四年,武昌鸦啣火,集人庐,辄灾,一月始息。

康熙十六年,海丰有异鸟集林中三日,高六七尺,舒吭丈余,啄鸡凫以食,居民奋击之,分啖其肉,辄病死。

顺治元年七月,商州郊外见大羊,色黄,长丈余,百姓搏而杀之,肉重五百斤。四年五月,山阴民家羊生羔,三足,前二后一。五年,杭州民家羊生羔,三足。

康熙十二年,北山民家产一羊,一角一目,随毙。二十四年,顺德羊生羔,三足,前一后二。

乾隆元年四月,连州山羊入城,蹄角甚巨,人逐获之。五十五年,云梦见三足羊。

道光十七年八月,武进民家产羊,人首羊足,坠地即毙。

咸丰十年八月,江山西山白羊成群,倏不见。

同治三年,宁州民家羊产一羔,五角。

光绪九年九月,孝义厅民家羊产羔,人面羊身。二十五年,宁州民家羊产一羔,两首。二十七年三月,丹噶尔有一羊两头;一羔三足。三十三年,宁州民家羊生羔,人面。

顺治元年七月,西乡文庙火。六年正月初六日,无为州城门大火。八年七月,岚县火焚民房。十二年五月十八日,梧州府城外大火;十二月又大火。十四年十月,蕲水火。十五年,连州大火。十八年五月,宜昌大火,延烧民舍千余间。八月,嵊县城中大火。

康熙元年五月,黄冈大火,焚民房十之八九。秋,荆州大火,烧民房殆尽。十月,兴国火起自大西门,延烧城中,至大东门,男妇死者以千计。二年二月初三日,海阳西郊火起,延烧民房千余家。七月十五日,黄冈大火,烧民舍殆尽。三年四月,梧州府城外大火,焚八百余家。五月,海阳大火。六月,含山鼓楼火。四年正月,京山火,焚一百八十余家。十月,怀远大火,自西城外至驿前,延烧一百五十余家。十一月,高州府城火,合浦火焚民舍。十二月,广州府城火。五年正月,海阳南北二厢火起,延烧民房千余间。二月十三日,钟祥火,毁数百家,延及府署,焚死人畜甚多;二十八日,城内外又燔数百家。秋,灵川北厢火起,延烧民房殆尽。十二月,严州大火,民房尽毁,延烧城楼。六年正月,海阳城外四厢火起,延烧民房千余间,死于火者二百余人。七年三月,郧阳府火,民舍尽毁。七月,大冶西市火,延烧百馀家。八月,宣化城内火,焚千余家,次日,城外又焚百余家。八年二月,海阳西北二厢火,焚民房数百间。三月,郧县火。十月,独山州大火,仙居、黄岩二县火。九年,平乐南关火,延烧四十余家。是年十二月至次年四月,火灾凡四见。

十年五月,钱塘大火。七月,大冶西市火。九月初七日,浦江太极宫大火。十一年三月,缙云大火,延烧县署。十二年九月,宣县西门外沙市被火灾四次,毁数百家。十三年五月,静乐火,毁民舍;兴国唐村火,焚死二百三十七人。十五年七月,太平城内火。毁民房过半。十八年正月初三日,望江吉水镇火灾,燔百余家。六月,顺庆府治火。十九年正月十五日,平阳火,毁民居过半。三月初四日,海阳火,延烧百余家,死者四十余人。七月,和平城外火,延烧百余家。

二十年二月,东湖县署火。五月,苍梧东廊火。八月,济宁州大堂火,温州火,燎民舍五千余间。九月,永嘉城中大火,燎民舍千余间。十月,思州府火,延烧五十余家。二十一年春,济宁州城内东偏大火,延及西隅,民舍皆尽,关壮缪侯祠亦毁,独神像香案无恙。八月,池州天火,毁田禾芋苗,叶尽生烟。十月,万载火,延烧城隍庙,连山西郊火。二十二年四月,□阳西门火。二十三年七月,长宁城隍庙火。冬,忠州石宝寨火。二十五年四月,万载火,延烧城隍庙;六合南门火,焚市廛数百间。二十六年十月初一日,平阳城楼火,燔百余家;忠州石宝寨又火。二十七年八月,婺源火,延烧五十余家。

十二月,合浦西桥火,郡城火。二十八年九月己卯,苍梧西关火。十二月,松阳火。二十九年七月二十八日,鄮都城内大火,民居尽毁。

三十年十月,平乐火,延烧二百余家;独山州大火。三十一年九月,平阳城楼火。三十二年夏,镇安府署火,延烧民居数十间。九月,平阳东门外火,燔数十家。三十四年正月,马平南川河下火,延烧大南门城楼。三十五年七月,江夏火起自火药库,死者无算。八月,阳高南街火。三十七年二月,汉阳、汉口镇火,延烧数千家。

四十年九月,阳山火,延烧二百余家。四十一年二月,崖州火,伤四人。四十二年七月十六日,桐乡青镇火。燔民舍一百七十余家。四十三年正月二十九日夜,灌阳火,焚东门外民舍殆尽。四十四年三月,婺源太平坊火。十一月,武宁火。四十五年四月,竹溪火,官署民房俱烬。四十六年正月初四日,荔浦火,初□又火。巴县太平门大火。四十八年三月,独山州城内大火,居民无得免者。四十九年八月二十五日,嘉定火,延烧七十余家。

五十年正月,大埔白堠墟火,毁民舍数百家。五月,万载潭埠火,市店民房荡然无存。五十二年十一月,宣平火。五十三年九月初八日,宣化沙市火,焚千余家;独山州大火。五十四年九月,江陵火,延烧二千余家。五十五年九月,江陵又火,延烧二十余家,死十一人;思州府城大火,延烧四十余家。五十六年五月初三日,丹廉县大火,延烧数百家。五十七年三月,合肥城内大火,延烧四十余家。八月初一日,钟祥城内火,延烧城外民房数百间。五十九年十月,苍梧西门外大火。六十年四月十八日,盐山县城火,自学宫延烧东南北三门,毁民居数千家。六十一年二月,无为州小西门内火,延烧三十余家。七月,独山州东门火。冬,丽水县火。

雍正二年正月,沔阳仙桃镇大火,焚百余家,死者甚众。七月,梧州梧城驿火。十月,城内火。十一月,戎墟火。十二月初一日,开化城内火,延烧百余家。三年六月,梓潼县文昌庙火。七月,马平小南门火,延烧三百余家。四年十二月初四日,平阳西门外火,燔百余家。五年十二月,北流民舍失火,延烧县署,案牍皆尽。六年正月十六日夜，苍梧火，延烧民居一百七十余间；高州城东火。十月，昆山火，焚朝阳门谯楼。七年九月，苍梧戎墟火。九年正月，荆州大火。十年五月初三日，阜阳西城火，延烧民舍四千六百十一间。十一年七月初七日，玉屏闻空中有呼救火声，越半月，鼓楼街灾，烧民居数百家。十三年冬，婺源城隍庙灾。

乾隆元年四月，通州北郭火，延烧百余家。十一月，玉屏南门火。二年二月十八日，镇安府城火，燔数百家。三月乙丑，同官明伦堂大火。五月，沁州大街火。九月，北流典史署火，延烧民舍。三年十月初七日，潮阳南门火。四年正月十七日，瑞安大火，燔百余家。四月十八日，镇安城内火，延烧八十余家。五月，嵊县火，延烧二百余家。六年正月初六日，梧州府南门外火，延烧民房三百余家。七年二月十四夜，饶平县城火，延烧大楼房三十余间，小屋无数。八年十一月，饶平县又火。十年二月庚午，泰安县署火，延烧百余家。十一年六月，海丰龙津桥火，延烧蓬铺四十余间。十二年八月，化州南街火。九月，丰顺县城火。十一月初十日，崖州东街火，延烧七十余家，伤二人。十五年四月，泰安火。十七年正月朔，汉阳粮船火，焚数十艘。四月，桐乡南栅大火，毁市廛三百余家。五月二十二日，保昌孝悌街火，延烧三十余家。十八年七月，陆川大火，毁民居。十月，梧州府城外大火，伤二十余人。十九年八月，苍梧府城外又火。二十年三月，高州府城外火，五月又火。二十二年十月，宜昌东湖火，燔民居无数。二十三年三月初一日，重庆太平门外大火。四月，独山州大火。二十四年十二月初八日，惠来县署火。二十五年八月二十八日，朝天千斯门内大火。二十七年十月，石门玉溪镇火，延烧百余家。二十八年十二月初五日，庆元火，延烧五十余家。二十九年五月，沂水县城南绸市街火，延烧数百家。十月，婺源西关外居民失火，延烧数百家。三十年十月，梧州府城外火。三十一年十一月，苍梧戎墟大火三次，共烧民房六百余家。三十三年正月二十八日，梧州府城外火，延烧三百余家。三十八年七月，金华府署火。四十二年十二月，青田城大火。四十四年十一月初四日，桐乡大火，燔市廛四十余家。四十六年夏,陆川城南失火。延烧县署。四十七年六月,宁波府城火,毁鼓楼。四十八年五月庚子,庆元火,延烧百余家。四十九年四月朔,成都大火,延烧官署民舍殆尽。五十年夏,潜江城外火。五十二年三月,江陵城隍庙火。五十五年三月,义乌县署火。五十六年十二月,南昌火,延烧千余家。

嘉庆三年二月丙子,京师乾清宫火。九年七月初三日,定海城中大火,延烧二百余家。十三年五月十二夜,济南府西门大火,延烧四百余家。十六年三月二十九日,石门城西火。十七年春,齐东火,烧死数百人。十八年三月,贵阳城大火。二十年四月,尚山火。十二月二十日,兰州西门火药局焚轩辕城楼民舍,死者数十人。二十二年八月,黄阳火,烧民舍一百余家。二十四年闰四月,青田火,延烧二百余家。五月,青浦城火,延烧七十余家。

道光二年六月十一日,大浦南门外火,延烧两昼夜。九年七月十三日,江山江郎山火,延烧两昼夜。十年八月,铅山石塘火,延烧五百余家;次年又火。十六年十二月十九日,云和火,毁民舍八十余家。十九年正月初二日,贵阳府道德桥火,延及贡院头门。三月二十日,贵阳府学大成殿灾;江陵、沙市大火,燔数百家。四月,定海道头港营船火。二十二年十月初三日,丽水火,燔一百四十七家。二十五年冬,黄岩苍头街火。二十六年五月,贵阳火,烧民房八百余家。二十九年十二月初三日,太平城隍庙火灾。

咸丰元年十月,太平火,燔百余家。二年八月,通州西库火。十月,武昌县署火。十一月,汉阳火。六年十一月,枝江火。燔市廛八百余家。七年五月,皋兰西关火,延烧市廛二百余间。八年秋,武昌县左市火。十年二月,青浦火,丽水火。

同治元年冬,黄山石路桥大火。三年十月,黄岩火。五年十一月,汉口火;余干瑞洪镇火,延烧四百余家。六年三月,江夏火药局灾,毙者以千计。五月二十五日,汉阳鲍家巷火,燔船只,伤人口甚众。七年十月,太平县城火,燔四百余家。九年冬,黄岩火。十一年四月,乌程火,延烧十余里。十三年五月,武昌县小西门火。

光绪二年七月壬午,青浦城火,延烧三十余家;九月庚寅又火,东码头上下岸俱尽。六年十一月,武昌县北市火。二十八年二月,皋兰南街大火。二十九年十月,西宁火。三十一年七月,西宁大街火;十一月,孔子文庙灾。

宣统元年正月初四日,皋兰县灾,延烧官舍六十余间。二月二十六日,兰州省城院门南街大火,延烧房屋二百零九间。

顺治十年二月,曹县夜间火光遍野。五月,渭南四野火灾,见持炬人三尺许,群绕火际,次日焚处拾一折简,字数行,如人书,其语曰:"土地不宁,天降凶神三位,一收牛,一收马,一收人。"十四年十月二十七日,清丰空中起火,烧民房数百间。

康熙十二年三月,缙云晓见鼍面人从空中放火,捕之不见。五月,宁波仙镇庙井中有火光上腾。十四年八月十五日,海丰火光遍野。二十五年二月,两广总督衙门两旗竿忽白昼飞火,焚其右,焦灼过半。三十一年秋,南乐空中有火,著铁皆明,自申至亥乃止。五十年二月丙寅,东平烈风中有火光。

乾隆十七年四月二十九日,岐山有火光,自西而东。七月,芮城有火光如电。二十年十一月,彭泽江心洲有穴出火,投苇辄燃,久而不息。二十二年二月二日,高平有火球大如斗,其色黄红绿相间,就地行走,不知所终。二十七年九月,临县空中有火光大如斗,坠城南隅。三十三年三月,即墨日夕有火球经天。五十年冬,枣阳有火球如斗,飞半里外。

嘉庆九年二月十二日,滕县城东石沟见火球飞落。十二年四月,黄安有火大如球,自东而西,落于泮池。十六年夏,抚宣夜遍地起火。

道光三年三月,蕲州、清江水中出火。二十年五月,均州夜见火光。二十二年十一月,郧西地中出火。二十四年七月,光化遍地绿火。二十六年正月,平乡火光遍野。

咸丰元年八月二十八日,随州有天火自西南流东北,其光触地,有声如鼓。三年正月,通州有火如星如燐,以千百计,自西南趋东北,凡四五夜始熄。十年冬,肥城既昏,有火从地中起,如燐而火,色赤而青,作二流光,遍地皆燃。

同治二年九月,曲阳有火球自西南飞向东北,或散四方,或聚为一,其象无常。四年,通渭、泰安火光西现如陨星。

光绪元年正月十四日,滦州五圣祠突有火光,俄而火起高矗云霄,祠竟无恙。五年冬,玉田见火球飞向东北,其声如雷。二十二年四月戊子,南乐有火光径尺,明如月,自西南往东北,尾长丈许,忽炸为火星四散。二十三年五月戊午夕,南乐有火光,圆可径尺,飞向西南。二十五年十一月乙未夜,南乐有火光流空中,其明如月。二十六年七月壬戌夜,南乐有火光流空中。

顺治三年六月初四日,镇洋新安镇李明家地出血。初五日,俞二家地出血尤甚。五年夏,嘉定见赤气亘东方。七年冬,鹤王镇乡民见血从地涌出。九年正月,东昌有赤光,声如水鸭,往东南而没。十六年,永年南关外地中涌血,嘶嘶有声。

康熙十四年四月,莱阳地涌血丈余,气腥,久不敢近。五十九年七月十六日,荣成、莱阳有赤气自东而起,倏如匹练,亘向西北去,有声如雷。

雍正七年十二月二十八日夜分,福山见红光满野。

乾隆三十五年七月二十八日,肥城有赤光自北方起,夜半渐退;长山西北见赤气弥天,中有白气如缕间之,四更后始散。二十九日夜,荣成夜见红光烛天;东光有气如火,横蔽西北,亘数十丈,中含红光,森如剑戟上射。

嘉庆九年正月,历城天雨血。

道光十一年冬,太平雨血,著人衣皆赤。十七年六月二十八日,嵊县有赤光如球,高数丈,三日乃灭。二十八年正月,松滋天雨血,以碗盛之,作桃花色。

咸丰三年正月十四日,西乡雨血如注。五年八月,曹县东方有赤气如旗杆形。六年七月,武进地出血。

　　同治五年秋,崇阳雨血。七年正月二十日,光化雨血。

　　光绪二年二月初四日,曹县见红光自天降于八里湾水中。七年四月,襄阳雨血。

清史稿卷四二
志第一七

灾异三

《洪范》曰："木曰曲直。"木不曲直,则为咎征。凡恒雨、狂人、服妖、鸡祸、鼠妖、木冰、木怪、青眚、青祥,皆属之于木。

顺治二年二月,河源霪雨。三年二月,当涂恒雨。四月,南雄霪雨。四年四月,章丘霪雨四十余日。六月,高邮大雨数昼夜;丘县霪雨,平地水深二尺;萧县暴雨三阅月;永安州、安邑大雨。秋,寿元霪雨四十余日,即墨暴雨连绵,水与城齐,民舍倾颓无算。五年春,新城霪雨六十余日,水没城及半;莒州大雨两月,武城霪雨一百日;东平大雨蚄禾。五月,衡水霪雨数旬;咸阳大雨四十余日。八月,句容大雨,屋舍倾圮无算;陵川霪雨害稼;沁水霪雨两月余。六年五月,凤阳霪雨八昼夜;阜阳、淮河霪雨昼夜不息。秋,沁水霪雨两月余,民舍倾倒。七年二月,全椒大雨。四月,射洪大雨三昼夜,城内水深丈许,人畜淹没殆尽。五月,平阳霪雨四十余日。六月,桐乡霪雨。七月,解州、莱阳、万泉霪雨;安邑大雨二十余日,倾圮民舍。八年春,嘉兴、海盐、桐乡霪雨。五月,潞安霪雨八十余日,伤禾稼,房舍倾倒甚多。六月,江阴霪雨六昼夜,禾苗烂死;吴平大雨倾盆,一昼夜方息;当涂大雨。秋,沁水大雨,东阿霪雨,青浦大雨弥日。九年五月,阳信、沾化霪雨四十余日,平地水深二尺;合浦大雨,城淹四尺。六月,寿阳霪雨四十余日;襄陵霪雨匝月,民舍漂没甚多;稷山霪雨;博兴大雨倾盆四十七昼夜。七月,济宁、东平霪雨害稼。九月,遵化州霪雨弥月。

　　十年五月，文安、大城、保定大雨如注十昼夜，平地水深二丈。六月，文登大雨三日，昌平霪雨，蓬莱霪雨四十余日。十一年二月，兰州大雨二十余日。六月，亳州霪雨，坏民庐舍。七月，澄迈大雨，三日方止。十二年八月，峰州霪雨不止，田中水深三四尺。十三年五月，常山大雨。十五年二月，济宁州霪雨伤麦，万泉霪雨伤麦。秋，垣曲霪雨，儋州霪雨七昼夜，田禾多没，城垣倾圮，兴安、白河、洵阳霪雨四十余日；平湖大雨数昼夜，平地水深二尺许。十六年正月，震泽、嘉定霪雨六十日方霁。二月，仪征大雨弥月，平地水深丈余。三月，萧县霪雨二十余昼夜。秋，铜山霪雨三月余，禾尽烂死；宿州大雨二十余日，田庐漂没殆尽；虹县霪雨六十余日，平地水深丈余，淹没田庐；梧州霪雨四十余日；成都霪雨城圮。十七年五月，崇明大雨一昼夜；和平大雨，平地水深丈余，漂没田庐无算。十八年六月，贵阳大雨，武宁霪雨二月未止。闰七月，孝感霪雨三日，杀麦。

　　康熙元年八月，朝城霪雨七昼夜，曲沃霪雨二十日，坏城垣庐舍无算；成安霪雨五昼夜；永年霪雨匝月；吉州大雨，坏城垣庐舍；萧州大雨弥月，城垣倾圮；解州大雨四十日；猗氏大雨二十余日，民舍倾圮。四年春，蠡县霪雨二十余日。六月，府谷大雨。闰六月，延安霪雨弥月，坏庐舍。七月初七日，大城霪雨五昼夜，城垣倒坏十之六七，民房坍塌不下数万间、车阳大雨，坏民舍。五年六月，福山霪雨两月，禾稼尽伤。十一月，襄垣、武乡大雨。六年六月，惠来大雨，平地水深三尺；房县霪雨伤禾。七月，温州大风雨，坏城垣庐舍；瑞安大风雨，坏城垣庐舍。七年四月，太平大雨如注。五月，太平积雨旬余。六月，龙门大雨七日；武强霪雨；井陉大雨如注。七月，灵寿霪雨两昼夜不止；元氏大雨七昼夜，城外水高数丈；正定府、怀来大雨七昼夜；内丘霪雨，淹没民舍；房县霪雨伤禾。八年六月，嘉兴霪雨昼夜不息。九年五月，湖州霪雨连旬，德清霪雨连旬，田畴尽没。六月，东阳大雨如注。

　　十年八月，嘉兴大雨。十一年秋，宁波霪雨。十二年正月，海宁霪雨,至四月止。六月,高要霪雨四日,平地水深数尺,民舍倾圮;宿州大雨连绵两日;阳江大雨。十三年正月,桐庐霪雨,至二月方止。四月,海丰霪雨十六日,平地水深数尺。六月,门平霪雨陷民居;高明霪雨,伤损禾稼。十五年五月,海宁霪雨匝月,伤禾;大冶霪雨。十六年七月,高密霪雨二十余日,田禾淹没。十七年正月,永年霪雨匝月。四月,平湖霪雨匝月。五月,金华霪雨伤稼。七月,太平霪雨,民舍倾圮;莱州、胶州大雨伤稼;万载霪雨数昼夜。十八年八月,曲沃霪雨二十五日,城垣庐舍倾倒无算;太平霪雨;临晋雨二十余日,民舍尽圮;猗氏霪雨弥月不止;解州、安邑霪雨连旬;夏县霪雨月余,城垣倾倒,民居损坏,田禾淹没;广灵霪雨匝月不止;汉中霪雨四十日,如倾盆者一昼夜,淹没民居;定远厅霪雨四十日;甘泉霪雨弥月;兴安大雨,田禾尽淹。十九年二月,襄垣大雨四十余日。六月,高邮霪雨连旬,坏民舍无算。七月,龙门大雨,平地水深尺许;镇洋霪雨累月;长子大雨四十日不止,城垣倾圮;蒲县霪雨四旬,伤禾。八月,上海骤雨,城内水高五尺;咸阳大雨四十余日。十一月,震泽霪雨三日。

　　二十年三月,处州大雨,至五月始止。四月,宁波霪雨一月。七月,阶州大雨月余,倾倒民房千余间。二十一年三月,平远州霪雨。绍兴霪雨九旬,禾苗尽淹。五月,金华大雨五十余日。二十二年春,苏州霪雨十二日,杀麦;青浦霪雨伤麦;阳湖恒雨杀麦;海宁大雨,至四月始止;桐乡恒雨,至四月始止;平湖自二月至四月大雨不止;湖州恒雨;石门恒雨伤麦;天台霪雨至四月不止,二麦无收;太平霪雨,麦无收;浦江霪雨;衢州恒雨至四月,无麦;严州自春徂夏,阴雨连绵,二麦无收。五月,灵川大雨;通州霪雨;台州霪雨,麦无收。六月,兖州大雨,平地水深三尺,田庐苗稼尽淹。二十三年春,恩县霪雨;剡城霪雨,两月不止。夏,昌乐霪雨害稼。七月十三日,临县大雨,至八月初八日止,平地水溢;太平霪雨四十余日。八月,遂安霪雨两月;隰州霪雨五十余日,坏民舍甚多。二十四年四月,湖州大雨。六月,灵寿霪雨害稼;固安大雨,坏民舍。十月,福州大雨数昼夜。十二月,歙县霪雨四十余日,和顺大雨连月。二十五年四月,宣平大雨五日,漂没田庐,溺者无算;丽水大雨四昼夜,漂没庐舍无算。闰四月,处州大雨,水高于城丈余;松阳大雨四昼夜;景宁大雨三昼夜。六月,青州霪雨害稼。寿光大雨兼旬。十一月琼州大雨连日如注,民舍多圮。二十六年六月,新城霪雨害稼。七月,章丘霪雨四十日,民舍倾圮千余间。二十七年五月,玉屏大雨,坏城垣。二十八年四月,惠来大雨,庐舍淹没无算。二十九年二月,开平大雨,至五月乃止。五月,湖州大雨一月,田庐俱损。七月,绍兴大雨弥月,平地水深丈许,漂没田庐人畜无算。

三十年六月,湖州霪雨害稼。闰七月,介休霪雨,东城圮数十丈。三十一年三月,武定大雨,平地水深丈许。秋,镇安霪雨害稼。三十二年四月,丘县霪雨四十余日。八月,咸阳霪雨,墙垣倒者甚多。三十三年正月,海丰霪雨;咸阳大雨,水深二尺。十月,邹平霪雨害稼。三十四年四月,卢龙大雨,坏城垣百余丈。五月,房县霪雨伤麦。六月,苏州、青浦霪雨伤稼;固安大雨,平地水深丈余。三十五年春,长山霪雨害稼。六月,昌邑霪雨害稼;乐平大雨弥月;沁州霪雨,三月方止。八月,饶阳大雨,七日方止;定州大雨八昼夜,伤稼;静乐大雨两昼夜;铜山霪雨,坏民居。九月,武定大雨七昼夜。冬,即墨霪雨六十日。三十六年正月,香山霪雨匝月。二月,遵化州大雨如注。三十七年八月,房县霪雨伤稼。三十八年六月,南乐大风雨,拔树。七月,杭州大雨,平地水高丈余。八月,桐乡、石门霪雨伤稼。三十九年正月,夏县大雨坏城。

四十年九月,高密霪雨伤稼。四十一年四月,阳江霪雨,坏民居甚多。六月,宁阳、青州霪雨。八月初八日,香山大风雨,拔树倒墙;宝鸡霪雨。四十二年五月,庆云霪雨,三旬不止。六月,东明、定州霪雨三旬不止;沾化霪雨连日,漂没民舍无算;高苑霪雨六十日;昌邑、掖县霪雨害稼;高密霪雨弥月,禾稼尽没。八月,邹平大雨害稼;齐河霪雨四十余昼夜,民舍倾圮无算;潍县、平度霪雨害稼。四十三年六月,沂州大雨;兴安大雨,漂没田庐。四十四年五月,莱州霪雨害稼;高邮霪雨阅月;盐城霪雨越三月不止,平地水深数尺。十一月,江夏霪雨害稼。四十五年六月,东莞暴雨,平地水深五六尺,民居多圮。秋,宿州霪雨连月不止,伤稼。四十六年九月,吴川大雨四昼夜,倾圮民房无数。四十七年四月,石阡府霪雨。五月,嘉兴大雨三日,田禾尽没;海丰大雨三月,田庐悉被淹没。六月,桐乡恒雨,伤禾。七月,崇明霪雨百日;杭州暴风雨,田禾尽淹;江山大雨,坏民舍。四十八年三月,沛县大雨六十日,湖州大雨连旬,铜山霪雨凡五月,咸阳大雨至五日始止。四月,石门霪雨伤麦。六月,宿州大雨如注,田禾尽没;东平大雨,淹没田禾;汶上大雨三昼夜,田禾淹没;茌平霪雨两月,民舍倾倒无算。秋,莱阳、荣成、文登霪雨害稼。四十九年秋,青浦霪雨十八日,桐乡霪雨伤稼,东流大雨,淹没田禾。

五十年十二月除夕,平乐骤雨达旦。五十一年七月二十二日,灵川大雨七昼夜。九月,鹤庆、龙川霪雨。五十二年四月,灵川大雨,平地水深数尺。五月,石城霪雨三月。七月,奉议州大雨,二旬始止,官署民房悉被淹没。五十三年五月,遂安大雨连日,淹没田禾。五十四年三月,震泽霪雨二十余日。五十五年四月,武宁霪雨匝月。五月,湖州暴雨,平地水高六七尺;桐乡霪雨,淹没田禾。秋,桐庐大雨,平地水高尺许。五十六年七月,掖县大雨,平地水深三尺;香山大风雨,坏屋舍;鸡泽霪雨四日。五十七年三月,海阳霪雨,至五月始止。五十八年六月,鸡泽霪雨四雨四昼夜;莱州霪雨,坏民舍无算。七月,昌乐、诸城、即墨、掖县霪雨害稼,坏民舍;莱阳、文登大雨水,房舍田禾尽没。八月十九日,海阳大雨,损房舍无算。五十九年五月,龙南大雨阅月。六十年七月,高苑大雨,田禾尽淹。六十一年六月,沾化霪雨匝月。十二月,钦州大风雨,坏城垣二十余丈。

雍正元年五月十九日,香山大雨,市可行舟;湖州恒雨,自秋及冬不绝。二年三月,麻城霪雨伤麦。夏,献县大雨六十余日。三年五月,上海霪雨害稼;海丰大雨,至七月方止;东光大雨四十余日。七月,青城霪雨两月。八月,平原霪雨凡百日。九月,顺德大雨三月。四年五月,震泽霪为灾;当涂、无为大雨弥月,田禾尽淹;南陵霪雨,至秋不绝。六月，潍县大风雨，坏民庐舍；庆阳大雨，平地水深四五尺。七月，阳信霪雨连旬。八月，杭州、嘉兴、湖州大雨；青浦、苏州、昆山霪雨十余日，害稼。五年二月，吴兴霪雨，钟祥雨至四月不绝。五月，镇海霪雨弥月。六月，揭阳、饶平霪雨一月。七月，惠来大雨害稼。六安州、霍山霪雨四十余昼夜；阳信霪雨七昼夜，民舍倾圮甚多。六年五月，平利大雨，冲塌城垣六十余丈。七年三月，阳春大雨，坏民居。八年五月，日照霪雨四十余日。六月，东阿、泰安、肥城大雨七昼夜，坏民田庐殆尽；昌乐、诸城、掖县、胶州、潍县、日照、莱州霪雨两月，坏庐舍无算。七月，丘县大雨伤禾。八月，嘉兴大雨，水害稼；邹平、铜陵霪雨害稼。冬，齐河大风雨，伤禾稼。九年二月，连州大风雨，拔树倒屋。六月，蒲台霪雨害稼。秋，普安州霪雨，至次年春乃霁。十年六月，宁津大雨，平地行舟。十一年三月，沔阳霪雨。六月二十八日，景宁大雨。桥梁道路冲塌甚多。十二年春，五河霪雨。十三年五月，广阳霪雨四十余日。

乾隆二年八月，平阳大风雨七昼夜，田禾尽没；祁州霪雨害稼；蔚州大雨三昼夜。九月，长子大雨，禾尽没。三年秋，祁州大雨。四年五月，高要霪雨，坏民房。六月，尤州霪雨阅月；东明大雨，平地水深三尺。五年七月，绛县大雨害稼。六年五月，宁都霪雨。七年春，商南霪雨一百余日。五月，山阳大雨，盐城霪雨害禾稼。秋，泰州霪雨，阜阳霪雨一百二十余日。八年四月，庆阳霪雨浃旬。九年六月，资阳、仁寿、射洪暴雨如注，坏民房。七月，遂安霪雨六昼夜。

十年四月十六日，安远骤雨，平地水高一丈余，冲倒民房七百余间。十一年五月，平度大雨，漂没田禾；胶州霪雨害稼。六月，文登大雨伤禾；寿光、诸城霪雨阅月，田禾尽没。十一月，高密霪雨两月。十二年六月，福山、栖霞、文登霪雨匝月。七月，海丰大风雨，坏城垣数十丈；平阴、荣成大风雨，晚禾尽没。十三年四月初五日，清河大风雨，民舍倾圮无数。五月，泰州、通州大风雨，拔木坏屋。十四年秋，清河霪雨两月。十五年五月，高密霪雨害稼。六月，麻城大雨连旬，冲塌民房。十六年秋，平度州大雨两月，福山、栖霞、荣成霪雨害稼。十七年八月，海丰大雨，淹没田禾。十八年，高平自七月至十月霪雨；诸城大风雨，损禾。九月，解州阴雨连旬。十九年八月，石门大雨淹禾稼；桐乡大雨数昼夜，淹禾稼；嘉兴大风雨。一昼夜，伤稼；日照霪雨。

二十年二月至四月，苏州霪雨，麦苗腐。三月，蕲州大风雨，坏民居三百余家；荆门州霪雨两月不绝。五月，澄海狂风骤雨，冲倒城垣五十七丈，民房三百余间。六月，苏州大雨伤稼，高邮霪雨四十余日。七月，赣榆大风雨害稼，石门、桐乡霪雨害稼。八月，东明大风雨拔木，田禾尽淹；沂州恒雨。十月，潮州霪雨损麦。二十一年五月，介休霪雨，淹田禾六十余倾。七月，曲沃霪雨数十日，庐舍多坏；芮城霪雨四旬，房舍多圮；和顺霪雨二十余日害稼。八月，庆阳霪雨。二十二年夏，惠来霪雨连绵。七月，介休霪雨，淹田禾八十余顷，庐舍冲塌大半。二十三年六月，介休大雨三日，淹没田禾；陵川霪雨连月不止，房舍多圮，秋，长子大雨伤禾。二十四年四月，潮阳霪雨。六月二十九日，即墨大风雨一昼夜，大木尽拔，田禾淹没。七月，潞安大雨两月。二十五年五月，泰州连雨四十日。二十六年六月，鸡泽霪雨。秋，垣曲霪雨四昼夜不止，城垣尽圮。二十七年四月，永年霪雨匝月始霁。七月，苏州大风雨，积水经月，田禾尽没；海盐大雨坏民居；嘉善大雨，风拔木坏屋；桐乡暴雨十余日。二十八年七月，来凤霪雨三昼夜，怀集多雨。二十九年八月，通渭雨经旬。

三十一年六月，即墨大雨三日，西南城垣颓。七月，临邑霪雨三昼夜，平地水深数尺，坏民舍无算；黄岩大雨如注，平地水深丈余，溺死无算。三十二年，南丰自正月雨至七月不绝。三十三年八月，永昌霪雨五十余日。三十四年夏，湖州霪雨连旬。七月，仁和、海宁大风雨，淹没田禾。三十五年八月，寿光大风雨害稼。三十六年五月，曲阜大雨，沂水霪雨。七月，长子大雨伤禾。三十七年八月，嘉兴、石门、桐乡大雨，自辰至午，水高丈余。三十八年七月二十九日，蓟州大风雨，拔木，熟禾尽损。三十九年六月，云和大雨，二昼夜不息。七月，桐乡大风雨，坏庐舍无算。

四十二年四月,山阳大风雨,拔木;代州大雨六日,水深数尺。四十四年春,江陵霪雨弥月。四十五年六月,常山大雨,民房多圮。四十六年正月,文登大风雨,伤稼。六月,济南雨,水害稼;临邑霪雨连月。四十七年八月,东昌、文登大雨,水坏民庐舍。四十八年秋,绥德州霪雨。

五十二年三月,山阳大雨倾盆,水高丈余,漂没人畜无算。五十三年秋,文登、荣成霪雨害稼。五十四年七月,潼关霪雨连旬,民居倾圮。五十五年四月,通州大雨,麦尽损。五月,莘县霪雨,两月始止。七月,济南、临邑、东昌大雨,平地水深数尺,禾尽淹。五十六年五月,保康大雨,水冲没田庐,溺人无算;嘉兴霪雨两月。五十七年六月,房县霪雨,至九月始止。五十八年八月,文登大雨。五十九年七月,青浦大雨十昼夜;嘉兴大风雨,坏民舍;昌黎、新乐霪雨害稼。六十年五月二十一日,江山大雨一昼夜,坏庐舍,淹毙人畜。六月,石门霪雨。

嘉庆元年六月,滕县大雨如注七昼夜。二年六月,武进大风雨,拔木坏屋。七月,宁都霪雨,坏民居。四年二月,监利大雨如注,平地水深尺许。七月,文登大风雨,伤稼。五年六月,金华大雨三日,六年六月,邢台、怀来、宁津大雨数昼夜,坏庐舍;清苑、新乐霪雨四十余日。七年四月,义乌霪雨,禾尽淹没。九年三月,桐乡恒雨,伤麦。五月,嘉兴、苏州霪雨,伤稼。十年三月,嘉兴、石门恒雨,伤麦。六月,黄岩大风雨,损稼。十一年夏,乐亭霪雨四十余日。十三年五月,嘉兴、石门大风雨,害稼。闰五月,新城大雨水,湖州霪雨。秋,汉阳霪雨弥月。十五年夏,临邑霪雨四十余日。十六年三月,永嘉霪雨匝月。七月,栖霞霪雨四十余日。九月,荣成霪雨害稼。十七年春,嘉兴、石门、桐乡霪雨伤麦。十八年秋,东阿、曹县霪雨四十余日,田禾尽伤。十九年秋,汉阳霪雨伤稼。二十一年夏,滕县大雨,平地水深数尺。二十三年五月二十日夜,济南大雨水,坏城垣庐舍,民多溺死。六月,文登大雨,平地水深数尺,民多溺死。八月十三日,永嘉大雨如注十昼夜,平地水深数尺。二十四年六月,文登大风雨,害稼。二十五年七月，新城大雨九日，平地水深丈余；宣平霪雨，坏田禾。

　　道光元年七月，泾州霪雨，冲没桥梁田庐人畜。八月，临邑霪雨连旬。二年五月，莘县霪雨伤稼。八月，章丘、东阿霪雨四十余日，坏田庐禾稼。三年三月，湖州霪雨，至五月不止；昌平霪雨伤麦；内丘大雨，三旬始止。四月，嵊县霪雨，至九月始止。五月，金华、永嘉霪雨害稼；礼县暴雨，漂没民舍。七月，青浦霪雨两月；泰州大雨，平地水深数尺，禾稼尽淹。四年二月，德州霪雨。五年八月，贵阳大雨，二十日始止。六年六月，宜昌大雨连绵，十日不止，损田禾。七年夏，恩施霪雨伤稼。八年七月，武城霪雨。十年五月，通山、崇阳霪雨连旬，漂没田庐甚多。六月，恩施霪雨伤稼。八月，宣平大雨如注，民舍尽漂没。十一年五月，永嘉大雨水，歉收；江夏霪雨弥月。六月，宜城、谷城霪雨二十余日，伤稼。七月，菏泽、滕县霪雨百余日，平地水深数尺；曹县大雨，水深二尺。十二年，光化霪雨，自六月至八月，禾苗尽伤；宜城大雨，昼夜不绝；定远厅、保康霪雨两月。七月，郧阳大雨七昼夜，坏官署民房大半。冬，房县霪雨害稼。十三年夏，湖州霪雨害稼。十四年四月，咸宁大风雨，拔木坏房。七月，丽水大风雨，平地水深数尺。十五年夏，即墨霪雨害稼。文登、荣成大雨六十余日。八月，宜城霪雨伤稼。十七年五月，崇阳、宜城霪雨害稼。十八年六月，益都、临淄大雨水。十九年春，栖霞霪雨，南乐大雨。四月，招远大雨十余日；荣成大雨，至七月不止。九月，武进恒雨伤稼。二十年五月，邢台大雨，平地水深三尺。六月，平谷霪雨匝月不止。二十一年二月，武进恒雨伤麦。二十二年七月，丽水大雨，漂没田庐。冬至夜，滕县大雨如注。二十三年五月，平度霪雨伤田禾。二十四年七月初九日，嵊县大风雨，溺死男妇七十余人。冬，松阳大雨连旬，坏田舍无数。二十五年春，枣阳霪雨八十余日。六月，滕县大雨，平地水深数尺，人多溺死。二十六年五月，东平大雨害稼。六月，乐平霪雨。二十八年，潜江自二月至七月雨不止。六月，光化大雨，平地水深数尺，三月始退，溺毙人无算；保康霪雨两月，坏田庐无算。

七月十四日,永嘉大风雨,坏孔子庙及县署。十九日,景宁大风雨三昼夜,坏田庐无算。二十九年六月,乐亭大雨伤禾稼。七月,青浦霪雨五十日,湖州霪雨伤禾。三十年五月二十五日,两当暴雨,漂没人畜。

咸丰元年六月,礼县霪雨四十余日,伤禾。二年,青县大雨伤禾。三年四月,静海霪雨害稼。六月,永嘉、青田、景宁霪雨十昼夜;保康大雨十六日,漂没田舍甚多;房县霪雨七昼夜不止,坏田舍无算。七月,宜城大雨匝月,坏城垣一百五丈;远州霪雨害稼。四年夏,湖州霪雨。五年七月初十日,景宁大雨如注,田庐尽坏。六年六月,昌平大雨伤稼。七年春,崇阳霪雨。八年四月,海县大雨损禾苗。九年五月,苏州大雨伤禾。十年二月,苏州霪雨阅月。六月,宁津、东光大雨伤稼。十一年十一月,罗田大雨伤禾。

同治元年七月,蓬莱、黄县、福山、招远、莱阳、宁海大雨连绵,禾稼尽淹。二年春,应城霪雨伤麦。五月,青县大雨伤禾。三年六月初十日,定海暴风疾雨,坏各埠船,溺死兵民无数。四年六月至七月,莱阳大雨,平地水深七八尺,禾稼淹没,房舍倾圮无算。五年秋,鱼台霪雨,水深数尺,伤禾稼。六年八月,郧阳霪雨三昼夜,坏官署民房甚多。七年五月,皋兰、金县大雨,至七月乃止。秋,景宁大雨,倾没田庐无算。八年春,江夏霪雨损麦。四月,嵊县大雨,坏田庐。九年六月,潜江霪雨伤稼。十年七月,东光、新乐、曲阳霪雨十余日。十一年五月,东平霪雨害稼。十一月,青县大雨害稼。十二年七月,太平大风雨,坏城垣数十丈,民房数百间。八月,化平厅霪雨不止,坏民舍。

光绪元年六月,日照大风雨,平地水深数尺。二年六月初八日,黄岩大风雨,拔木坏屋,田禾淹没殆尽。三年六月,高陵大雨如注,平地水深三尺,田禾尽没。四年九月,东平大雨伤禾稼。五年五月,登州各属大雨四十余日。六月二十一日,永嘉大风雨,坏官厅民居。八月,莘县霪雨十日方止。六年三月,福山大雨。七年秋,滦州霪雨连旬。八年秋,宜城霪雨伤禾稼。冬,均州霪雨弥月。九年六月,化平厅大雨,水深四五尺,伤禾稼。十年八月,太平大雨,冲没庐舍。十二年七月十四日,太平大风雨,二十日始止。十三年闰四月,德安大雨三日,水高五六尺。十五年七月二十六日夜,德安大雨如注,城崩百四十余丈,淹毙男妇七十余人。十六年六月,山丹骤雨坏城郭。二十二年春,宁津大雨坏民居。二十五年七月,秦安大雨连旬。二十七年七月,山丹大雨,平地水深数尺。

雍正三年七月,灵川五都廖家塘有村民同众入山砍竹不归,一百四十余日始抵家,所言多不经。

道光十七年,崇阳乡民好服尖头帽鞋,站步不稳,识者谓之服妖。

顺治二年十二月,上海小南门姜姓家鸡翼下各生一爪。三年八月,揭阳牝鸡鸣数日乃已。四年四月,淄州民间讹言鸡两翅生骨,食之杀人,验之果然。五月,忠州民家杀鸡,腹内有一婴儿;汉阳鸡翅生爪。五年,崇明民家鸡翼中生爪;巫山民间鸡翅端皆生一爪如距;杭州民家鸡生四足;湖州民家鸡生四翼,能飞。十一年,合肥郑家庄产一鸡,三嘴、三眼、三翼、三足,色黄,比三日死。十六年,崇明民家雄鸡生二卵。十八年,镇泽民家雄鸡生卵。

康熙十一年,广平民家抱一雏鸡,四足四翼。十二年,平湖民家鸡生四足四翼。二十二年,迎春乡民间雌鸡化为雄。二十三年,麻城民田姓家鸡生一卵,膜内皆有纹,其色朱;后七日又生一卵,有图;又数日,毛成五色,飞去。

雍正二年,麻城鸡翅遍生人指。五年,通州雌鸡化为雄。

乾隆三十九年冬,庆元雄鸡自断其尾。六十年,贵阳民家雄鸡生二卵,色赤甚鲜。

嘉庆十一年,乐清民家鸡生四足。十七年,宜昌民间鸡生四足,后二足微短,行不著地;又有三足者,其一生于尾下,如鼎足然。

道光元年秋,青浦民家鸡翼两旁生爪;湖州民家鸡两翅皆生五爪,飞去;永嘉鸡翅生爪,食之杀人。十二年,永嘉民家鸡四足,不能啼。二十二年,良乡民家牝鸡化为雄,能鸣,无距。三十年六月,蕲水县民家雌鸡化为雄,冠距俨然,唯啼声微弱。

咸丰五年,随州民家雄鸡生卵。

同治元年六月,定远厅民家鸡生三足。六年,钟祥民家雏鸡生三翅。

光绪九年,兴山民家雌鸡化为雄。三十年,宁州民家鸡生三足,后一足微短,行不著地。

康熙二十年五月,巴东鼠食麦,色赤,尾大;江陵鼠灾,食禾殆尽。二十一年,西宁鼠食禾。二十二年夏,崇阳田鼠结巢于禾麻之上。二十八年,黄冈鼠食禾,及秋,化为鱼。二十九年,孝感鼠食稼。四十二年,西乡、定远厅遍城生五色鼠。四十七年,黄济鼠食禾。四十八年七月,崖州有鼠千万啣尾渡江。五十二年五月,高淳、丹阳有鼠无数,食禾殆尽。六十一年夏,延安田鼠食稼。秋,安定黑鼠为灾,食禾殆尽,有乡民掘地得一鼠,身后半暇蟆形,疑其所化也;清涧黄鼠食苗殆尽;葭州田鼠食苗。

雍正五年十一月,铜陵群鼠衔尾渡江。

乾隆元年,文县鼠害稼。四年四月,什邡县白鼠昼见罗寺经堂中,异香满室。秋,彭泽群鼠衔尾渡江,食禾。十四年二月,中卫田鼠食麦。十八年,池州田鼠丛生,忽入水化为鱼。二十五年五月,池州田鼠丛生,有赤鹰来食之,遂灭。

道光四年,高淳鼠食麦。二十八年五月,沔阳常平仓忽有鼠数千头在梁上,移时方散。

咸丰元年六月,德化群鼠衔尾渡江。四年,襄阳群鼠食禾。

同治七年,山丹田鼠食苗。九年二月,皋兰土块化为鼠。

光绪五年五月,三原鼠食禾殆尽。二十一年,西宁群鼠食苗。二十四年,皋兰田鼠食麦。

顺治六年十二月，咸宁木冰。十年十月，当涂雨木冰。十一月，江阴木冰，潜山木冰，宿州雨木冰。十二月，海宁木冰。

康熙元年十二月，嘉定木介。二十年正月朔，仪征木冰。三十年正月朔，江浦雨木冰。三十一年正月朔，仪征木冰。

雍正二年十二月，掖县木介。

乾隆十一年正月，湖州雨木冰。二十年十二月，东流雨木冰。二十三年冬，诸城雨木冰。二十五年正月，曲阜雨木冰。五十五年十二月，黄岩木介，宣平木介。五十七年十二月辛卯，南陵雨木冰，五十八年正月，金华木冰。六十年冬，湖州木冰。

嘉庆三年十一月，崇阳木冰。

道光二十五年十二月，黄县雨木冰。二十九年正月，登州木介。

咸丰三年冬，湖州木冰。四年十一月，黄冈雨木冰。十二月，武昌雨木冰。

同治二年正月，黄县雨木冰。四年正月，武昌雨木冰。

光绪七年十二月，黄冈雨木冰。

顺治元年，南陵上北乡郭氏墓域有黄檀一株，腹内突产修竹数竿，外并无竹，观者诧为异。二年七月，石门资福院僧锯木，中有“太平”二字。墨痕宛然。三年，钱塘李树生桃实；太苍街银杏树孔中吐火，而木本无伤。四年五月，昆山西门外民家李树生黄瓜。六年二月，封川李树生桃。十一年七月初二日，婺源西宁村有枫树自仆，居民薪其枝殆尽，十九夜有声，树忽自起。十二年三月，庐龙城东南角楼壁中出火，焚楼柱。十三年五月，曲阳文庙东古杨树一株忽自焚，火数十丈，竟日不绝。十八年五月，石门李树生黄瓜，长二寸，有子。

康熙三年六月，卢龙滦洒溢，涌出材木无算，时修清节祠，适所用，有如凤构，人咸惊异。十三年春，含山、嘉定李树生黄瓜。十六年，桐乡李树生黄瓜。十九年，封川李树结桃实。二十二年四月，东阳、义乌李树生桃，栌木开梨花。二十三年，海盐乡民锯树，中有“王大宜"三字,清晰如写。二十八年,黄冈李树生黄瓜。四十五年四月,宁州通边镇白杨开花,状如红莲。四十八年,秦州槐树生莲花。五十一年十一月,宿州树头生火。

雍正五年,津县西镇门内有唐开元所植荔枝,是岁忽枯,至九年复活,枝叶茂盛,不逊于前。

乾隆元年,高淳李树生黄瓜。五年,掖县县署古桐自焚。十五年九月,应城水陆寺枫树夜放光,伐之乃灭。四十八年六月,桐乡李树生黄瓜。六十年夏,竹城大雨溪涨,有巨木数百,顺流而下,时修学宫无材,适符其数;永嘉七圣庙大樟树自焚,中藏竹箸无数。

嘉庆元年秋,郧阳汉川水中涌出巨木无算。二年,枝江城古树作息哮声。

道光二年,曹县李树生瓜。三年,随州李树生瓜。

咸丰六年六月,丽水大树无故自倒。八年,黄安有大椿树,每至午,树中有笑声。九年,武进李树生瓜。

同治三年,京山李树结桃实。五年,分宜玉虚观古梓杪产素心兰。

光绪三年,黄冈枫生梨实。二十二年,皋兰民家杏树开牡丹二朵。

顺治七年正月二十七日夜,望江西方有青气亘天。

康熙十七年六月十二日,平湖青眚见。

清史稿卷四三
志第一八

灾异四

《洪范》曰："金曰从革。"金不从革,则为咎征。凡恒旸、诗妖、毛虫之孽、犬祸、金石之妖、白眚、白祥皆属之于金。

顺治元年八月,苍梧旱。三年,平乐、永安州大旱,二月至八月始雨;台州自三月不雨至于五月;绍兴府自四月至八月不雨;金华府属旱;东阳自四月至九月不雨;浦江旱;南昌各府自五月至十月不雨,大旱。秋,萍乡、万载大旱。四年夏,通州旱。秋,开化、江山旱。五年夏,饶平旱。六年,吉州自春徂夏旱。七年夏,万泉旱。八年,甘泉、延长、安定自四月至九月不雨;崖州不雨,逾年三月乃雨。九年春,铜陵、无为、庐江、芜湖、当涂旱。五月,上海亢旱。九月,武强旱。十年夏,乐亭旱。秋,海宁、高邮旱。十一年四月,天台大旱。七月,襄垣、沁州旱。十一月,武强旱。十二年正月,顺德大旱。四月,金华属五州旱。五月,邹平旱,遂安自夏徂秋不雨,八月,昌乐、曲江、湖州、衢州、龙门、开化、江山大旱,禾尽枯。十月,揭阳、全椒旱。十三年春,章丘、潞城、高平、沁水旱。九月,揭阳大旱,深潭俱竭。十四年五月,萧县、太湖旱,湖井尽涸。八月,泾阳、商南旱。十五年八月,昌乐大旱。十一月,龙州旱,逾年四月乃雨。十六年五月,惠来、思州、玉屏、安南旱。十七年,三水春旱不雨,至小满乃雨。秋,镇海、惠州、天台旱。十八年,宁波、东阳自夏徂秋不雨,南笼府、海盐、寿昌、江阴、东阿、蒲州旱。八月,余姚、临安、严州、桐乡旱。

康熙元年九月，昌黎旱。二年二月，东莞、郓城旱，六月始雨。四月，江阴旱。五月，万载、黄州旱。六月，怀来旱。八月，保安、罗田、萧县旱。三年春，交河、邢台；内丘、揭阳旱。夏，长山、平原、禹城、临道、武定、阜阳、邹县、费县、定陶、莘县、华阳、宁海旱。四年春，朝城、成武、恩县、堂邑、夏津、莱州、东明、灵寿、武邑大旱；高密自三月至次年四月不雨，大旱，夏，登州府属大旱。七月，文水、平定、寿阳、孟县、代州、蒲县旱。八月，兖州府、济宁州旱。五年二月，揭阳旱。三月，三水旱。五月，钟祥、大冶旱。六月，宁海、衡州旱。秋，宣平、松阳大旱，至次年四月始雨。六年春，广州、惠州、海丰、惠来旱。四月，黄州府属旱。五月，应山、黄安、蕲水、罗田大旱，万载自夏徂秋不雨。七年六月，黄安、罗田、怀安、西宁、龙门旱。七月，静海旱。八年七月，临海旱。九年春，开州、东明、蠡县、广平、任县、武清、大城、景州、庆云、灵寿、沙河、磁州、元城大旱无麦。夏，东阳、罗田旱。冬，枣阳、安陆、德安大旱。

十年春，霸州、公安、石首旱。四月，龙山、黄安、麻城、广济大旱；金华府属六县，自五月不雨至于九月；湖州大旱，自五月至九月不雨，溪水尽涸；桐乡大旱，地赤千里。六月，鄞县、象山、宁海、天台、仙居、乌程、兰溪旱。七月，齐河、东明、邢台；广平、江浦、苏州、镇洋、任县、成安旱。八月，太湖、新城、唐山、西宁、怀安旱。九月，绍兴属八县大旱。十一年春，芮城、解州旱。四月，福山旱。五月，高密大旱。八月，临朐旱。十二年，揭阳春、秋旱，惠来春旱。夏，阳信旱。九月，高明、兴宁大旱。十三年春，乐陵、许州、剡城、费县旱。四月，济南府属旱。六月，高邮、馆陶、恩县旱。七月，郧阳、黄安、麻城、罗田旱。十四年六月，海宁旱。七月，黄安、罗田旱。十五年春，兴宁旱。十六年，湖州、万载自五月至七月不雨，大旱。十七年春，东流、寿州、全椒、五河、泰安旱。夏，桐乡、嘉定、黄冈旱。八月，金华、宁州、高淳旱。十八年春，满城旱。四月，杭州旱。黄安、罗田、宜都、麻城、公安自五月至八月不雨，大旱。苏州、昆山、上海、青浦、阳湖、宜兴大旱，溪水涸。六月，莱州、平度旱。七月，合肥、庐江、巢

县、无为、舒城、当涂大旱。九月,临县大旱。十九年夏,蠡县旱。秋,
开建、连州、翁源旱。十一月,万全大旱。

二十年春,安丘旱。夏,温州、宁波旱,井泉涸;奉化秋冬无雨,
井竭;黄岩、仙居、太平、义乌旱,井泉涸。二十一年五月,连平旱。九
月,博田、北流旱。二十二年,揭阳自正月至四月不雨。三月,黄县、
惠来、普宁旱。夏,汶上、邹县、兖州、曲沃旱。七月,太平旱。二十
三年,彭水、壁山自五月至八月不雨。六月,蓬州、邻水、兴安、汉阳、
安邑、洵阳、绥德州、秦州旱。秋,邢台、枣强、获鹿、井陉、郿都、遂
宁、巫山旱,井涸。二十四年春,安定旱;瑞安、曲江、乐昌春夏不雨,
井泉竭。二十五年,恭城自五月至八月不雨。六月,沁州、普州、藁
城、饶阳旱。七月,孝感、黄安、麻城旱。二十六年四月,乐昌旱;严
州自五月至八月不雨;禾苗尽槁;鄞阳夏秋大旱。七月,开建、鹤庆、
海丰旱。二十七年,瑞安自夏徂秋不雨;湖州、宁州旱。二十八年,
罗田、石首、枝江旱,自五月至九月不雨;宣平自夏徂秋旱,井泉涸。
六月,万全、景州、清苑、新安、献县、东光、普州、曲阳、武强、沙河
旱。秋,开建、应城旱,河水涸。二十九年四月,湖北全境旱。六月,
乐平旱,竹溪自夏徂秋旱。

三十年春,开平、揭阳、化州旱;阳春自正月至四月不雨。五月,
介休旱。七月,邢台、怀安旱。三十一年三月,临潼旱。夏,孝感旱。
九月,青浦旱。三十二年,杭州、嘉兴、海盐自春徂夏大旱,禾尽槁。
六月,桐乡旱。七月,震泽、昆山、嘉定、青浦、丹阳大旱,河水涸。三
十三年秋,黄冈、蕲水、黄安、广济、江夏、武昌、兴国、大冶旱。三十
四年夏,长宁、马邑旱。秋,永宁州、临县旱。三十五年四月,台州旱。
五月静乐,衢州旱。秋,永安州、平乐、苍梧旱。三十六年春,阳江、
阳春、永安州、平乐旱。六月,顺德旱。八月,桐庐、松阳旱。三十七
年四月,丰乐旱。五月,铜陵旱。三十八年三月,黄陂旱。夏,杭州、
桐乡旱。秋,武昌、阳湖旱。三十九年二月,湖州旱。五月,沙河旱。
秋,常山旱。

四十年五月,堂邑旱。六月,兰州、河州旱。九月,琼州旱。四

十一年,高邮大旱。四十二年三月,宣平旱。五月,横州旱。六月,连州旱。四十三年春,青浦、沛县、沂州、乐安、临朐旱。五月,静宁州、衢州旱。六月,绛县旱。八月,永平旱。四十四年春,朝阳旱。四月,罗田、上海旱。九月,巨鹿旱。四十五年春,琼州旱。五月,黄岩旱。四十六年夏,池州、石门、湖州、海盐、桐乡旱,河港皆涸。秋,临江府属、当涂、芜湖、东流、含山、历城旱。四十七年夏,东平、平原、沾化、临朐旱。秋,黄冈、恩县、茌平、临清旱。四十八年四月,溧水旱。秋,武进、满城旱。冬,湖州旱。四十九年二月,揭阳、澄海旱。五月,临朐、新城、武强旱。秋,湖州、台州、仙居旱。

五十年七月,应城、枝江、德安、罗田旱。五十一年五月,固安、定州、井陉、清苑旱。九月,崖州旱。五十二年夏,台州、常山旱,至十月不雨。秋,五河大旱。五十三年春,临朐旱。五月,宣平、东明、元氏旱。六月,台州、苏州、震泽、阳湖旱,景州夏秋旱。五十四年春,翼城、阳江、解州旱。六月,铜陵、合肥旱。七月,鹤庆旱,惠来自八月历冬不雨。五十五年二月,海丰、朝阳旱。五月,揭阳、福山、密云、怀柔旱,常山夏、秋旱。五十六年,福山旱。五十七年春,南昌旱。四月,临朐旱。秋,崇阳、宁阳旱。五十八年二月,曲阜旱。夏,福山、常山、缙云、峡江旱。八月,义乌旱。五十九年夏,东平、岳阳、曲沃、临汾、湖州、桐乡、石门旱。秋,临朐、沁州旱。六十年春,兴宁、全州、安州、临安、登州、西安、延安、凤翔旱;怀柔自春不雨至五月,二麦无收;鹤庆春、秋旱;庆远府大旱,自正月至七月不雨,田禾尽槁;桐庐自五月至七月不雨,禾尽枯;横州自六月至九月不雨;昌化、桐乡、海宁旱,河涸。七月,宣平、嵊县、宁都、黄冈、房县旱。八月,夏津旱。六十一年二月,济南旱。六月,武进、无为、含山、青城、海宁、湖州、宁津旱;祁州夏、秋旱;松阳、钟祥、江陵、荆门旱。

雍正元年春,元氏旱。夏,海宁、湖州、桐乡、井陉、武进、祁州、莒州、蒙阴、东昌旱。秋,鸡泽、嘉兴、苏州、高淳、昆山大旱,河水涸。二年,鹤庆自二月至八月不雨。夏,海宁、嘉兴旱。七月,景州、景津、全州旱,井泉涸。三年春,沾化、莒州旱,河涸。夏津春、夏旱。七月,全州、丘县旱。四年春,寿光旱。五月,英山旱。五年六月,庆阳府属旱。六年五月,洛川旱;兴安自七月旱至次年二月始雨,竹木尽枯。七年春,元氏旱。八年八月,东光、沧州旱。九月,邢台、平乡、沙河、揭阳、长治旱。十年春,平原、曲阜、莒州、北乡旱;沂州自正月至六月不雨。六月,临清、福山旱。十一年春,同官、常山旱。八月,济南府属旱。十二年春,胶州旱。六月,同官、甘泉旱。十三年五月,夏津、壁山、池州旱,湖水涸。七月,蒲圻、钟祥、当阳、宜都、江夏、崇阳、蕲水旱。

乾隆元年,潮阳旱。二年三月,会宁、东安旱,无麦;玉田春、夏大旱。六月,汉阳、黄陂、孝感、黄冈、麻城旱。九月,获鹿、栾城、平山旱。三年,盐城自二月至六月不雨,大旱,赤地千里。夏,震泽、清河旱。九月,武进、盐城旱。四年春,蕲水、高邮旱。夏,通州、潜山、铜陵、合肥、庐江、青浦、无为、东流旱。秋,汉阳、黄陂、孝感、钟祥、京山、天门、武昌旱。五年六月,全州旱。六年,嘉应、崖州春、夏旱。七年春,广宁、鹤庆、龙川、潮阳、饶平、普宁旱,阳江春、夏旱。八年春,寿州旱,新安自春徂夏不雨。四月,铜陵旱。闰四月,藁城旱。六月,德州、武强、正定、河间、宁津、衡水旱。冬,武邑府属旱。九年四月,西清、庆平、高邑、宁河旱。七月,武定府属旱。

十年五月,三河旱。秋,元氏、邢台、枣强、怀来、正定、无极、藁城、乐平、代州旱,晚禾皆秕。十一年,云都自五月至七月不雨。十二年春,即墨、平度旱。夏,文登旱。秋,高密、安邑、垣曲旱。十三年三月,临安旱。五月,嘉兴、石门旱。六月,芮城、怀来旱。十四年十月,大同府属旱。十五年春,惠来旱。五月,交河、蕲城旱。秋,连州旱。十六年七月,溧水、连州、惠来旱;建德、遂安、淳安、寿昌、桐庐、分水夏、秋不雨,禾苗尽槁。十七年春,房县旱,解州自五月至七月不雨。秋,海宁、富阳、余杭、临安、杭州、雷州、诸城、宁都旱。十八年,桐庐春、夏旱,禾苗枯,井泉涸;广灵自五月至九月不雨。秋,唐山、乐清、平阳旱。十九年,荆门州大旱,至二十一年始雨。

二十年三月,普宁旱。五月,梧州旱。七月,黄县旱。十一月,武进旱。二十一年，金华春、夏旱五月，桐乡、天门旱。二十二年春，龙川大旱，惠来自春徂秋不雨。夏，石门、梧州、桐乡旱。二十三年三月，东平旱。六月，庆阳旱。二十四年，平定、乐平、盂县春、夏大旱。六月，枝江、高邮、太原旱。秋，代州、翼城、宁州、宁乡、安邑、绛县、垣曲、潞安、河津、应州、大同、怀仁、山阴、灵丘、丰镇、甘泉、新乐旱。二十七年夏，会宁、湖州旱。二十八年，武昌旱。二十九年夏，宁津、东光旱。

三十年夏，洛川旱。三十一年秋，文登、荣成旱。三十二年，湖州旱。三十三年四月，阳湖、高邮旱。六月，日照、石门、嘉善旱，连州夏、秋大旱。七月，孝感、安陆、云梦、应城、应山、武昌、钟祥、枣阳旱。八月，泰州大旱，河竭。三十四年六月，高淳旱。三十五年夏，临潼、珙县旱。七月，常山旱。三十六年二月，即墨旱。夏，五河旱。冬，瑞安、当阳、宜城旱。三十七年春，文登旱。秋，宜平旱。三十八年夏，洛川旱。七月，寿光、宜平、天津、青县、静海、武清、东光、宁津旱。三十九年七月，钟祥、荆门州、应城、黄安旱。八月，秦州、镇番、庆云、南乐、霸州旱。

四十年六月，杭州旱，九月兼旬不雨；房县、溧水、武进、高邮、文登、荣成旱。四十一年秋，平定、乐平旱。四十二年夏，洛川、谷城、归州旱。八月，吴川、武宁、宜平旱。四十三年，太原自正月至五月不雨，诸城旱。夏，嘉兴、石门、东平旱，河涸。秋，江夏、武昌、崇阳、黄陂、汉阳、钟祥、潜江、保康、枝江旱。冬，九江武宁旱。四十四年六月，湖州、武城、安丘、泰安、潜山旱。四十五年五月，应城旱。四十六年四月，宜平旱。六月，金华、新城旱。四十七年春，文登旱。五月，黄县旱。六月，罗田旱。秋，绥德州旱。四十八年二月，文登、荣成、绥德州城旱。秋，菏泽旱，四十九年二月，宁阳、菏泽旱。三月，大名府属七州县旱。五月，应城旱。宁陕厅大旱，长安河涸。

五十年二月，江夏、武昌旱，济南、菏泽自春徂夏不雨。夏，邹平、临邑、东阿、肥城、滕县、宁阳、日照、嘉善、桐乡、宣平、苏州、高淳、武进、甘泉皆大旱，河涸。秋，太平、观城、沂水、寿光、安丘、诸城、博兴、昌乐、黄县旱。五十一年春,东平旱。五月,洮州旱。七月,荆门州、松滋旱。五十二年三月,黄县、博兴旱。夏,滕县大旱,微山湖涸。五十三年三月,黄县复旱。五十四年,宜都大旱。自三月至五月不雨。五十六年五月,应山大旱;五十七年,历城、沾化、黄县春旱。秋,顺德、武强、南宫、庆云、静海、望都、蠡城县、乐亭旱。五十八年,陆川自二月至三月不雨,保定、大名、元城、东光春旱。七月,德平旱。五十九年三月,文登、荣成旱。秋,黄县不雨至冬。六十年春,邹平、寿光、昌乐、诸城旱。五月,蓬莱、黄县、栖霞、江山、溪阳旱。秋,文登不雨。

　　六十一年春,浦江旱。五月,谷城、麻城旱。嘉庆元年夏,洛川、怀远旱。秋,渔阳旱。二年五月,江陵旱。三年四月,黄安旱。五月,青浦旱。六月,文登、荣成旱。四年夏,江山大旱。五年春,枝江旱。夏,安康旱。六年春,章丘旱;荣成夏秋大旱,草木尽枯。七年四月,京师旱。五月,金华、江山、常山旱。六月,武昌、汉阳、黄川、德安、咸宁、黄冈、安陆旱。八月,宣平、嵊县、南昌、临江旱。八年,江山自春徂夏不雨。九年二月,临朐旱。夏,汉阳旱。秋,定平旱。十年六月,章丘大旱。十一年夏,泰州旱。十二年二月,武进、黄县旱。四月,乐清旱。五月,崇阳、石首旱。七月,宣平旱。八月,滦州不雨。十三年春,乐清不雨,黄安春、夏旱。十四年四月,邢台、应山旱。十五年,安丘春、夏大旱。十六年春,黄县旱。四月,京师、临榆、抚宁旱。五月,永嘉、丽水、缙云、景州、嵊县、钟祥、房县、江陵、宜都旱。六月,曲阳、蓬莱、招远、宁海、文登、即墨旱。秋,观城、临朐旱。十七年春,东阿、滕县、高唐旱。十八年春,东平、东阿、济宁、曹县旱。夏,保康旱。八月,郧县、麻城、钟祥、襄阳、枣阳旱。九月,乐清、宁津、南乐、清苑、邢台、广宗、井陉、清丰、武邑、唐山、望都、南宫旱。十九年春,应城、郧县、蕲水、罗田旱。夏,嘉兴、新城、湖州、石门、钟祥、武进、临朐、定远厅、泰州、通州皆大旱,河尽涸。七月,青浦、苏州、高淳旱。二十年六月,嘉兴旱。七月,滦州旱。二十一年九月,丽水大旱。二十二年四月,曲阳旱。秋,长清、观城、博兴、苏州、定

州、诸苑、固安、武强、涿州、清苑、无极、广宗旱。二十四年六月,贵
阳、湖州、石门旱。八月,应山、麻城旱。九月,黄陂旱。二十五年,
新城自二月至七月不雨。五月,黄梅大旱。八月,缙云、丽水、嵊县、
南昌、建昌、临江、赣州、袁州、武昌、咸宁、崇阳、金华、常山旱。

　　道光元年秋,黄岩、龙泉旱。二年春,宜都、日照旱。夏,嘉兴、
湖州旱。三年夏,滕县大旱。四年,宜城自四月至六月不雨,曹县、
房县、麻城旱。秋,章丘、荣成旱。五年六月,应山旱。七月,历城、
黄县旱。六年春,诸城、东阿旱。六月,永丰、万安旱。七年七月,内
丘大旱。九年,湖州夏、秋旱,宜城八月不雨至于十月。十年夏,湖
州旱。秋,武强、唐山旱。十二年春,昌平大旱,六月始雨;内丘、怀
来、万全、望都旱。夏,嘉兴、湖州、嵊县旱。七月,东光、静海旱。九
月,陵县、临邑、邹平、新城、博兴旱。十三年春,武清旱。夏,皋兰、
狄道州旱。十四年春,孝义厅旱。秋,定海旱。十五年春,元氏、临
朐、枝江、宜都、宜昌旱,黄岩自五月至七月不雨,缙云自五月至八
月不雨。夏,湖州、永嘉、丽水、嵊县、宜城、谷城旱。七月,房县、黄
州、安陆旱。冬,太平、玉山、武昌旱。十六年春,登州府属旱。夏,
应城、皋兰、狄道州、孝义厅旱。十七年,临朐自正月不雨至于五月。
六月,雷州旱。七月,元氏、阜城、邢台旱。十八年夏,常州、应山、靖
远旱。八月,阜阳等二十一州县旱。十九年三月,武强、怀来旱,望
都春、夏无雨。秋,庄浪大旱。二十年,皋兰、狄道州、金县旱。二十
一年九月,宁阳旱。二十三年七月,湖州旱。二十四年,光化秋、冬
旱。二十五年六月,青田旱。七月,缙云、云和旱。二十六年六月,
蓝田、三原大旱。二十七年夏,宜城大旱。秋,丽水大旱。二十八年
春,永嘉旱。秋,昌平旱。二十九年七月,庄浪大旱。三十年夏,嵊
县、太平、宁阳、皋兰旱。

　　咸丰二年,定海厅、常山旱。四年五月,丽水旱。七月,咸宁、保
康旱。五年正月,皋兰旱,四阅月不雨。四月,青县旱,武昌夏、秋旱。
六年,宜城、安陆自夏徂秋不雨,树木多枯死。五月,咸宁、桐乡、黄
陂、钟祥、潜江大旱,河水涸。闰五月,随州大旱,至九月始雨。六月,

嘉兴、苏州、青浦旱。七月，武进、罗田、通州、肥城、陵县旱，河水竭。七年春，昌平、唐山、望都旱。夏，清苑、元氏、无极、武邑、永清、广宗、柏乡旱。八年夏，青县旱。九年春，即墨旱。夏，临朐、滨州、黄县旱。七月，元氏、滦州旱。十年春，清丰、蓬莱、皋兰旱。六月，青县大旱。十一年，青县春、夏不雨。七月，太平旱。八月，皋兰、通渭、秦安大旱。

同治元年二月，青县旱。六月，孝义厅、皋兰旱。七月，莘县、栖霞、咸宁、江夏旱。二年，嵊县旱。三年夏，常山旱。秋，崇阳、抚宁旱。四年春，蕲水大旱荒，民有鬻子女者。秋，麻城旱，高乡自冬至次年夏不雨。五年夏，江夏、江山旱。九月，崇阳、汉阳旱。六年夏，昌平、玉田、黄陂、荆门、德州旱。秋，邢台、怀来、武昌、黄州旱。七年春，皋兰旱。冬，陵县旱。八年春，青县旱。九年春，新乐、黄县旱。十年春，清苑大旱，无麦。十一年，皋兰春、夏旱。十二年五月，公安、枝江旱。十三年三月，江陵、公安、枝江旱。秋，均州旱。

光绪元年，青县夏、秋旱。二年春，望都、蠡县、滦州、临榆旱。五月，肥城旱。八月，藁城旱。三年四月，武进、沾化、宁阳、南乐、唐山旱，应山夏、秋大旱。四年春，东平；三原旱。七月，内丘、井陉、顺天、唐山、平乡、临榆旱。八月，京山旱。六年秋，甘泉、鱼台、邢台旱。八年六月，均州、云梦、鹤峰州旱。十一年秋，东光旱。十三年七月，靖远、东光旱。十六年，皋兰春、夏旱。十七年，静宁、合水旱。十八年六月，皋兰、金华、静宁、通渭、洮州、安化旱。十九年五月，太平旱。二十年，太平自七月至十月不雨，大旱。二十一年六月，太平旱。二十四年九月，宁津旱。二十六年六月，泾州、皋兰、平凉、庄浪、固原、洮州旱。闰八月，南乐、邢台旱。二十七年春，皋兰、平凉、庄浪、固原、洮州大旱。三十三年，皋兰旱。三十四年八月，兰州、静宁大旱。

宣统元年，甘肃全省亢旱。

顺治元年十一月十二日，盐亭山顶崩一大石，如数间房，横截路口，是夕大风雨，居民避张献忠者得脱大半。先是有童谣云："入洞数,攒岩怪,沿山走的后还在",至是果应。

康熙十四年,藩王尚可喜于粤香山筑垒,土中得一石碑,其碑文云:"抱破老龙伤粤秀,八风吹箭入陀城,种柳昔年曾有恨,看花今日岂无情?残花已自伤零落,折柳何须关废兴,可怜野鬼黄沙迹,直待刘终班马鸣。"似诗似谶,未有能识者。五十七年八月初一,钟祥火灾,先是有童谣云:"八月初一火龙过",至是果应。

乾隆六年,知州林良铨改修诸葛忠武祠,掘地得二石人,一背铭字云:"守土守三分辛苦",一背钤字云:"遇隆则兴。"

光绪五年,文县有童谣云:"两个土地会说话,两个石人会挞架",未几即山崩地震。

顺治七年正月朔,衢州黑熊入城,是年多火灾。

康熙二年十一月,平度民间获兔,八足、四耳、两尾。二十七年十二月十六日,有黄熊鸣于合浦西门,十七夜复鸣。

乾隆十八年,毕节熊入城,伤二人。

嘉庆七年,陆川有熊伤人。二十三年七月,黄县有熊走入茌苒村,土人以枪杀之。

顺治八年,泰山文君庙钟鼓自鸣。

康熙十八年正月,六安州金铁出火。三十九年一月,海阳马王庙钟自鸣,越三日复鸣。

雍正九年五月,七姑庙钟自鸣。

乾隆三十八年十二月除夕,黄县丛林、冶基、宝塔三寺钟鼓自鸣。

嘉庆十四年冬,泰州雨箭。

咸丰八年四月,鱼台兵器夜吐火光。

同治三年九月,东岳庙钟自鸣。八年九月,彭泽长岭酒店釜鸣,声闻数里许,月余方止。

　　顺治四年,崇明民家犬生六足。七年,商州民李旺家有犬坐坑上,作人言:"老的忒老,小的忒小。"缚而杀之。十三年,邹平民生子,犬头猴身,能吠。

　　康熙四十五年二月,萧县民家犬作人言。

　　乾隆二年,利津民家犬生一畜,一首二尾七足。

　　咸丰十一年,来凤民家犬作人言。

　　同治十一年,大埔民家犬生六足。

　　顺治元年二月,兴国寺前出白气一道。六年三月,江阴白气亘天,弥月始灭。七年正月二十六夜,昆山西方有白气如练,十余日始灭;萧县白气见西方,二十余日始灭。六月甲申,泰安见白气亘天,益都见白气亘天。十二月三十日,萧县见白气如练数十条,寒光射人。十八年十二月十二日,栖霞白气亘天。

　　康熙二年夏,莱阳有白气冲天。七年正月,广平见白气亘天,西出指东,越二十日方灭;内丘夜见白气如银河,经五六日方灭;温江有白气,自西直亘数十丈,下锐上阔,光如银,形如竹,经四昼夜方散;威县见白气亘天。二月,广州有白气如枪,长十余丈,四十日乃灭;武邑夜白气亘天,夜半始散;唐山见白气亘天。七月,高邑夜见白气如匹布,亘西方。九年三月乙丑,庐陵白气现自西方。十一月,通渭夜见白气发虹,自南而北。十一年七月十四日夜,交河有白气自西南向东北,其疾如飞,声如风。十六年七月壬申夜,庐龙有白气如霓,自东向日。十八年六月二十四日,武定见白气贯天。十一月,玉田有白气自西南来。十九年十月,全椒见白气于西方,月余始灭。十一月朔,沧州有白气如帚,自西南向东北,浃旬方灭;庐龙有白气如云,长亘向东,越数夕色淡,而高起如帚芒状;绛县夜见白气如虹。初二日,镇洋西方见白气亘天,长数丈,移时乃灭,临淄见白气自西而东。初四日,温州夜见白气如练,长十余丈,月余始灭。二十年六月二十一日夜,望江见白气亘天,至八月十一日方灭。十一月,山阳见白气亘天,一月始灭;汉中西方见白气亘天如练,二十二年五月己未夜,清河有白气数道如虹。三十九年九月,江夏见白气如练,六七日始灭。四十一年二月,沛县见白气于西方。六十年十一月十九日,遵化有白气如练,聚于西南,移时方灭。六十一年六月十四日,嘉定有白气亘天。

雍正九年闰五月二十七日夜,南宫有白气一道南行有声。

乾隆十八年九月癸丑,东流有气如虹著天,色紫白,久而没。三十五年七月二十八日,肥城有白气十三道至夜半乃退。

嘉庆二十年五月,武定有白气亘天向西,长数丈。

道光十三年四月十八日,栖霞有白气亘天。二十年,昌黎夜见白气亘天,逾月乃灭。二十二年春,莘县有白气如练数丈,月余乃灭。冬,玉田有白气亘天。二十三年三月,黄州有白气如练,斜指西南,经月始散。四月,滕县有白气亘天,月余乃灭。二十四年夏,登州有白气亘天。二十五年春,即墨有白气西北亘天。二十六年秋,宁津夜有白气长竟天。

咸丰七年秋,黄安有白光如电,烛暗室,有声。十一年六月,栖霞有白光如匹练,横亘西北,十余日始灭。

同治七年九月十五日,玉田有火光至空际化为白气,长丈余,其中有声如鼓。

光绪元年秋,海阳有白气突起,移时始灭。

清史稿卷四四
志第一九

灾异五

《洪范》曰："土爰稼穑。"不成则为咎征。凡恒风霾、晦审、花妖、虫孽、牛祸、地震、山颓、雨毛、地生毛、年饥、黄眚、黄祥皆属之于土。

顺治二年七月，湖州大风拔木。三年二月，孝感大风拔木。五年六月，无为州大风，坏屋拔木。八月，海丰飓风，毁庐舍无算。六年正月，潞安飙风大作。五月，五河狂风昼夜不息，大木尽拔。八月，惠来飓风大作，四昼夜不息，毁官署民舍。七年二月，阜阳、襄阳、漳南大风，拔木覆屋。九年五月，东阳大风拔木。十年八月，澄海飓风大作，舟吹陆地，屋飞空中，官署民房尽毁，压毙男妇不计其数，从来飓风未有如此甚者。十一年二月，太湖大风，毁城内牌坊。六月，全椒飓风大作，屋瓦皆飞。十二年六月，石门大风拔木。十三年五月，章丘大风拔木。十四年三月，平乐飓风大作，飞石拔木，民房多倾颓。六月，石门大风毁民居。十六年正月二十八日，嘉应州大风拔木。十七年五月，庆元飓风拔木。

康熙元年八月初三日，海宁飓风三昼夜，宜兴大风雨拔木。二年，遂溪飓风拔木。三年四月，临城大风伤人。七月，清河飓风坏庐舍无算；慈谿大风雨，大木尽拔。八月，嘉兴飓风大作，拔木飞瓦。四年二月，江阴大风拔木。五月，车阳大风雷雨并至，拔木坏屋。七月，嘉应州大风拔木。八月，长乐大风拔木。五年五月，海阳飓风拔木。

八月,澄海飓风伤稼。六年四月,信宜大风,墙垣皆颓。七年四月,东阳大风雨,压倒民居七所,拔木无算。六月,太平大风拔木。七月,瑞安大风,毁城垣庐舍。八年四月,大冶大风拔木。六月,海宁大风拔木。九年春,崇阳大风拔木。五月,全椒大风拔木。六月,安县大风拔木,三昼夜乃息。七月,武定大风拔木。

十年正月,平远大风拔木。十一年七月,榆社大风杀稼;琼州飓风大作,官署民房悉圮无存,毁城垣十五丈。九月,吴川飓风,坏城垣庐舍。十二年正月,海阳飓风,拔木坏屋。八月十六日,澄海飓风大作。十三年二月,桐庐大风拔木。十四年二月,武强大风杀稼。三月,玉田大风,扬沙拔木。六月,新城大风拔木。十五年四月至六月,澄海飓风屡作,坏屋拔木。十六年四月,宜城大风拔木。六月,东阳大风,屋瓦皆飞。十七年六月,武强大风拔木。十八年六月,惠州大风,坏文星塔顶。十九年秋,琼州大风拔木。

二十一年三月,望江大风拔木。七月,信宜大风拔木。二十二年二月初五日,单县大风,扬尘蔽天,倏忽变幻五色。二十三年正月,清河大风拔木。二十四年三月,文登大风拔木。二十五年四月,汉中、定远大风拔木。五月,西充、南充大风拔木。六月,岳阳大风拔木。二十六年三月,太湖大风拔木。六月,平乐、苍梧大风拔木坏屋。七月,苏州、昆山、武进大风伤禾。二十七年五月,昌乐、寿光大风拔木。六月,沁水大风拔木。二十八年五月,恩县异风,损坏城楼,吹倒石坊。二十九年四月,郧阳大风拔木。五月二十六日夜,六安狂风暴起,屋瓦皆飞,大木尽拔。八月,黄岩大风拔木。

三十年三月,宁阳大风拔木。四月,江浦大风,屋瓦皆飞。三十一年正月,蓬莱大风,拔木毁屋。二月,沛县大风,拔木毁屋。五月,东昌、丘县大风拔木。六月,高密大风拔木。三十二年六月,营山大风拔木,风过,草木如焚。三十三年十月十六日,邹平怪风,吹倒城垛六座。三十四年秋,长宁大风拔木。三十五年七月二十二日,青浦、泽州大风拔木。二十三日,桐乡、石门、嘉兴、湖州飓风大作,民居倾覆,压伤人畜甚多。八月十一日,海州大风雨,民舍尽倾。三十七年四月,济南大风拔木。七月,苏州大风拔木。三十八年春,青州大风拔木。六月,南乐大风拔木。

四十一年八月,开平飓风,拔木倒墙。十月乙酉,东明大风拔木。四十二年五月,枝江大风拔木。六月,潮阳飓风伤稼。四十四年四月,崇阳大风拔木。五月,历城、沾化、丘县大风拔木。四十五年六月二十夜,什邡大风自东北来,飞瓦拔木。四十六年三月,邹平、长山大风拔木。四十七年五月,惠民飓风大作,毁民舍。七月,合州大风拔木。四十八年四月,太原大风毁牌坊。八月,定海大风雨,孔子庙及御书楼皆圮。四十九年三月,中街大风拔木。

五十年三月,祁州大风毁南城楼。五月,安丘、诸城大风拔木。五十一年四月,香山飓风拔木。八月,寨城、富川大风拔木。九月,北流大风拔木。五十二年三月,全州大风雨雹,屋瓦皆飞,大木尽拔。六月潮阳大风坏北桥。五十三年五月,固安大风拔木。六月,顺义大风,树木尽拔。五十四年六月初一日,潮阳飓风拔木。五十五年闰三月朔,解州大风拔木。四月辛亥,静宁州大风拔木。五十六年七月十九日,掖县暴风雨一昼夜,大木尽拔。五十七年五月,澄海飓风拔木。六月,汤溪大风,拔巨木,坏庐舍。七月,日照、黄县大风雨一昼夜,大木尽拔。五十八年五月,乾州大风拔木。六月,宝坻大风拔木。八月十九日夜,竭阳飓风大作,风中如燐火,树木皆枯;澄海飓风大作,民房倾覆,压倒男妇无算。五十九年正月,阳春飓风伤稼。六十年八月,澄海飓风大作,如燐火,毁城垣。六十一年四月,甘泉大风拔木。五月,庆云大风拔木。十二月,钦州大风雨,吹塌城垣二十余丈。

雍正元年四月,平乡大风拔木。六月,岑溪大风拔木。冬,武宁大风拔木。二年二月,阳信、沾化大风,风中带火。四年五月,高淳、当涂大风拔木。六月,潍县大风雨,坏民舍十二家。五年七月,镇海飓风大作,毁县署大堂。九年二月,连州大风雨,拔木坏屋。六月,阳信大风拔木。十年七月,南汇大风拔木。八月,海阳大风拔木。十月,泰州大风拔木。十一年八月,沂州大风四昼夜。十二年七月,泰州大风,拔木坏屋。十三年八月,高淳大风三昼夜。

乾隆元年五月,翼城大风拔木。二年八月十五日,平阳大风。三年七月,钟祥大风拔木。五年三月,通州大风拔木。六月,掖县大风拔木。六年四月,平定、乐平、孟县大风拔木。八年五月,光化大风拔木。十年三月,栖霞大风拔木。十一年七月十五日,高邮大风拔木。十二年七月,昆山、盐城、清河、福山、栖霞、文登大风,拔木覆屋。十三年三月,鹤庆大风拔木。四月,清河大风雨,民舍倾圮无算。五月,泰州、通州大风拔木。十四年四月,池州大风拔木。六月,高邑大风拔木。十五年三月,武昌暴风起江中,覆舟无数。六月,武宁大风拔木。十六年七月,鹤庆大风。十七年五月十一日,长子县王婆村大风雷,田禾如热,屋瓦车轮有飞至数里外者。十八年六月,潮阳大风拔木。七月,鸡泽大风拔木。十九年七月,陵川大风害稼。二十年三月,蕲州大风,坏民舍二百余间,压毙十余人。五月,高平大风拔木。七月,昌乐大风拔木。二十二年六月,吴川飓风,拔木坏屋。七月,孟县、乐平大风伤稼。二十三年六月二十九日,即墨大风,一夜,大木尽拔。二十四年八月,平定大风害稼。二十六年三月,潜山大风,拔木坏屋。二十七年三月十八日,浔州飓风毁城楼。七月,嘉善大风,拔木坏屋。二十八年二月,歙县大风,拔木覆屋,压毙人畜甚多。三十年三月,临邑大风拔木。三十一年七月,黄县大风拔木。三十二年三月,文登、荣成大风拔木。五月,济宁州大风拔木。三十三年二月,安丘大风损麦。六月十八日,琼州飓风大作,毁官署民房无算。三十四年五月,东平大风拔木。秋,嘉善大风,禾尽偃。三十五年六月,祁县大风拔木。三十六年二月,文登、荣成大风拔木。三十七年八月十七日,庆云夜起异风,拔木无算。三十八年秋,永年、蓟州大风雨拔木,熟禾尽偃。三十九年二月,黄县、文登、荣成大风连日,麦苗尽损。七月,荥阳大风拔木。四十一年,安丘大风蔽日,风内有火光。四十二年四月,山阳大风拔木。四十三年二月,光化大风拔木。四十四年五月,南宫烈风雷雨,树木多拔。四十六年六月,金华、嘉善大风拔木。四十七年六月,新城大风拔木。四十八年二月,文登、荣成大风拔木。六月二十四日,吴川飓风大作,坏官署民房及城垣。四十九年二月,平阴大风拔木。五十年二月,永昌大风拔木。五十一年正月,文登、荣成大风拔木。五十七年七月壬戌,苏州大风毁民舍。五十九年七月,桐乡大风雨竟夜,拔去大成殿前柏二株;湖州、嘉善大风,拔木坏屋。六十年六月,石门大风拔木。

嘉庆元年八月朔,瑞安大风,倾覆民舍,压毙男妇九十一人。二年六月,武进大风拔木。三年四月,宜城大风拔木。四年七月,文登大风拔木。五年四月,黄县大风,拔木坏屋。六年二月初五日,滕县大风,色黄,既而如墨。八年二月,黄县大风,拔木坏屋。九年二月,文登大风损麦。十年六月,庆云大风拔木。十二年二月十七日,肥城暴风,天色忽红忽黑,一夜方止。八月,邢台大风拔木。十六年六月十二日,静海大风拔木,摧折运粮船桅无算。十七年二月,丽水大风拔木。二十二年六月,枣阳大风拔木。二十三年四月,临榆大风拔木。六月,永嘉大风拔木。二十四年七月初八日,平谷有怪风兼雨自南来,房舍皆摧折,禾尽偃,其平如扫。二十五年七月,乐清大风拔木。

道光二年六月,金华大风坏屋。七月,蕲州大风,拔木坏民舍。四年十一月十二日,泰州大风拔木,两昼夜不止。五年六月,罗田大风拔木。六年二月二十六日,黄县大风拔木。五月,肃州烈风拔木。七月,黄岩大风,拔木折屋。八年五月二十六日,黄县大风拔木,屋瓦皆飞。十二年夏,公安大风三昼夜,拔树无算。十四年四月,临朐大风伤禾。六月,黄岩大风拔木,民居多坏。十五年七月,蓬莱、黄县、栖霞、招远大风三日,大木尽拔。八月,曲阳大风害稼。十六年六月二十九日,滦州怪风,毁南城楼。十七年八月,昌平大风拔木。二十年六月十九日,滕县大风自西北来,拔大木数百株。二十二年八月,潜江狂风大作,飞石拔木,坏民居无算。二十三年七月,宁海暴风伤禾。二十六年六月,青浦大风拔木。二十七年三月朔,蓬莱大风拔木。六月,日照大风拔木。二十八年六月壬戌,通州飓风大作,毁屋。七月十四日,永嘉大风兼雨连旬,毁孔子庙及县署。十八日,缙云大风拔木。十月,武昌大风起江中,覆舟,人多溺死。三十年春,滦州大风伤稼。

　　咸丰二年五月初五日,肃州大风,拔木千余株。六月,沾化大风拔木。三年三月初三日,宜昌大风拔木。民舍折损无算,牛马有吹失所在者。五月,随州大风拔木。七月,蓬莱、黄县大风拔木。七年六月,宁津大岗伤禾稼。六年四月,清苑、望都大风拔木。八年四月,华县大风拔木。十年二月,昌平怪风伤人。六月,房县大风拔木。十一年四月,西宁大风拔木。七月,襄阳大风拔木。

　　同治元年二月初七日,宜都大风拔木。三月戊申,惠民大风拔木。二年二月,枝江大风,覆舟无算。五月,宁津狂风拔木。三年五月,房县大风拔木。六月,嘉兴、桐乡大风拔木。四年正月,宜城大风,覆屋拔木。六年五月,高淳大风拔木。七月,菏泽、曹县大风拔木。九年三月,嘉兴府大风毁屋。四月,柏乡大风毁屋。十年三月,湖州狂风骤雨,拔木覆舟。十一年六月二十七日夜,日照大风雨,偃禾拔木。秋,唐山大风,拔木损禾。十二年五月初六日,固原大风,坏城中回回寺。十三年五月,安陆大风拔木,府学墙颓。

　　光绪元年六月,皋兰、均州大风拔木。七月,日照、临朐大风伤稼。二年六月,黄岩大风拔木。三年八月,菏泽大风拔木。四年四月,临江大风,覆舟无算。五年五月,蕲州大风拔木。六月十四日,宁海、文登、海阳、荣成大风,拔木坏屋。二十四日,莱阳怪风突起,屋瓦皆飞,民房被揭去梁栋椽柱,不知所之,拔大树无算。七年七月,永嘉大风拔木。八年,孝义厅大风拔木。九年三月初八日,安陆大风拔木。十一年五月,光化大风拔木。十二年六月,泾州大风拔木。十五年六月十三日,滦州大风,拔木坏屋。十六年八月十五日,固原大风拔木。二十二年五月,南乐大风拔木。二十三年八月,靖远大风拔木。二十七年六月,金县大风拔木。二十八年四月初四日,曲阳大风拔木。二十九年六月十七日,洮州大风拔木。三十年七月二十二日,东乐大风拔木。

顺治元年七月,平原狂风昼晦。二年十月,全椒昼晦。五年九月,汉阳大风昼晦。六年四月,庄浪风霾杀禾。九月,府谷风霾昼晦。七年十月,东明昼晦。十二年春,乐亭风霾昼晦。十三年七月,高邑大风霾昼晦。八月,邢台风霾。十四年二月,阳城黄霾蔽天,屋瓦皆飞。十六年四月朔,万州昼晦。

康熙元年正月朔,长兴昼晦。九月,昌黎风霾。二年正月,蕲州昼晦。四年正月朔,萧县昼晦。四月辛亥,临邑昼晦。七年二月,咸宁昼晦。十二年七月,乐亭风霾。十三年二月,咸阳大风霾十余日。三月,朝城昼晦。十四年三月二十六日,冀州起异风,自巳至戌,黄霾蔽天,屋瓦皆飞;怀安、西宁大风霾昼晦;玉田大风,扬沙拔木,阴霾竟日。十五年五月,贵州昼晦如夜。十六年春,清河风霾四十余日。二十三年四月朔,朝城昼晦。七月望,壁山昼晦。二十四年正月二十三日,文安大风霾,昼晦如夜;武邑黑风昼晦。二十五年二月二十七日,郓城黑风昼晦。二十七年四月朔,西宁、龙门、延安、文县同日昼晦。二十九年三月十七日,郓城黑风昼晦。二十七年四月朔,西宁、龙门、延安、文县同日昼晦。二十九年三月十九日,广宗风霾,红、黄、黑、白互变。四月初五日,西宁昼晦。三十年三月初四日,宁阳大风昼晦。三十一年正月朔,广宗昼晦,青州、沛县、丘县大风昼晦。二月朔,丘县大风赤霾昼晦,广宗昼晦。三十二年二月十七日,丘县大风霾,空中望之如火。十八日,桐乡大风霾。十九日,湖州大风霾。三十三年四月朔,保安州昼晦。三十四年四月,肃州昼晦。三十五年正月,静乐昼晦。二月十八日,定陶黑风,触器有光,行人不辨咫尺。三十六年三月朔,靖远昼晦。三十七年四月,龙门昼晦。四十二年五月二十二日,巩县大风昼晦。四十四年五月十八日,利津、阳信昼晦。四十五年正月十二,商河狂风昼晦。四十七年六月二十五日,凉州昼晦如夜。四十八年六月,东昌大风霾蔽天。四十九年三月初七日,中卫昼晦者四日。六月初二日,什邡昼晦。五十年五月壬子,诸城昼晦。五十一年二月癸亥,东平、东阿大风,色红黑,自申至亥方止;阳谷黑风昼晦;郯城、莘县大风霾。三月十六日,巨鹿风霾如火,昼晦如夜。六月十日,恩县赤霾蔽天,咫尺不辨人物。十一月二十一日,宿州昼晦。五十三年二月二十一日,井陉风霾蔽天,昼晦。五十五年五月,寿光、临朐大风昼晦。五十七年五月二十二日,新乐大风昼晦。五十九年五月二十六日,青城大风昼晦。六月,太平大风霾。六十年夏,丘县大风霾连日,六十一年七月,元氏、沁州大风霾。

雍正元年三月,青州风霾。四月初七日,献县风霾昼晦;恩县夜起大风,飞石拔木,有顷黑霾如墨,良久复变为红霾,乍明乍暗,逮晓方息;泰安大风霾昼晦。十一日,高密、高宛大风霾昼晦。十七日,邢台、元氏大风霾拔木。八月初八日,掖县大风霾昼晦。二年二月初六日,元氏大风霾。八年正月十一日,高苑大风霾昼晦。

乾隆二年二月初五日,济宁、巨野风霾昼晦。三年正月十四日,武宁昼晦。五年五月,高邮大风霾。八年三月,赣州昼晦。十年三月,蒲台大风昼晦。十七年四月十八日,祁州、新乐风霾损禾。十九年三月朔,庆阳昼晦。二十四年秋,芮城大风霾。二十五年二月初十日,宜昌昼晦。五月朔,昌乐昼晦。二十九年五月二十八日,南陵昼晦。三十二年二月初二日,范县昼晦。二十四日,南宫大风昼晦。三十三年二月,潞安大风昼晦。三十六年二月朔,太原大风昼晦。初二日,高邑大风霾昼晦。三十八年二月八日,滕县大风霾五色,昼晦。三十九年春,南宫多风霾。四十九年二月初二日,菏泽风霾昼晦。五十年二月二十五日,临清昼晦。四月十八日,南宫、棘强大风霾昼晦。

嘉庆元年三月二十六日,宜城昼晦。二年四月十四日,滦州大风霾昼晦。三年二月十九日,滦州、昌黎昼晦。十一年十一月,滕县大风五色,昼晦。十二年二月,武强大风霾,色黄,复黑赤。三月十二日,东光大风霾。十五年正月十七日,临邑、章丘、新城风霾昼晦。二十七日,滕县昼晦;南乐大风霾,平地积沙二寸许。二十三年四月,清苑、定州、武强、无极、唐山、临榆大风霾昼晦。二十四年四月朔酉刻,京师昼晦。

道光三年六月朔，枣阳昼晦。四年六月癸巳，沂水昼晦。六年二月二十二日，武强大风霾，昼晦如夜。二十四日，南宫大风霾昼晦凡三日，济南风霾昼晦。十年三月二十信日，中卫昼晦。十一年七月十八日，曹县昼晦。十四年五月十二日，即墨大风霾。十六年正月朔，乐亭风霾。十七年二月甲子，滦州昼晦。十九年三月初六日，元氏大风霾。二十年六月，抚宁昼晦。二十二年六月朔，太平、黄岩、湖州昼晦。二十九年，云梦自正月至五月昼晦凡六阅月。三十年正月，嵊县风霾十余日。

咸丰元年五月丙午，滦州大风昼晦。二年二月，蓬莱大风昼晦。三年三月十四日，灵州昼晦，翼日始明。五年四月，滦州狂风昼晦。六年四月，南乐昼晦。七年四月初二日，景宁大风昼晦。十一年四月初四日，曹县红霾昼晦。

同治元年二月二十六日，沾化风霾日暗。三月初三日，武强风霾昼晦。二年二月，崇阳大风昼晦。三年六月，菏泽大风昼晦。四年正月十四日，枣阳昼晦。五年正月二十八日，沾化大风霾。九年正月二十五日，沾化大风霾日暗。十一年七月，滦州大风霾。十三年四月，曹县大风昼晦。

光绪三年八月十五日，菏泽、曹县大风昼晦。十年五月十三日，兴山昼晦。二十年二月二十七日，甘州大风昼晦。二十八年四月初四日，曲阳大风昼晦。三十一年，邢台昼晦。

顺治四年九月，新安桃李华。五年秋，太谷桃李华。六年冬，德平桃李华。七年九月，阶州桃再华。十月，铜陵桃李华。十一年九月，广平桃李华。十三年冬，湖州桃李华。十五年十月，宁乡桃李华。十七年冬，唐山牡丹华。

康熙二年十月，通州桃李华。四年十二月，德清吉祥寺牡丹开数茎。六年冬，宁津桃李华。七年秋，肥乡桃李华。八年十一月，西充桃李华。十年八月，唐山海棠华，高邑丁香华。十一年九月，湖州桃李华。十七年十月，阳高桃李华。二十六年八月，新城桃李、海棠华。三十年冬,潜江桃李华。三十六年七月,孟县、平定桃李华。三十八年三月,石阡府学宫桂再华。四十三年冬,曲沃桃杏华。四十六年十月,琼州海棠再华。五十四年冬,蒲台李华。五十六年十月,宁津牡丹华。六十年冬,揭阳桃李华。

雍正三年冬,顺德桃李华。八年冬,通州桃李华。九年冬,高淳桃李华。十年八月,通州桃李华。十三年七月,清河李再华。

乾隆三年秋,曲沃桃李华。七年冬至日,崇明牡丹开。九年冬,桐乡桃李华。十年八月,宁津桃李华。十三年五月,玉屏梅花盛开。十四年八月,镇海杏再华。十六年九月,分宜高林寺牡丹开。十八年九月,新安县署牡丹开花一朵,十月又开十朵,历月不萎。九月,太原桃李华。二十年春,普安州桂花盛开。二十四年九月,潞安桃李华。三十年九月,高邑桃李华。三十三年九月,和顺桃李华。四十三年九月,新城桃李华。冬,石门桃李华。四十六年九月,临邑桃李华。四十九年十月,桐乡凤鸣寺牡丹开二花,单瓣紫色。十一月,金华桃李华。五十年秋,通州杏再华。六十年十二月,乐清桃李华。

嘉庆四年九月,邢台桃李华。六年八月,陆川桃李华。

道光三年九月,兴国桃花盛开。九年十月,宜城桃李华。十七年冬,望都、清苑桃杏华。二十二年十月,崇阳桃李华。二十四年九月,滕县桃李华。二十五年十月,钟祥桃再华。二十九年秋,余姚桃花盛开。三十年九月,竹山桃李、牡丹华。

咸丰元年秋,贵溪桃李华。十月,郧县桃李华。四年冬,松滋桃李华。五年十一月,武昌桃李华。九年秋,崇阳桃再华。十月,宜昌桃李华。十年九月,嘉兴桃李华。十一月,麻城桃再华。

同治元年十月,襄阳桃李华。二年冬,通州桃李华。四年冬,房县桃李华。八年冬,黄安桃再华。十二年九月,惠民桃李华。

光绪元年十一月,庄浪桃杏华。四年冬,武昌、光化桃李华。五年冬至时,高淳群花齐放,宛如春色。六年七月,归州桃李华。九月,苍溪桃再华。九年冬,兴山桃李华。十二年九月,南乐杏再华。二十四年十月,南乐桃李华。三十二年秋,靖远桃李华。三十四年八月,固原桃李华。

顺治十七年八月,玉屏黑虫蔽山,草木皆尽。

康熙十年秋,潮州虫生五色,大如指,长三寸,食稼。十一年七月,杭州雨虫,食穗。十二年七月,万载虫食禾。十三年三月,宁都屋上有生黑虫者,着人甚痛。十七年七月,崇明出两头虫,首尾皆喙,啮草如刈。十九年六月,婺源青虫害稼。二十年二月,郧阳虫灾。二十一年五月,金华虫灾。二十二年四月,恩施虫灾。二十三年五月,渠县有虫数万斛,似蝗,黑色,头锐,有翅,嗅之甚臭。二十七年七月,苏州、青浦虫灾。二十九年四月,沁水白黑虫食禾,结茧。三十年三月,万载青虫食禾。三十六年,遵化州生虫,似槐虫而黑,食稼几尽。三十九年,贵县生虫,食豆。四十二年,昭化有虫如蚕,食禾。四十五年二月,房县虫食禾。夏,沾化有虫似螳螂而金色,识者曰,此苍诸也,见则岁凶。四十九年五月,井陉五色虫生。五十六年,鹤庆虫食禾。五十七年夏,新乐生虫,青色,伤禾。

雍正二年七月,镇海麦茎生虫,头红身黑,状如蚕。十年秋,清河禾生虫,形似蛆,有毛,红色。

乾隆十七年八月,仁和虫食稼。二十年春,临安虫灾。二十一年六月,景宁有白虫无数自南来。二十三年秋,海宁雨蚕。二十四年八月,武邑有膜虫食禾根。三十年十月,嘉兴虫灾。三十八年春,青浦河水生虫,色红,状如蜈蚣,长三四寸,昏暮始见。六十年正月,平度虫灾。

嘉庆九年夏,洛川虫伤禾。

道光五年七月,滕县生五色虫,食禾殆尽。

咸丰元年六月,崇阳虫灾。九年五月,苏州禾田中出虫,名曰稻鳖。

同治四年秋,秀水有青虫如蚕,喙黑,卷叶作网。十三年九月,嘉兴田禾生虫,食根,似黑蚁,蜂腰,六足,有须。

光绪二年八月,宁津虫伤稼。十四年春,泰安虫灾。

顺治元年二月,莱阳民家牛产犊,一体二首。二年二月,交城民家牛产一犊,遍体鳞甲。十年,文县民家牛产两麟。十六年,定州民家牛产麟。

康熙五年,南昌民家牛产麟。十三年七月,巫山民家牛产一犊,三目四耳,舌端有铁,胸列四蹄,脊后分为二身,各二蹄一尾。十五年,池州民家牛产犊,二首八足。十七年六月,镇洋民家牛产犊,两头。二十八年九月,余姚北乡民家牛产麟,狼项、马足、麃身,遍体鳞甲,金紫相错。三十八年,景宁民家牛产麟。

雍正七年,镇海民家牛生一犊,遍体鳞纹,色青黑,额下有须,项皆细鳞。十一年五月,盐亭民家牛产一麟,高二尺五寸,肉角一,长寸许,目如水晶,鳞甲遍体,两脊傍至尾各有肉粒如豆,黄金色,麃身,八足,牛蹄,产时风雨交至,金光满院,射草木皆黄。十三年二月,绵州民家牛产一犊,首形如龙,身有鳞纹,无毛,落地而殇。

乾隆四年,盛京民家牛产麟。五年,寿州民家牛产麟,一室火光,众以为怪,格杀之,剥皮,见周身鳞甲,头角犹隐隆也;荆州民家牛产麟,遍体鳞甲。二十二年,崇明见三足牛,前一后二。

嘉庆元年,遂安民家牛产麟。二年,平度州民家牛产麟。五年,白河县家牛主一犊民,两首双项,剖腹视之,心赤有二。

道光十二年,永嘉民家牛产犊,两首。

咸丰二年,潜江民家牛产犊,两首。七年,黄岩民家牛产犊,四首。

同治九年,莘县民家牛产犊,两首。

光绪十九年,太平民家牛产麟。七年,京山民家牛产犊,三足,前二后一,识之者谓之颎。三十四年,皋兰民家牛产犊,两首。

顺治元年九月,翼城地震。冬,石首地震。二十二年,祁县地震三次。三年十月十日,石埭地震。四年四月,全椒地震。五年三月甲辰,泾阳、三原、临潼、凤翔地震;戊辰又地震。四月二十四日,榆社地震。八月，潞安地震有声。六年正月，南乐地震。二月初六日，陆川地震。四月，高平、阳城地震。七年八月初十日，高淳地震。八年正月丁卯，苏州、昆山地震。六月，高平地震。九年正月元旦，潜江、太湖地震。十五日，贵池地震，屋瓦皆飞，江波如荡。二月十五日，池州、颍上、阜阳、五河、全椒地震。二十四日，宿松地震。二十六日，铜陵地震。七月，赣榆地震。九月，霍山、六安地震。十年正月，庐江地震。六月乙卯，镇洋地震。七月，海丰地震。九月，乐陵地震。十月二十一日，贵池地震；二十四日复震。十一月二十三日，五河地震。十一年正月朔，潜山、望江、石楼、贵池、铜陵、舒城、庐江地震。五月，庐江又震。四月初六日，萧山地震。五月初八日，宝鸡、定远、沔县地震，坏屋压人。六月，兴安、安康、白河、紫阳、洵阳、兰州、巩昌、庆阳等处地震，声如雷，坏民舍，压死人畜甚众。八月初五日，阳谷、东昌地震，次日又震。初八日辰刻，朝城地震，申刻复震。十二年正月初七日，阳湖、营山地震。二月庚申，昆山、娄县地震。十三年三月初八日，中部地震。十四年三月朔，成都、威州、汶川地震。二十五日，西充地震，次日复震。七月，富阳地震。十五年二月二十四日，惠来地震。五月二十三日，武进地震。八月二十三日，苏州、昆山、上海、青浦地震。十一月，安塞地震有声。十六年正月二十八日，镇平地震。二月初八日，揭阳地震。七月十七日，石埭、贵池地震，声如雷。十七年八月，曹县、兖州地震。十二月二十三日，洛南、商南地震。十八年正月，兖州地震。

康熙元年正月二十五日，伏羌地震。三月初四日，西宁、龙门、宣化、赤城、保安州等处地大震，人皆眩仆。六月十七日，太平地震。七月十一日，苍梧、容县、岑溪地震。十一月二十二日，威县地震。二年正月二十五日，钟祥地震，次日复震。五月二十一日，咸宁地震。六月望日，东安地震。十二月，鹤庆地震。三年三月初二日，保安州、龙门地震。初三日，怀来、滦州地震。五月，开平地震。八月十七日，莱阳地震。二十三日，安邑、解州地震。九月丙子，昆山地震。十一月二十一日，顺德地震。四年二月初四日，平阴地震。三月初二日，京师地震有声。初四日,景州地震。四月十五日,滦州、东安、昌平、顺义地震二次,房垣皆倾。七月十七日,大城地震。五年二月二十二日,开平地震,次日又震。三月初八日,交河地震。七月十七日,虹县地震,城倾数十丈,民舍悉坏。九月二十六日,揭阳地震。十二月丁未,苏州地震。六年正月初四日,阳春地震。四月十二日,揭阳地震。六月十七日,庆云地震。八月十四日,邢台、内丘地震,声如雷。九月二十三日,永年、威县地震。七年四月,金华地震。五月癸丑子时,京师地震;初七、初九、初十、十三又震。六月十七日,上海、海盐地震,窗廊皆鸣;湖州、绍兴地震,压毙人畜,次日又震;桐乡、嵊县地震,屋瓦皆落。十八日,香河、无极、南乐地震,自西北起,戛戛有声,房屋摇动。十九日,清河、德清地震有声,房舍皆倾。七月二十日,钱塘地震。二十五日,潜江地震。八年九月甲午寅时,京师地震有声。九年四月初六日,安县地震。五月初七日,揭阳地震。七月己未,吴江、震泽地震有声。八月初七日,开建、安丘地震。十一月冬至前一日,邹县地震。

　　十年九月初九日,保安州地震。十一年三月初三日,阳曲地震。五月丙寅,沛县、高密地震。六月二十四日,高唐地震。七月二十八日,广平地震。八月癸亥,苏州地震。九月丁亥,平乐地震。十二年二月十二日,庐州地震,声如雷,屋舍倾倒。四月初四日,临县、高淳地震。七月二十三日,宝坻、霸州、万泉地震。九月初九日,怀安、赤城、西安、赤城、西宁、天镇,绍□、德阳地震。十二月,湖州地震。十三年二月初七日,保德州地震。八月三十日,陇州、怀安地震。九月初九日,府谷地震。十四年六月十二日,曹州府属各州县同时地震。十五年七月十五日,婺源地震。十一月初四日,苏州地震有声。十六年五月十四日,合浦地震。六月,阶州地震,数日乃止。十七年四月初五日,苏州、镇洋、上海、清浦、崇明地震。初七日,海盐地震,屋瓦倾覆。七月二十八日,京师地震。十月初五日,安平地震。十八年三月二十三日,镇洋地震。六月朔,荣成、宁海、文登地震。二十八日,滨州、信阳、海丰、沾化地震。七月初九日,京师地震;通州、三

河、平谷、香河、武清、永清、宝坻、固安地大震,声响如奔车,如急
雷,昼晦如夜,房舍倾倒,压毙男妇无算,地裂,涌黑水甚臭。二十八
日,宣化、巨鹿、武邑、昌黎、新城、唐山、景州、沙河、宁津、东光、庆
云、无极地震。八月,万全、保定、安肃地屡震。九月,襄垣、武乡、徐
沟地震数次,民舍尽颓。十月,潞安地震。十一月,遵化州地震有声
如雷。十九年四月二十五日,琼州地震。十一月,庐灵地震,有声如
雷。

　　二十年春,永嘉、乐清地震。七月十七日,琼州地震。八月十一
日,东流地震有声。九月,贵州地震。十月初十日,平远州、潞城地
震。十一月初三日,东流、府谷地震。二十一年十月初五日,襄垣地
震。初六日,潞安地震。初十日,介休地震,民舍多倾倒。二十二年
五月十五日,龙门地震。七月初五日,定襄地震,压毙千余人。十月
初五日,保德州地震,人有压毙者。十一月朔,琼州地震。二十三年
五月,封川地震。十月初五日,普州地震。十一月初七日,合浦地震。
二十四年二月庚子,永安州、平乐地震。十二月二十四日,蓬莱、福
山、文登地震,越二日又震。二十五年七月十七日,宜都、宜昌地震。
十月初五日,井陉地震。二十六年九月丁亥丑时,京师地震。十月
十六日,蓬莱、栖霞地震,声如雷,月余乃息。十二月朔,无为地震。
二十七年四月,临潼、咸阳地震。二十八年正月十八日,琼州、陆川
地震;三月初十日又震。六月朔,荣成、文登地震。二十九年二月,
杭州地震。七月,临汾、襄垣地震。九月,襄陵地震。

　　三十年三月十六日,庆云地震。三十二年三月十九日,海丰地
震;二十日又大震,坏民舍。三十三年二月初八日,巢县地震。八月,
鸡泽地震。三十四年正月朔,琼州、雷州、全州、柳城地震。十五日,
巢县地震。四月初六日,光化、滕县、恩县、丘县、徐沟、太平、真陵、
盂县、交城地大震;临汾、翼城、浮山、安邑、平陆震尤甚,坏庐舍十
之五,压毙万余人。八月,平原地震。三十五年正月二十一日,巢县
地震。三月十五日,南陵地震。四月甲午,沛县地震。九月辛巳,京
师地震。三十六年正月朔,巢县地震;三月三日又震。三十九年三

月十六日,贵州地震。十八日,黄冈地震。四月,阳江地震。

　　四十年三月十二日,长子地震。四十一年正月,鹤庆地震。十一月乙酉,京师地微震。十二月二十三日,琼州地震。四十三年七月十三日,泾阳地震,压毙人畜无数。八月二十日,东光地震。四十四年正月十三日,平遥地震。八月丁酉,京师地震。九月十六夜,庆云地震。四十五年二月丙辰,京师地微震。四十六年七月初四日,苏州地震。十月,兴宁地震;十一月又震。四十七年正月朔,曲沃地震。五月十七日,嘉定地震。六月十二日,凤翔地震。九月十二日,宁陕厅地震。十三日,永年地震。十月十一日,丘县地震。四十八年九月初二日,保德州地震。十二日,凉州、西宁、固原、宁夏、中衙地震伤人;靖远大震,塌民舍二千余间,城墙倒六百六十余丈,压毙居民甚多。四十九年三月十四日,灵台、环县地震。八月初三日,黄冈地震。

　　五十年九月十一月,景宁地震。十月十一日,平乐地震。五十一年九月十二日,庆元、江浦地震;十一月又震。二十五日,高淳、仪征、丹阳地震。五十二年四月,栖霞地震。七月,全蜀地震。五十三年三月十四日,宁州地震。九月初八日,湖州地震。五十四年正月十四日,镇海地震。五月二十一日,岐山地震。五十五年二月,曲沃地震。八月,枝江地震。五十六年五月二十八日,公安、石首、枝江地震。五十七年五月二十七日,翼城地震。六月初八日,海阳地震。五十八年春,泰安地震。五月十一日,周至、丹阳地震。六月朔,德州、阳信、沾化、广灵地震。七月十六日,榆次、怀来地震;八月复震,民居倒坏无数;密云、东安地震,有声如雷。六十年六月初八日,青城地震。六十一年八月初四日,江安地震。十一月,顺德地震。

　　雍正三年十月,环县地震,坏庐舍。四年六月二十一日,宜昌地震。八月,平乡地震。五年五月二十日,钟祥地震。六年二月初五日,吴川地震。五月,横州地震。八月,蔚州地震。七年六月十七日,德州地震。八月十三日,富川地震声如雷。八年四月十六日,宜昌地震。八月十九日,京师、宁河、庆云、宁津、临榆、蓟州、邢台、万全、容城、涞水、新安、东光、沧州同时地震。十月二十六日,上海地震。二十八日,苏州、震泽、娄县、青浦地震。十一月二十八日,嘉兴、湖州、桐乡地震。九年九月初二日,海阳地震;二十二日又震。十月,泰州地震。十一月初八日,海州地震。二十一日普宣地震。十年正月初三日,西昌县,会理州、德昌、河西、迷易三所地震。十一月,通州地震。十一年七月十八日,海阳地震,十一月,黄冈地震。十二月,宜昌地震。十二年二月,浦江地震。六月十六日,铜陵地震。十月十三日,潮阳、海阳地震。十二月初一日,清远地震。十三年七月十七日夜,富川地震。二十日,桐乡地震,有声如雷。九月,庆远府属地震。十一月,光化地震。

乾隆元年七月朔,临清地震。初七日,定陶地震。十五日,平原、夏津地震。十一月二十四日,黄山、福山、文登、荣成地震。二年五月初十日,宜昌地震有声。七月二十五日,鸡泽地震有声。九月初七日,高平地震。十月二十四日,长子地震。三年十一月二十四日,芮城、襄垣、安邑、安定、绥德州、天镇地震。二十五日,靖远、庆阳、宁夏、平罗、中卫地震如奋跃,土皆坟起,地裂数尺或盈丈,其气甚热,压毙五万余人。四年三月二十四日,昌化地震。十一月二十四日,岐山地震。五年三月,万全地震。八月,赤城、怀安地震。十一月二十四日,清润地震声如雷,是夕连震八九次,屋舍倾圮。六年十一月,正宁地震有声。八月二十四日,昌化地震。九年正月,光化地震。十年四月初四日,浮山地震。五月初六日,高淳地震。十一年五月,增城地震有声。六月丁丑,京师地震。十月,广济地震有声。十二年三月初九日,鹤庆地震。十月壬午,同官地震。十三年五月,历城、长山地震。十月,环县地震。十四年正月初三日,鹤庆地震;十三日又震;二十九日复震。三月二十八日,苍梧地震。十五年十二月庚午,同官地震。十六年二月,奉议州地震。十七年二月,崖州地震;四月又震。四月初四日,嘉兴、湖州、桐乡地震。九月十二日,惠来地震。十八年八月,兖州地震。十九年四月,庆元、太原地震。五月,苍梧地震。二十年十一月,娄县、青浦地震。十二月庚子,苏州、湖州、桐乡地震,屋瓦皆鸣。二十一年二月二十二日,荆门州地震声如雷。五月十四日,青城地震,声如雷。九月朔,阳信地震。十月十六日,青浦、桐乡地震。二十二年十一月十六日,歙县地震;次日复震。二十三年三月二十七日,永平地震,声如雷。二十四年九月初五日,象州地震。二十五年十一月二十日,潞安、长子地震。二十六年三月十一日,嘉兴地震有声。二十八年五月甲申,苏州、湖州地震。二十九年正月丁巳,苏州、湖州地震。五月二十八日,溧水地震。十月初二日,南宫地震。三十年正月甲寅,苏州地震。二月十一日,文登、荣成地震。七月初一日,凤翔地震;十八日又震。伏羌地大震。倒塌屋舍二万八千七百余间,压死七百七十余人。三十一年十一月初二日,南宫地震。三十二年五月二十二日,临潼地震。六月二十日,文登、荣成地震。七月二十五日,南宫地震。十月十六日,婺源地震。三十三年二月,南陵地震。三十四年六月二十五日,苍梧地震。七月十一日,吴川地震。八月初七日,苍梧地又震。十二月二十日,武进、潜山、合肥地震。三十五年正月,溧水地震。十二月二十二日,麻城地震。三十六年七月十五日,庆云地震。三十八年七月二十八日,临清地震。二十九日,陵川地震。三十九年九月,青浦地震。十月,东阿地震。四十年十一月十一日,陵川地震。十二月二十八日,屏山地震。四十二年四月初七日,祁县地震。四十三年三月,光化地震。九月九日,吴川地震,有声如雷。初十日,陆川地震,次日又震。四十四年八月二十日,湖州地震。四十六年三月十六日,乐清地震。四月十六日,瑞安地震。四十七年六月庚寅,苏州地震。四十九年十一月,光化地震。五十年三月初八日,永昌地震。六月初五日,武城地震。八月初十日,黄县、文登地震。五十一年五月十一日,盐亭、遂宁地震。五十四年三月十七日,嘉兴地震;二十日又震。九月二十日,潼关地震,坏民舍,人有压毙者。五十五年正月初八日,济南地震。八月二十四日,乐清地震。十月初六日,文登、荣成地震。五十六年正月初九日,济南地震。二月二十一日,吴川地震有声。五十七年五月癸卯,苏州、湖州地震。五十九年正月,武强地震。三月,临邑地震。六十年十一月二十五日,嘉善地震。

嘉庆元年正月,乐清地震,地裂,涌黑水。二月,诸城地震。二年六月十三日,滦州地震。三年八月,嘉善地震。四年正月二十五日,文登、荣成地震。十二月,临榆地震。五年二月二十六日,昌黎地震。七年九月,崇阳地震。八年二月,紫阳地震。十一月,宜春地震。十年二月十二日,滦州地震。六月六日,邢台地震,有声如雷。十一年十一月十四日,黄县地震。十八日又震。十二年四月初十日,宁津、东光地震。九月十二日,麻城地震。十三年九月,庆元地震。十五年十月十五日,缙云地震。十六年二月二十三日,永嘉、乐清地震。四月初九日,文登地震。八月初十日,打箭炉、百利、甘孜、绰倭地方地震,震毙夷、民四百八十一人。十八年六月,安定地震。八月,郧县地震。九月十一日,永嘉地震。十月初二日,平乐地震有声。二十年四月十九日,光化地震。七月朔,宁津、东光地震。九月十一日,乐阳地震,越十日又震,宜平、立原地震。十月二十一日,湖州地震。二十一年六月十四日,东光地震。秋,均州地震。二十二年四月初八日,文登、荣成地震,声如雷。二十三年十一月十五日,滕县地震。二十四年七月二十五日,贵阳地震。九月,缙云地震。十月十二日,黄县地震;十六日又震。二十五年正月十九日,镇番地震,声如雷。四月,贵阳地震。六月二十二日,南宫地震。

道光元年三月晦日,抚宁地震。六月,紫阳地震。三年三月,宜都地震。六月,文登地震。七月,定远地震。四年十一月十四日,枝江地震。五年六月,保康地震。六年正月晦日,章丘地震。二月二十四日,枝江地震。四月初四日,宜昌阎家坪裂五尺许,广四丈余。六月,贵阳地震。七年二月,郧县地震。七月,宁津地震。十月,章丘、新城、长清地震。八年八月,兴山地震。十月二十三日,黄县地震。九年五月初四日,宜城地震。十月二十二日,博平、莘县地震;青州、临朐地震,十余日方止,民舍倾倒,压死数百人。二十三日,黄县、即墨、平度、滕县、长清、章丘地震。十年四月二十二日,南宫、平乡地震。闰四月二十二日，元氏、新乐、菏泽、曹县等处同时地震，房舍倾圮，人有压毙者。十月十六日，武定地震；二十四日又震。十一月朔，黄安地震有声。十一年三月，抚宁地震。四月，临邑地震。九月，武进地震。十二年九月二十三日，临邑地震。十三年四月十八日，定远厅渔渡陷十余丈。十月二十四日，郧县地震。十五年七月初三日，高淳地震。十七年十月辛亥，临朐地震。十八年二月，兴安地陷，水涌如塘。十九年九月乙卯，青浦地震。戊戌，武进地震。二十年正月二十三日，随州地震，屋瓦皆动。二十二年正月十四日，高淳地震。九月，即墨地震。二十三年三月初八日，栖霞地震。二十四年八月二十五日，宁海地震。十月壬戌，青浦地震。二十五年六月辛丑，青浦、苏州地震。十月十四日，嵊县地震，屋舍摇动。二十六年五月十一日，嵊县地震。六月十二日，湖州、定海地震。十月丁巳，青浦地震。二十七年十月辛亥，苏州地震。二十八年六月十四日，永嘉地震。十一月初七日，缙云地震。二十九年三月初五日，抚宁地震。三十年三月二十八日，枝江、松滋地震。

　　咸丰元年正月甲辰，青浦地震。二月，江陵、公安地震。五月，黄安地震。六月朔，泸溪地震。二年四月十二日，应山地震。十八日，中卫地震，涌黑沙，压毙数百人。十月初六日，黄岩，太平、嵊县地震。十一月壬子，苏州、青浦地震。三年正月，黄岩地震。是年屡震。三月辛亥、壬子，苏州地震，辛酉又震。四月初五日，通州地屡震。二十三日，元氏地震。七月，景州地震。四月五月，安福地陷，广数丈，深不可测。九月朔，江陵地震。十二月初四日，钟祥地震。五年正月辛酉，青浦地震；九月戊寅又震；十月辛卯又震。十二月朔，栖霞地震。初五日，黄县地震。六年五月初六日，来凤地震，武昌百子畈地裂。七年四月，兴国地震。九月，铅山地震。十月，永丰地震。十二月二十六日，蓬莱地震，有声如雷，自是屡震。八年正月二十七日，蓬莱地复震，十余日始止；自七年至八年，凡震三十余次。十二月，宜黄地震。九年三月，恩施地震。十年七月初八日，枝江地震。十一年五月二十五日，栖霞地震。八月朔，宁远地震。

同治元年六月十二日,应城地震有声。三年三月庚午,青浦地震。四年正月二十九日,钟祥地震;二月初四日复震。五年八月十三日,景宁地震。九月十四日,青田地震。六年二月初一日,钟祥地震。三月十五日,江陵地震。八月,太平地震。十二月又震。七年六月初三日,均州、光化、郧县地震。七月初三日,随州安全岩地陷水涌。十年四月,襄阳地震。十一年六月十九日,高淳地震。八月十九日,嘉兴、柏乡地震。十二年正月二十六日,肃州地震。十三年三月二十日,沾化地震。

光绪元年九月,皋兰地震。三年六月丁亥,青浦地震。四年十二月二十八日,襄阳地震。五年五月初十日,陇右诸州县同时地震。十二日,光化地震。十三日,京山地震。六年十月,光化地震。七年四月,太平地震;五月又震。十月二十日,东光地震;二十五日复震。礼县地震,震毙四百八十人,倾倒民房四千有奇,牲畜无算。十一月初二日,西宁丹噶尔厅地震。八年二月初八日,西利地震。七月,南乐、望都地震。九年十二月二十二日,宁津地震。十年十月二十二日,东光地震。十一年二十九日,西利地震。十一年九月二十七日,武昌地震。十三年十二月甲戌,河州地震。十四年五月初五日,沾化、滦州地震。十五年八月,灵川地震;九月又震。十六年正月二十八日,西宁地震。十九年四月十九日,西宁地震,倾圮民房二百余间。人多压死。二十一年十二月初四日,山丹地震。二十三年正月二十四日,兰州地震。二十七年春,静宁州地震。二十八年十二月除夕,永昌地震。二十九年五月二十九日,曲阳地震。

顺治元年十一月十二日,盐亭山崩。三年四月,河源桂山崩。六年四月,两当山崩,压毙人畜无算;兰溪大慈山崩。七年六月,武昌马山崩。八年四月二十六日,黄县莱山巨石崩,声闻数里。六月,安丘土山裂丈余,广二尺余,深不可测,翼日乃合。八月己巳,同官王益山崩。九年五月,马平槎山崩。十六年秋,成都霪雨,锦屏山崩。

康熙元年秋,萧山大雨,小山崩;平陆山崩;霪雨,四门山崩;两当暴雨,山崩。二年七月,河州大雷雨,井沟山崩,压死居民二十余口。九月,灌阳大营山崩。六年四月二十一日,开建大紫山崩;台州临海大雨,山崩。十五年七月辛丑,同官济塞山崩,压死四十余人。十九年八月初二日,平湖雅岩裂。二十年正月,天台方山崩。五月十二日,宣平大莱山陷。三十五年十二月二十七日,保德州康家山崩。四十一年秋,宝鸡霪雨,山崩。四十二年四月初六日,太原奉圣寺山移数步。四十七年,保县熊耳山崩。

雍正七年三月,崖州南山崩。八年五月,兴安大雨,山崩;狄道凤台山崩。十年六月,富川西岭山崩数处。

乾隆四年十一月十四日,泰安县北山崩。十年七月十二日,百泉山崩,压毙二十五人。十五年五月,英山岩崩裂。六月,棠阴大雨,西北山崩。十六年二月,奉议州东布露村山崩裂,有声如雷。六月十二日,秦州仁寿山崩。十七年二月,忻城山崩,有声如雷。二十一年八月,秦州邽山崩。三十八年五月,庆元白马山崩。三十九年六月,云和大雨,山崩,压毙四人。四十一年十二月,云和五树庄山裂数百丈。五十七年五月,宜黄山崩,压毙数十人。六十年四月,庆元盖竹山崩。

嘉庆五年六月二十一日,义乌霪雨,山崩。二十三日,金华大雨,山崩。九年正月,新城北屯山崩。二十三年七月初五日,狄道州东山崩,压陷田地三十余亩。八月,永嘉大雨,西山崩,陷地丈许。二十四年五月,东湖山崩。

道光元年夏,新昌上方源山裂。三年七月甲戌,苏州玉遮山裂。四年六月,定远厅五块石山崩,坏市廛民舍。六年六月,宜昌大雨,山崩。十一年六月,狄道州黎家洼山崩,压毙二十余人。十二年七月,汉城槐木沟岩崩。十三年四月十八日,招远罗岩崩一角,声闻数里。十四年正月十五日,麻城磨石冈巨石裂数块,有声如雷。十五年六月,定远厅霪雨,母猪硐山崩。十八年十一月,恩施山崩。二十四年九月,星子五老峰右岩崩坠,有声如雷。二十七年六月十七日,西宁县北川郭家塔尔山崩,南川田家寨山崩。七月,皋兰县山崩。十月,宜山崩。二十九年五月二十四日,黄冈大崎山裂数十丈,年余渐合。

咸丰元年六月,礼县霪雨,山崩;衰家崖山崩裂,声震如雷,纵二尺许,横二百丈。十月,兴山仙侣山崩。二年六月朔,狄道马衔山裂;平河大雨,山崩,压倒民房无数。三年三月十六日,云和山裂二百丈。六月二十六日,景宁大雨,山崩,压毙七十三人。郧县青岩崩裂十余丈;保康大山崩移十里许,毁田庐无算;永嘉大雨,龙泉村山圮覆屋,压伤十九人。四年七月,云和山崩,压毙三十余人。五年四月,大通县塔破山崩。六年五月初八日,来凤大霸路猲甚山崩,压毙三百余人。九月,松阳大雷雨,山崩数十丈。

同治四年七月,固原山崩;汉阳铺有平石宽长丈余,高四尺,忽自行里许始止。十三年七月十二日,宜平北门山崩。八月十一日,西松西山崩,走入城中,压倒城垣二百四十余丈,民房九十余处,压死四十九人。

光绪元年正月朔,西宁西川阴山崩。七月,旧洮东明山崩。三年六月,河州经崖山崩,压毙二百余人,牲畜无算。五年五月,文县山崩。九年三月,光化马窟山裂。十二年六月,河州草领山崩。十九年五月,狄道州皇后沟山崩,压毙十三人。二十年二月二十七日,河州东八部兰山崩。二十二年二月,河州哈家山崩。二十三年八月,宁远大夫沟山崩。二十六年六月,漳县还山崩,静宁州南五台山崩,河州五家山崩。二十七年六月,皋兰五泉山、三台阁山崖崩。三十一年七月二十四日,洮州泉古山崩。三十二年五月洮州莽湾山崩。七月,芽坡山崩。三十三年五月,宁远小村槽山崩。

宣统元年六月十五日,秦州洛家川南山崩。

顺治五年三月,上海遍地生白毛。四月,娄县地生白毛。六年六月,杭州、嘉兴地生白毛。八月初三日,莱阳雨白毛。七年六月,苏州、镇洋、震泽、青浦地裂,生白毛。九年十月初四日,永嘉雨絮。

康熙七年六月,上海、海盐、湖州、平湖、宁波地生白毛,长尺许。七月，临安、余姚地生白毛，长尺许。八月，永嘉、桐乡地生白毛。八年八月，开化县地生白毛。十月，义乌地生白毛。十四年三月，琼州地生白毛，长寸余。十七年十月二十六日，镇洋雨白毛如雪片。四十六年，太平地生毛。

乾隆二十八年，南陵地生毛，白质黑颖。二十九年五月，武进地生白毛，长数寸。四十一年，婺源地生白毛。

嘉庆十九年七月，青遍地生白毛如发。二十三年三月，宜城地生毛，或白或黑，长尺余。

咸丰元年，江陵地生白毛，长三寸许。二年五月，青浦地生白毛。三年四月，武进地生毛。六年夏，青浦地生毛。七月，武进地生毛。九月，桐乡地生白毛。九年十月，武昌地生毛。

同治元年七月，高阳地生毛。四年六月，罗田遍地生苍白毛，长三寸许；即墨地生毛。五年十一月，潜江地生黑毛，长三寸；江陵地生毛。六年三月，德安地生毛。八月，京山地生毛，或黑或白，长尺余。十月，随州地生白毛。七年春，应山地生毛。夏，黄安地生毛。

光绪四年冬，光化地生毛。

顺治元年春，荆门大饥。冬，郧县大饥。二年，枣阳、襄阳、光化、宜城大饥，人相食。三年，太平、瑞安、崇阳大饥。四年，苏州、震泽、嘉定、太湖、潜山、石埭、建德、宿松、江山、常山大饥。五年春，广州、鹤庆、高明大饥，人相食。夏，惠来、大浦、嘉应州、兴宁、阳春、梧州、北流大饥，斗米可易一子。冬，全蜀饥；六年，全蜀仍饥；灌阳、平阳大饥。七年夏，榆林、青田饥。秋，永宁州、襄垣、萍乡大饥。冬，阜平饥。八年春，平湖、袁州、萍乡、万载饥。夏，寿阳、静乐饥。九年春，苏州大饥。夏，黄陂、孝感、天门饥，民多为盗。十年夏，兴宁、长乐、博罗、阳江、阳春饥。冬，六安饥。十一年，临榆、乐亭、新乐饥。十二年夏，临川、沁州饥。秋，武邑、宁晋饥。冬，金华、东阳、永康、武义、汤溪五县饥。十三年春，琼州饥。秋，东安饥。冬，乌程、寿光饥。十四年，乐亭饥。十五年，永年、抚宁、昌黎、庆云、鸡泽、威县饥。

十六年春,阳信、海丰、莒州大饥。夏,胶州饥。十七年夏,遵化州饥。秋,独山州大饥,民多饿毙。冬,滦州饥。十八年春,兴宁饥。夏,南笼府大饥。秋,临安饥。

康熙元年,吴川大饥。二年,合肥饥。三年春,揭阳饥。秋,交河、宁晋饥。四年春,曹州、兖州、东昌大饥。夏,惠来饥。秋,怀远饥。冬,乌城饥。六年,应山饥。七年,无极大饥。十年夏,海盐大饥。秋,临安、东阳大饥。十一年,永康、峡江、大冶饥。秋,遂安、汤溪大饥。十二年,乐亭大饥。十三年春,兴宁、镇平、京山大饥。十四年,东光饥。十五年春,大冶饥。夏,连平饥。十六年春,嘉应州大饥。夏,郧县、郧阳、郧西大饥。十七年秋,曲江饥。十八年春,正定府属饥。夏,兴宁、长乐、嘉应州、平远饥。秋,无为、合肥、庐江、巢县、博兴、乐安、临朐、高苑、昌乐、寿光大饥。冬,满城饥。十九年春,江夏大饥。夏,大同、天镇饥。冬,万泉、遵化州、沧州饥。二十年夏,儋州、永嘉饥。二十一年春,桐乡饥。冬,信宜、正定保安州饥。二十二年春,宜兴饥。秋,单县饥。二十三年春,济宁州、剡州、费县饥。秋,巴县、江安、罗田饥。二十四年春,沛县饥。二十五年秋,恭城大饥。冬,藁城大饥。二十六年,博兴大饥。二十七年秋,蔚州饥。二十八年春,高邑、文登饥。夏,潜江大饥。秋,龙门饥。二十九年夏,黄冈、黄安、罗田、蕲州、黄梅、广济饥。秋,襄垣、长子、平顺饥。三十年春,昌邑饥。秋,顺天府、保安州、正定饥。三十一年春,洪洞、临汾、襄陵饥。夏,富平、周至、泾阳饥。秋,陕西饥。三十二年夏,庆阳饥。秋,湖州饥。三十三年,沙河饥。三十四年,毕节饥。三十五年夏,长宁、新安、藁城饥。秋,大埔饥。三十六年夏,广宁、连平、龙川、海阳、揭阳、澄海、嘉应州大饥。秋,庆元、龙南、潜江、西阳、江陵、远安、荆州、郧西、江陵、监利饥。三十七年春,平定、乐平大饥,人相食。夏,济南、宁阳、莒州、沂水大饥。三十八年春,陵川饥。夏,婺源、费县饥。秋,金华饥。三十九年秋,西安、江山、常山饥。四十年,靖远饥。四十一年春,吴川大饥。夏,沂州、剡城、费县大饥。冬,庆云饥。四十二年夏,永年、东明饥。秋,沛县、亳州、东阿、曲阜、蒲县、滕县大饥。冬，汶上、沂州、莒州、兖州、东昌、郓城大饥，人相食。四十三年春，泰安大饥，人相食，死者枕藉；肥城，东平大饥，人相食。武定、滨州、商河、阳信、利津、沾化饥。兖州、登州大饥，民死大半，至食屋草。昌邑、即墨、掖县、高密、胶州大饥，人相食。四十四年，凤阳府属饥。四十五年春，汉川、钟祥、荆门、江陵、监利、京山、潜江、沔阳、郧县、郧西饥。四十六年秋，东流、宿州饥。四十七年，平乡、沙河、巨鹿饥。四十八年春，无为、宿州饥。夏，沂城、剡城、邢台、平乡饥。秋，武进、清河饥。四十九年，阜阳饥。五十年，通州饥。五十一年，古浪饥。五十二年春，苍梧饥，死者以千计。夏，长宁、连平、合浦、信宜、崖州、柳城饥。五十三年春，阳江饥。冬，汉阳、汉川、孝感饥。五十四年夏，临榆饥；遵化州大饥，人食树皮。五十五年春，顺天、乐亭饥。五十六年春，天台饥。五十七年，广济饥。五十八年春，日照饥。夏，静宁、环县饥。五十九年春，临潼、三原饥。夏，蒲县饥。六十年春，平乐、富川饥。夏，邢台饥。秋，咸阳大饥。冬，兖州府属饥。六十一年夏，井陉、曲阳、平乡、邢台饥。夏，蒙阴、沂水饥。秋，嘉兴、金华饥。冬，怀集饥。

雍正元年夏，通州饥。秋，嘉兴饥。二年春，蒲台大饥。夏，乐清、金华、嵊县饥。冬，英山饥。三年夏，顺德、胶州饥。冬，惠来饥。四年春，嘉应州饥。秋，澄阳江饥。五年冬，江陵、崇阳饥。七年，寿州饥。八年夏，肥城、武城饥。冬，铜陵大饥。九年春，肥城大饥，死者相枕藉；莒州、范县、黄县、招远、文登饥。夏，章丘、邹平大饥。冬，济南大饥。十年，崇明、海宁饥。十一年冬，上海、嘉兴饥。十二年秋，武进大饥。十三年秋，庆远府属大饥。冬，垣曲饥。

乾隆元年夏，海阳饥。三年秋，平阳饥。四年春，葭州饥。夏，砀山饥。五年，巩昌、秦州、庆阳等处饥。六年，甘肃陇右诸州县大饥。七年春，山阳饥。夏，宜都饥。秋，亳州饥。八年春，南昌、饶州、广信、抚州、瑞州、袁州、赣州各府大饥。夏，天津、深州二十八州县饥。九年，高邑大饥。十年，正定、剩皇、无极、藁城、元氏等县饥。十一年春，沾化饥。夏，庆云、宁津饥。十二年，曹州、博山、高苑、昌乐、安丘、诸城、临朐饥。十三年春，曲阜、宁阳、济宁、日照、沂水饥。夏，福山、栖霞、文登、荣成饥、栖霞尤甚，鬻男女。十四年春，安丘、诸城、黄县大饥，饿殍载道，鬻子女者无算。十五年秋，广信饥。十六年春，福山、栖霞饥。民多饿死。夏，南昌、广信饥。冬，建德饥。十七年春，全州饥。夏，同官、洵阳、白河饥。冬，房县饥。十八年春，庆元饥。秋，郧县饥。十九年，罗田饥。二十年，溧水、通州饥。二十一年春，青浦、东流、湖州、石门、金华饥。夏，沂州、武城饥。冬，济南府饥。二十二年夏，博白饥。秋，掖县饥。二十三年春，翁源、苍梧饥。夏，日照饥。二十四年秋，陇右诸州县大饥。二十五年，平定、潞安、长子、长治、和顺、天门饥。二十六年，江夏、随州、枝江饥。二十七年春，济南饥。夏，枣强、庆云饥。二十八年夏，永年、永昌大饥。二十九年秋，东光大饥。三十年春，桐庐饥。秋，吉安、广信、袁州、抚州饥。冬，威远饥。三十一年，济南、新城、德州、禹城饥。三十二年冬，池州大饥。三十三年夏，沂水、日照大饥。三十四年，溧水、太湖、高淳饥。三十五年，兰州、巩昌、秦州各属大饥。三十六年夏，会宁、肥城大饥。秋，新城、宁陕厅饥。三十八年秋，文登、荣成饥。三十九年秋，秦州、镇番大饥。四十年，溧水、武进、高邮、南陵大饥。四十二年秋，陆川饥。四十三年，全蜀大饥，立人市鬻子女；江夏、武昌等三十一州县饥。四十四年春，南漳、光化、房县、随州、枝江饥。夏，秦州属饥。四十五年秋，江陵、保康饥。四十七年，滦州、昌黎、临榆饥。四十八年春，黄县饥。秋，绥德州饥。四十九年春，葭州饥。夏，来凤饥。五十年春，宜城、光化、随州、枝江大饥，人食树皮。夏，章丘、邹平、临邑、东阿、肥城饥。秋，寿光、昌乐、安丘、诸城大饥，父子相食。五十一年春，山东各府、州、县大饥，人相食。五十二年，临榆大饥。五十三年秋，文登、荣成饥。五十四年夏，宜都饥。五十五年秋，禹城饥：五十六年，邢台等八县饥。五十七年，唐山、宁津、武强、平乡饥，民多饿毙。五十八年春，常山饥。五十九年，清苑、望都、蠡县。六十年春，蓬莱、黄县、栖霞饥。夏，麻城饥。

　　嘉庆五年夏，海阳饥。六年，文登、荣成饥。七年冬，乐亭饥。八年夏,秦州各属大饥。九年春,滕县饥。十年夏,黄县、邢台饥。十一年春,中部、通渭饥。冬,安陆饥。十二年,蓟州、昌黎、永安州饥。十三年夏,黄县饥。十五年秋,宁津、东光、章丘饥。十六年夏,霸州、保定、文安、大城、固安、永清、东安、宛平、涿州、良乡、雄县、安州、新安、任丘、滦州、蓟州饥。十七年春,登州府属大饥。秦州各属及镇番、永昌等处大饥。夏,临榆饥。冬,乐清饥。十八年春,肥城、东阿、滕县、济宁、曹县、诸城饥。冬,宜城、房县、竹溪、均州、保康饥。十九年春,宜城、安陆、保康、麻城、郧县饥。夏,襄阳、汉阳、枣阳、南漳饥。秋,高淳饥。二十年,清苑饥。二十一年,武昌县饥。二十二年,固安、武强、内丘饥。二十五年秋,乐清、永嘉饥。

道光元年秋,荣成饥。二年夏,滦州饥。三年春,东阿饥。秋,曲阳饥。四年,皋兰、静宁、西宁、巩昌、秦州等处大饥。五年秋,南乐、静海、文安、大城、宝坻饥。七年春,日照大饥。八年,太平饥。十年冬,江陵饥。十二年春,昌平饥。夏,紫阳大饥,人相食。冬,钟祥、潜江、汉城、蕲川、黄梅、江陵、公安、监利、松滋。十三年春,诸城、日照大饥,民流亡。夏,保康、郧县、房县饥,人相食。秋,滦州、抚宁饥。十四年春,归州、兴山大饥,人相食。夏,庄浪及秦州各属饥。秋,青浦饥。冬,定海饥。十五年春,诸城饥。秋,孝义厅大饥。十六年春,登州府属大饥。冬,太平饥。十七年冬,即墨饥。十八年夏,永年饥。二十年冬,滦州、乐亭、抚宁饥。二十一年夏,高淳饥。冬,枝江饥。二十二年冬,蕲州饥。二十三年秋,湖州饥。二十六年秋,平凉县饥。二十七年,南乐饥,人相食。二十九年夏,江陵、公安、石首、松滋、枝江、宜都大饥,饿死者无算。冬,青浦饥。三十年春,湖州、咸宁、崇阳饥。

咸丰二年春,日照大饥。夏,全县大饥。六年,黄县、临朐饥。七年春,肥城、东平大饥,死者枕藉;鱼台、日照、临朐亦饥,人相食。夏,清苑、元氏、无极、邢台大饥。八年秋,兴山饥。

同治元年春,乐亭饥。二年春,孝义厅饥。秋,江山、常山饥。三年,保康饥。四年春,蕲水饥,民有鬻子女者。五年,兰州饥,人相食。

六年春,庄浪、金县、皋兰饥。七年春,即墨、孝义厅、蓝田、沔县饥。夏,泾州大饥,人相食。冬,平凉、静宁、古浪、固原、灵台、秦州、永昌等处大饥。八年春,日照饥。九年夏,上饶饥。十年秋,望都、乐亭饥。十三年秋,雄县饥。冬,山丹饥。

光绪元年冬,海州饥。二年春,日照、海阳、滦州饥。三年,高陵大饥,饿毙男妇三千余人;靖远、平凉、泾州、灵台、礼县、文县、合水大饥。四年,唐县等四十州县饥,庄浪、阶州、成县、灵州、巩昌、秦州各属饥。六年秋,邢台饥。七年,通州等州县饥。九年秋,鹤峰州大饥。十一年夏,沾化饥。十三年冬,洮州、永昌饥。十五年春,鱼台饥。二十一年春,邢台、滦州饥。二十二年夏,太平饥。二十三年,宁津饥。二十四年冬,靖远、静宁、庄浪、丹噶尔饥。二十五年秋,文县饥。二十六年夏,靖远饥。二十七年冬,洮州、静宁、灵台饥。二十九年,洮州仍饥。三十三年秋,皋兰饥。

顺治十五年六月,遂安雨黄沙。

康熙元年十一月,曹县雨土数日。三十一年正月,襄垣雨土。三十七年四月,龙门雨黄沙。四十八年九月,丘县黄埃障天。六十年春,安定雨土。

乾隆四年三月,甘泉雨土。十六年三月十五日,忠州夜雨黄土,着人物皆黄。二十四年二月初七日,蓟州雨黄土。三月,永年雨黄土。四十八年三月十四日,宁陕厅雨土。五十年二月十五日,临清雨土。五十一年正月,文登、荣成雨土。五十九年二月二十六日,翼城雨土。

嘉庆十四年冬,泰州雨土。二十三年四月,唐山雨土二寸许。

道光四年春,沾化雨土。

咸丰三年二月,栖霞雨土。三月,宜昌雨土。六年三月二十三日,咸宁雨土。

同治三年春,麻城雨土。

光绪四年二月二十九日,宜城雨黄沙。三月,蓬莱雨土。

清史稿卷四五
志第二〇

时宪一

推步因革

　　明之《大统术》,本于元之《授时》。成化以后,交食往往不验。万历末,徐光启、李之藻等译西人之书为新法,推交食、凌犯皆密合,然未及施用。世祖定鼎以后,始绌明之旧历,依新法推算,即承用二百六十余年之《时宪术》也。光启等断断辨论,当时格而不行,乃为新朝改宪之资,岂非天意哉?圣祖邃于历学,定用均轮法以齐七政,以康熙甲子为元。雍正中,从监臣之请,推步改椭圆法,以雍正癸卯为元。道光中,监臣以交食分秒不合,据实测之数损益原用数,以道光甲午为元。自康熙至于道光,推步之术凡三改,而道光甲午元历仅有恒星表。至于推日月交食、步五星,均未及成书云。西人汤若望,与徐光启共译新法者也。以四十二事证西人之密、中术之疏,畴人子弟翕然信之。宣城人梅文鼎研精天算,由《授时》以溯《三统》、《四分》以来诸家之术,又博考《九执》、《回回术》,而折衷于新法,皆洞其原本,究其异同,卒以绩学受知圣祖,于是为推步之学者,始知中、西之学之一贯,不至眩晃于新法矣。与汤若望同时入中国者为穆尼阁,传其学于淄川薛凤祚,而吴江人王锡阐自创新法,用以推日月食,不爽秒忽,两家之学,皆不列于台官,然其精密,或为台臣所不及焉。今为《时宪志》,详考其推步、七政、四余、根理、法数著于篇，诸家论说有裨数理者，亦撮其大要载之。明《大统术》、《回回术》，康熙初用之，以详于《明史》，不具论。

　　顺治元年六月，汤若望言："臣于明崇祯二年来京，曾依西洋新法厘订旧历。今将新法所推本年八月初一日日食，京师及各省所见食限分秒，并起复方位，图象进呈。乞届期遣官测验。"从之。七月，若望又推天象进呈。是月，礼部言："钦天监改用新法，推注已成，请易新名，颁行天下。"睿亲王言："宜名'时宪'，以称朝廷宪天乂民至意。"从之。八月，丙辰朔午时，日食二分四十八秒，大学士冯铨，同若望赴观象台测验覆奏，惟新法一一吻合，《大统》、《回回》二历俱差时刻，敕："旧法岁久自差，非官生推算之误，新法既密合天行，监局宜学习勿怠玩。"十月，颁《顺治二年时宪书》。若望又言："敬授人时，全以节气交宫与太阳出入昼刻为重。今节气之日时刻分与太阳出入昼夜时刻，俱照道里远近推算，请刊入《时宪书》。"从之。十一月，以若望掌钦天监事。若望等言："臣等按新法推算月食时刻分秒，复定每年进呈书目，删其复重，以免混淆。"二年六月，若望等言："旧法推算本年十二月己卯朔辰时日食三分强，回回科算见食一分弱。依新法推之，止应食半分强，且在日出之前，地平上不见，请临期遣官测验。"从之。至期天阴雨，推验事遂辍。十一月，若望以明大学士徐光启所译《崇祯历书》改名《新法历书》进呈，上命发监局官生肄习，仍宣付史馆，加若望太常司卿衔。十年，赐若望通玄教师，以奖其勤劳。

　　若望之法，以天聪戊辰为元。分周天为三百六十度。太阳一日平行五十九分八秒十九微四十九纤三十六芒，最高一年行四十五秒，戊辰年平行距冬至五十三分三十五秒三十九微，最高距冬至五度五十九分五十九秒。太阴一日平行一十三度一十分三十五秒一微，自行一十三度三分五十三秒五十六微，正交行三分一十秒，月孛行六分四十一秒，戊辰年平行距冬至六宫一度五十分五十四秒四十六微，自行距冬至六宫二十五度三十二分一十五秒三十四微，正交行距冬至一宫一十四秒,月孛行距冬至十一宫六度一十九分。土星流行应平行距冬至为十一宫十八度五十一分五十一秒,本年最高行距冬至为九宫八度五十七分五十九秒,平行距最高即引数,为二宫九度五十三分五十二秒,正交行距冬至为六宫七度九分八秒。一平年平行为十二度十三分三十一秒,最高行一分二十秒十二微,以最高行减平行,得十二度十二分十五秒,乃一年之引数也。一闰年平行为十二度十五分三十五秒,引数为十二度十四分十五秒。正交行一年为四十二秒。木星诸行应平行距冬至为八宫二十八度八分三十一秒,本天最高行为十一宫二十七度十一分十五秒,平行距最高即引数,为九宫初度五十七分十六秒,正交行为六宫二十四度四十一分五十二秒。一平年距冬至平行为一宫零二十分三十二秒,最高行为五十七秒五十二微,两数相减,得一宫零十九分三十四秒,乃一平行之引数也。一闰年距冬至平行为一宫零二十五分三十一秒,引数为一宫零二十四分三十三秒。正交行一年为一十四秒。火星诸行应平行距冬至为五宫四度五十四分三十秒,本天最高在七宫二十九度三十分四十秒,平行距最高即引数,为九宫五度二十三分五十秒,正交行为三宫十七度二分二十九秒。一平年距冬至平行为六宫十一度七分一十秒,最高行一分十四秒,两数相减,得六宫十一度十五分五十五秒。一闰年距冬至平行为六宫十一度四十八分三十六秒,引数为六宫十一度四十七分二十一秒。正交行一年为五十三秒。金星诸行应平行距冬至与太阳同度,为初宫初度五十三分三十五秒三十九微,平行距最高即引数,为六宫零五十六分五十五秒,伏见行从极远处,为初宫九度十一分七秒,最高行在六宫零十六分六秒。一平年距冬至为十一宫二十九度四十五分四十秒三十八微,自行引数为十一宫二十九度四十四分十七秒,伏见行为七宫十五度一分五十秒,最高行为一分二十一秒。一闰年距冬至至及自行加五十九分八秒,伏见行加三度六分二十四秒,乃一日之行也。金星正交在最高前十六度,即五宫十四度十六分,其行极微,故未定其率,然于最高行无大差。水星诸行应平行距冬至与太阳同度,平行距最高即引数,为二十九度二十分二秒,伏见行法极远处起,为三宫二十九度五十四分一十六秒,最高在十一宫零五十二分四十二秒。一平年距冬至亦与太阳同度,自行引数为十一宫二十九度四十三分五十一秒,伏见行满三周外有一宫二十三度五十七分二十六秒。一闰年引数为十二宫零四十二分五十九秒,伏见行全周外为一宫二十七度三分五十二秒,正交行或曰与最高同度难测,故不敢定云。

若望论新法大要凡四十二事:曰天地经纬,天有经纬,地亦有之,以二百五十里当天之一度,经纬皆然。曰诸曜异天,诸曜高卑相距远甚,驳旧历认为同心之误。曰圆心不同,太阳本圈与地不同心,二心相距,古今不等。曰蒙气差,地有蒙气,非先定蒙气差不能密合。曰测算异古法,测天以弧三角形,算以割圜八线表。曰测算皆以黄道,测天用赤道仪,所得经度不合,新法就黄道经度,通以黄赤通率表,乃与天行密合。曰改定诸应,从天聪二年戊辰前冬至后已卯日子正为始。曰求真节气,旧法平节气,非真节气,今改定。曰盈缩真限,用授时消分为平岁,更以最高最卑差加减之,为定岁。曰表测二分,旧法以圭表测冬至,非法之善者,今用春秋二分,较二至为密。曰太阳出入及晨昏限,从京师起算,各处有加减。曰昼夜不等,其差较一刻有奇,一缘黄道夏迟冬疾,一缘黄赤二道广狭不同距,则率度不同分。曰改定时刻,定昼夜为九十六刻。曰置闰不同,旧法用平节气置闰,非也。改用太阳所躔天度之定节气。曰太阴加减,朔望止一加减,余日另有二三,均数多寡不等。曰月行高卑迟疾,月行转周之最高极迟,最卑极疾,五星准此。曰朔后月见迟疾,一因自行度迟疾,一因黄道升降斜正,一因白道在纬南纬北。曰交行加减,月在交上,以平求之必不合,因设一加减为交行均数。曰月纬距度,旧法黄白二道相距五度,不知朔望外尚有损益,其至大之距,五度三分之一。曰交食有无,月食以距黄道纬度较月与景两半径并,日食则以距度较日月两半径并,距度为小则食,大则不食。曰日月食限不同,月食则太阴与地景两周相切,以其两视半径较白道距黄道度，又以距度推交周度定食限，日食必加入视差而后得距度。曰日月食分异同，距度在月食为太阴心实距地景之心，在日食为日月两心之距，但日食不据实距而据视距。曰实食中食，以地心之直线上至黄道者为主，日月五星两居此线之上，则实食也，月与五星各居本轮之周，地心直线上至黄道，而两本轮之心俱当线上，则中食也。曰视食，日食有天上之实食，有人所见之视食，视食依人目与地面为准。曰黄道九十度为东西差之中限，论天顶则高卑差为正下，南北差为斜下，而东西差独中限之一线为正下，以外皆斜下。论其道则南北差为股，东西差恒为勾，高卑差恒为弦。至中限则股弦为一线，无勾矣。曰三视差，以地半径为一边，以太阳太阴各距地之远为一边，以二曜高度为一边，成三角形，用以得高卑差，又偏南而变纬度得南北差，以黄道九十度限偏左偏右而变纬度，得东西差。曰外三差，东西、南北、高卑之差，皆生于地径，外三差不生于地径而生于气。一、清蒙气差；二、清蒙经差；三、本轮经差。曰亏复不一，非二时折半之说，新法以视行推变时刻，则了然于亏复时刻不一之故。曰交食异、算，诸方各以地经推算交食时刻及日食分。曰日食变差，据法应食而实不见食，必此日者地之南北差变为东西差，此千百年偶过一二次，非无有者。曰推前验后，新法诸表，上溯下沿，开卷了然，不费功力。曰五星准日，旧法于合伏日数，时多时寡，徒以假目定之，不见有差，今改正。曰伏见密合，旧法五星伏见惟用黄道距度，非也，今改正。曰五星纬度，太阴本道斜交黄道，因生距度与阴、阳二历，五星亦然，新法一一详求，旧未能也。曰金水伏见，金星或合太阳而不伏，水星离太阳而不见，用浑仪一测便知，非旧法所能。曰五星测法，测五星须用恒星为准。曰恒星东移，恒星以黄道极为极，各宿距星时近赤极，亦或时远赤极，由黄赤二道各极不同，非距星有异行武易位。曰定恒星大小有六等之别，前此未闻。曰天汉释疑，新法测以远镜，天汉乃无算小星攒聚而成。曰四余删改，罗㬋即白道之正交，计都即中交，月孛乃月行极高之点。至紫气一余，无数可定，《明史》附会，今俱改测。曰测器，新法增星表，曰象限仪、百游仪、地平仪、弩仪、天环天球纪限仪、浑盖简平仪、黄赤全仪，而新制之远镜，尤为测星要器。曰日晷，为地平晷、三晷、百游晷、通光晷。此外更有星晷，月晷，以备夜测之用。若望所言，大抵据新法以诋旧术之疏，然新法之精蕴，亦尽于此矣。

十四年四月，前回回科秋官正吴明炫言：“臣祖默河亦里等十八姓，本西域人，自隋开皇己未抱其学重译来朝，授为日官。一千五十九年，专司星宿行度吉凶，每年推算太阴五星凌犯，天象占验，日月交食，即以臣科白本进呈为定例。顺治三年，本监掌印汤若望令臣科凡日月交食及太阴五星凌犯、天象占验俱不必奏进。臣查若望所推七政、水星二、八月皆伏不见，今水星二月二十九日仍见东方，又八月二十四日夕见，闻系象占，不敢不据实上闻。乞复立回回科，以存绝学。”奏下所司。时新安卫官生杨光先叩阍进《摘谬论》，纠汤若望新法之谬，且言：“《时宪书》有‘依西洋新法’五字尤不合。”又进《选择议》，纠若望选荣亲王葬期用《洪范》五行，山向、年月俱犯忌杀。

康熙三年十二月，礼部议：“《时宪书》面‘依西洋新法’五字，拟改‘奏准’二字。”从之。四年，议政王等言：“每日百刻，新法改为九十六刻；二十八宿次序，汤若望将觜、参二宿改易前后；又将四余删去紫气，俱不合。其选择不用正五行，用《洪范》五行，以致山向、日月俱犯忌杀，事犯重大，将汤若望及科官等分别拟凌迟斩决。”敕汤若望从宽免死，时宪科李祖白等五人俱处斩。于是复用《大统》旧术，以杨光先掌监务。光先抗疏屡辞，不允。光先于推步之学本不深，康熙七年，谓明年当闰十二月，寻知其误，自行捡举，而《时宪书》已颁行，乃谕天下停止闰月云。是年，监副吴明烜言：“古法差谬，五官正暨回回科所进各不同，立加较正。”下礼部议。礼部覆奏：“五官正戈继文等所算七政金水二星差错太甚，主簿陈聿新所推七政未经测验，亦有差错，监副吴明烜所推七政与天象相近，理应颁行，仍令监臣同四科官，每日昼测晷景以定节气，夜测月五星以定行度。”从之。

　　十一月，西人南怀仁言所颁各法不合天象，乃召南怀仁、利类思、安文思及监官马祐、杨光先、吴明烜等至东华门，大学士李霨传谕："授时乃国家要政，尔等勿挟宿仇，以己为是，以彼为非。是者当遵用，非者富更改，务期归于至善。"十二月，南怀仁劾吴明烜所造《康熙八年七政时宪书纠谬》，下王大臣、九卿、科道会议。议政王等言："乞派大臣同南怀仁等测验。"乃遣图海、李霨等二十人赴观象台测验。八年二月，议政王等议覆："图海等赴观象台测验，南怀仁所言皆合，吴明烜所言皆谬，问监正马祐等，亦言南怀仁所算实与天象合。窃思百刻虽行之已久，但南怀仁九十六刻之法既合天象，自应颁用。又南怀仁言罗睺、计都、月孛系推算所用，故载于七政之后，其紫气星无用处，不应造入。应自康熙九年为始，用九十六刻之历。"时明烜言："臣只知天文，不知历法。"光先言："臣不知历法，惟知历理。"光先语尤不逊，褫职。三月，授南怀仁钦天监监副。先是监官依古法推算，康熙八年十二月应置闰，南怀仁言雨水为正月中气，是月二十九日值雨水，即为康熙九年正月，不应置闰，置闰当在明年二月。监官多直怀仁，从其言，改闰九年二月，于是《大统》、《回回》两法俱废，专用西洋法，如顺治之初。八月，南怀仁劾杨光先诬陷汤若望叛逆，议政王等议："汤若望应复通微教师，照原品赐恤，杨光先应反坐。"敕免议。

　　十三年二月，新造《仪象志》告成，南怀仁加太常寺卿衔。十四年二月，谕监副安泰从何君锡学古历法。十五年二月，钦天监奏五月朔日食，监副安泰依古法算，应食五分六十秒，南怀仁新法只应食二十微三分秒之一。至期登台测验，酉正食甚，将及一分，戌初刻复圆，古法所推分数失之甚远，而新法亦不甚合。南怀仁曰："此清蒙气之所为，蒙气能映小为大故也。"

　　十七年七月，钦天监进呈《康熙永年表》三十二卷。二十二年十月，监臣推算盛京九十度表告成。初，南怀仁奏："各省北极高度不同，其交合之时刻食分俱不等，全凭各省之九十度表推算。向来不知盛京北极高度，即用京师之九十度表，今测得盛京北极比京师高二度,请依其高度推算九十度表。"从之。至是,以盛京九十度表进呈,谕"永远遵守"云。

四十一年十月,大学士李光地以宣城贡生梅文鼎《历学疑问》三卷进呈。上曰:"朕留心历算多年,此事朕能决其是非。"乃亲加批点还之,事具《梅文鼎传》。文鼎论中、西二法之同异;曰:"今之用新历也,乃兼用其长,以补旧法之未备,非尽废古法而从新法术也。夫西历之同乎中法者,不止一端。其言曰五星之最高加减也,即中法之盈缩历也,在太阴,则迟疾历也。其言五星之岁轮也,即中法之段目也。其言恒星东行也,即中法之岁差也。其言节气之以日躔过宫也,即中法之定气也。其言各省真节气不同也,即中法之里差也。但中法言盈缩迟疾,而西说以最高最卑明其故;中法言段目,而西说以岁轮明其故;中法言岁差,而西说以恒星东行明其故。是则中历所言者当然之运,而西历所推者其所以然之理,此其可取者也。若夫定气里差,中历原有其法,但不以法历耳,非古无而今始有也。西历始有者,则五星之纬度是也。中历之纬度,惟太阳、太阴有之,而五星则未有及之者。今西历之五星有交点、有纬行,亦如太阳太阴之详明,是则中历缺陷之大端,得西法以补其未备矣。夫于中法之同,亦既有以明其所以然之故,而于中法之未备者,又有以补其缺,于是吾之积候者,得彼说而益信,而彼说之若难信者,亦因吾之积候而有以知其不诬,虽圣人复起,亦在所兼收而并取矣。"

五十年十月,上谕大学士等:"天文历法,朕素留心,西法大端不误,但分刻度数之间,积久不能无差。今年夏至,钦天监奏午正三刻,朕细测日景,是午初三刻九分。此时稍有舛错,恐数十年后所差愈甚。犹之钱粮,微尘秒忽,虽属无几,而总计之,便积少成多,此事实有证验,非比书生论说可以虚词塞责也。"又谕礼部考取效力算法人员,临轩亲试,取顾琮等四十二人。五十一年五月,驾幸避暑山庄,征梅文鼎之子梅瑴成诣行在。先是命苏州教授陈厚耀,钦天监五官正何君锡之子何国柱、国琮,官学生明安图,原任钦天监监副成德,皆扈从侍直,上亲临提命,许其问难如师弟子。及征瑴成至,奏对称旨,遂与厚耀等同直内廷。五十二年五月,修律吕、算法诸书,以诚亲王允祉、皇十五子允祉、皇十六子允禄充承旨纂修,何国宗、梅毂成充汇编,陈厚耀、魏廷珍、王兰生、方苞等充分校。所纂之书,每日进呈,上视加改正焉。

五十三年四月,谕诚亲王允祉等:“古历规模甚好,但其数目岁久不合,今修书宜依古历规模,用今之数目算之。”十月,又谕:“北极高度,黄赤距度最为紧要,着于澹宁居后逐日测量。”乃知象限仪,仪径五尺,范铜为之,昼测日度,夜测勾陈帝星。又制中表、正表、倒表各二,俱高四尺,中表测日中心,正表、倒表测日上下边之景。惟六表所得日景尾数多参差不合。梅毂成言:“表高景澹,尾数难真,自古患之。昔郭守敬为铜表,端挟二龙,举横梁至四十尺,因其景虚澹,创为景符以取实影。其制以铜叶博二寸,长加博之二,中穿一核若针芥然,以方木为跌,一端设机轴,令可开阖。稽其一端,使其针斜倚,北高南下,往来迁就于虚影之中。核达日光,仅如黍米,隐然见横梁于其中。”乃仿《元史》郭守敬制造景符六,如法用之,影尾数始毫末不爽。测得畅春园北极高三十九度五十九分三十秒,比京师观象台高四分三十秒,黄赤大距二十三度二十九分,比旧测减二分云。十一月,诚亲王允祉等言:“郭守敬造《授时术》,遣人二十七处分测,故能密合。今除畅春园及观象台逐日测验外,如福建、广东、云南、四川、陕西、河南、江南、浙江八省,于里差尤为较著,请遣人逐日测量,得其真数,庶几东西南北里差及日天半径,皆有实据。”从之。

五十八年二月,以推算人不敷用,敕礼部录送蒙养斋考试,取傅明安等二十八人,命在修书处行走。六十年,御制算法书成,赐名《数理精蕴》。谕:“此书赐梅文鼎一部,命悉心校对。”遣其孙梅毂成赍书赐之。六十一年六月,历书稿成,并律吕、算法,共为《律历渊源》一百卷:一曰《历象考成》上、下编,一曰《律吕精义》上、下编,续编,一曰《数理精蕴》上、下编。雍正元年,颁《历象考成》于钦天监,是为康熙甲子元法。自雍正四年为始,造时宪书一遵《历象考成》之法。又议准其御制之书，无庸钦天监治理，其治历法之西洋人授为监正。八年六月，监正明安图言："日月行度，积久渐差，法须旋改，始能密合。臣等遵御制《历象考成》推算《时宪》，据监正戴进贤、监副徐懋德推测，觉有微差。于本月初一日日食，臣等公同测验，实测与推算分数不合，乞敕下戴进贤、徐懋德详加校定修理。"从之。十年四月，修日躔、月离表成。

乾隆二年四月，协办吏部尚书事顾琮言："世宗皇帝允监臣言，请纂修日躔、月离二表，以推日月交合，并交宫过度，晦朔弦望，昼夜永短，以及凌犯，共三十九页，续于《历象考成》诸表之末。查造此表者，监正西洋人戴进贤。能用此表者，监副西洋人徐懋德与五官正明安图。拟令戴进贤为总裁，徐懋德、明安图为副总裁，尽心考验，增补图说。《历象考成》内倘有酌改之处，亦令其悉心改政。"敕："即著顾琮专管。"五月，琮复言："乞命梅瑴成为总裁，何国宗协同总裁。"从之。十一月，命庄亲王允禄为总理。

三年四月，庄亲王允禄等言："《历象考成》一书，其数惟黄赤大距减少二分，余皆仍新法算书西人第谷之旧。康熙中西人有噶西尼、法兰德等，发第谷未尽之义，其大端有三：其一谓太阳地半径差，旧定为三分，今测只有十秒。其一谓清蒙气差，旧定地平上为三十四分，高四十五度，只有五秒，今测地平上止三十二分，高四十五度，尚有五十九秒。其一谓日月五星之本天非平圆，皆为椭圆，两端径长，两腰径短。以是三者，经纬度俱有微差。戴进贤等习知其说，因未经征验，不敢遽以为是。雍正八年六月朔日食，旧法推得九分二十二秒，今法推得八分十秒，验诸实测，今法为近。故奏准重修日躔、月离新表二差，以续于《历象考成》之后。臣等奉命增修表解图说，以日躔新表推算，春分比前迟十三刻许，秋分比前早九刻许，冬夏至皆迟二刻许。然以测午正日高，惟冬至比前高二分余，夏至秋分仅差二三十秒。盖测量在地面，而推算则以地心，今所定地半径差与蒙气差皆与前不同，故推算每差数刻，而测量终不甚相远也。至其立法以本天为椭圆，虽推算较繁，而损益旧数以合天行，颇为新巧。臣等阐明理数，著《日躔》九篇并表数，乞亲加裁定，附《历象考成》之后。颜曰《御制后编》。凡前书已发明者，不复赘述。"报闻。七年，庄亲王允禄等奏进日躔、月离、交宫共书十卷是为雍正癸卯元法。

九年十月，监正戴进贤等言："《灵台仪象志》原载星辰约七十年差一度，为时已久，宜改定。康熙十三年修志之时，黄赤大距与今测不同，所列诸表，当逐一增修。三垣二十八宿以及诸星，今昔多寡不同，亦应厘订。"敕庄亲王、鄂尔泰、张照议奏。十一月，议准仍以三人兼管。是年，更定罗睺、计都名目，又增入紫气为四余。十七年，庄亲王允禄等言，《仪象志》所载之星，多不顺序，今依次改正，共成书三十卷，赐名《仪象考成》。是月，庄亲王等复奏改正《恒星经纬度表》，并更定二十八宿值日觜参之前后。敕大学士会同九卿议奏。十二月大学士傅恒等言："请以乾隆十九年为始，《时宪书》之值宿。改觜前参后。"从之。既而钦天监又以推算土星有差减平行三十分，自乾隆以后至道光初，交食分秒渐与原推不合。

道光十八年八月，管理钦天监事务工部尚书敬征言："自道光四年臣管理监务查观象台仪器，康熙十三年所制黄赤大距，皆为二十三度三十二分。至乾隆九年重制玑衡抚辰仪，所测黄赤大距，则为二十三度二十九分，是原设诸仪已与天行不合，今又将百年，即抚辰仪亦有差失。臣将抚辰仪更换轴心，诸仪亦量为安置。另制小象限仪一，令官生昼测日行，夜测月星，每逢节气交食，所测实数有与推算不合者，详加考验。知由太阳纬度不合之数，测得黄赤大距较前稍小，其数仅二十三度二十七分。由交节时刻之早晚，考知太阳行度有进退不齐之分。夫太阳行度为推测之本，诸曜宗之。而推日行，又以岁实、气应两心差曰本天最卑行度为据。拟自道光十四年甲午为年根，按实测之数，将原用数稍为损益，推得日行交节时刻，似与实测之数较近。至太阴行度，以交食为考验之大端。近年测过之月食，校原推早者多，迟者少。故于月之平行，自行、交行内量为益，按现拟之平行，仍用诸均之旧数，推得道光十四年后月食三次。除十七年三月只见初亏,九月天阴未测,仅测得道光十六年九月十五日月食,与新数所推相近,然仅食一次,尚未可凭,仍须随时考验。现届本年八月十五日月食,谨将新拟用数推算得时刻食分方位,比较原推早见分秒,另缮清单进呈。至期臣等逐时测验,再行据实具奏。"报闻。

二十二年六月,敬征等又言:"每届日月交食,按新拟用数推算,俱与实测相近。至本年六月朔日食,新推较之实测,仅差数秒。是新拟之数,于日行已无疑义,月行亦属近合。今拟先测恒星,以符运度,继考日躔、月离,务合天行。请以道光十四年甲午为元,按新数日行黄赤大距,修恒星、黄赤道经纬度表,即于测算时详考五纬月行,俾恒星、五纬、日月交食等书,得以次第竣事。"从之。是年七月,以敬征为修历总裁,监正周余庆、左监副高煜煜为副总裁。

二十五年七月,进呈《黄道经纬度表》、《赤道经纬度表》各十三卷,《月五星相距表》一卷,《天汉界度表》四卷,《经星汇考》、《星首步天歌》、《恒星总纪》各一卷,为《仪象考成续编》。至日月交食、五行星度俱阙而未备云。时冬官正司廷栋撰《凌犯视差新法》,用弧三角布算,以限距地高及星距黄极以求黄经高弧三角,较旧法为简捷。乾隆以后,历官能损益旧法,廷栋一人而已。其不为历官而知历者,梅文鼎、薛凤祚、王锡阐以下,江永、戴震、钱大昕、李善兰为尤著。其明中、西历理,实远出徐光启、李之藻等之上焉。

清史稿卷四六
志第二一

时宪二

推步算术

推步新法所用者,曰平三角形,曰弧三角形,曰椭圆形。今撮其大旨,证立法之原,验用数之实,都为一十六术,著于篇。

平三角形者,三直线相遇而成。其线为边,两线所夹空处为角。有正角,当全圆四分之一,如甲乙丙形之甲角。有锐角,不足四分之一,如乙、丙两角。有钝角,过四分之一,如丁戊己形之戊角。

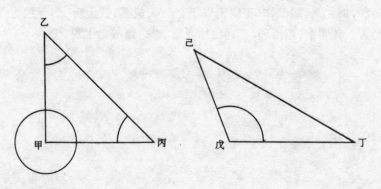

角之度无论多寡,皆有其相当之八线。曰正弦、正矢、正割、正切,所有度与九十度相减余度之四线也。如甲乙为本度,则丙乙为余度。正弦乙戊,正矢甲戊,正割庚丁,正切庚甲,余弦乙己,余矢丙己,余割辛丁,余切辛丙。若壬癸为本度,则丑癸为余度,正弦癸辰,正矢壬辰,余弦癸卯,余矢丑卯,余割子寅,余切丑寅。以壬癸过九十度无正割、正切,借癸午之子未为正割,午未为正切。若正九十度丑壬为本度,则无余度,丑子半径为正弦,壬子半径为正矢,亦无正割、正切,并无余弦、余矢、余割、余切。

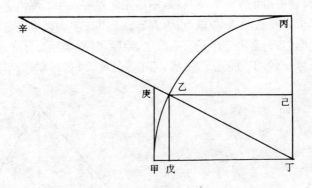

古定全圆周为三百六十度,四分之一称一象限,为九十度。每度六十分,每分六十秒,每秒六十微。圆半径为十万,后改千万,逐度逐分求其八线,备列于表。推算三角,在九十度内欲用某度某线,就表取之,算得某线。欲知某度,就表对之。过九十度者,欲用正弦、正割、正切及四余,以其度与半周相减余,就表取之。欲用正矢,取余弦加半径为之。既得某线,欲知某度,就表对得其度与半周相减余命之。

算平三角凡五术:

一曰对边求对角,以所知边为一率,对角正弦为二率,所知又一边为三率，二三相乘，一率除之，求得四率，为所不知之对角正弦。如图甲乙为所知边，丁角为所知对角，乙丁为所知又一边，甲角为所不知对角也。此其理系两次比例省为一次。如图乙丁为半径之比，乙丙为丁角正弦之比。法当先以半径为一率，丁角正弦为二率，乙丁为三率，求得四率中垂线乙丙。既得乙丙，甲乙为半径之比，乙丙又为甲角正弦之比。乃以甲乙为一率，乙丙为二率，半径为三率，求得四率，自为甲角正弦。然使合而算之，以先之一率半径与后之一率甲乙相乘为共一率，先之二率丁角正弦与后之二率乙丙相乘为共二率，先之三率乙丁与后之三率半径相乘为共三率，求得四率，自为先之四率乙丙与后之四率甲角正弦相乘数，仍当以乙丙除之，乃得甲角正弦。后既当除，不如先之勿乘。共二率内之乙丙与三率相乘者也，乘除相报，乙丙宜省。又共三率内之半径与二率相乘者也，共一率内之半径又主除之，乘除相报，半径又宜省。故径以甲乙为一率，丁角正弦为二率，乙丁为三率，求得四率，为甲角正弦。

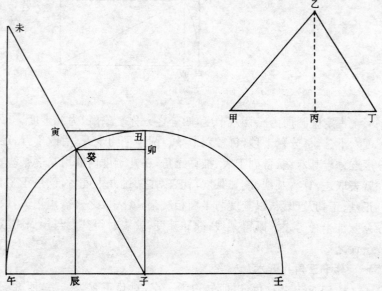

二曰对角求对边，以所知角正弦为一率，对边为二率，所知又一角正弦为三率，求得四率，为所不知对边。此其理具对边求对角，反观自明。

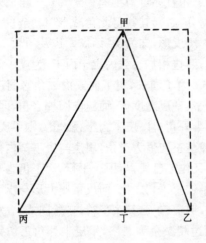

三曰两边夹一角求不知之二角，以所知角旁两边相加为一率，相减余为二率，所知角与半周相减，余为外角，半之，取其正切为三率，求得四率，为半较角正切。对表得度，与半外角相加，为对所知角旁略大边之角。相减，余为对所知角旁略小边之角。此其理一在平三角形。三角相并，必共成半周。如图甲乙丙形，中垂线甲丁，分为两正角形。正角为长方之半,长方四角皆正九十度,正角形两锐角斜剖长方,此角过九十度之半几何,彼角不足九十度之半亦几何,一线径过,其势然也。故甲右边分角必与乙角合为九十度,甲左边分角必与丙角合为九十度。论正角形各加丁角,皆成半周,合为锐角形。除去丁角,三角合亦自为半周。故既知一角之外,其余二角虽不知各得几何度分,必知其共得此角减半周之余也。一在三角同式形比例。如图丙庚戊形,知丙庚、丙戊两边及丙角。展丙庚为丙甲,连丙戊为甲戊,两边相加。截丙戊于丙丁,为戊丁,两边相减余,作庚丁虚线,丙庚、丙丁同长,庚丁向圆内二角必同度,是皆为丙角之半外角,与甲辛、辛庚之度等。而庚向圆外之角,即本形庚角大于戊角之半,是为半外角。以庚丁为半径之比,则甲庚即为丁半外角正切之比。半径与正切恒为正角,甲庚与庚丁圆内作两通弦,亦无不成正角故也。又作丁己线,与甲庚平行,庚丁仍为半径之比,丁己又为庚向圆外半较角正切之比。而戊甲庚大形与戊丁己小形,戊甲、戊丁既在一线,甲庚、丁己又系平行,自然同式。故甲戊两边相加为一率,戊丁两边相减余为二率,甲庚半外角正切为三率,求得四率,自当丁己半较角正切也。

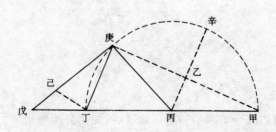

四曰两角夹一边求不知之一角。以所知两角相并,与半周相减,余即得。此其理具两边夹一角。

　　五曰三边求角，以大边为底，中、小二边相并相减，两数相乘，大边除之，得数与大边相加折半为分底大边，相减余折半为分底小边。乃以中边为一率，分底大边为二率，半径为三率，求得四率，为对小边角余弦。或以小边为一率，分底小边为二率，半径为三率，求得四率，为对中边角余弦。此其理在勾股弦幂相求及两方幂相较。如图甲丙中边甲乙小边皆为弦，乙丙大边由丁分之，丁丙、丁乙皆为勾，中垂线甲丁为股。勾股幂相并恒为弦幂，今甲丁股既两形所同，则甲丙大弦幂，多于甲乙小弦幂，即同丙丁大勾幂多于乙丁小勾幂。又两方幂相较，恒如两方根和较相乘之数。如图戊寅壬庚为大方幂，减去己卯辛庚小方幂，余戊己卯辛壬寅曲矩形。移卯癸壬辛为癸寅丑子，成一直方形，其长戊丑，自为大方根戊寅、小方根卯辛之和。其阔戊己，自为大方根戊庚，小方根己庚之较。故甲乙丙形，甲丙、甲乙相加为和，相减为较。两数相乘，即如丙丁、丁乙和较相乘之数。丙乙除之，自得其较。丙午相加相减各折半，自得丙丁及乙丁，既得丙丁、乙丁，各以丙甲、乙甲为半径之比，丙丁、乙丁自为余弦之比矣。

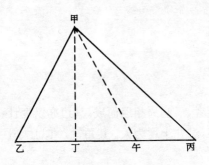

　　此五术者，有四不待算，一不可算。对边求对角，令所知两边相等，则所求角与所知角必相等。对角求对边，令所知两角相等，则所求边与所知边必相等。两边夹一角,令所知两边相等,则所求二角必正得所知外角之半。三边求角,令二边相等,即分不等者之半为底边,三边相等,即平分半周三角皆六十度,皆不待算也。若对边求对角,所知一边数少,对所知一角锐,又所知一边数多,求所对之角,不能知其为锐、为钝,是不可算也。诸题求边角未尽者,互按得之。

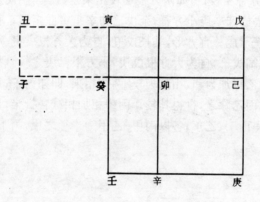

弧三角形者,三圆周相遇而成,其边亦以度计。九十度为足,少于九十度为小,过九十度为大。其角锐、钝、正与平三角等。算术有七:

一曰对边求对角,以所知边正弦为一率,对角正弦为二率,所知又一边正弦为三率,求得四率,为所求对角正弦。此其理亦系两次比例省为一次。如图甲乙丙形,知甲乙、丙乙二边及丙角,求甲角。作乙辛垂弧,半径与丙角正弦之比,同于乙丙正弦与乙辛正弦之比。法当以半径为一率，丙角正弦为二率，乙丙正弦为三率，求得四率，为乙辛正弦。既得乙辛正弦，甲乙正弦与乙辛正弦之比，同于半径与甲角正弦之比。乃以甲乙正弦为一率，乙辛正弦为二率，半径为三率，求得四率，为甲角正弦，然乘除相报，可省省之。

二曰对角求对边，以所知角正弦为一率，对边正弦为二率，所知又一角正弦为三率，求得四率，为所求对边正弦。此其理反观自明。

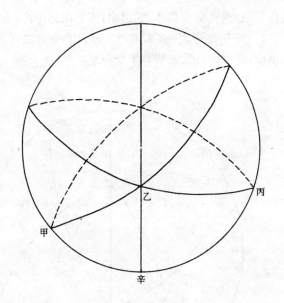

三曰两边夹一角，或锐或钝，求不知之一边。以半径为一率，所知角余弦为二率，任以所知一边正切为三率，求得四率，命为正切。对表得度，与所知又一边相减，余为分边。乃以前得度余弦为一率，先用边余弦为二率，分边余弦为三率，求得四率，为不知之边余弦。原角钝，分边大，此边小，分边小，此边大。原角锐，分边小，此边小；

分边大，此边大。此其理系三次比例省为二次，如图甲丙丁形，知甲
丙、甲丁二边及甲角，中作垂弧丙乙，半径与甲角余弦之比，同于甲
丙正切与甲乙正切之比。先一算为易明。既分甲丁于乙，而得丁乙
分边，甲乙余弦与半径之比，同于甲丙余弦与丙乙余弦之比。法当
先以甲乙余弦为一率，半径为二率，甲丙余弦为三率，求得四率，为
丙乙余弦。既得丙乙余弦，半径与乙丁余弦之比，同于丙乙余弦与
丁丙余弦之比。乃以半径为一率，乙丁余弦为二率，丙乙余弦为三
率，求得四率，为丁丙余弦。然而乘除相报，故从省。两边夹一角若
正，则径以所知两边余弦相乘半径除之，即得不知边之余弦，理自
明也。所知两边俱大俱小，此边小；所知两边一小一大，此边大。

四曰两角夹一边，求不知之一角。以角为边，以边为角，反求
之，得度，反取之；求、取皆与半周相减。

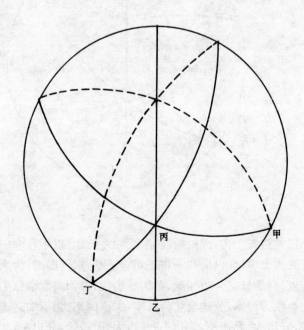

　　五曰所知两边对所知两角，或锐、或钝，求不知之边角。以半径为一率，任以所知一角之余弦为二率，对所知又一角之边正切为三率，求得四率命为正切，对表得度。复以所知又一角、一边如法求之，复得度。视原所知两角锐、钝相同，则两得度相加；不同，则两得度相减；皆加减为不知之边。乃按第一术对边求对角，即得不知之角。原又一角钝，对先用角之边大于后得度，此角钝；对先用角之边小于后得度，此角锐。原又一角锐，对先用角之边小于后得度，此角钝；对先用角之边大于后得度，此角锐。此其理系垂弧在形内与在形外之不同，及角分锐钝，边殊大小，前后左右俯仰向背之相应。如图甲乙丙形，甲乙二角俱锐，两锐相向，故垂弧丙丁，从中取正，而在形内。己丙庚形，己庚二角俱钝，两钝相向，故垂弧戊丙亦在形内。庚丙乙形，庚乙两角，一锐一钝相违，垂弧丙丁，从外补正，自在形外。在形内者判底边为二，两得分边之度，如乙丁、丁甲，合而成一底边如乙甲，故宜相加。在形外者，引底边之余，两得分边之度，如庚丁、乙丁，重而不掩，底边如庚乙，故宜相减。锐钝大小之相应，亦如右图审之。所知两边对所知两角有一正，则一得度即为不知之边，理亦自明。

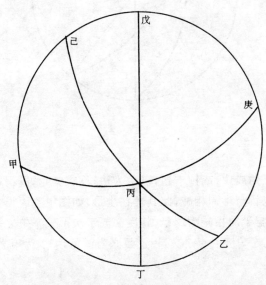

六曰三边求角，以所求角旁两边正弦相乘为一率，半径自乘为二率，两边相减余为较弧，取其正矢与对边之正矢相减余为三率，求得四率，为所求角正矢。此其理在两次比例省为一次，如图甲壬乙形，求甲角，其正矢为丑丁。法当以甲乙边正弦乙丙为一率，半径乙己为二率，两边较弧正矢乙癸与对边正矢乙卯相减余癸卯同辛子为三率，求得四率为壬辛。乃以甲壬边正弦戊辛为一率，壬辛为二率，半径己丁为三率，求得四率为丑丁。甲角正矢亦以乘除相报，故从省焉。

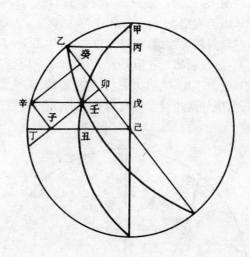

七曰三角或锐、或钝求边，以角为边，反求其角；既得角，复取为边；求、取皆与半周相减，此其理在次形，如图甲乙丙形，甲角之度为丁戊，与半周相减为戊己，其度必同于次形子辛午之子辛边，盖丑卯为乙之角度丑点之交，甲乙弧必为正角，丁戊为甲之角度戊

点之交,甲乙弧亦必为正角。以一甲乙而交丑辛、戊辛二弧皆成正
角,则二弧必皆九十度,弧三角之势如此也。戊辛既九十度,子己亦
九十度,去相覆之戊子,己戊自同子辛,于是庚癸必同子午,卯未必
同午辛,理皆如是矣。而此形之余角既皆为彼形之边,彼形余角不
得不为此形之边,故反取之而得焉。若三角有一正,除正角外,以一
角之正弦为一率,又一角之余弦为二率,半径为三率,求得四率,为
对又一角之边余弦。此其理亦系次形,而以正角及一角为次形之
角,以又一角加减象限为次形对角之边,取象稍异。

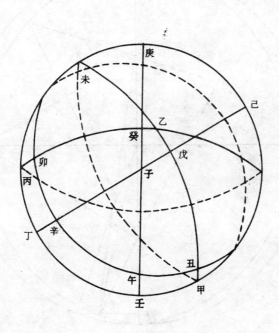

凡兹七术,惟边角相求,有锐钝、大小不能定者,然推步无其题,不备列。此七题中求边角有未尽者,互按得之。

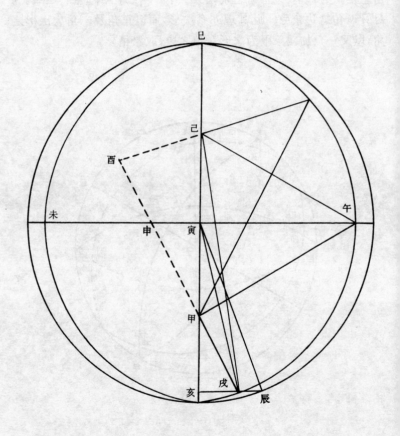

椭圆形者,两端径长、两腰径短之圆面。然必其应规,乃可推

算。作之之术，任以两点各为心，一点为界，各用一针钉之，围以丝线，末以铅笔代为界之。针引而旋转，即成椭圆形。如图甲己午三点，如法作之，为丑午巳未椭圆，寅丑、寅巳为大半径，寅午、寅未为小半径，寅甲为两心差，己甲为倍两心差。甲午数如寅巳，亦同寅丑，己午如之；二数相和，恒与丑巳同。令午针引至申，甲申、申己长短虽殊，共数不易。甲午同大半径之数如弦，两心差如勾，小半径如股，但知两数，即可以勾股术得不知之一数。若求面积，以平方面率四〇〇〇〇〇〇〇〇〇为一率，平圆面率三一四一五九二六五为二率，大小径相乘成长方面为三率，求得四率为椭圆面积。若求中率半径，大小半径相乘，平方开之即得。然自甲心出线，离丑右旋，如图至戌，甲丑、甲戌之间，有所割之面积，亦有所当之角度。

角积相求，爰有四术：

一曰以角求积，以半径为一率，所知角度正弦为二率，部两心差为三率，求得四率为倍两心差之端，垂线如己酉。又以半径为一率，所知角度余弦为二率，倍两心差为三率，求得四率为界度积线，引出之线如甲酉，倍两心差之端垂线为勾自乘。以引出之线，与甲戌、己戌和如巳丑大径者相加为股弦和，除之得较。和、较相加折半为己戌弦，与大径相减为甲戌线。又以半径为一率，所知角正弦为二率，甲戌线为三率，求得四率为戌亥边。又以小径为一率，大径为二率，戌亥边为三率，求得四率为辰亥边。又以大半径寅辰同寅丑为一率，半径为二率，辰亥边为三率，求得四率为正弦，对表得度。又以半周天一百八十度化秒为一率，半圆周三一四一五九二六为二率，所得度化秒为三率，求得四率为比例弧线。又以半径为一率，大半径为二率，比例弧线为三率，求得四率为辰丑弧线，与大半径相乘折半，为寅辰丑分平圆面积。又以大半径为一率，小半径为二率，分平圆面积为三率，求得四率为寅戌丑分椭圆面积。乃以寅甲两心差与戌亥边相乘折半，与寅戌丑相减，为甲戌、甲丑之间所割面积。此其理具本图及平三角、弧三角，其法至密。

二曰以积求角，以两心差减大半径余得甲丑线自乘为一率，中率半径自乘为二率,甲戌、甲丑之间面积为三率,求得四率为中率面积,如甲氐亢。分椭圆面积为三百六十度,取一度之面积为法除之,即得甲戌、甲丑之间所夹角度,此其理为同式形比例。然甲亢与甲氐同长,甲戌则长于甲丑,以所差不多,借为同数。若引戌至心,甲丑甲心所差实多,仍须用前法求甲戌线,借甲戌甲心相近为同数求之。

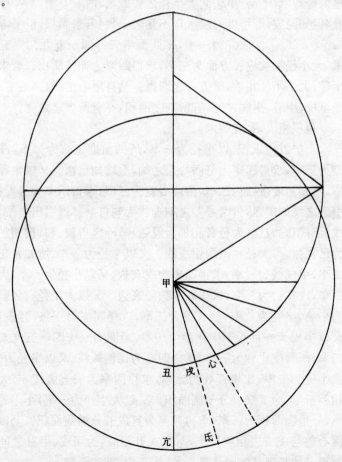

三曰:借积求积,以所知面积,如图之辛甲丑,用一度之面积为

法除之,得面积之度。设其度为角度,于倍两心差之端如庚己丑。以半径为一率,己角正弦为二率,倍两心差为三度,求得四率为甲子垂线。又以半径为一率,己角余弦为二率,倍两心差为三率,求得四率为己子分边。甲子为勾自乘,己子与大径相减余为股弦和,除之得股弦较。和、较相加折半得甲庚线。又以甲庚线为一率,甲子垂线为二率,半径为三率,求得四率为庚角正弦,得度与己角相加为庚甲丑角。乃用以角求积法,求得庚甲丑面积,与辛甲丑面积相减余如庚甲辛,又用以积求角法,求得度,与庚甲丑角相加,即得辛甲丑角。

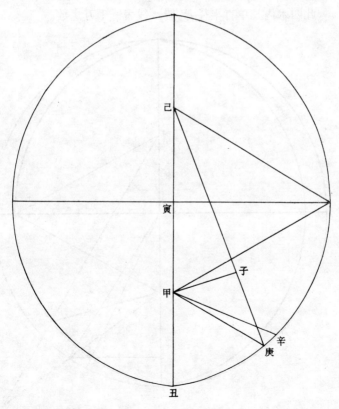

　　四曰借角求角,以所知面积如前法取为积度,如丑甲丁。设其度为角度,于椭圆心如丁乙辛。以小半径为一率,大半径为二率,所设角度正切为三率,求得四率为丁乙癸角正切。对表得度,乃于倍两心差之端丙作丙丑线,即命丑丙甲角如癸乙丁之角度,乃将丙丑线引长至寅,使丑寅与甲丑等,则丙寅同大径。又作甲寅线,成甲寅丙三角形,用切线分外角法求得寅角,倍之为甲丙丑形之丑角,与丙角相加为丑甲丁角。此其理癸乙甲角度多于丑甲丁积度,为子乙癸角度。即以此度当前之补算辛甲庚者,盖所差无多也。

　　此四术内凡单言半径者,皆八线表一千万之数。

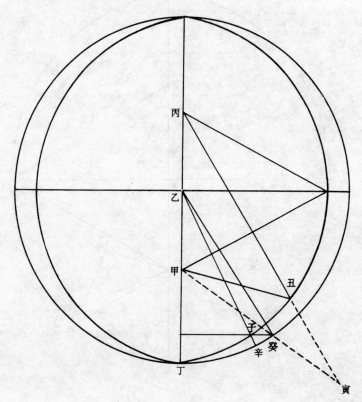

清史稿卷四七
志第二二

时宪三

康熙甲子元法上

日躔立法之原：

一，求南北真线以正面位。用方案极平，作圜数层，植表于圜心取日影。识表末影切圜上者，视左右两点同在一圜联为直线，即正东西；取东西线正中向圆心作垂线，即正南北，于京师以罗针较之，偏东四度余。乾隆十七年改为二度三十分。

一，测北极高度以定天体。于冬至前后，用仪器测勾陈大星出地之度，酉时此星在北极之上，候其渐转而高，至不复高而止。卯时此星在北极之下，候其渐转而低，至不复低而止。以最高最低之度折中取之，为北极高度。恒星无地半径差，勾陈距地又高，蒙气差亦微，其数确准。以此测得畅春园北极高三十九度五十九分三十秒。

一，求地半径差以验地心实高、地面视高之不同。康熙五十四年五月甲子午正，在畅春园测得太阳高七十三度一十六分零二十三微，同时于广东广州府测得太阳高九十度零六分二十一秒四十八微。畅春园赤道距天顶三十九度五十九分三十秒，广州府赤道距天顶二十三度十分，偏西三度三十三分。时夏至后八日，日躔最高，用平三角形推得地半径与太阳距地心比例，如一与一千一百六十二。又康熙五十五年三月丙申午正，在畅春园测得太阳高五十三度零三分三十八秒一十微，同时于广东广州府测得太阳高六十九度五十四分零八秒三十六微。时春分后八日，日躔中距，推得地半径与太阳距地心比例，如一与一千一百四十二。乃以太阳最高与本天半径比例数一〇一七九二〇八与地半径比例数一一六二之比，为太阳最卑与本天半径比例数九八二〇七九二与地半径比例之比，得一千一百二十一。既得三限距地心之远，用平三角形逐度皆推得地半径差。

一，求黄赤距纬以正黄道。康熙五十三年，于畅春园累测夏至午正太阳高度，得视高七十三度二十九分十余秒。加地半径差五十秒，得实高七十三度三十分。减去本地赤道高五十度零三十秒，余二十三度二十九分三十秒，为黄赤大距。用弧三角形逐度皆推得距纬。

一，求清蒙气差以验地中游气映小为大、升卑为高之数。明万历间，西人第谷于其国北极出地五十五度有奇，测得地平上最大差三十四分。自地平以上，其差渐少，至四十五度，其差五秒，更高无差。其测算之法，如太阳视高十度三十四分四十二秒，距正午八十三度，于时日躔降娄宫三度三十六分，距赤道北一度二十六分。北极距天顶五十度零三十秒，用距正午、距赤道北、北极距天顶三度，作弧三角形，求得太阳实高十度二十七分五十三秒。与视高相减，又加地半径差二分五十七秒，得九分四十六秒，为地平上十度三十五分之蒙气差，本法仍之。

一，测岁实以定平行。康熙五十四年二月癸未午正，于畅春园测得太阳高五十度零三十二秒三十五微，加地半径差一分五十六秒零五微，得实高五十度零二分二十八秒四十微。此所加地半径差，仍《新法算书》旧数加之，其实地半径与太阳距地心比例，高、卑、中距三限，次年始定，覆推无异，故不改也。至求地半径差，取春分及夏至后八日，亦仍旧算。其实最高之限，累日测得，不在预定。夏至中距之限既未定，岁实亦转由最卑而得其准。最高最卑之比例，则在交食也。其广州府偏西度，盖先测月食时刻得之。与赤道高五十度零三十秒相减，余一分五十八秒四十微，为太阳在赤道北之纬度。知春分时在午正前，以此纬度及黄赤大距作觚三角形，推得黄道度四分五十七秒四十三微，为太阳过春分经度。次日午正，复测得纬度，推得太阳过春分一度零四分零六秒零三微，两过春分度相减，余为一日之行五十九分零八秒二十微，比例得本日春分在巳初三刻十四分十秒四十八微。又康熙五十五年二月戊子午正，于畅春园测得太阳高四十九度五十四分四十九秒五十一微，依法求之，得本日春分在申初三刻二分五十五秒四十八微。总计两春分相距三百六十五日五时三刻三分四十五秒，为岁实，为法，除天周，得每日平行。

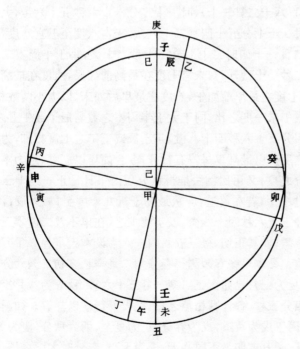

一，求两心差及最高所在以考盈缩。康熙五十六年二至后，畅春园逐日测午正太阳高度，求其经度，各用本日次日比测之实行。推得五月甲戌辰正一刻零四十秒四十五微交未宫七度，乙亥巳初一刻十四分五十七秒二十七微交未宫八度,十一月丁丑子正一刻一十二分五十七秒四十一微交丑宫七度,本日夜子初三刻十二分二十七秒四十七微交丑宫八度。用此两数以立法,如图甲为地心,即宗动天心,乙丙丁戊为黄道,与宗动天同心,乙为夏至,丙为秋分,丁为冬至,戊为春分。又设己点为心,作庚辛壬癸圈,为不同心天,庚为最高,当黄道子,壬为最卑,当黄道丑,寅卯为中距,过己甲两心作庚丑线,则平分本天与黄道各为两半周。夏至乙至冬至丁,引出乙丁线,割不同心天之左畔大于半周岁。秋分丙至春分戊,引出丙戊线,割不同心天之下半小于半周岁。今测未宫七度至丑宫七度,历一百八十二日一十六时一十二分一十六秒五十六微,大于半周岁一时一十七分五十四秒二十六微,未宫八度至丑宫八度,历一百八十二日一十四时二十七分三十秒二十微,小于半周岁二十六分五十二秒一十微,即知未宫七度在最高前如辰,八度在最高后如巳,丑宫七度在最卑前如午,八度在最卑后如未。以大小两数相并,与辰巳或午未一度之比,同于大于半周岁之数与辰子或午丑之比,得四十四分三十六秒四十八微,与乙辰或丁午之七度相加,为高卑过二至之度。以最高卑每岁有行分,今合高卑以立算,定为本年中距过秋分之度,又用比例法推得秋分后丙午日巳正一刻十三分四十九秒过中距,若在黄道,应从最高子行九十度至寅,为辰宫七度四十四分三十六秒四十八微。以实测求之,在申不及二度零三分零九秒四十微,检其正切,得三五八四一六为设本天半径一千万之己甲两心差。又本年畅春园测得春分为二月癸巳亥初二刻六分四十七秒,立夏为三月己卯亥正二刻一分三十六秒,秋分为八月庚子申初二刻四分三秒,各计其相距之日,推得平行度以立算。如图甲为地心,乙丙丁戊为黄道,戊为春分,巳为夏至,丙为秋分,庚为冬至,辛为立夏。子丑寅卯为不同心天,壬为天心,春分时太阳在子,立夏在癸,秋分在寅。丑为最高,卯为最卑,求壬甲两心差,并求辛甲乙角,为最高距立夏。取甲辰子平三角形及壬己甲勾股形,求得壬甲为三五八九七七比前数多一千万分之五百六十一。又求得甲角五

十三度三十八分二十五秒五十五微,为最高距立夏,内减夏至距立
夏四十五度,得最高过夏至后八度三十八分二十五秒五十五微,皆
与前数不合。于是定用于两心差分设本轮、均轮之法。

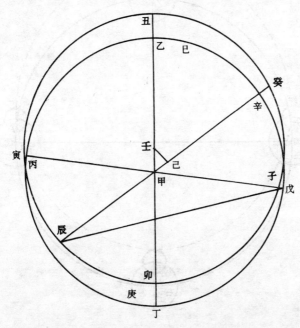

　　一,求最高行及本轮、均轮半径以定盈缩。康熙十七年,测得最
高在夏至后七度零四分零四秒。五十六年,测得最高在夏至后七度
四十三分四十九秒,约得每年东行一分一秒十微。又定本天半径为
一千万,用两心差四分之三为本轮半径,其一为均轮半径。如图甲
为地心,即本天心,乙丙丁戊为本天,注左右上下为本轮,最小圈为
均轮,寅为太阳最高,辰为最卑。本轮心循本天周起冬至右旋为平
行。均轮心循本轮周起最卑左旋为引数。二轮之行相较,既最卑行。
太阳循均轮周右旋,均轮在最高最卑,则最近于本轮心,如寅、辰;
均轮在中距,则最远于本轮心,如卯、已。其行倍于均轮积点者,旧
设不同心天,数与均轮不合。

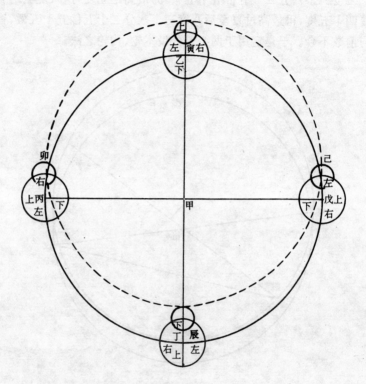

一，立矇影刻分限以定晨昏，测得在太阳未出之先、已入之后，距地平一十八度内。

月离立法之原：

一，求平行度。依西人依巴谷法，定为一十二万六千零七日四刻为两月食各率齐同之距，会望转终，皆复其始。计其中积，凡为会望者四千二百六十七，为转终者四千五百七十三。置中积日刻为实，会望数除之，得会望策。乃以天周为实，会望策除之，为每日太阴平行距太阳之度。加太阳每日平行，为每日太阴平行白道经度。又置中积日刻为实，转终数除之，得转终分。置天周为实，转终分除之，为每日太阴自行度。每日白道经度与自行度相减。为每日最高行。

一，推本轮半径及最高以考迟疾。西人第谷测三月食，如第一食日躔鹑首宫七度三十五分四十七秒五十三微，月离星纪宫度分秒同，月行迟末限之初。第二食日躔寿星宫初度，月离降娄宫度同，月行迟初限将半。第三食日躔星纪宫二度五十四分零二秒四十九微，月离鹑首宫度分秒同，月行疾末限之初。第一食距第二食一千一百八十日二十二时一十四分零四秒，实行相距八十二度二十四分一十二秒零七微，平行相距八十度二十一分一十秒。自行相距三百零八度四十七分零七秒二十七微。第二食距第三食一千九百一十八日二十三时零五分五十七秒，实行相距九十二度五十四分零二秒四十九微，平行相距八十五度零二十五秒，自行相距二百三十一度一十二分五十二秒三十三微。用平三角形推得本轮半径为本天半径十万分之八千七百，又推得最高行度，计至崇祯元年首朔月过最高三十七度三十四分三十四秒，然泛以三月食推之，本轮半径之数不合，故设均轮。

一，立四轮之行以定迟疾。西人第谷徵诸实测，将本轮半径三分之，存其二为本轮半径，其一为均轮半径。本法仍之。定本轮心起本天冬至右旋为平行度，增一负均轮之圈。其半径为新本轮半径，加一次轮半径之数。其心同本轮之心。本轮负而行，不自行，移均轮心从最高左旋，行于此圈之周，为自行引数。第谷又将次轮设于地心，而增次均轮。本法易之，定次轮心行均轮周，从最近右旋为倍引数，其半径为本天半径千万分之二十一万七千。次均轮心行次轮周，起于朔望，从次轮最近地心点右旋，行太阴距太阳之倍度为倍离，其半径为本天半径千万分之一十一万七千五百。太阴行次均轮之周，从次均轮最下左旋，亦行倍离。如图甲为地心，即本天心，乙丙丁为本天之一弧，丙甲为半径，戊为半轮最高，癸为最卑，酉为负圈最高，丑为最卑，壬为均轮最远，辛为最近，寅为次轮最远，亥为最近，土为次均轮最上，木为最下，即均轮心在最高又当朔望之

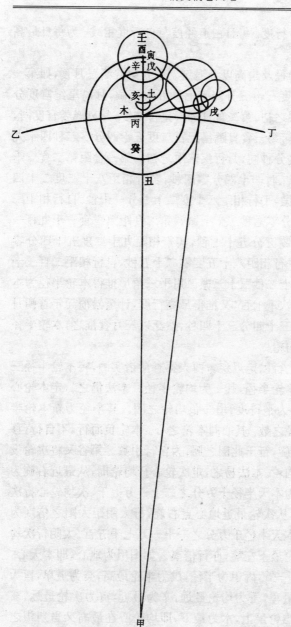

象。又图太阴
在戍，是均轮
既左旋，又当
朔望之象。其
得次轮、次均
轮半径于上下
弦，当自行三
宫或九宫时累
测之，得极大
均数七度二十
五分四十六
秒。其切线一
百三十万四
千，内减本轮
均轮并半径，
余半之，即次
轮半径。于两
弦及朔望之
间，当自行三
宫或九宫时累
测之，均数常
与推算不合，
差至四十一分
零二秒，依法
求其半径，得
次均轮半径。

一，以两
月食定交周。
顺治十三年十

一月庚申望子正后十八时四十四分十五秒。月食十五分四十七秒，在黄道南，日缠星纪宫十度三十九分，在最卑后三度四十九分，月自行为三宫二十七度四十六分。康熙十三度十二月丙午望子正后三时二十三分二十六秒，月食十五分五十秒，在黄道南，日缠星纪宫二十一度五十二分，在最卑后十四度二十一分，月自行为三宫二十五度二十四分。相距中积二百二十三月。用西人依巴谷朔策定数五千四百五十八为一率，交终定数五千九百二十三为二率，二百二十三月为三率，得四率二百四十一又五千四百五十八分之五千四百五十一，为两次月食相距之交终数。又以两次月食相距中积六千五百八十五日零八时三十九分十秒与每日太阴平行经度相乘，以交终数除之，得一百二十九万零八百一十二秒小余八七九五九八，为每一交行度。与周天秒数相减，余五千一百八十七秒小余一二○四○二，为每一交退行度。又以交终数除两次月食相距中积日分，得二十七日二一二二三三，为交周日分。乃以交周日分除每一交退行度，得三分十秒三十七微为两交每日退行度。与太阴每日平行相加，得十三度十三分四十五秒三十八微，为太阴每日距交行。因两次月自行差二度半，食分差三秒，故比依巴谷所定距交行差一微。仍用依巴谷所定数。

一，求黄白大距度及交均以定交行。于月离黄道鹑首宫初度，又在黄道北距交适足九十度时，俟至子午线上测之，得地平高度，减去赤道高及黄赤距纬度。一在朔望时，得大距四度五十八分三十秒；一在上下弦时，得大距五度一十七分三十秒，以之立法。如图甲为黄极，乙丙丁戊为黄道，用两距度相加折半，为黄白大距之中数，为半径如巳甲，作本轮如巳庚辛壬。又取两距度相减折半为半径如巳癸，作均轮如癸子丑寅。其心循本轮左旋，每日行三分十秒有余。白道极循均轮，起最近，左旋，行倍离之度。行至癸，则大距为乙卯；行至丑，则大距为乙辰。行子丑寅之半交行疾，行寅癸子之半交行迟。

一，求地半径差如太阳。畅春园测得太阴高六十二度四十分五十一秒四十三微,同时于广东广州府测得太阴高七十九度四十七分二十六秒一十二微,于时月自行三宫初度,月距日一百八十度,以之立法,用平三角形推得地半径与太阴在中距时距地心之比例,为一与五十六又百分之七十二。依此法于月自行初宫初度月距日九十度时测之,求得地半径与太阴在最高时距地心之比例,为一与六十一又百分之九十八。又于月自行六宫初度月距日九十度时测之,求得地半径与太阴在最卑时距地心之比例,为一与五十三又百分之七十一。复用平三角形逐度皆推得地半径差。

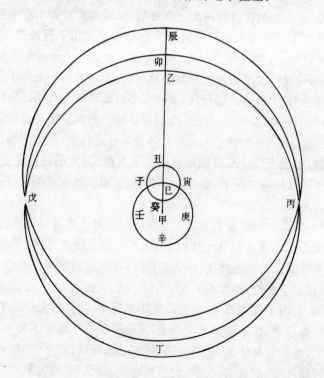

一、考隐见迟疾以辨朒朓。一验在春分前后各三宫,黄道斜升而正降,日入时月在地平上高,朔后疾见,在秋分前后各三宫,黄道正升而斜降,日入时月在地平上低,朔后迟见,晦前隐迟,隐早反

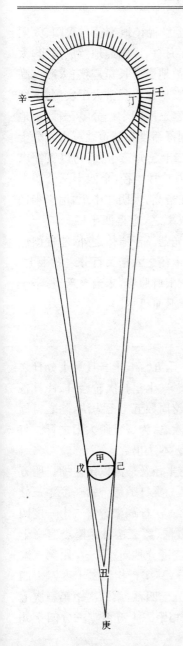

是。一验距黄道北,见早隐迟,距黄道南反是。一验视行迟,隐见俱迟;视行早,隐见俱早。

交食立法之原:

一,求日月视径以定食分浅深。用正表、倒表,各取日中之影,求其高度。两高度之较以为太阳视径。数年精测,得太阳最高之径为二十九分五十九秒,最卑之径为三十一分零五秒。用墙为表,以其西界当正午线,人在表北,依不动之处,候太阴之西周切于正午线,看时辰表时刻;俟太阴体过完,其东周才离正午线,复看时辰表时刻;与前相减,变度以为太阴视径。数年精测,得太阴最高之径为三十一分四十七秒,最卑之径为三十三分四十二秒。

一,求地影半径以定光分。地半径与太阳太阴距地心既得比例,日月视径又得真数,太阳、太阴自高至卑视径地半径与太阳、太阴实径比例。日食,人在地面见与不见。月食,太阳照地背成黑影,太阳大而地小,故成锥形。太阳有高卑,故地影有长短广狭;太阴有高卑,故入影有浅深;皆可预推而以立法。地影半径常大于实测,康熙五十六年八月戊戌月食,其实引为二宫三度四十一分零三秒,距地心五十七地半径零百分之四十一。测得纬度在黄道北三十六分十八秒,月半径为十六分十秒,食分为二十三分三十秒,乃以黄纬求得白道纬为食甚,距纬与食分相加,内减月半径,余四十三分四十六秒,为地影半径。若依推算,太阳在最高,太阴在中距,地影半径应得四十八分三十四秒,以实测之数率之,应得四十四分四十三秒,所差三分五十一秒。因验得太阳光芒溢于原体之外,能侵削地影。以实测比算,定太阳之光分为地半径之六倍又百分之三十七。如图甲为地心,戊已为地径,乙丁为太阳所照影,末当至于庚。辛壬为溢出光分侵削影,末渐次狭小,至于丑而已尽。

五星行立法之原:

一,求土星平行度。古测定二万一千五百五十一日又十分日之三,距恒星之度分等,距太阳之远近又等。土星行次轮会日、冲日各五十七次。置中积日分为实,星行次轮周数五十七为法,除之得周率。乃以每周三百六十度为实,周率除之,为每日距太阳之行。与太阳每日平行相减,得土星每日平行。本法仍之。

一,用三次冲日求土星本轮、均轮半径及最高以定盈缩。明万历间,西人第谷测土星三次冲日。如第一次日躔娵訾宫一度零三分二十七秒,土星在鹑尾宫度分秒同;第二次日躔娵訾宫二十一度四十七分三十九秒土星在鹑尾宫度分秒同;第三次日躔降娄宫一十六度五十一分二十八秒,土星在寿星宫度分秒同。第一次距第二次一万一千三百四十三日五时三十六分,其实行相距二十度四十四分十二秒,平行相距十九度五十九分五十四秒,第二次距第三次七百五十五日时事十时三十一分,实行相距二十五度零三分四十九

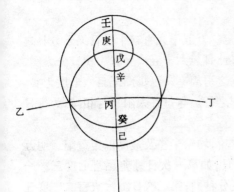

秒,平行相距二十五度十九分十六秒。用不同心圈取平三角形,推得两心差,为本天半径千万分之一百一十六万二千,析为本轮半径八十六万五千五百八十七,均轮半径二十九万六千四百一十三。又推得万历十八年最高在析木宫二十六度二十分二十七秒,每年最高行一分二十秒一十二微。本法仍之。

一,求土星次轮半径以定顺逆。西人第谷测得次轮半径为本天半径千万分之一百零四万二千六百。本法仍之。定本轮心从本天冬至右旋为平行度,均轮心从本轮最高左旋为自行引数,次轮心从均轮最近右旋为倍引数,星从次轮最远右旋,行本轮心距太阳之度。本轮、均轮之面与本天平行,次轮之面与黄道平行。如图甲为地心,即本天心,乙丙丁为本天之一弧,丙甲为半径,戊为本轮最高,己为最卑,庚为均轮最远,辛为最近,壬为次轮最远，癸为最近。

一，求木星平行度。古测定二万五千九百二十七日又千分日之六百一十七，木星行次轮会日冲日皆六十五次。置中积日分为实，星行次轮周数六十五为法，除之得周率。以每周三百六十度为实，周率除之，得每日木星距太阳之行。与每日太阳平行相减，为每日木星平行度。本法仍之。

一，用三次冲日求木星本轮、均轮半径及最高以定盈缩。明万历间西人第谷测木星三次冲日，如第一次日躔鹑尾宫七度三十一分四十九秒，木星在娵訾宫度分秒同；第二次日躔大火宫二十度五十六分，木星在大梁宫度分同；第三次日躔析木宫二十五度五十二分二十七秒，木星在实沈宫度分秒同。第一次距第二次八百零四日一十五时三十五分，实行相距七十三度二十四分十一秒，平行相距六十六度五十三分二十秒；第二次距第三次三百九十九日一十四时四十四分，实行相距三十四度五十六分二十七秒，平行相距三十三度十三发零八秒。用不同心圈取平三角形，推得两心差，为本天半径千万分之九十五万三千三百，析为本轮半径七十万五千三百二十，均轮半径二十四万七千九百八十。又推得万历二十八年最高在寿星宫八度四十分，每年最高行五十七秒五十二微。本法仍之。

一，求木星次轮半径以定顺逆。西人第谷测得木星次轮半径为本天半径千万分之一百九十二万九千四百八十。本法仍之·。定诸轮左右旋起数及轮面如土星。

一，求火星平行度。古测定二万八千八百五十七日又千分日之八百八十三，火星行次轮会日、冲日各三十七次。置中积日分为实，星行次轮周数三十七为法，除之得周率。以每周三百六十度为实，周率除之，得每日火星距太阳之行，与每日太阳平行相减，为每日火星平行度。本法仍之。

一，用三次冲日求火星本轮、均轮半径及最高以定盈缩。明万历间西人第谷测火星三次冲日，如第一次日躔元枵宫一十八度五十八分三十八秒，火星在鹑火宫度分秒同；第二次日躔娵訾宫二十三度二十二分,火星在鹑尾宫度分同;第三次日躔大梁宫一度,火星在大火宫度同。第一次距第二次七百六十四日一十二时三十二分,实行相距三十四度二十三分二十二秒,平行相距四十度三十九分二十五秒;第二次距第三次七百六十八日一十八时,实行相距三十七度三十八分,平行相距四十二度五十二分三十五秒。用不同心圈取平三角形,推得两心差,为本天半径千万分之一百八十五万五千,析为本轮半径一百四十八万四千,均轮半径三十七万一千。又推得万历二十八年最高在鹑火宫二十八度五十九分二十四秒,每年最高行一分零七秒。本法仍之。

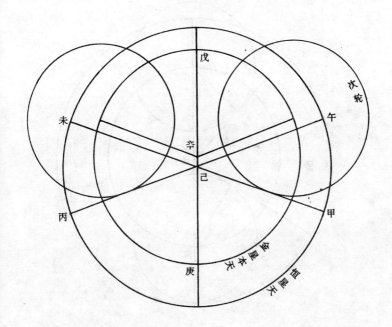

一,求火星次轮半径以定顺逆。西人第谷累年密测,于太阳、火星同在最卑时,测得次轮最小之半径,为本天半径千万分之六百三十万二千七百五十;又于太阳在最卑火星在最高时,测得次轮半径

六百五十六万一千二百五十；与最小半径相较，为本天高卑之大差。又于火星在最卑、太阳在最高时，测得次轮半径六百五十三万七千七百五十，与最小半径相较，为太阳高卑之大差。乃用比例求得火星逐时次轮半径。本法仍之。定诸轮左、右旋起数及轮面如土、木星。

一，求金星平行度。古测定二千九百一十九日又千分日之六百六十七。金星行次轮会日退合日各五次。置中积日分为实，星行次轮周数五为法，除之得周率。以每周三百六十度为实，周率除之，得每日金星在次轮周平行，一名伏见行。其本轮心平行，即太阳平行。本法仍之。

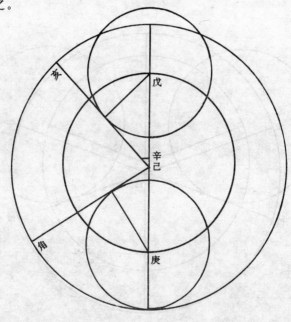

一，求金星最高及本轮均轮半径以定盈缩。明万历十三年，西人第谷于晨夕时，逐日累测金星，得距太阳极远度，晨夕相等，定两平行距高卑、左右度亦等。以两平行宫度相加折半，即最高或最卑线所当宫度。又择晨夕时距太阳极远度相较，定小度为近最高，大度为近最卑。测得最高在实沈宫二十九度一十六分三十九秒，每年最高行一分二十二秒五十七微。又用两测择平行度，一当最高，一当最卑。距太阳极远者，用平三角形及转比例，推得两心差为本天半径千万分之三十二万零八百一十四，析为本轮半径二十三万一千九百六十二，均轮半径八万八千八百五十二。本法仍之。如图己为地心，辛己为地心，辛己为两心差，戊为最高，庚为最卑，午未为金星平行，即太阳平行，甲丙为金星实行。又图戊庚为平行，亥角为实行。

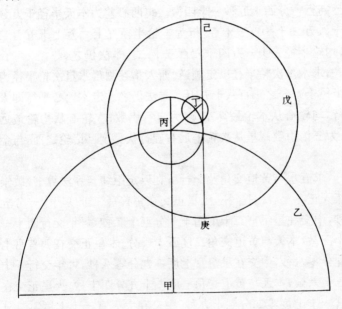

一，求金星次轮半径以定顺逆。西人第谷测得金星次轮半径为本天半径千万分之七百二十二万四千八百五十。本法仍之。定本轮心行即太阳平行，均轮心从本轮最高左旋，为自行引数；次轮心从均轮最近右旋，为倍引数。星从次轮平远右旋行伏见度。取金星次轮径线不与地心参直，与本轮高卑线平行，径线远地心之端为平远，近地心之端为平近，与太阴次轮均轮径线平行者同。本轮、均轮面与黄道平行,次轮面有交角。如图甲为地心,乙为本天半周,丙为本轮,丁为均轮,戊为次轮,己为平远,庚为平近。

一,求水星平行度。古测定一万六千八百零二日又十分日之四,水星行次轮会日退合日一百四十五次。置中积日分为实,星行次轮周数一百四十五为法,除之得周率。以每周三百六十度为实,周率除之,得每日水星伏见行。其本轮心平行如金星。本法仍之。

一,求水星最高及本轮、均轮半径以定盈缩。明万历十三年,西人第谷如测金星法,测得水星最高在析木宫初度一十分一十七秒,每年最高行一分四十五秒一十四微。定两心差为本天半径千万分之六十八万二千一百五十五,析为本轮半径五十六万七千五百二十三,均轮半径一十一万四千六百三十二。本法仍之。

一,求水星次轮半径以定顺逆。西人第谷测得水星次轮半径为本天半径千万分之三百八十五万。本法仍之。定本轮心平行即太阳平行,均轮心从本轮最高左旋,为自行引数;次轮心从均轮最远右旋,为三倍引数。星从次轮平远右旋行伏见度。诸轮之面,与金星同。

一,求五星与黄道交角及交行所在以定距纬。《新法算书》载崇祯元年天正冬至,次日子正,土星正交在鹑首宫二十度四十一分五十二秒,中交在星纪宫二十度四十一分五十二秒,每年交行四十一秒五十三微,本天与黄道交角二度三十一分。木星正交在鹑首宫七度零九分零八秒,中交在星纪宫七度零九分零八秒,每年交行一十三秒三十六微,本天与黄道交角一度一十九分四十秒。火星正交在大梁宫一十七度零二分二十九秒,中交在大火宫一十七度零二分二十九秒,每年交行五十二秒五十七微,本天与黄道交角一度五十分。金星正交恒距最高前十六度,在实沈宫一十四度一十六分零六秒,中交在析木宫一十四度一十六分零六秒,每年交行一分二十二秒五十七微,次轮面交黄道之角三度二十九分。水星正交恒与最卑同在实沈宫一度二十五分四十二秒,中交在析木宫一度二十五分四十二秒,每年交行一分四十五秒一十四微。次轮心在正交当黄道北之角五度零五分十秒,当黄道南之角六度三十一分零二秒;次轮心在中交当黄道北之角六度一十六分五十秒,当黄道南之角四度五十五分三十二秒;次轮心在两交之中交角皆五度四十分。凡五星交行皆顺行。本法仍之。

一,求伏见限。西人多录某测得金星当地平,太阳在地平下五度;木星水星当地平,太阳在地平下十度;土星当地平,太阳在地平下十一度;火星当地平,太阳在地平下十一度三十分;为星见之限。本法仍之。

一,求平行所在。《新法算书》载崇祯元年天正冬至,次日子正,土星平行距冬至八宫二十八度零八分二十七秒,木星十一宫一十八度五十一分五十一秒,火星五宫零四度四十五分三十秒,金、水同太阳。本法仍之。

一,求地半径差。测得地半径与土星距地心之比例,为一与一万零九百五十三。与木星距地心之比例,为一与五千九百一十八。与火星在最高距地心之比例,为一与三千一百二十三;在中距之比例,为一与一千七百四十四;在最卑之比例,为一与四百一十。与金星在最高距地心之比例,为一与一千九百八十三;在最卑之比例,为一与三百零一;中距与太阳同。与水星在最高距地心之比例,为一与一千六百三十三;在最卑之比例,为一与六百五十一;中距与太阳同。土、木二星极远、高、卑细数不计。用平三角形各推得地半径差。

恒星立法之原:

一,求各星见行所在。康熙十三年,测定恒星经纬度,以十一年壬子列表。

一,求东行度。明万历间,西人第谷殚精推测,定恒星循黄道每年东行五十一秒。本法仍之。

清史稿卷四八
志第二三

时宪四

康熙甲子元法中

日躔用数。

康熙二十三年甲子天正冬至为法元。癸亥年十一月冬至。

周天三百六十度。平分之为半周，四分之为象限，十二分之为宫，每度六十分，秒微纤以下皆以六十递析。周天入算，化作一百二十九万六千秒。

周日一万分。时则二十四，刻则九十六，刻下分则一千四百四十，秒则八万六千四百。

周岁三百六十五日二四二一八七五。

纪法六十。

宿法二十八。

太阳每日平行三千五百四十八秒，小余三三〇五一六九。

最卑岁行六十一秒，小余一六六六六。

最卑日行十分秒之一又六七四六九。

本天半径一千万。

本轮半径二十六万八千八百一十二。

均轮半径八万九千六百零四。

宿度见《天文志》。

岁差五十一秒。

各省及蒙古北极高度、东西偏度、见《天文志》。

黄赤大距，二十三度二十九分三十秒。

最卑应，七度十分十一秒十微。

气应，七日六五六三七四九二六。

宿应，五日六五六三七四九二六。

日干，甲、乙、丙、丁、戊、己、庚、辛、壬、癸。

支，子、丑、寅、卯、辰、巳、午、未、申、酉、戌、亥。

宿名，角、亢、氐、房、心、尾、箕、斗、牛、女、虚、危、室、壁、奎、娄、胃、昴、毕、参、觜、井、鬼、柳、星、张、翼、轸。

时名，从十二支各分初、正。起子正，尽夜子初。

推日躔法

求天正冬至，置周岁，以距元年数减一得积年乘之，得中积分，加气应得通积分，上考往古，则减气应得通积分。其日满纪法去之，余为天正冬至日分。上考往古，则以所余转与纪法相减，余为天正冬至日分。自初日起甲子，其小余以刻下分通之，如法收为时刻。周日一万分为一率，小余为二率，刻下分为三率，求得四率为时分，满六十分收为一时，十五分收为一刻。初时起子正，中积分加宿应，满宿法去之，为天正冬至值宿日分，初日起角宿。

求平行，以周日为一率，太阳每日平行为二率，天正冬至小余与周日相减余为三率，求得四率为年根秒数。又置太阳每日平行，以本日距冬至次日数乘之，得数为秒。与年根相并，以宫度分收之，得平行。

求实行，置最卑岁行，以积年乘之。又置最卑日行，以距冬至次日数乘之，两数相并，加最卑应，上考则减最卑应。以减平行为引数。用平三角形，以本轮半径三分之二为对正角之边，以引数为一角，求得对角之边倍之。又求得对又一角之边，与本天半径相加减。引数三宫至八宫则相加，九宫至二宫则相减。复用平三角形，以加倍之数为小边，加减本天半径之数为大边，正角在两边之中，求得对小边之角为均数。置平行以均数加减之，引数初宫至五宫为加，六宫至十一宫为减。得实行。求宿度，以积年乘岁差，得数加甲子法元黄道宿度，为本年宿钤，以减实行，余为日躔宿度。若实行不及减宿钤，退一宿减之。

求纪日值宿，置距冬至次日数，加冬至，日满纪法去之。初日起甲子，加冬至值宿，日满宿法去之，初日起角宿，得纪日值宿。

求节气时刻，日躔初宫丑，星纪。初度为冬至，十五度为小寒。一宫子，元枵。初度为大寒，十五度为立春。二宫亥，娵訾。初度为雨水，十五度为惊蛰。三宫戌，降娄。初度为春分，十五度为清明。四宫酉，大梁。初度为谷雨，十五度为立夏。五宫申，实沈。初度为小满，十五度为芒种。六宫未，鹑首。初度为夏至，十五度为小暑。七宫午，鹑火。初度为大暑，十五度为立秋。八宫巳，鹑尾。初度为处暑，十五度为白露。九宫辰，寿星。初度为秋分，十五度为寒露。十宫卯，大火。初度为霜降，十五度为立冬。十一宫寅，析木。初度为小雪，十五度为大雪。皆以子正日躔未交节气宫度者，为交节气本日；已过节气宫度者，为交节气次日。乃以本日实行与次日实行相减为一率，每日刻下分为二率，本日子正实行与节气宫度相减为三率，求得四率为距子正后之分数，乃以时刻收之，即得节气初正时刻。如实行适与节气宫度相符而无余分，即为子正初刻。求各省节气时刻，皆以京师为主，视偏度加减之。每偏一度，加减时之四分。偏东则加，偏西则减。推节气用时法，以交节气本日均数变时为均数时差，反其加减。又以半径为一率，黄赤大距余弦为二率，本节气黄道度正切为三率，求得四率为赤道正切。检表得度，与黄道相减，余变时为升度时差。二分后为加，二至后为减。皆加减节气时刻，为节气用时。求距纬度，以本天半径为一率，黄赤大距度之正弦为二率，实行距春秋分前后度之正弦为三率，实行初宫初度至二宫末度，与三宫相减，余为春分前；三宫初度至五宫末度，则减去三宫，为春分后。六宫初度至八宫末度，与九宫相减，余为秋分前；九宫初度至十一宫末度，则减去九宫，为秋分后。求得四率为正弦，检表得距纬度。实行三宫至八宫，其纬在赤道北；九宫至二宫,其纬在赤道南。

求日出入昼夜时刻,以本天半径为一率,北极高度之正切为二率,本日距纬度之正切为三率,求得四率为正弦,检表得日出入在卯酉前后赤道度。变时,一度变时之四分,凡言变时皆仿此。为距卯酉分,以加减卯酉时,即得日出入时刻。春分前、秋分后,以加卯正为日出,减酉正为日入。春分后、秋分前,以减卯正为日出,加酉正为日入。又倍距卯酉分,以加减半昼分,得昼夜时刻。春分后以加得昼刻,以减得夜刻。秋分后反是。

月离用数

太阴每日平行四万七千四百三十五秒,小余〇二一一七七。

太阴每时四刻。平行一千九百七十六秒,小余四五九二一五七。

月孛即最高,每日行四百〇一秒,小余〇七七四七七。

正交每日平行一百九十秒,小余六四。

本轮半径五十八万。

均轮半径二十九万。

负圈半径七十九万七千。

次轮半径二十一万七千。

次均轮半径一十一万七千五百。

朔、望黄白大距四度五十八分三十秒。

两弦黄白大距五度一十七分三十秒。

黄白大距中数五度〇八分。

黄白大距半较九分三十秒。

太阴平行应一宫〇八度四十分五十七秒十六微。

月孛应三宫〇四度四十九分五十四秒〇九微。

正交应六宫二十七度十三分三十七秒四十八微。

推月离法求天正冬至,同日躔。

求太阴平行,置中积分,加气应详日。小余,不用日,下同。减天正冬至小余,得积日。上考则减气应小余,加天正冬至小余。与太阴每日平行相乘,满周天秒数去之,余数收为宫度分。以加太阴平行应,得太阴年根。上考则减。又置太阴每日平行,以距天正冬至次日数乘之,得数为秒,以宫度分收之,与年根相并,满十二宫去之。为太阴平行。

求月孛行,以积日见前条,下同。与月孛每日行相乘,满周天秒数去之,余数收为宫度分。以加月孛应,得月孛年根。上考则减。又置月孛每日平行以距天正冬至次日数乘之,得数为秒,以宫度分收之,与年根相并,满十二宫去之。为月孛行。

求正交平行,以积日与正交每日平行相乘,满周天秒数去之,余数收宫度分,以减正交应,正交应不足减者,加十二宫减之。得正交年根。上考则加。又置正交每日平行,以距天正冬至次日数乘之,得数为秒,以宫度分收之,以减年根,年根不足减者,加十二宫减之。为正交平行。

求用时太阴平行,以本日太阳均数变时,详日躔。得均数时差。均数加者,时差为减;均数减者,时差为加。又以本日太阳黄、赤经度详日躔。相减余数变时,得升度时差。二分后为加,二至后为减。乃以两时差相加减,为时差总。两时差加减同号者,则相加为总,加者仍为加,减者仍为减。加减异号者,则相减为总,加数大者为加,减数大者为减。化秒,与太阴每时平行相乘为实,以一度化秒为法除之,得数为秒,以度分收之,得时差行。以加减太阴平行,时差总为加者则减,减者则加。为用时太阴平行。

求初实行,置用时太阴平行,减去月孛行,得引数。用平三角形,以本轮半径之半为封正角之边,以引数为一角,求得对角之边三因之。又求得对又一角之边,与本天半径相加减。引数九宫至二宫相加,三宫至八宫相减。复用平三角形,以三因数为小边,加减本天半径数为大边,正角在两边之中,求得对小边之角为初均数,并求得对正角之边。即次轮最近点距地心之线。乃置用时太阴平行,以初均数加减之,引数初宫至五宫为减,六宫以后为加。为初实行。

　　求白道实行,置初实行,减本日太阳实行得次即距日度。用平三角形,以次轮最近点距地心线为一边,倍次引之通弦本天半径为一率,次引之正弦为二率,次轮半径为三率,求得四率倍之即通弦。为一边;以初均数与引数减半周之度引数不及半周,则与半周相减,如过半周,则减去半周。相加,又以次引距象限度次引不及象限,则与旬限相减;如过象限及过三象限,则减去象限及三象限,用其余;如过二象限,则减去二象限,余数仍与象限相减,次引距象限度。加减之,初均数减者,次引过象限或过三象限则相加,不过象限或过二象限则相减。初均数加者反是。为所夹之角,若相加过半周,则与全周相减,用其余为所夹之角。若相加适足半周或相减无余,则无二均数。若次引为初度,或适足半周,亦无二均数。求得对通弦之角为二均数,如无初均数,以次轮心距地心为一边,次轮半径为一边;次引倍数为所夹之角,次引过半周者,与全周相减,用其余;在最高为所夹之内角,在最卑为所夹之外角,求得对次轮半径之角为二均数。随定其加减号。以初均数与均轮心距最卑之度相加,为加减泛限。泛限适足九十度,则二均加减与初均同。如泛限不足九十度,则与九十度相减,余数倍之,为加减定限。初均减者,以次引倍度,初均加者,以次引倍度减全周之余数,皆与定限较。如泛限过九十度者,减去九十度,余数倍之,为加减定限。初均加者,以次引倍度;初均减者,以次引倍度减全周之余数,皆与定限较。并以大于定则二均之加减与初均同;小于定限者反是。并求得对角之边,为次均轮心距地心线。又以此线及次引,用平三角形以次均轮心距地为一边,次均轮半径为一边,次引倍度为所夹之角,次引过半周者,与全周相减,用其余。求得对次均轮半径之角为三均数,随定其加减号。次引倍度不及半周为加,过半周为减。乃以二均数与三均数相加减,为二三均数。两均数同号则相加,异号则相减。以加减初实行,两均数同为加者仍为加,同为减者仍为减,一为加一为减者,加数大为加,减数大为减。为白道实行。

　　求黄道实行,用弧三角形,以黄折大距中数为一边,大距半较为一边,次引倍度为所夹之角,次引过半周与周相减,用其余。求得对角之边为黄折大距,并求得对半较之角为交均。以交均加减正交平行,次引倍度不及半周为减,过半周为加。得正交实行。又加减六宫为中交实行,置白道实行,减正交实行,得距交实行。以本天半径为一率,黄白大距之余弦为二率,距交实行之正切为三率,求得四率为黄道之正切。检表得度分,与距交实行相减,余为升度差,以加减白道实行,距交实行不过象限,或过二象限为减,过象限及过三象限为加。为黄道实行。

求黄道纬度,以本天半径为一率,黄白大距之正弦为二率,距交实行之正弦为三率,求得四率为正弦。检表得黄道纬度,距交实行初宫至五宫为黄道北,六宫至十一宫为黄道南。

求四种宿度,依日躔求宿度法,求得本年黄道宿钤。以黄道实行、月孛行及正交、中交实行各度分视其足减宿钤内某宿则减之,余为四种宿度。

求纪日值宿,同日躔。

求交宫时刻,以太阴本日实行与次日实行相减,未过宫为本日,已过宫为次日。余为一率,刻下分为二率,太阴本日实行不用宫。与三十度相减余为三率,求得四率为距子正分数。如法收之,得交宫时刻。

求太阴出入时刻,以本日太阳黄道经度求其相当赤道经度。又用弧三角形,以太阴距黄极为一边,黄极距北极为一边,即黄赤大距。太阴距冬至黄道经度为所夹之外角,过半周者与全周相减,用其余。求得对边为太阴距北极度。与九十度相减,得赤道纬度。不及九十度者,与九十度相减,余为北纬。过九十度者,减去九十度,余为南纬。又求得近北极之角,为太阴距冬至赤道经度。乃以本天半径为一率,北极高度之正切为二率,太阴赤道纬度之正切为三率,求得四率为正弦。检表得太阴出入在卯酉前后赤道度,太阴在赤道北,出在卯正前,入在酉正后;太阴在赤道南,出在卯正后,入在酉正前。以加减前减后加。太阴距太阳赤度,太阴赤道经度内减去太阳赤道经度即得。得数变时。自卯正酉正后计之,出地自卯正后,入地自酉正后。得何时刻,再加本时太阴行度之时刻,约一小时行三十变为时之二分。即得太阴出入时刻。

求合朔弦望,太阴实行与太阳实行同宫同度为合朔限,距三宫为上弦限,距六宫为望限,距九宫为下弦限,皆以太阴未及限度为本日,已过限度为次日。乃以太阴、太阳本日实行与次日实行各相减,两减余数相较为一率,刻下分为二率,本日太阳实行加限度上弦加三宫,望加六宫,下弦加九宫。减本日太阴实行,余为三率。求得四率为距子正之分。如法收之,得合朔弦望时刻。

求正升斜升横升,合朔日,太阴实行自子宫十五度至酉宫十五度为正升,自酉宫十五度至未宫初度为斜升,自未宫初度至寅宫十五度为横升,自寅宫十五度至子宫十五度为斜升。

求月大小,以前朔后朔相较,日干同者前月大,不同者前月小。

求闰月,以前后两年有冬至之月为准。中积十三月者,以无中气之月,从前月置闰。一岁中两无中气者,置在前无中气之月为闰。

土星用数

每日平行一百二十秒,小余六〇二二五五一。

最高日行十分秒之二又一九五八〇三。

正交日行十分秒之一又一四六七二八。

本轮半径八十六万五千五百八十七。

均轮半径二十九万六千四百一十三。

次轮半径一百零四万二千六百。

本道与黄道交角二度三十一分。

木星平行应七宫二十三度十九分四十四秒五十五微。

最高应十一宫二十八度二十六分六秒五微。

正交应六宫二十一度二十分五十七秒二十四微。

木星用数

每日平行二百九十九秒,小余二八五二九六八。

最高日行十分秒之一又五八四三三。

正交日行百分秒之三又七二三五五七。

本轮半径七十万五千三百二十。

均轮半径二十四万七千九百八十。

次轮半径一百九十二万九千四百八十。

本道与黄道交角一度十九分四十秒。

木星平行应，八宫九度十三分十三秒十一微。

最高应九宫九度五十一分五十九秒二十七微。

正交应六宫七度二十一分四十九秒三十五微。

火星用数

每日平行一千八百八十六秒，小余六七〇〇三五八。

最高日行十分秒之一又八三四三九九。

正交日行十分秒之一又四四九七二三。

本轮半径一百四十八万四千。

均轮半径三十七万一千。

最小次轮半径六百三十万二千七百五十。

本天高卑大差二十五万八千五百。

太阳高卑大差二十三万五千。

本道与黄道交角一度五十分。

火星平行应，二宫十三度三十九分五十二秒十五微。

最高应八宫初度三十三分十一秒五十四微。

正交应四宫十七度五十一分五十四秒七微，余见日躔。

推土、木、火星法

求天正冬至，同日躔。

求三星平行，以积日详月离。与本星每日平行相乘，满周天秒数去之，余收为宫度分，为积日平以加本星平行应，得本星年根。上考则减。又置本星每日平行，以所求距天正冬至次日数乘之，得数与年根相并，得本星平行。

求三星最高行，以积日与本星最高日行相乘，得数以加本星最高应，得最高年根。上考则减。又置本星最高日行，以所求距天正冬至次日数乘之，得数与年根相并得本星最高行。

求三星正交行，以积日与本星正交日行相乘，得数以加本星正交应，得正交年根。上考则减。又置本星正交日行，以所求距天正冬至次日数乘之，得数与年根相并，得本星正交行。

求三星初实行，置本星平行，减最高行，得引数。用平三角形，以均轮半径减本轮半径为对正角之边，以引数为一角，求得对引数角之边及对又一角之边。又用平三角形，以对引数角之边与均轮通弦相加求通弦详月离。为小边，以对又一角之边与本天半径相加减引数三宫至八宫相减，九宫至二宫相加。为大边，正角在两边之中，求得对小边之角为初均数。并求得对正角之边为次轮心距地心线，以初均数加减本星平行，引数初宫至五宫减，六宫至十一宫加。得本星初实行。

求三星本道实行，置本日太阳实行减本星初实行，得次引。即距日度。用平三角形，以次轮心距地心线为一边，次轮半径为一边，惟火星次轮半径时时不同，求法详后。次引为所夹之外角，过半周者与全周相减，用其余。求得对次轮半径之角为次均数，并求得对次引角之边为星距地心线。乃以次均数加减初实行，加减与初均相反。得本星本道实行。求火星次轮实半径，以火星本轮全径命为二千万为一率，本天高卑大差为二率，均轮心距最卑之正矢为三率，引数与半周相减，即均轮心距最卑度。求得四率为本天高卑差。又以太阳本轮全径命为二千万为一率，太阳高卑大差为二率，本日太阳引数之正矢为三率，引数过半周者与全周相减，用其余。求得四率为太阳高卑差。乃置火星最小次轮半径，以两高卑差加之，得火星次轮实半径。

求三星黄道实行，置本星初实行，减本星正交行，得距交实行。次轮心距正交。乃以本天半径为一率，本道与黄道交角之余弦为二率，距交实行之正切为三率，求得四率为正切。检表得黄道度，与距交实行相减，得升度差，以加减本道实行，距交实行不过象限及过二象限为减，过象限及过三象限为加。得本星黄道实行。

求三星视纬，以本天半径为一率，本道与黄道交角之正弦为二率，距交实行之正弦为三率，求得四率为正弦，检表得初纬。又以本天半径为一率,初纬之正弦为二率,次轮心距地心线为三率,求得四率为星距黄道线。乃以星距地心线为一率,星距黄道线为二率,本天半径为三率,求得四率为正弦。检表得本星视纬,随定其南北。距交实行初宫至五宫为黄道北,六宫至十一宫为黄道南。

求黄道宿度及纪日,同日躔。

求交宫时刻,同月离。

求三星晨夕伏见定限度,视本星黄道实行与太阳实行同宫同度为合伏。合伏后距太阳渐远,为晨见东方顺行。顺行渐迟,迟极而退为留退。初退行距太阳半周为退冲,退冲之次日为夕见。退行渐迟,迟极而顺为留顺。初顺行渐疾复近太阳,以至合伏,为夕不见。其伏见限度,土星十一度,木星十度,火星十一度半。合伏前后某日,太阳实行与本星实行相距近此限度,即以本星本日黄道实行,用弧三角形,以赤道地平交角为所知一角,夕,春分后用内角,秋分后用外角,晨反是。实行距春秋分度为对边,黄赤大距为所知又一角,求得不知之对边。乃用所知两边对所知两角,求得不知之又一角,夕,秋分后用内角,分后用外角,晨反是。为限距地高。乃用弧三角形,有正角,有黄道地平交角,即限距地高。有本星伏见限度,为对交角之弧,求得对正角之弧,为距日黄道度。若星当黄道无距纬,即为定限度。又用弧三角形,有正角,有黄道地平交角,以本星距纬为对交角之弧,求得两角间之弧,为加减差。以加减距日黄道度,纬南加,纬北减。得伏见定限度。视本星距太阳度与定限度相近,如在合伏前某日,即为某日夕不见;在合伏后某日,即为某日晨见。

求三星合伏时刻,视太阳实行将及本星实行,为合伏本日;已过本星实行,为合伏次日。求时刻,于太阳一日之实行即本日次日两实行之较。内减本星一日之实行为一率,余同月离求朔、望。

求三星退冲时刻,视本星黄道实行与太阳实行相距将半周,为退冲本日;已过半周,为退冲次日。求时刻之法,以太阳一日之实行与本星一日之实行相加为一率,余同前。

求同度时刻,以两星一日之实行相加减两星同行则减,一顺一逆则加。为一率,刻下分为二率,两星相距为三率,求得四率为距子正之分数,以时刻收之即得,五星并同。

金星用数

每日平行三千五百四十八秒,小余三三〇五一六九。

最高日行十分秒之二又二七一〇九五。

伏见每日平行二千二百十九秒,小余四三一一八八六。

本轮半径二十三万一千九百六十二。

均轮半径八万八千八百五十二。

次轮半径七百二十二万四千八百五十。

次轮面与黄道交角三度二十九分。

金星平行应,初宫初度二十分十九秒十八微。

最高应,六宫一度三十三分三十一秒四微。

伏见应,初宫十八度三十八分十三秒六微。

水星用数

每日平行与金星同。

最高日行十分秒之二又八八一一九三。

伏见每日平行一万一千一百八十四秒,小余一一六五二四八。

本轮半径五十六万七千五百二十三。

均轮半径一十一万四千六百三十二。

次轮半径三百八十五万。

次轮心在大距,与黄道交角五度四十分。

次轮心在正交,与黄道交角北五度五分十秒,其交角较三十四分五十秒。与大距交角相较,后仿此。南六度三十一分二秒,其交角较五十一分二秒。

次轮心在中交,与黄道交角北六度十六分五十秒,其交角较三十六分五十秒,南四度五十五分三十二秒,其交角较四十四分二十八秒。

水星平行应与金星同。

最高应，十一宫三度三分五十四秒五十四微。

伏见应十宫一度十三分十一秒十七微，余见日躔。

推金、水星法

求天正冬至，同日躔。

求金、水本星平行，同土、木、火星。

求金、水最高行，同土、木、火星。

求金、水伏见平行，同本星平行。

求金、水正交行，置本星最高平行，金星减十六度，水星加减六宫，即得。

求金星初实行，用本星引数求初均数，以加减本星平行，为本星初实行。及求次轮心距地心线，并同土、木、火星。

求水星初实行，用平三角形，以本轮半径为一边，均轮半径为一边，以引数三倍之为所夹之外角，过半周者与全周相减，用其余。求其对角之边，并对均轮半径之角。又用平三角形，以本天半径为大边，以对角之边为小边，以对均轮半径之角与均轮心距最卑度相加减，引数不及半周者，与半周相减过半周者，减去半周，即均轮心距最卑度。加减之法，视三倍引数不过半周则加，过半周则减。为所夹之角，求得对小边之角为初均数，并求得对角之边为次轮心距地心线。以初均数加减水星平行，引数初宫至五宫为减，六宫至十一宫为加。得水星初实行。

求金、水伏见实行，置本星伏见平行，加减本星初均数，引数初宫至五宫为加，六宫至十一宫为减。即得。

求金、水黄道实行，用平三角形，以本星次轮心距地心线为一边，本星次轮半径为一边，本星伏见实行为所夹之外角，过半周者与全周相减，用其余。求得对次轮半径之角为次均数，并求得对角之边为本星距地心线。以次均数加减初实行，伏见实行初宫至五宫为加，六宫至十一宫为减。得本星黄道实行。

求金、水距次交实行，置本星初实行，减本星正交行，为距交实行。与本星伏见实行相加,得本星距次交实行。

求金、水视纬,以本天半径为一率,本星次轮与黄道交角之正弦为二率,金星交角惟一,水星交角则时时不同,须求实交角用之,法详后。本星距次交实行之正弦为三率,求得四率为正弦,检表得本星次纬。又经本天半径为一率,本星次纬之正弦为二率,本星次轮半径为三率,求得四率为本星距黄道线。乃以本星距地心线为一率,本星距黄道线为二率,本天半径为三率,求得四率为正弦,检表得本星视纬,随定其南北。初宫至五宫为黄道北,六宫至十一宫为黄道南。

求水星实交角,以半径一千万为一率,交角较化秒为二率,距交实行九宫至二宫用正交交角较,三宫至八宫用中交交角较,仍视其南北用之。距交实行之正弦为三率,求得四率为交角差。置交角,用交角之法与用交角较同。以交角差加减之,距交实行九宫至二宫,星在黄道北则加,南则减;三宫至八宫反是。得实交角。

求黄道宿度及纪日,同日躔。

求交宫时刻,同月离。

求金、水晨夕伏见定限度,本星实行与太阳实行同宫同度为合伏,合伏后距太阳渐远;夕见西方顺行,顺行渐迟,迟极而退为留退。初退行渐近太阳,则夕不见,复与太阳同度为合退伏。自是又渐远太阳,晨见东方。仍退行渐迟,迟极而顺为留顺。初顺行渐疾,复近太阳,以至合伏,为晨不见。其伏见限度,金星为五度,水星为十度。其求定限度之法,与土、木、火星同,视本星距太阳度与定限相准。如在合伏前某日,即为某日晨不见;合伏后某日,即为某日夕见;合退伏前某日,即为某日夕不见;合退伏后某日,即为某日晨见。

求金、水合伏时刻,视本星实行将及太阳实行为合伏本日,已过太阳实行为合伏次日,求时刻之法,与月离求朔、望时刻之法同。

求金、水合退伏时刻,视太阳实行将及本星实行为合退伏本日,已过本星实行为合退伏次日。求时刻之法,与土、木、火星求退冲时刻之法同。

恒星用数

见日躔。

推恒星法求黄道经度，以距康熙壬子年数减一，得积年岁差，乘之，收为度分，与康熙壬子年恒星表经度相加，得各恒星本年经度。求赤道经纬度，用弧三角形，以星距黄极为一边，黄赤大距为一边，本年星距夏至前后为所夹之角，求得对星距黄极边之角。夏至前用本度，夏至后与周天相减用其余度。自星纪宫初度起算，为各恒星赤道经度。又求得对原角之边，与象限相减，余为赤道纬度。减象限为北，减去象限为南。

求中星，以刻下分为一率，本日太阳实行与次日太阳实行相减余为二率，以所设时刻化分为三率，求得四率，与本日太阳实行相加，得本时太阳黄道经度。用弧三角形，推得太阳赤道经度，以所设时刻变赤道度一时变为十五度，一分变为十五分，一秒变为十五秒。加减半周，不及半周则加半周，过半周则减半周。得本时太阳距午后度。与太阳赤道经度相加，得本时正午赤道经度。视本年恒星赤道经度同者，即为中星。

清史稿卷四九

志第二四

时宪五

康熙甲子元法下

月食用数

朔策二十九日五三〇五九三。

望策十四日七六五二九六五。

太阳平行，朔策一十万四千七百八十四秒，小余三〇四三二四。

太阳引数，朔策一十万四千七百七十九秒，小余三五八八六五。

太阴引数，朔策九万二千九百四十秒，小余二四八五九。

太阴交周，朔策十一万〇四百十四秒，小余〇一六五七四。

太阳平行，望策十四度三十三分十二秒〇九微。

太阳引数，望策十四度三十三分〇九秒四十一微。

太阴引数，望策六宫十二度五十四分三十秒〇七微。

太阴交周，望策六宫十五度二十分〇七秒。

太阳一小时平行一百四十七秒，小余八四七一〇四九。

太阳一小时引数一百四十七秒，小余八四〇一二七。

太阴一小时引数一千九百五十九秒，小余七四七六五四二。

太阴一小时交周一千九百八十四秒，小余四〇二五四九。

月距日一小时平行一千八百二十八秒，小余六一二一一〇八。

太阳光分半径六百三十七。

太阴实半径二十七。

地半径一百。

太阳最高距地一千〇十七万九千二百〇八，与地半径之比例，为十一万六千二百。

太阴最高距地一千〇十七万二千五百，与地半径之比例，为五千八百一十六。

朔应二十六日三八五二六六六。

首朔太阳平行应，初宫二十六度二十分四十二秒五十七微。

首朔太阳引数应，初宫十九度一十分二十七秒二十一微。

首朔太阴引数应，九宫十八度三十四分二十六秒十六微。

首朔太阴交周应，六宫初度三十分五十五秒十四微，余见日躔、月离。

推月食法

求天正冬至，同日躔。

求纪日，以天正冬至日数加一日，得纪日。

求首朔，先求得积日同月离。置积日减朔应，得通朔。上考则加。以朔策除之，得数加一为积朔。余数转减朔策为首朔。上考则除得之数即积朔，不用加一。余数即首朔，不用转减。

求太阴入食限，置积朔，以太阴交周朔策乘之，满周天秒数去之，余为积朔太阴交周。加首朔太阴交周应，得首朔太阴交周。上考则置首朔交周应减积朔交周。又加太阴交周望策，再以交周朔策递加十三次，得逐月望太阴平交周。视某月交周入可食之限，即为有食之月。交周自五宫十五度〇六分至六宫十四度五十四分，自十一宫十五度〇六分至初宫十四度五十四分，皆可食之限。再于实交周详之。

求平望，以太阴入食限月数与朔策相乘，加望策，再加首朔日分及纪日，满纪法去之，余为平望日分。自初日起甲子，得平望干支,以刻下分通其小余,如法收之。初时起子正,得时刻分秒。

求太阳平行,置积朔,加太阴入食限之月数为通月,以太阳平行朔策乘之,满周天秒数去之,加首朔太阳平行应,上考则减。又加太阳平行望策,即得。

求太阳平引,置通月,以太阳引数朔策乘之,去周天秒数,加首朔太阳引数应,上考则减。又加太阳引数望策,即得。

求太阴平引,置通月,以太阴引数朔策乘之,去周天秒数,加首朔太阴引数应,上考则减。又加太阴引数望策,即得。

求太阳实引,以太阳平引,依日躔法求得太阳均数,以太阴平引,依月离法求得太阴初均数,两均数相加减为距弧。两均同号相减,异号相加。以月距日一小时平行为一率,一小时化秒为二率,距弧化秒为三率,求得四率为距时秒,随定其加减号。两均同号,日大仍之,日小反之,两均一加一减,其加减从日。又以一小时化秒为一率,太阳一小时引数为二率,距时秒为三率,求得四率为秒。以度分收之,为太阳引弧。依距时加减号。以加减太阳平引,得实引。

求太阴实引,以一小时化秒为一率,太阴一小时引数为二率,距时秒为三率,求得四率为秒。以度分收之,为太阴引弧。依距时加减号。以加减太阴平引,得实引。

求实望,以太阳实引复求均数为日实均,并求得太阳距地心线。即实均第二平三角形对正角之边。以太阴实引复求均数为月实均,并求得太阴距地心线。法同太阳。两均相加减为实距弧。加减与距弧同。依前求距时法,求得时分为实距时,以加减平望,加减与距时同。得实望。加满二十四时,则实望进一日,不足减者,借一日作二十四时减之,则实望退一日。

求实交周,以一 小时化秒为一率,太阴一小时交周为二率,实距时化秒为三率,求得四率为秒,以度分收之,为交周距弧。以加减太阴交周,依实距时加减号。又以月实均加减之,为实交周。若实交周入必食之限,为有食。自五宫十七度四十三分○五秒至六宫十二度十六分五十五秒,自十一宫十七度四十三分○五秒至初宫十二度十六分五十五秒,为必食之限。不入此限者，不必布算。

求太阳黄赤道实经度，以一小时化秒为一率，太阳一小时平行为二率，实距时化秒为三率，求得四率为秒，以度分收之，为太阳距弧。依时距时加减号。以加减太阳平行，又以日实均加减之，即黄道经度。又用弧三角形求得赤道经度。详月离求太阴出入时刻条。

求实望用时，以日实均变时为均数时差，以升度差黄赤道经度之较。为升度时差，两时差相加减为时差总，加减之法，详月离求用时平行条。以加减实望，为实望用时。距日出后日入前九刻以内者，可以见食。九刻以外者全在昼，不必算。

求食甚时刻，以本天半径为一率，黄白大距之余弦为二率，实交周之正切为三率，求得四率为正切，检表得食甚交周。与实交周相减，为交周升度差。又以太阴一小时引数与太阴实引相加，依月离求初均法算之，为后均。以后均与月实均相加减，两均同号相减，异号相加。得数又与一小时月距日平行相加减，两均同加，后均大则加，小则减。两均同减，后均大则减，小则加。两均一加一减，其加减从后均。为月距日实行。乃以月距日实行化秒为一率，一小时化秒为二率，交周升度差化秒为三率，求得四率为秒。以时分收之，得食甚距时。以加减实望用时，实交周初宫六宫为减，五宫十一宫。为食甚时刻。

求食甚距纬，以本天半径为一率，黄白大距之正弦为二率，实交周之正弦为三率，求得四率为正弦，检表得食甚距纬。实交周初宫五宫为北，六宫十一宫为南。

求太阴半径，以太阴最高距地为一率，地半径比例数为二率，太阴距地心线内减去次均轮半径为三率，求得四率为太阴距地。又以太阴距地为一率，太阴实半径为二率，本天半径为三率，求得四率为正弦。检表得太阴半径。

求地影半径，以太阳最高距地为一率，地半径比例数为二率，太阳距地心线为三率，求得四率为太阳距地。又以太阳光分半径内减地半径为一率，太阳距地为二率，地半径为三率，求得四率为地影之长。又以地影长为一率，地半径为二率，本天半径为三率，求得四率为正弦,检表得地影角。又以本天半径为一率,地影角之正切为二率,地影长内减太阴距地为三率,求得四率为太阴所入地影之阔。乃以太阴距地为一率,地影之阔为二率,本天半径为三率,求得四率为正切,检表得地影半径。

求食分,以太阴全径为一率,十分为二率,并径太阴地影两半径相并。内减食甚距纬之较并径不及减距纬即不食。为三率,求得四率即食分。

求初亏、复圆时刻,以食甚距纬之余弦为一率,并径之余弦为二率,半径千万为三率,求得四率为余弦,检表得初亏、复圆距弧。又以月距日实行化秒为一率,一小时化秒为二率,初亏复圆距弧化秒为三率,求得四率为秒。以时分收之,为初亏、复圆距时。以加减食甚时刻,得初亏、复圆时刻。减得初亏,加得复圆。

求食既、生光时刻,以食甚距纬之余弦为一率,两半径较之余弦为二率,半径千万为三率,求得四率为余弦,检表得食既、生光距弧。又以月距日实行化秒为一率,一小时化秒为二率,食既,生光距弧化秒为三率,求得四率为秒。以时分收之,为食既、生光距时。以加减食甚时刻,得食既、生光时刻。减得食既,加得生光。

求食限总时,以初亏、复圆距时倍之,即得。

求太阴黄道经纬度,置太阳黄道经度,加减六宫,过六宫则减去六宫,不及六宫,则加六宫。再加减食甚距弧,又加减黄白升度差,求升度差法,详月离求黄道实行条。得太阴黄道经度。求纬,详月离。

求太阴赤道经纬度,详月离求太阴出入时刻条。

求宿度,同日躔。

求黄道地平交角,以食甚时刻变赤道度,每时之四分变一度。又于太阳赤道经度内减三宫,不及减者,加十二宫减之。余为太阳距春分赤道度。两数相加,满全周去之。为春分距子正赤道度。与半周相减,得春分距午正东西赤道度。过半周者,减去半周,为午正西。不及半周者,去减半周,为午正东。春分距午正东西度过象限者,与半周相减,余为秋分距午正东西赤道度。秋分距午东西,与春分相反。以春秋分距午正东西度与九十度相减,余为春秋分距地平赤道度。乃用为弧三角形之一边,以黄赤大距及赤道地平交角即赤道地平上高度,春分午西、秋分午东者用此。若春分午东、秋分西午者,则以此度与半周相减用其余。为边傍之两角,求得对边之角,为黄道地平交角。春分午东、秋分午西者,得数即为黄道地平交角。春分午西、秋分午东者,则以得数与半周相减,余为黄道地平交角。

求黄道高弧交角,以黄道地平交角之正弦为一率,赤道地平交角之正弦为二率,春秋分距地平赤道度之正弦为三率,求得四率为正弦,检表得春秋分距地平黄道度。又视春秋分在地平上者,以太阴黄道经度与三宫、九宫相减,春分与三宫相减,秋分与九宫相减。余为太阴距春秋分黄道度。春秋分宫度大于太阴宫度,为距春秋分前;反此则在后。又以春秋分距地平黄道度与太阴距春秋分黄道度相加减,为太阴距地平黄道度,春秋分在午正西者,太阴在分后则加,在分前则减;春秋分在午正东者反是。随视其距限之东西。春秋分在午正西者,太阴地距平黄道度不及九十度为限西,过九十度为限东;春秋分在午正东者反是。乃以太阴距地平黄道度之余弦为一率,本天半径为二率,黄道地平交角之余切为三率,求得四率为正切,检表得黄道高弧交角。

求初亏、复圆定交角,置食甚交周,以初亏、复圆距弧加减之,得初亏、复圆交周。减得初亏,加得复圆。乃以本天半径为一率,黄白大距之正弦为二率,初亏交周之正弦为三率,求得四率为正弦,检表得初亏距纬。又以复圆交周之正弦为三率,一率二率同前。求得四率为正弦,检表得复圆距纬。交周初宫、五宫为纬北,六宫、十一宫为纬南。又以并径之正弦为一率,初亏复圆距纬之正弦各为二率,半径千万为三率,各求得四率为正弦,检表得初亏、复圆两纬差角。以两纬差角各与黄道高弧交角相加减,得初亏、复圆定交角。初亏限东,纬南则加,纬北则减,限西,纬南则减,纬北则加,复圆反是。若初亏、复圆无纬差角,即以黄道高弧交角为定交角。

求初亏、复圆方位,食在限东者,定交角在四十五度以内,初亏下偏左,复圆上偏右。四十五度以外,初亏左偏下,复圆左偏上。适足九十度,初亏正左,复圆正右。过九十度,初亏左偏上,复圆右偏下。食在限西者,定交角四十五度以内,初亏上偏左复圆下偏右。四十五度以外,初亏左偏上,复圆右偏下。适足九十度,初亏正左,复圆正右。过九十度,初亏左偏下,复圆右偏上。京师黄平象限恒在天顶南,定方位如此。在天顶北反是。

求带食分秒,以本日日出或日入时分初亏或食甚在日入前者,为带食出地,用日入分。食甚或复圆在日出后者,为带食入地,用日出分。与食甚时分相减,余为带食距时。以一小时化秒为一率,一小时月距日实行化秒为二率,带食距时化秒为三率,求得四率为秒。以度分收之,为带食距弧。又以半径千万为一率,带食距弧之余切为二率,食甚距纬之余弦为三率,求得四率为余切,检表得带食两心相距之弧。乃以太阴全径为一率,十分为二率,并径内减带食两心相距之余为三率,求得四率,即带食分秒。

求各省月食时刻,以各省距京师东西偏度变时,每偏一度,变时之四分。加减京师月食时刻,即得。东加,西减。

求各省月食方位,以各省赤道高度 及月食时刻,依京师推方位法求之,即得。

绘月食图,先作横竖二线,直角相交,横线当黄道,竖线当黄道经圈,用地影半径度于中心作圈以象暗虚。次以并径为度作外虚圈,为初亏、复圆之限。又以两径较为度作内虚圈,为食既、生光之限。复于外虚圈上周竖线或左或右,取五度为识,视实交周初宫、十一宫作识于右,五宫、六宫作识于左。乃自所识作线过圈心至外虚圈下周,即为白道经圈。于此线上自圈心取食甚距纬作识,即食甚月心所在。从此作十字横线,即为白道。割内外虚圈之点,为食甚前后四限月心所在。末以月半径为度,于五限月心各作小圈,五限之象具备。

日食用数
太阳实半径五百零七,余见月食推日食法。

求天正冬至，同日躔。

求纪日，同月食。

求首朔，同月食。

求太阴入食限，与月食求逐月望平交周之法同，惟不用望策，即为逐月朔平交周。视某月交周入可食之限，即为有食之月。交周自五宫九度零八分至六宫八度五十一分，又自十一宫二十一度零九分至初宫二十度五十二分，皆为可食之限。

求平朔，

求太阳平行，

求太阳平引，

求太阴平引，以上四条，皆与月食求平望之法同，惟不加望策。

求太阳实引，同月食。

求太阴实引，同月食。

求实朔，与月食求实望之法同。

求实交周，与月食同。视实交周入食限为有食。自五宫十一度四十五分至六宫六度十四分，又自十一宫二十三度四十六分至初宫十八度十五分，为实朔可食限。

求太阳黄赤道实经度，同月食。

求实朔用时，同月食求实望用时。实朔用时，在日出前或日入后。五刻以外，则在夜，不必算。

求食甚用时，与月食求食甚时刻法同。

求用时春秋分距午赤道度，以太阳赤道经度减三宫，不足减者，加十二宫减之。为太阳距春分后赤道度。又以食甚用时变为赤道度，加减半周，过半周者减去半周，不及半周者加半周。为太阳距午正赤道度，两数相加，满全周去之。其数不过象限者，为春分距午西赤道度。过一象限者，与半周相减，余为秋分距午东赤道度过二象限者则减去二象限，余为秋分距午西赤道度，过三象限者，与全周相减，余为春分距午东赤道度。

求用时春秋分距午黄道度，以黄赤大距之余弦为一率，本天半径为二率,春秋分距午赤道度之正切为三率,求得四率为正切,检表得用时春秋分距午黄道度。

求用时正午黄赤距纬,以本天半径为一率,黄赤大距之正弦为二率,距午黄道度之正弦为三率,求得四率为正弦,检表得用时正午黄赤距纬。

求用时黄道与子午图交角,以距午黄道度之正弦为一率,距午赤道度之正弦为二率,本天半径为三率,求得四率为正弦,检表得用时黄道与子午圈交角。

求用时正午黄道宫度,置用时春秋分距午黄道度,春分加减三宫。午西加三宫,午东与三宫相减。秋分加减九宫,午西加九宫,午东与九宫相减。得用时正午黄道宫度。

求用时正午黄道高,置赤道高度,北极高度减象限之余。以正午黄赤距纬加减之,黄道三宫至八宫加,九宫至二宫减。即得。

求用时黄平象限距午,以黄道子午圈交角之余弦为一率,本天半径为二率,正午黄道高之正切为三率,求得四率为正切,检表得度分。与九十度相减,余为黄平象限距午之度分。

求用时黄平象限宫度,以黄平象限距午度分与正午黄道宫度相加减,正午黄道宫度初宫至五宫为加,六宫至十一宫为减,若正午黄道高过九十度,则反其加减。即得。

求用时月距限,以太阳黄道经度与用时黄平象限宫度相减,余为月距限度,随视其距限之东西。太阳黄道经度大于黄平象限宫度者为限东,小者为限西。

求用时限距地高,以本天半径为一率,黄道子午圈交角之正弦为二率,正午黄道高之余弦为三率,求得四率为余弦,检表得限距地高。

求用时太阴高弧,以本天半径为一率,限距地高之正弦为二率,月距限之余弦为三率,求得四率为正弦,检表得太阴高弧。

求用时黄道高弧交角,以月距限之正弦为一率,限距地高之余切为二率,本天半径为三率,求得四率为正切,检表得黄道高弧交角。

　　求用时白道高弧交角,置黄道高弧交角,以黄白大距加减之,食甚交周初宫、十一宫,月距限东则加,限西则减。五宫、六宫反是。即得。如过九十度,限东变为限西,限西变为限东,不足减者反减之。则黄平象限在天顶南者,白平象限在天顶北,黄平象限在天顶北者,白平象限在天顶南。

　　求太阳距地,详月食求地影半径条。

　　求太阴距地,详月食求太阴半径条。

　　求用时高下差,用平三角形,以地半径为一边,太阳距地为一边,用时太阴高弧与象限相减,余为所夹之角,求得对太阳距地边之角。减去一象限,为太阳视高。与太阴高弧相减;余为太阳地半径差。又用平三角形,以地半径为一边,太阴距地为一用时太阴高弧与象限相减,余为所夹之角,求得对太阴距地边之角。减去一象限,为太阴视高。与高弧相减,余为太阴地半径差。两地半径差相减,得高下差。

　　求用时东西差,以半径千万为一率,白道高弧交角之余弦为二率,高下差之正切为三率,求得四率为正切,检表得用时东西差。

　　求食甚近时,以月距日实行化秒为一率一小时化秒为二率东西差化秒为三率,求得四率为秒。以时分收之,为近时距分。以加减食甚用时,月距限西则加,限东则减,仍视白道高弧交角变限不变限为定。得食甚近时。

　　求近时春秋分距午赤道度,以食甚近时变赤道度求之,余与前用时之法同。后诸条仿此,但皆用近时度分立算。

　　求近时春秋分距午黄道度。

　　求近时正午黄赤距纬。

　　求近时黄道与子午圈交角。

　　求近时正午黄道宫度。

　　求近时正午黄道高。

　　求近时黄平象限距午。

　　求近时黄平象限宫度。

求近时月距限，置太阳黄道经度，加减用时东西差，依近时距分加减号。为近时太阴黄道经度。与近时黄平象限宫度相减，为近时月距限。余同用时。

求近时限距地高。

求近时太阴高弧。

求近时黄道高弧交角。

求近时白道高弧交角。

求近时高下差。

求近时东西差。

求食甚视行，倍用时东西差减近时东西差，即得。

求食甚真时，以视行化秒为一率，近时距分化秒为二率，用时东西差化秒为三率，求得四率为秒。以时分收之，为真时距分，以加减食甚用时，得食甚真时。加减与近时距分同。

求真时春秋分距午赤道度，以食甚真时变赤道度求之，余与用时之法同。后诸条仿此，但皆用真时度分立算。

求真时春秋分距午黄道度。

求真时正午黄赤距纬。

求真时黄道与子午圈交角。

求真时正午黄道宫度。

求真时正午黄道高。

求真时黄平象限距午。

求真时黄平象限宫度。

求真时月距限，置太阳黄道经度，加减近时东西差，依真时距分加减号。为真时太阴黄道经度。余同用时。

求真时限距地高。

求真时太阴高弧。

求真时黄道高弧交角。

求真时白道高弧交角。

求真时高下差。

求真时东西差。

求真时南北差，以半径千万为一率，真时白道高弧交角之正弦为二率，真时高下差之正弦为三率，求得四率为正弦，检表得真时南北差。

求食甚视纬，依月食求食甚距纬法推之，得实纬。以真时南北差加减之，为食甚视纬。白平象限在天顶南者，纬南则加，而视纬仍为南；纬北则减，而视纬仍为北。若纬北而南北差大于实纬，则反减而视纬变为南，限在天顶北者反是。

求太阳半径，以太阳距地为一率，太阳实半径为二率，本天半径为三率，求得四率为正弦，检表得太阳半径。

求太阴半径，详月食。

求食分，以太阳全径为一率，十分为二率，并径太阳太阴两半径并。减去视纬为三率，求得四率即食分。

求初亏、复圆用时，以食甚视纬之余弦为一率，并径之余弦为二率，半径千万为三率，求得四率为余弦，检表得初亏、复圆距弧。又以月距日实行化秒为一率，一小时化秒为二率，初亏复圆距弧化秒为三率，求得四率为秒。以时分收之，为初亏、复圆距时。以加减食甚真时，得初亏、复圆用时。减得初亏，加得复圆。

求初亏春秋分距午赤道度，以初亏用时变赤道度求之，余与用时同。后诸条仿此，但皆用初亏度分立算。

求初亏春秋分距午黄道度。

求初亏正午黄赤距纬。

求初亏黄道与子午圈交角。

求初亏正午黄道宫度。

求初亏正午黄道高。

求初亏黄平象限距午。

求初亏黄平象限宫度。

求初亏月距限，置太阳黄道经度，减初亏、复圆距弧，又加减真时东西差，依真时距分加减号。得初亏太阴黄道经度。余同用时。

求初亏限距地高。

求初亏太阴高弧。

求初亏黄道高弧交角。

求初亏白道高弧交角。

求初亏高下差。

求初亏东西差。

求初亏南北差。

求初亏视行，以初亏、东西差与真时东西差相减并，<small>初亏食甚同</small><small>限则减，初亏限东食甚限西则并。</small>为差分，以加减初亏、复圆距弧为视行。<small>相减为差分者，食在限东，初亏东西差大则减，小则加。食在限西反是。相</small><small>并为差分者恒减。</small>

求初亏真时，以初亏、视行化秒为一率，初亏、复圆距时化秒为二率，初亏、复圆距弧化秒为三率，求得四率为秒。以时分收之，为初亏距分。以减食甚真时，得初亏真时。

求复圆春秋分距午赤道度，以复圆用时变赤道度求之，余同用时。后诸条仿此，但皆用复圆度分立算。

求复圆春秋分距午黄道度。

求复圆正午黄赤距纬。

求复圆黄道与子午圈交角。

求复圆正午黄道宫度。

求复圆正午黄道高。

求复圆黄平象限距午。

求复圆黄平象限宫度。

求复圆月距限，置太阳黄道经度，加初亏、复圆距弧，又加减真时东西差，<small>依真时距分加减号。</small>得复圆太阴黄道经度。余同用时。

求复圆限距地高。

求复圆太阴高弧。

求复圆黄道高弧交角。

求复圆白道高弧交角。

求复圆高下差。

求复圆东西差。

求复圆南北差。

求复圆视行，以复圆东西差与真时东西差相减并为差分，复圆食甚同限，则减；食甚限东，复圆限西，则并。以加减初亏、复圆距弧为视行。相减为差分者，食在限东，复圆东西差大则加，小则减食在限西反是，相并为差分者恒减。

求复圆真时，以复圆视行化秒为一率，初亏、复圆距时化秒为二率，初亏、复圆距弧化秒为三率，求得四率为秒。以时分收之，为复圆距分。以加食甚真时，得复圆真时。

求食限总时，以初亏距分与复圆距分相并，即得。

求太阳黄道宿度，同日躔。

求太阳赤道宿度，依恒星求赤道经纬法求得本年赤道宿钤，余同日躔求黄道法。

求初亏、复圆定交角，求得初亏、复圆各视纬，与食甚法同。以求各纬差角。各与黄道高弧交角相加减，为初亏及复圆之定交角。法与月食同。

求初亏、复圆方位，食在限东者，定交角在四十五度以内，初亏上偏右，复圆下偏左。四十五度以外，初亏右偏上，复圆左偏下。适足九十度，初亏正右，复圆正左。过九十度，初亏右偏下，复圆左偏上。食在限西者，定交角在四十五度以内，初亏下偏右，复圆上偏左。四十五度以外，初亏右偏下，复圆左偏上。适足九十度，初亏正右，过九十度，初亏右偏上，复圆左偏下。京师黄平象限恒在天顶南，定方位如此，在天顶北反是。

求带食分秒，以本日日出或日入时分初亏或食甚在日出前者，为带食出地，用日出分；食甚或复圆在日入后者，为带时入地，用日入分。与食甚真时相减，余为带食距时。乃以初亏、复圆距时化秒为一率，初亏复圆视行化秒为二率，带食在食甚前，用初亏视行；带食在食甚后，用复圆视行。带食距时化秒为三率，求得四率为秒。以度分收之，为带食距弧。又以半径千万为一率,带食距弧之余切为二率,食甚距纬之余弦为三率,求得四率为余切,检表得带食两心相距。乃以太阳全径为一率,十分为二率,并径内减带食两心相距为三率,求得四率为带食分秒。

求各省日食时刻及食分,以京师食甚用时,按各省东西偏度加减之,得各省食甚用时。乃按各省北极高度,如京师法求之,即得。

求各省日食方位,以各省黄道高弧交角及初亏、复圆视纬,求其定交角,即得。

绘日食图法同月食,但只用日月两半径为度,作一大虚圈,为初亏、复圆月心所到。不用内虚圈,无食既、生光二限。

凌犯用数,具七政恒星行及交食。

推凌犯法,求凌犯入限,太阴凌犯恒星,以太阴本日次日经度,查本年恒星经纬度表,某星纬度不过十度,经度在此限内,为凌犯入限。复查太阴在入限各星之上下,如星月两纬同在黄道北者,纬多为在上,纬少为在下。同在黄道南者反是。一南一北者,北为在上,南为在下。太阴在上者,两纬相距二度以内取用;太阴在下者,一度以内取用。相距十七分以内为凌,十八分以外为犯,纬同为掩。太阴凌犯五星,以本日太阴经度在星前、次日在星后为入限,余与凌犯恒星同。五星凌犯恒星,以两纬相距一度内取用。相距三分以内为凌,四分以外为犯,余与太阴同。五星自相凌犯,以行速者为凌犯之星,行迟者为受凌犯之星。如迟速相同而有顺逆,则为顺行之星凌犯逆行之星,皆以此星经度本日在彼星前、次日在彼星后为入限。余同凌犯恒星。

求日行度,太阴凌犯恒,星即以太阴一日实行度为日行度。凌犯五星,以太阴一日实行度与本星一日实行度相加减,星顺行则减,逆行则加。为日行度。五星凌犯恒星,以本星一日实行度为日行度。五星自相凌犯,以两星一日实行度相加减,顺逆同行则减,异行则加。为日行度。

求凌犯时刻,以日行度化秒为一率,刻下分为二率,本日子正相距度化秒为三率,求得四率为分。以时刻收之,初时起子正,即得。

求太阴凌犯视差,五星视差甚微,可以不计。以刻下分为一率,太阳一日实行度化秒为二率,凌犯时刻化分为三率,求得四率为秒。以度分收之,与本日子正太阳实行相加,为本时太阳黄道度。依日食法求东西差及南北差。

求太阴视纬,置太阴实纬,以南北差加减之,加减之法,与日食同。即得。求太阴距星,以太阴视纬与星纬相加减,南北相同则减,一南一北则加。得太阴距星。取相距一度以内者用。

求凌犯视时,以太阴一小时实行化秒为一率,一小时化秒为二率,东西差化秒为三率,求得四率为秒。收为分,以加减凌犯时刻,太阴距限西则加,东则减。得凌犯视时。

清史稿卷五〇
志第二五

时宪六

雍正癸卯元法上

日躔改法之原：

一，更定岁实以衡消长。岁实古多而今少，故授时有消长之术。西人第谷所定，减郭守敬万分之三，至奈端等屡加测验，谓第谷所减太过，定为三百六十五日二四二三三四四二〇一四一五，比第谷所定多万分之一有奇。以除周天三百六十度，得每日平行，比第谷所定少五纤有奇，本法用之。

一，更定黄赤距纬以征翕辟。黄赤大距，古阔而今狭，恒有减而无增，西人利酌理、噶西尼测定黄赤大距二十三度二十九分，比第谷所定少二分三十秒，比刻白尔所定少一分，本法用之。

一，细考清蒙气差以祛歧视。西人第谷悟得蒙气绕地球之周，日月星照蒙气之外，人在地面为蒙气所映，必能视之使高。而日月星之光线入蒙气之中，必反折之使下。故光线与视线蒙气之内合而为一，蒙气之外，歧而为二。二线所交，即为蒙气差角，然未有算术。噶西尼反覆精求，谓视线光线所歧虽有不同，相合则有定处。自地心过所合处作线抵圆周。即为蒙气割线。视线与割线成一角，光线与割线亦成一角，二角相减，得蒙气差角。爰在北极出地高四十四度处，屡加精测，得地平上最大差为三十二分一十九秒，蒙气之厚为地半径千万分之六千零九十五,视线角与光线角正弦之比例,常如一千万与一千万零二千八百四十一。用是推得逐度蒙气差。本法用之。如图甲为地心,乙为地面,丙乙为蒙气之厚,丑甲为割线,癸乙为视线,子戊为光线,癸戊子为蒙气差角,癸寅、子卯为两正弦。

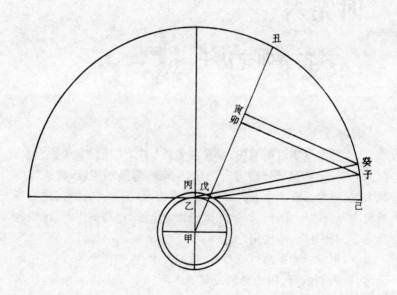

一,细考地半径差以辨蒙杂。康熙十一年壬子秋分前十四日夜半,火星与太阳冲,西人噶西尼于富郎济亚国测得火星距天顶五十九度四十分一十五秒,利实尔于同一子午线之噶耶那岛测得火星距天顶一十五度四十七分五秒,同时用有千里镜能测秒微之仪器,与子午线上最近一恒星,测其相距。噶西尼所得火星较低一十五秒,因恒星无地半径差以之立法。用平三角形,推得火星在地平上最大地半径差二十五秒,小余三七。又据歌白尼、第谷测得火星距地与太阳距地之比,如一百与二百六十六,用转比例法,求得太阳在中距时地平上最大地半径差一十秒，其逐度之差，以半径与正弦为比例。本法用之，以求地半径与日天半径之比例，中距为一与二万零六百二十六，最高为一与二万零九百七十五，最卑为一与二万零二百七十七，地平上最大地半径差最高为九秒五十微，最卑为一十秒一十微。

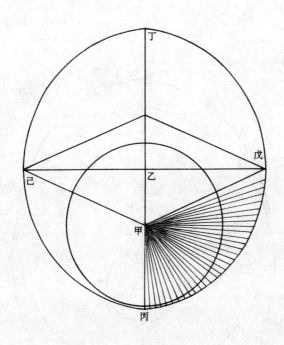

一，用椭圆面积为平行以酌中数。西人刻白尔以来，屡加精测，盈缩之最大差止一度五十六分一十二秒。以推逐度盈缩差，最高前后，本轮失之小，均轮失之大；最卑前后，本轮失之大，均轮失之小。乃以盈缩最大差折半，检其正弦，得一六九〇〇〇为两心差。以本天心距最高卑为一千万，作椭圆，自地心出线，均分其面积，为平行度，以所夹之角为实行度，以推盈缩。在本轮、均轮所得数之间，而逐度推求,苦求算术。噶西尼等乃立角积相求诸法,验诸实测,斯为吻合。本法用之。如图甲为地心,乙为本天心,丁为最高,丙为最卑,戊己为中距,瓜分之面积为平行,所对之平圆周角度为黄道实行。

一,更定最卑行以正引数。西人噶西尼等测得每岁平行一分二秒五十九微五十一纤零八忽,比甲子元法多一秒四十九微有奇。本法用之。

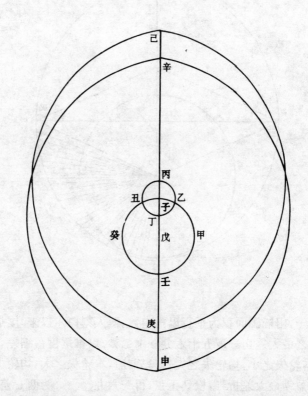

一,更定平行所在以正步首。用西人噶西尼所定,推得雍正癸卯年天正冬至为丙申日丑正三刻十一分有奇,比甲子元法迟二刻。

次日子正初刻最卑过冬至八度七分三十二秒二十二微,比甲子元法多十七分三十五秒四十二微。

月离改法之原:

一,求太阴本天心距地及最高行,随时不同,以期通变。自西人刻白尔创椭圆之法,奈端等累测月离,得日当月天中距时最大迟疾差为四度五十七分五十七秒,两心差为四三三一○○。日当月天最高,或当月天最卑,则最大迟疾差为七度三十九分三十三秒,两心差为六六七八二○。日历月天高卑而后,两小差渐小;中距而后,两心差渐大;日距月天高卑前后四十五度,两心差适中。又日当月天高卑时,最高之行常速,至高卑后四十五度而止;日当月天中距时,最高之行常迟,至中距后四十五度而止;与日月之盈缩迟疾相似,而周转之数倍之。因以地心为心,以两心差最大最小两数相加折半,得五五○五○五,为最高本轮半径。相减折半,得一一七三一五,为最高均轮半径。均轮心循本轮周右旋,行最高平行度;本天心循均轮周起最远点右旋,行日距月天最高之倍度。用平三角形,推得最高实均。又推得逐时两心差,以求面积。如日躔求盈缩法,以求迟疾,名曰初均。本法用之。如图戊为地心,甲壬癸子为本轮,乙丁丑丙为均轮,丙丁皆本天心,丙为最远,丁为最近,戊丙两心差大,己庚椭圆面积少,戊丁两心差小,辛申椭圆面积多。

一,增立一平均数以合时差。西人刻白尔以来,奈端等屡加测验,得日在最卑后太阴平行常迟,最高平行、正交平行常速。日在最高后反是。因定日在中距,太阴平行差一十一分五十秒,最高平行差一十九分五十六秒,正交平行差九分三十秒。其间逐度之差,皆以太阳中距之均数与太阳逐度之均数为比例,名曰一平均。本法用之。

一,增立二平均数以均面积。西人奈端以来,屡加精测,得太阳在月天高卑前后太阴平行常迟,至高卑后四十五度而止。在月天中距前后反是。然积迟、积速之多,正在四十五度,而太阳在最高与在最卑，其差又有不同。因定太阳在最高，距月天高卑中距后四十五度之最大差为三分三十四秒，太阳在最卑，距月天高卑中距后四十五度之最大差为三分五十六秒。高卑后为减，中距后为加。其间日距月最高逐度之差，皆以半径与日距月最高倍度之正弦为比例。太阳距地逐度之差，又以太阳高卑距地之立方较与太阳本日距地同太阳最高距地之立方较为比例，名曰二平均。本法用之。

一，增立三平均数以合交差。西人奈端以来，定白极在正交均轮周行日距正交之倍度，因定太阳正黄白两交后，则太阴平行又稍迟；在黄白大距后，则太阴平行又稍速；其最大差为四十七秒。两交后为减，大距后为加。其逐度之差，皆以半径与日距正交倍度之正弦为比例，名曰三平均。本法用之。

一，更定二均数以正倍离。西人噶西尼以来，屡加测验，定日在最高朔望前后四十五度，最大差为三十三分一十四秒；日在最卑朔望前后四十五度，最大差为三十七分一十一秒。朔望后为加，两弦后为减。其间月距日逐度之二均，则以半径与月距日倍度之正弦为比例。其太阳距最高逐度二均之差，又以日天高卑距地之立方较与本日太阳距地同最高太阳距地之立方较为比例，与二平均同。本法用之。

一，更定三均数以合总数。西人噶西尼以来，取月距日与月高距日高共为九十度时测之，除末均之差外，其差与月距日或有高距日高之独为九十度者等。又取月距日与月高距日高共为四十五度时测之，亦除末均差外，其差与月距日或月高距日高之独为四十五度者等。乃定太阴三均之差，在月距日与月高距日高之总度半周内为加，半周外为减。其九十度与二百七十度之最大差为二分二十五秒。其间逐度之差，以半径与总度之正弦为比例。本法用之。

一，增立末均数以合距度。西人噶西尼以来，测日月最高同度或日月同度两者只有一相距之差，则止有三均。若两高有距度，日月又有距度，则三均之外，朔后又差而迟，望后又差而速，及至月高距日高九十度、月距日亦九十度时，无三均，而其差反最大。故知三均之外，又有末均。乃将月高距日高九十度分为九限，各于月距九十度时测之，两高相距九十度，其差三分；八十度，其差二分三十九秒；七十度，其差二分一十九秒；六十度，其差二分；五十度，其差一分四十三秒；四十度，其差一分二十八秒；三十度，其差一分一十六秒；二十度，其差一分七秒；一十度，其差一分一秒。其间逐度之差，用中比例求之。其间月距日逐度之差，皆以半径与月距日之正弦为比例。朔后为减，望后为加。本法用之。

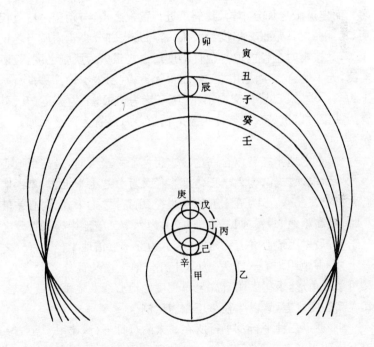

一，更定交均及黄白大距以合差分。西人奈端、噶西尼以来，测得日在两交时，交角最大为五度一十七分二十秒；日距交九十度时，交角最小为四度五十九分三十五秒。朔望而后，交角又有加分。

因日距交与月距日之渐远，以渐而大，至日距交九十度、月距日亦九十度时，加二分四十三秒。交均之最大者，为一度二十九分四十二秒，乃以最大、最小两交角相加折半，为绕黄极本轮；相减折半，为负白极均轮。分均轮全径为五，取其一，内去朔望后加分，为最大加分小轮全径，设于白道，余为交均小轮全径。与均轮全径相减，余为负小轮全径，与均轮同心，均轮负而行，不自行。均轮心行于本轮周，左旋，为正交平行。交均小轮心在负小轮周，起最远点，右旋，行日距正交之倍度。白极在交均小轮周，起最远点，左旋，行度又倍之。而白道士之加分小轮，其周最近。黄道之点，与朔望之白道相切，其全径按日距正交倍度为大小，常与最大加分小轮内所当之正矢等。又按本时全径内取月距日倍度所当之正矢为所张之度，验诸实测，无不吻合。本法用之。如图甲为黄极，乙为本轮，丙为均轮，丁为负小轮，戊己皆为交均小轮，庚辛皆为白极，壬为黄道，丑、癸皆为朔望时白道，寅、子皆为丙弦时白道，卯、辰皆为白道上加分小轮。

一，更定地半径差以合高均。求得两心差最大时，最高距地心一〇六六七八二〇，为六十三倍地半径又百分之七十七；最卑距地心九三三二一八〇，为五十五倍地半径又百分之七十九。两心差最小时，最高距地心一〇四三三一九〇，为六十二倍地半径又百分之三十七；最卑距地心九五六六八一〇，为五十七倍地半径又百分之一十九；中距距地心一千万，为五十九倍地半径又百分之七十八。又用平三角形，求得太阴自高至卑逐度距地心线及地平上最大差。其实高逐度之差，皆以半径与正弦为比例。

一，更定三种平行及平行所在。太阴每日平行，比甲子元法多千万分秒之二万二千三百一十六，最高每日平行，比甲子元法少百万分秒之七千二百五十一，正交每日平行，比甲子元法少十万分秒之一百三十七。雍正癸卯天正冬至，次日子正，太阴平行所在，比甲子元法多二分一十四秒五十七微，最高平行所在，比甲子元法少三十六分三十七秒一十微，正交平行所在，比甲子元法多五分六秒三十三微。

交食改法之原：

一，用两时日躔、月离黄道度求实朔、望。先推平朔、望以求其入交之月，次推本日、次日两子正之日躔、月离黄道经度以求其实朔、望之时，又推本时次时两日躔、月离以比例其时刻。与甲子元法止用两日及用黄白同经者不同。

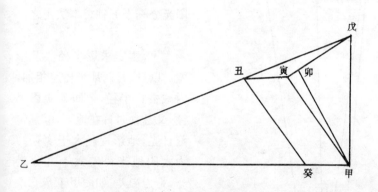

一，用两经斜距求日、月食甚时刻及两心实相距。以黄白二道原非平行，而日、月两经常相斜距。若以太阳为不动，则太阴如由斜距线行，故求两心相距最近之线，不与白道成正角，而与斜距线成正角。其距弧变时，亦不以月距日实行度为比例，而以斜距度为比例。如图甲乙为黄道，戊乙为白道，甲戊为实朔、望距纬，甲癸为太阳一小时实行，戊丑为太阴一小时实行。设太阳不动而合癸与甲，则太阴不在丑而在寅。戊寅为一小时两经斜距线，甲卯与戊寅成正角，即为两心相距最近之线，戊卯为食甚距弧，皆借弧线为直线，用平三角形求之。初亏、复圆，则以并径为弦作勾股。

一，更定日、月实径与地径之比例。西人默爵制远镜仪，测得日

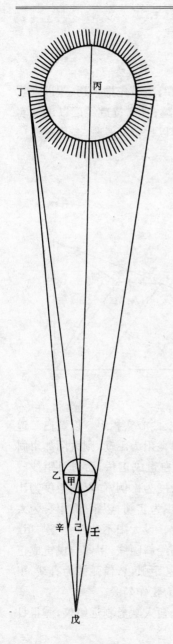

视径最高为三十一分四十秒，中距为三十二分一十二秒，最卑为三十二分四十五秒；月视径最高为二十九分二十三秒，中距为三十一分二十一秒，最卑为三十三分三十六秒。用此数推算日实径为地径之九十六倍又十分之六，月实径为地径百分之二十七，小余二六强，太阳光分一十五秒。本法用之。

一，更定求影半径法及影差。以日、月两地半径差相加，内减去日半径，余即为实影半径。又月食时日在地下，蒙气转蔽日光，地影视径大于实径约为太阴地半径差六十九分之一，是为影差。如图甲丁辛三角形，丁辛二内角与壬甲己一外角等，丁角即太阳地半径差，辛角即太阴地半径差，甲丁线略与甲丙日天半径等，甲辛线略与甲己月天半径等，其角皆与地半径甲乙相当故。壬甲己对角丙甲丁即日半径。故以丁角、辛角相加，即得壬甲辛角，内减壬甲己角，余己甲辛角，即实影半径。

一，更定求日食食甚真时及两心视相距。借弧线为直线，用平三角形，以食甚用时两心实相距为一边，用时高下差为一边，用时白经高弧交角为所夹之角，求得对角之边，为两心视相距，并求得对两心实相距角。复设一时，限西向后设，限东向前设。求其两心实相距及高下差为二边。白经高弧交角与对设时距弧角相减，余为所夹之角，求得对角之边，为设时两心视相距，亦求得对两心实相距角。乃取用时、设时两白经高弧交角较，与用时对两心实相距角相减。又加设时对两心实相距角，又与全周相减为一角，用时、设时两视相距为夹角之二边，求其对边为视行，求其中垂线至视行之点，为食甚真时所在，垂线为真时视相距。以上加减，据向后设而言。然后以所得真时，复考其两心视相距果与所求垂线合，即为定真时。如图乾为日心，乾子为用时两心实相距，乾壬为高下差，壬子为两心视相距，乾午为设时两心实相距，乾己为高下差，己午同壬未为两心视相距，壬丑中垂线为真时视相距。初亏、复圆法同，但以并径为比考真时之限。至带食则以地平为断，亦迳求两心视相距，不用视行。

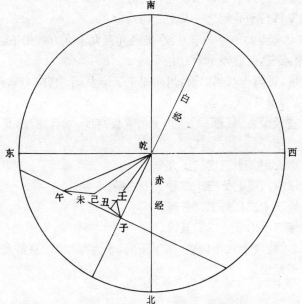

恒星改法之源,见《天文志》。

土星改法之原,见《推步因革篇》。

罗㬋、计都更名,乾隆五年,和硕庄亲王等援古法奏请更正,下大学士、九卿议奏,乾隆九年更正。

紫气增设之原,大学士、伯讷尔泰等议覆,更定罗睺、计都名目,并援古法增入紫气,约二十八年十闰而气行一周天,每日行二分六秒,小余七二○七七七。以乾隆九年甲子天正冬至,次日子正在七宫十七度五十分十四秒五十三微为元。

日躔用数,雍正元年癸卯天正冬至为法元。壬寅年十一月冬至。

用岁三百六十五日二四二三三四四二。

太阳每日平行三千五百四十八秒,小余三二九○八九七。

最卑岁行六十二秒小余九九七五。

最卑日行十分秒之一又七二四八。

本天椭圆大半径一千万,小半径九百九十九万八千五百七十一,小余八五,两心差十六万九千。

宿度,乾隆十八年以前,用康熙壬子年表,十九年以后,用乾隆甲子年表,俱见《天文志》。

各省及蒙古、回部、两金川土司北极高度、东西偏度,见《天文志》。

黄赤大距二十三度二十九分。

最卑应八度七分三十二秒二十二微。

气应三十二日一二二五四。

宿应二十七日一二二五四。

宿名,乾隆十八年以前,同甲子元,十九年以后,易觜前参后,余见甲子元法。

推日躔法

求天正冬至,同甲子元法。

求平行,同甲子元法。

求实行,先求引数,同甲子元法。乃用平三角形,以二千万为一边,倍两心差为一边,引数为所夹之角,六宫内用内角,六宫外与全周相减用其余。求得对倍两心差之角,倍之为椭圆界角。又以本天小半径为一率,大半径为二率,前所夹角正切为三率,求得四率为椭圆之正切,检表得度分秒。与引数相减,余为椭圆差角。最卑前后各三宫与椭圆界角相加,最高前后各三宫与椭圆界角相减,自初宫为最卑后,以此顺计。为均数。置平行,以均数加减之,引数初宫至五宫为加,六宫至十一宫为减。得实行。

求宿度。

求纪日值宿。

求节气时亥。

求距纬度。

求日出入昼夜时刻,并同甲子元法。

月离用数

在阴每日平行四万七千四百三十五秒,小余〇二三四〇八六。

最高每日平行四百零一秒,小余〇七〇二二六。

正交每日平行一百九十秒,小余六三八六三。

太阳最大均数六千九百七十三秒。

太阴最大一平均七百一十秒。

最高最大平均一千一百九十六秒。

正交最大平均五百七十秒。

太阳最高立方积一〇五一五六二。

太阳高卑立方大较一〇一四一〇。

太阳在最高,太阴最大二平均二百一十四秒。

太阳在最卑,太阴最大二平均二百三十六秒。

太阴最大三平均四十七秒。

本天椭圆大半径一千万。

最大两心差六六七八二〇。

最小两心差四三三一九〇。

最高本轮半径五五〇五〇五，即中数两心差。

最高均轮半径一一七三一五。

太阳在最高，太阴最大二均一千九百九十四秒。

太阳在最卑，太阴最大二均二千二百三十一秒。

太阴最大三均一百四十五秒。

两最高相距一十度，两弦最大末均六十一秒。

相距二十度，两弦最大末均六十七秒。

相距三十度，两弦最大末均七十六秒。

相距四十度，两弦最大末均八十八秒。

相距五十度，两弦最大末均一百零三秒。

相距六十度，两弦最大末均一百二十秒。

相距七十度，两弦最大末均一百三十九秒。

相距八十度，两弦最大末均一百五十九秒。

相距九十度，两弦最大末均一百八十秒。

正交本轮半径五十七分半。

正交均轮半径一分半。

最大黄白大距五度一十七分二十秒。

最小黄白大距四度五十九分三十五秒。

黄白大距中数五万八千五百零七秒半。

黄白大距半较五百三十二秒半。

最大交角加分一千零六十五秒。

最大距日加分一百六十三秒。

太阴平行应五宫二十六度二十七分四十八秒五十三微。

最高应八宫一度一十五分四十五秒三十八微。

正交应五宫二十二度五十七分三十七秒三十三微，余见日躔。

推月离法

求天正冬至，同甲子元法。

求太阴平行，同甲子元法。

求最高平行，同甲子元法求月孛行。

求正交平行，同甲子元法。

求用平行，以太阳最大均数为一率，太阴最大一平均为二率，本日太阳均数化秒为三率，求得四率为秒。收为分，后皆同。为太阴一平均。又以最高最大平均为二率，一率、三率同前。求得四率为本日最高平均。又以正交最大平均为二率，求得四率，为本日正交平均，随记其加减号。太阴正交与太阳相反，最高与太阳同。各加减平行，得太阴二平行及用最高用正交。于太阳实行内减去用最高，为日距月最高。减去用正交，为日距正交。次以半径千万为一率，太阳引数内加减太阳均数为实引，取其余弦为二率，太阳倍两心差为三率，求得四率为分股。又以实引正弦为二率，一率、三率同前。求得四率为勾；以分股与全径二千万相加减，实引三宫内九宫外加，三宫外九宫内减。为股弦和，求得弦。转与全径相减，为日距地心数。自乘再乘得立方积，与太阳最高立方积相减，为本时立言较。又以半径千万为一率，高卑最大二平均各为二率，日距月最高倍度正弦为三率，各得四率，为本时高卑二平均。双以高卑立方大较为一率，本时立方较为二率，本时高卑二平均相减余为三率，求得四率与本时最高二平均相加，为本时二平均，记加减号。日距月最高倍度不及半周为减，过之为加。复以半径千万为一率，最大三平均为二率，日距正交倍度正弦为三率，求得四率，为三平均，记加减号。日距正交倍度不及半周为减，过为加。乃置二平行，加减二三平均，得用平行。

求初实行，用平三角形，以最高本轮半径为一边，最高均轮半径为一边，日距月最高倍度与半周相减，余为所夹之角，求得对均轮半径之角，为最高实均，记加减号。日距月最高倍度不及半周为加，过为减。又求得对原角之边，为本时两心差。以最高实均加减用最高为最高实行,以最高实行减用平行为太阴引数,复用平三角形,以半径千万为一边,本时两心差为一边,太阴引数与半周相减余为所夹之角,求得对两心差之角。与原角相加,复为所夹之角。求得对半径千万之角,为平圆引数。乃以本天大半径为一率,本时两心差为正弦,对表取余弦为二率,平圆引数之正切线为三率,求得四率为正切,检表为实引,与太阴引数相减为初均数。置用平行,以初均数加减之,引数初宫至五宫为减,六宫至十一宫为加。得初实行。

求白道实行,置初实行,减本日太阳实行,为月距日。乃以半径千万为一率,高卑最大二均数各为二率,月距日倍度正弦为三率,各求得四率,为本时高卑二均数。又以高卑立方大较为一率,本时立方较为二率,本时高卑二均数相减余为三率,求得四率,与本时最高二均数相加,为本时二均数,记加减号。月距日倍度不及半周为加,过为减。又置月距日,加减二均,为实月距日。置太阳最卑平行,加减六宫,为日最高太阴最高实行。内减日最高,为日月最高相距。与实月距日相加,为相距总数。以半径千万为一率,最大三均为二率,相距总数正弦为三率,求得四率,为三均数,记加减号。总数不及半周为加,过为减。又以半径千万为一率,日月最高相距度用中比例,取本时两弦最大末均为二率,实月距日正弦为三率,求得四率,为末均数。记加减号。实月距日不及半周为减,过为加。乃置初实行,加减二均、三均、末均,得白道实行。

求黄道实行,用平三角形,以正交本轮半径为一边,正交均轮半径为一边,日距正交倍度为所夹之外角,倍度过半周,减去半周,用其余。求得对两边二角之半较。与日距正交相减,余为正交实均。以加减日距正交倍度不及半周为加,过为减。用正交,为正交实行。置白道实行,减正交实行,为月距正交。又以半径千万为一率,日距正交倍度正矢为二率,倍度过半周,与全周相减,用其余。黄白大距半较为三率,求得四率,为交角减分。又以最大距日加分折半为三率,一率、二率同前。前得四率,为距交加差。又以半径千万为一率,实月距日倍度正矢为二率,倍度过半周,与全周相减,用其余。距交加差折半为三率,求得四率,为距日加分。置最大大距,减交角,减分加距日加分,为黄白大距。乃以半径千万为一率,黄白大距余弦为二率,月距正交正切为三率,求得四率为正切,检表为黄道距交度。与月距正交相减,余为升度差。以加减白道实行,月距正交初、一、二、六、七、八宫为减,三、四、五、九、十、十一宫加。得黄道实行。

求黄道纬度,同甲子元法。

求四种宿度,月孛用最高实行,罗睺用正交实行加减六宫,计都用正交实行,余同甲子元法。

求纪日值宿。

求交宫时刻。

求太阴出入时刻。

求合朔弦望。

求正升、斜升、横升。

求月大小。

求闰月,并同甲子元法。

求月令,日躔娵訾,为建寅正月,东风解冻,蛰虫始振,鱼陟负冰,獭祭鱼,候雁北,草木萌动,凡六候。日躔降娄,为建卯二月,桃始华,仓庚鸣,鹰化为鸠,元鸟至,雷乃发声,始电,凡六候。日躔大梁,为建辰三月,桐始华,田鼠化为鴽,虹始见,萍始生,鸣鸠拂其羽,戴胜降于桑,凡六候。日躔实沈,为建巳四月,蝼蝈鸣,蚯蚓出,王瓜生,苦菜秀,靡草死,麦秋至,凡六候。日躔鹑首,为建午五月,螳螂生,鵙始鸣,反舌无声,鹿角解,蜩始鸣,半夏生,凡六候。日躔鹑火,为建未六月,温风至,蟋蟀居壁,鹰始挚,腐草为萤,土润溽暑,大雨时行,凡六候。日躔鹑尾,为建申七月,凉风至,白露降,寒蝉鸣,鹰乃祭鸟,天地始肃,禾乃登,凡六候。日躔寿星,为建酉八月,鸿雁来,元鸟归,群鸟养羞,雷始收声,蛰虫坯户,水始涸,凡六候。日躔大火,为建戌九月,鸿雁来宾,雀入大水为蛤,菊有黄华,豺乃祭兽,草木黄落,蛰虫咸俯,凡六候。日躔析木,为建亥十月,水始冰,地始冻,雉入大水为蜃,虹藏不见,天气上升,地气下降,闭塞而成冬，凡六候。日躔星纪，为建子十一月，鹖鸥不鸣，虎始交，荔挺出，蚯蚓结，麋角解，水泉动，凡六候。日躔元枵，为建丑十二月，雁北乡，鹊始巢，雉雊，鸡乳，征鸟厉疾，水泽腹坚，凡六候。每五度为一候，按宫度推之即得。

五星用数，推五星行，并同甲子元法，惟土星平行应减去三十分。

恒星用数，见《天文志》，推恒星法，同甲子元。

紫气用数，乾隆九年甲子天正冬至为法元。癸亥年十一月冬至。

紫气日行一百二十六秒，小余七二〇七七。

紫气应七宫十七度五十分十四秒五十三微。

推紫气法，求紫气行，与日躔求平行法同。

求宿度，与太阳同。

清史稿卷五一
志第二六

时宪七

雍正癸卯元法下

月食用数

朔策二十九日五三〇五九〇五三。

望策一十四日七六五二九五二六五。

太阴交周朔策一十一万零四百一十三秒,小余九二四四一三
三四。

太阴交周望策六宫一十五度二十分零六秒五十八微。

中距太阴地半径差五十七分三十秒。

太阳最大地半径差一十秒。

中距太阳距地心一千万。

中距太阴距地心一千万。

中距太阳视半径一十六分六秒。

中距太阴视半径一十五分四十秒三十微。

朔应一十五日一二六三三。

首朔太阴交周应六宫二十三度三十六分五十二秒四十九微,
余见日躔、月离。

推月食法

求天正冬至，

求纪日，

求首朔，

求太阴入食限，并同甲子元法。视某月太阴平交周入可食之限，即为有食之月。交周自五宫十四度五十一分至六宫十五度九分，自十一宫十四度五十一分至初宫十五度九分，皆可食之限。再于实时距正交详之。

求平望，同甲子元法。

求实望实时，先求泛时，用两日实行较，同甲子元求朔望法。次设前、后两时，各求日、月黄道实行。复用两时实行较，得实望实时。又以实时各求日、月黄道实行，视本时月距正交入限为有食。自五宫十七度四十三分至六宫十二度十七分，自十一宫十七度四十三分至初宫十二度十七分，皆有食之限。

求实望用时，用实时太阳均数及升度求法，同甲子元。比视日出入亦同。

求食甚时刻，用平三角形，以一小时太阴白道实行化秒为一边。本时次时一二实行较。一小时太阴黄道实行化秒为一边，实望黄白大距为所夹之角，求得对小边之角为斜距交角差。以加实时黄白大距，为斜距黄道交角。又以斜距交角差之正弦为一率，一小时太阳实行为二率，实望黄白大距之正弦为三率，求得四率，为一小时两经斜距。又以半径千万为一率，斜距黄道交角之余弦正弦各为二率，实望月离黄道实纬为三率，各求得四率，为食甚实纬南北与实望黄道实纬同。及距弧。又以一小时两经斜距为一率，一小时化秒为二率，食甚距弧为三率，求得四率为食甚距时。以加减实望用时，月距正交初宫、六宫为减，五宫、十一宫加。得食甚时刻。

求太阳太阴实引，置实望太阳引数，加减本时太阳均数，得太阳实引。又置实望太阴引数，加减本时太阴初均数，得太阴实引。

求太阳太阴距地，用平三角形，以日躔倍两心差为对正角之边，以太阳实引为又一角，三宫内用本度，过三宫与六宫相减，过九宫与全周相减,用其余。求得对太阳实引之边为勾。又求得对原不知角之边为分股,与二千万相加减,实引三宫内九宫外加,三宫外九宫内减。为股弦和与勾,求得股。与分股相加减,实引三宫内九宫外减,三宫外九宫内加。得太阳距地。又以实望月离倍两心差如法求之,得太阴距地。

求实影半径,以太阴距地为一率,中距太阴距地为二率,中距太阴最大地半径差为三率,求得四率为本时太阴最大地半径差。又以六十九除之,为影差。又以太阳距地为一率,中距太阳距地为二率,中距太阳视半径为三率,求得四率为太阳视半径,与本时太阴最大地半径差相减,又加太阳最大地半径差,为影半径,又加影差,为实影半径。

求太阴视半径,以太阴距地为一率,中距太阴距地为二率,中距太阴视半径为三率,求得四率,为太阴视半径。

求食分,以太阴全径为一率,十分化作六百秒为二率,并径实影视太阴两半径并。内减食甚实纬,余化秒为三率,求得四率为秒。以分收之,即食分。

求初亏、复圆时刻,以并径与食甚纬相加化秒为首率,相减化秒为末率,求得中率为秒,以分收之,为初亏、复圆距弧。又以一小时两经斜距为一率,一小时化秒为二率,初亏复圆距弧为三率,求得四率为初亏、复圆距时,以加减食甚时刻,得初亏、复圆时刻。减得初亏,加得复圆。

求食既、生光时刻,以两径较实影视太阴两半径相减之余。与食甚实纬相加化秒为首率,相减化秒为末率,求得中率为秒,以分收之,为食既、生光距弧。求得时时刻,与初亏、复圆法同。食在十分以内,则无此二限。

求食限总时,同甲子元法。

求食甚太阴黄道经纬宿度,以一小时化秒为一率,一小时太阴白道实行为二率,食甚距时化秒为三率,求得四率,为距时月实行。以加减实望太阴白道实行,加减与食甚距时同。得食甚太阴白道经度。又置实望月距正交,加减距时月实行,得食甚月距正交。再求黄道经纬宿度,同月离。

　　求食甚太阴赤道经纬宿度,以半径千万为一率,食甚太阴距春、秋分黄道经度正弦为二率,食甚太阴黄道经度不及三宫者,与三宫相减,烒三宫者,减三宫,过六宫者,与九宫相减;过九宫者,减九宫。食甚太阴黄道纬度余切为三率,求得四率为余切,检表得太阴距二分弧与黄道交角,以加减黄赤大距,食甚太阴黄道经度九宫至三宫,纬南加,纬北减,皆在赤道南,反减则在北,三宫至九宫加减反是。为太阴距二分弧与赤道交角。又以太阴距二分弧与黄道交角之余弦为一率,半径千万为二率,食甚太阴距春秋分黄道经度之正切为三率,求得四率,为太阴距二分弧之正切。又以半径行万为一率,太阴距二分弧与赤道交角之余弦为二率,太阴距二分弧正切为三率,求得四率为正切,检表为距春、秋分赤道经度。加减三宫九宫,食甚太阴黄道经度不及三宫,与三宫相减,过三宫者加三宫。过六宫者,与九宫相减,过九宫者加九宫。得食甚太阴赤道经度。求纬度宿度,同甲子元法。

　　求初亏、复圆黄道高弧交角,以半径千万为一率,黄赤大距正弦为二率,影距春秋分黄道经度正弦为三率,求得四率为正弦,检表得影距赤道度。影距春、秋分度数与太阳同,太阳在赤道北,影在南,太阳在赤道南,影在北。又以影距春、秋分黄道经度余弦为一率,黄赤大距余切为二率,半径千万为三率,求得四率为正切,检表为黄道赤经交角。乃用弧三角形,以北极距天顶为一边,影距赤道与九十度相加减为一边,北则减,南则加。初亏、复圆各子正时刻过十二时者,二十四时相减。变赤道度,各为所夹之角,求得对北极距天顶之角。各为赤经高弧交角,以加减黄道赤经交角,太阴在夏至前六宫,食在子正后则减,为限西。食在子正前则加,加过九十度,与半周相减,为限东。不及九十度,则不与半周相减,变为限西。在夏至后六宫反是。各得黄道高弧交角。若食在子正,影在正午,无赤经高弧交角,则黄道赤经交角即黄道高弧交角。太阴在夏至前为限西,后为限东。

　　求初亏、复圆并径高弧交角,以并径为一率,食甚实纬为二率,半径千万为三率,求得四率为余弦,检表为并径交实纬角。如无食甚实纬，即无此角，亦无并径黄道交角。又置九十度，加减斜距黄道交角，得初亏、复圆黄道交实纬角。食甚月距正交初宫、六宫，初亏减，复圆加。五宫、十一宫，初亏加，复圆减。各与并径交实纬角相减，为初亏、复圆并径黄道交角。并径交实纬角小，距纬南北与食甚同。大则反是。以加减黄道高弧交角，初亏限东，复圆限西，纬南加，纬北减。初亏限西，复圆限东，加减反是。各得并径高弧交角。如无并径黄道交角，则黄道高弧交角即并径高弧交角。

求初亏、复圆方位，即以并径高弧交角为定交角，求法同甲子元。但以并径高弧交角初度初亏在限东为正下，限西为正上；复圆在限东为正上，限西为正下。据京师北极高度定，与甲子元同。

求带食分秒，用两径斜距，不用月距日实行，余与甲子元法同。

求带食方位，用带食两心相距，不用并径求诸交角，如初亏、复圆定方位。食甚前与初亏同，食甚后与复圆同。

求各省月食时刻方位，理同甲子元法。

绘月食图，同甲子元法。

日食用数
太阳光分一十五秒，余见日躔、月离、月食。

推日食法，

求天正冬至，

求纪日，

求首朔，

求太阴入食限，并同月食，惟有用望策，即为逐月朔太阴交周。视某月入可食之限，即为有食之月。交周自五宫八度四十二分至六宫九度一十四分，又自十一宫二十度四十六分至初宫二十一度一十八分，皆可食之限。

求平朔，

求实朔实时，并同月食求望法，惟不加望策。视本时月距正交入食限为月食。自五宫十一度三十四分至六宫六度二十二分，又自十一宫二十三度三十八分至初宫十八度二十六分，为有食之限。

求实朔用时，与月食求实望用时同。比视日出入，同甲子元。

求食甚用时，与月食求食甚时刻法同。

求太阳太阴实引，

求太阳太阴距地，并同月食。

求地平高下差，先求本日太阴最大地半径差，法同月食。乃减太阴最大地半径差，得地平高下差。

求太阳实半径，先求太阳视半径，法同月食。内减太阳光分，得太阳实半径。

求太阴视半径，法同月食。

求食甚太阳黄道经度宿度，求经度与月食。

求太阴白道法同；求宿度同日躔。

求食甚太阴赤道经纬宿度，用黄赤大距，法同月食求太阴黄道。

求黄赤及黄白、赤白二经交角，以食甚太阴距春、秋分黄道经度余弦为一率，黄赤大距余切为二率，半径千万为三率，求得四率为余切，检表得黄赤二经交角。冬至后黄经在赤经西，夏至后在赤经东，如太阳在二至，则无此角。又以前所得斜距黄道交角，即为黄白二经交角。实朔月距正交初宫、十一宫，白经在黄经西；五宫、六宫在黄经东。二交角相加减，为赤白二经交角。二交角同为东同为西者相加，白经在赤经之东西仍之。一为东一为西者相减。东西从大角，如减尽，则无此角。如无黄赤二经交角，则黄白即赤白，东西并同。

求用时太阳距午赤道度，以食甚用时与十二时相减，余数变赤道度，得用时太阳距午赤道度。

求用时赤经高弧交角，用弧三角形，以北极距天顶为一边，太阳距北极为一边，赤纬在南，加九十度；在北，与九十九度相减。用时太阳距午赤道度为所夹之角，求得对北极距天顶之角，为用时赤经高弧交角。午前赤经在高弧东，午后赤经在高弧西。若太阳在正午，则无此角。

求用时太阳距天顶，以用时赤经高弧交角正弦为一率，北极距

天顶之正弦为二率,用时太阳距午赤道度之正弦为三率,求得四率
为正弦,检表得太阳距天顶。

　　求用时高下差,以半径千万为一率,地平高下差化秒为二率,
用时太阳距天顶之正弦为三率,求得四率为秒。以分收之,为用时
高下差。

　　求用时白经高弧交角,以用时赤经高弧交角与赤白二经交角
相加减,得用时白经高弧交角。东西同者相加,白经在高弧之东西仍之。
一东一西者相减,东西从大角。如无赤白二经交角,或无赤经高弧交角,则即
以所有一角命之,东西并同。如二角俱无,或同度减尽,则无此角。食甚用时即
真时。用时高下差与食甚实纬,南加北减,即食甚两心视相距。

　　求用时对两心视相距角,月在黄道北,取用时白经高弧交角;
月在黄道南,取用时白经高弧交角之外角,实距在高弧之东西,月在北
则与白经同,在南则相反。皆为用时对两心视相距角。若白经高弧交角过
九十度,纬南如纬北,纬北纬南。

　　求用时对两心实相距角,用平三角形,以食甚用时两心实相距
为一边,即食甚实纬。用时高下差为一边,用时对两心视相距角为所
夹之角,即求得用时对两心实相距角。

　　求用时两心视相距,以用时对两心实相距角之正弦为一率,用
时两心实相距为二率,用时对两心视相距角之正弦为三率,求得四
率,即用时两心视相距。白经在高弧西,两心视相距大于并径者,或无食
或未及等者,用时即初亏真时,在高弧东为已过及复圆真时。若小于并径,高
弧西为初亏食甚之间,东为复圆食甚之间。

　　求食甚设时,用时白经高弧交角东向前取,西向后取,角大远
取,角小近取,远不过九刻,近或数分。量距用时前后若干分,为食甚
设时。

　　求设时距分,以食甚设时与食甚用时相减,得设时距分。

　　求设时距弧,以一小时化秒为一率,一小时两经斜距为二率,
设时距分化秒为三率,求得四率,为设时距弧。

　　求设时对距弧角,以食甚实纬为一率,设时距弧为二率,半径

千万为三率,求得四率为正切,检表得设时对距弧角。

求设时两心实相距,以设时对距弧角之正弦为一率,设时距弧为二率,半径千万为三率,求得四率,即设时两心实相距。

求设时太阳距午赤道度,

求设时赤经高弧交角,

求设时太阳距天顶,

求设时高下差,

求设时白经高弧交角,以上五条,皆与用时同,但皆用设时度分立算。

求设时对两心视相距角,月在黄道北,以设时白经高弧交角与设时对距弧角相减,月在黄道南则相,又与半周相减,余为设时对两心视相距角。相减者,对距弧角小,实距在高弧之东西与白经同;对距弧角大则相反。相加又减半周者,实距在高弧之东西,恒与白经反。如两角相等而减尽无余,或相加适足一百八十度,则无交角,亦无对设时两心实相距角,即以设时高下差与设时两心实相距相减,余为设时两心视相距。若白经高弧交角过九十度,纬南如纬北,纬北如纬南。

求设时对两心实相距角,

求设时两心视相距,皆与用时同。

求设时白经高弧交角较,以设时白经高弧交角与用时白经高弧交角相减,即得。

求设时高弧交用时视距角,以设时白经高弧交角较与用时对两心实相距角相加减,即得。纬北为减,纬南为加。若白经高弧交角过九十度,反是。

求对设时视行角,以设时高弧交用时视距角与设时对两心实相距角相加减,即得。两实距同在高弧东,或同在西,则减;一东一西者,则加;加过半周者,与全周相减,用其余。如无设时对两心实相距角,设时高下差大于设时两心实相距,则设时高弧交用时视距角即对设时视行角;设时高下差小于设时两心实相距,则以设时高弧交用时视距角与半周相减,余为对设时视行角。

求对设时视距角，用平三角形，以用时两心视相距为一边，设时两心视相距为一边，对设时视行角为所夹之角，即求得对设时视距角。

求设时视行，以对凤时视距角之正弦为一率，设时两心视相距为二率，对设时视行角正弦为三率，求得四率，为设时视行。

求真时视行，以半径千万为一率，对设时视距角余弦为二率，用时两心视相距为三率，求得四率，为真时视行。

求真时两心视相距，以半径千万为一率，对设时视距角正弦为二率，用时两心视相距为三率，求得四率，为真时两心视相距。

求食甚真时，以设时视行为一率，设时距分为二率，真时视行为三率，求得四率，为真时距分。以加减食甚用时，白径在高弧西则加，在高弧东则减。得食甚真时。

求真时距弧，

求真时对距弧角，

求真时两心实相距，以上三条，法与设时同，但皆用真时度分立算。

求真时太阳距午赤道度，

求真时赤经高弧交角，

求真时太阳距天顶，

求真时高下差，

求真时白经高弧交角，

求真时对两心视相距角，

求真时对两心实相距角，

求考真时两心视相距，以上八条，法与用时同，但皆用真时度分立算。

求真时白经高弧交角较，法同设时，但用真时度分立算。

求真时高弧交设时视距角，法同设时，加减有异。月在黄道北，设时真时两实距在高弧东西同，惟白经异。设时白经高弧交角小则加，大则减。若白经亦同，反是。若两实距一东一西，则皆相减。月在黄道南，设时交角小则加，大则减。如无设时对两心实相距角，设时高下差大于设时两心实相距，则真时白经高弧交角较，即真时高弧交设时视距角；设时高下差小于设时两心实相距，则以真时白经高弧交角较与半周相减，余为真时高弧交设时视距角。若白经高弧交角过九十度，纬南如纬北，纬北如纬南。

求对考真时视行角，法同设时。如设时实距与高弧合，无东西者，设时高下差大于设时两心实相距，则相减，小则加。如真时白经高弧交角较与设时对两心实相距角相等，而减尽无余，则真时对两心实相距角，即对考真时视行角。或相加适足半周，则真时对两心实相距角与半周相减，即对考真时视行角。

求对考真时视距角，

求考真时视行，以上二条，法同设时，但用考真时度分立算。

求定真时视行，如定真时视行与考真时视行等，则食甚真时即为定真时。如或大或小，再用下法求之。

求定真时两心视相距，以上二条，法同真时，用考真时度分立算。

求食甚定真时，以考真时视行为一率，设时距分与真时距分相减余为二率，定真时视行为三率，求得四率，为定真时距分。以加减食甚设时，白经在高弧东，设时距分小则减，大则加，白经在高弧西，反是。得食甚定真时。

求食分，以太阳实半径倍之为一率，十分为二率，并径内减定真时两心视相距余为三率，求得四率，即食分。

求初亏、复圆前设时，白经在高弧西，食甚用时两心视相距与并径相去不远，即以食甚用时为初亏前设时，小则向前取，大则向后取，量距食甚用时前后若干分，为初亏前设时。与食甚定真时相减，余数与食甚定真时相加，为复圆前后时，白经在高弧东，先取复圆，后得初亏，理并同。

求初亏前设时距分，

求初亏前设时距弧，

　　求初亏前设时对距弧角，初亏前设时在食甚用时前为西，在食甚用时后为东。

　　求初亏前设时两心实相距，以上四条，法同食甚设时，但用初亏前设时度分立算。

　　求初亏前设时太阳距午赤道线，

　　求初亏前设时赤经高弧交角，

　　求初亏前设时太阳距天顶，

　　求初亏前设时高下差，

　　求初亏前设时白经高弧交角，以上五条，法同食甚用时。

　　求初亏前设时对两心视相距角，法同食甚用时，加减有异。月在黄道北，二角东西同，则相加；一东一西，相减。月在黄道南，反是。又与半周相减，若白经高弧交角过九十度，则纬南、纬北互异。余同食甚设时。

　　求初亏前设时对两心实相距角，

　　求初亏前设时两心视相距，以上二条，法同食甚用时，但用初亏前设时度分立算。

　　求初亏后设时，视初亏前设时两心视相距小于并径，则向前取，大则向后取，察其较之多寡，量取前后若干分，为初亏后设时，以下逐条推算，皆与前设时同，但用后设时度分立算。

　　求初亏视距较，以前后设时两心视相距相减，即得。

　　求初亏设时较，以前后设时距分相减，即得。

　　求初亏视距并径较，以初亏后设时两心视相距与并径相减，即得。

　　求初亏定真时，以初亏视距较为一率，初亏设时较为二率，初亏视距并径较为三率，求得四率，为初亏真时距分。以加减初亏后设时。后设时两心视相距大于并径为加，小为减。得初亏真时。乃以初亏真时依前法求其两心视相距，果与并径等，则初亏真时即初亏定真时。初亏真时对两心实相距角即初亏方位角，如或大或小，则以初亏前后设时两心视相距与并径尤近者，与考真时两心视相距相较，依法比例，得初亏定真时。

求复圆前设时诸条，法同初亏，但用复圆前设时度分立算。

求复圆后设时，视复圆前设时两心视相距小于并径，则向后，取大于并径，则向前取，察其较之多寡，量取前后若干分，为复圆后设时。逐条推算，皆与前设时同，但用后设时度分立算。

求复圆视距较，

求复圆设时较，

求复圆视距并径较，

求复圆定真时，以上四条，皆与初亏法同，但用复圆度分立算。

求食限总时，置初亏定真时，减复圆定真时，即得。

求初亏、复圆定交角，初亏白经在高弧之东，以初亏方位角与半周相减，在高弧之西，即用初亏方位角，复圆反是，皆为定交角。

求初亏、复圆方位，法与甲子元同，但以定交角初度初亏白经在高弧东为正上，在西为正下，复圆在东为正下，在西为正上。

求带食用日出入分，同甲子元法。

求带食距时，以日出入分与食甚用时相减即得。

求带食距弧，法同食甚设时，但用带食距时立算。

求带食赤经高弧交角，以黄赤距纬之余弦为一率，北极高度之正弦为二率，半径千万为三率，求得四率为余弦，检表得带食赤经高弧交角。

求带食白经高弧交角，法与食甚用时同，但用带食度分立算。

求带食对距弧角，

求带食两心实相距，

求带食对两心视相距角，以上三条，法与食甚设时同，但用带食度分立算。

求带食对两心实相距角，用地平高下差，余法同食甚用时。

求带食两心视相距，法同食甚用时，但用带食度分立算。

求带食分秒，与求食分同，用带食相距立算。

求带食方位，在食甚前者，用初亏法；在食甚后者，用复圆法。

求各省日食时刻方位，理同甲子元法。

绘日食图,同甲子元法。

绘日食坤舆图,取见食极多之分,每分为一限。止于二十一限。又取见食时刻早晚,每刻为一限。止于九十六限。交错相求,反推得见食各地北极高下度、东西偏度。乃按度联为一图。又按《坤舆全图》所当高度偏度各地名,逐一填注。

相距用数,见月离及五星、恒星行。

推相距法,同甲子元推凌犯法。

推步用表

甲子元及癸卯元二法,除本法外,皆有用表推算之法,约其大旨著于篇。

甲子元法:

一曰年根表,以纪年、纪日、值宿为纲,由法元之年顺推三百年,各得其年天正冬至次日子正太阳及最卑平行,列为太阳年根表;太阴及最高、正交平行,列为太阴年根表;五星及最高、正交、伏见诸平行,为各星年根表。

一曰周岁平行表,以日数为纲,由一日至三百六十六日,积累日、月、五星及最卑、最高、正交、伏见诸平行,各列为周岁平行表。

一曰周日平行表,以时分秒为纲,与度分秒对列三层,自一至六十,积累日、月、五星及最高、正交、伏见、月距日、太阴引数、交周诸平行,各列为周日平行表。

一曰均数表,以引数为纲,豫推得逐度逐分盈缩迟疾,备列于表。太阴别有二三均数表,以引数及月距日为纲,纵横对列,推得二三均数,备列于表。土、木、金、水四星,则以初均及中分、次均及较分,同列为一表。火星则以初均及次轮心距地数、次轮半径本数、太阳高卑差数、同列为一表。皆为均数表。

一曰距度表,以黄道宫度为纲,列所对赤道南北距纬,为黄赤距度表。以月距正交为纲。分黄白大距为六限,列所对黄道南北距纬,为黄白距度表。

一曰升度表,以黄道宫度为纲,列所对赤道度,为黄赤升度表。

一曰黄道赤经交角表,以黄道宫度为纲,取所对黄道赤经交角列于表。

一曰升度差表,以月、五星距交宫度为纲,各列所当黄道度之较,各为升度差表。

一曰时差表,以黄道为纲,取所当赤道度之较变时,列为升度时差。又以引数为纲,取所当均数变时,列为均数时差表。

一曰地半径差表,以实高度为纲,取所当太阳、太阴及火、金、水三星诸地半径差,各列为表。

一曰清蒙气差表,以实高度为纲,取所当清蒙气差,列为表。

一曰实行表,以引数为纲,取所当太阳、太阴及月距日实行,各列为表。

一曰交均距限表,以月距日为纲,取所当之交均及距限,同列为一表。

一曰首朔诸根表,以纪年、纪日、值宿为纲,由法元之年顺推三百年,取所当之首朔日时分秒及太阳平行,太阳、太阴引数,太阴交周,五者同列为一表。

一曰朔望策表,以月数为纲,自一至十三,取所当之朔、望策及太阳平行朔、望策,太阳、太阴引数朔、望策,太阴交周朔、望策,十事同列为一表。

一曰视半径表,以引数为纲,取所当之日半径、月半径、月距地影半径、影差,五者同列为一表。

一曰交食月行表,以食甚距纬分为纲,自初分至六十四分,与太阳、太阴地影,凡两半径之和分,自二十五分至六十四分,纵横对列,取所当之月行分秒列为表。其太阴、地影两半径之较分与和分同用。

一曰黄平象限表,以正午黄道宫度为纲,分北极高自十六度至四十六度为三十一限,取所当之春分距午、黄平象限、限距地高,三者同列为一表。

一曰黄道高弧交角表,以日距限为纲,自初度至九十度分,分限距地高自二十度至八十九度为七十限,取所当之黄道高弧交角列为表。

一曰太阳高弧表,列法与黄道高弧交角表同。

一曰东西南北差表,以交角度为纲,自初度至九十度,与高下差一分至六十三分,纵横对列,取所当之东西差及南北差,同列为表。

一曰纬差角表,以并径为纲,自三十一分至六十四分,与距纬一分至六十四分,纵横对列,取所当之纬差角列为表。

一曰星距黄道表,以距交宫度为纲,取所当星距黄道数各列为表,水星独分交角自四度五十五分三十二秒至六度三十一分二秒为二十限。

一曰星距地表,以星距日宫度为纲,取所当之星距地列于表。

一曰水星距限表,以距交宫度为纲,取所当之距限列为表。

一曰五星伏见见距日黄道度表,以星行黄道经表为纲,分晨夕上下列之,取各星所当距日黄道度,同列为一表。

一曰五星伏见距日加减差表,列法同黄道度表,但不分五星,别黄道南北自一度至八度。

癸卯元法所增:

一曰太阳距地心表,以太阳实引为纲,取所对之太阳距地心真数对数,并列于表。

一曰太阴一平均表,以太阴引数为纲,取所当之太阴一平均、最高平均、正交平均,并列于表。

一曰太阴二平均表,以日距月最高宫度为纲,取所当太阳在最高之二平均及高卑较秒,并列于表。

一曰太阴三平均表,以月距正交宫度为纲,取所当之三平均列为表。

一曰太阴最高均及本天心距地表,以日距月天最高宫度为纲,取所当最高均及本天心距地数,并列于表。

一曰太阴二均表,以月距日宫度为纲,取所当太阳在最高时二均及高卑较数,并列于表。

一曰太阴三均表,以相距总数为纲,取所对之三均列于表。

一曰太阴末均表,以实月距日宫度为纲,与日月最高相距,纵横对列,取所当之末均列为表。

一曰太阴正交实均表,以日距正交宫度为纲,取所对之正交实均列为表。

一曰交角加分表,以日距正交宫度为纲,取所当之距交加分加差,并列于表。

一曰黄白距纬表,列法与升度差表同。

一曰太阴距地心表,以太阴实引为纲,取所当最大、最小两心差各太阴距地心数及倍分,并列于表。其名同而实异者,太阴初均表分大、中、小三限。黄、白升度差表列最小交角及大、小较秒,太阴地半径差表、太阴实行表俱分大、小二限。

清史稿卷五二
志第二七

时宪八

凌犯视差新法上

求用时

推诸曜之行度，皆以太阳为本；而太阳之实行，又以平行为根。其推步之法，总以每日子正为始，此言子正者，乃为平子正，即太阳平行之点临于子正初刻之位也。今之推步时刻，虽以两子正之实行为比例，而所得者亦皆平行所临之点，则实行所临之点，自有进退之殊。设太阳在最卑后实行大于平行，则太阳所临之点必在平行之东，以时刻而言，乃为未及。若太阳过最高后实行小于平行，则太阳所临之点必在平行之西，以时刻而言，乃为已过。故以应加之均数变时为应减之时差，应减之均数变时为应加之时差，此因太阳有平行实行之别，以生均数时差也。然太阳所行者黄道，时刻所据者赤道，因黄道与赤道斜交，则同升必有差度。如二分后赤道小于黄道，其差应减，在时刻为未及。二至后赤道大于黄道，其差应加，在时刻为已过。故以正弧三角形法求得黄赤升度差，变为时分，二分后为加，二至后为减，此因经度有黄道赤道之分，以生升度时差也。按本时之日行自行所生之二差，各加减于平时而得用时，由用时方可以推算他数，故交食亦必以推用时为首务，即日月食之第一求也。其法理图说已载于《考成前编》，讲解最详，其图分而为二，且均数时

差图系用小轮。至《考成后编》求均数改为椭圆法,其法理亦备悉于
《求均数篇》内,然未言及时差。今依太阳实行所临黄道之点,以均
数之分取得黄道上平行点,即以平实二点依过二极、二至经圈作距
等圈法,引于赤道,可使二差合为一图。其太阳之经度所临之时刻
及二时差之加减,皆可按图而稽矣。

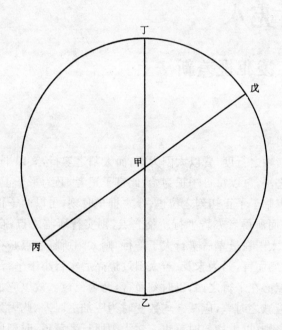

　　如道光十二年壬辰三月初六日癸丑戌正二刻十一分,月与司
怪第四星同黄道经度,是为凌犯时刻。本日太阳引数三宫三度五十
五分,太阳黄道经度三宫十五度五十三分,求用时。如图甲为北极,
乙丙丁戊为赤道,乙甲丁为子午圈,乙为子正,丁为午正,己庚辛壬
为黄道,丙甲戊为过二极二至经圈,己为冬至,辛为夏至,庚为春
分,壬为秋分。子为太阳实行之点,当赤道于丑,则丑点即太阳实临
之用时。卯为太阳平行之点,而当赤道于辰。其卯子之分,即应加

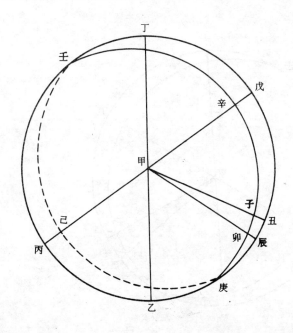

之均数一度五十五分四十五秒,试自卯子二点与丙甲戊过极至经
圈平行作卯午、子未二线,即如距等圈,将太阳平行、实行之度皆引
于赤道,则庚午必与庚卯等,庚未必与庚子等,其赤道之午未必与
卯子均数等。变时得七分四十三秒,为赤道午未之分,即均数时差
也。次用庚丑子正弧三角形求庚丑弧,此形有丑直角,有庚角黄赤
交角二十三度二十九分,有庚子弧太阳距春分后黄道度十五度五
十三分。乃以半径为一率,庚角之余弦为二率,庚子弧之正切为三
率,求得四率为庚丑弧之正切,检表得庚丑弧十四度三十七分三十
六秒,为太阳距春分后赤道度。乃与庚子黄道弧相等之庚未弧相
减,得丑未弧一度十五分二十四秒,为应减之黄赤升度差。变时得
五分二秒,即升度时差也。盖太阳平行卯点,距春分之庚卯弧与庚

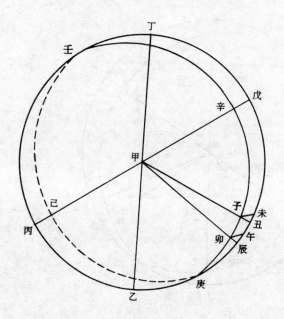

午弧等,则午点乃为平时,即今之凌犯时刻。而太阳实行子点,距春
分之庚子与庚未弧等,则午未为平行与实行之差。如以太阳右旋而
言之,为实行已过平行,然以随天左旋而计之,为实行未及平行,是
未点转早于午点,故必减午未均数时差,乃得未点时刻,此太阳在
黄道虚映于赤道之时刻也。然子点太阳实当赤道之丑,则丑未为黄
道与赤道之差。若以经度东行而言之,为赤道未及黄道,兹以时刻
西行而计之,为赤道已过黄道,是丑点复迟于未点,故必加丑未升
度时差,方得丑点时刻,即太阳在黄道实当于赤道之时刻也。其两
时差既为一加一减,而所减者又大于应加之分,故先时两时差相
减,得丑午时分二分四十一秒,而为时差总。此因两时差加减异号故相
减,若同号则相加,所谓两数通为一数也。又因减数大于加数,故仍从减,若加

数大者则从加矣。乃减于午点凌犯时刻戌正二刻十一分,即得丑点戌正二刻八分十九秒,为凌犯用时也。

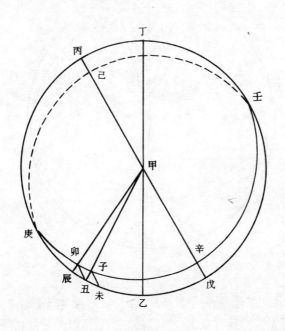

一率　半径
二率　庚角余弦
三率　庚子弧正切
四率　庚丑弧正切

又设凌犯时刻丑正一刻,太阳引数三宫十三度二十九分,黄道实行三宫二十五度三十四分,求用时。如子为太阳实行之点,当赤道于丑,其丑点即所临之用时。卯为太阳平行之点,当赤道于辰,其子卯为应加之均数一度五十二分二十五秒,亦自卯子二点与过极至经圈平行作卯丑、子未二距等圈,其平行卯点映于赤道,恰与实

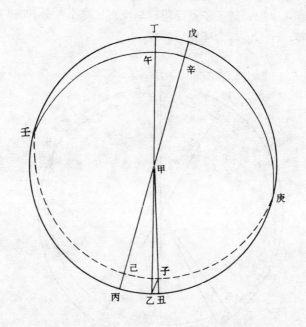

行当赤道之丑点合，是由平行所得之时刻，已合实行实临赤道之用
时，遇此可无庸求其时差也。然何以知之，盖两时差之数相等，必减
尽无余，即无时差之总数矣。今试按法求之，既作卯丑、子未二线，
其庚丑与庚卯等，庚未与庚子等，则丑未必与卯子均数等，变时得
七分三十秒，即赤道上应减之均数时差。次用庚丑子正弧三角形，
求得庚丑弧赤道度，与庚子弧黄道度相等之庚未弧相减，得丑未
弧，黄赤升度差恰与均数等。变时亦得七分三十秒，即赤道上应加
之升度时差。其时差一为加、一为减，而两数相等，乃减尽无余，既
无时差之总数，则其凌犯时刻即为用时可知矣。此法以丑点凌犯时
刻减去均数时差，得未点实行虚映之时刻，而复加相等之升度时
差，所得用时，固仍在丑点之位，盖因太阳平行距春分后黄道度等
于太阳实行距春分后赤道度故也。又如太阳正当本天之最卑或最
高，乃无平行实行之差，自无均数时差，止加减升度时差一数。设太

阳当本天最卑,又当子正,如太阳在黄道之子点,则庚乙与庚子等,
以庚丑子正弧形求得丑乙黄赤升度差。变时减于乙点时刻,即得丑
点用时,乃在乙点子正之前也。若太阳当本天最高,又当午正,如太
阳在黄道之午点,则壬丁与壬午等,以壬寅午正弧形求得寅丁黄赤
升度差,变时减于丁点时刻,即得寅点用时,乃在丁点午正之前也。

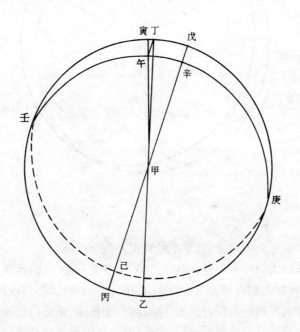

又如太阳实行正当冬、夏至或正当春、秋分,此四点皆无黄道
赤道之差,自无升度时差,止加减均数时差一数。设太阳实行六宫
初度为正当夏至,在黄道之辛点,当赤道于戊,而平行卯点,当赤道
于辰,自卯点与丙甲戊过极至经圈平行作卯午距等圈,则午点为凌
犯时刻,其戊午与辛卯均数等,变时得均数时差。减于午点而得戊
点,即用时也。

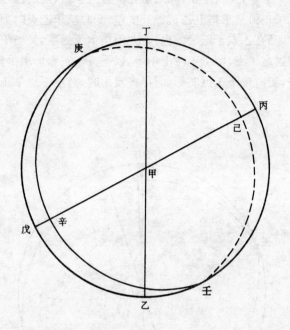

　　求春分距午时分、黄平象限宫度及限距地高

　　推算太阴凌犯视差，固依《后编》求日食三差之法，而其为用不同。盖日食之东西差为求视距弧，而南北差为求视纬，其视距弧、视纬则为求视相距及视行之用。缘太阴行于白道，是必以白平象限为准焉。若五星之距恒星、五星之互相距，皆以黄道同经度之时为相距时刻，而较黄纬南北相距之数为其上下之分也。至月距五星、月距恒星，亦皆以黄道经度相同之时为凌犯时刻，不更问白道经度，其于白平象限又何与焉？然其以东西差定视时之进退，以南北差判视纬之大小，以定视距之远近者，其差皆黄道经纬之差，故必以黄平象限之宫度为准。黄平象限者，地平上黄道半周适中之点也。顾黄道与赤道斜交，地平上赤道半周适中之点，恒当子午圈，而地平上黄道半周适中之点,则时有更易.盖黄极由负黄极圈每日随天左旋,绕赤极一周,如黄极在赤极之南,则冬至当午正,其黄道斜升斜降;若黄极在赤极之北,则夏至当午正,其黄道正升正降,而黄平象限亦皆恰当子午圈;设黄极在赤极之西,则春分当午正,其黄道之势斜倚,出自东北而入西南,黄平象限乃在午正之东;设黄极在赤极之东,则秋分当午正,其黄道出自东南而入西北,黄平象限乃在午正之西.是则黄道之向,随时不同,故以黄道之逐度,推求黄平象限及限距地高以立表.

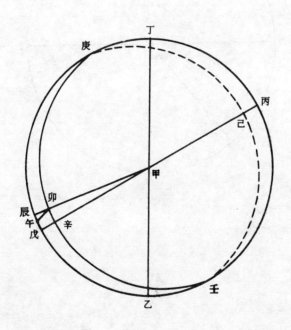

　　先设太阳正当春分点,黄道实行为三宫初度,求午正初刻黄平象限宫度及限距地高度分.如图甲乙丙丁为子午圈,甲为天顶,丙丁为地平,乙为北极,乙丙为京师北极出地,高三十九度五十五分,戊己庚为赤道,交于地平之己点,其戊点当午正,为地平上赤道半

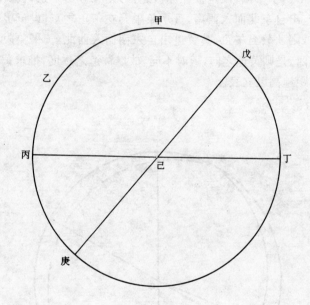

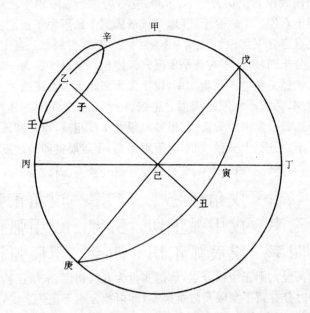

周适中之点，戊子为赤道距地高五十度五分，当戊己丁角，辛子壬为负黄极圈，子为黄极，乙子己丑为过极至经圈，戊丑庚为黄道，而交地平于寅点，庚为秋分，丑为冬至，戊为春分，即太阳之所在，临于午正，乃无春分距午之时分。试自黄极子点出弧线过天顶作子甲卯黄道经圈，为本时黄平象限，其辰点为地平上黄道半周适中之点，而在正午之东，即黄平象限宫度也。辰寅卯角为黄道与地平相交之角，而当辰卯弧，即本时限距地高之度也。法用戊辰甲正弧三角形求辰、甲辰二弧，此形有辰直角，有戊甲弧赫道距天顶，与乙丙北极高度等。以赤道交子午圈之戊直角九十度内减己戊丑角黄赤交角二十三度二十九分，得寅戊丁角六十六度三十一分，为黄道交子午圈角，亦名黄道赤经交角。与辰戊甲角为对角，其度等。乃以半径为一率，戊角黄道赤经交角之余弦为二率，戊甲弧赤道距天顶，亦即太阳距天顶其正切为三率,求得四率,为黄平象限距午之正切,检表得十八度二十六分十四秒,为戊辰弧黄平象限距午正之黄道度。与戊点春分三宫相加,因黄平象限在午东,故加。得辰点三宫十八度二十六分十四秒,即本时黄平象限之经度也。又以半径为一率,戊角黄道赤经交角之正弦为二率,戊甲弧太阳距天顶之正弦为三率,求得四率,为黄平象限距天顶之正弦、检表得三十六度三分九秒,为甲辰弧黄平象限距天顶。与甲卯象限九十度相减,得辰卯弧五十三度五十六分五十一秒,即本时限距地高,而当辰寅卯角之度也。

一率　半径　　　　一率　半径
二率　戊角余弦　　二率　戊角正弦
三率　戊甲弧正切　三率　戊甲弧正弦
四率　戊辰弧正切　四率　甲辰弧正弦

又设太阳正当秋分点,黄道实行为九宫初度,求午正初刻春分距午时分并黄平象限及限距地高,即以秋分当于正午之戊,则庚未戊为黄道,交地平于寅,庚为春分,未为夏至,子乙未己为过极至经圈,亦自黄极子点出弧线过天顶,作子甲卯弧黄平象限,而地平上黄道适中之辰点,在正午之西。先以春分距午西之庚戊赤道半周变十二时为春分距午之时分,次仍用戊辰甲正弧三角形求戊辰、甲辰二弧,此形有辰直角,有戊甲赤道距天顶。以戊直角内减己戊内角黄赤交角,得辰戊甲角黄道赤经交角,亦六十六度三十一分,求得戊辰弧黄平象限距午正之黄道度,亦十八度二十六分十四秒。与戊点秋分九宫相减,因黄平象限在午西,故减。得辰点八宫十一度三十三分四十六秒,即本时黄平象限之经度。又求得甲辰弧与甲卯象限相减,得辰卯弧,亦为五十三度五十六分五十一秒,即本时限距地高,而当辰寅卯角之度也。

又设太阳距春分后三十度,黄道实行为四宫初度,求午正初刻黄平象限诸数。乃以黄道经度四宫初度当午正如辛点,即太阳之所在,辛壬癸为黄道,交地平于寅。丑为冬至,壬为春分,乙子丑为过

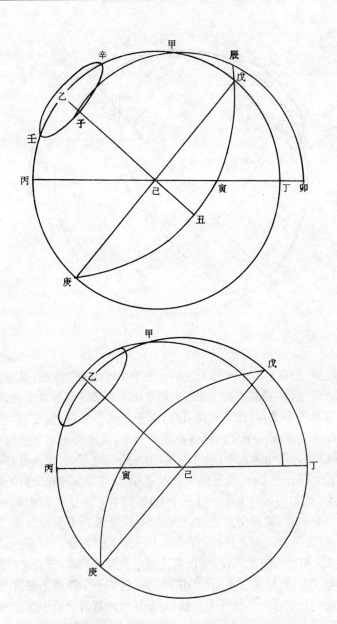

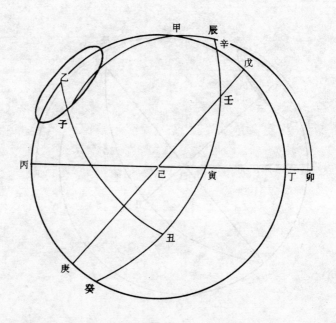

极至经圈。仍自黄极子点过天顶甲点作子甲卯弧黄平象限,其黄道
适中之辰点,在午正之东。求法先用辛戊壬正弧三角形求壬戊、辛
戊二弧及壬辛戊角,此形有戊直角,有壬角黄赤交角,有壬辛太阳
距春分后黄道弧三十度。乃以半径为一率,黄赤交角之余弦为二
率,黄道弧之正切为三率,求得四率,为赤道弧之正切,检表得二十
七度五十四分一十秒,为壬戊弧赤道同升度,亦即本时春分距午后
赤道度。变时得一时五十一分三十七秒,即本时春分距午时分。又
以半径为一率,黄赤交角之正弦为二率,黄道弧之正弦为三率,求
得四率,为黄赤距度之正弦,检表得十一度二十九分三十三秒,为
辛戊弧太阳距赤道北纬度。又以黄道弧之余弧为一率,黄赤交角之
余切为二率,半径为三率,求得四率,为黄道交子午圈角之正切,检
表得六十九度二十二分五十一秒,为壬辛戊角黄道交子午圈角,即

黄道赤经交角。次用辛辰甲正弧三角形求辛辰、甲辰二弧,此形有辰直角,有辛角,与壬辛戊角为对角,其度等。以甲戊弧赤道距天顶内减辛戊黄赤距度,得甲辛弧二十八度二十五分二十七秒,为本时太阳距天顶。乃以半径为一率,辛角黄道赤经交角之余弦为二率,甲辛弧太阳距天顶之正切为三率,求得四率,为黄平象限距午之正切,检表得十度四十七分二十八秒,为辛辰弧黄平象限距午正之黄道度。与辛点四宫初度相加,因黄平象限在午东,故加。得辰点四宫十度四十七分二十八秒,即本时黄平象限之经度也。又以半径为一率,辛角黄道赤经交角之正弦为二率,甲辛弧太阳距天顶之正弦为三率,求得四率,为黄平象限距天顶之正弦,检表得二十六度二十七分二十秒,为甲辰弧黄平象限距天顶。与甲卯象限度九十度相减,得辰卯弧六十三度三十二分四十秒,为本时限距地高,即当辰寅卯角之度也。

一率　　半径
二率　　壬角余弦
三率　　壬辛弧正切
四率　　壬戊弧正切

一率　　半径
二率　　壬角正弦
三率　　壬辛弧正弦
四率　　辛戊弧正弦

一率　　壬辛弧余弦
二率　　壬角余切

三率　半径

四率　辛角正切

一率　半径

二率　辛角余弦

三率　甲辛弧正切

四率　辛辰弧正切

一率　半径

二率　辛角正弦

三率　甲辛弧正弦

四率　甲辰弧正弦

　　又设太阳距秋分前三十度,黄道实行为八宫初度,求午正初刻黄平象限诸数。乃以辛点太阳实行当正午,其申点为秋分,而在午东,壬为春分,未为夏至,子乙未为过极至经圈,亦自黄极子点过天顶,作子甲卯弧本时黄平象限,而在午西。法用辛戊甲正弧三角形,此形成为直角,申角为黄赤交角,申辛黄道弧亦为三十度,求得申戊赤道同升度,亦为二十七度五十四分一十秒。乃与壬申赤道之半周相减,得壬戊弧五宫二度五分五十秒,为本时春分距午后赤道度。变时得十时八分二十三秒,即本时春分距午时分也。次用辛辰甲正弧三角形,辰为直角,其辛角黄道赤经交角及甲辛弧太阳距天顶,皆与前图之度等。求得辛辰弧黄平象限距午正黄道度,亦为十度四十七分二十八秒。与辛点八宫初度相减,因黄平象限在午西,故减。得辰点七宫十九度十二分三十二秒,即本时黄平象限之经度。又求得甲辰弧与甲卯象限相减,得辰卯弧,亦为六十三度三十二分

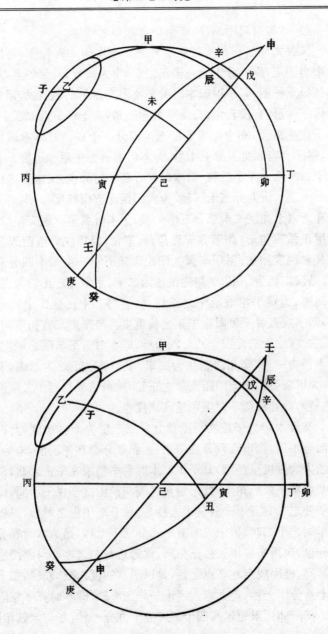

四十秒,即本时限距地高,亦当辰寅卯角之度也。

又设太阳当正午实行距春分前三十度为二宫初度,乃以辛点太阳当午正,则春分壬点在午正之东,申为秋分,丑为冬至,乙子丑为过极至经圈,其子甲卯本时黄平象限亦在午正之东。法用辛戊壬正弧三角形,有戊直角,有壬角黄赤交角,有壬辛黄道弧三十度。求得壬戊赤道弧,亦为二十七度五十四分一十秒。乃与赤道全周相减,得十一宫二度五分五十秒,为本时春分距午后赤道度。变时得二十二时八分二十三秒,即本时春分距午时分也。又求得辛戊弧亦为十一度二十九分三十三秒,为太阳距赤道南纬度,并求得壬辛戊角亦为六十九度二十二分五十一秒,为本时黄道赤经交角。次用辛辰甲正弧三角形,此形有辰直角,有辛角,以甲戊黄道距天顶与戊壬黄赤距度相加,得甲辛弧太阳距天顶五十一度二十四分三十三秒。乃以半径为一率,辛角之余弦为二率,甲辛弧之正切为三率,求得四率,为黄平象限距午之正切,检表得二十三度四十八分四十秒,即辛辰弧黄平象限距午正之黄道度。与辛点二宫初度相加,得辰点二宫二十三度四十八分四十秒,即本时黄平象限之经度也。又以半径为一率,辛角之正弦为二率,甲辛弧之正弦为三率,求得四率,为甲辰弧黄平象限距天顶之正弦,检余弦表得四十二度五十九分一秒,即卯辰弧本时限距地高之度也。

又设太阳当午正实行距秋分后三十度为十宫初度,乃以辛点太阳当午正,则申点秋分在午正后,而春分必在午正前,未为夏至,子乙未为过极至经圈,其子甲卯本时黄平象限在午正之西。求法仍用辛戊申正弧三角形,此形边角之度与前图之辛戊壬形同,惟申戊弧所变之一时五十一分三十七秒,乃秋分距午后之时分,是以加赤道半周之十二时,得十三时五十一分三十七秒,始为本时春分距午时分也。次用辛辰甲正弧三角形,此形边与角之度亦与前图之辛辰甲形同,惟因辰点在辛点之西,是以十宫初度内减辛辰弧二十三度四十八分四十秒,得九宫六度十一分二十秒,即本时黄平象限之经度。其辰卯弧限距地高四十二度五十九分一秒,亦与前数相同也。

由此则逐度皆以距春、秋分前后各相对之度推之,其求午正太阳距天顶之加减,则以纬南、纬北而分。求黄平象限宫度之加减,则以冬至、夏至为断。盖冬至过午西,黄平象限恒在午正之东,夏至过午西,黄平象限恒在午正之西,此加减所由定也。

一率　半径

二率　辛角余弦

三率　甲辛弧正切

四率　辛辰弧正切

一率　半径

二率　辛角正弦

三率　甲辛弧正弦

四率　甲辰弧正弦

今设太阳黄道经度三宫十六度四十四分,用时为戌正二刻八分十九秒,求春分距午时分及黄平象限宫度、限距地平高度。如申辛壬癸为黄道,交地平于寅,壬为春分,丑为夏至,申为秋分,子乙丑亥为过二极二至经圈。乃自黄极子点过天顶甲点作子甲卯黄道经圈,其黄道适中之辰点,乃在午正之西。今太阳在春分后之未点,当赤道之午点,自子正计之,即用时之时刻。先用未午壬正弧三角形求壬午弧,此形午为直角,有壬角黄赤交角二十三度二十九分,有壬未弧太阳距春分后黄道度十六度四十四分,求得壬午弧十五度二十四分五十八秒,为太阳距春分后赤道度。变时得一小时一分四十秒,与午点用时相加,得二十一小时三十九分五十九秒,为壬点春分距子正后之时分。内减十二时,得九小时三十九分五十九秒,即壬戌弧本时春分距午时分。次用甲戌辛正弧三角形,因壬戌春分距午后之度已过象限,故用申戌辛正弧形。求辛角及辛戌、辛申二弧。

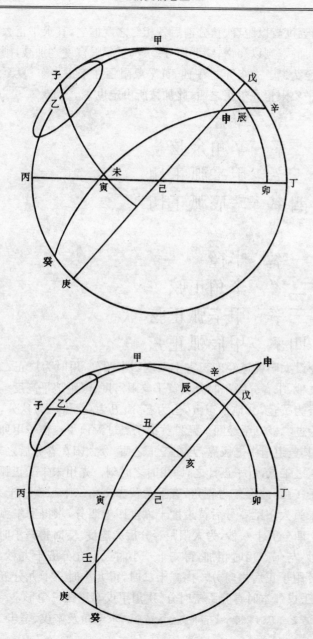

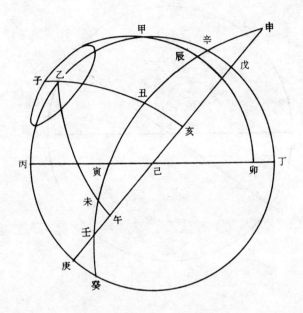

此形戊为直角,有申角黄赤交角,有申戊弧秋分距午前时分所变之
赤道度三十五度零十五秒,求得戊辛弧十三度五十九分四十秒,为
本时正午之黄赤距度。求得申辛戊角七十度五十六分五十八秒,为
黄道交子午圈角,即黄道赤经交角。与甲辛辰角为对角,其度等。求
得申辛弧三十七度二十一分五十秒,为秋分距午正前黄道度。与申
点秋分九宫相减,得七宫二十二度三十八分一十秒,即辛点正午黄
道经度。次用甲辰辛正弧三角形求辛辰、甲辰二弧,此形辰为直角,
有辛角黄道赤经交角。以甲戊弧京师赤道距天顶三十九度五十五
分,内减辛戊正午黄赤距度,得甲辛弧二十五度五十五分二十秒,
为本时正午黄道距天顶度,求得辛辰弧九度零五十三秒,为黄平象
限距午西之黄道度。与辛点正午黄道经度相减,得辰点七宫十三度
三十七分十七秒,即本时黄平象限之经度,并求得甲辰弧二十四度

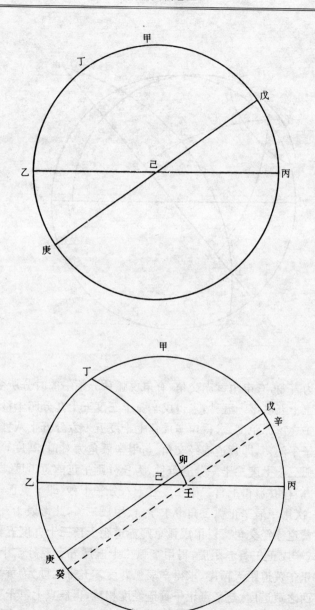

二十四分二十四秒,为黄平象限距天顶之度。与甲卯象限相减,得辰卯弧六十五度三十五分三十六秒,为本时黄平象限距地平之高度,即当辰寅卯角之度也。

求距限差

距限差者,乃月距黄平象限之差度也。盖旧法月距限以九十度为率,因黄道丽天,其向随时不同,而出于地平之上者,恒为半周,

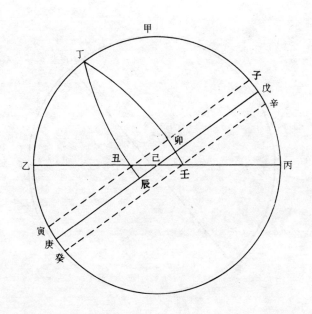

其适中之点,距地平东西皆九十度。故以九十度之限,以察月在地平之上下,若月距限逾九十度者,为在地平下,遂不入算,然此以黄道为立算之端也。顾白道与黄道斜交,月行白道,不无距黄道南北之纬度。纬南者早入迟出,月当地平时,其距黄平象限不及九十度;纬北者早出迟入,月当地平时,其距黄平象限已过九十度;是则九十度之率未足为据也。于是立法以求其差,犹五星伏见距日限度有

距日加减差之义也。其法以限距地平之高及月距黄道之纬,依正弧三角形法求之。盖黄道之势,随天左旋,其升降正斜,时时不同。正升正降者,京师限距地高至七十三度余,高度大,则月纬所当之距限差转小;斜升斜降者,京师限距地高只二十六度余,高度小,则月纬所当之距限差转大。若值月纬最大,其差可至十度有奇,此距限差之不可不立也。故依京师黄平象限距地平高度,逐度求其太阴黄道实纬度所当距限差以立表。

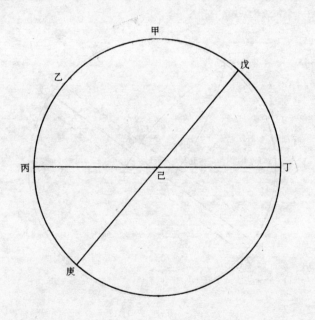

一率　　己角正切
二率　　半径
三率　　卯壬弧正切
四率　　己卯弧正弦

设京师限距地平高度三十四度,太阴距黄道实纬度南北各五度,求距限差。如图甲为天顶,乙丙为地平,丁为黄极,甲丁乙丙为黄道经圈,戊己庚为黄道,交地平于己点,其戊点即黄平象限。戊丙为限距地高三十四度,与甲丁黄极距天顶之度等,而当戊己丙角与乙己庚角为对角,其度亦等。如月恰在正交或中交,合于黄道之己点,正当地平,则戊己为月距限九十度,若过九十度,自必在地平之下。今设月在黄道南五度,则辛壬癸为黄道距等圈,月在地平时为壬点,当于黄道之卯,其戊卯月距限乃不及九十度。又设月距黄道北五度,则子丑寅为黄道距等圈,月在地平时为丑点,当于黄道之辰,其戊辰月距限乃已过九十度,故必求其差数以加减之。法用己卯壬正弧三角形求己卯弧,此形有卯直角,有己角,当限距地高,有卯壬弧月距黄道纬度。乃以己角之正切为一率,半径为二率,卯壬弧之正切为三率,求得四率,为距限差度之正弦,检表得七度四十二分,即己卯弧为所求之距限差,而与己辰弧之度分等。盖己辰丑正弧三角形与己卯壬形同用己角,而辰丑弧月距黄道纬度,亦与卯壬等是两正弧形为相等形,故所得之己卯弧必与己辰弧相等无疑矣。既得己卯距限差,与戊己九十度相减,得八十二度十八分,即戊卯距限,而与距等圈辛壬之度相应,为月在纬南之地平限度。以己辰距限差与戊己九十度相加,得九十七度四十二分,即戊辰距限,而与距等圈子丑之度相应,为月在纬北之地平限度也。

求黄经高弧交角及月距天顶

旧法推日食三差,原以黄平象限为本。自《考成前编》谓三差并生于太阴,而太阴之经纬度为白道经纬度,用白道较之用黄道为密,故求三差则按月距白平象限之度,以白道高弧交角及太阴高弧为据。《后编》变通其法,乃以白经高弧交角及日距天顶以求三差,而求白经高弧交角,系赤经高弧交角加减赤白二经交角而得,并不求月距白平象限之度,是法较前颇为省算。今推视差者,乃求其星月黄道同经之视距视时,故三差应由黄平象限而定也。是则其法原可仿于《后编》不求黄平象限而竟求黄经高弧交角之术,即黄道高弧

交角之余度。然非月距黄平象限度与地平限度相较,其月在地平之
上下无由可知。故今求交角,乃先求得月距黄平象限之东西、黄平
象限去地之高下、太阴距黄极之远近,然后按《后编》用斜弧形求赤
经高弧交角日距天顶之法,则黄经高弧交角及月距天顶之度可得
矣。

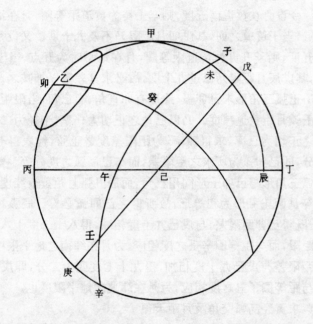

设星、月黄道经度同为申宫二十六度二十二分十一秒,月距正
交前四十三度四十八分五十六秒,黄白交角五度四分一十秒,黄平
象限七宫十三度三十七分十七秒,限距地高六十五度三十五分三
十六秒,求太阴实纬黄经高弧交角月距天顶。如图甲为天顶,甲乙
丙丁为子午圈,丙丁为地平,乙为北极,戊己庚为赤道,戊为午正,
己为酉正,庚为子正,卯为黄极,辛壬癸子为黄道,壬为春分,癸为
夏至,午为黄道交地平之点。午未弧为九十度,其未点即黄平象限,

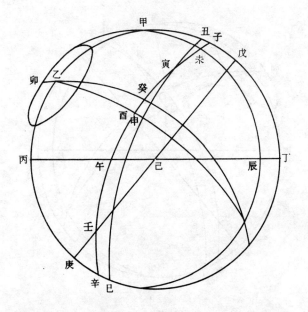

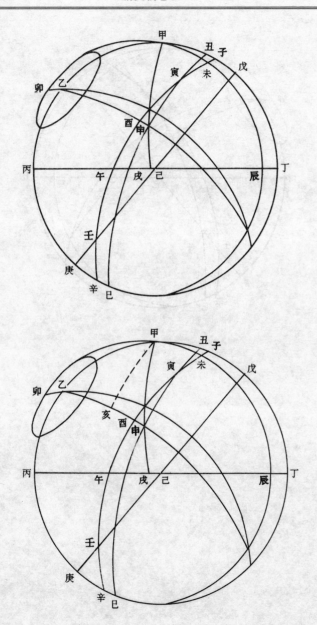

宫度为七宫十三度三十七分十七秒。未辰弧当午角为六十五度三
十五分三十六秒,即限距地高度,而与甲卯黄极距天顶之度等。巳
寅丑为白道,寅为正交,寅角为黄白交角五度四分一十秒,申为太
阴当黄道于酉,申寅为月距正交前白道度四十三度四十八分五十
六秒,申酉为月距黄道纬度,其酉点为星月所当之黄道经度五宫二
十六度二十二分十一秒,与未点黄平象限宫度相减,得未酉弧四十
七度十五分六秒,为月距黄平象限西之度。乃当未卯酉角,甲申戌
为高弧,卯申甲角为黄经高弧交角,甲申为月距天顶。求法,先用寅
酉申正弧三角形,此形酉为直角,有寅角黄白交角,有寅申弧月距
正交前白道度,求得申酉弧三度三十分二十七秒,即太阴距黄道南
实纬度。与卯酉象限相加,得卯申弧九十三度三十分二十七秒,为
月距黄极。次用甲卯申斜弧三角形,此形有甲卯边黄极距天顶,有
申卯边月距黄极,有卯申甲角当酉未弧月距限度为所夹之角,求申
角及甲申边。乃自天顶作甲亥垂弧,分为甲亥卯、甲亥申两正弧三
角形。先用甲亥卯正弧三角形,此形亥为直角,有卯角,有甲卯边,
求得卯亥弧五十六度十四分十五秒,为距极分边。与申卯弧月距黄
极相减,得申亥弧三十七度十六分十二秒,为距月分边。次用甲亥
申正弧三角形,此形亥为直角,有申亥边,兼甲亥卯正弧三角形之
亥卯边及卯角。用合率比例法,求得申角五十六度二分五十一秒,
即黄经高弧交角。仍以甲卯申斜弧形,用对边对角法,求得甲申弧
五十三度四十三分二十四秒,即月距天顶之度也。

　　求太阴距星及凌犯视时

　　太阴距地平上之高弧,自地心立算者为实高,在地面所见者为
视高,其相差之分,即地半径差也。月当地平时,距天顶为九十度,
其相差之数最大,而角之正弦即当地之半径。迨月上升,则距地渐
高,距地愈高,则差数愈小,其所差之分,皆与本时月距天顶之正弦
相应,故用比例法而得本时高下差也。夫高下既差,则有视经、视纬
之别。其视经、实经之差者,东西差也;视纬、实纬之差者,南北差
也。今求三差,乃依《后编》日食求三差法用直线三角形算之。然

《后编》三差图乃写浑于平，今则用以浑测浑之图，求其三差，其所得之南北差，与本时太阴实纬之度相较，而得视纬。复以视纬与星纬相较，观其纬之南北而定相距之上下也。其所得之东西差，与一小时之太阴实行为比例，而得用时距视时之距分。辨其月距限之东西加减凌犯用时，而得凌犯之视时也。

　　前求得道光十二年壬辰三月初六日癸丑，月距司怪第四星凌犯用时戌正二刻八分十九秒，黄经高弧交角五十六度二分五十一秒，月距天顶五十三度四十三分二十四秒，本日太阴最大地半径差六十分七秒，太阴黄道实纬度南三度三十分二十七秒，司怪第四星黄道纬度南三度十一分四十四秒，一小时太阴实行三十六分三十三秒，求星月相距分秒凌犯视时。如图甲为天顶，甲未辰巳为黄道经圈，辰午巳为地平，卯为黄极，未午辛为黄道，未点即黄平象限宫度，未辰弧即限距地高，与卯甲黄极距天顶之度等。申点为太阴，子点为司怪第四星，同当黄道于酉。其酉点即月与星之黄道经度，酉未弧即月距限西之度，子酉为星距黄道南纬度三度十一分四十四秒，申酉为太阴距黄道南实纬度三度三十分二十七秒，申卯弧即月距黄极，甲申戌为高弧，申甲为月距天顶度五十三度四十三分二十四秒，卯申甲角为黄经高弧交角五十六度二分五十一秒，而与戌甲亥角为对角，其度等。此皆自地心立算之实度也。然人居地面高于地心，故视高常低于实高，而月当地平时，其地半径差为最大，今乃六十分七秒。于是依《后编》求本时高下差之法，以半径与甲申弧正弦之比同于最大地半径差与本时高下差之比，得本时高下差四十八分二十八秒。如申火之分，其火点即太阴之视高，自火点与黄道平行，作火木线，遂成申木火直角三角形。因弧度甚小，乃作直线算，与《后编》求日食三差之理同。此形木为直角，有申角黄经高弧交角，有申火边本时高下差，求得木火边四十分十二秒为东西差，求得申木边二十七分四秒为南北差，加于申酉太阴实纬，得木酉太阴视纬三度五十七分三十一秒。内减子酉星纬，得子木弧四十五分四十七秒，为人月仰视太阴距司怪第四星月在星下之分也。夫星、月同当酉点

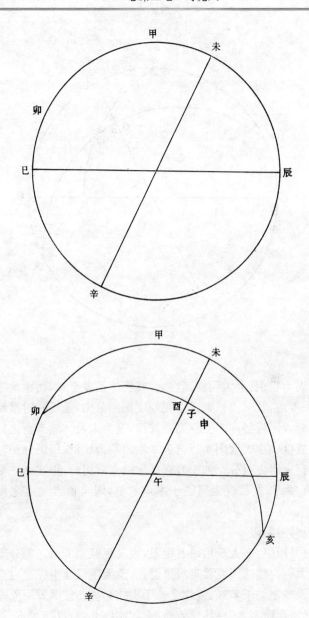

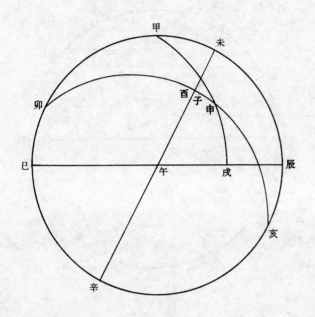

之经度,固为相距。今太阴视高在火,其视纬虽差至木,而距星之子点尚在一度内,其火点当黄道之视经度则差至土,是用时时星经度虽在酉,而太阴视经度之土点乃在其西,是为未及。然土酉之分与火木等,故以一小时太阴实行与火木东西差为比例,得距分一时六分,为月行火木之时分。加于月视高临火点之用时,得亥初二刻十四分十九秒,即人目视太阴临于木点与星,同当酉点经度之视时也。

求视时月距限

视时月距限,必大于用时月距限,因其视经差所当之距分既有加减,则太阴与星随天西移自有进退。盖太阴以地半径差由高而变下,则视经之差于实经、视纬之差于实纬必矣。兹据黄平象限在天顶南之地面而言之,视纬恒差而南,如实纬北者,视纬常

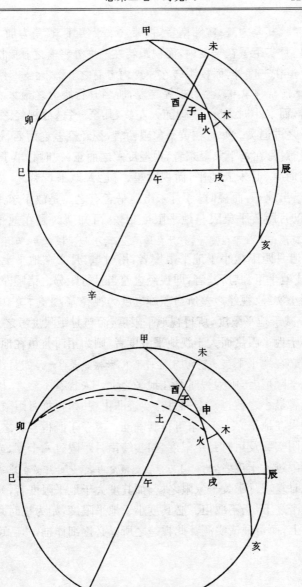

小于实纬,其差为减;实纬南者,视纬常大于实纬,其差为加。故纬南之星、月实距虽在一度内,而视距转在一度外者有之;纬北之星、月实距虽在一度外,而视距转在一度内者有之。南北相距一度外者不入凌犯之限,故不取用。至若视经之差,所当月行距分之最大者或至二小时,而二小时之际,诸曜随天左旋,几至一宫,故视经之差,关于月行之进退矣。如月在黄平象限西者,视经度差之而西,视时必迟于用时;月在黄平象限东者,视经度差之而东,视时必早于用时,以致用时星、月未入地平,而视时星、月已入地平者有之,或用时星、月已出地平,而视时星、月未出地平者有之。是故于求用时之后,即以月距黄平象限与地平限度相较,可知斯时月在地平之上下。月距限小于地平限度者,为月在地平上;大于地平限度者,为月在地平下。如遇月距限微小于地平限度者,用时星、月必在地平上,视时星、月或地平下,其所差者,即视经之差当月行距分之诸曜左旋度。今取最小实经、视经之差所当左旋之度为视经差,法见下卷求地平限度节。减于地平限度,所得视地平限度,而与月距限度考之。如月距限小于地平限度而大于视地平限度者,则为用时月虽在地平上,视时月必在地平下矣;既知月必在地平下,故遇此者去之。如月距限小于视地平限度者,则为视时月在地平之上。夫犹有不然者,以视经差所取皆最小之数也。若知月行实迹非由视时,再推月距限度,则其时月果在地平之上下,未可得其确准。故今于既得视时之后,必详察太阴实纬及用时月距限度。如实纬南月距限过六十度,或实纬北月距限过七十度者,用时月距限在此限度内者,视时月必在地平之上。皆以视时复求月距黄平象限之度。如其度大于地平限度者,乃视时月在地平之下,仍不取用。必其度小于地平限度,始为视时月必在地平之上,而可证诸实测。此视差之所以必逐细详推,然后可得而取用也。

清史稿卷五三
时宪志九

凌犯视差新法下

求均数时差

以本日太阳引数宫度分，满三十秒进一分用。用《后编》日躔均数时差表，察其所对之数，得均数时差，记加减号。引数有零分者，用中比例求之。

求升度时差

以本日太阳黄道实行宫度分，满三十秒进一分用。用《后编》日躔升度时差表，察其所对之数，得升度时差，记加减号。实行有零分者，用中比例求之。

求时差总

以均数时差与升度时差相加减，得时差总。两时差同为加或同为减者，则相加得时差总，加亦为加，减亦为减。两时差一为加一为减者，则相减得时差总，加数大为加，减数大为减。

求凌犯用时

置凌犯时刻，加减时差总，得凌犯用时。

求本时太阳黄道经度

以周日一千四百四十分为一率，本次日两太阳实行相减带秒减，足三十秒进一分用，有度化分。为二率，凌犯时刻化分为三率，求得四率与本日太阳实行相加，得本时太阳黄道经度。

求本时春分距午时分

以本时太阳黄道经度,满三十分进一度用。察黄平象限表内右边所列春分距午时分与凌犯用时相加,内减十二时,不足减,加二十四时减之。得本时春分距午时分。满二十四时去之。

求本时黄白大距

以周日一千四百四十分为一率,本次日两黄白大距相减为二率,凌犯时刻化分为三率,求得四率。加减本日黄白大距,本日黄白大距大相减,小相加。得本时黄白大距。

求本时月距正交

以周日一千四百四十分为一率,本次日两月距正交相减化秒为二率,凌犯时刻化分为三率,求得四率。收作度分秒,与本日月距正交相加,得本时月距正交。

求太阴实纬

以半径为一率,本时黄白大距正弦为二率,本时月距正交正弦为三率,如本时月距正交过三宫者,与六宫减,过六宫者减六宫,过九宫者,与十二宫减,用其余。求得四率,为太阴实纬正弦,检表得太阴实纬,记南北号。本时月距正交初宫至五宫为北,六宫至十一宫为南。如本时月距正交恰在初宫、六宫者,则无实纬。恰在三宫、九宫者,则本时黄白大距即实纬度,三宫为北,九宫为南。

求黄平象限及限距地高

以本时春分距午时分,察黄平象限表内,取其与时分相近者所对之数录之,得黄平象限。随看左边之限距地高录之,得限距地高。

求星经度

按所取之星,察《仪象考成》卷二十六表内所载本星之黄道经度,加入岁差,表以乾隆九年甲子为元,至道光十四年甲午,计九十年,应加岁差一度十六分三十秒,以后每年递加岁差五十一秒。得本年星经度。

如求五星经度,则以周日一千四百四十分为一率,凌犯时刻化分为二率,一日星实行为三率,以本次日两实行相减,得一日星实行。求得四率,为距时星实行。与本日星经度相加减,顺行加,退行减。得本时星经度。

求星纬度

按所取之星,察《仪象考成》卷二十六表内所载本星之黄道纬度录之,无岁差。记南北号。

如求五星纬度,则以周日一千四百四十分为一率,凌犯时刻化分为二率,一日星纬较为三率,本次日丙纬度同为南或同为北者,则相减得星纬较。一为南一为北者,则相加得星纬较。求得四率。与本日星纬度相加减,本日纬度大相减,本日纬度小相加。若相加为三率者,所得四率必与本日纬度相减,仍依本日南北号。如所得四率大于本日星纬,则以所得四率转减本日星纬,其南北号应与次日同。得本时星纬度,记南北号。

求月距限

以星经度与黄平象限相减,得月距限,记东西号。星经度大为限东,小为限西。如星经度与黄平象限一在三宫内,一在九宫外,应将三宫内者加十二宫减之。所得月距限太阴实纬南在六十度内,实纬北在八十度内者,不必求地平限度。如纬南过六十度,纬北过八十度,则求地平限度。

求距限差

以限距地高及太阴实纬度分,察《距限差表》内纵横所对之数录之,得距限差,记加减号。太阴实纬南减北加。

求地平限度

置九十度,加减距限差,得地平限度。

以地平限度内减最小视经差八度五十分一十七秒,得视地平限度,如月距限大于视地平限度者,为月在地平下,即不必算。因太阴距地最近,其视行随时不同,故取最小视经差以定视限。乃按最小限距地高,月在黄道极南,求得最小黄经高弧交角二十六度六分二十四秒。以最小太阴地半径差及最速月实行,求得最小距分三十七分八秒。变赤道度得九度一十七分,求其相当最小黄道度为八度三十一分三十四秒。再加最小东西差二十三分四十三秒,得最小视经差八度五十五分一十七秒。然月在最高时,地半径差最小,而其月实行必迟,则距分转大。今俱取其最小者,恐有遗漏耳。

求距极分边

以半径为一率,月距限余弦为二率,限距地高正切为三率,求得四率为距极分边正切,检表得距极分边。

求月距黄极

置九十度,加减太阴实纬,南加北减。得月距黄极。

求距月分边

以月距黄极内减距极分边,得距月分边。

求黄经高弧交角

以距月分边正弦为一率,距极分边正弦为二率,月距限正切为三率,求得四率,为黄经高弧交角正切,检表得黄经高弧交角。若月距限为初度,是太阴正当黄平象限,则黄经与高弧合,无黄经高弧交角。

求本次日月实引

以本日月引数加减本日初均,得本日月实引,以次日月引数加减次日初均,得次日月实引。

求本时月实引

以周日一千四百四十分为一率,凌犯时刻化分为二率,本次日两实引相减带秒减,足三十秒进一分用,度化分。为三率,求得四率。收为度分,与本日月实引相加,得本时月实引。

求本时本天心距地

以周日一千四百四十分为一率,凌犯时刻化分为二率,本次日两本天心距地数相减为三率,求得四率。与本日本天心距地数相加减,本日本天心距地数大相减,小相加。得本时本天心距地。

求距地较

以本时本天心距地内减距地小数,得距地较。

求月距天顶

以黄经高弧交角正弦为一率,限距地高正弦为二率,月距限正弦为三率,求得四率为月距天顶正弦,检表得月距天顶。若无黄经高弧交角,则以月距黄极内减限距地高即得。

求太阴地半径差

以本时月实引满三十分,进一度用。及本时本天心距地,察《后编》交食太阴地半径差表内所对之数,即太阴地半径差。如本时本天心距地有远近者，以距地较比例求之。

求本时高下差

以半径为一率，月距天顶正弦为二率，太阴地半径差为三率，若推凌犯五星，除土、木二星无地半径差外，火、金、水三星皆有地半径差。乃看星引数，自十宫十五度至一宫十五度，为最高限。自一宫十五度至四宫十五度，自七宫十五度至十宫十五度，为中距限。自四宫十五度至七宫十五度，为最卑限。以星引数所当之限，察其本星最大地半径差，与太阴地半径差相减，得星月地平高下差，为三率。求得四率，即本时高下差。

求东西差

以半径为一率，黄经高弧交角正弦为二率，本时高下差为三率，求得四率，即东西差。如无交角，则无东西差，高下差即南北差，凌犯用时即凌犯视时。

求南北差

以半径为一率，黄经高弧交角余弦为二率，本时高下差为三率，求得四率，即南北差。

求太阴视纬

以太阴实纬与南北差相加减，得太阴视纬，记南北号。纬南相加仍为南，纬北相减仍为北，如南北差大，则反减变北为南。

求太阴距星

以太阴视纬与星纬相加减，得太阴距星，记月在上下号。如两纬度同为北或同为南者则相减；月纬大，北为在上，南为在下；月纬小，北为在下，南为在上。两纬度一为南一为北者则相加。月纬北为在上，月纬南为在下。若两纬度相同，减尽无余，为月掩星，凡相距在一度以内者用；过一度外者，为纬大，不用，即不必算。

求太阴实行

以本时月实引满三十分，进一度用。及本时本天心距地，察《后编》交食太阴实行表内所对之数，得太阴实行。如本时本天心距地有远近者，以距地较比例求之。

求距分

以太阴实行为一率,东西差为二率,一小时化作三千六百秒为三率,求得四率,即距分记加减号。月距限东为减,月距限西为加。

求凌犯视时

置凌犯用时,加减距分,得凌犯视时,如凌犯用时不足减距分,加二十四时减之,所得凌犯视时为在前一日;如加满二十四时去之,所得凌犯视时为在次日。时刻在日出前日入后者用;在日出后日入前者,即为在昼,不用。

如月在纬南,月距限过六十度,及月在纬北,月距限过七十度者,须用下法求之。

求视时春分距午时分

置本时春分距午,加减距分,得视时春分距午。如本时春分距午不足减距分者,加二十四时减之;若相加过二十四时者去之。

求视时黄平象限

以视时春分距午时分,察黄平象限表内,取其与时分相近者,所对之数录之,即得视时黄平象限。

求视时月距限

置星经度,与视时黄平象限相减,得视时月距限,其度小于地平限度者用;若大于地平限度者,为月在地平下,不用。

黄平象限表

《黄平象限表》,按京师北极高度三十九度五十五分,黄赤大距二十三度二十九分,依黄道经度,逐度推得春分距午时分、黄平象限宫度、限距地高度分,三段列之。表名“春分距午”者,乃春分距午正赤道度所变之时分也。“黄平象限”者,乃本时黄平象限之宫度也。“限距地高”者,乃本时黄平象限距地平之高度也。表自三宫初度列起者,因太阳黄道经度三宫初度为春分,即春分距午之初也。

用表之法,以本时太阳黄道经度之宫度,察其所对之春分距午时分,加凌犯用时,得数内减十二时,不足减者加二十四时减之。得本时春分距午时分。依此时分,取其相近之春分距午时分所对之黄平象限宫度及限距地高度分,即得所求之黄平象限及限距地高也。设本时太阳经度一宫十五度,凌犯用时十九时四十五分,求春分距午及黄平象限并限距地高,则察本表黄道经度一宫十五度所对之春分距午为二十一时九分五十四秒。加凌犯用时十九时四十五分,内减十二时,余过二十四时去之。得四时五十四分五十四秒。为所求之春分距午时分。乃以此时分察相近者,得四时五十四分五十一秒。其所对之黄平象限为五宫十六度五十九分二十七秒,即所求之黄平象限宫度。其所对之限距地高为七十二度四十九分五十八秒,即所求之限距地高也。若黄道经度有零分者,满三十分以上则进为一度,不用中比例,因遂度所差甚微故也。

| 黄道经度 | | 春分距午 | | | 黄平象限 | | | | 限距地高 | | |
度	宫	秒	分	时	秒	分	度	宫	秒	分	度
○○	三	○○	○○	○	四一	六二	八一	三	一五	六五	三五
一○	三	○四	三	○	七三	一一	一九	三	六三	七一	四五
二○	三	○二	七	○	○五	六五	一九	三	六一	八三	四五
三○	三	○○	一	○	七五	一四	○二	三	○五	八五	四五
四○	三	一四	四	○	七五	六二	一二	三	八一	九一	五五
五○	三	二八	八	○	二五	一一	二二	三	一四	九三	五五
六○	三	一○	二二	○	二四	六五	二二	三	八四	九五	五五
七○	三	二四	五二	○	六二	一四	三二	三	九○	○二	六五
八○	三	三二	九二	○	七○	六二	四二	三	三一	○四	六五
九○	三	四○	三三	○	四四	○一	五二	三	二一	○○	七五
○一	三	五四	三六	○	五一	五五	五二	三	四一	○二	七五
一一	三	六二	○四	○	九四	九三	六二	三	○五	三九	七五
二一	三	八○	四四	○	八一	四二	七二	三	九二	九五	七五
三一	三	九四	七四	○	五四	八	八二	三	二○	九一	八五
四一	三	一三	一五	○	二一	三五	八二	三	八二	八三	八五
五一	三	四一	五五	○	七三	七三	九二	三	八四	七五	八五
六一	三	六五	八五	○	三一	二二	○○	四	○○	七一	九五

度	宫	秒	分	时	秒	分	度	宫	秒	分	度
七一	三	九三	二〇	一	七二	六〇	一〇	四	六〇	六三	九五
八一	三	三二	六〇	一	四五	〇五	一〇	四	五〇	五五	九五
九一	三	六〇	〇一	一	二二	五三	二〇	四	六五	三一	〇六
〇二	三	〇五	三一	一	〇五	九一	三〇	四	九三	二三	〇六
一二	三	五三	七二	一	一二	四〇	四〇	四	六一	一五	〇六
二二	三	〇二	一二	一	四五	八四	四〇	四	五四	九〇	一六
三二	三	五〇	五二	一	九二	三三	五〇	四	六〇	八二	一六
四二	三	一五	八二	一	八〇	八一	六〇	四	八一	六四	一六
五二	三	七三	二三	一	一五	二〇	七〇	四	四二	四〇	二六
六二	三	四二	六三	一	七三	七四	七〇	四	〇二	二二	二六
七二	三	一〇	〇四	一	八二	二三	八〇	四	八〇	〇四	二六
八二	三	九五	三四	一	三二	七一	九〇	四	八四	七五	二六
九二	三	八四	七四	一	三二	二〇	〇一	四	八一	五一	三六
〇三	三	七三	一五	一	八二	七四	〇一	四	〇四	二三	三六

黄道经度		春分距午			黄平象限				限距地高		
度	宫	秒	分	时	秒	分	度	宫	秒	分	度
〇〇	四	七三	一五	一	八二	七四	〇一	四	〇四	二三	三六
一〇	四	六二	五五	一	〇四	二三	一〇	四	三五	九四	三六
二〇	四	六一	九五	一	六五	七一	二〇	四	六五	六〇	四六
三〇	四	七〇	三〇	二	九一	三〇	三〇	四	一五	三二	四六
四〇	四	八五	六〇	二	九四	八四	三〇	四	四三	〇四	四六
五〇	四	〇五	〇一	二	六二	四三	四〇	四	八〇	七五	四六
六〇	四	三四	四一	二	九〇	〇二	五〇	四	二三	三一	五六
七〇	四	三六	八一	二	〇〇	六〇	六〇	四	五四	九二	五六
八〇	四	〇三	二二	二	九五	一五	六〇	四	八四	五四	五六
九〇	四	四二	六二	二	五〇	八三	七〇	四	〇四	一〇	六六
〇一	四	〇二	〇三	二	九一	四二	八〇	四	〇二	七一	六六
一一	四	六一	四三	二	二四	〇一	九〇	四	九四	三二	六六
二一	四	二一	八三	二	三一	七五	九〇	四	六〇	八四	六六
三一	四	〇一	二四	二	三五	三四	〇二	四	一一	三〇	七六
四一	四	八〇	六四	二	二四	〇三	一二	四	四〇	八一	七六
五一	四	六〇	〇五	二	九三	七一	二二	四	五四	二三	七六

六一	四	六〇	四五	二	六四	四〇	三二	四	三一	七四	七六
七一	四	六〇	八五	二	二〇	二五	三二	四	七二	一〇	八六
八一	四	七〇	二〇	三	八二	九三	四二	四	八二	五一	八六
九一	四	九〇	六〇	三	三〇	七二	五二	四	五一	九二	八六
〇二	四	一一	〇〇	三	七四	四一	六二	四	九四	二四	八六
一二	四	四一	四一	三	二四	二〇	七二	四	八〇	六五	八六
二二	四	八一	八一	三	六四	〇五	七二	四	二一	九〇	九六
三二	四	二二	二二	三	〇〇	九三	八二	四	一〇	二二	九六
四二	四	八二	六二	三	四二	七二	九二	四	五三	四三	九六
五二	四	四三	〇三	三	八五	五一	〇〇	五	三五	六四	九六
六二	四	〇四	四三	三	一四	〇〇	一〇	五	六五	八五	九六
七二	四	八四	八三	三	四三	三五	一〇	五	二四	〇一	〇七
八二	四	六五	二四	三	七三	二四	二〇	五	一一	二二	〇七
九二	四	五〇	七四	三	〇五	一三	三〇	五	三二	三三	〇七
〇三	四	四一	一五	三	二一	一二	四〇	五	九一	四四	〇七

黄道经度		春分距午			黄平象限				限距地高		
度	宫	秒	分	时	秒	分	度	宫	秒	分	度
〇〇	五	四一	一五	三	二一	一二	四〇	五	九一	四四	〇七
一〇	五	五二	五五	三	四四	〇一	五〇	五	七五	四五	〇七
二〇	五	六三	九五	三	六二	〇〇	六〇	五	六一	五〇	一七
三〇	五	七四	三〇	四	七一	〇五	六〇	五	八一	五一	一七
四〇	五	九五	七〇	四	七一	〇四	七〇	五	一〇	五二	一七
五〇	五	二一	二一	四	六二	〇三	八〇	五	四二	四三	一七
六〇	五	六二	六一	四	四四	〇二	九〇	五	九二	三四	一七
七〇	五	〇四	〇二	四	七一	一一	〇一	五	四一	二五	一七
八〇	五	四五	四二	四	六四	一〇	一一	五	〇四	〇〇	二七
九〇	五	九〇	九二	四	九二	二五	一一	五	五四	八〇	二七
〇一	五	五二	三三	四	四二	三四	二一	五	九二	六一	二七
一一	五	一四	七三	四	九一	四三	三一	五	四五	三二	二七
二一	五	八五	一四	四	六二	五二	四一	五	七五	〇三	二七
三一	五	六一	六四	四	九三	六一	五一	五	九三	七三	二七
四一	五	三三	〇五	四	〇〇	八〇	六一	五	九五	三四	二七

五一	五	一五	四五	四	七二	九五	六一	五	八五	九四	二七
六一	五	○一	九五	四	○○	一五	七一	五	四三	五五	二七
七一	五	九二	三○	五	九三	二四	八一	五	九四	○○	三七
八一	五	八四	七○	五	四二	四三	九一	五	一四	五○	三七
九一	五	八○	二一	五	三一	六二	○二	五	○一	○一	三七
○二	五	八二	六一	五	七○	八一	一二	五	七一	四一	三七
一二	五	九四	○二	五	六○	○一	二二	五	一○	八一	三七
二二	五	九○	五二	五	九○	二○	三二	五	二二	一二	三七
三二	五	○三	九二	五	五一	四五	三二	五	八一	四二	三七
四二	五	一五	三三	五	四二	六四	四二	五	二五	六二	三七
五二	五	二一	八三	五	六三	八三	五二	五	三○	九二	三七
六二	五	四三	二四	五	○五	○三	六二	五	○五	○三	三七
七二	五	五五	六四	五	六○	三二	七二	五	三一	二三	三七
八二	五	七一	一五	五	三二	五一	八二	五	二一	三三	三七
九二	五	八三	五五	五	一四	七○	九二	五	八四	三三	三七
○三	五	○○	○○	六	○○	○○	○○	六	○○	四三	三七

黄道经度		春分距午			黄平象限				限距地高		
度	宫	秒	分	时	秒	分	度	宫	秒	分	度
○○	六	○○	○○	六	○○	○○	○○	六	○○	四三	三七
一○	六	二二	四○	六	九一	二五	○○	六	八四	三三	三七
二○	六	三四	八○	六	七三	四四	一○	六	二一	三三	三七
三○	六	五○	三一	六	四五	六三	二○	六	三一	二三	三七
四○	六	六二	七一	六	○一	九二	三○	六	○五	三三	三七
五○	六	八四	一二	六	四二	一二	四○	六	三○	九二	三七
六○	六	九○	六二	六	六三	三一	五○	六	二五	六二	三七
七○	六	○三	○三	六	五四	五○	六○	六	八一	四二	三七
八○	六	一五	四三	六	一五	七五	六○	六	二二	一二	三七
九○	六	一一	九三	六	四五	九四	七○	六	一○	八一	三七
○一	六	二三	三四	六	三五	一四	八	六	七一	四一	三七
一一	六	二五	七四	六	七四	三三	九	六	○一	○一	三七
二一	六	二一	二五	六	六三	五二	○一	六	一四	五○	三七
三一	六	一三	六五	六	一二	七一	一一	六	九四	○○	三七

四一	六	○五	○○	七	○○	九○	二一	六	四二	五五	二七
五一	六	九○	五○	七	三三	○○	三一	六	八五	九四	二七
六一	六	七二	九○	七	○○	二五	三一	六	九五	三四	二七
七一	六	四四	三一	七	一二	三四	四一	六	九三	七三	二七
八一	六	二○	八一	七	四三	四三	五一	六	七五	○三	二七
九一	六	九一	二二	七	一四	五二	六一	六	四五	三二	二七
○二	六	五三	六二	七	六三	六一	七一	六	九二	六一	二七
一二	六	一五	○三	七	一三	七一	八一	六	五四	八一	二七
二二	六	六○	五三	七	四一	八五	八一	六	○四	○○	二七
三二	六	○二	九三	七	三四	八四	九一	六	四一	二五	一七
四二	六	四三	三四	七	六一	九三	○二	六	九二	三四	一七
五二	六	八四	七四	七	四三	九二	一二	六	四二	四三	一七
六二	六	一○	二五	七	三四	九一	二二	六	一○	五二	一七
七二	六	三一	六五	七	三四	九○	三二	六	八一	五一	一七
八二	六	四二	○○	八	四三	五五	三二	六	六一	五一	一七
九二	六	五三	四○	八	六一	九四	四二	六	七五	四五	○七
○三	六	六四	八○	八	八四	八三	五二	六	九一	四四	○七

黄道经度		春分距午			黄平象限				限距地高		
度	宫	秒	分	时	秒	分	度	宫	秒	分	度
○○	七	六四	八○	八	八四	八三	五二	六	九一	四四	○七
一○	七	五五	二一	八	○一	八二	六二	六	三二	三三	○七
二○	七	四○	七一	八	三二	七一	七二	六	一二	二二	○七
三○	七	二一	一一	八	六二	六○	八二	六	二四	○一	○七
四○	七	○二	五二	八	九一	五五	八二	六	六五	八五	九六
五○	七	六二	九二	八	二○	四四	九二	六	三五	六四	九六
六○	七	二三	三三	八	六三	二三	○○	七	五三	四三	九六
七○	七	八三	七三	八	○○	二一	一○	七	一○	二二	九六
八○	七	二四	一四	八	四一	九○	二○	七	二一	九○	九六
九○	七	六四	五四	八	八一	七五	二○	七	八○	六五	八六
○一	七	九四	九四	八	三一	五四	三○	七	九四	二四	八六
一一	七	一五	三五	八	七五	二三	四○	七	五一	九二	八六
二一	七	三五	七五	八	二三	○二	五○	七	八二	五一	八六

三一	七	四五	一〇	九	八五	七〇	六〇	七	七二	一〇	八六
四一	七	四五	五〇	九	四一	五五	六〇	七	三一	七四	七六
五一	七	四五	九〇	九	一二	二四	七〇	七	五四	二三	七六
六一	七	二五	三一	九	八一	九二	八〇	七	四〇	八一	七六
七一	七	〇五	七一	九	七〇	六一	九〇	七	一一	三〇	七六
八一	七	八四	一二	九	七四	二〇	〇一	七	六〇	八四	六六
九一	七	四四	五二	九	八一	九四	〇一	七	九四	二三	六六
〇二	七	〇四	九二	九	一四	五三	一一	七	〇二	七一	六六
一二	七	六三	三三	九	五五	一二	二一	七	〇四	一〇	六六
二二	七	〇三	七三	九	一〇	八〇	三一	七	八四	五四	五六
三二	七	四二	一四	九	〇〇	四五	三一	七	五四	九二	五六
四二	七	七一	五四	九	一五	九三	四一	七	二三	三一	五六
五二	七	〇一	九四	九	四三	五二	五一	七	八〇	七五	四六
六二	七	二〇	三五	九	一一	一一	六一	七	四三	〇四	四六
七二	七	三五	六五	九	一四	六五	六一	七	一五	三二	四六
八二	七	四四	〇〇	〇一	四〇	二四	七一	七	六五	六〇	四六
九二	七	四三	四〇	〇一	〇二	七二	八一	七	三五	九四	三六
〇三	七	三二	八〇	〇一	二三	二一	九一	七	〇四	二三	三六

黄道经度		春分距午			黄平象限				限距地高		
度	宫	秒	分	时	秒	分	度	宫	秒	分	度
〇〇	八	三二	八〇	〇一	二三	二一	九一	七	〇四	二三	三六
一〇	八	二一	二一	〇一	七三	七五	九一	七	八一	五一	三六
二〇	八	一〇	六一	〇一	七三	二四	〇二	七	八四	七五	二六
三〇	八	九四	九一	〇一	二三	七二	一二	七	八〇	四〇	二六
四〇	八	六三	三二	〇一	三二	二一	二二	七	〇二	二二	二六
五〇	八	三二	七二	〇一	九〇	七五	二二	七	四二	四〇	二六
六〇	八	九〇	一三	〇一	二五	一四	三二	七	八一	六四	一六
七〇	八	五五	四三	〇一	一三	六二	四二	七	六〇	八二	一六
八〇	八	〇四	八三	〇一	六〇	一一	五二	七	五四	九〇	一六
九〇	八	五二	二四	〇一	九三	五五	五二	七	六一	一五	〇六
〇一	八	〇〇	六四	〇一	〇一	〇四	六二	七	九三	二三	〇六
一一	八	四五	九四	〇一	八三	四二	七二	七	六五	三一	〇六

度	宫	秒	分	时	秒	分	度	宫	秒	分	度
二一	八	七三	三五	〇一	六〇	九〇	八二	七	五〇	五五	九五
三一	八	一二	七五	〇一	三三	三五	八二	七	六〇	六三	九五
四一	八	四〇	一〇	一一	七五	七三	九二	七	〇〇	七一	九五
五一	八	六四	四〇	一一	三二	二二	〇〇	八	八四	七五	八五
六一	八	九二	八〇	一一	八四	六〇	一〇	八	八二	八三	八五
七一	八	一一	二一	一一	五〇	一五	一〇	八	二〇	九一	八五
八一	八	二五	五一	一一	二四	五五	二〇	八	九二	九五	七五
九一	八	四三	九一	一一	一一	〇二	三〇	八	〇五	九三	七五
〇二	八	五一	三二	一一	五四	四〇	四〇	八	四〇	〇二	七五
一二	八	六五	六二	一一	六一	九四	四〇	八	二一	〇一	七五
二二	八	七三	〇三	一一	三五	三三	五〇	八	三一	四〇	六五
三二	八	八一	四三	一一	四三	八一	六〇	八	九〇	〇二	六五
四二	八	九五	七三	一一	八一	三〇	七〇	八	八四	九五	五五
五二	八	九三	一四	一一	八〇	八四	七〇	八	一四	九三	五五
六二	八	九一	五四	一一	三〇	三三	八〇	八	八一	九一	五五
七二	八	〇〇	九四	一一	三〇	八一	九〇	八	〇五	八五	四五
八二	八	〇四	二五	一一	〇一	三〇	〇一	八	六一	八三	四五
九二	八	〇二	六五	一一	三二	八四	〇一	八	六三	七一	四五
〇三	八	〇〇	〇〇	二一	六四	三三	一一	八	一五	六五	三五

黄道经度		春分距午			黄平象限				限距地高		
度	宫	秒	分	时	秒	分	度	宫	秒	分	度
〇〇	九	〇〇	〇〇	二一	六四	三三	一一	八	一五	六五	三五
一〇	九	〇四	三〇	二一	五一	九一	二一	八	一〇	六三	三五
二〇	九	〇二	七〇	二一	三五	四〇	三一	八	三〇	五一	三五
三〇	九	〇〇	一一	二一	一四	〇五	三一	八	二〇	四五	二五
四〇	九	一四	四一	二一	〇四	六三	四一	八	五五	二三	二五
五〇	九	一二	八一	二一	八四	二二	五一	八	三四	一一	二五
六〇	九	一〇	二二	二一	七〇	九〇	六一	八	六二	〇五	一五
七〇	九	二四	五二	二一	〇四	五五	六一	八	三〇	九二	一五
八〇	九	三二	九二	二一	四二	二四	七一	八	六三	七〇	一五
九〇	九	四〇	三三	二一	二二	九二	八一	八	五四	六四	〇五
〇一	九	五四	六三	二一	四三	六一	九一	八	八二	四二	〇五

一一	九	六二	〇四	二一	一〇	四〇	〇二	八	七四	二〇	〇五
二一	九	八〇	四四	二一	四四	一五	〇二	八	一〇	一四	九四
三一	九	九四	七四	二一	三四	九三	一二	八	一一	九一	九四
四一	九	一三	一五	二一	〇〇	八二	二二	八	六一	七五	八四
五一	九	四一	五五	二一	四三	六一	三二	八	七一	五三	八四
六一	九	六五	五八	二一	七二	五〇	四二	八	五一	三一	八四
七一	九	九三	二〇	三一	九三	四五	四二	八	八〇	一五	七四
八一	九	三二	六〇	三一	三一	四四	五二	八	七五	八二	七四
九一	九	六〇	〇三	一三	七〇	四三	六二	八	四四	六〇	七四
〇二	九	〇五	三三	三一	六二	四二	七二	八	六二	四四	六四
一二	九	五三	七三	三一	五〇	五一	八二	八	六〇	二二	六四
二二	九	〇二	一二	三一	九〇	六〇	九二	八	一四	九五	五四
三二	九	五〇	五二	三一	〇四	七五	九二	八	四一	七三	五四
四二	九	一五	八二	三一	六三	九四	〇〇	九	五四	四一	五四
五二	九	七三	三三	三一	一五	一四	〇一	九	二一	二五	四四
六二	九	四二	六三	三一	〇五	四三	二〇	九	七三	九二	四四
七二	九	一一	〇四	三一	一一	八二	三〇	九	一〇	七〇	四四
八二	九	九五	三四	三一	一〇	二二	四〇	九	二二	四四	三四
九二	九	八四	七四	三一	五二	六二	五〇	九	二四	一二	三四
〇三	九	七三	一五	三一	〇四	六〇	六〇	九	一〇	九五	二四

黄道经度		春分距午			黄平象限			限距地高			
度	宫	秒	分	时	秒	分	度	宫	秒	分	度
〇〇	一	七三	一五	三一	〇二	一一	六〇	九	一〇	九五	二四
一〇	〇	一	六二	五五	三一	九四	六〇	七〇	九	八一	六三	二四
二〇	〇	一	六一	九五	三一	四五	二〇	八〇	九	四三	三一	二四
三〇	〇	一	七〇	三〇	四一	三三	九五	八〇	九	〇五	〇五	一四
四〇	〇	一	八五	六〇	四一	二五	六五	九〇	九	六〇	八二	一四
五〇	〇	一	〇五	〇〇	四一	九五	四五	〇一	九	三二	五〇	一四
六〇	〇	一	三四	四一	四一	五二	三五	一一	九	〇四	二四	〇四
七〇	〇	一	六三	八一	四一	四四	二五	二一	九	九五	九一	〇四
八〇	〇	一	〇三	二二	四一	五四	二五	三一	九	九一	七五	九三
九〇	〇	一	四二	六二	四一	一三	三五	四一	九	一四	四三	九三

○一	○一	○二	○三	四一	二○	五五	五一	九	六○	二一	九三
一○	○一	六一	四三	四一	○二	七五	六一	九	三三	九四	八三
二○	○一	二一	八三	四一	七二	○○	八一	九	四○	七二	八三
三○	○一	二一	二四	四一	五二	四○	九一	九	九三	四○	八三
四一	○一	八○	六四	四一	三一	九○	○二	九	九一	二四	七三
五一	○一	六○	五四	四一	四五	四一	一二	九	四○	○二	七三
六一	○一	六一	四五	四一	○三	一二	二二	九	五五	七五	六三
七一	○一	六一	八五	四一	三○	九二	三二	九	三五	五三	六三
八一	○一	七一	二○	五一	二三	七三	四二	九	八五	三一	六三
九一	○一	九一	六○	五一	二○	七四	五二	九	一一	二五	五三
○二	○一	一一	○一	五一	三三	七五	六二	九	三三	○三	五三
一二	○一	四一	四一	五一	五○	九一	八二	九	四○	九○	五三
二二	○一	八一	八一	五一	一四	一二	九二	九	一四	六二	四三
三二	○一	二二	二二	五一	五二	五三	○○	○一	六四	五四	四三
四二	○一	八二	六二	五一	五一	○五	一○	○一	七○	五四	三三
五二	○一	四三	三三	五一	三一	六○	三○	○一	四○	四二	三三
六二	○一	○四	四三	五一	一二	三二	四○	○一	九二	四○	三三
七二	○一	八四	八三	五一	二四	一四	五○	○一	五三	四四	二三
八二	○一	六五	二四	五一	五一	○一	七○	○一	八五	二一	二三
九二	○一	五○	七四	五一	一○	二二	八○	○一	八五	二一	二三
○三	○一	四○	一一	五五	三○	四四	九○	○一	九三	五○	二三

黄道经度		春分距午			黄平象限				限距地高		
度	宫	秒	分	时	秒	分	度	宫	秒	分	度
○○	一	四一	一五	五一	三○	四四	九○	○一	九三	五○	二三
一○	一	五二	五五	五一	二二	七○	一一	○一	○四	六四	一三
二○	一	六三	九五	五一	八五	一三	二一	○一	四○	八二	一三
三○	一	七四	三○	六一	一五	七五	三一	○一	八四	九○	一三
四○	一	九五	七○	六一	四○	五二	五一	○一	六五	一五	一三
五○	一	一一	二一	六一	七三	三五	六一	○一	三○	四三	一三
六○	一	六二	六一	六一	九二	三二	八一	○一	九二	七一	一三
七○	一	○四	○二	六一	一四	四五	九一	○一	六五	○○	三三
八○	一	四五	四二	六一	三一	七二	一二	○一	一五	四四	九二

九○	一一	九○	九二	六一	七○	一○	三二	○一	七一	九二	九二
○一	一一	五二	三三	六一	七一	六三	四二	○一	五一	四一	九二
一一		一四	七三	六一	七四	二一	六二		五四	九五	八二
二一		八五	一四	六一	五三	○五	七二		九四	五四	八二
三一		六一	六四	六一	九三	九二	九二	○	○三	二三	八二
四一		三三	○五	六一	七五	九○	一○	一一	七四	九一	八二
五一		一五	四五	六一	七二	一五	二○		三四	七一	八二
六一		○一	九五	六一	七○	四三	四○		九一	六五	七二
七一		九二	三○	七一	六五	七一	六○		五三	五四	七二
八一		八四	七○	七一	八四	二一	八○		三三	五三	七二
九一		八○	二一	七一	四四	八四	九○	一一	六一	六二	七二
○二		八二	六一	七一	五三	五三	一一		二四	七一	七二
一二		九四	二一	七一	一二	三二	三一		三五	九○	七二
二二		九○	五二	七一	五五	五○	五一		一五	二○	七二
三二		○三	九二	七一	五一	○五	七一		八三	六五	六二
四二		一五	三三	七一	三一	一五	八一		二一	一五	六二
五二	一一	二一	八三	七一	七四	一四	○二	一一	四三	六四	六二
六二	一一	四三	二四	七一	一五	二三	二二		六四	二四	六二
七二	一一	五五	六四	七一	七一	四二	四二		九四	九三	六二
八二		七一	一五	七一	二○	六一	五二		一四	七三	六二
九二		八三	五五	七一	八五	七○	八二	一一	六二	六三	六二
○三	一一	○○	○○	八一	○○	○○	○○	○	○○	六三	六二

黄道经度		春分距午			黄平象限				限距地高		
度	宫	秒	分	时	秒	分	度	宫	秒	分	度
○○	○	○○	○○	八一	○○	○○	○○	○	○○	六三	六二
一○	○	二二	四○	八一	二○	二五	一○	○	六二	六三	六二
二○	○	三四	八○	八一	八五	三四	三○	○	二四	七三	六二
三○	○	五一	三一	八一	三四	五三	五○	○	九四	九三	六二
四○	○	六二	七一	八一	九○	七二	七○	○	六四	二四	六二
五○	○	八四	一二	八一	三一	八一	九○	○	四三	六四	六二
六○	○	九一	六二	八一	七四	八○	一一	○	二一	五一	六二
七○	○	○三	○三	八一	五四	八五	二一	○	八三	六五	六二

八〇	〇	一五	四三	八一	五〇	八四	四一	〇	一五	二〇	七二
九〇	〇	一一	九三	八一	九三	六三	六一	〇	三五	九〇	七二
〇一	〇	二三	三四	八一	五二	四二	八一	〇	二四	七一	七二
一一	〇	二五	七四	八一	六一	一一	〇二	〇	六一	六二	七二
二一	〇	二一	二五	八一	二一	七五	一二	〇	三三	五三	七二
三一	〇	一三	六五	八一	四〇	二四	三二	〇	五三	五四	七二
四一	〇	〇五	〇〇	九一	三五	五二	五二	〇	九一	六五	七二
五一	〇	九〇	五〇	九一	三三	八〇	七二	〇	三四	七〇	八二
六一	〇	七二	九〇	九一	三〇	〇五	八二	〇	七四	九一	八二
七一	〇	四四	三一	九一	一二	〇三	〇〇	一	〇三	二三	八二
八一	〇	二〇	八一	九一	五二	九〇	二〇	一	九四	五四	八二
九一	〇	九一	二二	九一	三一	七四	三〇	一	五四	九五	八二
〇二	〇	五三	六二	九一	三四	三二	五〇	一	五一	四一	九二
一二	〇	一五	〇三	九一	三五	八五	六〇	一	七一	九二	九二
二二	〇	六〇	五三	九一	七四	二三	八〇	一	一五	四四	九二
三二	〇	〇二	九三	九一	九一	五〇	〇一	一	六五	〇〇	〇三
四二	〇	四三	三四	九一	一三	六三	一一	一	九二	七一	〇三
五二	〇	八四	七四	九一	三二	六〇	三一	一	〇三	四三	〇三
六二	〇	一〇	二五	九一	六五	四三	四一	一	六五	一五	〇三
七二	〇	三一	六五	九一	九〇	二〇	六一	一	八四	九一	一三
八二	〇	四二	〇〇	二	二〇	八二	七一	一	四〇	八二	二三
九二	〇	五三	四〇	二	八三	二五	八一	一	〇四	六四	一三
〇三	〇	六四	八〇	二	七五	五一	〇二	一	九三	五〇	二三

黄道经度		春分距午			黄平象限				限距地高		
度	宫	秒	分	时	秒	分	度	宫	秒	分	度
〇〇	一	六四	八〇	〇二	七五	五一	〇二	一	九三	五〇	二三
一〇	一	五五	二一	〇二	九五	七三	一二	一	八五	四二	二三
二〇	一	四四	七一	〇二	五四	八五	二二	一	五三	四二	二三
三〇	一	二四	二一	〇二	八一	八一	四二	一	九二	四〇	三三
四〇	一	〇二	五〇	〇二	九三	六三	五二	一	〇四	四二	三三
五〇	一	六二	九二	〇二	七四	三五	六二	一	七〇	五四	三三
六〇	一	三三	三三	〇二	五四	九〇	八二	一	六四	五〇	四三

七〇	一	八三	七三	○二	五三	四二	九二	一	一四	六二	四三
八〇	一	二四	一四	○二	八一	八三	○○	二	八四	七四	四三
九〇	一	六四	五四	○二	五五	○五	一○	二	四○	九○	五三
○一	一	九四	九四	○二	七二	二○	三○	二	三三	○三	五三
一一	一	一五	三五	○二	八五	二二	四○	二	一一	二五	五三
二一	一	五三	七五	○二	八二	二二	五○	二	八五	三一	六三
三一	一	四五	一○	一二	七五	○三	六○	二	三五	五三	六三
四一	一	四五	五○	一二	○三	八三	七○	二	五五	七五	六三
五一	一	四五	九○	一二	六○	五四	八○	二	四○	○二	七三
六一	一	二五	二一	一二	七四	○五	九○	二	九一	二四	七三
七一	一	○五	七一	一二	五三	五五	○一	二	九三	四○	八三
八一	一	八四	一二	一二	三三	九五	一一	二	四○	七二	八三
九一	一	四四	五二	一二	○四	二○	三一	二	三三	九四	八三
○二	一	○四	九二	一二	八五	四○	四一	二	六○	二一	九三
一二	一	六三	三三	一二	九二	六○	五一	二	一四	四三	九三
二二	一	○三	七三	一二	五一	七○	六一	二	九一	七五	九三
三二	一	四二	一四	一二	六一	七○	七一	二	九五	九一	○四
四二	一	七一	五四	一二	五三	六○	八一	二	○四	二四	○四
五二	一	○一	九四	一二	一○	五○	九一	二	三二	五○	一四
六二	一	二○	三五	一二	八○	三○	一二	二	六○	八二	一四
七二	一	三五	六五	一二	七二	○○	一二	二	○五	○五	一四
八二	一	四四	○○	一二	六○	七五	一二	二	四三	三一	二四
九二	一	四三	四○	一二	一一	三五	二二	二	八一	六三	二四
○三	一	三二	八○	二二	○四	八四	三二	二	一○	九五	二四

黄道经度		春分距午			黄平象限				限距地高		
度	宫	秒	分	时	秒	分	度	宫	秒	分	度
○○	二	三二	八	二二	○四	八四	三二	二	一○	九五	二四
一○	二	二一	二一	二二	五三	三四	四二	二	二四	一二	三四
二○	二	一○	六一	二二	九五	七三	五二	二	二二	四四	三四
三○	二	九四	九一	二二	九四	一三	六二	二	一○	七○	四四
四○	二	六三	三二	二二	○一	五二	七二	二	七三	九二	四四
五○	二	三二	七二	二二	九○	八一	八二	二	二一	二五	四四

六〇	二	九〇	一三	二二	四二	〇一	九二	二	五四	四一	五四
七〇	二	五五	四三	二二	〇二	二〇	〇〇	三	四一	七三	五四
八〇	二	〇四	八三	二二	一五	三五	〇〇	三	一四	九五	五四
九〇	二	五二	二四	二二	五五	四四	一〇	三	六〇	二二	六四
〇一	二	〇一	六四	二二	四三	五三	二〇	三	六二	四四	六四
一一	二	四五	九四	二二	三五	五二	三〇	三	四四	六〇	七四
二一	二	七三	三五	二二	七四	五一	四〇	三	七五	八二	七四
三一	二	一二	七五	二二	一二	五〇	五〇	三	八〇	一五	七四
四一	二	四〇	一〇	三二	三三	四五	五〇	三	五一	三一	八四
五一	二	六四	四〇	三二	六二	三四	六〇	三	七一	五三	八四
六一	二	九二	八〇	三二	〇〇	二三	七〇	三	六〇	七五	八四
七一	二	一二	二一	三二	七一	〇〇	八〇	三	一〇	九一	九四
八一	二	二五	五一	三二	六一	八〇	九〇	三	一〇	一四	九四
九一	二	四三	九一	三二	九五	五五	九〇	三	七四	二〇	〇五
〇二	二	五一	三二	三二	六二	三四	〇一	三	八二	四二	〇五
一二	二	六五	六二	三二	八三	〇三	一一	三	五〇	六四	〇五
二二	二	七三	〇三	三二	六三	七一	二一	三	六三	七〇	一五
三二	二	八一	四三	三二	四〇	四〇	三一	三	三〇	九二	一五
四二	二	九五	七三	三二	三五	〇五	三一	三	六二	〇五	一五
五二	二	九三	一四	三二	二一	七三	四一	三	三四	一一	二五
六二	二	九一	五四	三二	〇二	三二	五一	三	五五	二三	二五
七二	二	〇〇	九四	三二	九一	九〇	六一	三	二〇	四五	二五
八二	二	〇四	二五	三二	七〇	五五	六一	三	三〇	五一	三五
九二	二	〇二	六五	三二	五四	〇四	七一	三	一〇	六三	三五
〇三	二	〇〇	〇〇	〇	四一	六二	八一	三	一五	六五	三五

距限差表

《距限差表》，按限距地高度逐段列之，前列太阴实纬度分，中列黄道南北，自初度十分至五度十七分之距限差，纬南为减，纬北为和。

用表之法，以限距地高之度与太阴实纬度，察其纵横相遇之数，即所求之距限差也。设限距地高二十八度，太阴距黄道南四度二十分,求距限差,則察限距地高二十八度格內橫對太陰實緯四度二十分之距限差為八度十二分,即所求之距限差。其緯在黃道南,是為減差也。限距地高以逐度為率,若限距地高有三十分以上者,進作一度,不及三十分者去之。太陰實緯以十分為率,若太陰實緯有零分者,五分以上進作十分,不足五分者去之。俱不用中比例,因逐度分之數所差甚微故也。

太陰實緯 分	太陰實緯 度	二十七度 分	二十七度 度	二十八度 分	二十八度 度	二十九度 分	二十九度 度	三十度 分	三十度 度	三十一度 分	三十一度 度
○一	○	○二		九一		八一		七一		七一	
○二	○	九三		八三		六三		五三		三三	
○三	○	九五		七五		四五		二五		○五	
○四	○	九一	一	六一	一	二一	一	○一	一	七○	一
○五	○	八三	一	五三	一	一三	一	七二	一	三二	一
○○	一	八五	一	三五	一	九四	一	四四	一	○四	一
○一	一	八一	二	二一	二	七○	二	二○	二	七五	一
○二	一	七三	二	一三	二	五二	二	九一	二	三一	二
○三	一	七五	二	○五	二	三四	二	七三	二	○三	二
○四	一	七一	三	九○	三	一○	三	四五	二	七四	二
○五	一	六三	三	八二	三	九一	三	一一	三	三○	三
○○	二	六五	三	七四	三	七三	三	九二	三	○二	三
○一	二	五一	四	六○	四	六五	三	六四	三	七三	三
○二	二	五三	四	五二	四	四一	四	四○	四	四五	三
○三	二	五五	四	四四	四	二三	四	一二	四	○一	四
○四	二	四一	五	三○	五	○五	四	八三	四	七二	四
○五	二	四三	五	一二	五	八○	五	六五	四	四四	四
○○	三	四五	五	○四	五	六二	五	三一	五	○○	五
○一	三	三一	六	九五	五	四四	五	一三	五	七一	五
○二	三	三三	六	八一	六	二○	六	八四	五	四三	五
○三	三	三五	六	七三	六	一二	六	五○	六	○五	五
○四	三	二一	七	六五	六	九三	六	三二	六	七○	六
○五	三	三三	七	四一	七	七五	六	○四	六	四二	六

分	度	分	度	分	度	分	度	分	度	分	度
○○	四	三五	七	三三	七	五一	七	七五	六	一四	六
○一	四	三一	八	二五	七	三三	七	五一	七	八五	六
○二	四	三三	八	二一	八	一五	七	二三	七	五一	七
○三	四	三五	八	一三	八	○一	八	○五	七	二三	七
○四	四	三一	九	○五	八	八二	八	八○	八	八四	七
○五	四	三三	九	九○	九	六四	八	五二	八	五○	八
○○	五	三五	九	八二	九	五○	九	三四	八	二二	八
○一	五	三一	一○	七四	九	三二	九	一○	九	九三	八
七一	五	七二	一○	○○	一一	六三	九	三一	九	一五	八

太阴实纬		限距地高									
		三十二度		三十三度		三十四度		三十五度		三十六度	
分	度	分	度	分	度	分	度	分	度	分	度
○一	○	六一		五一		五一		四一		四一	
○二	○	二三		一三		○三		九二		八二	
○三	○	八四		六四		四四		三四		一四	
○四	○	四○	一	二○	一	九五		七五		五五	
○五	○	二一	一	七一	一	四一	一	一一	一	九○	一
○○	一	六三	一	二三	一	九二	一	六二	一	三二	一
○一	一	二五	一	八四	一	四四	一	○四	一	六三	一
○二	一	八○	二	三○	二	九五	一	四五	一	○五	一
○三	一	四二	二	九一	二	三一	二	九○	二	四○	二
○四	一	○四	二	四三	二	八二	二	三二	二	八一	二
○五	一	六五	二	○五	二	三四	二	七三	二	二三	二
○○	二	二一	三	五○	三	八五	二	二五	二	五四	二
○一	二	八二	三	一二	三	四一	三	六○	三	九五	二
○二	二	四四	三	六三	三	九三	三	○二	三	三一	三
○三	二	○○	四	一五	三	五四	三	四三	三	七二	三
○四	二	六一	四	七○	四	○五	三	九四	三	一四	三
○五	二	三三	四	二二	四	二一	四	三○	四	四五	三
○○	三	九四	四	八三	四	八二	四	八一	四	八○	四
○一	三	五○	五	三五	四	二四	四	二三	四	二二	四
○二	三	一二	五	九○	五	七五	四	六四	四	六三	四
○三	三	七三	五	四二	五	二一	五	一○	五	○五	四

○四	三	三五	五	○四	五	七二	五	五一	五	四○	五
○五	三	九○	六	五五	五	二四	五	九二	五	七一	五!!
○○	四	六二	六	一一	六	七五	五	四四	五	一三	五
○一	四	二四	六	六二	六	二一	六	八五	五	五四	五
○二	四	八五	六	二四	六	七二	六	三一	六	九五	五
○三	四	四一	七	八五	六	二四	六	七二	六	三一	六
○四	四	○三	七	三一	七	七五	六	二四	六	七二	六
○五	四	七四	七	九二	七	二一	七	六五	六	一四	六
○○	五	三○	八	五四	七	七二	七	一一	七	五五	六
○一	五	九一	八	○○	八	二四	七	五二	七	九○	七
七一	五	一三	八	一一	八	三五	七	五三	七	九一	七

太陰實緯		限距地高									
分	度	三十七度 分	度	三十八度 分	度	三十九度 分	度	四十度 分	度	四十一度 分	度
○一	○	三一		三一		二一		二一		二一	
○二	○	七二		六二		五二		四二		三二	
○三	○	○四		八三		七三		六三		五三	
○四	○	三五		一五		九四		八四		六四	
○五	○	六○	一	四○	一	二○	一	○○	一	八五	
○○	一	○二	一	六一	一	四一	一	二一	一	九○	一
○一	一	三三	一	九二	一	六二	一	四二	一	一二	一
○二	一	六四	一	二四	一	九三	一	六三	一	二三	一
○三	一	九五	一	四五	一	一五	一	八四	一	四四	一
○四	一	三一	二	七○	二	三○	二	○○	二	五五	一
○五	一	六二	二	○二	二	六一	二	二一	二	七○	二
○○	二	○四	二	二三	二	八二	二	四二	二	八一	二
○一	二	三五	二	五四	二	○四	二	六三	二	○三	二
○二	二	六○	三	八五	二	三五	二	八四	二	一四	二
○三	二	○二	三	○一	三	五○	三	○○	三	三五	二
○四	二	三三	三	三二	三	七一	三	二一	三	四○	三
○五	二	六四	三	六三	三	○三	三	四二	三	六一	三
○○	三	九五	三	八四	三	二四	三	六三	三	七二	三
○一	三	三一	四	一○	四	四五	三	八四	三	九三	三

分	度	分	度	分	度	分	度	分	度	分	度
○二	三	六二	四	七一	四	七○	四	九五	三	一五	三
○三	三	九三	四	九二	四	○二	四	一一	四	二○	四
○四	三	三五	四	二四	四	二三	四	三二	四	四一	四
○五	三	六○	五	五五	四	五四	四	五三	四	五二	四
○○	四	九一	五	八○	五	七五	四	七四	四	七三	四
○一	四	三三	五	一二	五	○一	五	九五	四	八四	四
○二	四	六四	五	四三	五	二二	五	一一	五	○○	五
○三	四	○○	六	七四	五	五三	五	三二	五	二一	五
○四	四	三一	六	○○	六	七四	五	五三	五	三二	五
○五	四	七二	六	三一	六	○○	六	七四	五	五三	五
○○	五	○四	六	六二	六	二一	六	九五	五	七四	五
○一	五	三五	六	九三	六	五二	六	一一	六	八五	五
七一	五	三○	七	八四	六	三三	六	○二	六	六○	六

太阴实纬		限　距　地　高									
		四十二度		四十三度		四十四度		四十五度		四十六度	
分	度	分	度	分	度	分	度	分	度	分	度
○一	○	一一		一一				○一		○一	
○二	○	二二		一二		一二		○二		九一	
○三	○	三三		二三		一三		○三		九二	
○四	○	四四		三四		一四		○四		九三	
○五	○	六五		四五		二五		○五		八四	
○○	一	七○	一	四○	一	二○	一	○○	一	八五	
○一	一	八一	一	五一	一	三一	一	○一	一	八○	一
○二	一	九二	一	六二	一	三二	一	○二	一	七一	一
○三	一	○四	一	七三	一	四三	一	○三	一	七二	一
○四	一	一五	一	七四	一	四四	一	○四	一	七三	一
○五	一	二○	二	八五	一	四五	一	○五	一	六四	一
○○	二	三一	二	九○	二	四○	二	○○	二	六五	一
○一	二	四二	二	二○	二	五一	二	○一	二	六○	二
○二	二	六三	二	一二	二	五二	二	○二	二	五一	二
○三	二	七四	二	一二	二	五三	二	○三	二	五二	二
○四	二	八五	二	二五	二	六四	二	○四	二	五三	二
○五	二	九○	三	三○	三	六五	二	○五	二	四四	二

○○	三	○二	三	三一	三	七○	三	○○	三	四五	二
○一	三	一三	三	四二	三	七一	三	○一	三	四○	三
○二	三	三四	三	五三	三	七二	三	○二	三	三一	三
○三	三	四五	三	六四	三	八三	三	○三	三	三二	三
○四	三	五○	四	六五	三	八四	三	○四	三	三三	三
○五	三	六一	四	七○	四	九五	三	一五	三	三四	三
○○	四	七二	四	八一	四	九○	四	一○	四	二五	三
○一	四	八三	四	九二	四	○二	四	一一	四	二○	四
○二	四	○五	四	○四	四	○三	四	一二	四	二一	四
○三	四	一○	五	○五	四	○四	四	一三	四	二二	四
○四	四	二一	五	一○	五	一五	四	一四	四	二三	四
○五	四	三二	五	二一	五	一○	五	一五	四	二四	四
○○	五	五三	五	三二	五	二一	五	○五	五	二五	四
○一	五	六四	五	四三	五	二二	五	一一	五	一○	五
七一	五	四五	五	一四	五	○三	五	八一	五	七○	五

太　陰		限　　距　　地　　高									
实　纬		四十七度		四十八度		四十九度		五十度		五十一度	
分	度	分	度	分	度	分	度	分	度	分	度
○一	○	九		九		九		八		八	
○二	○	九一		八一		七一		七一		六一	
○三	○	八二		七二		六二		五二		四二	
○四	○	七三		六三		五三		四三		二三	
○五	○	七四		五四		三四		二四		○四	
○○	一	六五		四五		二五		○五		九四	
○一	一	五○	一	三○	一	一○	一	九五		七五	
○二	一	五一	一	二一	一	○○	一	七○	一	五○	一
○三	一	四二	一	一二	一	八一	一	六一	一	三一	一
○四	一	三三	一	○三	一	七二	一	四二	一	一二	一
○五	一	三四	一	九三		六三	一	二三	一	九二	一
○○	二	二五	一	八四	一	四四	一	一四	一	七三	一
○一	二	一○	二	七五	一	三五	一	九四	一	五四	一
○二	二	一一	二	六○	二	二○	二	八五	一	三五	一
○三	二	○二	二	五一	二	一一	二	六○	二	二○	二

○四	二	九二	二	四二	二	九一	二	四一	二	○一	二
○五	二	九三	二	三三	二	八二	二	三一	二	八一	二
○○	二	八四	二	二四	二	七三	二	一三	二	六二	二
○一	三	七五	二	一五	二	五四	二	○四	二	四三	二
○二	三	七○	三	○○	三	四五	二	八四	二	二四	二
○三	三	六一	三	九○	三	三○	三	七五	二	○五	二
○四	三	六二	三	八一	三	二一	三	五○	三	八五	二
○五	三	五三	三	八二	三	○○	三	三一	三	七○	三
○○	四	四四	三	七三	三	九一	三	二二	三	五一	三
○一	四	四五	三	六四	三	八三	三	○三	三	三二	三
○二	四	三○	四	五五	三	七四	三	九三	三	一三	三
○三	四	三一	四	四○	四	五五	三	七四	三	九三	三
○四	四	二二	四	三一	四	四○	四	六五	三	七四	三
○五	四	一三	四	二二	四	三一	四	四○	四	六五	三
○○	五	一四	四	一三	四	二二	四	三一	四	四○	四
○一	五	○五	四	○四	四	○三	四	一二	四	二一	四
七一	五	七五	四	七四	四	七三	四	七二	四	八一	四

太阴实纬		限距地高									
分	度	五十二度		五十三度		五十四度		五十五度		五十六度	
		分	度	分	度	分	度	分	度	分	度
○一	○	八		八		七		七		七	
○二	○	六一		五一		五一		四一		三一	
○三	○	三二		三二		二二		一二		○二	
○四	○	一三		○三		九二		八二		七二	
○五	○	九三		八三		六三		五三		四三	
○○	一	七四		五四		四四		二四		○四	
○一	一	五五		三五		一五		九四		七四	
○二	一	三○	一	○○	一	八五		六五		五四	
○三	一	○	一	八○	一	五○	一	三	一	一○	一
○四	一	八	一	五	一	三	一	○	一	七	一
○五	一	六二	一	三二	一	○二	一	七一	一	四一	一
○○	二	四三	一	○三	一	七二	一	四二	一	一二	一
○一	二	二四	一	八三	一	五三	一	一三	一	八二	一

○二	二	九四	一	六四	一	二四	一	八三	一	四三	一
○三	二	七五	一	三五	一	九四	一	五四	一	一四	一
○四	二	五○	二	一○	二	六五	一	二五	一	八四	一
○五	二	三一	二	八○	二	四○	二	九五	一	五五	一
○○	二	一一	二	六一	二	一一	二	六○	二	二○	二
○二	三	九二	二	三二	二	八一	二	三一	二	八○	二
○二	三	六三	二	一三	二	六二	二	○二	二	五一	二
○三	三	四四	二	八三	二	三三	二	七二	二	二二	二
○四	三	二五	二	六四	二	○四	二	四三	二	九二	二
○五	三	○○	三	四五	二	七四	二	一四	二	五三	二
○○	四	八○	三	一○	三	五五	二	八四	二	二四	二
○一	四	六一	三	九○	三	二○	三	五五	二	九四	二
○二	四	四二	三	六一	三	九○	三	二○	三	六五	二
○三	四	二三	三	四二	三	七一	三	○一	三	三○	三
○四	四	九三	三	二三	三	四二	三	七一	三	九○	三
○五	四	七四	三	九三	三	一三	三	四二	三	六一	三
○○	五	五五	三	七四	三	九三	三	一三	三	三二	三
○一	五	三○	四	四五	三	六四	三	八三	三	○三	三
七一	五	九○	四	○○	四	一五	三	三四	三	五三	三

太　陰 實　緯		限　距　地　高									
		五十七度		五十八度		五十九度		六十度		六十一度	
分	度	分	度	分	度	分	度	分	度	分	度
○一	○	六		六		六		六		六	
○二	○	三一		二一		二一		二一		一一	
○三	○	九一		九一		八一		七一		七一	
○四	○	六二		五二		四二		三二		三二	
○五	○	二三		一三		○三		九二		八二	
○○	一	九三		七三		六三		五三		三三	
○一	一	五四		四四		二四		○四		九三	
○二	一	二五		○五		八四		六四		四四	
○三	一	八五		六五		四五		二五		○五	
○四	一	五○	一	三○	一	○○	一	八五		五五	
○五	一	一一	一	九○	一	六○	一	四○	一	一○	一

○○	二	八一	一	五一	一	二一	一	九○	一	七○	一
○一	二	四二	一	一二	一	八一	一	五一	一	二一	一
○二	二	一三	一	八二	一	四二	一	一二	一	八一	一
○三	二	七三	一	四三	一	○三	一	七二	一	三一	一
○四	二	四四	一	○四	一	六三	一	三三	一	九二	一
○五	二	一五	一	六四	一	二四	一	八三	一	四三	一
○○	三	七五	一	三五	一	八四	一	四四	一	○四	一
○一	三	四○	二	九五	一	四五	一	○五	一	五四	一
○二	三	○一	二	五○	二	○○	二	六五	一	一五	一
○三	三	七一	二	一一	二	六○	二	一○	二	七五	一
○四	三	三二	二	八一	二	二一	二	七○	二	二○	二
○五	三	○三	二	四二	二	八一	二	三一	二	八○	二
○○	四	六三	二	○三	二	四二	二	九一	二	三一	二
○一	四	三四	二	七三	二	一三	二	五二	二	九一	二
○二	四	九四	二	三四	二	七三	二	○三	二	四二	二
○三	四	六五	二	九四	二	三四	二	六三	二	○三	二
○四	四	二○	三	五五	二	九四	二	二四	二	六三	二
○五	四	九○	三	二○	三	五五	二	八四	二	一四	二
○○	五	五一	三	八○	三	一○	三	四五	二	七四	二
○一	五	二二	三	四一	三	七○	三	○○	三	二五	二
七一	五	七二	三	九一	三	三○	三	四○	三	六五	二

太阴实纬		限　距　地　高									
		六十二度		六十三度		六十四度		六十五度		六十六度	
分	度	分	度	分	度	分	度	分	度	分	度
○一	○	五		五		五		五		四	
○二	○	一一		○一		○一		九		九	
○三	○	六一		五一		五一		四一		三一	
○四	○	一二		○二		○二		九一		八一	
○五	○	七二		五二		四二		三二		二二	
○○	一	二三		一三		九二		八二		七二	
○一	一	七三		六三		四三		三三		一三	
○二	一	三四		一四		九三		七三		六三	
○三	一	八四		六四		四四		二四		○四	

○四	一	三五		一五		九四		七四	五四
○五	一	九五		六五		四五		一五	九四
○○	二	四○ 一	一○ 一	九五		六五		三五	
○一	二	九○ 一	六○ 一	三○ 一		一○ 一		八五	
○二	二	四一 一	一一 一	八○ 一		五○ 一		二○ 一	
○三	二	○二 一	六一 一	三一 一		○○ 一		七○	
○四	二	五二 一	二二 一	八一 一		五一 一		一一	
○五	二	○三	七二 一	三二 一		九一 一		六一	
○○	三	六三 一	二三 一	八二 一		四二 一		○二 一	
○一	三	一四 一	七三 一	三三 一		九二 一		五二 一	
○二	三	六四 一	二四 一	八三 一		三三 一		九二 一	
○三	三	二五 一	七四 一	三四 一		八三 一		四三 一	
○四	三	七五 一	二五 一	七四 一		三四 一		八三 一	
○五	三	三○ 二	七五 一	二五 一		七四 一		三四 一	
○○	四	八○ 二	三○ 二	七五 一		二五 一		七四 一	
○一	四	三一 二	八○ 二	二○ 二		七五 一		二五 一	
○二	四	九一 二	三一 二	七○ 二		一○ 二		六五 一	
○三	四	四二 二	八一 二	二一 二		六○ 二		○○ 二	
○四	四	九二 二	三二 二	七一 二		一一 二		五○ 二	
○五	四	五三 二	八二 二	二二 二		六一 二		九○ 二	
○○	五	○四 二	三三 二	七二 二		○二 二		四一 二	
○一	五	五四 二	八三 二	二三 二		五二 二		八二 二	
七一	五	九四 二	二四 二	五三 二		八二 二		三二 二	

太 阴		限　　距　　地　　高				
实 纬		六十七度	六十八度	六十九度	七十度	七十一度
分	度	分　度	分　度	分　度	分　度	分　度
○一	○	四	四	四	四	三
○二	○	八	八	八	七	七
○三	○	三一	二一	二一	一一	○一
○四	○	七一	六一	五一	五一	四一
○五	○	一二	○二	九一	八一	七一
○○	一	五二	四二	三二	三二	一二
○一	一	○三	八二	七二	五二	四二

分	度	分	度	分	度	分	度	分	度	分	度
○二	一	四三		二三		一三		九二		八二	
○三	一	八三		六三		五三		三三		一三	
○四	一	二四		○四		八三		六三		四三	
○五	一	七四		四四		二四		○四		八三	
○○	二	一五		九四		六四		四四		一四	
○一	二	五五		三五		○五		七四		五四	
○二	二	九五		七五		四五		一五		八四	
○三	二	四○	一	一○	一	八五		五五		二五	
○四	二	八○	一	五○	一	一○	一	八五		五五	
○五	二	二一	一	九○	一	五○	一	二○	一	九五	
○○	三	六一	一	三一	一	九○	一	六○	一	二○	一
○一	三	一二	一	七一	一	三一	一	九○	一	五○	一
○二	三	五二	一	一二	一	七一	一	三一	一	九○	一
○三	三	九二	一	五二	一	一二	一	七一	一	二一	一
○四	三	四三	一	九二	一	五二	一	○二	一	六一	一
○五	三	八三	一	三三	一	八二	一	四二	一	九一	一
○○	四	二四	一	七三	一	二三	一	八二	一	三二	一
○一	四	六四	一	一四	一	六三	一	一三	一	六二	一
○二	四	一五	一	五四	一	○四	一	五三	一	○三	一
○三	四	五五	一	九四	一	四四	一	八三	一	三三	一
○四	四	九五	一	三五	一	八四	一	二四	一	七三	一
○五	四	三○	二	七五	一	二五	一	六四	一	○四	一
○○	五	八○	二	二○	二	五五	一	九四	一	四四	一
○一	五	二一	二	六○	二	九五	一	三五	一	七四	一
七一	五	五一	二	八○	二	二○	二	六五	一	九四	一

太　阴　实　纬		限　　距　　地　　高					
		七十二度		七十三度		七十四度	
分	度	分	度	分	度	分	度
○一	○	三		三		三	
○二	○	六		六		六	
○三	○	○一		九		九	
○四	○	三一		二一		一一	
○五	○	六一		五一		四一	

○○	一	九一		八一		七一	
○一	一	三二		一二		○二	
○二	一	六二		四二		三二	
○三	一	九二		八二		六二	
○四	一	三三		一三		九二	
○五	一	六三		四三		二三	
○○	二	九三		七三		四三	
○一	二	二四		○四		七三	
○二	二	六四		三四		○四	
○三	二	九四		六四		三四	
○四	二	二五		九四		六四	
○五	二	五五		二五		九四	
○○	三	九五		五五		二五	
○一	三	二○	一	八五		五五	
○二	三	五○	一	一○	一	七五	
○三	三	八○	一	四○	一	○○	一
○四	三	二一	一	七○	一	三○	一
○五	三	五一	一	○一	一	六○	一
○○	四	八一	一	四一	一	九○	一
○一	四	一二		七一		二一	
○二	四	五二		○二		五一	
○三	四	八二	一	三二	一	八一	一
○四	四	一三	一	六二	一	○二	一
○五	四	四三	一	九二	一	三二	一
○○	五	八三	一	二三	一	六二	一
○一	五	一四		五三	一	九二	一
七一	五	三四	一	七三	一	一三	一

清史稿卷五四
志第二九

地理一

直　隶

　　有清崛起东方,历世五六。太祖、太宗力征经营,奄有东土,首定哈达、辉发、乌拉、叶赫及宁古塔诸地,于是旧藩札萨克二十五部五十一旗悉入版图。世祖入关剪寇,定鼎燕都,悉有中国一十八省之地,统御九有,以定一尊。圣祖、世宗长驱远驭,拓土开疆,又有新藩喀尔喀四部八十二旗,青海四部二十九旗,及贺兰山厄鲁特迄于两藏,四译之国,同我皇风。逮于高宗,定大、小金川,收准噶尔、回部、天山南北二万余里毳裘潼酪之伦,树颔峨服,倚汉如天。自兹以来,东极三姓所属库页岛,西极新疆疏勒至于葱岭,北极外兴安岭,南极广东琼州之崖山,莫不稽颡内向,诚系本朝。于皇铄哉! 汉、唐以来未之有也。

　　穆宗中兴以后,台湾、新疆改列行省;德宗嗣位,复将奉天、吉林、黑龙江改为东三省,与腹地同风。凡府、厅、州、县一千七百有奇。自唐三授降城以东,南卫边门,东凑松花江,北缘大漠,为内蒙古。其外涉瀚海,阻兴安,东滨黑龙江,西越阿尔泰山,为外蒙古。重之以屏翰,联之以婚姻,此皆列帝之所怀柔安辑,故历世二百余年,无敢生异志者。

　　太宗之四征不庭也,朝鲜首先降服,赐号封王。顺治六年,琉球奉表纳款，永藩东土。继是安南、暹罗、缅甸、南掌、苏禄诸国请贡称臣，列为南服。高宗之世，削平西域，巴勒提、痕都斯坦、爱乌罕、拔达克山、布哈尔、博洛尔、塔什干、安集延、浩罕、东西布鲁特、左右哈萨克，及坎车提诸回部，联翩内附，来享来王。东西朔南，辟地至数万里，幅员之广，可谓极矣。洎乎末世，列强环起，虎眈鲸吞，凡重译贡市之国，四分五裂，悉为有力者负之走矣。

　　清初画土分疆，多沿明制，历年损益，代有不同。其川渎之变易，郡邑之省增，疆界之分合，悉详稽图志，并测斗极定高偏度，以画中外封域广轮曲折之数，用备一朝之掌焉。

　　直隶：《禹贡》冀、兖二州之域。明为北京，置北平布政使司、万全都指挥使司。清顺治初定鼎京师，为直隶省。置总督一，曰宣大。驻山西大同，辖宣府。顺治十三年裁。巡抚三：曰顺天，驻遵化，辖顺天、永平二府。康熙初裁。曰保定，驻真定，辖保定、正定、顺德、广平、大名、河间六府。顺治十六年裁。曰宣府。驻宣府镇，辖延庆、保安二州。顺治八年裁。五年，置直隶、山东、河南三省总督。驻大名。十六年，改为直隶巡抚。明年移驻真定。康熙八年，复移驻保定。雍正二年，复改总督。而府尹旧治顺天，为定制。先是顺治十八年增置直隶总督，亦驻大名。康熙五年改三省总督，八年裁。康熙三十二年，改宣府镇为宣化府。降延庆、保安二州隶之。雍正元年，置热河厅，改真定为正定。二年，增置定、冀、晋、赵、深五直隶州，张家口厅。三年，升天津卫为直隶州，九年为府。十年，置多伦诺尔厅。十一年，热河厅、易州并为直隶州。十二年，置独石口厅。降晋州隶正定。乾隆七年，承德仍为热河厅。八年，遵化升直隶州。四十三年，复升热河厅为承德府。光绪二年，置围场厅。隶承德。三十年，置朝阳府。明年置建平隶之。三十三年，升赤峰县为直隶州。置开鲁等四县隶之。令京尹而外，领府十一，直隶州七，直隶厅三，散州九，散厅一，县百有四。北至内蒙古阿巴噶右翼旗界；一千二百里。东至奉天宁远州界；六百八十里。南至河南兰封县界；一千四百三十里。西至山西广宁县界。五百五十里。广一千二百三十里，袤二千六百三十里。宣统三年,编户共四百九十九万五千四百九十五,口二千三百六十一万三千一百七十一。其山:恒山、太行。其川:桑乾即永定、滹沱即子牙、卫、易、漳、白、浭。其重险井陉、山海、居庸、紫荆、倒马诸关。喜峰、古北、独石、张家诸口。交通则航路自天津东南通之粤、上海,东北营口。东:朝鲜仁川、日本长崎。铁路:京津、津榆、京汉、正太、京张。邮道:东出山海关达盛京、绥中,西出紫荆关达山西灵丘,南涉平原达山东德州,北出古北口达热河。电线:西北通库伦,西南通太原。由天津东北通奉天。海线自大沽东通之粤。

顺天府:明初曰北平府。后建北京,复改。自辽以来皆都此。正统六年,始定曰京师。领州六,县二十五。顺治初,京师置府尹、府丞、治中。其顺天巡抚驻遵化,康熙初裁。十五年,升遵化为州。二十七年,置四路同知,分辖所属州、县。分隶通永、霸昌二道。并兼统于直隶总督。雍正元年,复以部院大臣兼管府事,特简,无定员。九年,置宁河。乾隆八年,遵化复升直隶州,以玉田、丰润属之。广四百四十里,袤五百里。北极高三十九度五十五分。领州五,县十九。辽,南京,今城西南,唐幽州藩镇城也。金增拓之。至元而故址渐湮。元之大都,则奄有今安定、德胜门外地。明初缩城之北面,元制亦改。永乐初,重拓南城。又非复洪武之故矣。今皇城周十八里。自正阳门之内曰大清门;东南曰长安左门;西南曰长安右门;东曰东安门;西曰西安门;正北曰地安门,旧曰北安门,顺治九年更名。大清门之内曰天安门,旧曰承天门,顺治八年改。左太庙,右社稷坛。向明而治,于兹宅中焉。其内端门,左阙左门,右阙右门。其内紫禁城在焉。北枕景山,西袝西苑,苑有瀛台,太液池环之。南与端门属者曰午门。北神武门,东东华门,西西华门。午门之内,东协和门,东出为文华殿;西熙和门,西出为武英殿,旧曰雍和,乾隆元年更名。其正中太和门,左昭德门、体仁阁,右贞度门、宏义阁;其内则太和、中和、保和三殿,至乾清门止。东景运门,西隆宗门。凡此皆曰外朝,制也。外则京城,周四十里,为门九:南为正阳门,南之东崇文门,南之西宣武门,东之南朝阳门,东之北东直门,西之南阜成门,西之北西直门,北之东安定门,北之西德胜门。皆沿明旧。而八旗所居:镶黄,安定门内;正黄,德胜门内;正白,东直门内;镶白,朝阳门内;正红,西直门内;镶红,阜成门内;正蓝,崇文门内;镶蓝,宣武门内。星罗棋峙,不杂厕也。外城长二十八里,为门七:南为永定门,左左安门,右右安门,东广渠门,西广宁门;在东、西隅而北向者,东:东便门，西：西便门。并明嘉靖中筑。鼓楼在地安门外，明永乐中毁，乾隆十二年重建。**大兴**冲，繁，疲，难。倚。府东偏，隶西路厅。北有渝河，自昌平入，纳清河。西北：玉河，自宛平入。歧为二：一护城河，至崇文门外合泡子河；一入德胜门为积水潭，即北海子，流为太液池，分为御沟。又合德胜桥东南支津，复合又东，为通会河。凉水河亦自宛平入，径南苑，即南海子。龙凤二河出焉。龙河淤。南路厅驻黄村。县丞驻礼贤庄。有青云店、凤河营、白塔村三镇。有采育营巡司。有驿。铁路。**宛平**冲，繁，疲，难。倚。隶西路厅。西山脉自太行，为神京右臂。西北二十里瓮山，其湖西海。乾隆十五年赐山名曰万寿，湖曰昆明。有清漪园，光绪十五年改曰颐和。相近玉泉山，清河、玉河源此。玉河径高梁桥，一曰高梁河。永定河自怀来入，至卢师山西，亦曰卢沟河，错出复入。有灰坝、减河。汛十二，石景山有南北岸同知；全辖者七，石景山、卢沟桥二、北头工上、北头工中、南头工上、北二工下；分辖者五，南头工下、北头工下、北二工上、南三工、北三工。自顺治八年至同治三年，改道十有六，截北流归中泓，径鱼坝口、三凤眼入海。盖道光二十二年以来，虽小溃徙，无害。又凉水、牤牛、龙泉三河兼出西南。西有海淀，有畅春、圆明二园，咸丰末毁。西路厅驻芦沟桥，有巡司。县丞驻门头沟。又庞各庄、青白口、东斋堂巡司三。沿河口、磨石口、榆垡、平罗营、五里坨、赵村、王平口、天津关镇八。铁路。**良乡**冲，繁，难。府西南七十里。隶西路厅。永定河自宛平入。汛四，并分辖，隶石景山南岸同知：北头工下、北二工上、南头工下、南二工。康熙四十六年建金门石闸，后废。乾隆三年移建南二汛，改减水石坝仍曰金门闸。永定减水坝十有七。公村河自房山入，为牤牛河，复合茨尾河。卢河自房山入，径琉璃镇曰琉璃河，纳挟活河。北有黄新庄行宫，南有郊劳台。县丞驻赵村。固节、长辛店二驿。铁路。**固安**繁，难。府西百二十里。隶南路厅。永定河道南北岸同知、石景山同知驻。永定河自宛平入。汛六，隶南北岸同知，三角淀通判：全辖者二，南四工、北四工、上；分辖者四：南三工、北三工、北四工下、南五工。拒马岔河自涿入，旧有金门闸。减河亦自涿入，纳太平河，曰牤牛河，歧为黄家河。其西蜈蚣河，并淤。东南十八里韩城。南七十里四铺头。有牛坨镇。县驿一。**永清**简。府南少东百四十里。隶南路厅。三角淀通判驻。永定河自固安入。汛七，隶北岸同知：其通判全辖者三，南六工、北五工、北六工；分辖者四，北四工下、南五工、南七工、北七工。有信安镇巡司，兼隶霸。**东安**简。府东南百四十里。隶南路厅。永定河自永清入。汛三，并分辖，隶三角淀北通判：南七工、南八工上、北七工。其故道淤。

凤河自大兴入。有旧州镇。县驿一。**香河**简。府东南百二十里。隶东路厅。西有北运河，自通入。有王家务减河，雍正九年浚，长百四十里。北窝头河亦自通入。县驿一。**通州**冲，繁，疲，难。府东四十里。隶东路厅。通永道、仓场总督驻。顺治十六年省潞县入之。管河州判驻。白、榆、濕濕三河并自顺义入。榆纳通惠河，与白会。是为北运河，纳凉水河。濕濕径窝头村曰窝头河。凤河自东安入。北门外石坝，州判掌之。十五京仓所漕。其东土坝，州同掌之。州西中二仓所漕。马头店、永乐店、马驹桥三镇。潞河、和合二驿。铁路。**三河**冲，繁，难。府东少北百十里。隶东路厅。西北盘龙山有行宫，乾隆十九年移大新庄。北有泃河，自平谷入，侧城东抽。西南:窝头河自通缘界入。鲍丘河，古巨浸，源自塞外，淤。今出西北田各庄，晴为枯渠，雨则泌注，俗曰泻肚河。有马坊镇。县驿一。**武清**冲，繁，疲。府东南九十里。隶东路厅。西南永定河:自东安。汛三。隶三角淀北岸通判。南八工上、南八工下、北七工。东北:北运河自香河入。康熙三十八年决筐儿巷，明年浚为减河，后淤。同治末，复浚新减河。宝坻北有凤河自通入，雍正四年改自埝上村折南，下至天津双口入淀。三角淀一曰东淀，古雍奴薮，互霸、文、东、武、静、文、大七州县境。雍正四年，放永定于淀，塞且半。仅王庆坨一角耳。乾隆十六年后，导河支贯淀而东，平芜弥望。管河同知驻河西务，通判杨村，并有驿。八镇:王庆坨、安平、桐柏、崔黄口、三里浅、南蔡村、筐儿港、黄花店。**宝坻**繁，疲，难。府东少南百八十里。隶东路厅。北:蓟运河自蓟右会泃河缘界入，径江宽村，鲍丘河自三河入，纳窝头河，襄针河注之。又南有筐儿港新减河。其北王家务减河淤。知县刘枝彦浚自大白庄至堤口，并修窝头、襄针堤有玉甫营镇。县驿一。**宁河**冲，繁，难。府东南三百里。隶东路厅。雍正九年改明宝坻之梁城千户所置。海，东南九十里为北塘口。蓟运河自宝坻入，屈曲环城而南。有七里海，汇王家务、筐儿港二减河，播为罾口，宁车沽二河分注之，复纳金钟河。东南:大沽口界天津，海沙缘界入。其北:北塘口。东南:卢台镇，天津河捕通判、通永镇总兵驻。有巡司、盐大使。北塘口、新河庄、营城三镇。**昌平州**冲，繁，难。府北九十里。霸昌道驻。北路厅驻巩华城，州隶之。北:天寿山明十三陵在焉。西北:榆河自延庆入，伏而复出，左合山水，右纳南沙河。又东，龙泉河会绛州营河注之。七渡河亦自延庆入。其南九渡河、牤牛河，并出东北。边墙西首庙儿港口，东至糜子峪口。汛四:横岭路、镇边城、常峪城、白羊口。又讫慕田峪口，汛一:黄花路。汤山、蔺沟行宫二。港泉营、牛房、奋苍屯、沙屯、高丽营、蔺沟、前营、前屯、皂角屯，凡九镇。榆河驿，州治，及回龙观，二。**顺义**冲，难。府东北六十里。隶北路厅。北：
牛栏山。白河自怀柔入，径东麓，合怀河。其东狐奴山，漯漯河出焉，一名箭杆
河。缘州营河出县西，纳牤牛河。又榆河自大兴入。三家店、南石槽行宫二。二
镇：漕河营、杨各庄。县驿一。**密云**冲，繁，难。府东北百三十里。隶北路厅。
县南：密云山。东：九松山。旧曰九庄岭。西：有沽河。自滦平入，合白马关河。
是为白河。右出一支津。潮河亦自滦平入，合汤河，又纳乾塔河，侧城西南来
会，俗亦曰潮白河。潮河营，提督驻。古北口关，副都统、巡司驻。西营二：石塘
路、石匣城。汛二：潮河川、白马关口。东营二：曹家路、墙子路。汛五：司马台、
黑峪关、吉家营、杨家堡、镇罗关。有刘家庄、罗家桥、要亭庄、三行宫。凤凰、石
匣二驿。**怀柔**冲，繁。府东北百里。隶北路厅。髻鬐山、祗园寺行宫二。石河
出其东，下流为洳河。白河自密云入，其支津亦自县入，纳雁溪水，复合。西：七
度河自昌平入，合九度河，侧城东南，合小泉河，曰怀河。有汛。县驿一。**涿州**
冲，繁，难。府西南百四十里。隶西路厅。西：独鹿山。东北：永定河自良乡入。
其金门闸引河，淤。西北：拒马岔河自房山分入而合，胡良河合杖引泉注之。至
浮洛营东，挟活河错入。复出，注琉璃河。又东纳牤牛河，淤，歧沟。西南：督亢
陂。东南：古水，湮。有王家店、松木店、柳河营、马沟村、长沟五镇。涿鹿驿。**房
山**繁，难。府西南九十里。隶西路厅。西南：大房山，一曰大防山，有沟山峰。
雍正八年，凤凰集此。又石经山。龙泉河，古防水，二源，出西北大安山，东南
流，曰卢河。有沙河，环城，合坝儿河注之，是为琉璃河。拒马河自涞水入，缘界
径铁锁崖岔河出焉。歧为二。甚东杖引泉。胡良河、挟活河并出西南，而茨尾
河、雅河出东北。又顺水河自宛平入。有磁家务巡司。有吉阳驿。**霸州**冲，繁。
府南百八十里。隶南路厅。玉带河自保定入为大清河。河南支径苑家口曰会
同河。中支中亭河，亦自保定入，径栲栳圈，纳牤牛河，又歧为北支，下流为辛
张河，复错入牤牛、黄家河，视永定为盈涸。北支，古运粮河。光绪初，游击陈本
荣浚之。复修苍儿淀堤，植柳六万一千株。行宫二：一太堡村，一苏桥镇。有主
簿兼隶文安。又信安镇巡司兼隶。永清。有益津驿。**文安**繁，难。府南少东
三百四十里。隶南路厅。大清河三支并自霸入，趋东淀。其北、中二支合于胜
芳西，曰辛张河。文安洼周三百里，有火烧、牛台、麻洼诸淀。光绪八年，浚台头
以下河道长千九百二十丈。左家庄有行宫。县驿一。**大城**繁，难。府东南三
百九十里。隶南路厅。西北：会同河自文安入，径台头村，有行宫。大清河、辛
张河，并自文安入。子牙河自河间入，旧纳古洋河，光绪中，改自献之朱家口，

故渠久湮。又黑龙港西支自青入，合东支河。**保定**简。府南少西二百里。隶南路厅。西南：大清河自雄入，曰玉带河，径张青口，口西西淀，东东淀，乾隆二十八年界之。又北合赵王河至卢各庄，康熙中，导为中亭河。合十望河入霸。县驿一。**蓟州**冲，繁。府东少北百八十里。隶东路厅。西北：盘山与桃花山、葛山，有行宫三。蓟运河自明天顺初引潮河峻今州，后废。顺治初复浚，以丰陵渌其上源。梨河东自遵化入，合淋河，至城南五里桥，始曰蓟运河。折南，洵河出州北黄崖口外，错出至三河，复缘界来会。汛四：黄花店、青山岭、黄崖关、将军石关。有渔阳驿。**平谷**简。府东北百五十里。隶北路厅。东北：洵河自蓟入，合独乐河，侧城西南，会，石河，即迦河。县驿一。

保定府：冲，繁，疲，难。隶清河道。明，领州三，县十七。康熙八年，自真定移巡抚于此，为直隶省治。雍正二年，改总督。布政使、清河道等同驻。十二年，升易州为直隶州，以涞水属之。又改深泽属定州。道光中，省新安。东北距京师三百五十里。广三百五十里，袤四百里。北极高三十八度五十一分。京师偏西五十二分。领州二，县十四。**清苑**冲，繁，疲，难。倚清苑河即府河，古沈水上游。奇村河自满城入，合白草沟，环城，左纳徐河沟，又东合金线河。唐河自望都入，合阳城河，纳齐贤庄河，今淤。咸丰中，南徙；同治末，益南入蠡，至安州，复缘界入，下与府河会。为大清河中支。有大激店镇，张登店巡司，金台驿。铁路。**满城**冲。府西少北四十里。西南：抱阳山。西：有渝河，自易州入而伏，至县东涌为一亩、鸡距二泉，合申泉，为奇村河。方顺河自完县入，歧为白草沟、金线河。徐河自易州入，一曰大册河，东入安肃。千里长堤，首县境，讫献县臧家桥，互顺、保、河三府。河丞驻方顺桥镇。有阴阳驿。**安肃**冲。府北少东四十五里。西有黑山。西南：益村岭。鼋河自易州入，合曲水河，至城北纳鸡爪泉河，下至新安入淀。其北萍泉河自定兴入，东入容城，其支津自城西右出，与曹河并入安州。有梁门陂、白沟驿。铁路。**定兴**冲，繁。府北少东百二十里。北有拒马自涞水入，径城西而南，纳中、北二易水及马村河，缘界入容城、新城为界水。北又有界河。西南：鸡爪河。东南：蓝沟。有范阳陂、固城镇、宣化驿。铁路。**新城**冲，繁。府东北百五十里。南有拒马，自定兴缘界，其岔河北自固安入，至十九堡左导为芦僧引河，今淤。又西南合紫泉河、斗门河，纳蓝沟河，即界河错出复入者。又南曰白沟河，入容城复合。有方官、新桥、白沟三镇。汾水驿。**唐**简。府西少南百二十里。北有尧山。东北：望都山。西北：大茂山。西有唐河，古滱水，自广昌入，错出，左合倒流河。西：寣水，右纳恒河、马泥河、唐河。又东北有放水河。倒马关西北有岳岭、柳角安军城镇、周家堡四口。横河口巡司。县驿一。**博野**疲。府南九十五里。东南：潴龙河自安平缘界入，一曰蟾河，屈南径白塔村入蠡。唐河自清苑入。县驿一。**望都**冲，难。府西南八十里。旧曰庆都。乾隆十一年改。东南：唐河自定州入。有九龙泉环城珠涌，东出为龙泉河。有翟城驿。**容城**简。府东北九十里。北有拒马河，西支自定兴缘界入，与东支白沟河合。西清而弱，东浊而强。又寣河自安肃入，其萍河涸。县驿一。**完**简。府西少南七十里。西：伊祁山，祁水出焉，即曲逆河。《图经》恶其名，改方顺。纳放水河。其旧所合蒲河，涸。唐河自其县再错入，合清水河。**蠡**繁，难。府南少东九十里。南：猪龙河自博野入，一曰杨村河。唐河自博野入，自道光初北徙。河丞驻仉村。县驿一。**雄**冲，繁，难。府东北百二十里。西：淀，县南。互安州、高阳、任丘，周三百三十里，汇府境诸水，所谓‘七十二清河’。赵北口扼其中。桥十二。四角河自安州入，出第五桥，曰大清河。错出复入。白沟河自容城入，南及大港、柴未二淀。大清河乃改由药王行宫北与会。有归义驿。**祁州**简。府南少西百二十里。南有滹沱北支，自深泽缘界。其北猪龙河汇定州滱、沙、滋三水。滱即唐，嘉庆初徙，孟良河之。是为猪龙河。又南径程各庄入博野。县驿一。**束鹿**繁，难。府南少西二百四十里。西北：滹沱自晋州入深州为南支，其支津入安平，同治十年所徙。其故道七。县丞驻小章村。县驿一。**安州**简。府东少北六十里。道光十二年。以新安省入。府河、唐河自清苑入而合，纳曹河，径城北为依城河，右注白洋淀，与猪龙河自高阳入者相望也。左注杂淀，复合为四叉河，亦曰四角河。西淀都九十有九，白洋最广，次烧车，杂淀最狭。新安乡行宫二。州驿一。**高阳**简。府东南六十五里。西北：唐河自蠡入，亦曰土尾河。东南：猪龙河亦自蠡入，顺治中，复决布里村，故亦曰布里河。旧合泔河，即高河，县氏焉，淤。县驿一。

　　正定府：冲，繁。隶清河道。总兵驻。明曰真定。领州五，县二十七。雍正元年曰正定。二年，升冀、赵、深、定、晋为五直隶州，以南宫等十七县属之。十二年，降晋州，并所属无极藁城与定州新乐还来隶。东距省治二百九十里。广二百七十里，袤三百八十里。北极高三十八度十一分。京师偏西一度四十八分。领州一，县十三。正定冲，繁，

难,倚。旧曰真定,雍正元年改。西有滹沱,自平山入。有冶河故道二。其北林
济河,合西北诸泉及旺泉河。又北,滋河自新乐入,伏而东。滹沱性善徙,釜北
滋南,百数十里冲蔓几遍。今河乃同治七年改决,为康熙中东入深、安、饶故
道。有恒山、伏城二驿。**获鹿**冲。府西南六十里。南有封龙山。北:五峰山,
汶水出焉。合小沙、左金河。西有鹿泉水,东至大要舍纳冶河。今淤。有镇宁
驿。**井陉**简。府西南百三十里。井陉山东北有关。北:绵蔓河自山西平定州
入,合甘淘河,一曰微水。折北,左得金珠泉,至东冶村曰冶河。西南:固关,寄
平定州,置参将。其北:娘子关。有汛。边墙西北首达滴岩,南讫杨庄口。有陉
山驿。**阜平**简。府西北二百十里。顺治末,省。康熙二十二年,复置。大茂山
东北,平阳河出焉。沙河自山西繁峙入,纳灵丘北流、鹞子诸河曰派河,又东合
班峪、燕支诸河。又汉河出县南白蛇岭。边墙东北首落路口,西南讫当城河口。
有龙泉关、长城岭。汛东有王快镇。康熙中,县寄此。又茨沟营镇。县驿一。**栾
城**简。府南六十里。西有汶河,自获鹿入,纳北沙、金水二河。南、西有故城二。
关城驿。**行唐**简。府北七十五里。西北:箕山,郜河出其北两岭口,合甘泉河、
龙门沟,侧城东南,合贾木沟。北:派河自曲阳入,合曲河。西:滋河自灵寿入而
伏。**灵寿**简。府西北六十里。南:滹沱自平山缘界合松阳河、卫河。卫河,《禹
贡》卫水也。西北:滋河自山西五台入,纳汉河。又东南合慈峪河,亦曰慈河。入
行唐。边墙北首白草沟口,南讫车孤驼口。又叉头镇巡司。乾隆中移慈峪镇。
平山简。府西少北八十里。西北有房山,涉河出焉,古石白水,今湮。滹沱自
山西五台首入县西北,始出山。又纳冶河,始湍悍。边墙北首合河口,南讫清风
口。有洪子店巡司。**元氏**简。府南少西九十里。西北封龙山,北泜水所出,下
流入胡卢河。无极水南入赞皇会南源,复入而合,错出复入,至纸屯村与槐河
会。猪龙河自县西汇诸山水,北沙河业割髭岭,今并湮。其南金水河,东入栾
城。县驿一。**赞皇**简。府西南百二十里。雍正三年自赵州来隶。西南:赞皇
山,沛河出焉。其北沛河,南源二,出可兰、四望二山。槐河二源,一黄沙岭,一
纸糊套山。今并湮。王家坪镇,咸丰末改汛。县驿一。**晋州**简。府东少西南
九十里。西北滹沱自无极入。同治十年,改自藁城入。又故道二。有驿。**无
极**简。府东七十里。雍正十二年,改属晋州,十二年复。滹沱河自藁城入,再
错出,复入。径东汉村,复歧为二。其滋河入径县南,屈东又北。木刀沟自新乐
入,合获城河,错出复入,并入深泽。县驿一。**藁城**简。府东南五十里。雍正

二年,改属晋州。十二年复。滹沱自正定入,合西韩、旺泉二河。顺、康中再决,并东南过周头入白牧河。滋河自正定、木刀沟自新乐入,与王莽沟并湄。县驿一。**新乐**冲,疲。府东北七十五里。雍正二年,改属定州,十二年复。派河自行唐入,合郜河。木刀沟出平山之涉河,滋河夺之。顺治中,知县林华皖浚自西南冈泉镇。嘉庆初,滋之支津复自正定入夺之,错曰复入,合浴河。县驿一。

大名府:冲,繁,难。总兵驻。顺治初,置大顺广道。雍正初,改清河道。十一年,复置。初沿明制,领州一,县十。雍正三年,割内、黄、濬、滑分隶河南彰德、卫辉。乾隆二十三年,省魏县分入大名、元城。东北距省治八百里。广二百里,袤三百七十里。北极高三十度二十一分三十秒。京师偏西一度六分。领州一,县六。**大名**冲,繁,难,倚。府南偏。明徙府南八里南乐镇。乾隆二十二年圮于漳,复故,惟县丞驻。卫河自河南内黄入。其新卫河自清丰入,错出复入来会。漳河自临漳分入,一入卫,一至府治南为漳河引河。东有县故城三。东北:小滩镇,嘉庆中置河主簿。县驿一。**元城**繁,倚。府北偏。故城三。东南:卫河自大名入。其漳水引河,古漳河入,径引张庄而合,并东入馆陶。东南:马颊河自南乐入。县驿一。**南乐**难。府东南五十里。嘉庆二十一年,新开、卫河始自大名入。光绪十四年后,漳河始自其县来会。西有朱龙河、岳儒、固河、东六塔废河并自清丰入。又东:龙窝河自山东观城入,至龙窝村止。夏秋霪潦,辄复弥漫。然六塔平壤故有顺水沟,康熙中,知县王培宗浚;光绪二十一年,原思瀛再浚,命曰永顺,邑赖之。**清丰**难。府少东九十里。西有广阳山。卫河自河南内黄缘界。西有古马颊河。朱龙河自开入。有顺河堡镇。县驿一。**东明**繁,疲,难。府南二百二十里。西有黄河自长垣入。自明以来,在县境者三徙:嘉庆八年,夺洪河,二十四年,夺漆河,咸丰五年,夺贾鲁河,后复北徙为今渎。南有杜胜集镇。雍正十年改守备置都司,明年置巡司。旧有通判,道光中裁。**开州**繁,疲,难。府南百二十里。同、光中,黄河自东明溃入者六道,合而复分。北支古瓠子河,一曰毛相河,故小渠,康熙中决荆隆口,始大。南支古濮渠,并入山东濮州。又有黄河故道二,曰古马颊河、古朱龙河。又硝河自河南滑县入,亦曰马颊河。徐镇堡、两门集、井店集、柳下屯四镇。吕丘堡,州判驻。古定镇有废巡司。州驿一。**长垣**繁,疲,难。府西南二百九十里。东有黄河自河南兰封入,旧径盘冈里,咸丰八年徙兰冈,同治二年,复折西自兰通集至旧城口为今渎。县丞驻大黄集。有大冈废巡司。县驿一。

顺德府：冲。隶大顺广道。东北距省治五百七十里。广二百八十里，袤百五十里。北极高三十七度七分。京师偏西一度四十九分。领县九。邢台冲，繁，难，倚。西：封山。野河出西北马岭口，淤。今自内丘入，会稻畦浆水、路罗三川为洪河。北有达活河，合沙应河。又有百泉河，右会七里河。西：黄村巡司。有龙冈驿。铁路。沙河冲。府南三十五里。沙河自河南武安入，会邢台之洪河。右出东津，径城南而东纳西狼沟水，其东即东狼沟。县驿一。铁路。南和繁，疲。府东南四十里。西：百泉河自邢台入。沙河支津亦自其县入，合东狼沟。其正渠曰乾河。又东铭河、刘垒河，自鸡泽入。有驿。铁路。平乡疲，难。府东八十里。东：滏阳河自鸡泽入。西：刘垒河自南和入。县驿一。广宗疲。府东百二十里。漳河故道二，康熙二十六年溢，知县吴存礼增筑东西堤万九千余丈。县驿一。巨鹿疲，难。府东百十里。巨鹿薮即大陆泽。滏阳河自任入。老漳河，康熙中徙，废。县驿一。唐山简。府东北八十里。有宣务山。泜河、李阳河、柳林河，并自内丘入。有驿。内丘冲。府北六十里。鹊山一曰龙腾山，龙腾水出焉。汇西山九龙水，东流为柳林河。其西麓姑脑，泜河南源出焉，错出复入，其泜河第二川、第三川合为野河。有中丘驿。铁路。任简。府东北四十里。滏阳河自平乡入。有大陆泽，纳九河八水，东溢为鸡爪河来会。泽旧亘巨鹿、隆平、宁晋境，漳、滏、滏凑焉。今滹北、漳南，滏亦东徙。大陆在任者南泊，即张家泊，在宁晋者北泊，即宁晋泊。县驿一。

广平府：简。隶大顺广道。明领县九。雍正初，怡贤亲王以滏河故，奏割河南彰德之磁州来隶。东北距省治六百八十里。广三百五十里，袤百八十里。北极高三十六度四十六分三十秒。京师偏西一度三十五分。领州一，县九。永年冲，繁，难，倚。西北：娄山东北：沙河，自沙河入。南：洺河，自河南武安入。乾隆中，决入牛尾河。同治末，复故。东南：滏阳河，自邯郸入，歧为刘垒河，即牛尾河。有八闸，并引滏溉田万九千余亩。临洺关通判，道光中裁，移河务同知驻此。县驿一。曲周繁。府东北四十里。西南：滏阳河自永年入。漳河故道东南，自明万历初挟滏而北，康熙十年始南徙，四十七年益南，径大名、元城。县驿一。肥乡简。府东南四十里。东、西漳河故道二。东有旧店营。康熙中，县寄此。县驿一。鸡泽疲，难。府东北六十里。东滏阳自曲周入，右导为兴隆河。西有沙洺、牛尾自永年入。广平简。府东南六十里。漳河故道旧自成安入,其支津拳壮河并湮。县驿一。邯郸冲,繁,难。府西南五十里。西北:紫山。西:灵山。东北:滏阳河自磁入,合渚河、沁河、轮鼍河。有丛台驿。铁路。成安简。府南少西六十里。洹、漳故道并自河南临漳入。顺、康中,漳河再毁城垣。乾隆末,改自其县三台入卫。威难。府东北百一十里。南有漳河故道。张台村庆巡司。县驿一。清河简。府东百八十里。清河故渎,县西。卫河自山东临清缘界入。其武城,古屯氏别河。西北:漳河故道。雍正中,移县丞驻油房口。兼巡司事。县驿一。磁州冲,繁,难。府西南百二十里。雍正四年,自河南彰德来隶。西有神麇山。釜山,滏水南北源出焉。合羊渠河、泥河,东播为五爪渠。环城,复歧为三,合牤牛河、涧水。漳河自河南涉县入。州判驻彭城镇。有滏阳驿。

天津府:冲,繁,疲,难。初隶天津道。明,卫,河间地。雍正三年,为直隶州,以顺天之武清,河间之青、静海来属。武清寻还旧隶。九年升府,置附郭县。降沧州并所属三县来隶。天津道总兵、长芦盐运司、通永镇总兵驻。咸丰十年,海禁洞开,置三口通商大臣。同治九年,废为津海关道,以总督兼北洋钦差大臣,驻保定,半岁一移节。府城,三岔口西南。光绪庚子,拳匪乱,夷为平地。西距省治四百六十里。广二百二十里,袤三百八十里。北极高三十九度十分。京师偏东四十七分。领州一。县六。天津冲,繁,疲,难,倚。雍正九年置。海,东南百二十里。北运河自武清入,汇大清、永定、子牙、南运为海河,径紫竹林,历二十一沽,左右引河以十数,至大沽口入焉。大沽镇有协及同知。雍正初,置天津水师营。同治初,置机器局。后建新城炮台,与大沽炮台相声势。新城有海防同知。长芦场八,自山海关至山东乐陵,袤八百余里。丰财场东南葛沽与西沽。杨青巡司三。大沽、三河、头浯沟、蒲沟、咸水沽、双港、北马头、赵家场八镇。杨青水陆二驿。航路:东南驶之罘、上海,东北驶营口,东驶朝鲜仁川与日本长崎。铁路:京津、津榆、津保、津浦道焉。青冲,繁,疲,难。府西南百六十里。顺治末,省兴济入之。雍正三年,自河间来隶。南运河自沧州入。有兴济减河。西:黑龙港河自河间入,东南:滹、漳故渠二。长芦镇,县南七十里,有盐运司,今移天津。有流河管河主簿。兴济、杜林二镇巡司。河东、马厂二汛。流河、乾平二水驿。静海冲,繁,疲,难。府西南七十里。雍正三年自河间来隶。南:南运河自青入,右出为靳官屯减河。西:子牙河自大城入,纳黑龙港河。西北:大清河亦入，纳支津辛张河。有独流镇巡司。有奉新驿。**沧州**冲，繁，疲，难。府西南二百里。明属河间。雍正七年，升直隶州，寻降来隶。海，东百三十里。南运河自南皮入，右出为捷地减河。其北兴济减河自青入。其南石碑河上承王莽河，自南皮入，汇为母潴港，至歧口下焉。东南：宣惠河亦自南皮入。有严镇场盐大使。砖河、祁口、捷地、旧州四镇。风化店、孟村、李村三巡司。砖河水、陆二驿。**南皮**繁，难。府西南二百七十里。雍正中，自沧州来隶。南运河自东光缘界。宣惠河自东光入，歧为王莽河。津河自宁津数错入，有薛家窝、冯家口二镇。新桥驿。**盐山**繁。府南二百六十里。雍正中，自沧州来隶。海，东北百二十里。宣惠河自州入。古黄河、鬲津自南皮入，错出复入，并入山东乐陵。东有废无棣沟。海丰场在羊儿庄，与旧县置巡司二。狼坨子、韩村、高家弯三镇。**庆云**简。府东南三百二十里。雍正中，自沧州来隶。鬲津自盐山错入，纳胡苏、覆釜二河。马颊河自乐陵入，入山东海丰。县驿一。

河间府：冲，繁，难。隶清河道。明，领州二，县十六。雍正三年，升天津卫为直隶州。顺治末，省兴济入青。至是以青、静、海属之。七年，复升沧州，以东光、南皮、盐山、庆云属之。九年，东光还隶。北距省治百四十里。广二百里，袤三百八十里。北极高三十八度三十分。京师偏西十七分。领州一，县十。**河间**冲，繁，难。子牙河、黑龙港河自献入。西有古洋河，合唐河。同治末，滹沱径此，后废。县丞驻东城镇。又二十里铺、卧佛堂、沙河桥、崇仙、新村五镇。景和镇、北魏村二巡司。有瀛海驿。**献**冲，繁，疲，难。府南少东五十五里。西南：滏阳河自武强入，歧为滹沱别河。东北：三黑龙港河与南亭子河并湮。淮、商家林二镇。有乐成驿。**阜城**冲。府南少东百四十里。西：漳河自景州入。东南：古沙河即屯氏河，亦自景入，亦曰漫河。有漫河驿。**肃宁**简。府西四十里。古唐河自饶阳入，湎。古洋河自献入。猪龙河旧自高、蠡间溢入，为中堡河。又东歧为玉带河，今并湮。有阜城驿。**任丘**冲，繁，难。府北六十七里。四角河自安州入，出赵北口。东：大港引河。同治末，复浚为赵王新河，下注清苑玉带河，并移郑州东汛县丞驻此。有废洋河。古州镇。鄚城驿。**交河**繁，疲，难。府东南百一十里。南运河自东光缘界。其西漫河、漳河、亭子河、滹沱别河，并湎。有泊头镇河主簿及废巡司。高川镇。富庄驿。有丞，裁。**宁津**简。府东南二百三十里。古黄河、鬲津自吴桥入。南有土河，旧自山东德州入，下至庆云为限河。或亦曰马颊河。有包头镇。有驿。**景**

州繁，难。府东南百九十里。南运河自山东德州缘界。古沙河自故城入，曰大洋河。曲流河自故城入，曰江江河，合为漫河。又西北有废漳河。刘智庙、安陵、连窝三镇。龙华镇巡司。有东光驿。吴桥繁，难。府东南二百四十里。西：南运河自山东德州缘界入。东：宣惠河。又东：沙河，古黄河鬲津，今四女寺减河，钩盘河，今哨马营减河，自德州入而合。有龙华镇巡司。连窝镇河丞。分隶景州。有水驿丞，裁。东光繁，疲，难。府东南百六十里。南运河自吴桥入。东：宣惠河，合沙河、漫河自景、阜城分入而合。有灯明寺村、夏口二镇。马头驿。故城疲，难。府南少东二百八十里。南运河自山东入。武城缘界入。德州西北屯氏二支曰古沙河、曲流河，并出县西。有废漳河，即黄泸河。县丞驻郑家口。有营。甘陵驿。

承德府：冲，繁，难。隶热河道。明，诺音、泰宁二卫。天顺后，乌梁海居。又并于察哈尔。顺治初，内属。康熙四十二年，建避暑山庄。于热河，岁巡幸焉。五十二年，城之。雍正元年，置厅。十一年，置承德直隶州。乾隆七年，仍为厅。四十三年，为府。置州一，县五。嘉庆十五年，置热河道都统。并辖内蒙古东二盟十六旗，又附西勒图库伦喇嘛一旗。光绪初，置围场厅。三十年，朝阳升府。以建昌隶之。厅隶宣化。三十三年，赤峰复升直隶州。西南距省治七百八十里。广一千二百里，袤八百里。北极高四十一度十分。京师偏东一度三十分。领州一，县三。府东：天桥山。西：广仁岭，本墨斗岭，康熙末更名。热河，古武列水。西源固都呼尔河，自丰宁入，纳中源茅沟河即默沁河，东源赛音河，径磬锤峰，合温泉，始曰热河。滦河自滦平入，合之。又东合白河、老牛河，折南纳柳河。其西黄花川、黑河，其东瀑河自平泉再错入。瀑河并入迁安。伊逊河出围场伊逊色钦。南入丰宁。又西有乾塔河，入密云。有钩鱼台、黄土坎、中关、张三营、四行宫。边墙北首汉儿岭，南讫黑塔关口。有唐三营、中关、下板城、新漳子、六沟、二沟、三沟、茅沟八镇。石片子巡司。热河驿。滦平冲，难。府西南六十里。明，诺音卫。乾隆七年，置哈喇河屯厅。四十三年改。西：鬃髻山。西南：青石梁。西北：滦河自丰宁入，合兴州河。左伊逊河入府界。潮河自丰宁入。西南：沽河自独石厅入，与汤河、红土峪、冯家峪、黄崖口、水谷、白道谷、大水谷诸河并入密云。其西雁溪河入怀柔。有喀喇河屯、王家营、常山峪、两间房、巴克什营、五行宫。边墙东首汉儿岭，西讫开连口。喀喇河屯、大店子、三道梁、马圈子、红旗、呼什哈、喇嘛洞七镇。鞍匠营巡司。县驿一。平泉州冲，繁，难。府东百五十里。明诺音卫。雍正七年，置八沟厅，为南境。乾隆四十三年，改置。西有喀喇苏台山、察罕陀罗海山。锡伯河出其东。热河东源赛音河。中源默沁河。并出西北入府界。瀑河一曰柳河，四源合于元惠州故城。西曰察罕河，径宽城西曰宽河，入迁安。老哈河古托纥臣水，俗省曰老河，出喀喇沁右翼南百九十里明安山，亦曰察罕河，与奇札尔台河会，又北合霍尔霍克河、布尔罕乌兰善河、乌鲁头台河，又东北合昆都伦河，入建昌。大宁城东北八十里，州判驻。有七沟营了头沟、暖泉、樱桃沟、龙须门、波罗树、他拉波罗洼、卧佛寺八镇。八沟税务司。州驿一。**丰宁**繁，难。府西北二百六十里。明，诺音卫。乾隆元年，置四旗厅。四十三年，改。西北：赫山、苔山、玲珑峰旧曰兴隆山，乾隆十九年更名。东有热河，西源，自围场入，径固都尔呼岭，曰固都尔呼河，入府界。北：上都河自多伦厅入，纳小滦河，曰滦河。其西兴州河，出西北呼尔山。潮河，古洳水。一曰鲍邱水，出县西大阁北七十里城根营。又汤河出十八盘岭。东北：伊逊河自府界入，纳伊玛图河，并入滦平。有波罗河屯、黄姑屯、什巴尔台、济尔哈朗图四行宫。荒地、邓家栅、上黄旗、林家营、森吉图、白虎沟六镇。郭家屯、大阁儿、黄姑屯、土城四巡司。县驿一。**隆化**光绪三十年，以张三营子置。有巡司。管典史事。与郭家屯、黄姑屯二。

朝阳府：繁，疲，难。隶热河道。明，营州卫。后入泰宁卫。乾隆三十年，置塔沟厅，为东境。三十九年，析置三塔厅。四十三年，置朝阳县。光绪三十年，以垦地多熟，升府，以建昌隶之。又置县三。西南距省治一千四百二十里。北极高四十一度四十五分。京师偏东四度二十三分。领县四。西北：潢河自内蒙古阿鲁科尔沁旗入。西南：大凌河自建昌入，合南土河，径西平房西，左合卑克努河，察罕河，又东合布尔噶苏台河，又东至龙城，一曰三座塔城。左合固都河、凉水河，至金教寺东北，左合土河，入盛京义州。小凌河出县属土默特右翼明安喀喇山。三源：中明安河，南穆垒河，北参柳水，合东南，合哈柳图河，入奉天锦县。养息牧河二源，并出哈尔哈左翼，合东南，合好来昆德河、鸭子河，入奉天广宁。柳边南首建昌，北讫科尔沁左翼。门五：新台、松子岭、九关、六台、清河、白土厂。有六家子、波罗赤、三道梁、青沟四镇。三座塔税务司。县驿一。**建昌**繁，难。府西南二百六十里。明，营州废卫。乾隆四十三年，以塔子厅西境置。光绪三十年，自承德来隶。北有固尔班图、勒噶山。东南：巴颜济鲁克山。东有布祜图山，汉白狼山，白狼水出焉,今曰大凌河。南源出喀喇沁右翼南土心塔,会中源克尔、东源牛录,入朝阳。北:漆河自平滦径县西入迁安。搜济河出喀喇沁左翼东南毛头泊,入奉天锦州。北有潢河,自赤峰入会老哈河。河自平泉入,合伯尔克河,错出复入。英金河亦自县来会,复合落马河,东北至谷口。乾隆八年,更名敖汉玉瀑,与潢河会,又东入朝阳。柳边北首朝阳,南讫临榆。门一:栗树沟。有贝子口琴、波罗索他拉、胡吉尔图、大城子四镇。县丞驻东北四家子镇。塔子沟税务司。蟒庄巡司。县驿一。

赤峰直隶州:繁,难。明,诺音卫。雍正七年置八沟厅为北境。乾隆二十九年,析置乌兰哈达厅。四十三年,置赤峰县。隶承德府。光绪三十三年,升直隶州。增置林西。西南距省治千三百二十里。北极高四十二度三十分。京师偏东二度四十五分。领县一。潢河自围场入。州北二百余里之巴林旗。东南:老哈河,自平泉径东南隅,纳伯尔克河,北入建昌。英金河,古饶乐水,三源自围场入,合于色呼,围场西南折东,合巴颜郭河、色呼河、垒尔根乌里雅苏河,入翁牛特右旗,合奇布楚河、鸭子河,又南会使力硪河,其上游纳林西尔哈河。木兰东北诸水汇于英金,东南诸水,汇于锡尔哈,三源合北流,合克依呼河,入平泉合克勒河,始入州,西北会乌拉台河。锡伯河亦自平泉来,与英金河会。英金河又东合卓索河,入建昌。乌拉台河三源,亦木兰诸水所汇,东流合默尔根精奇尼河、阿济格赴河、噶海图河、布获图河。有杜梨子沟、哈拉木头、四道梁、音只硪梁四镇。县丞驻。西北大厢镇有乌兰哈达税务司。有驿。林西州西北四百十八里。光绪三十三年以巴林察罕木伦河西北地置。

宣化府:冲,繁,难。隶口北道。明,宣府镇。顺治八年,裁宣府巡抚。十年,并卫所官。领宣府等十县。降延庆、保安属之。康熙三年,改怀隆道为口北道,与总兵并驻此。四年,隶山西,寻复。七年,裁万全都司,三十二年,为府。巡抚郭世隆疏改,置县八。后割山西蔚州来隶。光绪三十年,复割承德之围场厅来隶。东南距省治七百里。广四百四十里,袤三百二十里。北极高四十度三十七分十秒。京师偏西一度二十一分三十秒。厅不与。领厅一,州三,县七。宣化冲,繁,难,倚。明,宣府前卫。顺治中,省左右卫入之,为宣府镇治。康熙三十二年,改置为府治。北有东望山,西:西望山。西有洋河自怀安入,左纳清水河、柳河川、泥河,东南入怀来。其南桑乾河自西宁入,数错出于怀来,合洋河复入,径府境。镇二:鸡鸣堡、深井堡。有守备，康熙中裁。有华稍营巡检司。宣化、鸡鸣二驿。又递二。军站五。**赤城**简。府东北七十里。明，赤城旧为上北路。康熙三十二年改置。又以滴水崖、云州、镇安、马营、镇宁五堡入之。赤城山城。东北：白河自独石入，南流出龙河峡，一曰龙门川，侧城东南合大石门水，亦曰赤城河。又得羁子岭东、浩门岭西水，屈东南，右纳龙门河，左得红沙梁水，入延庆。营二：独石左、独石右。口七：镇宁、松树、马营、君子、镇安五堡、龙门所、滴水崖。顺治中，改参将置守备滴水崖。雍正中，改守备置都司。镇十一：新镇、楼、云州堡，及北栅、东栅、西栅、盘道、塘子、清平镇岭、四望、砖墩、野鸡九口。驿二：云州、赤城。**万全**冲，繁，难。府西北七十五里。明，万全右卫。旧为西路，康熙三十二年改置。西北有野狐岭、荨麻岭，今讹洗马林。西有洋河自怀安入，左纳孙才沟、西沙河、新河、东沙河，仍入之。西有爱阳河。东有清水河自张家厅入，合臭滩、黄土梁水，南入宣化。营二：万全、张家口。有副将。光绪七年，移多伦厅。惟都司驻。口五：镇口台、神威台、洗马林、新河、膳房堡。有军站五。**龙门**简。府东北百里。明，龙门卫。旧为下北路。康熙三十二年改。又以葛峪、赵川、雕鹗、长安岭四堡入之。西有龙门山，龙门河出其北麓，径城南而东，左得羁子岭、西浩门岭、南水，入赤城。西有小清水河，自张家厅分入而合，曰柳河川。又有泥河，并入宣化。营一：龙门路。口二：葛峪堡、赵川堡。镇八：安边、静楼、墩镇、冲台、盘道、常峪、镇宜台。六口。雕鹗堡、长安岭堡并有驿。雍正中，岭置都司，后裁。有军站二。**怀来**冲，繁。府东南百五十里。明，怀来卫。旧为东路。康熙三十二年改。又以保安卫，及土木、榆林二堡入之。南有军都山。西有桑乾河，自宣化入，再错出复入，会洋河，北支也。折东南，右得矾山水，左有右河，至合河口会妫河，其东支也。又南入宛平，为卢沟河。二镇：保安城，雍正中改参将，置都司。矾山堡，守备驻。有沙城堡巡司。土木、榆林二驿。军站四。**蔚州**冲，疲，难。府西南二百四十里。雍正六年，自山西大同来隶。有卫。康熙三十二年改。乾隆二十二年省入。东南马头山，一曰磨笄山。西有壶流河，自山西广灵入，再错出复入。左右得乾沙河，九折，北合定安河、会子河、扶桑泉诸水入西宁。三镇：黑石岭，即飞狐岊。有神道沟巡司，康熙中裁，以吏目兼理。又岔口、桃花堡，三递。**西宁**简。府西南二百里。康熙三十二年以明顺圣东、西二城置。东南有榆林山、月神山。西有桑乾河，古湿水，自山西天镇入，有小庄渠，乾隆十年导。又东，左纳虎沟河，合五里河、汉河、西沙河，至小河口会壶流河，有顺圣川镇。东城、西城二递。**怀安**冲，繁。府西少南百二十里。明，怀安卫。康熙三十二年改。又省万全左卫及所辖柴沟堡、西阳河堡入之。西北：花山。南：托台谷。水沟口河自山西天镇入，合谷水，自洪塘沟东北注洋河。东洋河自张家厅入，会西洋河、南洋河，曰洋河，亦曰燕尾河，错出复入，合水沟口河。营一：柴沟堡。巡司驻。口二：东洋河、西洋河。有左卫城、西洋河堡、水关台、镇口台四镇。怀安、万全二驿。军站四。**延庆州**冲，难。府东少南二百里。旧隶宣府镇。为东路。顺治末，省永宁县入卫。康熙三十二年改。乾隆二十六年，又省延庆卫及所辖五千户所入之。北：阪泉山。东北：独山。南：八达岭。北：白河自赤城入，复入独石厅。妫河出州东北，伏流复出，为黄龙潭，合龙湾水，环城，合沽河、蔡河、黑龙河，入怀来。镇五：石硖峪、营盘口、小水口、镇安堡、千家店。口四：周四沟堡、四海冶堡、柳沟城、八达岭。东有永宁城巡司。居庸驿。军站一。**保安州**简。府东南六十里。旧隶宣府镇，为东路。康熙三十二年改。南：涿鹿山、桥山。西南：釜山、历山。东南：羹颉山。有泉湛而不流，古阪泉也。西：桑乾河自宣化错入，再错怀来入之，导为五渠。有马水口镇。有递。**围场厅**冲，繁，疲，难。西北三十二里。正副总管驻。本内蒙古卓索图、昭乌达东二盟地。康熙中进为围场，曰木兰，国语"哨鹿"也。光绪二年置厅。三十年自承德来隶，兼有府。赤峰西北、丰宁东北境。在内蒙古各部落之中，周千三百里。广三百里，袤二百里，并有奇。四界表识曰"柳条边"道二，并自波罗河屯入。东崖口，一曰石片子。西济尔哈朗图。旧制以八月秋狝，东入则西出，西入则东出，岁以为常。场都六十有九，以八旗分守于内，旗各营房一，卡伦五。镶黄旗营房在奇卜楚高，为北之东。其卡伦曰赛堪达巴。罕色钦，曰阿鲁色坍。曰阿鲁呼鲁苏台，曰英格，曰拜牲图。正白旗营房在纳林锡尔哈，为东之南。其卡伦曰巴伦昆得伊，曰乌拉台，曰锡拉诺海，曰诺林锡尔哈，曰格尔齐老。镶白旗营房在什巴尔台，为南之东西间。其卡伦曰噶海图，曰卓索，曰什巴尔台，曰麻尼图，曰博多克。正蓝旗营房在石片子，为南之东。其卡伦曰木垒喀喇沁，曰古都古尔，曰察罕扎克，曰汗特穆尔，曰纳喇苏图扎巴。正黄旗营房在锡拉扎巴，为北之西。其卡伦曰厚尔图陀罗海，曰纳喇苏图和硕，曰沙勒当，曰锡拉扎巴，曰锡拉扎巴色钦。正红旗营房在扣肯陀罗海，为西之北。其卡伦曰察罕布尔噶苏台，曰阿尔撒朗鄂博，曰麻尼图布勒克，曰齐呼勒台，曰布哈浑尔。镶红旗北营房在苏木沟为西之南，其卡伦曰海拉苏台，曰姜家营，曰西燕子窝，曰郭拜，曰和硕博尔奇。镶蓝旗营房在海拉苏台，为南之西。其卡伦曰诛尔噶岱，曰苏克苏尔台，曰卜克，曰东燕子窝，曰卓索沟，有西图巡检司厅。驿一。

口北三厅隶口北道。直宣化府,张、独二口北。明季,鞑靼诸部驻牧地。康熙十四年,徙义州察哈尔部宣、大边外,坝内农田、坝外牧厂,顺治初置,在张、独者六,其一奉天彰武台。及察哈尔东翼四旗、西翼半旗。雍正中,先后置三理事同知厅。光绪七年,并改抚民同知。广六百里,袤六百五十里。

张家口厅:要。明初,兴和守御千户所。顺治初,为张家口路,隶宣府镇。西北六十里。康熙中,置县丞。雍正二年,改理事厅。辖官地,及察哈尔东翼镶黄一旗、西翼正黄半旗,并口内蔚、保安二州,宣化、万全、怀安、西宁四县旗民。光绪七年改抚民,复。东南距省治七百五十里。北极高四十度五十分四十秒。京师偏西一度三十五分。北有东山、高山、大小乌鸦山。东洋河二源,自山西丰镇厅分入而合,左得苏禄计水。清水河出厅东北,合毛令沟、太子河、驿马图河,曰正沟,合大西沟、大东与新河、东西沙河,并入万全。其东小清水分入龙门。西北有昂古里泊。又诺莫浑博罗山有正黄等四旗牧厂,查喜尔图插汉地有礼部牧厂,并明天成卫边外地。齐齐哈尔河有太朴寺右翼牧厂,广百五十里,明大同边外地。东北喀喇尼墩井有太朴寺左翼牧厂,明,宣府边外地。北控果罗鄂博冈,有镶黄等四旗牧厂,明废兴和千户所。厅自雍正十年与俄定《恰克图约》为孔道。光绪二十八年,划地五百万方尺为租界。三镇:兴和城、太平庄、乌里雅苏台。有站。

独石口厅:要。明初为开平卫。顺治初,为上北路,隶宣府镇。东北二百五十里。康熙中,置县丞,曰独石路,并卫入赤城。雍正十二年,置理事厅。辖官地,及察哈尔东翼、正蓝、镶白、正白、镶黄四旗,并口内延庆一州,赤城、龙门、怀柔三县旗民。光绪七年,改抚民。副将。防守尉。驻。南距省治七百九十里。北极高四十度五十四分四十秒。京师偏西四十分。东南有大小石门山、太保山。白河,古沽水,正源堤头河,出厅西北狗牙山,合东西栅口水,与别源独石泉会,南入赤城。复自延庆州入与黑河并入滦平下流会潮、榆诸水,为北运河。上都河,古濡水,出厅东北巴颜屯图固尔山,合三道河,西北入多伦厅,下流为滦河,至乐亭入海,行二千一百里有奇。有金莲川、伊克勒泊。东北:博罗城,有御马厂,隶上驷院。四镇:丁庄湾、黑河川、东卯镇、千家店。有站。

多伦诺尔厅:要。明,开平卫地。顺治初,置上都牧厂。属宣府镇。

东北五百五十里。康熙三十年，喀尔喀为准逆所破，车驾跸此受降焉。雍正十年，置理事厅。辖察哈尔东翼、正蓝、镶白、正黄、镶黄四旗，及蒙古内札萨克与喀尔喀旗民。光绪七年，改抚民。西南距省治千一百里。北极高四十二度二十八分二十秒。京师偏西六分。西南有骆驼山。北有锡拉穆楞河，自内蒙古克什克腾旗入，合碧克七、碧落、拜察诸河，北入巴林旗。东南有上都河，自独石厅入，合石顶、克伊缁、额尔通、伊札尔、什巴尔台诸河。七星潭在上都牧厂北，一曰多伦泊，厅氏焉。蒙语谓止水曰泊，大者"诺尔"，次"鄂模"、"库勒"、"科尔昆"有差。厅北布珠博硕岱等泊以十数。西北又有碱池。兴化镇在喇嘛庙南，张家口副将驻。有白岔河。又兴盛镇、二道泉、闪电河、土城子四汛。厅驿一。

永平府：要。隶通永道。明，领州一，县五。乾隆初，废山海卫置。临榆。先是雍正初，以顺天之玉田、丰润来隶。乾隆八年，复改属遵化。西距省治八百三十里。广三百三十里，袤三百八十里。北极高三十九度五十五分三十秒。京师偏东二度二十八分三十秒。领州一，县六。卢龙冲，繁，难，倚。东南：阳山。西南：孤竹山。滦河自迁安入，合青龙河。东有饮马河。东北：燕河。营一：燕河路。有燕河庄、夷齐庙二镇。滦河驿。铁路。迁安繁，疲，难。府西北四十里。西北：九山，康熙中改五虎山。滦河自承德府入，合黄花川河、瀑河，又南，左得铁门关水，入潘家口，古卢龙塞也。右纳溦河，折东径城西。漆河自建昌入，合白羊、冷口二河，为青龙河。巨梁水出西北黄山，一曰还乡河。又沙河、石河、馆水、徐流营、泉庄诸营田。营二：喜峰路、建昌路。汛八：龙井关、潘家口、李家峪、青山口、榆木岭、擦崖子、冷口关、桃林口。三屯营、沙河堡、喜峰口三巡司。道光中，移三屯副将大沽口。太平寨、汉儿崖、沙河三镇。七家、滦阳二驿。抚宁冲，难。府东七十里。海，东南五十里。载家河三源合于榆关南。为渝河，合狮子河，缘界。又西洋河二源纳燕子河入焉。乾沟河起河东，自临榆入。沙河西自迁安入，合为会河。汛二：界岭口、台头营。镇三：蒲河营、洋河口、深河堡。芦峰口、渝关二驿。昌黎繁，难。府东南七十里。北：碣石山。海，东南三十余里，突北出七里，一曰七里海。滦河自滦州入，左出，支津入焉，为甜水沟。口。饮马河自卢龙入，为沙河。四镇：姜各庄、蒲河口、沙崖口、蛤泊堡。有铁路。滦州难。府西南四十五里。海，南三十里。有刘家河口，清河合沂河缘界入。西蚕沙口，小清河入。滦河自卢龙入。沙河自迁安入。馆水亦自其县入，曰陡河。亦曰牤牛河，合石溜河。州判驻胡各庄。三镇：刘河口、稻地、开平。榛子镇巡司驻。铁路。**乐亭**简。府南少东百二十里。海，南四十五里。滦河自昌黎入，歧为二：东曰卢河，至老米沟；西曰定流，至清河口入滦。入海处五十里内凝碧，一曰绿洋沟。都行二千一百里。石碑场，西南。二镇：西关里、马头营。**临榆**冲，繁，难。府东北百七十里。奉天奉锦道寄此。乾隆二年，以明山海卫置山海关。今东门古渝关。顺治初置副将，后改游击。道光末，与永平副将互徙。北有角山，长城枕其上。石河，古渝水，县氏焉，讹"榆"。合鸭子河，帅府河入焉。故道在行宫西。其西汤河口。大清河出东北，入奉天宁远。乾沟河、起河并出西北。汛四：义浣口、大毛山、宁海城、黄土岭。小河口东曰柳边。门二：鸣水塘、白石嘴。三镇：海阳、乾沟、白塔岭。西有阳化场、石门寨巡司。迁安驿。铁路。

遵化直隶州：冲，繁，难。隶通永道。明，县，属蓟州。康熙十五年，以陵寝隩区，升州，改隶顺天，乾隆八年，复援易州例升直隶州，割永平之二县来隶。西南距省治六百三十里。广百六十里，袤三百七十里。北极高四十度十三分。京师偏东一度三十二分三十秒。领县二。昌瑞山，西北七十里，本丰台岭，改凤台山，康熙初复改，东陵在焉。又西北雾灵山，淋、柳、澂、横四河源此。横即澂右源，合东入迁安，与左源之黑河会。梨河古渳水，出东北鹿儿岭，自迁安入，一曰果河，合沙河。又有双女河、车道峪水。马兰峪、洪山口，总兵驻，与鲇鱼口、大安口、罗文峪为五镇。石门镇，州判驻。又大洼汛、窝哨子、窄道子、老厂四镇。西：半壁山。巡司二：驻州及石门。有丞。**玉田**冲，繁，难。州西南九十五里。雍正二年自顺天改属。乾隆八年来隶。燕山，西北二十五里。北有黎河自州入，曰漳泗河，入蓟曰沽河，复缘界曰蓟运河。小泉河出东北，嘉庆末，建行宫其上。更名萦辉河，合蓝泉、螺山水注之。还乡河自丰润入，合沙流河，径鸦鹊桥，合黑龙河，又西来会。双城河出县北黄家山，亦南来会。鸦鹊桥，河主簿驻。嘉庆十二年，以河丞改。有阳樊驿。铁路。**丰润**冲，繁，难。州东南百里。改隶同玉田。海，南二百里。陡河自滦入，错出复入，合倍河，分流复合，入为涧河。口。东支金沱泊，支津西南合王家河。蓟运河自玉田缘界。还乡河自迁安入，纳双女河、车道峪水。同治中，南决至黑马甸，于是有黑龙河，合泥河，并注蓟运河。沙流河，出西北。丰台镇西南，有河主簿、巡司。越余场，南百里，大使驻，今移宋家营。小集、毕家圈、开平营三镇。又义丰驿。铁路。

易州直隶州:繁,难。隶清河道。明,属保定,领县一。雍正十一年,升直隶州。割山西大同之广昌来隶。南距省治百四十里。广二百六十里,袤二百二十里。北极高三十九度二十三分。京师偏西初度五十分三十秒。领县二。西有行宫二:一、良各庄;一、泰宁镇,总兵驻。有永宁山,西陵在焉。北:易濡水出州西益津岭,合安河、五里河,其东北即迎紫河。中易、白涧河,出西北武峰岭,南易、鼍水,出西南石虎冈,其南有徐河、涧河、界河。拒马河自广昌入,错出复入,合小水以十数,入边。口十八,飞狐最险。有塔崖、奇峰二废巡司。镇二:乌龙沟、紫荆关。康熙中,移副将正定,改置参将,辖白石口、广昌营、浮图峪、乌龙沟、宁静庵五营。二驿:清苑、上陈。有丞,兼巡司。又州判驻。有铁路。**涞水**冲,繁。州东北四十里。西北:檀山。拒马河自州入,右出支津,合铁岭水,又其东缘界复合。左出支津复入,合清水河。西南:北易亦自州入,合迎紫河,又东合遵栏河。口七。镇二:大龙门、马水口。旧称京师右辅,有都司,辖大龙口、金水口诸汛。二镇:水东营、秋兰汛。黄庄镇巡司。在城、石亭二驿。铁路。**广昌**简。州西八十里。雍正十一年,自山西大同来隶。城西涞水,讹"漆",又借"七",拒马西源出焉。会东源,错出复入。汤河自山西灵丘入。口八。镇八。浮图峪、古银防路最险;插前岭口、白石口、胡核岭口、黄土岭口,又黑石岭镇,古飞狐口。县驿一。铁路。

冀州直隶州:繁,疲。隶清河道。明属真定。领县四。雍正二年,升直隶州,割正定之衡水来隶。北距省治三百里。广百六十里,袤二百五十里。北极高三十七度三十八分五十秒。京师偏西初度四十七分三十秒。领县五。滹沱、滏阳旧自束鹿会县西,入衡水。雍正初,滹北徙,与滏离,遂横溃,后卒合滏顺轨焉。北有枯泽渠。州驿一。**南宫**简。州西南六十里。漳河故道三,中泽渎,东南古漳,西北新漳。今复南徙,邑遂无水患。县驿一。**枣强**繁,疲,难。州东南三十里。东:古漳河,一曰黄泸河,自南宫入。西:索卢河。卫支津自州入。并湮。**新河**简。州西少南六十里。西有滏阳河,自宁晋再入。有胡卢湾,旧与漳合处。县驿一。**武邑**疲,难。州东北九十里。西:滏阳河自衡水入。又废龙治河、老漳河。有驿水。**衡水**简。州东北九十里。漳河衡流,古亦曰衡水。隋以民县。后为新漳河,乾隆中南徙。其滹沱今北徙。惟滏阳河自州入。古盐河湮。县驿一。

赵州直隶州:冲,繁。隶清河道。明属真定。领县六。雍正二年,升直隶州。改赞皇隶正定。东北距省治三百九十里。广二百里,袤百四十里。北极高三十七度四十八分三十秒。京师偏西一度三十三分三十秒。领县五。西北泜河自栾城入,绵纳猪龙河、冶河、新桃河。槐河自高邑入,绵蔓既合甘桃、冶河,而泜径其故道,故即斯泜。太白渠下流亦被冶河目也。有滹沱故道,咸丰初淤。鄗城驿。**柏乡**冲,繁。州南六十里。午河自临城入。沛河及支津并自高邑入。而沛纳新沟河。有槐水驿。**隆平**简。州南九十里。东有滏阳河。澧河自任入。澧有九闸,雍、乾中建。北有泒河,自唐山入,合新沟水。沛河自柏乡入,合支津及午河曰槐午河。有驿。**高邑**简。州西南五十里。北有槐河,自元氏入。南新沟河。沛河自赞皇入。县驿一。铁路。**宁晋**简。州东南四十里。滏阳河自隆平入。有宁晋泊,周百余里,汇其澧、沛、午及州之泜、槐诸水,自十字河来会,错出复入。邑故泽国,康熙末,漳南徙,雍正初,漳东徙,怡贤亲王复浚各水口,筑堤设斗门,泊内外水出入,积潦始稍。光绪中,滹沱复淤塞,半为平陆。有百尺口废巡司。县驿一。

深州直隶州:简。隶清河道。明属真定。领县一。雍正二年,升,以正定之武强、饶阳、安中来隶。衡水还属正定。北距省治二百八十里。广百四十里,袤百六十里。北极高三十八度三分四十秒。京师偏西初度四十七分。领县三。州境自古病河、漳二水。河、漳先后他徙,滏、滋亦不甚横。惟滹沱于乾隆十九年自束鹿分支溃入,同治七年复北徙,自安平入,诸故道并淤。有驿。**武强**简。府东五十里。南:武强山下,有渊。滏阳自武邑入,至小范镇北,夺滹沱故道。道光初,滏、漳同溢。有废亭子、龙冶二河。有驿。**饶阳**疲,繁,难。州东北六十里。乾隆初,知县侯珏以漳为患,浚新沟七。同治中,唐世禄复疏经流三、支渠八,并注献之古洋河。逾年复决安平。知县吴恩庆筑堤,首郭村,讫秦王庄,漳、滋始分。今滹沱中、南二支自州入,而古唐河自蠡入,半淤。有驿。**安平**简。州西北五十里。滹沱中、南二支并自深泽入。猪龙河自祁入。其支津礓石河,澧。有驿。

定州直隶州:冲,繁,疲,难。隶清河道。明领二县。雍正二年升。十二年,以保定祁州之深泽来隶。新乐还属正定。东北距省治百五十里。广百四十里,袤二百里。北极高三十八度三十二分三十秒。京师偏西一度二十一分。领县二。中山,城内,今设钟鼓楼。北有唐河自唐入,始为患。乾隆中,南夺小清河。嘉庆中,复北夺小清河为今潴。南有嘉河自曲阳入。沙河自新乐入资河。同治十年南徙,错出复入会资河,自深泽缘界。唐、沙各故道及木刀沟并湮。有永定驿。铁路。**曲阳**简。州西北六十里。西北:恒山,古北岳。顺治末,改祀于山西浑源。恒水出其北谷,合三会河。唐河纳县北马泥河,错入。西北:沙河自阜平入,合平阳河,左得圆觉泉诸水。长兴沟出西北孔山,侧城东南,合曲逆溪、灵河,自是曰孟良河。县驿一。**深泽**简。州东南九十里。雍正十二年,自祁州来隶。滹沱、滋并自无极入。滹歧为三,北为经流。滋旧纳支津木道沟,湮。乾隆初,决赵八庄,寻塞。复浚官道沟,导城西沥水东注安平。县驿一。

清史稿卷五五
志第三○

地理二

奉　天

　　奉天:《禹贡》青、冀二州之域。舜析其东北为幽、菅。夏仍青、冀。商改菅州。周,幽州。明,辽东都指挥使司。清天命十年三月,定都沈阳。天聪八年,尊为盛京。顺治元年,悉裁明诸卫所,设内大臣、副都统,及八旗驻防。三年,改内大臣为昂邦章京,给镇守总管印。康熙元年,改昂邦章京为镇守辽东等处地方将军。四年,改镇守奉天等处地方将军。光绪三十三年三月,罢将军,置东三省总督、奉天巡抚,改为行省。北至洮南;与黑龙江界。南至旅顺口;海界东南,以鸭绿江与朝鲜界。西至山海关;与直隶界。东至安图。与吉林界。广一千八百里,袤一千七百五十里。北极高三十九度四十分至四十四度十五分。京师偏东四度至十二度。宣统三年,编户一百六十五万五百七十三,口一千六十九万六千零四。共领府八,直隶厅五,厅三,州六,县三十三。案:盛京,天聪五年因明沈阳卫城增修。城周九里三百三十二步,高三丈五尺,厚一丈,女墙高七尺五寸,垛口凡六百五十一。门八:东之左曰抚近,右曰内治,南之左曰德盛,右曰天祐,西之左曰怀远,右曰外攘,北之左曰地载,右曰福胜。门各有楼阁,如之角楼。四城之中为大政殿,太宗听政之所也。殿西为大内。南向曰大清门,门内曰崇政殿,殿前东飞龙阁,西翔凤阁。崇政殿直北为凤凰楼,楼北清宁宫,宫之东曰衍庆宫、关睢宫,西曰永福宫、麟趾宫。

凤凰楼之前,东为师善斋,斋南曰华楼,西协中斋,斋南霞绮楼。崇政殿东颐和殿,殿后介社官,宫后为敬典阁。崇政殿西为迪光殿,殿后保极宫,宫后继思斋,斋后崇谟阁。大内之西文渊阁,藏书之所也。东南太庙。银库在大政殿南,织造库在大内南。户部、礼部、工部在银库东,刑部、兵部在织造库西。御史公署在城东北隅。其外关城则康熙十九年建,高七尺五寸,周三十二里四十八步。门八:东之左曰小东关,右曰大东关,南之左曰大南关,右曰小南关,西之左曰大西关,右曰小西关,北之左曰小北关,右曰大北关。关城内南为天坛,东为地坛,为堂子,西南隅为社稷坛,为雷雨坛,东南隅为先农祠,为藉田。藉田西南隅设水门二,导小沈水自门出焉,下流注于浑河。其名山为医巫、间松岭。其巨川为辽河、浑河。其重险:山海关、凤凰城、威远堡。其船路:自营口西南通天津,南通之罘,东南通朝鲜仁川。其铁路:内属者,营榆;属日者,俄筑东清枝路。其电线:西通天津,西南旅顺,东南凤凰、安东,东北吉林。

奉天府:冲,繁,疲,难。总督兼将军。民政、提法、交涉、度支、盐运、司、劝业道、副都统驻。顺治十四年四月,于盛京城内置府,设府尹。光绪三十一年八月,裁府尹设知府,为奉天省治。西南至京师一千四百七十里。广八百七十里,袤九百九十里。北极高四十一度五十一分五十秒。京师偏东七度十五分。领厅一,州二,县八。承德冲,繁,疲,难,倚。明,沈阳中卫。康熙三年置县,附府。福陵在东二十里天柱山,昭陵在西北十里隆业山。有副都统兼二陵守卫大臣。浑河在南,即沈水,自抚顺入,西南入辽中。左受高士屯、白塔铺、于家台河,右受马官桥、万泉河。万泉亦称小沈水。东北:大清山,蒲河所出,西南流,径永安桥,入新民境。永安桥,崇德六年建。初,太祖定沈阳,以西路沮洳,命旗丁修叠道百二十里,直抵辽阳。太宗复建此桥,行旅便之。旧设驿四:西老边,通新民;北懿路,通铁岭;东,噶布拉村,通兴京;南十里河,即明虎皮驿,通辽阳。铁路三:京奉,东清,安奉。京奉铁路行境内六十里,车站二,曰马三家,曰沈阳,在小西关外,即京奉全路尾站。商埠,光绪二十九年八月中美约开。**辽阳州**繁,疲,难。府南百二十里。明,定辽中卫兼置自在州。天命六年三月克辽阳,四月迁都于此。十年移沈阳。顺治十年,设辽阳府,辽阳县附郭。十四年府移县来隶。康熙三年六月,县升为州,仍隶府。有城守尉。南:千山山脉,东自怀仁老岭入,为辽东半岛之脊,山南之水,独行入海,辽东山脉主峰也。北:太子河,自本溪入,西流至辽中境,迤南入海城。左受细河、蓝河、汤河、沙河、鞍山河;右受十里河、浑河,枝水,国语曰

塔思哈河。旧设驿三:曰迎水寺、浪子山、甜水站。商埠光绪三十一年中日约
开。有东清铁路。**复州**繁、疲。府南五百四十里。明为复州卫。天命七年三
月复州降。康熙三年并入盖平。雍正四年,分盖平地置复州厅。十一年改为州,
隶府。有城守尉。州境多山,西与西南皆海。其海曰复州湾。北:浮渡。南:复
州河,左受栾古河,皆西入海。东:沙河、清水、赟子、碧流,右受吊桥河,皆南入
金州。长兴岛判在西南百四十里,海中,光绪三十四年置。其东北娘娘宫。港
岸曰东崖、西崖,商船出入,海道咽喉也。水门子巡检,光绪三十二年置。旧设
铺司四:北核桃哨、李官坟,通盖平;南麻河铺、栾古城,通金州。有东清铁路。
抚顺冲,繁,疲,难。府东八十里。明,抚顺千户所。天命四年,克抚顺。光绪
二十八年,分承德县地设兴仁县,附府。三十三年移治抚顺城,划出京西北地
入之,更名仍抚顺。东:萨尔浒山、铁背山,皆天命四年破明兵处。南:浑河南北
二源自兴京入,合流西,左受章党、马郡丹、塔儿峪、拉古河,右受温道、柳林、
金花、楼河入承德,东有营盘、市镇,旧设驿一。萨尔浒南,奉抚运煤铁路;西南
姚千户屯,安奉铁路。**开原**繁、疲。府东北三百里。明洪武二十年,置三万卫
于元开元路。故城西,二十一年徙此。改开元为开原。永乐七年,兼置安乐州。
天命四年六月克开原。康熙三年六月,置县,隶府。有城守尉。东北:黄龙山。
西北:辽河自康平入,左纳马鬃、亮子河。南:清河,右受碾盘河、扣河,又南沙
河,皆西入辽河。东南:柴河西入铁岭境。又东南英额河,西南入兴京。边门三:
北马千总台,东北威远堡,东南英额。旧设驿一。又有道,东南经石人沟至山城
子,西经英城子达法库门,东经威远堡门至西丰,号,四达通衢。有东清铁路。
铁岭冲,疲。府北一百三十里。明置铁岭卫。天命四年七月,克铁岭。康熙三
年六月置县,隶府。有防守尉。辽河在西,自开原东南流入,屈西南流入法库
境。其旁多水泡,曰莲花泡、苇子、五角、莲子、乐子诸湖,弥漫十里,土人呼辽
海,有辽海屯。北柴河,南范河,又南懿路河,皆西入辽河。旧设驿一。商埠,
《中日约》开。有东清铁路。**海城**繁,疲,难。府南二百四十里。明置海州卫。
天命六年,海州降。顺治十年十一月,置海城县,隶辽阳府。十四年四月改隶
西六十里有牛庄防守尉。西南:唐王山。辽河在西。浑河自辽中入,曰蛤蜊河,
左汇太子河,西流入之,名三岔河。北土河,鞍山河西入太子河,南入海州河,
西入辽河。三岔巡司,康熙二十一年置,驻牛庄。西乡、三家子、石佛寺等处旧
有河道,绕流入辽,后淤塞。光绪三十四年开浚故河,涸出良田三十六七万亩。
东南有折木城市镇。旧设铺司四:西南营口,南大石桥,接盖平;北鞍山站,接

辽阳；东二道河，入岫岩。有东清铁路。**盖平**繁，疲。府西南三百六十里。明置盖州卫。天命六年三月，盖州降。康熙三年六月置县，隶府。有城守尉。又西南六十里有熊岳防守尉，故辽城也，旧驻副都统，后裁。东：棉羊山，县东南诸山皆发脉于此。西濒海曰盖州湾。北：淤泥河。南：盖州熊岳河、浮渡诸河，皆西流入海。东南：碧流河，即毕利河，出布露山，南流入复州。旧设铺司三：西北没沟营，北大石桥，南熊岳城。有红旗厂、蓝旗厂、吴家屯三盐场。有东清铁路。**辽中**繁，难。府。西南一百四十里。明，定辽中卫、右卫地。光绪三十二年七月，分新民、辽阳、海城地，设治阿司牛录镇，寻划承德西南境增入，置县隶府。辽河在西，有冷家口。支流西南入盘山，曰分辽水，亦曰减河。正流南入县境。又西，柳河，南入分辽水。又西鹞鹰河支津，南入柳河。东：蒲河自新民入，南入浑河。又东南太子河支津二入之。西南：辽河。西：达都牛录，县丞驻，光绪三十三年置。**本溪**府东南一百二十里。明为清河城。光绪三十二年，分辽阳、兴京、凤凰地，设治本溪湖，置县隶府。南：摩天岭，一名太高岭，山脉东连老岭，西接千山。其北细河即万流河，北流入辽阳。其南：草河、赛马集河，南流入凤凰。南：太子河南、北二源，自怀仁、兴京入，合流西入辽阳。东：清河，入太子河。赛马集巡检，光绪三年置，属凤凰厅，三十二年来属。旧设连山关驿。有安奉铁路。**金州厅**冲，繁，疲，难。府南七百二十里。明置金州卫。雍正十二年，置宁海县，隶府。道光二十三年，改金州厅仍隶府。有副都统，寄治承德。厅境万山环抱，东西南北皆海，惟东南一隅陆地，连复州成半岛形。沙河、清水、赞子、碧流诸河在东北入海。有貔子窝市镇。旅顺口在西南。自旅顺循半岛以西，历辽河口、大小凌河口至山海关，为渤海岸；以东历碧流河口、庄河口、大洋河口至鸭绿江，为黄海岸。旅顺铁山角与山东登州头对峙，为渤海口门。有旧水师营城。旧设铺司一，石河驿。商埠：光绪二十三年《中俄约》开。海关在大连湾。有东清铁路。

法库直隶厅：冲，繁，难。省西北一百六十里。明，三万卫地。康熙元年，设法库边门防御。光绪三十二年，分新民府及开原、铁岭、康平三县地设治，法库门置厅，直隶行省。法库山在南。辽河自铁岭入，北流，屈西流，径厅入新民。其津渡处有三面船市镇。西：沙河，南入辽河。又西秀水河，南入新民。有秀水河市镇。厅城北门仍旧边门。边门外道路作三叉形。西行至彰武；北行由桃儿山、马ску沟赴康平，可至吉林伯都讷；东北行由齐家店、公主屯赴昌图，可至吉林长春。北边冲要也。商埠，《中日约》开。

锦州府：繁，难。明置中、左、右屯三卫，隶辽东都指挥使司。崇德七年三月，克锦州。康熙三年置广宁府，并县为治。四年改置，徙治锦。省。西南四百九十里。广五百三十里，袤百七十里。北极高四十度九分。京师偏东四度三十九分。领州三，厅二，县三。锦冲，繁，疲，难，倚。明置广宁中屯卫及右屯卫。康熙元年七月，改锦州为锦县，隶奉天府。三年六月，改隶广宁府。十二月罢广宁置锦州县，附府。旧驻副都统。光绪三十四年裁。有协领。松山、杏山、塔山在南，皆崇德七年破明兵处。紫金山在东，为县境诸山冠。南濒海。东大凌河，西小凌河，右爱女儿河，皆南入海。西南：天桥厂巡检，雍正元年置。又西南海滨有地伸出海中如三角形，曰葫芦岛，岛势向西环抱成一海湾。光绪三十四年，勘为通商港。旧设驿二：小凌河，十三山。京奉铁路行境内一百一十里。车站四：锦州，双阳甸，大凌河，石山站。盐场八：上坎、天桥厂、大东山、白马石、邰子屯、头沟、四沟、沙沟。卡伦二：高家屯，天桥厂。锦西厅繁，难。府西九十五里。明广宁中屯卫地。光绪三十二年，分锦县西境置江家屯厅，寻更名。三十三年隶府。东大虹螺、小虹螺山，山东七里河，南入海。女儿河导源直隶朝阳，东流入边，径厅北迤东北流，又东流入锦县。北：松岭边门。东北：虹螺岘市镇。旧设高桥驿。京奉铁路车站三：连山，高桥，女儿河。盘山厅冲，疲，难。府东一百七十里。明广宁盘山驿。光绪三十二年分广宁县地及盘蛇驿、牧厂地置厅，隶府。南濒海。分辽水自辽中冷家口西南入，径厅南入海。西南：沙河、东沙河、西沙河皆南入海。锦营铁路自广宁、沟帮子站分支入境，东南入营口，长百二十余里。车站三：胡家窝棚、双台子、大洼。盐场五：蓝石礤，西夹信，南夹信，二道碛二龙江。义州繁，疲，难。府北九十里。明义州卫。天命七年正月，克义州。崇德元年以封察哈尔。康熙十四年，察哈尔叛，讨平之。六十一年设通判。雍正十一年，置州隶府。有城守尉。东北：英歌龙湾山。东南：望海。西北：昆仑山。西南：大岭、小岭。大凌河导源直隶朝阳，东流入边，径州北，屈南流入锦县。细河、清河导源直隶阜新，合流南入大凌河。小凌河亦导源朝阳，东流入边，径州西南，迤南流入锦县。杨树沟河南入小凌河。北有九官台、清河、白土厂三边门。旧设铺司四：南大岭关、隆祉、七里河，东大榆树，皆通锦县。宁远州冲，繁，疲，难。府西南一百里。明置宁远卫。顺治元年，克宁远。康熙三年，置州隶广宁府，寻改隶府。有城守尉。西北：青山。西南：望夫。东：首山。南濒海。宁远西河、宁远东河，在城南合流，南入海。又西东沙、烟台、东关站、六股诸河，皆南入海。有钓鱼台海口。

海中岛有桃花、菊花即觉华岛，岛西南小岛二，曰小张山、大张山，相距间水势深阔，足容大战舰。岛岸山可建炮台。光绪三十四年，勘为海军港。西：白石咀、梨树沟、西北新台三边门。市街四邑环错。有山海关道税局。旧设驿二：东关、宁远。京奉铁路东站三：东辛庄，沙后所，宁远州。盐场十：厂子沟、项家屯、苏家屯、张庄、杜家台、蝌蝗沟、五里桥、狐狸套、沙坨、大明山。**广宁**冲，疲。府东北一百六十里。明广宁卫。天命七年，克广宁。康熙三年六月，改广宁为府，设广宁县。十二月府移锦州，县隶府。有城守尉。医无闾山在西，古幽州镇，今有北镇庙。东：沙河导源医无闾山三道沟，东南流，径城北而南，右受大石桥河，入盘山西南间阳驿。河南流入盘山，曰西沙河。西北：马市河，东南流入羊肠河。旧设广宁驿。京奉铁路行境内七十五里，车站三：羊圈子，沟帮子，青堆子。自沟帮子分支径南历盘山达营口，名锦营铁路，计行境内三十里。有马帐房、大台、小台、毛家屯、郭家屯、北井六盐场。**绥中**冲，繁，疲，难。府西南一百九十里。明，广宁前屯卫、中前所、中后所。顺治元年，克广宁前屯卫、中前、中后所。康熙三年，以其地并入宁远州。光绪二十八年六月，析出置县，隶府。北：大碏子山。西：松岭，笔架山。南濒海。东以六股河与宁远界。六股河即古六州河，导源直隶建昌，从白石咀口入。右受黑水、王宝河，迤南流入海。西：高儿、石子、凉水诸河，皆南入海。西：山海关。边门十有七，在县境者曰明水塘边门。旧设驿二：山海关，凉水河。京奉铁路行境内一百一十里。车站四：前所，前卫，荒地，绥中。

新民府冲，繁，难。省西一百二十里。明，沈阳中卫与广宁左卫地。嘉庆十八年六月，分承德、广宁二县地置新民厅，隶奉天府。光绪二十八年，升为府。广五百三十里，袤百七十里。北极高四十一度五十六分。京师偏东七度三十三分。领县二。无城。辽河自法库入，屈西南，径古城。养息牧河自彰武入，左合秀水河，南入辽河。其东蒲河自承德入，径黑鱼泡，西有新开河自库伦入，为柳河，并入辽中。又西鹩鹰河，南入镇安。旧设驿二：白旗堡、巨流河。京奉铁路车站四：白旗堡，新民府、巨流河、兴隆店。商埠，《中日约》开。**镇安**冲，难。府西一百五十里。明，广宁卫之镇安堡。光绪二十八年，分广宁东境，设治小黑山。置县隶府。西：羊肠河导源直隶阜新，下流散漫。东沙河导源直隶绥东，南流，右受老河，入盘山曰南沙河，又东鹩鹰河，南溢为莲花泡，入分辽水。小三家子，县丞，光绪三十二年置。三十四年，其地设奉天官牧场。东北有半拉门市镇。旧设驿二：小黑山、二道井。京奉铁路行境内八十里。车站四:高山子,打虎山,励家窝铺,绕阳河。有卡:拉木屯、营城子二。**彰武**繁,疲,难。府北百十里。明初,置广宁后屯卫,后徙。康熙三十一年,设养息牧厂于此。光绪二十八年,以养息牧垦地,设治横道子,置县隶于府。县境居彰武台边门外。东北:阿莫山。东:少陵哈达山。西北:杜尔笔山。西:柳河,又西鸥鹰河,皆导源直隶绥东,世所称小库伦也。东:养息牧河导源科尔沁左翼前旗,皆南流入府境。西北:哈尔套街,县丞,光绪二十九年,有置官商路三:一由县治赴府,一由县西北哈尔套街赴直隶绥东,一由县西新立屯赴直隶阜新。

营口直隶厅省西南三百六十里。明,盖州卫之梁房口关。同治五年,设营口海防同知。宣统元年,分海城、盖平两县地置厅,直隶行省。奉锦山海关道改为分巡锦新营口兵备道,驻厅。北辽河自海城入,南迤东流,屈西流入海。纳东南淤泥河,至盖平辽河入海口。距厅治四十五里,轮舶交通之地也。初,厅境名没沟营,为蒙古人窝棚。道光中办海防,其地始重。通商后乃繁盛。锦营铁路自盘山大洼车站入境,历田庄台至河北车站,长六十七里。又自河东牛家屯至大石桥,与东清铁路接。有二道沟、三道沟等盐场。渔业总局。商埠,咸丰十年《天津约》开。有海关。光绪三十二年设辽河巡船十艘。三十四年增安海、绥辽两巡海兵舰。

兴京府:繁,疲,难。省东南三百二十里。明,建州右卫。天聪八年,尊赫图阿拉地曰兴京。乾隆三十八年,设理事通判。光绪三年,改为兴京抚民同知,移治新宾堡。宣统元年,升为府。广六百六十里,袤三百一十里。北极高四十一度四十五分十五秒。京师偏东八度三十七分十六秒。领县四。永陵在西四十里启运山,驻副都统。西三十里兴京城,驻协领。东纳嘈窝集果尔敏珠敦,总谓之分水岭山脉,上接库呼纳窝集,下连龙冈。山西之水皆入辽河,山东之水皆入松花江,为辽河、松花江之分水岭,即汉志辽山也。浑河出其下。南源曰苏子河,左合索尔科河,西北流,北源曰英额河,左合滚马岭河,西南流,俱入抚顺。西南:平顶山,太子河北源所出,西入本溪。旧设驿一:穆喜。铺司四:南老城、大呼伦、洼子岭,入凤凰境。东旧门,通怀仁。**通化**繁,难。府东南二百七十里。明,建州卫之额尔敏路。光绪三年,置县。隶兴京同知。宣统元年,改隶府。县境居旺清边门外。北:龙冈山脉自兴京、海龙间纳嘈窝集入,移逦而东,历临江直达长白山,亘二百余里。山南之水皆入鸭绿江,山北之水皆入松花江,为鸭绿江、松花江之分水岭,以其为永陵干脉，故曰龙冈。南有浑江自临江入，西流，屈东流，复迤西南入怀仁。左受大罗圈沟河、小罗圈沟河，右受哈泥河、加尔图库河。旧设马拨十：西哈马河、快当帽子、英额布、欢喜岭、半截拉子，入兴京，又由快当帽子西南行，曰高丽墓、头道沟等，达怀仁。**怀仁**疲，难。府南一百八十里。明，建州卫之栋鄂部。光绪三年，置县。隶兴京同知。宣统元年，改隶府。县境居碱厂边门外。老岭在西南，太子河南源所出，西北入本溪。老岭山脉自龙冈分入，迤西与摩天岭接，山南之水皆入鸭绿江，山北之水皆入辽河，为辽河、鸭绿江之分水岭，国语曰萨禅山。浑江自通化入，流经北、西、南三面入辑安。富尔江合衣密苏河自北，六道河、大雅河自西，流入浑江。富尔江口盖古梁口也。古栋鄂河，南入大雅河。西：四平街巡检，光绪四年置。浑江南流旋曲处有哈达山，乾隆十一年设莽牛哨于此，寻废。旧设马拨十：东北三层砬子、二棚甸子、朱胡沟、恒道川、长春沟，入通化境；西南大雅河、前牛毛、大青沟、砍椽沟、挂牌岭入宽甸。**辑安**疲，难。府东南四百二十里。明置州卫之鸭绿江部。光绪二十八年，分通化、怀仁二县地设治通沟口。置县隶兴京同知。宣统元年，改隶府。东北：老岭冈。北：丸都山。鸭绿江在南，自临江入，迤西南入宽甸。西：浑江自怀仁入，南入鸭绿江，曰浑江口。光绪三十四年，设鸭、浑两江巡船。西岔沟门巡检，光绪三年置，驻通沟口，二十八年移驻。旧设马拨九：北同和岭、梨树沟、苇沙河、二道崴子、夹皮沟，入通化；西五道岭、皮条沟、上漏河、二棚甸子，入怀仁。又光绪三十四年城东新辟一道，由错草沟出临江。**临江**繁，难。府东南五百九十里。明，鸭绿江部。光绪二十八年分通化县地，设治帽儿山，置县隶兴京同知。宣统元年，改隶府。北有龙冈。鸭绿江在南，自长白入，西北流，屈西南，入辑安。西：头道沟，以次而东，而东北，沿鸭绿江有二十五道沟，皆冈前山水，南流注江，县得其七，长白得其十八。北：三岔子，即长白山西南分水岭，浑江所出，西南流，左受红土崖河，入通化，旧所称佟家江也，西北入道江。巡检，光绪二十八年自帽儿山移驻，属通化，宣统元年来属。初，县西北接通化，山路险绝。光绪三十四年改修，自林子头越老爷岭，历三道阳岔达县治，铲山梁溪，长百二十余里，通车马，名荡平岭道。

　　凤凰直隶厅:冲，繁，难。省东南四百八十里。明置凤凰城。天命六年降。乾隆四十一年，设凤凰城巡司。光绪二年改置厅，直隶行省。广六百六十五里，袤四百里。北极高四十度三十四分十六秒。京师偏东七度四十九分三十五秒。领州一，县二。有城守尉。凤凰山在南。四大岭在西北。南濒海。东:草河,右受通远堡河,左合瑷河,南入安东。东北:赛马集河,南入瑷河。西:大洋河,南入海。西北:哨子河,南入大洋河。东北:瑷阳、南凤凰二边门。旧设驿三:通远堡、雪里站、凤凰城。有窟窿山至洋河口盐场。商埠,《中日约》开。有安奉铁路。**岫岩州**冲,繁,疲,难。厅西北一百八十里。明置岫岩堡。乾隆三十七年,设岫岩城通判。光绪二年,改为州,隶厅。有城守尉。南:罗圈背岭。西北:分水岭,大洋河出东南,流绕城东,右受雅河、大王拦沟河。又东南,哨子河自北来汇,屈南流,右受小洋河,入庄河。其左岸为厅境。旧设铺司三:东哨子河,入厅境;北偏岭、蛼沟,接海城。**安东**繁,疲,难。厅东南一百五十里。明置镇江城。天命六年降。光绪二年,置县隶厅。分巡奉天东边兵备道。宣统元年,改为分巡兴凤兵备道,驻县。县境居凤凰边门外。北:元宝山。鸭绿江东自宽甸入,右受草河,迤南流入海。其海岸曰大东沟,即太平沟,木材输出之地也。有巡司,光绪二十六年置。东有九连城镇,对岸即朝鲜义州。旧设马拨十一:东沙河镇、北中江台、大楼房、老边墙,西北高丽店、营台、汤山城、边门口。西南白菜地、石桥岗、大东沟。有二道沟至窟窿山盐场。大东沟商埠,《中美约》开。有海关。安奉铁路。**宽甸**繁,疲,难。厅东北一百八十里。明东宁卫之宽甸六堡。光绪三年置县,隶厅。县境居瑷阳边门外。东南:盘道岭、望宝山。东北:挂牌岭。鸭绿江南自辑安浑江口流入,西南入安东。右受小蒲石、永甸、长甸、大蒲石、安平诸河。东:浑江右受小雅、北鼓、南鼓诸河。瑷河导源西北牛毛岭,西南入厅境。西南:长甸河县丞,东北:二龙渡巡司,皆光绪三年置。东南有小蒲石河、东北有太平哨二市镇。旧设马拨十四:西大水沟、葡萄架、毛甸子、悬羊砬子、土门子、太平川、夹河口,入安东;东北马牙河、曲柳川、头青沟、寺院崴子、兴隆峪、北土门子,入怀仁。

庄河直隶厅:冲,繁,难。省南六百里。明,凤凰城、岫岩城、金州卫地。光绪三十二年分凤凰厅、**岫岩州地置厅,隶东边道**。南濒海。西以碧流河与复州、金州厅界。东以大洋河与凤凰厅界。庄河导源西北鸡冠山,南流,径厅东入海。东:英阿、沙河,皆南入海。东:孤山、石城岛二巡司。又东南百四十里,海中鹿岛,宣统元年隶厅。大洋河亦称大孤山港,港内商船通行,惟轮船不能进驶,寄泊鹿岛。西花园口,东青堆子,皆临海小商港。官商路三:东莱店,赴凤凰;北八道岭,赴岫岩;西北拉木屯,赴复州。

长白府:冲,繁。省东南九百八十里。明建州卫之鸭绿江部。光绪三十三年,分临江县及吉林长白山北麓地设治塔甸,置府。北极高四十二度。京师偏东十二度。领县二。长白山在北。上有天池，旧曰闼门，形椭圆，斜长二十九里，周七十余里。池深莫测，水鸣如鼓，七日一潮，土人谓池与海通。鸭绿江导源天池南曰暧江，南流至双岔口，葡萄河自东北来汇，此下为中、韩界水，始名鸭绿江。屈西流，径府南入临江。西以八道沟与临江界。东北至二十五道沟。府治居十八道、十九道沟间。唐灭高丽，用兵于此。府治对岸即朝鲜惠山镇。初，府境仅治鸭绿江一小径，倚岩临涧，必乘木槽渡江，假道朝鲜。光绪三十四年，新辟龙华冈道，自临江新化街、史家蹚子以下入府西嘉鱼河，至梨沟镇达府治西，长约四百余里，以避江道之险焉。**安图**冲，繁。府东北四百里。明建州左卫地。宣统元年以府东图们江源地设治，红旗河口置县，隶府。长白山在西。图们江在南，导源红土沟，即长白山东南分水岭，东入吉林。东：红旗河，导源芜沟，即长白山东北分水岭，东南入图们江。西北有二道江自天池出，北流，曰二道白河。娘娘库河导源荒沟，西北流，左合五道、四道、三道白河注之，屈西，富尔河自吉林南流注之，曰上两江口，二道江之名始此。又西，左受头道白河，入抚松。松花江正源也。西二百里布尔瑚里有天女浴池碑，土人呼圆池。东南七里湖，由府至县之道，光绪三十四年，勘定自府东二十一道沟口入冈北行，出二十二道沟、十九道沟之间，至暧江源，经小白山后至新民屯，东行历齐国屯、朝阳窝达县治。由县西北行至上两江口，达吉林桦甸。东渡红旗河，达吉林延吉。南流图们江，即朝鲜缘。**抚松**冲，繁。府西北五百二十里。明建州卫之讷音部。宣统元年，以府西北松花江上游地设治双甸，置县隶府。长白山在东。头道江在西，上源曰紧江、漫江，紧江导源长白山西坡，漫江导源章茂草顶山，即长白山西南分水岭，合而西北流，汤河自吉林东北流注之，头道江之名始此。又西北流，右受松香河。又西北，二道江自安图西流来汇，曰下两江口。此下统名松花江，入吉林。由府至县之路，自府西梨沟镇至十五道沟，西北行，逾岭顶，经竹木里、漫江营、小谷山、石头河、海青岭、大营、汤河口，再北行达县治。由县西渡江，入吉林濛江。北循松花江，直抵吉林省城。

海龙府:冲，繁，难。省东北六百里。明海西女真辉发、哈哒、叶赫三部。光绪五年，以流民垦鲜围场地置海龙厅。二十八年，升府。领县四。府境居英额边门外。西：纳噜窝集果尔敏珠敦，与兴京分山脉，唐谓之长岭。辉发江在南，导源纳噜窝集东麓，北流屈东，左受横道、梅河、沙河、大沙河，右受押鹿、一统河，入辉南，国语曰辽吉善河，入松花江。英额河导源英额边门，东，当果尔敏珠敦西麓，西南入开原，即浑河北源。东：朝阳镇。西：山城子镇。旧设马拨十:自城西沙河口、大黑咀子、山城子、二龙山、郭家店、土口子、孤家子、李家店、八棵树、貂皮屯,至尚阳堡入开原。又有道由城东奶子山至托佛入吉林城;东北马家船户至康大营入吉林伊通;牛心顶子至郭大桥入吉林磐石。**东平**繁,难。府西六十里。明,梅赫卫,后属辉发部。光绪二十八年,分海龙属之东围场地,设治大度川,置县隶府。东北:库呼纳窝集,山脉连绵,与果勒敏珠敦接。其南横道河、梅河、沙河、大沙河,皆东南入府。其北小伊通河,西北入吉林。县治居沙河北,西有鹞鹰河,东有柳树河,南入沙河。官商路四:一,由县南渡沙河、秀水河赴府;一,西渡鹞鹰河赴西丰;一,北赴西安;一,东北渡柳树河,过黄泥河,赴吉林伊通。**西丰**繁,难。府西二百二十里。明塔山左卫、罕达河卫,后属叶赫部及哈达部。光绪二十八年,以大围场西流水垦地之淘鹿,置县隶府。县境威远堡边门外。达扬阿岭在东南,清河所出,即哈达河,西入开原。南:扣河即瞻河,又南碾盘河,俱西入开原。东北:东辽河自西安入,北入吉林伊通,名赫尔苏河。扣河上游有双河镇。官商路四:南由六马架至老坡沟赴开原;西南由平岭赴铁岭;由东南赴府及山城子;由东北赴吉林。**西安**繁,难。府西北百六十里。明珠敦河卫、塔鲁木卫,后属叶赫部。光绪二十八年,分海龙属之西围场地,设治老虎嘴,置县隶府。二十九年移治大兴镇。库呼讷窝集在东,与东平分山脉。东:辽河导源窝集之转心湖,西径县南,屈西北,入西丰。左受渭津河、大小梨树河,右受登杆、二道头诸河,入辽河。北:杨树河西北入吉林。老虎嘴今名安吉镇,在县西北。官商路四:东由龙首山至东冈赴东平;南由梨树社至望儿楼赴西丰;北由双马架至大台房赴吉林伊通;又由仙人洞、沟岭子至北庙子赴吉林。**柳河**冲,难。府西南一百二十里。明建州卫地。光绪二十八年,分通化县、柳树河县丞地,置县隶府。南:龙冈与通化分山脉。一统河导源西南龙冈之金厂岭,东北入府境。三统河导源西南龙冈之青沟子山,东流屈北入辉南。县境。治居一统河南。东:柳树河西流屈北,入一统河。东北:窝集河北入一统河。东样子哨巡司,光绪三十二年置。官商路五:北渡一统河赴府;南由小堡赴通化;西由南山城子赴开原;西南由碗口沟赴兴京;东由孟家店隶府县境。东至吉林濛江。

辉南直隶厅:省东南六百八十里。明,辉发部。今厅北三十五里有辉发城。宣统元年,分海龙府东南八社设治大肚川,置厅,直隶行省。移治谢家店。北:辉发城山,即圣音吉林峰。又北辉发江,自海龙合一统河入,东流,右受三统、黄泥、蛤蟆、蛟河,入吉林。厅治居蛤蟆河西,全境在辉发江南。西以窝集河、一统河与海龙界。东界吉林濛江。官商路四：西南由三间房场赴柳河；西北赴海龙府；东赴吉林濛江；东北由蛤蚂河出海兴社赴吉林磐石。

昌图府：繁，疲，难。省东北二百四十里。明初置辽海卫于此，地名牛家庄，后属福余卫之科尔沁诸部。嘉庆十一年，以科尔沁左翼后博多勒噶台王旗地，设昌图额勒克理事通判。同治三年，改为昌图边海抚民同知。光绪三年，升府。广二百八十里，袤二百九十里。北极高四十二度五十一分八秒。京师偏东七度四十二分三十五秒。领州一，县三。府境居马千总台边门外，无城。而辽河自辽源入，南入开原。南马宗河，北亮子河，俱西南入开原。又北昭苏太河、左受条子河、莲花泡河西，南入辽河。东北：八面城照磨，由梨树城移驻。西南：同江口同知，宣统二年改经历。同江口距辽河上游，商船荟萃。河流东徙，曲如悬瓠，光绪三十四年，挑河道取直，添筑顺水坝，逼河西行，以保商埠。旧设铺司三：东北四面城、鸳鸯树入奉化；西北八棵树，入康平。又道东南由永安堡至二道沟赴吉林；又由二道沟经伊通赴西丰。同江口商埠，《中日约》开。有东清铁路。辽源州繁，难。府西北二百四十里。明属福余卫。光绪二十八年，分昌图、康平、奉化地，设治郑家屯，置州隶府。宣统元年三月，设分巡洮昌兵备道，驻州。东北有东西蛤拉巴山。内兴安岭山脉自乌珠穆沁旗东出，伏行蒙古平原中，至是特起二山。由是山脉行于东辽河外，至源为库呼讷窝集，即长白山脉也。西辽河即西喇木伦河，导源克什克腾旗，新辽河即大布苏图河，导源礼鲁特旗，俱自科尔沁左翼中旗入，合流至三江口，东辽河自怀德入，西南流来汇，以下统名辽河，入昌图。州治居西辽河西。有官商路六：西南张家窝铺赴康平；北五道冈至新甸赴吉林长春；东北阎陵窝铺赴怀德；南白庙子赴府西；北下土台赴洮南；西蒙古套力街赴博多勒噶台王府。奉化繁，难。府东北一百四十里。明，属福余卫。国初为科尔沁左翼中达尔罕王旗地，原名梨树城。道光元年，设昌图厅照磨。光绪三年，改置县隶府。东北：青石岭、太平山。西北：二龙山。西：黑牛山、蘑菇山。南：条子河，北：昭苏太河，俱西流入府。东辽河，自吉林伊通州赫尔苏边门入，北流，屈西，南入辽河，环县境东、北、西三面，称辽河套。其右岸为怀德境。旧设铺司二：东北小城子入怀德；东南四平街入府。又有道由县东五里堡至翟家店，达赫尔苏门，赴吉林伊通。有东清铁路。怀德繁，难。府东北三百里，明属福余卫。国朝为科尔沁左翼中旗地。旧名八家镇，初属开原，同治五年，划归昌图，设分防经历。光绪三年，改置县隶府。西以东辽河与奉化界。东界吉林。西北：哈拉巴、杨树岭、大青山。西南：团山。南：万灵。东南：白龙驹、回龙山。夹城南北三道冈水，南香水河，西北朝阳山水，皆西入东辽河。东南：新开河，北入吉林长春。旧设铺司三：西八屋、西南朝阳坡，皆入奉化；东南大岭，接吉林长春。又有道由县东南拉拉屯至凤凰坡，赴吉林伊通；由县西北小边经八屋至边壕赴辽源。有东清铁路。**康平**繁，难。府西一百二十里。明属福余卫。国朝为科尔沁左翼后旗地。旧名康家屯，光绪三年移八家镇经历治此。六年析科尔沁左翼中、后二旗南境，前宾图王旗东境，改置县，隶府。无城。南北巴虎山在西南。辽河自辽源入，其辽河岔入为老背河。右合公河，会犇牛河注之，入开原。西：秀水河自科尔沁左翼后旗入，南入法库。西南：后新秋，主簿旧驻郑家屯。二十八年，移驻。旧设铺司三：东南吴家店入开原，东小塔子入府北平街接科尔沁。又有道由县西哈拉沁屯赴宾图王府；迤西至青沟达热河绥东；由县北六家子赴达尔罕王府。

洮南府：繁，疲，难。省北九百里。明属泰宁卫。光绪三十年，以科尔沁右翼前札萨克图王旗垦地，设治双流镇，置府。领县五。西北：敖牛山、野马图山，皆内兴安岭东南迤出支山，过此山脉伏行。洮尔河导源乌珠穆沁旗索岳尔济山，南流，径本旗郡王府东流；交流河导源右翼中旗，左合那金河，自西来汇，东流入靖安。府治当汇口之南少西，地势平原，河泡错列。西北：乾安镇，西与右翼中旗毗连，亦系乌珠穆沁往来大道。有照磨，光绪三十三年置。官商路七：一，府北八仙套海赴本旗郡王府；一，府北德勒顺昭至高平镇赴靖安；一府西抱林昭至海庙西赴热河、绥东；一，府西五家子赴右翼中旗；一，府南叉干他拉赴开通；一，府东英哥窝棚赴右翼后旗；一，府东金山堡至报马吐冈赴安广，旧有蒙古站曰奎逊布喇克，在府西。**靖安**繁，疲，难。府东北九十里。古东室韦地。明属泰宁卫。光绪三十年，以右翼前旗垦地，置县隶府。西北：七十七岭。南：洮尔河自府入，东屈，东北流，入镇东。官商路三：一，南英哥套赴府；一，东北赴黑龙江；一，东南撮伦坡达右翼后旗赴吉林，旧有蒙古站诺木齐伯里额尔格，在县西北。**开通**繁，疲，难。府南一百四十里。明属泰宁卫。光绪三十年，以右翼前旗垦地，设治哈拉乌苏，移治七井子，置县隶府。地皆平原井泉，无山水。县治当洮昌驿路之东，由巴彦昭北行六十里县至县治。又北行百里至叉干他拉入府境。设有文报站四。又由巴彦昭南行，历达尔罕王旗至辽源，为洮辽驿路，设站。惟中经达尔罕旗二百余里荒地。宣统元年，始勘放旗界站荒,沿站两旁各划十里垦放,以利交通。又道由县东南巷鹰沟出境,经郭尔罗斯前旗,直达吉林农安之新集厂。**安广**冲,繁,疲,难。府东南百六十里。明属泰宁卫。光绪三十一年,以科尔沁右翼后镇国公旗垦地,设治解家窝堡,置县隶府。北:太平岭。南:长岭。西:朝阳山。东北:沙坨子。东南:双龙山、大黑山。山皆无木石。洮尔河自府入,受黄花硕泊水,东北流,屈东,南入黑龙江大赉厅。其北岸为镇东境。官商路六:西包马图赴府;西南赴开通;西北六家子赴河北镇国公本旗;东北托托寺赴黑龙江;东王赉屯赴黑龙江大赉厅;东南大榆树入郭尔罗斯前旗赴吉林农安。**醴泉**冲,繁。府西北一百八十里。鲜卑地。明属泰宁卫。宣统元年,以科尔沁右翼中图什业图王旗垦地,设治醴泉镇,置县隶府。北:茂改吐山。南:霍勒河导源札鲁特旗,曰哈古勒河,曰阿噜坤都伦河,合流入本旗境,东南至县。有开化镇城基,光绪三十二年,与醴泉镇同时勘定。官商路四:县东罗窝棚历青阳镇赴府;北渡交流河达黑龙江景星镇;南赴本旗亲王府;西赴乌珠穆沁旗。旧有蒙古站曰希嫩果尔,曰三音地哈希,在县东,南达喜峰口,即蒙古草地也。**镇东**府东北二百里。古东室韦地。明属泰宁卫。宣统二年,以科尔沁右翼后镇国公旗北段垦地,设治南叉干挠,置县隶府。南:洮尔河自靖安入,东北流,屈东,南入黑龙江大赉会嫩江,所谓"与那河合"也。官商路四:西南薛家店赴府;南金圈窝铺渡洮尔河赴安广;西麻力洪茅头赴靖安;东北利顺昭赴黑龙江之大来气镇。县西北旧有蒙古站哈沙图。

清史稿卷五六

志第三一

地理三

吉　林

　　吉林：古肃慎国之域。明初，奴儿干都司地，领卫百八十四、所二十。后为长白山三部、扈伦四部所属辉发、乌拉、叶赫，兼有哈达北境及东海部地。清初，建满洲城于俄漠惠之野鄂多理城。顺治十年，置昂邦章京及副都统二人镇守宁古塔。康熙元年，改宁古塔将军。十五年徙，改吉林将军。先是十年徙副都统一人驻吉林，三十三年徙伯都讷。雍正三年，复置吉林阿勒楚喀副都统。五年，增三姓副都统。光绪七年，置珲春副都统，吉林、宾州、五常三厅。八年，吉林厅升府。后增长春、新城、依兰，各领县有差。三十三年建行省，改将军为巡抚，尽裁副都统等。宣统三年，定西南、西北、东南、东北四路为四道。凡辖府十有一，州一，厅五，县十八。西至伊通州，界盛京；东至乌苏里江，界俄领东海滨省；北至松花江，界黑龙江；南至图们、鸭绿江，界朝鲜。广二千四百余里，袤千五百余里。北极高四十一度三十分至四十五度四十分。京师偏东九度八分至十三度十分。宣统三年，编户七十三万九千四百六十一，口三百七十三万五千一百六十七。案：吉之旧界，东至宁古塔八百余里又乌拉库边卡七百余里，又松阿察河三百里，又千余里至海，凡三千里有奇。其东北至三姓千二百里，又五百余里富克锦，又七百余里乌苏里江口，又二千余里至庙尔，宾四千四百里有奇。又自富克锦逾混同,循黑龙江东界,北至外兴安岭,二千里有奇。又自珲春而东至海参崴,又东七百里有奇锡林河。其中部落,若费雅,居图库、鲁鄂古二河之间,在混同江北海滨;若费雅额,居额济第河西;若贡豹,居约色河北;若奇雅颜喇,居约色河南,并混同江东南海滨。其自混同江口西至黑勒尔,则济勒弥部居之,即金史之济勒敏;自黑勒尔西至阿吉大山,沿混同江两岸,则额登喀喇部居之,即不剃发黑斤;自阿吉大山西至伯利,则赫哲喀喇居之,即剃发黑斤;并久隶版图,比于编户。咸丰八年爰珲之约,以乌苏里江口为新界,失地二千余里,然于吉只东北一隅。十一年北京之约,自乌苏里江口溯流至松阿察河,逾兴凯湖西至白棱河口,又逾大绥芬河而南至瑚布图河口,又南而西至图们江口,以东旧界属俄,以乌札库边卡瑚布图河口为新界,又失数千里,遂无复有江口入海为吉辖境者。光绪十二年,黑顶子勘界,定珲春之海口属俄,则图们江口内去海三十里"土"字界碑为中俄新界矣。又东北海中库叶岛,一曰黑龙屿,广三四百里,袤二千余里。西北图克苏图山,山阴社瓦狼、阳费雅喀部,南有阿当吉山,山东嵩阔洛、南俄伦春部,又南雅丹部,并天命中内附。辽远不克时至,岁以夏六月遣使至宁古塔东北三千里普鲁乡贡献,颁赍有差。后属三姓。今亦为俄有矣。又东南海中虾夷岛,康熙中屡偕库叶人至混同江境内贡貂受赏,后亦隶日。其名山:长白。北迤者,黑山、平顶。岐为二:西支,西北迤为色齐窝集、张广才岭至拉林;东支,东北迤为哈尔巴岭、老松岭。至绥芬河源复歧,一东讫俄东海滨省,一东北为察库兰岭、哈达岭、阿尔哈山。其巨川:松花、混同、嫩江、牡丹、乌苏里、图们诸江。其驿路:西达盛京开原;北齐齐哈尔;西南达珲春。电线:东达海参崴,北齐齐哈尔,西南达奉天。

吉林府:繁,疲,难。总督驻奉天。巡抚兼副都统,民政、交涉、提学、提法、度支司,劝业道驻。明乌拉等卫。后属扈伦族之乌拉部。本吉林乌拉,一曰乌拉鸡林,又名船厂。清初,隶宁古塔将军。康熙十五年,徙驻。雍正五年置永吉州,隶奉天。乾隆十二年改吉林厅仍隶将军。光绪八年,升为吉林省。治领伊通、敦化,后削。西南至京师二千三百里。距盛京八百二十余里。隶西南路道。广四百九十里,袤五百余里。北极高四十五度四十九分。京师偏东十度二十七分。东:团山,尼什哈龙潭。西南:温德亨,亦望祭山,有殿祀长白,雍正十一年建;寿山。东南:松花江自额穆入,右合海青沟,左德亨河。东北径城东,又北,右合荞牛、四家子,左龟龙、兴隆河,缘舒兰界入德惠。西南驿马河,即伊勒们,自磐石缘界合岔路河，又北缘双阳界，西北沐石河，并从之。打牲乌拉，城北七十里，本乌拉国，旧曰布特哈乌拉。太祖先后克其宜罕山、临河、金州、逊扎塔诸城，遂平之。柳边四围长六百二十二里，栅高四尺五寸，壕宽、深各一丈，插柳结绳以定内外，曰"柳条边"，亦新边。东北接舒兰，西南至双阳。农事试验场，桑蚕山蚕林业山土山分局，松花江官轮局，欢喜岭稽查所。商埠，光绪三十一年《中日约》开。旧设站五：东尼什哈、额赫，北金珠郡佛罗，西搜登、伊勒们。官商路四：南并温德河达桦甸官街；东南历大小风门达敦化；西南双河镇、磐石；北渡龟龙达德惠。吉长铁路站九：吉林、孤店子、桦皮厂、赵家店、土门岭、马鞍山、营城子、下九台、驿马河。

长春府：繁，疲难。省西二百四十里。古扶余国地。明初三万卫。后属蒙古科尔沁部。清初，属蒙古郭尔罗斯前旗，曰宽城子。嘉庆五年，于长春堡置长春厅。道光五年，徙治，仍旧名。光绪十五年，升。宣统元年，设西南路分巡兵备道，驻府。广三百二十里，袤一百七十里。北极高四十三度四十一分。京师偏东八度三十三分。西南：白龙驹山。俄筑东清铁路采石。光绪三十四年，与日本交涉封禁。西人谓世界最古石山，与英阿尔兰为二。西：龙泉、大青、对龙。南：伊通河自其州边门入，径城东，又北左会新开河，东北缘农安界，径潘家岭，入德惠。东：驿马河自双阳缘界，右岸及雾海河并北从之。朱家城照磨，光绪十六年由农安徙。官商路四：南入伊通门，达其州；东南十里堡达双阳；西：万家桥达奉天怀德；北：万宝山镇达农安；吉长铁路自吉林历德惠入。站四：饮马河、卡伦、长春、头道沟。在府西北与东清接。日俄战后，长春以北属俄之东清，以南属日本南满铁道会社。俄站宽城子，曰长春驿。商埠，光绪三十一年《中日约》开。

伊通州：冲，繁，难。省西偏南二百八十里。渤海长岭府地。明初，塔山、雅哈河、伊敦、拉克山、发河等卫。后属扈伦部之赫赫部。雍正六年，由吉林镶黄、正黄二旗各拨一旗驻之。嘉庆十九年，置伊通河巡司。光绪八年，为州，属吉林。宣统元年，直隶。二年降隶西南路道。北极高四十三度四十分。京师偏东八度五十分。西南：龙潭山。西：摩里、青、马鞍。北：勒克。东：尖山。东南：大星岭，其东板石屯，伊通河出西北，径城东，右合伊丹巴河，出边入长春。西：小伊通河，自奉天东平错入，为新开河，入怀德。太平河从之。又西，东辽河自西丰入，右合大小雅哈河，入奉化。昭苏太及条子河亦入焉。左纳阳斯河，一曰赫尔苏河。又西，清河入为叶赫河，入开原。

其瞻河错入从之。赫尔苏,州同,光绪二十八年由磨盘山徙。旧设站五:东自双阳(苏瓦延)入境,六十里伊巴丹;又西百里阿勒坦额墨勒,即大孤山站;又西六十里赫尔苏;又八十里叶赫;又五十里蒙古霍罗,即莲花街站。官商路四:北达长春;东南营城子达磐石;西赫尔苏站达奉天奉化;西南莲花街达昌图。

濛江州:省南四百六十里。明鄂尔珲山所。后属讷音部。光绪三十四年,析吉林极南地置。宣统元年,隶西南路道。北:那尔轰岭。南:长半城山、五金顶子。东南:头道江自奉天抚松缘界,为汤河口,屈北,合花园河。三其西裴德里山,头道江出,州以此得名。右合二道、三道水,左珠子河来会。又东北合那尔轰河,其右岸会二道江,是为松花江,入桦甸。官商路四:北达桦甸官街至省;东北至夹皮沟;西达奉天辉南;东南汤河口入长白。

农安县:疲,难。省西北三百六十里。古扶余国都。明置三万卫。清初,郭尔罗斯前旗地。光绪八年,置照磨。十五年,改仍隶长春。宣统元年,隶西南路道。东:卧牛石山、红石砑。西:太平岭、伏山、大青。东:松花江,自德惠入。城南伊通河自长春缘界注之,西北入蒙古郭尔罗斯前旗。旧有蒙古站路,共十一站,三百九十里。

长岭县:省西北五百二十里。蒙古郭尔罗斯前旗地,曰长岭子。光绪三十三年,析农安之农家、农齐、农国三区置,隶西南路道。南:朱克山、团山。境无河流。北有大漠如瀚海,俗呼北海。冬夏恒苦风沙,惟东北二乡繁盛。新安镇,主簿。官商路四:东南至长春;西北至奉天开通;北历郭尔罗斯前旗达安广;南历科尔沁达尔罕旗达辽源。

桦甸县:省南偏东二百七十里。明,法河卫。末属长白山之讷音部。清初禁地。光绪三十四年,置治桦皮甸子,徙桦树林子。宣统元年,隶西南路道。西北:赵大吉山、庆岭。西:杉松、天平。南:帽山、猴岭。东南:金银壁岭。二道江自奉天安图缘界,富尔河合古洞、黄泥、蒲岑诸水注之,为上两江口。又西仍缘安图及抚松界,至下两江口。左岸合头道江,是为松花江。合境内柳河五。又苇沙色勒河,复缘濛江界入,右合穆奇河,径城西,左会辉发河,为大渡口。又北右合漂河,径桦皮甸子入额穆。侧有常山屯,扼珲春、敦化西至奉天孔道。官商路五:西至官街,折北入吉林;北出大鹰沟,并达省;西南至濛江;东至敦化;东南延吉洞河入延吉。

磐石县:省南偏西三百里。明扈伦族辉发部。清初,北境属吉林,南奉天图场。光绪八年,置磨盘山巡司,隶伊通。十三年,改州同。二十八年，为县，隶吉林。宣统元年，隶西南路道。磨盘山，东北二里。北：鸡冠。东北：老茅。西：大红石砬、库勒岭。东南：辉发江自奉天海龙亮子河入，东北，左合石头、富大都岭，右虾蟆、独木河，径黑石镇，左合朱其、呼兰，右大小色力河。五道至头道荒沟，入桦甸。东北：呼兰岭，驿马河出西北，左合黄河，入吉林，岔路河从之。官商路三：北小城子达省城；西由朝阳山达伊通；东南黑石镇西达海龙；南濛江。

舒兰县 省北偏东百六十里。明，阿林卫地。康熙二十年，置巴彦鄂佛罗防御旗员，属乌拉总管。宣统元年，置于舒兰站。二年，徙治朝阳川南，隶西南路道。南：北庆岭。东：南玲珑岭。西：松花江自吉林缘界，西北入德惠。卡岔河西北入榆树，达之东：兰陵河自额穆缘界入五常。东南：马鞍山，溪浪河出东北，径秋迁岭，合呼兰河从之。有巴彦鄂佛罗边门，即法特哈，康熙中更名。旧设站二：舒兰、法特哈。南接吉林金珠鄂罗佛，北达榆树盟温。官商路三：西北达乌拉街；东北水曲达五常；东南小城子镇达额穆。

德惠县 省北偏西百四十里。蒙古郭尔罗斯前旗地。旧属长春。宣统二年，析长春、沐德、怀惠二乡置，治大房身。隶西南路道。南：狼洞岭。西：团山、双山。西南：土牛。东南：松花江自吉林缘界合沐石河，入新城。西北：伊通河自长春缘界，纳驿马及雾海河从之。官商路三：南五台达省；东岔路口达榆树；西双山崖镇达农安。吉长，东清铁路。

双阳县 省西百九十五里。明，依尔们、苏完河二卫。宣统二年，析吉林西界、长春东界、伊通北界置，治苏干延，隶西南路道。西南：黑顶子。南：土顶子、将军岭，光僻山，双阳河出焉。东南：驿马河，自磐石缘界，合杜带、双阳、放牛、沟河入长春，西北雾海河从之。旧设站一：苏干延。官商路三：南皇营；东南五家子镇，并达磐石；北奢岭口达长春。

新城府 繁，疲，难。省西北六百里。即伯都讷副都统城。古扶余国地。明，三岔河卫。后属乌拉部。嘉庆十五年，置伯都讷厅。光绪三十二年，改隶西北路道。广四百二十里，袤一百七十里。北极高四十五度十五分。京师偏东八度三十七分。南：大青山、鹰山。东南：松花江自德惠缘界农安，又西，左岸径城南，又西北，左岸蒙古郭尔罗斯前旗界，至三岔口会嫩江。折东，缘黑龙江界，右会拉林河。自榆树缘界，复缘双城合灰塘、薛家窝铺河，入双城府境。松花环其南、北、西三面，拉林流其东，川原广衍，水陆幅辏，富庶甲全省。旧设站五：自榆树盟温西北五十里入陶赉昭，又西五十里逊札保，又四十里伯都，又五十里社哩，又北八十里，伯都讷，至松花渡口出境。官商路四：东北长春岭达双城；东南集厂达榆树；西渡江历郭尔罗斯前旗达奉天洮南；一由社哩渡江至郭尔罗斯镇国公府。有轮船埠。东清铁路站三：蔡家沟、石头城、陶赖昭。有通松花铁桥。

双城府：冲，繁，难。省北五百里。明，拉林河卫。有古城二，旧曰双城子。嘉庆十九年，置委协领，隶阿勒楚喀副都统。光绪八年，置双城厅。宣统元年，改隶西北路道。广二百四十里，袤一百四十里。北极高四十五度四十分。京师偏东九度二十分。东南：砍户德山。西北：松花江自新城会拉林河，东南自五常入，缘榆树、新城界，合朝阳苇塘河，入滨江。东：阿什河自宾州缘界，合混元河，径小青顶子，合大红黄泥河，屈北缘河城界入之。拉林城巡司。旧设站二：多欢、双城。官商路三：东东官所达阿城；东南至拉林；西西官所达新城。东清铁路二：西路站二，双城堡、五家子；东路站一，帽儿山。

宾州府：冲，繁，难。省北偏东六百十里。古挹娄国地。明，费克图河卫。光绪六年，建城苇子沟，置宾州厅。二十八年直隶。宣统元年，升府，隶西北路道。广四百三十里，袤二百六十里。北极高四十五度五十一分。京师偏东十一度五分。东：海里浑山、太平、大青。南：黄头、混元。西北：团山。松花江自阿城入，合裴克图河，出南钓水湖岭，缘阿城界。又东合乌尔海里瑚夹板。有新甸镇，江运巨埠。陶淇、摆渡诸河，入方正。东南：墨尔根阿什河出，西缘双城界合混元河入之。旧设站三：裴克图、苇子沟、色勒佛特库，东入松花北岸之佛斯亨。官商路三：东庙岭达长寿；西北满井达阿城；南古道岭达五常；东清铁路，府南。站：小岭。

五常府：繁，疲，难。省北偏东三百八十里。渤海上京属境。明属摩琳卫。同治八年，置五常堡协领。光绪六年，建城欢喜岭。八年改五常厅。宣统元年升府，隶西北路道。广二百一十二里，袤二百三十五里。北极高四十五度。京师偏东十度二十七分。东：蚂蜒窝集。东北：索多和。东南：九十五顶子。兰林河自额穆缘界，又西北缘舒兰界，合响水、寒葱河入。右合浑水、黄泥，左纳石头、溪浪河，径城西，复缘榆树界。东南摩琳莫勒恩河出，右合冲河、香水、大小泥，左小黑、取才、条子、藤子河，径五常堡来会，为拉林河。又西北入双城。山河屯经历，南六十里。蓝采桥巡司。旧设站一：五常。官商路五：北达宾州；南达舒兰；东南向阳山街达额穆；东北太平山达长寿；东南冲河镇达宁安。

榆树直隶厅：繁，疲，难。省北二百八十里。旧孤榆树屯，属伯都讷部。光绪八年，伯都讷同知徙驻。三十二年，置榆树县。宣统元年升。二年，隶西北路道。东：龙首山。西南：松花江自舒兰入，西北缘德惠界，径五棵树镇，入新城。有渚曰巴彦通。东北：兰棱河自五常缘界，迤西北缘双城界，为拉林河。至牛头山镇，南卡岔河自舒兰入，右合二、三、四道河注之。旧设站三：登伊勒哲库即秀水甸子，西接蒙古喀伦，西北接拉林多欢，东达五常盟温，南接舒兰之法特哈，西北接新城之陶赖昭。

滨江厅：省北五百五十里。即哈尔滨，本松花江右滩地。光绪三十二年，置治傅家甸，为江防同知，驻滨江关道，分隶黑龙江省。宣统元年，划双城东北境益之，江防改抚民，专属吉林，分巡西北路道驻厅。东：秦家冈。北：松花江自双城合苇塘沟河缘界入。左岸黑龙江哈尔滨。总车站，城西。自此西南双城、新城、德惠达长春。东南阿城、宾州、双城、长寿、宁安、穆棱，达东宁之交界驿。商埠，光绪三十一年《中日约》开。海关。两江邮船总局。

长寿县：疲，难。省东北八百六十里。明，蚂蜒河卫。光绪八年，置烧锅甸子巡司，属宾州厅。二十八年改置，隶宾州直隶厅。宣统二年，隶西北路道。南：花曲柳山。东：西老岭。东南：蚂蜒窝集岭，蚂蜒河出，屈西，左合小石头、七道、苇沙、西乌吉密，右养鱼池、荞麦、棱河。折东北，左合西亮珠，右黄玉、长寿。径城东，又东北径夹信镇，右合东亮珠、大石头、大黄泥河，入方正。一面坡，巡司。官商路三：西黑龙宫达宾州；南一面坡达五常；东黄泥镇达方正。东清铁路站五：乌吉密、一面坡、苇沙河、右头河、交岭子。

阿城县：省北四百八十里。即阿勒楚喀副都统城。渤海海古勒地。明，岳希、河突二卫。宣统元年，裁改阿勒楚喀副都统置，隶西北路道。东南：牛角、废儿诸岭。北：松花江自滨江入，纳阿什、自裴克图河自宾州。旧设站一：萨库哩。东清铁路站二：阿什河、三层甸子。

延吉府：繁，疲，难。省东南七百六十里。东南路道驻。明，锡璘、布尔哈通、爱丹三卫。清初，为南荒围场。光绪七年，弛垦。二十八年，置延吉厅。宣统元年升。西：哈尔巴岭，布尔哈通河出其东，东南汇太平、倒木、岔条、簸箕、苇子诸沟，细鳞河，径铜佛寺，至朝阳川，左合朝阳延吉河，至城南，右纳海兰河，又东北，左合一两沟，抵汪清界。头道嘎雅会二道嘎雅河错出，仍缘界来会，折东南入图们江。旧设站三：老松岭、萨奇库、瑚珠。官商路四：西南东古城达桦甸；西铜佛寺达敦化；南六道沟达和龙；东北小盘岭达珲春；商埠，头道沟、龙井村、局子街，三。宣统元年《中日间岛约》开。

宁安府：省东八百里。即宁古塔副都统城。其旧城，西北五十里旧街镇。康熙五年徙之。古肃慎国都，明，奴儿干都指挥使司。光绪二十八年，置绥芬厅，驻三岔口，寻徙宁古塔城。宣统元年升，二年更名，隶东南路道。广八百余里，袤六百里。北极高四十四度四十六分。京师偏东十三度三十五分。西：茨老、茅山。东北：卡伦。西北：毕展窝集。南：老松、玛尔瑚哩窝集诸岭。西南：牡丹河自额穆入，汇为镜泊。右受大小夹溪、松阴河，布左毕拉罕河。复北出，左合沙兰，右马连河，径东京城，至府治东。右合蛤蚂，左海浪河，径乜河镇。右合乜，左头、二、三道河，入方正分界砬子。旧设站九：西必尔罕、沙兰、宁古台，北鳊头岔、沙河子、细鳞、三道河，分自吉林三姓达宁古塔，南新官地、玛勒瑚哩，则自塔达珲春。东清铁路，横道河、山岩、海林、牡丹江站四。商埠，光绪三十一年《中日约》开。

东宁厅：省东千四百里。明，绥芬河地，置率宾江卫。光绪二十八年，置绥芬抚民同知。宣统元年，改通判，更名。隶东南路道。北：黄窝集山。南：通肯。西北：万鹿沟。西：穆棱窝集、老松诸岭。西南：大绥芬河自汪清入，左合蛤蚂、黄泥、寒葱河，右苇子诸沟。又东北，左合小绥芬河，径城北，南大瑚布图河，北缘俄东海滨省界，合小瑚布图河来会入之。官商路四：西北万鹿沟达东清铁路；西屯田营达宁安；西南达汪清；南沿瑚布图河达于珲春。东清铁路六、小、五站三。界碑"倭"、"那"字二。绥芬河税关。

珲春厅：省东南千二百里。明，珲春卫。后属瓦尔喀部。清初，南荒围场。光绪七年，始弛禁设垦局。宣统元年，改副都统，置同知厅，隶东南路道。广二百五十里，袤三百余里。北极高四十三度。京师偏东十四度三十分。东：分水岭、长岭子。西北：图们江自汪清、朝鲜缘界，合乾密江，至红旗河口，即珲春河。出东北土门岭，屈南，径太平川，左合官道，右六道、五道诸沟。又西，左合夹心子、胡卢别、瓦冈寨、大、小红旗河，右四、三、头、二道车担沟。径城南，右合二道、罕通河来会。又南，径黑顶子，合圈河，出境入海。旧设站二：北密江，中阻大盘岭，恒假道朝鲜钟城达庆源；东路三道沟、哈达门、二道河并达俄。界碑：南"土"，东"萨"、"啦"、"帕"字，凡四。商埠，光绪三十二年《中日约》开。

敦化县：疲，难。省东南四百七十里。古挹娄国。明，建州左卫。后属窝集部之赫席赫路。清始祖居鄂多哩城，即此。初为额穆赫孛罗软地。光绪八年，建新城置。隶吉林。宣统元年，改隶东南路道。西南：牡丹岭。牡丹江出东北，左会小牡丹江，右合四、三、二大荒沟。又东北，左合黄泥、大石头河，径城东。又北，左合小石头、电风气河，入额穆。东大沙、西北鹹鹺河并从之。旧设站二：自额穆通沟西南八十里至城；又东八十里滴涟嘴达古塔。官商路三：西半截河出新开道达桦甸；西南逾牡丹岭达濛江；东黄土腰子达延吉。

穆棱县：省东偏北千里。明，木伦河卫。清初，穆棱路。光绪二十八年，置穆棱河分防知事，属绥芬厅。宣统元年，改隶东南路道。穆棱窝集，镇南。穆棱河出岭北，屈折东北，左合泉水、大小石头、伪脸河，右庙沟，径城南。又东北，左合柳毛河、坎樣子、扣河沟右太平、朝阳川。马桥河出四顶子山，合狐狸密河，又北，左合膻羊砬子，河、雷凤气、百草沟。右上亮子河，出铁锹背，径下管入密山。官商路三：西泰东站入宁安；东北下城子逾青沟岭达密山；一东渡细鳞逾铁路至东宁。东清铁路，磨刀石、台马沟、美岭、马桥河、太平岭站左。

额穆县：省东三百八十里。明，斡朵里、秃屯河二卫。后属窝集部之鄂谟和苏鲁路。清始祖所居俄漠惠，即此。旧曰额穆赫索罗。乾隆三年，置佐领。宣统三年，改隶东南路道。西：嵩岭。兰陵河出其北，曰黄泥河，会大石头河，缘五常界入。西南：松花江自桦甸入，右合拉发及嘎雅河，折西北入吉林。南：牡丹江自敦化入，右合大沙河，左朱尔德河，纳河鹹鹺注入，屈东，左合马鹿沟、都林、塔拉泡，右朝阳、大小空心木河，入宁安。旧设站六：西拉法，距吉林额赫穆站八十里；又东六十五里退搏；八十里伊寿松；又四十里至城，即额穆赫索罗站；又东八十里塔拉达宁安；一东南八十里通沟达敦化。

汪清县：省东南千二十三里。明，阿布达哩卫。清初，库雅拉部钮呼特居之，为世管佐领。宣统二年置，隶东南路道。北：老松岭。南：图们江自和龙入，二道嘎雅河自岭西合桦安沟，缘延吉界，合药水河，至摩天岭仍入。左合大、小汪清沟，径城东，又南复缘延吉界注之，入珲春。东北：荒沟岭。大绥芬河出东北，左合大石头、老母猪河、太平沟，入东宁。旧设站三：东哈顺，北至延吉瑚珠岭站六十里；又南四十五里德通；西北逾高丽岭至牛什哈岭为分站。官商路二：南逾吉清岭至延吉；东北历绥芬甸子入东宁。商埠，百草沟，宣统元年《中日间岛协约》开。

和龙县：省东南八百里。明，虞金河卫地。光绪十一年，吉、韩通商，和龙峪与光霁峪西步江互市。二十八年，置分防经历，属延吉。宣统二年，改隶东南路道。西：秫秸岭。迤东北鸡冠砬子，又北窝集岭，其东三、二道沟并入延吉。西南：图们江自奉天安图入，合红旗河外六、五、四道沟，径东景德，至汗王习射台，又北径光霁峪入汪清。官商路二：一北至延吉；一南至火狐狸沟，渡江达朝鲜会宁。又西北由窝集岭出长白北麓，沿古洞、富尔河，历桦甸、磐石，达奉天海龙，俗呼盘道，清初为通衢。后别为围场，禁塞。光绪中复通。

依兰府：繁，疲，难。省东北千四十里。东北路道驻。即三姓副都统城。古肃慎国地。明，和屯卫。清初，称依兰喀喇。光绪三十一年，改置隶东北路道。东：大德依亨山、阿尔布善。东南：察库岭。西北：松花江自方正入。西南牡丹江自宁安缘界，又北缘方正界，合阿什明达、乌斯浑、伯利，径城西注之。东：倭肯河自桦川入，合奇塔、库伦、连珠冈、大小八浪，纳七八虎力，又西北合苏木，至城东来会。旧设站九：西妙嘎山，又西鄂尔国木索、崇古尔库、富拉浑、佛斯恒，并江北岸，约二百八十余里；南太平庄、乌斯浑、小巴彦苏、莲花泡接宁安。官商路三：西珠淇河达方正；东阿穆达桦川；东南土龙山达密山。有护江关。

临江府：繁，疲，难。省东北二千里。金黑水靺鞨部。清初，黑哲喀喇人所居，即剃发黑斤。曰拉哈苏苏。光绪初，始由三姓副都统编户入旗，分三佐领。三十二年，置临江州。宣统元年升，隶东北路道。广四百三十里，袤四百余里。北极高四十六度二十分。京师偏东十三度二十分。东：街津山、小白。南：西太平。西南：葛兰棒子。西：乌尔古力。松花江自富锦入，左会黑龙江，曰黑河口，为混同江。又东合街津河，出向阳山，入绥远。南：饶力河自密山缘界，合依瓦鲁河，又东缘饶河界，大七里星河入之。西南：倭肯河，西入桦川。官商路四：西图斯科达富锦；东睦邻镇达绥远；东南寒葱山达饶河；又由二道岗西历驼腰子，亦达富锦。

密山府：省东北千三百里。渤海湖州地。明，木伦河卫及松阿察河堰地。清初，瓦尔喀部人所居，隶宁古塔副都统。光绪三十四年置。峰蜜山南十余里，脉与西南黄窝集接，亘三百里。隶东北路道。西南：穆棱河自其县入。右合小穆棱、滴道哈达岭水，有下亮子，径城西。又东北，左合大穆棱河，其北七虎林河，其东南阿松察河，出兴凯湖，东北缘界，并入虎林。北：饶力河，东缘临江界入饶河。官商路六：西大柞木台达穆棱；东杨木岗达虎林；西北太平砬子达依兰；北达临江；南至快当别；东南龙王庙达俄。界碑：兴凯湖东"亦"字、西"喀"字，又西"拉"字、"玛"字。

虎林厅：省东北千九百里。宣统元年，置呢吗口厅。二年更名。署西南关帝庙榜题"嘉庆己巳重修"，则汉民足迹早至。隶东北路道。西：七虎林山。西南：半拉窝集、苏尔德。西北：安巴倭克里。北：那丹哈达拉岭。南：乌苏里江自俄东海滨省缘界，纳松阿察及小黑河，又北纳大小穆棱河，径城东。又北纳七虎林河，合阿布沁、小大木克、独木、外七里星河，入饶河。官商路三：南至大穆棱河，西历索伦营达密山；南历倒木沟至龙王庙；一城地北下水捞达饶河。惟乌苏里时溢，沿江哈汤多，足碍行旅。又由厅治至渡江，溯呢吗，即至乌苏里铁路伊曼站。

绥远州：省东北二千五百里。清初使犬部额真喀喇人居之，隶三姓副都统，曰伊力嘎。宣统元年置，隶东北路道。北极高四十度四十九分。京师偏西四度四十八分。西南：泰得力山、额图、昂古喀兰、太平。南：完达、科勒木苏拉立喀兰。北：混同江自临江入，合二吉利、秦得力、沃泥河、浓江。南：乌苏里江自饶河入。右毕拉音毕尔窦，屈东北，右东海滨省，分二支来会，折西北亦入之。官商路三：西秦皇、鱼通，西小白山，并达临江；东南窝集口达饶河。乌苏下口西岸有"耶"字界碑。

方正县：繁、疲、难。省东北九百二十里。清初呼尔哈部人居之，隶三姓副都统。光绪三十二年，置大通，隶依兰，治江北崇尔古库站。宣统元年，徙治江南方正泡，割滨州长寿东境益之，更名，隶东北路道。西：万宝山。东：双凤、乌枪顶子。南：东老龙爪沟岭。北：松花江自宾州入，纳蚂蜒及柳树、黄泥河，径城北，合二古力、德墨里、大小罗拉蜜。又东北，纳珠淇河，入依兰。东南：牡丹江自宁安缘界，合大小营门石，四、五、三道诸河从之。官商路三：西新安入宾州；东达沟达依兰，旧嘴哈汤，近通利；西南黄泥河入长寿。船埠：德墨里屯。

桦川县：省东北千三百十八里。清初黑哲喀喇人居之，隶三姓副都统。宣统二年置，治佳木斯。三年，徙悦来镇，隶东北路道。西：格布苏岭、猴石山。南:巴虎。东:马库力。南:笔架、哈达密。东南:倭肯河自临江缘界,及七八虎力河入依兰,注松花江。西北合音达木、小铃铛麦河,入富锦。东南:柳树河从之。官商路三:西苏屯达依兰;东汶登岗,东南宝山镇,并达富锦。船埠:佳木斯屯,濒江。

富锦县:省东北千八百里。清初黑哲喀喇人本部,曰富克锦。光绪七年,置协领。三十三年置巡司,隶临江州。宣统元年,改隶东北路道。南:对锦山、别拉音、四方台。西南:双崖。东:乌尔古力。北:松花江自桦川入,纳柳树、哈达密河,入临江。西南七星碰子,大七里星河出东北,缘界合砭石河,径对面城屯,流分复合。官商路四:西霍悦路达桦川;东古必扎拉达临江;东南历临江二龙山镇达饶河;南怀德镇达密山。

饶河县:省东北二千百四十里。明,尼玛河堰地。后为窝集部之诺罗路。清初瓦尔喀部人居之,隶宁古塔副都统。宣统元年置,隶东北路道。南:佛力山、大顶。西:小菜根。西南:双呀塔达。东:东老营盘。东南:乌苏里江自虎林入,合外七里星、大小别拉、大带、小安河,北至斯莫勒山。西南:饶河自密山缘临江界,合大索伦、蛤蚂涌、宝清、獾子、裹七里星、大佳气河,入径城北,又东,右合小佳气、蛤蚂河,径饶力葛山来会。又东北,入绥远。官商路二:东沿乌苏里,分达绥远、虎林;西沿饶力,分达临江、密山。

附志

宝清州:宣统元年拟置于饶河西境宝清河西。

勃利州:宣统元年拟置于依兰东南倭肯河上游,即古勃利州地。

临湖县:宣统元年拟置于密山东,南临兴凯湖,有小兴凯湖。

清史稿卷五七

志第三二

地理四

黑龙江

　　黑龙江:古肃慎国北境。明领于奴儿干都司。清初,有索伦、达呼尔诸部,散居黑龙江内外额尔古讷河及精奇里江之地。天聪、崇德中,次第征服。康熙二十二年,征罗刹,始设镇守黑龙江等处将军及副都统,驻江东岸之爱浑城,寻并移驻墨尔根。三十七年,副都统移驻齐齐哈尔。三十八年,将军亦移驻,遂为省治。后增设墨尔根、黑龙江、呼兰、呼伦贝尔、布特哈各副都统。光绪末,裁省其半,改置厅、府、县有差。三十三年,罢将军,设黑龙江巡抚,改为行省,悉裁副都统各缺,变置地方官制。宣统三年,为道三,府七,厅六,州一,县七。拟设之府一,直隶厅十一,县五。南至松花江与吉林界,西至额尔古讷河与俄领萨拜哈勒省及外蒙古车臣汗旗界,西南接内蒙古之乌珠穆沁左翼、科尔沁右翼中、前、后各旗界,东至松花、黑龙两江合流处,仍界吉林,北及东北皆与俄领阿穆尔省界。广二千八百余里,袤一千五百余里。北极高四十五度五十分至五十二度五十分。京师偏东三度四十分至十六度二十分。案黑龙江旧界,杨宾《柳边纪略》云:"艾浑将军所属,东至海,西至你不堵俄罗斯界。"你不堵即尼布楚,今俄名捏尔臣斯克。艾浑将军即黑龙江将军,此清初界也。自安巴格尔必齐河口,即循此河上流之外兴安岭,东至于海。凡岭以南,流入黑龙江之溪河属中

国,岭以北属俄罗斯。中、俄分岭。此康熙二十八年《尼布楚条约》界也。自额
尔古讷河入黑龙江处起,至黑龙江与松花江会流处止,以南以西属黑龙江省,
以北以东属俄罗斯,中俄分江,此咸丰八年《瑷珲条约》界也。尼布楚在安巴格
尔必齐河西五百余里,本中国茂明安、布拉特、乌梁海诸部落地。崇德中,即为
俄罗斯人窃据,筑城居之,以侵掠索伦、达呼尔诸部,为边患者三十余年。康熙
二十八年定界,遂捐以畀俄,已蹙旧界地五百余里矣。若外兴安岭以南,黑龙
江以北以东旧界地,殆三千七百里有奇,其境内山川、部落、城屯虽为俄有,亦
并志之,不忘其朔焉。外兴安岭为昆仑北出之大斡。盖昆仑山脉南斡,为凉州
南山,为贺兰山,为阴山,为内兴安岭。北斡为葱岭,为天山,为阿尔泰山,为垦
特山,为外兴安岭。内外者,据黑龙江言之。余若斗色山、若杨山、若珠德赫山、
若讷丹哈达拉山、若达勒替沙山、若阿喇拉山、若道斯哈达、若察哈彦哈达、若
茂哈达,皆外兴安岭支络,并在江东北。水以安巴格尔必齐河为康熙旧界入江
之始。由此而东,曰卓鲁克齐河、曰乌鲁穆河、曰格尔必齐河、曰呼吉河、曰张
他拉河、曰鄂尔多昆河、曰乌尔苏河、曰波罗穆达河、曰额尔格河、曰巴尔坦
河,又东少南,曰托罗河、曰卧诺河、曰巴里彦河、曰阿苏河、曰淘斯河、曰凯兰
河、曰阿喇拉河、曰大兰河、曰库浮恩河、曰额苏里河、曰多普塔拉河。又南曰
精奇里江,为诸河最,源出外兴安岭极北之地,东南流,转西南流,江形如弓。
有乌尔格河、托克吉鲁河、乌尔替河、克德毕河,自西北来注之。有阿尔吉河、
巴里木河、塔为尔堪河、毕奇勒图河、钦都河、宁尼河、额勒格河、牒叶普河、铁
牛河、西里木迪河、察勒布克尔河、英肯河、们卧勒河、莫昆河、巴沙河、杨奇尼
河、密奇讷河、翁额纳拉河、巴里木遇库里河、托莫卧河、伊罗河、昆贝河、屯布
河、迪音河,自东北来注之。黑龙江水色微黑,精奇里江独黄,又称黄河。又南
而东,曰谟里尔克河、曰博屯可。又南而东,曰牛满河,源出外兴安岭,岭东旧
界吉林。西南流,东合乌旺那河、乌莫勒德河、攸瓦尔奇河、敖拉河、塔拉耐河、
塔里木河、萨公那河、吉克河,西合卧尔喜河、卓罗奇河、木尔木河、杨奇里河、
珠奇河、宁那河、伊莫勒河、楚克河。牛满河亦称斗满河,又南而东,曰哈拉河、
曰阿拉河、曰塔拉木河、曰库勒图尔河、曰库木弩河、曰珠春河、曰格林河、曰
胡裕鲁河、曰苏鲁河、曰伊图里河、曰毕占河。以上诸河,并南入黑龙江。毕占
河以南,旧为吉林境。其部落,则精奇里江东西,为索伦部、达呼尔部。有索伦
村,在精奇里江、额尔格河之间,南距黑龙江城五六日程。钦都河西及巴尔坦
河东,为使鹿鄂伦春部。自额苏里河口溯江而西,至额尔格河口,为库尔喀部,
其城屯有曰铎辰城、阿萨津城、多金城、乌鲁苏穆丹城、郭博勒屯、博和哩屯、

噶勒达逊屯、穆丹屯、都孙屯、乌尔堪屯、德笃勒屯、额苏哩屯、额尔图屯,并在江北岸东岸。雅克萨城在黑在江城西北一千三百余里,城东即提咸河湾城,本索伦部筑。嗣因博木博果尔等据城以叛,崇德四年讨平之,墟其城。顺治初年,罗刹窃据,又筑之。康熙二十五年,复克其城。二十八年界约,雅克萨之地俄罗斯所治之城,尽行毁除。今其地俄名阿勒巴沁云。**宣统三年,编户二十四万一千零一十一。口一百四十五万三千三百八十二。**其名山:特尔根、佛思亨、兴安岭。黑省之山,皆脉自车臣汗部肯特山,入境则特尔根,折而东而南,绵亘嫩江、黑龙间者,以兴安岭目之。至混同、黑龙两江将会处,乃起佛思亨。内兴安岭自索岳尔济山入境,为哈玛尔,为室事,为雅克,为西兴安岭,为伊勒呼里。分支西北迤,为治吉察。正支又东北,为嫩江源。又东南,为库穆尔,为东兴安岭。西出一支为和罗尔。又西曰乌尔和尔冬吉。正支又东迤,为小兴安岭。又分支东北为老爷岭。正支东尽于佛思亨。其巨川:黑龙、精奇里、松花、乌苏诸江。其驿路:东北逾兴安岭达海兰泡。电线:自齐齐哈尔至海兰泡,南达吉林。铁路:齐昂;其属俄者,东清北段。

龙江府:冲,繁,疲,难。巡抚,民政、提学、提法司驻。即齐齐哈尔。旧曰卜魁。明,朵颜卫地。光绪三十一年,设黑水厅。三十四年,改置府,为黑龙江省治。西南至京师三千三百余里。广六百六十余里,袤六百六十余里。北极高四十七度二十七分。京师偏东七度三十二分。北:敖宝山。西:五道梁子、碾子山、廉家大岗。东北:嫩江自讷河入,南流,至府城东北。东分一支为塔哈尔河,西南受阿伦河、音河,径城西南。距城约五里曰船套,康熙中嫩江水师或船泊此。光绪三十三年,辟为商埠。由西南江口斜开引河萦泗城西。沿江筑长堤一、小堤二。嫩江又西南纳雅尔河,入安达。东:胡裕尔河自拜泉入,西流,入塔哈尔河。一支南出,歧为九道沟,西南入安达。旧设站十,在府境四:卜魁、特穆德赫、塔哈尔、宁年。西路台十七,在府境三:卜魁、七家、甘井子、那奇希。官商路二:东南东官地屯达海伦;小五明马屯达景星镇。卡伦三:曰莽鼐,曰绰罗,曰博尔齐勒。又和伦部卡伦三:曰拉哈鄂佛罗,曰温德亨,曰苏克台苏苏。铁路二:齐昂,东清。商埠,光绪三十一年《中日约》开。

呼兰府:冲,繁,难。省东南八百四十里。即呼兰副都统城。明为呼兰山卫。光绪三十年,移呼兰厅治呼兰城,升为府。广一千二百余里,袤四百二十余里。北极高四十六度十二分。京师偏东九度五十九分。领州一,县二。西南:松花江自肇州入,东流入巴彦。呼兰河自兰西入,南流,大碱沟自西来注之。屈东南，径府城南入松花江。东：漂河自巴彦入。又东，少陵河，则绰罗河亦自巴彦入，右受韩沟河，南流同入松花江。北：濠河自绥化入，左受大荒沟河，西流入呼兰河。府境据呼兰河下游水域，松花襟其南，长河支港，足资灌溉，土味膏沃，号为产粮之区。雍正十三年后，移屯设庄，日事开辟。咸丰、同治之际，直隶、山东游民流徙关外者，竞赴屯庄佣工，积日既久，私相售卖，占地日广，聚徒日繁，历任将军乃奏办民垦，增改民官，行省规模，府为先导焉。旧设台三：察哈和硕；呼兰城，即府城；新安。官商路二：西北经兰西赴省城；东北经巴彦赴绥化。有康家井、朝阳堡文报局。旧设卡伦四：曰珊延富勒，曰绰罗河口，曰诺敏河，曰布勒嘎哩。西南：东清铁路对青山车站，南六十里至哈尔滨。呼兰河口有轮船埠。**巴彦州**繁，难。府东一百五十里。原名巴彦苏苏。光绪元年设呼兰厅，三十年改隶府。北：青顶山、双牙。西：少陵、泥马尔。东北：黑山绵亘百余里，与木兰青山接，故布特哈人虞猎场也。又名蒙古尔山，呼兰民屯自山前后始。南：松花江自府境入，东入木兰。北：少凌河自东兴镇入，西流，纳布尔嘎里河、小柳树河、朱克特河，屈西南，漂河分支曰韩沟，东流注之，为绰罗河口。又东：五岳河，出枣拉拉屯，西流屈南，径府城西，入松花江。东：大黄泥河，左会小黄泥，又东小石头河，皆南入松花江。北：濠河由余庆入，合拉三太河、大荒沟入府境。西北兴隆镇州判。旧设台一：呼兰厅，即州城。官商路三：东至木兰；北至余庆；北由小猪蹄山屯西行，经兴隆镇达绥化。五岳河口有轮船埠。**兰西县**冲，繁，难。府西北一百里。原名双庙子。光绪三十年置，隶府。东：呼兰河自绥化缘海伦界，会通肯河入，屈南，右大碱沟河，左濠河，入府境。官商路四：东榆树林达府；北至青岗；西达肇州；西北至安达。有小榆树镇。**木兰县**疲，难。府东二百五十四里。明，木兰河卫。光绪三十年置，隶府。北：青山山势与巴彦黑山接，旧称呼兰青、黑二山。西北：骆驼砬子、砚台、蒙古山。东北：有玉皇阁山，皆在县北境。南：松花江自巴彦入，东入大通。西：白杨木河。又西，大小木兰达河，左会镇阳河；又西，万宝、柳树、杨树、大小石头诸河，皆南入松花江。东：头道河，左会二道河，南入大通。北：木兰镇巡检协领驻。官商路三：西至巴彦；东至大通，有五站，文报局一；循大木兰达河北东兴镇达绥化。

绥化府：冲，繁，难。省东南七百六十里。原名北团林子，隶呼兰副都统。光绪十一年，设绥化厅。是时副都统治所号中路，呼兰厅号南路，厅城号北路，名为呼兰三城。三十年，升厅为府。广三百余里，袤一百余里。北极高四十七度三十八分。京师偏东十度五十六分。领县一。东北：绥额楞山，尼尔吉、克音二河出。呼兰河自余庆入，各级界右注之。西流，右受尼尔吉、克音河，左受津河，入兰西。南：濠河亦缘界从之。东北：上集厂，驻经历。官商路五：北赴海伦；南出巴彦；西至兰西；东津河镇赴余庆；东北双河镇达铁山包。**余庆县**繁，难。府东一百里。原名余庆街。光绪十一年，设分防经历，属绥化厅。三十年改置，隶府。南：青山、黑山山脉，跨木兰、巴彦两州县界。北：呼兰河，导源铁山包岛达里代岭，西麓西流入境，又西入府。濠河导源极南沈万合屯，西流入府。南：格木克河出上窖子，北至郭吴屯，屈西，径县治南，又西北入呼兰河。东：拉列罕、安拜、稳水、铁山包、尼尔吉诸河，皆北入呼兰河。又东北额伊珲河，西南流至王家堡，合欧肯河，大伊吉密合小伊吉密河，皆入呼兰河。官商路四：西赴府；东赴铁山包；北出五道岗；西行达海伦；东行达铁山包。一东南黎家屯南行至东兴镇，又便道南渡格木克河、双银河、濠河达巴彦。民船可溯呼兰河至铁山包运煤。

海伦府：繁，疲，难。省东南六百里。即通肯副都统城。光绪三十年，以通肯、海伦河新垦地置海伦厅。三十四年升府。领县二。东北：内兴安岭。通肯河出西麓，西流，右受十一道至八道沟，屈南流，札克河东来注。西南：七道沟自胡裕尔河分出，南流来注。南：海伦河自东来注，三道、二道、头道、污隆河自西来注，又南会呼兰河。呼兰河南自绥化入，合通肯河、克音河来会，入呼兰河。通肯、北胡裕尔河缘讷河界入之。府境居海伦河北，有通肯协领。官商路三：西至拜泉；西南至青岗；南至绥化；东南行经绥化上集厂达余庆。又西北海布道至布特哈，北海毕道至毕拉尔协领地，二道皆宣统中开。商船由呼兰河入通肯河至女儿城。**青岗县**疲，难。府西南二百六十里。原名柞树岗。柞树一名青岗柳，县以此名。光绪三十年置，隶厅。东：通肯河自拜泉入，南流，与府分界，入呼兰河。呼兰河自府会通肯河入，西南流，与呼兰分界，入呼兰境。官商路四：东北骆家窝棚赴府；西大林家店赴省城；西南白家店至安达；南李春芳屯达兰西。又县南吕马店、东南何小怀屯，为首城东路站道，由此赴兴京。**拜泉县**繁，难。府西北一百六十里。原名巴拜泉，即那吉泊，土名大泡子，县以此名。光绪三十二年置，隶厅。三十四年改府，仍隶。东：通肯河自府境入，南流，与府分界。右受七道、六道、五道、四道、三道、二道、头道沟，入青岗。北：胡裕尔河自讷河入，受印京河，西入龙江。南：双阳河，东径县南，又东潴为松津泊。巴拜泉在双阳河南，其东南白水泉。西南：马鞍泊、白华泊，皆平地出泉,可供汲饮,故有巴拜之称。巴拜即"宝贝"转音也。官商路四:东南三道沟赴府;东北李喜屯达讷河之三站,即新开海布道;西孔家地房赴省城;南莱富屯至青岗。胡裕尔河北岸有莽鼐牧场。有额鲁特依克明安公府。

嫩江府:省东北四百五十里。即墨尔根副都统城。明为木里吉卫,译即墨尔根。康熙十年,墨尔哲勒氏屯长来归,编为墨尔根四十佐领,号新满洲是也。光绪三十四年,以墨尔根城改置府。广四百余里,袤六百余里。北极高四十九度十三分。京师偏东八度四十二分。府境为内兴安岭山脉三面环绕,嫩江纵贯其中,全境东西之水皆入嫩江,江出北伊勒呼里阿林,山脉自西而东横亘处也。江以西山之著者,曰莽蓝哈达七峰山、库勒木尔山、穆克珠勒浑山、阿昆迪奇山、阿察特山、噶珊山、博里克山、达克固善山,东曰傅什霍山、伊勒贲孛山、勒吉勒图山、勒吉尔山、达巴尔山、特克屯山、旺安山、图墨尔肯山。嫩江导源东南流,径格尔布尔山前,左受纳约尔河、那昔台河、霍吉格那彦河、额勒和肯河,右受伊斯肯。折南流,左受哈罗尔、阿鲁三松哈诺勒、雅普萨台、固巴诸河,右受喀奈、吉里克、喇都里、多布库尔、欧肯诸河。又南屈西,江流湾环作二曲,又南谟鲁尔河、和罗尔河自东来注之。又南径府城西,又屈西,甘河自西北来注之,西南入讷河。旧设站五:自讷河博尔多站北四十三里至府属喀木尼喀,又四十二里至依拉喀,又七十里至墨尔根,即府。又东北七十六里至科络尔,又七十六里至喀勒塔尔奇,又东北接黑龙江城之库穆尔。宣统元年,于两城交界处增设陡沟子文报局。又由府北行,沿嫩江东岸,可达呼玛金厂。卡伦九:曰诺敏河巴延和罗,曰甘河商河哈达,凡二;又和伦部曰塞楞山,曰喀穆尼峰,凡二;曰库雨尔河,曰诺敏河,曰喀布奇勒峰,曰绥楞额山,曰布尔札木,凡五。府境为水陆通衢,沿江两岸水土沃饶,屯地之腴,稍逊呼兰,犹驾诸城而上。有多布库尔协领,统鄂伦春人。

讷河直隶厅:省东北二百八十里。即布特哈东路总管。明布儿哈卫。宣统二年,以东布特哈改置。广一千一百余里,袤七百余里。北极高四十八度五十九分。京师偏东八度一分。东北:琉璜山、胡尔冬吉。东南:吉尔嘎尔哈玛图山。西:嫩江自嫩江府入,南流,入龙江。东南:讷谟尔河。西北:合黑河乌德邻池水,自东北来注。翁查尔河,自东南来注,折西,洪果尔津、瓦奈、那彦、额勒合奇诸河,皆自北来注。保大泉河自东南来注。又西布拉克河,又罗洛河,皆自北来注,径厅治南。又西,分二支入嫩江。东南:胡裕尔河导源胡耳山,西流入厅境。又西,左受印京河,右受敖伦河,入拜泉厅境,本索

伦、达呼尔部落人打牲之所。光绪三十二年,始将南北荒段丈放。旧设站二:自
龙江宁年站北八十五里至厅属拉哈,又六十里至博尔多,即厅治。又北接嫩江
喀木尼喀站。又厅东南头、二、三站达海伦,即海布新通。旧卡伦五:喀尔开图、
乌尔布、齐吉尔吉、哈诺尔、温托浑喀喇山。

瑷珲直隶厅:省东北八百二十里。即黑龙江副都统城。明,考郎兀卫。
光绪三十四年,以黑龙江城改置。瑷珲兵备道驻厅。广一千三百余
里,袤六百余里。北极高五十度四分。京师偏东十一度。西:托列尔
哈达、坤安岭、大横、桦皮、答俨、青泉山。南:札齐达克、博克里。东南:吉里尔
哈达。黑龙江自黑河合乌克萨力河入,南屈西,右受五道、四道、三道、二道诸
沟,屈南,右受头道沟,径厅城东。又南,右合坤河,折东南,右合康健罕、霍尔
穆勒津、博积里,左纳伯勒格尔沁河,合博尔和里鄂谟水,又东南合逊河,入兴
东。江东六十四屯在焉。精奇里江以南,黑龙江以北,东以光绪九年立堆为界,
有伯勒格尔沁河、博尔和里鄂模,南北一百四十里,东西五十里至七十里,咸
丰八年条约,本旗民永住之业。庚子之变,俄人违约驱夺,且扰及江右,协者民
为官沈江者至数万。和约成,光绪三十二年仅收回江右地,六十四屯迄未索
还,今厅境仅西南北三乡耳。有逊别拉荒段十余万晌,光绪末放垦。旧设站三:
自嫩江之额勒塔尔奇东北八十五里至厅属之库木尔;又三十五里至额雨尔;
又百里至黑龙江城,即厅治。此省城北路十站。又由厅南行至毕拉尔会海毕新
道。又北穿森林达漠河,有新设霍尔莫津、奇勒克二卡伦。商埠,在城北头道
沟、二道沟间,光绪三十一年《中日约》开。按雍正中,旧设卡伦十三。咸丰八
年,中、俄分江为界,如伊玛毕拉昂阿、精奇里河、乌鲁穆苏丹纽勒们河、两龙
混同两江会口,五卡伦归左岸俄境,而右岸境东增八、西增三。光绪十二年,以
防护漠河金厂,增西尔根土哈达等二十三,接呼伦贝尔城之珠尔特依。又东南
增车勒山、逊河、阔尔斐音河口、吉普逊河、提音河,凡五,共卡伦三十九处。庚
子乱后,卡伦尽毁。逊河以南,划归兴东道。三十四年,乃上自额尔古讷河口
起,下迄逊河口止,新设卡伦二十:曰洛古河,曰讷钦哈达,曰漠河,曰乌苏里,
曰巴尔嘎力,曰阿穆尔,曰开库康,曰安罗,曰依西肯,曰倭西门,曰安干,曰察
哈彦,曰望哈达,曰呼玛尔,曰西尔根奇,曰奇拉,曰札克达霍洛,曰霍尔沁,曰
霍尔莫津,曰奇克勒。每卡弁一,兵三十。五卡设卡官一,十卡设一总卡官。卡
兵三十,以十人巡查,以二十人给荒垦种,更番轮替,所得粮即作弁兵津贴。地
熟年丰,给地停饷。

黑河府：省东北九百里。原名大黑河屯。光绪三十四年置府，属瑷珲道。西：内兴安岭支山之著者，烟筒、白石、库穆尔室韦山、额勒克尔山。黑龙江自北来，与俄分界，右受呼玛尔河，入境。南至西尔伊奇卡伦，合丹河、宽河、奇拉、喀尼、库伦、克鲁伦、达彦、霍力戈必、法别拉、额尼、阿勒喀木诸河。又东径城北，又南，左受精奇里江，右受乌克萨力河，入瑷珲。北：呼玛尔河导源伊勒呼里山，南北四源，合而东流入境，有倭力克、库勒郭里、绰诺、札克达河自西来注。又东呼尔哈，东入黑龙江。源委约七八百里，两岸为库玛尔部贡貂之使马鄂伦春人等渔猎处。南岸有呼玛尔古城。府治旧为中、俄通商口岸，初时互市不及江海各口千分之一。分江以后，贸易遂繁。自彼锐意经营海兰泡，又值庚子之变，华商趋附彼境，商务日兴，而我骤减。然府治南屏瑷珲，实边防要冲。有法别拉荒段十余万晌，光绪三十四年放垦。官商路一：南八十里至瑷珲城。余皆水路，附俄轮以往。有新设卡伦四：曰西尔根奇，曰奇拉札克达，曰霍洛，曰霍尔沁。

呼伦直隶厅：省西北八百六十里。即呼伦贝尔副都统城。古室韦国。有室韦山。明，属朵颜三卫。光绪三十四所，以呼伦贝尔城改置。呼伦兵备道驻厅。广一千一百余里，袤一千六百里。北极高四十九度三十五分。京师偏东二度二分。内兴安岭在东。山脉自索岳尔济山北走，为伊勒呼里阿林，乃旋而东，余脉西络海拉尔河南北岸；额尔古讷河右岸为厅境，诸水源此。海拉尔河出岭西麓，西径绰罗克，北察尔巴奇山，南纳都尔，西札敦，又西特诺克，又西伊敏河，同来注。径城北，合墨尔根河，入胪滨。西北合额尔古讷入室韦。北：根河西受鄂罗诺尔诸河，又西入额尔古讷河。南有达尔彬池，哈尔哈河出，西汇为贝尔池。乌尔顺河自池出，北入呼伦池。厅境为索伦、新巴尔虎、厄鲁特、陈巴尔虎诸旗牧场。又海拉尔河北有托河路协领，统鄂伦春人。旧设台八：自西布特哈之牙尔伯克台西五十里至厅之依尔克特，又五十里呼耳各特伊，又五十里舒郡克侬，又六十里牙克萨，又五十里哈拉合硕，又六十五里札拉木太，又五十二里哈克鄂模，又六十里呼伦贝尔城，即厅治。为省城西路十七台。庚子之变，台站毁，往来皆由东清铁路。又西南三百二十里布野图布尔都之野寿宁寺，道出张家口。寺北八里有大市场，岁八月，内外蒙古走集焉。新设卡伦三：曰孟克锡里，曰额尔得尼托罗辉，曰库克多博，赤总卡伦。西南有珠尔博特盐池。东清铁路入胪滨入境，径城北，入西布特哈境。有完工、乌古诺尔、海拉尔、哈克、札尔木、牙克什、免渡河、乌诺尔、伊立克都九车站。商埠,光绪三十一年十一月《中日约》开。按呼伦沿边卡伦,自雍正五年与俄勘界,设察汗敖拉、苏克特依等卡伦十有二,名外卡。十一年,复于外卡伦以内设库里多尔牧勒、墨革津等卡伦十有五,与各外卡伦相距一二百里不等,名曰内卡伦。咸丰七年,因内外相距远,量为迁移,各三四十里,以便互巡。改三卡为三台,另立新名,后并圮废无考。光绪十年,防俄人越界挖金,由黑龙江城于呼伦珠尔特依卡伦北沿额尔古讷河右岸,增莫里勒克等五,前后共外卡伦十有七。庚子并毁。三十四年,重行整顿。首塔尔巴斡达呼山,讫额尔古讷河口,复设二十有一,沿旧名者十有五,新命名者六:曰塔尔巴斡达呼,曰察罕敖拉,曰阿巴该图,以上属胪滨;曰孟克西里,曰额尔得尼托罗辉,曰库克多博,库克多博为总卡伦,以上属呼伦;曰巴图尔和硕,曰巴雅斯胡郎图温都尔,曰胡裕尔和奇,曰巴彦鲁克,曰珠尔特依,曰莫里勒,曰毕拉尔河,曰牛尔河,曰珠尔干河,珠尔干河为总卡伦;曰温河,曰长甸,曰伊穆河,曰奇乾河,曰永安山,曰额勒哈达,以上属室韦。先是俄人越界垦地刈草,至是驱逐,呼伦设边垦总局,胪滨设分局,俄人遵章纳税,华人领票经商者,络绎不绝。此光绪三十四年冬月事也。又呼伦西南旧十六卡伦,凡以防喀尔喀也。

胪滨府: 省西北一千一百六十里。原名满洲里,为东清铁路入中国第一车站。**光绪三十四年,初拟设满珠府,后更名,属呼伦道。**东:额尔古讷河自呼伦入,西北流,至近阿巴该图山,分二派。一西南流,为达兰鄂洛木河,入呼伦池。其正流由山西东北流,为额尔古讷河。流至此作大转折,如人曲腰以手递物。额尔古讷,蒙古语谓以手递物也。海拉尔河转为额尔古讷河,分二汊,一沿东岸流,曰海拉尔河口。一沿西岸流,曰额尔古讷河,北行复合为一,入黑龙江。自阿巴该图山以下为中、俄界水,康熙二十八年,尼布楚约立界碑。克鲁伦河自喀尔喀部入,达兰鄂洛木河自海拉尔河分出,均入呼伦池,潴而不流,故呼伦为咸水湖。东南有乌尔顺河,自贝尔池出,北流入呼伦池。其右岸为呼伦厅境,有新巴尔虎各旗牧场。旧设中、俄国界鄂博六:曰塔尔郭达固,曰察罕乌鲁,曰博罗托罗海,曰索克图,曰额尔底里托罗海,曰阿巴哈依图,此为库伦东中、俄界第六十三鄂博。雍正五年《恰克图约》鄂博止此。塔尔巴斡达呼山西南即喀尔喀界,有满、蒙文界碑,系呼伦与喀尔喀分界,十年一换。有新设卡伦三:曰塔尔巴斡达呼,曰察罕敖拉,曰阿巴该图。北有金源边堡。东清铁路自俄萨拜喀勒省入中国境,径府治东,入呼伦厅。有满洲里,咱刚,扎赉诺尔,赫勒洪德四车站。商埠,《中日约》开。有海关。

兴东道: 省东北一千五百里。明为黑龙江地面,及速温河卫、真河所等地。光绪三十二年，移绥化城之绥兰海道驻内兴安岭迤东，更名兴东兵备道，专办垦力、林、矿各事宜。三十四年，建署托萝山北，为道治。领县二。内兴安岭脉自瑷珲入，南行为嫩江与黑龙江之分水岭，至海伦东北迤东为黑龙江与松花江之分水岭，曰布伦山，曰佛斯亨山，尽于黑龙、松花两江汇处，谓之小兴安岭。黑龙江自瑷珲合逊河入境，东南流，科尔芬河上源曰额尔皮河，又东南，右受噶其河，西都里、古勒库拉、毕罕嘎、其达、莫里、乌云诸河，自西南来注。又东南，右受佳勒河、辅河，屈南，嘉荫河自东来注。又南径道治东而南，有秋台河自西曲折来注。屈东，右受斐尔法鄂模水、布占河、伊里河，会松花江。北有逊河，东流有占河，右合阿尔沁，汇入黑龙江。其左岸为瑷珲境。西：都鲁，又西汤旺，右合伊春札里河，又西巴兰河，东流屈南，皆入汤原。道治濒黑龙江右岸，与俄屯松由子隔江对峙。西北：占河、逊河汇流，上段有毕拉尔、鄂伦春协领。鄂伦春本打牲部落，不识文字稼穑，为俄人诳诱。光绪末年，始议收抚。兴东道兼署协领，创设垦务局、学堂。兴安岭岭西有龙门镇，黑龙江南岸有兆兴镇、裕兴镇，垦务皆盛。官商路三：旧有由齐齐哈尔至观音山路；光绪三十四年，新开自兴东径烟筒山赴汤原，为西南路；又由观音山经汤原境至三姓，为西路。宣统二年，新开海毕道，可由毕拉尔达海伦。**大通县**道治西南五百二十里。原为崇古尔库站，吉林江北五站之一。光绪三十一年置，为吉林依兰属县。三十四年改隶。北有内兴安岭山脉萦带，南皆平野。南：松花江自木兰入，东流，迤东北入汤原，其右岸为吉林方正。西：岔林、小桥子、富拉珲、头道、二道、三道、四道沙河、转心湖、二道河子，皆南入松花江。二道河子右岸为木兰境，东有大通河，县以此名。又东乌拉珲、大古洞、小古洞河，亦南入松花江。小古洞河左岸为汤原境。乌拉珲河西流，汇为二泡，曰三捷泡，曰二龙潭。泡旁地肥饶。站路一。乾隆二十七年，吉林借江北地设五站，由今宾州渡江东行入县。曰佛斯恒，曰富拉珲，曰崇古尔库，即县治，曰鄂尔国木索，又东接今汤原之妙噶山站，以达三姓城。光绪末，各站改归，皆设文报局。**汤原县**道治西南三百五十里。明，屯河卫。屯河即汤旺河。光绪三十一年置，为吉林依兰属县。三十四年，改隶。北当小兴安岭山脉南麓，南近松花江，地坦平。松花江自大通入，东北流，径县治东，会黑龙江。松花江在县境流甚曲，岸树深杂，航路如蚓行。其右岸为吉林依兰、富锦、临江。南：汤旺河自兴东入，南流，受如意河，洼丹、苏拉巴兰、小古洞河，皆东南流入松花江。小古洞河右岸为大通境。东北香兰，西半节、赫金、各节、花尔布、阿凌达、鹤立诸河，左合梧桐、薄鸭、额勒密十二入代河，皆东南入松花江。黑龙江有沱流决出，入松花江，西小黑河入之。港汊萦回，形同沟洫，为奥区上腴。有高家屯巡司。宣统二年，置额勒密河招徕镇，有东益公司，鹤立河有兴东公司，皆营垦务。县境自西南至东北，狭长千余里，若尽开辟，可设十县。西南稍繁庶，东北权舆而已。站路自妙噶山站渡江至三姓，又有自兴东烟筒山达县西南，自观音山历县境至三姓之西路。光绪末，新开有各节河、洼丹河文报局。

肇州直隶厅：繁，难。省东南六百里。明，撒察河卫。即三岔河卫。光绪三十二年，以郭尔罗斯后旗垦地置厅。南：松花江自吉林伯都讷入境，汇嫩江，东流，受博尔古哈泊水，径城南，又东受莲花泊水、下代吉船口水、三道冈子水、涝洲船口水，入呼兰。右岸为吉林新城、双城境。西：嫩江自安达入，南流，受乌兰诺尔水，注松花江。右岸为大赉境。厅境平旷，北城泡南出汇为差达玛泊，下流潴于沙。东北有肇东分防经历。旧设站三：自安达之他拉哈站南至厅之古鲁，又南至乌兰诺尔，又南至茂兴，此南路十站。又东南路八台，在厅境者四。自茂兴站起，东至波系吉哈台，又东至察布奇尔，又东至鄂尔多图，又东至布拉克，又东入呼兰境。官商路一，自茂兴西至郭尔罗斯公府，又西由八家船口渡嫩江入大赉。东北五站。商埠，西南信宿冈子，伯都讷、哈尔滨适中地，沿江要冲，光绪末勘留商埠。东清铁路自安达入境，径厅东北入呼兰。东酣草冈、满沟二车站。

大赉直隶厅：冲，疲，难。省西南二百一十里。古鞑鞨、室韦交界。明，洮儿河卫及卓儿河地面。光绪三十年，以札赉特旗莫勒红冈子垦地置。北有索伦山脉，蜿蜒数百里，境内东流之水皆导源焉，所谓索伦围场也。东：嫩江自龙江入，南流，汇松花江。其左岸为安达、肇州境。北：洮尔河自奉天东镇入，东流，汇为纳蓝撒蓝池，犹言日月池也，下流入嫩江。又北瑚尔达河、绰尔河、雅尔河，皆东南流入嫩江。雅尔河左岸为龙江境。北：塔子城、景星镇分防二经历。旧有蒙古站二：自卜魁站起，西至绰尔河，曰哈代罕站，曰绰罗站。又入今奉天之克尔苏台站。官商路三：一北出景星镇赴省城；一东渡嫩江接茂兴站；一西由二龙锁口入奉天境，历镇东、靖安达洮南。嫩江沿岸哈喇和硕，有陆军退伍兵屯田，一夫授田百亩，以火犁耕种。

安达直隶厅：冲，繁，难。省东南二百八十里。谙达，蒙古官名，无正译。光绪三十二年，以杜尔伯特旗垦地置，又分省属垦地益之。西：嫩江自龙江入，南流入肇州。北：九道沟水，西流与龙江分界，屈南入境，汇为纳赫尔泊。西南：乌克吐泊，下流入嫩江。南：青肯泊，泊形如环，中有滩地，半隶肇州。放垦区域，大都在嫩江东岸及东南北三面沿边，中部平原无河流，间有积潦。土含咸质，不宜种植。旧设站三：自龙江之特木德赫站南至厅属之温托欢，又南至多耐，又南至他拉哈，又南入肇州。官商路四：一北由林家店、九道沟赴省；一东南入呼兰，有小林家店文报局；一东由长安堡赴青冈；一西越东清铁路安达站至杜尔伯特贝子府，又西接多耐站。产兼，有咸厂二十五处。西北玛奈屯有盐滩。东清铁路自龙江入境，斜贯中部，径厅治西南入肇州。有烟土屯，小河子，喇嘛甸，萨勒图，安达五车站。

附志

林甸县： 光绪三十四年，拟设治林家甸，隶龙江府。在龙江府东南，安达厅西北。东清铁路迤北，当省城东路孔道。光绪三十三年改订《东清铁路合同》收回公司射占地亩，设县垦辟。西九道沟子、东戚家店，皆东路所经，如台站然。由此入呼兰达兴东。

诺敏县： 光绪三十四年，拟设治隶嫩江府。在嫩江府西，诺敏河东岸库如尔其屯。西岸都克他耳屯有尼尔吉山，诺敏河上游札克奇山西有牧场，沿河有山路出呼伦。由县南行，经西布特哈，渡嫩江，达拉哈站隶。

通北县： 光绪三十四年，拟设治海伦府北，通肯河北、胡裕尔河南。西：七道沟自胡裕尔河分出，南注通肯河，东至内兴安岭麓，与兴东道龙门镇界，北接讷河，即海布道所出。通肯河濒岸多森林，土人呼曰树川。

铁骊县： 光绪三十四年，拟设治海伦府东南、余庆东铁山包。东至金牛山、兴东道界。南大青山，东兴镇界。西，铁山包河，北，依吉密河，并余庆县界。呼兰河出境东达里代岭，西人余庆。有协领驻河北，管理旗丁屯田。以上二县隶海伦府。

布西直隶厅： 光绪三十四年，拟设治西布特哈，在省城东北二百八十里嫩江西岸。西有内兴安岭，与呼伦分界。西南即索伦围场。西北诺敏河，至厅南入嫩江。西有阿伦河、音河、雅尔河，皆东南入龙江。又西迤南，绰尔河入大赉。旧设台七：自龙江之那希奇台东至厅之木尔楚衮台，又东至赫尼昂阿，又东至和尼，又东至锡伯尔，又东至巴林，又东至嘎尔甘，又东至雅勒伯霍托，又东入呼伦境。厅境少平原，森林之利独饶。有土城，因起伏西去数千里，直至木兰围场，又西至归化城。往时流人亡去不识途，多循此入关，盖即金源时长城汪古部所居者也。东清铁路自呼伦凿兴安岭入境，横贯中部，入龙江。有兴安岭、博尔多、雅鲁、巴里木、哈拉苏、札兰屯、成吉思汗七车站。

甘南直隶厅：光绪三十四年，拟设治富拉尔基，在省城西南嫩江西。有雅尔河支津。北有东清铁路库勒站。由此渡嫩江达昂昂溪。富拉尔基屯开辟最先，生聚日繁，盖铁路交通之效。

武兴直隶厅：光绪三十四年，拟设治多耐站，在省城南二百零五里，嫩江东路四五里，与温托欢、伄拉哈两站首尾相接。南北长，东西窄，成一半规长棱形。向为杜尔伯特旗境。光绪三十二年，设局放荒五万六千四百余晌。

呼玛直隶厅：光绪三十四年，拟设治西尔根卡伦。宣统二年，试办设治，移呼玛尔河口北岸，隶瑷珲道，在道治北五百余里。东：黑龙江。呼玛尔河出伊勒呼里山，内兴安山脉向北行者也。东行者伊勒呼里阿林，四源，合东窝集、倭勒克、库勒都里、绰罗呼尔吉、布列斯，屈南，右受札克达奇河，又东入黑龙江。黑龙江东流，径安罗卡伦北，屈南流，下至呼玛尔河口。沿西岸设卡伦六：曰依西肯，曰倭西们，曰安干，曰察哈彦，曰望哈达，曰呼玛尔。下游接西尔根卡伦。属黑河府。濒临河口驻协领，统鄂伦春人。

漠河直隶厅：光绪三十四年，拟设治漠河，隶瑷珲道。在道治西北千余里。漠河出治鸡察山，东北入黑龙江。南额穆尔河，东北流，左受吉里玛那里多什都克河，屈东流，右受大札丹库尔、小札丹库尔，入黑龙江。又南旁乌河，东南流，左受巴达吉察，右受札克达奇，屈东北，右受布尔嘎里河、沽里干河，入黑龙江。又南有呼玛尔河上源，其南为伊勒呼里阿林，乃内兴安岭自西转东横干脉也。山南即嫩江源，西有额尔古讷河入黑龙江口，为瑷珲与呼伦两属交界，即中、俄以江为界之起处。沿黑龙江南岸设卡伦八：曰洛古河，曰讷钦哈达，曰漠河，即厅治，曰乌苏里，曰巴尔嘎力，曰额穆尔，曰开库康，曰安罗。有木厂一处。黑龙江由此转南流，安罗卡伦下游接西岸之依西肯卡伦，属呼玛厅。漠河金矿，光绪十四年经始开采，庚子入于俄，光绪三十二年始行收复。漠河为省北屏障，黑龙江转运专落俄人之手。光绪三十四年，议由嫩江之源开辟山道，卒以工费浩繁中止，故矿业衰歇而设治亦难也。

室韦直隶厅：光绪三十四年，拟设治吉拉林，隶呼伦道。在道治北四百余里，额尔古讷河右岸。对岸为俄卧牛、槐敖、洛气等屯疆域。额尔古讷河自胪滨之阿巴该图北流，至呼伦之库克多博，东北流，合根河、特勒布尔、胡裕尔和奇、珠鲁克图即约罗、奎珠尔格特依、布鲁、色木特勒克诸河，皆自东南山来注,此在吉拉林以南者也。中根河最大,出内兴安岭,西北流,两岸沃野膏原,为殖民善地。额尔古讷河径厅治西,又东北流,有哈拉尔即吉拉林河,眉勒喀即《尼布楚约》内之河、孙河、额尔奇木、毕拉尔、毕拉克产、古尔布奇、吉林子、阿木毗、牛尔、珠尔干、温诸河,皆自东南山来注。额尔古讷河至是屈西北流,有乌玛、大吉嘎达、小吉嘎达,复有小河入,皆自东南来注。再折而东北流,有伊穆河,复有小河二十余,皆自东南来注。此在吉拉林以北者也。中牛尔河最大,出内兴安岭,河口左右有平地两区,田土肥美。额尔古讷河自受根河、牛尔河,水大而急,直注黑龙江,而吉拉林为适中地,故厅治在焉。新设防边卡伦,在境内者十有五,自库克多博总卡伦以北,曰巴图尔和硕,曰巴雅斯胡郎图温都尔,曰胡裕尔和奇,曰巴彦鲁克,曰珠尔格特侬,曰莫里勒克,曰毕拉尔河,曰牛尔河,曰珠尔干河总卡伦,曰温河,曰伊穆河,曰奇乾河,曰永安山,曰额勒哈达。珠尔干、额勒哈达为鄂伦春与俄人交易之所。尤要道路自吉拉林南至塔尔巴斡达呼山七百余里,其北至珠尔干河三百五十余里,则小径不通车马。自珠尔干至额尔古讷河口五百五十余里,则悬崖壁立,非假道于俄,不能飞越。根河口新立官渡,为华、俄商旅必趋之路。根河上源有道出西布特哈达墨尔根,额尔古讷民船祇达吉拉林,以下溜急,民船可顺流而下,不能溯流而上,非轮船不为功。冬令,河上可驾驶冰橇,每一日夜行三四百里。

舒都直隶厅:光绪三十四年,拟设治免渡河,隶呼伦道。在道治东二百八十余里。河出阿尔奇山,北合札郭河,入海拉尔河。厅东即内兴安岭。东清铁路经厅南,有免渡河车站,由厅境凿兴安山洞入西布特哈境。

佛山府:光绪三十四年,拟设治观音山,隶兴东道,在道治北,濒黑龙江岸。对岸为俄吉春屯,北有辅河,南有嘉荫河。附府治有小水曰十里河,皆东入黑龙江。

梦北直隶厅:光绪三十四年,拟设治托萝山北,隶兴东道,附郭,如瑷珲、呼伦两直隶厅之比。

乌云直隶厅:光绪三十四年,拟设治乌云河,隶兴东道,在道治西北,濒黑龙江岸。对岸为俄嘎萨得报屯。乌云河在厅西,北入黑龙江。

车陆直隶厅:光绪三十四年,拟设治车陆,隶兴东道,在道治西北逊河南。原为车勒山卡伦,音转为车陆。东临黑龙江,对岸为俄吉满屯。南科尔芬河,东北流入黑龙江。

春源直隶厅:光绪三十四年,拟设治伊春呼兰河源,隶兴东道,在道治西南。西有布伦山、伊春河出，东流入汤旺河。布伦山西麓即呼兰河源。南札里河，东流，左合黄泥河、报达河，入汤旺河；又南巴兰河源在焉。

　　鹤冈县：光绪三十四年，拟设治鹤立冈，隶兴东道，在汤原县北、鹤立河西。有兴东垦务公司，宣统中拟移驻黑龙、松花两江汇流处，额勒密河东，地尤沃饶，为全省冠。

清史稿卷五八

志第三三

地理五

江　苏

江苏:《禹贡》扬及徐、豫三州之域。明为南京。清顺治二年改
江南省,设布政使司,置两江总督。辖江南、江西,驻江宁。又设淮扬总
督,寻裁。及江宁巡抚。治苏州。又设凤庐安徽巡抚,寻裁。十八年,分府
九:安庆、徽州、宁国、池州、太平、庐州、凤阳、淮安、扬州,直隶州
四:徐、滁、和、广德,属安徽,江南左布政使领之。康熙元年,安徽设
巡抚。三年,分江北按察使往治。五年,扬州、淮安、徐州复隶江南。
六年,江南更今名,改左布政使为安徽布政使司,驻江宁。右布政使
为江苏布政使司,治苏州。统江宁、苏州、常州、松江、镇江、扬州、淮
安府七,徐州直隶州一。雍正二年,升太仓、邳、海、通四州为直隶
州。十一年,徐州升府,邳还为州,属之。乾隆二十五年,移安徽布
政使司安庆,增设江宁布政使司,析江宁、淮安、徐、扬四府,通、海
二直隶州属之,与江苏布政使司对治。三十三年,增海门直隶厅,属
江宁。光绪三十年,又设江淮巡抚,驻清江浦。寻复故。广九百五十
里,袤千一百三十里,积三十七万二千五十四方里。北极高三十一
度五分至三十五度十分。京师偏东五分至五度三分。宣统三年,编
户三百二十一万三千四百八十三,口九百三十五万六千七百五十
五。领府八,直隶州三,直隶厅一,州三,厅四,县六十。

江宁府：冲，繁，难。隶江宁道。明，应天府。江宁布政、交涉、提学三使，江安粮储、江南劝业、巡警、盐法四道，江宁将军、副都统，织造兼都龙江西新税关驻。顺治初，因明制，县入。雍正八年，改溧阳属镇江。北距京师二千四百四十五里。广二百里，袤三百里。北极高三十二度四分。京师偏东二度二十八分。领县七。上元冲，繁，难，倚。附郭有清凉山、师子山、富贵山。北：紫金山、幕府山。东：乌龙山、圣游山。有朱湖洞，道书三十一洞天。清江门内有小仓山。石城门内治城山。南：大江自安徽当涂入，受秦淮河水，为草鞋夹，左与江浦分岸，得观音山水。有燕子矶。秦淮河上承句容赤山湖水，合庐山水，径通济门，一入江宁，一入城。又西北流，至下关入江，新开河东北，乾隆四十五年浚，赐名便民。有市曰石埠桥。又东为黄天荡。镇四：淳化、靖安、土桥、石步。草鞋夹、燕子矶、栖霞街、湖熟有汛。一驿：金陵。淳化巡司。有铁路。商埠：下关。光绪二十一年马关条约四埠之一。江宁冲，繁，难，倚。南：聚宝山、雨花台设炮台。大江西径下关镇。港七：铜井、烈山，北曰河口、绿新墅，又北大胜关，古新林浦也，西北曰北河，曰下关，分受秦淮河水。镇三：江宁、秣陵、金陵。大胜、秣陵有汛。有驿。江宁、秣陵巡司二。有铁路。句容冲，难。府东九十里。县有句容山，以此名。北：华山。东北：铜山。东南：茅山。大江西来。港二：罗丝沟、下蜀港。赤山湖出绛岩山，秦淮水源于此，亦曰绛岩湖。汇亭水、黄堰河、薄里溪，曰南源，与北源合于白米湖，又西入上地。镇五：白土、常宁、东阳、下蜀、龙潭。龙潭巡司。有驿。溧水简。府东南一百四十里。南：芝山、中山一曰独山。东：庐山，秦淮水别源所出。石白湖西南，径城北流入秦淮，明故运道也，今淤。一驿：孔家。江浦冲。府西北四十里。东北：十三公山、九连山。西：龙洞山。大江西南自安徽和州入，右与江宁分岸。为口四：曰乌江，曰老西江，曰新河，曰老河。受浦子口河，东北入六合。滁水右渎自安徽滁州入，亦曰后河，东与来安分岸，复尽入境，曰前河。右出支津，至东葛镇，又东北径岔河集，会沙河入六合。镇三：高望、香泉、葛城。二驿：江淮、东葛。浦口巡司一。江淮有驿丞，裁。有铁路。六合简。府北一百二十里。南：瓜步山。西南：晋王山。大江西南自江浦入，右与上元分岸。折东南为通江集口支津，北抵城隍湖。有沙洲圩炮台。又东划子口。滁河西自江浦入，径皂河口，北为汊河，又南屈曲流入江。税课局大使驻。镇四：瓜步、长芦、皇化、竹镇。有堂邑驿丞，裁。瓜步巡司一。高淳简。府东南二百四十里。东：大游山。东北：荆山。南：固城湖，又东播为胥河。西：丹阳湖，北接石白湖。有水自芜湖东入丹阳湖，又东南入固城湖。或云《禹贡》中江也。镇三：广通、固城、水扬。广通巡司一。

淮安府：冲，繁，疲，难。隶淮扬海道。顺治初，因明制，州二，县九。雍正二年，升海、邳为直隶州，赣榆、沭阳属海，宿迁、睢宁属邳。九年，析山阳、盐城地置阜宁。南距省治五百里。广三百八十里，袤二百七十里。北极高三十三度三十二分。京师偏东二度五十二分。领县六。山阳倚，冲，繁，疲，难。漕标副将驻。北：运河南流，乌沙、洞河诸水注之。东：六草荡，南白马湖，汇洪泽湖水，与宝应错，东北会于运河。北黄河故道。咸丰三年徙，今堰存。河所经南北岸，设同知、管河县丞。主簿、巡检，弁官废置不常。咸丰十年，裁。板闸镇有钞关。巡司一。镇二：北神、庙湾。菱陵、高堰、杨家庙有汛。驿一：淮阴。驿丞裁。阜宁繁，疲，难。府东北一百六十里。雍正九年置。东北：大海。有堰曰范公堤。射阳湖上承苦大纵湖水，汇淮水为湖，又东流，会诸水入海。运盐河受射阳湖水，径城南流，循范公堤入监城。西有黄河故道。镇三：马逻、北沙、蒙龙。草堰巡司一。盐城繁，难。府东南二百四十里。东：大海。港二：新洋、斗龙。有新兴、五佑盐场，盐课大使驻。运盐河自草堰口环城流，至便仓镇入兴化。苫大纵湖西南与兴化错。县西诸水所汇。有天妃闸，闸官裁。小关、刘庄、新阳、沙沟有汛。镇九：上冈、大冈、沙沟、冈门、新河、安丰、清沟、喻口、新兴。上冈、沙沟巡司二。清河冲，繁，疲，难。淮扬道治所。江北提督、总兵驻。旧置总河，后省入总漕。自府城徙此，光绪三年裁。里河同知及河库道均先后裁。府西北三十五里。北：清江浦。明陈瑄开，宋沙河也。运河西北自桃源入，歧为盐河。又东为中河口，《水经》谓之中渎水，出山阳白马湖。又东迤南至清口，屈而东，径三闸与清江浦合，东南入山阳，是为淮南运河。南：六塘河自桃源入，东北径刘家庄，入沭阳。盐河东北流，径西坝，淮安分司、运判驻，乾隆二十八年，移海州，又东至周庄入安东。西南：洪泽湖西有黄河故道。镇十：王家营、洪泽、老子、西坝、渔沟、官亭、大河口、洞桥、马头、周桥。王家营、马头、河北、渔沟有汛。一驿：清口。有驿丞，裁。洞桥巡司一。安东繁，疲，难。府东北六十里。西南盐河自清河入，贯县境，入海州，与六塘河合。东北：一帆河自海州入，南至旗杆村，《水经》淮水东右各合一水，至淮浦入海。东北：黄河故道。淮海河务兵备道驻，咸丰十年裁。镇三：太平、长乐、鱼场口。五港、佃湖有汛。佃湖巡司一。桃源冲，繁，难。府西北一百二十里。运河自宿迁南来，径古城驿，入清河，歧为六塘河，一曰北盐河，东北流入沭阳。洪泽湖西南与清河错。西北有黄河故道。镇七：三义、河北、崔镇、众兴、张泗冲、白洋河、赤鲤湖。崔镇、洋河、三义有汛。二驿：桃源、古城。驿丞裁。有巡司。

扬州府：冲，繁，疲，难。隶淮扬海道。两淮盐运使驻。顺治初，因明制，州三，县七。康熙十一年，海门圮于海，并通州。雍正三年，通州升直隶州，以如皋、泰兴往属。九年，析江都置甘泉。乾隆三十二年，析泰州置东台。西南距省治二百十里。广三百五十里，袤二百三十里。北极高三十二度二十七分。京师偏东二度五十六分。领州二，县六。**江都**冲，繁，疲，难，倚。大江西自六合历扬子入，东径七濛口。监制同知驻。又东径裕民洲，为夹江，歧为二。又东为三江口，东南流，与江合，三江口与天福洲对设炮台，守备驻。裁盐务巡道。又东径扬子港，入泰兴。运河北入，环城南，径新河湾分流，西入扬子，又南流至瓜洲口，有炮台。总兵驻。又东径连城洲，分入江。盐河导运河水东北入泰州，白塔龙儿河水注之。有榷关。镇三：瓜洲、万寿、宜陵。瓜洲、大桥、马桥、沙洲有汛。广陵驿丞裁。瓜洲、万寿、宜陵。瓜洲、大桥、马桥、沙洲有汛。广陵驿丞裁。瓜洲、万寿巡司二。**甘泉**冲，繁，疲，难，倚。雍正九年置。西北：蜀冈、甘泉山。北：邵伯湖与高邮错，运河合湖水南流，至壁虎桥入江都，绿洋湖、乔墅荡分流入之。镇三：邵伯、上官、大仪。一驿：邵伯。有汛。上官、邵伯二巡司。**扬子**冲，繁。府西南七十里。明为仪真。雍正二年，改“真”为“徵”。宣统元年，复曰扬子。西北有铜山、界墩山。南滨大江。西自六合入，有里世洲、沙漫洲二水自林家桥、王家坝北来注之。又西分流至泗源沟入江。税课大使驻。新河出月塘集，西南流，亦入江。一镇：新城。有水驿驿丞。清江、芒稻河闸官，裁。青山、旧港、黄泥港有汛。旧江巡司一。**高邮州**冲，繁。府北一百二十里。西南：神居山。运河北径税务桥，盐河西流注之。又径车逻坝，南澄子河注之，南汇为绿洋湖。马嶷河东南流，入于清水潭，受运河北诸水，东积为草荡，三阳河南来注之。高邮湖西北一曰甓社湖，北接界首湖，南赤岸湖，与甘泉错。水高、永南有汛。二驿：界首、孟城。界首、时保巡司二。**兴化**疲，难。府东北一百六十五里。东：大海，有堤。盐河并堤流，西受界河、海沟、横泾诸水，东出为大团河、八灶、七灶河，东北会斗龙港，入于海。有刘庄、草堰、丁溪三场。盐课大使驻。北有吴公湖、苔大纵湖，与盐城、宝应错。石砯、白驹三闸，有闸官。镇三：安丰、凌亭阁、芙蓉。安丰巡司一。**宝应**冲，繁。府北二百四十里。运河北自山阳入，径八口铺，东溢为瓦沟溪。又南流，径泥水镇，至界首，有界首湖，入高邮。其西宝应湖，汇淮流下潴之水。苕大纵湖东北，周二百里，分支入运河。衡阳有汛。一驿：安平。有驿丞，裁。衡阳、槐楼巡司二。**泰州**繁，疲，难。府东一百二十里。盐河西自江都入，夹城东流，一曰裹下河，有溱、潼水注之。至白米镇，左通串场河，右出支津，入泰兴。又东径海安镇，左歧为界河，东南入如皋。盐河东北自东台入，西南流，径淤溪，达鲶鱼港，又西南与之合。有泰坝，泰州分司运判驻。鲍湖东北。镇四：海安、宁乡、斗门、樊汊。海安、曲塘有汛。海安、宁乡巡司二。**东台**繁，疲。府东二百四十里。乾隆三十二年置。东：大海，大堤。盐场七：东台、何垛、梁垛、安丰、富安、角斜、拼茶。盐课大使驻。又小海场大使，裁。裹下河自泰州环城北流，又东溢为支河，入海。盐河出县西海道闸，西南流，错出复入，至淤溪入泰州。水利同知驻东台场。草堰四闸有闸官。一镇：西溪。巡司裁。王家港有汛。

徐州府：要，冲，繁，难。隶淮徐道。徐州镇总兵驻。顺治初为直隶州。领萧、砀山、丰、沛。雍正十一年，升府。置铜山县，又双降直隶邳州来隶，及所领宿迁、睢宁。东南距省治七百三十里。广三百二十里，袤一百八十里。北极高三十四度五分。京师偏东五十八分。领州一，县七。

铜山冲，繁，难，倚。雍正十一年置。东北有铜山，故名。微山湖，东北出为荆山河，即引河，一曰徐州河，承河水至卞塘入邳州，与运河合。资河一曰奎河，东南流，入萧县。黄河故道西北。一镇：卞塘。郑集、三堡有汛。利国、东岸二驿，驿丞裁。双沟、利国巡司二。**萧**简，难。府西五十里。南：丁公山。西：岱山。西北为岱山湖。又东南有龙山湖。资河自铜山入，东南径轴山西，左出支津入灵璧，正渠入宿州。其西望川湖，径大海子东，亦入宿。镇二：白土、永固。一驿：桃山。张山店巡司一。**砀山**冲，繁，疲，难。府西北一百六十里。东北：芒砀山。利民沟一曰小神湖，东南流，屈而西，入永城。西沙河，西南径鼎新集，入河南夏邑。城北为黄河故道。周家寨、蟠龙集有汛。**丰**简。府西北一百五十里。东南：华山。新开河北流径章固镇，又北入鱼台。旧浚以导黄河，今堤存。丰水一曰泡河，《班志》泡水也，入泗，湮。一镇：吴康。**沛**冲。府西北一百二十里。西：七山。有栖山圩。乾隆四十六年河决，县没，徙此。四十七年，建城。咸丰元年，河决，城复没。迁夏镇。十一年，仍迁旧治。东：微山湖。西有聂庄铺小河口。运河自滕入，屈曲流入湖。泗水自山东鱼台入，亦曰南清河。受金沟水，为金沟渡，东合三河口水，自此入运。有彭口、杨庄二闸。闸官裁。夏镇、栖山圩有汛。夏阳巡司一。**邳州**冲，难。府东北一百五十里。旧治下邳。康熙二十八年,迁治艾山南。七年河决,移今治。雍正二年升直隶州。十一年,来属。南:葛峄山,即距山。北:艾山、石埠山。西北:黄石山。运河自峄错入,径泇口,岔河东北注之。至徐塘口合徐川河水,又南合沂水,入宿迁。武河,古武水,一曰治水,左通沂河,右入武原水,复出数支津,与燕子、柴沟等并入运。武原水即泇河,自兰山入,东会沂水,达宿迁之黄墩湖,入黄河。城南有黄河故道。镇三:直河、新安、泇口。姚湾、泇口有汛。旧城巡司一。**宿迁**冲,繁,难。府东一百里。北:峒峿山、马陵山。东:五华峰。南:斗山。运河自邳州入,南合六塘河水,入桃源。西北:骆马湖,汇沂河、山涧诸水为巨浸。北:沭河自郯城入,南得桃花涧水,再错沭阳,折东北,径燕集圩仍入之。西南:故黄河,有堤。镇三:白洋河、小河口、邳店。顺河、峒峿有汛。二驿:钟吾、峒峿。钟吾有驿丞,裁。峒峿巡司一。**睢宁**简。府东南一百二十里。有池山、官山。西:九顶山。西南:峰山、荆山、英公山。东南:池山。白塘河出小李集,东南流,合沈家河,即今涧沙河,东入宿迁。又潼水,《水经注》所谓潼陂水入睢者,湮。镇二:高绍、辛安。

通州直隶州:繁,难。隶常镇通海道。顺治初,因明制,属扬州府。县一,海门。康熙十一年,县省。雍正二年,升直隶州,割扬州府之如皋、泰兴来属。西距省治五百三十里。广三百里,袤百三十里。北极高三十二度三分。京师偏东四度十一分。领县二。东:军山、剑山。西:黄泥山、马鞍山,五峰并峙。东北:天竺山。南:狼山,设炮台。狼山镇总兵驻。东北:大海,产盐,置场五:吕四、余东、余西、金沙、石港,盐课大使驻。又马塘、余中二场,乾隆元年裁。西亭场,三十三年裁。通州分司运判驻石。港税课大使亦驻。南:大江西自如皋入,东行达老洪港,会于海。盐河自如皋西入江,东分流,循城而南,又东入于海。镇二:狼山、石港。石港、金沙、余东、吕四有汛。狼山巡司裁。吕东巡司一。**如皋**繁,难。州西北一百二十里。东,濒海。盐场二:丰利、掘港。盐课大使驻。大江西自靖江入,又东入通州,北通运盐河,河西北自泰州入,循城南,分为二。一南流入江。一东径丁堰,又分流,至岔河,为盐场诸水。又南流,径白蒲镇入通州。镇四:丁堰、掘港、丰利、白蒲。马塘、丰利有汛。主簿驻掘港。西场、石庄巡司二。**泰兴**疲,难。州西二百四十里。大江西北自江都入,右与丹徒分岸,为庙港。纳李薛河,又南与丹阳分岸,东至界港。界河自靖江缘界而西入之,又东入靖江,分支为老龙河,至黄桥,折南注界河。黄桥有汛。口岸、黄桥、印庄巡司三。

海州直隶州:繁,难。隶淮扬海道。顺治初,因明制,属淮安府。县一。雍正二年,升直隶州,又割淮安府之沭阳来属。西南距省治八百二十里。广百七十五里,袤百九十里。北极高三十四度二十三分。京师偏东二度五十六分。领县二。东北:云台山,濒海。东:高公岛。西:金墅汛,设炮台。北:鸭岛、竹岛。东北:鹰游山。盐场三:中正、临兴、板浦。盐课大使驻。又白驹、莞渎二场,乾隆元年裁。海州分司运判驻板浦。有太平局、中富局、大义疃、富民疃、中兴疃盐垣。盐河自安东入,径新安镇,合南北六塘河,入海。其东支津与海通。西南:青伊湖、硕项湖,北播为蔷薇河。南有一帆河,受盐河水,入安东。镇五:板浦、高桥、莞渎、石㳇、新坝。板浦、房山、吴家集有汛。高桥、惠泽巡司二。赣榆难。州北八十里。北:吴山。西:徐山、界山。东:兰山。南:泊船山、武强山。东,濒海,自山东日照入,有秦山望海墩,设炮台。大沙河自郯城,青口河自莒,南流入海。兴庄河水出西北吴山中。镇四:临洪、青口、荻水口、中冈站。青口巡司一。乾隆十六年,省荻水司改。沭阳难。州西南一百二十里。西北:张仓山。东北:韩山、万山。沭河,古涟水,自宿迁入,东流为新挑河。后河循城东北入青伊湖,又南与沙疆河合,径阳沟,六塘水注之,达于海。镇六:汤沟、侯镇、华冲、高流、阴平、刘庄。吴家集有汛。县丞驻高流。

海门直隶厅:冲,繁。隶常镇通海道。旧本沙洲。乾隆初,设沙务同知。三十三年,割通州之安庆、南安十九沙,崇明之半洋、富民十一沙,及天南沙置厅。移苏州府海防同知来治。西距省治五百七十里。广一百四十里,袤三十七里。北极高三十一度五十五分。京师偏东四度四十五分。东南,濒海。西,大江。西南自通州入,右与昭文分岸。又东错崇明,折东北,由界洪复入,东南至蓼角嘴入海。白茆口为江海潮所会。界河承海水西流,环治而南,入于江。

苏州府:最要,冲,繁,疲,难。分巡苏州道治所。江苏布政、提学、提法三使,巡警、劝业二道,织造兼督浒墅榷关驻。雍正八年,按察使自江宁移此。宣统二年,改提法使。顺治初,因明制,州一,县七。雍正二年,升太仓为直隶州,割崇明、嘉定属之,又析长洲置元和,昆山置新阳,常熟置昭文,吴江置震泽。乾隆元年,又设太湖厅。光绪三十年,设靖湖厅,隶府。北距京师二千七百里。广二百里,袤二百四十里。北极高三十一度二十三分。京师偏东四度一分。领厅二,县九。太湖厅府西南九十八里。乾隆元年置，移吴江同里抚民同知来驻，治洞庭东山。东山一曰胥毋山，有莫厘峰。太湖环厅治，积三万六千顷。天目山水西南自浙之临安、余杭合苕、苕溪水，至大钱口；其西合宣、歙诸山水，径长兴箬溪，至小梅口，与宜兴、荆溪诸县水，西北汇为湖。又东北，播为吴淞江，又东为淀山湖，达黄浦入于海。用头、下扬湾村巡司二。**靖湖厅**简。光绪三十年置，设抚民通判，治洞庭西山。有缥缈峰。**吴**冲，繁，疲，难，倚。南：横山。西：皋峰、姑苏灵岩山。东南：香山。西南有天平、楞伽、灵岩、穹窿、邓尉诸山。西北：运河自浙之秀水历吴江、元和入，受太湖水，自胥口东径木渎，与光福塘、箭泾诸水会，又径跨塘至胥门，越来溪注之。北出为横塘，与县南鲇鱼口水并入运河。商埠，城南青阳场，《马关条约》四埠之一。镇三：横塘、横泾、木渎。县丞驻木渎。光福巡司一。乾隆十一年，省木渎司改。**长洲**冲，繁，疲，难，倚。西：高景山。西北：卓犹山。西：运河自吴入，有寒山汛。西北径射渎，会金墅港水，又西北入无锡。射渎水东出为长荡，浒墅、乌角、白鹤诸溪并与运河合。娄江支津自元和缘界入，东北，左溢为尚泽荡，右阳城、西湖，北后湖，径南荡，径陆港折东入新阳。浒墅有榷关。镇三：陆墓、蠡口、望亭。浒墅、黄埭有汛。吴塔巡司一。有铁路。**元和**冲，繁，疲，难，倚。雍正二年置。东北：唯亭山。西有虎丘。唐白居易凿渠南达运可，今谓之山塘。东南：江宁山。吴淞江自吴江北迤东入新阳。运河亦自其县入。其南：澄湖溢为萧淀湖，又东南为长白诸荡。尹山湖，县东南。其北：独墅湖，有黄天荡。又阳城湖东北西湖跨长洲。中湖、东湖俱与新阳错。镇二：用直、唯亭。沙河、周庄、章练塘有汛。二驿：姑苏、望亭。县丞二，驻用直、章练塘。周庄巡司一。有铁路。**昆山**疲，难。府东七十里。吴淞江东径三江口，屈曲流，入青浦。南有淀山湖，北溢为棋盘荡、陈墓荡，又北白莲湖，歧为商羊潭、杨氏田湖，径直港与吴淞合。致和塘水自元和环城流，东会新洋江入太仓。镇三：安亭、泗桥、蓬阆。石浦巡司一。有铁路。**新阳**疲，难。府东七十里。雍正二年置。西北：昆山、绰墩山。吴淞江自元和东入，复错出。新洋江一曰新阳江，纳吴淞水，北入致和塘。有傀儡湖、鳗鲤湖、巴城湖、雉城湖。巴城、雉城今湮。一镇：丘墟。大王庙有汛。巴城巡司一。有铁路。**常熟**繁，疲，难。府北九十里。苏松粮储道驻。乾隆三十二年，移省。北：大江。福山与隔江狼山对，设炮台，总兵驻。西北：崇德山、河阳山。西南：宛山。北：大江自江阴入，左与通州分岸，有捍海塘，元和塘水即运河，自长洲入，北径福山塘，又黄泗浦水西北流，并入江。东北：大海。有塘。东南：昆承湖，一名隐湖，与尚湖相对，亦曰八字湖。镇二:庆安、福山。鹿苑、唐市有汛。黄泗浦巡司一。**昭文**繁,难。府北九十里。雍正二年,折常熟东境置。东北:大江自常熟入,又东入太仓,其港口以许浦、白茆为大。白茆受吴中诸水。许浦北海舶出入长江道,此为深水。针路、白茆、许浦,及茜泾、下张七鸦,宋为昆山、常熟五大浦。自白茆岳庙起,北至周泾口入江,长二千九百丈,亦名里睦塘。镇二:梅李、许浦。薛家沙、支塘、徐六泾有汛。白茆巡司一。**吴江**冲,繁,难。府南四十里。北:吴淞江、鲇鱼口水北流入之。运河二源,一南塘河,一官塘河,东汇为诸荡,与汾湖合。庞山湖东受太湖水,溢为九里湖,又东同里湖,其南为叶泽湖,有元鹤、韩郎荡。莺脰湖,县南。镇三:简屯、八斥、盛泽。同里有汛。一驿:松陵。县丞驻盛泽。汾湖、同里巡司二。**震泽**繁,难。府南四十里。雍正二年置。东临运河,自吴江入,至平望镇,西塘河来会。西临太湖,合诸港漾水注唐家湖,东入吴江。横塘西导乌程诸水,歧为三,东与莺脰湖会。横塘之西曰震泽塘,东曰梅堰塘,为孔道。镇二:平望、严墓。震泽有汛。平望、震泽巡司二。

松江府:要,繁,疲,难。隶苏松太道。江南提督驻。顺治初,因明制,县三。十二年,析华亭置娄县。雍正二年,又析华亭置奉贤,析上海置南汇,析青浦置福泉,改金山卫为县。乾隆八年,福泉省。嘉庆十年,又析上海南汇地设川沙厅,隶府。西北距省治一百六十里。广一百六十里,袤一百四十里。北极高三十一度。京师偏东四度二十七分。领厅一,县七。**川沙厅**繁,疲,难。府东南二百四十里。故明川沙堡。乾隆二十四年,改董漕同知为川沙海防同知。嘉庆十年,析置为抚民同知。东:大海。有捍海塘三,曰外圩塘、钦公塘、东护塘。夹护塘河二。盐河径界浜入宝山。其左:御寇河,椿树浦水引黄浦东入,与盐河合。三尖嘴、海中、曹家路有汛。**华亭**繁,疲,难,倚。东南有柘山、金山。海中有捍海塘。松江上承太湖,东径笠泽,与东江、娄江而三。今娄江塞,而东汇合松江出海,只一江耳。黄浦江为吴淞支津,首受泖、淀诸水,屈曲流,大洋泾水会之。春申塘水东引黄浦支流,合千步泾,会于北俞塘。又分流径颛桥入黄浦。柘林营东南,水利通判驻。有盐场曰袁浦,大使驻。镇五:亭林、叶谢、曹泾、柘林、沙冈。柘林、亭林、张泽有汛。都司驻柘林。县丞驻曹泾。亭林巡司一。有铁路。**娄**疲,难,倚。顺治十二年置。西北有横云山、机山、天马山。南:泖湖,源出华亭谷,与青浦、金山错,古三泖也。斜塘上承泖湖,自青浦入,东歧,合古浦塘及支津,贯城至华亭界,为南俞塘。其北出者为通波塘。斜塘东南合秀州塘、大蒸塘,入金山,为黄浦，又东入上海。有横浦盐场，大使驻。一镇：枫泾。天马镇、泗泾、枫泾有汛。
县丞驻白龙潭。小㵢巡司一。有铁路。**奉贤**疲，难。府东九十里。明，于华亭
置青村所守御千户，隶金山卫。雍正二年析置。南，濒海，有塘。有青村盐场，
大使驻。青村港，县西，有汛。南桥塘水上游望河泾，自华亭引黄浦水东入姚
泾，又东会萧塘，为南桥塘，左得金汇塘，上承南汇界河水，又东为青村港。西
有龙泉港，亦受望河泾，错出复入，径阮港镇，折东抵柘林营而止。镇三：陶宅、
南桥、四团。县丞驻四团。南桥巡司一。**金山**疲，难。府南七十二里。雍正二
年置。故明金山卫，属华亭。初，治卫城，寻徙洙泾镇。东南：秦山、查山。海中
有金山，县以此名。今隶华亭。东北：泖港，横潦泾西流入之，汇平湖诸水，曰三
秀塘。纳秀州塘，径城南，东达掘挞泾，南汇诸水合泖港入黄浦。南有盐河，循
卫城西溢为黄姑塘，歧为襄界河、黄浦界河，并此流而合，至大泖港与横潦泾
会，又北为黄浦。折东与娄分岸，入华亭。有浦东盐场，大使驻。典史驻卫城。
一镇：洙泾。张堰巡司一。洙泾、张堰、吕港有汛。**上海**冲，繁，疲，难。府东北
九十里。苏松太道驻。黄浦江自华亭入，夹城流，东北至虹口，吴淞江西北来与
之合，又东北入于海。吴淞江自嘉定入，纳盘龙、浦水、横沥水，径新泾，又东为
古沪渎，径新闸北、泥城桥、老闸会黄浦江。西墺欧美各国互市租界，道光二十
三年《英约》五口通商之一。吴淞岸东北四十五里，光绪二十四年开为商埠，海
舶殷辏，利尽东南。租界有会审公堂，理华、洋狱讼。有海关，苏松太道监督。又
南洋军械制造局，西南。镇四：吴淞、乌泾、吴会、闵行。塘桥、引翔港、闵行有
汛。黄浦、吴淞巡司二。有铁路。**南汇**繁，疲，难。府东一百二十里。雍正二
年置。故明南汇守御所。东：大海。捍海塘二：内东护塘；外外护塘，即钦公塘。
西：黄浦江自华亭入，径闸港，折北，与上海分岸。县西纵河曰鹤坡塘，在新
阳镇。会南七灶诸港水，至分水墩，是为港闸。西会金汇塘，入奉贤。县号穷，
海独饶盐。东护塘内有运盐河，南自奉贤入。一镇下沙。置盐场三。盐课大使
驻。周浦有汛。县丞驻泥城。三林庄巡司一。**青浦**繁，疲，难。府西北五十里。
东：簳山、余山。东南：凤凰山、薛山。北：福泉山。西：卢山、辰山。北：吴淞江，
淀山湖西受太湖水，播为诸荡，南与泖湖合。北会朱家港水，入于江。有赵屯
浦、大盈浦、顾会浦、盘龙浦，俱分受吴淞水，入黄浦。镇六：泗泾、金泽、朱家
用、赵屯、七宝、白鹤江。北簳山、小㵢有汛。县丞驻七宝。淀山、新泾巡司二。

太仓直隶州：繁，疲，难。隶苏松太道。顺治初，因明制，属苏州府，
县一。雍正二年，升直隶州，析州置镇洋县，又割苏州府之嘉定属

之，析其地置宝山，同隶州。西南距省治一百二十里。广一百五十里，袤一百四十里。北极高三十一度二十九分。京师偏东四度二十五分。领县四。北有穿山。东北：大海，有塘。七鸦口设炮台。一镇：双凤。璜泾有汛。州同驻刘河镇。七浦巡司一。昔太仓之水八百五十。南路之水，娄江独任之。北路之水，七浦、杨林分任之。故七浦以辅娄江，杨林又以辅七浦。杨林南有湖川塘。湖川南朱泾，为古娄江故道。又贯南北者，有盐铁塘，南出吴淞入海。北道白茆达江。雍正中，发帑疏浚两江，兼治白茆，以补三江之缺。**镇洋**繁，倚。雍正二年置。东：大海。县东刘河口，一曰娄河口，有汛。娄江入海处。《禹贡》中江也。"刘"即"娄"，声近字。上承致河塘，自新阳入，为太仓塘。自城南南马头东合新塘港，又东入海。新塘港即旧湖川塘，径小塘子入刘河。南：盐铁塘水，环城流，西北与七浦合。有闸官，裁。茜泾河西抵漕塘河，东径花双入海。茜泾城，乾隆三年筑。镇二：沙头、茜泾。甘草巡司一。**崇明**冲，繁。州东北五十七里。东：金鳌山、茶山。东北：海中设汛。海环县治，港沙绮错。有望海台，当沙港南，与崇宝沙对，设炮台，总兵驻。施翘河水西南夹城流，又东与十效口合，入于海。东：盐滩，有场，巡盐大使驻。雍正八年，于县设太通巡道。乾隆五年移通州，六年，裁。镇三：新镇、豹貔、杨家河。上沙、中沙、外沙、下沙有汛。县丞驻五效。大安有废巡司。崇海巡司一。**嘉定**疲，难。府南三十六里。初属苏州府。雍正二年来隶。东南：鹤槎山。吴淞江东入，缘界流，北为盐铁塘水，入镇洋。县北刘河，古娄江也。横沥水北流径县城，又东与之合。练祁塘水承吴淞西来，环城流，径罗店入宝山。镇三：外冈、安亭、南翔。县丞驻南翔，有汛。诸翟巡司一。有铁路。**宝山**繁，疲，难。州东九十里。雍正二年置。故嘉定县吴淞所。明宝山厅。东南有宝山，故城山。北设汛。东瀕大海，有塘。南为吴淞口，黄浦江入海处，设炮台，控扼东南，为军港要塞。崇宝沙，海中，与崇明对。蕴藻滨水自嘉定径陈行镇，界泾水西北径罗店，合练祁塘水会之。歧为二，东至胡巷口，南至虹口，并入黄浦。又北泗塘水引蕴藻滨水南迤东环城流，西有绚彩港。镇四：高桥、江湾、大场、罗店。旧炮台、胡巷口、杨行、江湾、月浦有汛。县丞驻高桥。有铁路。

  常州府：冲，繁，疲，难。隶常镇通海道。顺治初，因明制，县五。雍正二年，总督查弼纳以苏、松、常赋重事繁，疏请太仓等十三州县各析为二，析武进置阳湖，无锡置金匮，宜兴置荆溪。东南距省治二百八十里。广一百六十里，袤一百八十里。北极高三十一度五十二分。

京师偏东三度二十四分。领县八。武进冲，繁，疲，难，倚。府西偏。西北：黄山、固山。昆陵江西北自丹阳入，东南至桃花港入江阴。运河循城流，径奔牛镇入丹阳。滆湖北受运河，西受坛、溧、洮湖诸水，汇为湖，又西溢为大圩荡，南与湖塘河会，入宜兴。镇三：奔牛、青城、阜通。西埠、孟河、魏村有汛。一驿：昆陵。奔牛、孟河巡司二。有铁路。**阳湖**繁，难，倚。府东偏。雍正二年置。以县东阳湖名。东：芳茂山。东北：舜山。南：太湖，有马迹山，旧置寨，有汛。运河自无锡径丁堰、戚墅堰，北商河水合舜河水东西分流之。戚墅港合宋建湖，至白荡歧为三，一东入无锡达间江，一黄堰河达百迹，一薛堰河达下埠，并入太湖。其武进支津曰宜荆漕河，一曰西蠡河，西南流，会滆湖水，并湖行入宜兴。一镇：横林。马迹巡司一。有铁路。**无锡**冲，繁。府东南九十里。北：九龙山。西：舜山、锡山。其东惠山，有泉。太湖，西南。又东溢为五里湖，南出为长广溪，西径吴塘门，仍入太湖。运河东南自长洲入，夹城流，东纳漕河，即白塘圩，支津出江阴，首受大江，北流，径高桥，与之合。镇一：潘封。一驿：锡山。清宁有汛。高桥巡司一。有铁路。**金匮**繁，难。府东九十里。雍正二年置。以城内金匮山名。东北有斗山、胶山。北：横山。南：夹山、前山。运河东南自长洲入，常昭漕河首受太湖，东缘长洲界，左与无锡分岸，环城入之。又分流，南北入常熟、江阴。又自东亭屈而西为百渎港，东流会于鹅真荡，与长洲错。一镇：望亭。黄埠墩有汛。巡司一。有铁路。**江阴**繁，疲，难。府东七十里。江苏学政驻。光绪三十一年裁。北：君山。东北：绮山、定山、黄山。东：马鞍山。隔江与天生港对，有炮台。北：大江西自武进入，漕河首受江水，径四河口入无锡。应天河分漕河水，屈曲流，径华墅东南，为南长河。横河，城东至泗港北入江。有青草、寿星诸沙。镇三：杨舍、夏港、申港。沙洲、杨舍有汛。顾山巡司一。**宜兴**疲，难。府南一百二十里。西北：有乕山、羊山。东北：金鹅、罗科山。西：大坯山。北：滆湖与武进阳湖错，受长荡湖水。其支津湖塘河自武进入，歧为二，至吴渎口入于太湖。县东有东氿、西氿、金坛、溧阳诸水会之。漕河北与二氿合，汇为羊山诸荡。又东北为横荡，径百渎港入太湖。一镇：杨港。和桥有汛。县丞驻。钟溪、下邾巡司二。**荆溪**疲，难。府南百二十一里。雍正二年置。南：荆溪，县以此名。南：白云、茗岭、君山、啄木岭。西：芙蓉山、国山。三国吴天玺元年封禅为中岳，有摩崖，右群峰相缪不一名。东：铜官山。西南：章山。东南：荼山、兰山。濒太湖东西二氿，与宜兴错。杨巷河、文定港水分流入之。其南沙河自溧阳戴步流并潴焉。东南：蜀山河，合川步水，东歧为施塘，并注之。又东至大浦口,其南莲花荡自湖汊汇诸山水,至乌溪口,并入太湖。徐舍有汛。湖汊、张渚巡司二。**靖江**难。府东一百五十里。东北:孤山。南滨大江,西自泰兴入,东:张黄港。右与江阴分岸,又东径县南入如皋。港口八。迤东歧为界河,折南,至张黄港复合。港南紫气河,潋泷深洪,海舶入江处。界河自港北环县流,西达界港入于江。西有团河。镇三:陈阜、生祠、新丰市。新港巡司一。

镇江府:最要,冲,繁,疲,难。常镇通海道治所。长江水师提督、京口副都统驻。顺治初,设镇海将军。乾隆二十八年,裁。顺治初,因明制,县三。雍正八年,以江宁府之溧阳来属。光绪三十年,又设太平厅,隶府。东南距省治三百七十里。广二百十里,袤一百三十六里。北极高三十二度十二分。京师偏东二度五十七分。领厅一,县四。太平厅简。府东七十里。光绪三十年置,设抚民同知,治太平洲,江中。**丹徒**冲、繁、疲、难,倚。西北:金山,临江,有中泠泉。北:北固山。焦山,江中,南北与象山、连城洲对,又东圌山、五峰山,隔江与高桥对,皆设炮台。大江,城北径孩溪,复南绕圌山,分支为大小夹江,有宝晋、天福、补沙诸洲。运河南自丹阳入,径雩山西、洪山东,折西环城北流,所谓南运河。粮艘渡江入伊娄河,至邦沟,为北运河,并入于江。横越闸有闸官。西:高资河,东西与新开河合。河为乾隆四十五年巡抚吴坛浚出,排湾西经高资入句容。商埠,县北二里,外国互市租界,咸丰十年《英法条约》长江三口之一。有新关,常镇道监督。镇五:丹徒、高资、谏壁、大港、新丰。朱家圩有汛。二驿:京口、炭渚。京口有驿丞,裁。高资、安港、丹徒巡司三。有铁路。**丹阳**繁,疲难。府东南七十里。东北有九龄山。大江北自丹徒播为夹江,径姚家桥入,东与江合。运河东南径七里桥,漕河会之。又西南播为香草河。简渎河环城流,入于江。包港东北导运河水与夹江合。北有练湖。镇二:吕城、延陵。一驿:云阳。吕城、包港巡司二。有铁路。**金坛**疲,难。府南一百六十里。西:茅山,一曰三茅峰。南:长荡湖,与溧阳错,古洮湖也。漕河环城为濠,南会于白龙荡,又南受湖水入溧阳。薛步水出薛步镇,东流分为二,一入漕河,一南与漕河遇,入于湖。东有铁资荡。湖溪巡司一,裁。**溧阳**繁,疲。府南二百四十里。雍正八年来隶。西:曹姥山、铁冶山一曰铁岘。北:涪山,峙洮湖中,湖与金坛错。三塔荡西南荡赤升平荡。前马荡水出溧水、庐山,合高淳诸水,东径为荡入中河,东南流与漕河合,古中江也。五代杨行密筑五堰,江自是不复东,禹迹中湮矣。镇三:举善、鹭桥、广道。